अनभै साँचा

(आलोचनात्मक लेखन से एक चयन)

मैनेजर पाण्डेय

वाणी प्रकाशन

वाणी प्रकाशन
4695, 21-ए, दरियागंज, नयी दिल्ली 110 002

शाखा
अशोक राजपथ, पटना 800 004

फ़ोन: +91 11 23273167 फ़ैक्स: +91 11 23275710

www.vaniprakashan.in
vaniprakashan@gmail.com

ANBHAI SANCHA
by Manager Pandey

ISBN : 978-93-5000-944-4
A Collection of Critical Essays

प्रथम (वाणी) संस्करण 2012
आवृत्ति संस्करण 2014
मूल्य : ₹ 495

आर. टेक ऑफ़सेट, दिल्ली-110095 में मुद्रित

वाणी प्रकाशन का लोगो मक़बूल फ़िदा हुसेन की कूची से

समर्पण

प्रिय पुत्र आनन्द की अमिट और अटूट स्मृतियों को
जिसकी पुलिस द्वारा हत्या (16 अगस्त, 2000)
असीम सम्भावनाओं और हमारे गाँव-देहात
की अनन्त आशाओं-आकांक्षाओं की हत्या थी।
बाबा नागार्जुन को वह अत्यन्त प्रिय था,
इसलिए उन्हीं के शब्दों में :

जो छोटी-सी नैया लेकर
उतरे करने को उदधि-पार;
मन की मन में ही रही, स्वयं
हो गये उसी में निराकार!

उनको प्रणाम!

आत्म निवेदन

सन् 2000 के अगस्त में पटना के दैनिक 'हिन्दुस्तान' में मेरा एक साक्षात्कार छपा था, जिसमें मैंने कहा था कि बिहार में अगर लोगों को मरना ही है तो उन्हें घर में रहकर मरने के बदले बाहर आकर अन्याय का विरोध करते हुए मरना चाहिए। गाँव में रहने वाले मेरे बेटे आनंद ने उसे पढ़ा था और फोन पर पढ़कर मुझे सुनाया भी था। उसके चार दिन बाद ही 16 अगस्त की रात को दस बजे के करीब गाँव से टेलीफोन पर वज्रपात जैसी यह खबर आयी कि बिहार पुलिस ने निरपराध और निर्दोष आनंद कुमार की दिन-दहाड़े गोली मारकर नृशंस हत्या कर दी। मैं अपने इकलौते युवा पुत्र की बर्बर हत्या की खबर सुनकर अवसन्न, बेसुध और हताश...। शायद इसी रूप में मेरे शब्दों को सच होना था और सच साबित करना था आनंद को ही। गाँव जाने पर उसके अंतिम दर्शन और विदाई के लिए मेरे गाँव और आसपास के इलाके के लोगों की जो भारी भीड़ जमा थी उसे देखकर मुझे आनंद की लोकप्रियता का पता लगा। लोग एक ओर दुख से विह्वल थे तो दूसरी ओर गुस्से से उबलते हुए भी। आनंद एक लोकप्रिय सामाजिक और सांस्कृतिक कार्यकर्त्ता था। वह गाँव में अपने लोगों के बीच रहकर उनकी सेवा और उत्थान के लिए प्रयत्नशील था। आनंद की लोकप्रियता से भयभीत होकर ही राजनीति के नाम पर जरायम-पेशा में लगे लोगों ने साजिश करके पुलिस से उसकी हत्या करवा दी। आनंद की हत्या से जाहिर है कि जनता के हित के लिए 'अनभय सच' कहने वाले के साथ स्वार्थी और खूंखार सत्ता कैसा व्यवहार करती है।

आनंद की हत्या के बाद का लगभग एक वर्ष का समय मेरे एक लम्बी अँधेरी रात की तरह रहा है—'शिशिर की शर्वरी, हिंस्र पशुओं भरी' (निराला)। आनंद की हत्या के दुःख से उद्वेलित और बेचैन देश भर के लेखकों, पत्रकारों, बुद्धिजीवियों और साधारण जनों के सैकड़ों पत्र और संदेश मेरे पास आये। उनसे मुझे उस ट्रैजडी के पहाड़ सरीखे दुःख और मर्मान्तक पीड़ा को सहने में बहुत सहायता मिली। उन्हीं पत्रों में से एक में केदारनाथ सिंह की कविता 'बाघ' का यह अंश उद्धृत था :

'मौसम जैसा है
और हवा जैसी बह रही है
उसमें कभी भी और कहीं भी आ सकता है बाघ'।

इसे पढ़ते हुए मुझे लगा कि इसमें एक स्तर पर आज के भारतीय समाज की एक बड़ी सच्चाई की ओर संकेत है, पर साथ ही यह भी प्रतीत हुआ कि आनंद की हत्या जिस हिंस्र मनुष्य ने की थी उसकी तुलना बाघ से करना बाघ का, विशेष रूप से केदारनाथ सिंह के बाघ का घोर अपमान होगा, क्योंकि बाघ या अन्य कोई भी जंगली जानवर प्रायः किसी की हत्या मनुष्य की तरह जान-बूझकर, स्वार्थवश, क्रूरता से और साजिश के तहत नहीं करता। यही नहीं, पशु की हिंसा मनुष्य की हिंसा के समान किसी की हत्या करके सुखी होने वाली हिंसा नहीं होती। यह मनुष्य की हिंस्र मनोवृत्ति की विशेषता है, जिसका अनुभव मुझे गाँव से लेकर दिल्ली तक में हुआ।

आनंद की हत्या के विरुद्ध देशभर और विशेष रूप से पूरे बिहार में व्यापक और तीव्र प्रतिक्रिया हुई। अखबार, रेडियो और टेलीविजन से उस हत्याकांड की खबर दूर-दूर और जन-जन तक पहुँची। विभिन्न लेखक संगठनों और जन संगठनों ने उस हत्याकांड की निंदा करते हुए अपना आक्रोश व्यक्त किया। बिहार में जनता ने जगह-जगह धरने, प्रदर्शन और आंदोलन किए। पटना में लेखकों, कलाकारों और पत्रकारों ने एक लम्बा जुलूस निकालकर बुलंद आवाज में पुलिस-बर्बरता की भर्त्सना की और न्याय की माँग भी। बेशक न्याय की वह माँग आज भी माँग ही है, फिर भी इन सब बातों से मुझे स्वयं को संभालने में बहुत मदद मिली, जनजीवन में सामाजिक संवेदनशीलता के जीवित रहने पर मेरा भरोसा सुदृढ़ हुआ और सामाजिक-सांस्कृतिक क्रियाशीलता की सार्थकता भी समझ में आयी। मैं उन सबका बहुत आभारी हूँ जिन्होंने मेरे इस दारुण दुःख में शरीक होकर अपनी संवेदना से मुझे ताकत दी और राहत भी।

जब मैं अपने जीवन के सबसे त्रासद अनुभवों से गुजर रहा था उन्हीं दिनों मैं उम्र के साठवें मोड़ पर पहुँच रहा था। लगता था; अब शायद पढ़ना-लिखना नहीं हो पाएगा, पर रह-रह कर यह बात भी मन में आ रही थी कि पढ़ने-लिखने का कर्ममय जीवन ही इस दुःख से मेरी मुक्ति का वास्तविक उपाय है। जब मैं ऐसे ऊहा-पोह में डूब-उतरा रहा था तभी श्री प्रदीप कुमार आये और उन्होंने मुझे इस स्थिति से उबारने के लिए एक पुस्तक प्रकाशित करने का आग्रह किया जो मेरे अब तक के आलोचनात्मक लेखन का प्रतिनिधि संग्रह हो। उसी का परिणाम है यह पुस्तक—'अनभै साँचा'।

'अनभै साँचा' कबीर को अत्यंत प्रिय है, इसलिए उनकी कविताओं में बार-बार आता है। कबीर के 'अनभै साँचा' का अर्थ है—अनुभव का सच, अनभय सच और अनुभव का अनभय सच भी। क्या यही साहित्य की जीवंतता और दीर्घवयता का मूल कारण नहीं है?

आज के उत्तर आधुनिक समय में आलोचना की किसी पुस्तक का 'अनभै साँचा' नाम कुछ लोगों को चकित करेगा, क्योंकि उत्तरवादियों ने चेतना की मौत की घोषणा के साथ अनुभव और सच के अस्तित्व को भी संदेहास्पद बना दिया है। ऐसे में अनुभव के सच और अनभय सच की बात करना आलोचना में प्रचलित फैशन के खिलाफ चलना है, लेकिन इन दोनों को भुलाकर आलोचना की चिन्ता करना आलोचनात्मक चेतना की शव-यात्रा में शामिल होना होगा?

उत्तरवादियों द्वारा ज्ञान, विवेक, चेतना, अनुभव और इतिहास के अन्त की घोषणाओं के बावजूद अनुभव के सच और अनभय सच की जरूरत पर जोर देने वाली यह पुस्तक पाठकों के हाथों में इस उम्मीद के साथ सौंपी जा रही है कि आज भी मनुष्य की स्वतन्त्रता की आकांक्षा मरी नहीं है और उसे अर्जित करने की कोशिशों का भी अन्त नहीं हुआ है। ऐसे में आलोचना मनुष्य की स्वतन्त्रता के लिए बीहड़ यात्रा में उसके साथ चलकर ही सार्थक होगी। अगर आलोचना आत्मतुष्ट सोच का परिणाम या आत्ममुग्ध चेतना की परिणति नहीं है तो उसकी मुक्तिधर्मी सजगता मनुष्य की स्वतन्त्रता के पक्ष में 'अनभय सच' ही कहेगी।

रचना में जीवन के अनुभव के सच का साक्ष्य मिलता है और आलोचना में रचना को आत्मसात् करने के अनुभव के साथ-साथ आलोचक के अपने जीवनानुभव के सच का साक्ष्य भी। लेकिन साक्षी की आवाज—चाहे वह रचनाकार की हो या आलोचक की—तभी प्रामाणिक और प्रभावशाली होती है जब वह अनभय हो, अर्थात आत्मपरक और परिवेशगत सेंसरशिप के हर प्रकार के दबावों से मुक्त हो। आलोचना की प्रामाणिकता 'अनुभव के सच' पर निर्भर होती है और उसकी प्रभावशीलता सच के 'अनभय कथन' पर।

आज के भारतीय समाज में मनुष्य की आजादी का गला घोंटने के लिए पुरानी सामाजिक संरचनाओं, विचारधाराओं, मिथकमालाओं, मानसिकताओं और इतिहास की प्रक्रियाओं का जिस तरह सहारा लिया जा रहा है उसकी चुनौती का सामना कलावादी रचना और आलोचना से नहीं किया जा सकता। उसके लिए 'सभ्यता-समीक्षा' का विकास जरूरी है जिसे मुक्तिबोध रचना और आलोचना दोनों के लिए अनिवार्य मानते हैं। उस सभ्यता-समीक्षा की शक्ति का स्रोत 'अनभै साँचा' ही है, इसीलिए इस पुस्तक में 'अनभै साँचा' के अभिज्ञान का आग्रह है।

26 जनवरी, 2002 —मैनेजर पाण्डेय

भारतीय भाषा केन्द्र
जवाहरलाल नेहरू विश्वविद्यालय
नयी दिल्ली—110067

अनुक्रम

1

भक्तिकाव्य और हिन्दी आलोचना

जब से हिन्दी आलोचना केवल समकालीन लेखन की समीक्षा बन गयी है और उस समीक्षा की समकालीनता अपनी पीढ़ी के मित्रों के बीच परस्पर प्रशंसा या निन्दा तक सिमट गयी है, तब से पुराने साहित्य की चर्चा साहित्य-चिन्ता के बाहर हो गयी है। आजकल छायावाद और भारतेन्दु युग का साहित्य भी आलोचना के बदले इतिहास और शोध के खाते में डाल दिया गया है। ऐसी स्थिति में अगर रीतिकाल और भक्तिकाल की कविता आलोचना की सीमा से परे हो तो क्या आश्चर्य! हाँ, कभी-कभी परम्परा पर बहस के दौरान भक्तिकाव्य की याद जरूर आती है।

आज भी भक्तिकाल की कविता की महानता और अनन्य लोकप्रियता को सब स्वीकार करते हैं; कुछ जान-बूझकर और कुछ केवल श्रद्धावश। फिर भी उस कविता के प्रति आज की आलोचना उदासीन ही अधिक है। आखिर क्यों? इस प्रवृत्ति के पीछे संकीर्ण समकालीनता का आग्रह है, भक्तिकाव्य सम्बन्धी अज्ञान है या परम्परा के प्रति उदासीनता? जो भी हो, यह स्थिति चिन्ताजनक है। भक्ति-काव्य से आज की आलोचना की उदासीनता के कारण भक्तिकाव्य का भले ही कुछ न बिगड़ा हो, लेकिन समकालीन आलोचना जरूर प्रभावित हुई है। भक्तिकाव्य से आज की आलोचना की दूरी देखकर मन में बार-बार यह सवाल उठता है कि यदि रामचंद्र शुक्ल और हजारी प्रसाद द्विवेदी भी आलोचना की आज वाली समकालीनता के शिकार होते तो हिन्दी आलोचना कहाँ और कैसी होती?

आज के कुछ कवि कभी-कभी निराला, नागार्जुन और त्रिलोचन की कविता में गहरी दिलचस्पी लेने की बात करते हैं। लेकिन निराला, नागार्जुन और त्रिलोचन तो भक्तिकाव्य से कभी उदासीन नहीं रहे हैं। भक्तिकाल के कवियों से उनका लगाव और उनकी कविता में भक्तिकाल की गहरी प्रतिध्वनियाँ जग-जाहिर हैं। फिर उनकी कविता में दिलचस्पी का दावा करने वाले भक्तिकाव्य से उदासीन क्यों हैं?

भक्तिकाव्य की एक विशेषता हिन्दी भाषा के काव्यत्व का उत्कर्ष है। हिन्दी भाषी समाज ने लम्बे काल के अपने इतिहास में व्यापक जीवन-जगत के साथ अनेक प्रकार के सम्बन्धों का अनुभव जिस भाषा में किया है, उसमें वे अनुभव अनेक रूपों में संचित हैं।

उन अनुभवों को नाम और रूप देकर सगुण-साकार बनाने की रचनात्मक प्रक्रिया से ऐसे शब्दों, मुहावरों, कहावतों, लोकोक्तियों, लोकवार्ताओं और बात कहने के विशेष ढंग का विकास हुआ है जिनमें हिन्दीभाषी समाज की संवेदनशीलता प्रकट हुई है और उसकी जिन्दगी की सहज कविता भी। उस कविता में जीवन की वास्तविकताओं की अनुभूतियाँ हैं और नयी सम्भावनाओं की चाह भी। वह हिन्दी भाषा के स्वभाव की कविता है और हिन्दीभाषी समाज के स्वभाव की कविता भी। यही हिन्दी का हिन्दीपन है। हिन्दी भाषा की इसी बुनियादी कविता का या हिन्दीपन का उत्कर्ष भक्तिकाव्य में दिखाई देता है। वैसे तो प्रत्येक महत्त्वपूर्ण कवि की अपनी विशिष्ट काव्यभाषा होती है, लेकिन बड़े कवि वही होते हैं जो अपनी भाषा के काव्यत्व को पहचानकर उसे समकालीन बनाते हुए विकसित करते हैं। हिन्दी में ऐसा उन्हीं कवियों ने किया है जो भक्तिकाव्य को भूले नहीं हैं। आज के जिन कवियों की स्मृति में भक्तिकाव्य नहीं है, उनकी कविता में अंतर्राष्ट्रीय आधुनिकता भले ही अधिक हो, लेकिन हिन्दीपन कम ही है।

समकालीनता की मारी आज की हिन्दी आलोचना ने कबीर को अध्यात्म-प्रेमी विदेशियों तथा उनके देशी सहयोगियों को सौंप दिया है और तुलसीदास को 'जय श्रीराम' का नारा लगाने वाले शाखामृगों की मर्जी पर छोड़ दिया है। लगता है कि जायसी, सूरदास और मीराबाई की कविता ऐसे उपयोगों-दुरुपयोगों की छूट नहीं देती, इसलिए वे अभी बचे हुए हैं।

आलोचना की समकालीनता का एक पक्ष यह भी है कि वह अतीत की महत्त्वपूर्ण रचनाओं की वर्तमान अर्थवत्ता की खोज करे। लेकिन खोज की प्रक्रिया ऐसी हो कि रचना में जो अर्थ अदृश्य है वह सामने आये, कालातीत की ऐतिहासिक भूमि और भूमिका प्रकट हो, कृति की पवित्र प्रतिमा में प्रतिष्ठित चेतना का समकालीन अर्थ खुले और उसकी नयी सम्भावनाओं की पहचान हो, ताकि वह नयी चेतना के विकास का माध्यम बने; न कि पूजा की वस्तु। रामचंद्र शुक्ल और हजारीप्रसाद द्विवेदी ने भक्तिकाव्य की व्याख्या करते हुए अपने-अपने ढंग से यही काम किया है। हाल के वर्षों में विजयदेव नारायण साही ने जायसी के *पद्मावत* के नये अर्थ और महत्त्व की खोज की है और विश्वनाथ त्रिपाठी ने मीरा की कविता की नयी पहचान विकसित की है। आलोचना की इस समकालीनता के अनुसार केवल नया ही समकालीन नहीं होता। जो सार्थक है वही समकालीन है; वह नया हो या पुराना। किसी ने ठीक ही कहा है कि 'साहित्य के स्वराज्य में अतीत के नागरिक भी वैसे ही सक्रिय रहते हैं जैसे वर्तमान के।' साहित्य में सच्ची नागरिकता रचनाओं की ही होती है; और रचनाएँ अन्ततः सार्थक या निरर्थक होती हैं न कि नयी और पुरानी।

विद्वान लोग समझते हैं कि वे ही साहित्य की आलोचना, परम्परा की पहचान और संस्कृति की व्याख्या करते हैं। यह पूरी सच्चाई नहीं है। कभी-कभी विशेष ऐतिहासिक स्थितियों और सामाजिक वास्तविकताओं का सामना करती हुई जनता भी संस्कृति, परम्परा और साहित्य की पहचान का विवेक विकसित करती है। वह विवेक संग्रह और त्याग की प्रक्रिया से विकल्पों के बीच चुनाव में मदद करता है। यदि हम इस व्यापक प्रक्रिया को

समझने के लिए केवल भक्तिकाव्य के साथ जनचेतना के सम्बन्ध पर ध्यान दें तो भी उस प्रक्रिया का स्वरूप स्पष्ट हो जाएगा। यह सब जानते हैं कि भक्ति-आन्दोलन केवल कविता का आन्दोलन नहीं है। वह एक अखिल भारतीय समग्र सांस्कृतिक आन्दोलन है जिसका पहले की संस्कृति, परम्परा और कविता से गहरा सम्बन्ध है और बाद की संस्कृति, परम्परा और कविता के विकास में उसकी महत्त्वपूर्ण भूमिका है। भक्तिकाल की कविता जनता के जीवन में रमी हुई कविता है, वह परम्परा है और संस्कृति भी है। इसलिए जब इस देश की जनता के सामने ऐसी ऐतिहासिक स्थितियाँ और सामाजिक वास्तविकताएँ आती हैं जो विकल्पों के बीच चुनाव की चुनौती खड़ी करती हैं तब वह भक्ति-आन्दोलन के कवियों की ओर देखती है। ऐसी स्थितियों में विद्वान लोग विचारों की विदेशी सहायता से काम चला लेते हैं, लेकिन साधारण जनता तो अपने भक्त कवियों से ही कुछ आशा कर सकती है।

पिछले कुछ वर्षों में इस देश में अनेक जन-आन्दोलन हुए हैं। उन आन्दोलनों को भक्त कवियों की याद आती रही है और उनसे शक्ति भी मिलती रही है। जब महाराष्ट्र के दलितों ने वर्ण-व्यवस्था और जातिप्रथा के विरुद्ध विद्रोह किया, तब उन्हें मराठी के भक्त कवि नामदेव, एकनाथ, तुकाराम आदि से प्रेरणा और शक्ति मिली। हिन्दी क्षेत्र का दलित आन्दोलन कबीर से प्रेरित और प्रभावित होता रहा है। यहाँ दलित आन्दोलन के विकास के साथ कबीर और रैदास की लोकप्रियता बढ़ी है। वैसे कबीरदास पहले से ही दलित जन-समुदाय में अधिक लोकप्रिय रहे हैं। इधर जब से साम्प्रदायिकता की महामारी फैली है और मस्जिद-मन्दिर का झगड़ा खड़ा हुआ है, तब से कबीरदास का महत्त्व साधारण जनता के साथ-साथ विद्वानों की भी समझ में आने लगा है। कबीर ऐसे कवि हैं जिन्हें किसी तरह की साम्प्रदायिकता और कट्टरता न तो अपना बना सकती है और न पचा सकती है। साम्प्रदायिकता, धार्मिक कट्टरता और अनेक दूसरी सामंती रूढ़ियों के विरुद्ध संघर्ष में प्रेरणा का एक अक्षय स्रोत है भक्त कवियों की कविता; इसीलिए उसमें साधारण जनता के साथ-साथ बुद्धिजीवियों की भी दिलचस्पी बढ़ गयी है।

हिन्दी क्षेत्र में अभी सामंती मूल्यों और रूढ़ियों का जितना अधिक प्रभाव है, उतना देश के किसी अन्य भाषा में शायद ही कहीं हो। इसलिए यहाँ स्त्रियों का जैसा शोषण, दमन और उत्पीड़न है, वैसा अन्यत्र कहीं नहीं। यहाँ हत्या और आत्महत्या से बचा हुआ स्त्री-जीवन आग के दरिया से गुजरने के समान है। इस पराधीनता से स्त्रियों की मुक्ति का जो आन्दोलन हिन्दी क्षेत्र में अब आरम्भ हुआ है, वह मीराबाई के जीवन और काव्य के विद्रोही स्वरों को पहचान रहा है। मीरा के काव्य में राजसत्ता, पुरुषसत्ता, लोकरूढ़ि और कुलीनता के विरुद्ध विद्रोह का स्वर जैसा प्रखर है, वैसा उस काल के किसी अन्य कवि के यहाँ नहीं है। यही कारण है कि राजस्थान में दिवराला के सतीकांड के बाद इस नृशंस सामंती प्रथा के विरुद्ध जो आवाज उठी और आन्दोलन चला उसमें मीराबाई को बार-बार याद किया गया। यह स्वाभाविक और जरूरी भी था। आज भी भारतीय नारी को गुलाम बनाए रखने में राजसत्ता, पुरुषसत्ता, लोकरूढ़ि और कुलकानि की बहुत बड़ी भूमिका है। मीरा के काव्य और जीवन से इन चारों के विरुद्ध संघर्ष की प्रेरणा मिलती है। अभी हिन्दी

आलोचना में मीराबाई के वास्तविक महत्त्व की खोज और पहचान बाकी है। अनेक आलोचक तो उन्हें भक्तिकाल के बड़े कवियों में गिनने के लिए भी तैयार नहीं हैं। लेकिन जब इस देश में नारी-स्वाधीनता का आन्दोलन पूरी तरह विकसित होगा, वह शहरों से बढ़कर गाँवों तक पहुँचेगा और यहाँ का स्त्री-समुदाय सचमुच स्वतन्त्र होगा तब मीराबाई हिन्दी ही नहीं, गुजराती जनता के बीच भी सबसे अधिक लोकप्रिय होंगी। इस बात पर कम ध्यान दिया गया है कि जैसे विद्यापति हिन्दी क्षेत्र को बंगाल से जोड़ते हैं, वैसे ही मीराबाई गुजरात से। बंगाल में जो महत्त्व विद्यापति का है, उससे अधिक गुजरात में मीराबाई का है।

इस तरह हिन्दीभाषी जनता ने अपने जीवन-संघर्ष और सामाजिक संघर्ष की प्रक्रिया में भक्त कवियों का महत्त्व पहचाना है और उनकी कविता के संग्रह-त्याग का विवेक विकसित किया है। क्या वह विवेक तर्कयुद्ध में लगे आलोचकों के निर्णयों से कम महत्त्व का है? क्या वह आलोचकों के किसी काम का नहीं? क्या भक्तिकाव्य सम्बन्धी आलोचनात्मक चेतना के विकास में उस विवेक की कोई भूमिका नहीं है?

भक्तिकाव्य : व्याख्या की समस्याएँ

आचार्य रामचंद्र शुक्ल, आचार्य हजारीप्रसाद द्विवेदी, रामविलास शर्मा और नामवर सिंह के महत्त्वपूर्ण आलोचनात्मक प्रयत्नों के बावजूद भक्तिकाव्य की व्याख्या हिन्दी आलोचना के लिए आज भी एक चुनौती है। इसका एक कारण भक्तिकाव्य की अपार सृजनात्मक समृद्धि है। कबीर, जायसी, सूर, तुलसी और मीरा की कविता एक व्यापक आन्दोलन से जुड़ी हुई है, लेकिन उन सबकी कविता एक-सी नहीं है। उनमें से हरेक की कविता का अपना विशिष्ट रूप, रंग और स्वर है। एक की कविता से निकलकर दूसरे की कविता में प्रवेश करना लगभग कविता की दूसरी दुनिया में पहुँचना है। जो आलोचक इन कवियों की कविताओं में केवल सामान्य एकता ढूँढ़ते रहते हैं, वे उनकी सृजनात्मक विशिष्टताओं और विविधताओं को देख नहीं पाते।

भक्तिकाव्य के व्याख्याकारों के सामने एक कठिनाई और भी है। वह एक व्यापक सांस्कृतिक आन्दोलन की देन है, जिसकी जड़ें अपने समय के समाज और उसके इतिहास में बहुत दूर तक फैली हुई हैं। भक्तिकाव्य में उस समय के भारतीय समाज की वास्तविकताएँ हैं और उनकी आलोचना भी है, सामाजिक व्यवस्थाओं के चित्र हैं और व्यवस्था के बन्धनों को तोड़ने की आकांक्षा भी है, सामंती सत्ता के अनेक रूप हैं और उनके आतंक के विरुद्ध निर्द्वंद्व निर्भयता भी है। उसमें कहीं शास्त्र की रूढ़ियों के अस्वीकार की घोषणा है, कहीं लोक के बन्धनों की उपेक्षा का साहस है तो कहीं शास्त्र और लोक के बीच समन्वय का प्रयास भी है। उसमें उस काल के सामाजिक और सांस्कृतिक अंतर्विरोधों की अभिव्यक्ति है; कहीं अंतर्विरोधों के बीच संघर्ष की चेतना अधिक है तो कहीं समन्वय की कोशिश। उस युग के वैचारिक द्वंद्वों की पहचान में प्रत्येक कवि का एक अपना पक्ष है और अन्य पक्षों का प्रतिवाद भी है।

भारतीय समाज के इतिहास, उसकी सांस्कृतिक प्रक्रिया और उसके भीतर उठे भक्ति-आन्दोलन से कबीर, जायसी, सूर, तुलसी और मीरा का सम्बन्ध एक जैसा नहीं है। इसीलिए सामाजिक अंतर्विरोधों और भावात्मक वैचारिक द्वंद्वों के बारे में उनकी चिन्ताओं में भी अंतर है। भक्ति-आन्दोलन और उसके काव्य की यह जटिल समग्रता उस व्याख्याकार को भटकाती है जो किसी एक कवि की सामाजिक-सांस्कृतिक दृष्टि को केन्द्रीय दृष्टि मानकर उसकी सापेक्षता में अन्य कवियों का मूल्यांकन करता है या एक कवि के भावबोध को दूसरे कवि के भावबोध की कसौटी बनाता है।

भक्तिकाव्य के किसी भी व्याख्याकार के सामने एक समस्या भक्ति-आन्दोलन से इस्लाम और उससे जुड़ी हुई सामाजिक-सांस्कृतिक प्रक्रिया के सम्बन्ध की रही है। कुछ लोग भक्ति आन्दोलन को इस्लाम और मुसलमानी शासन की प्रतिक्रिया समझते हैं तो कुछ दूसरे उस पर इस्लाम का अत्यन्त सीमित प्रभाव मानते हैं। जो लोग भक्ति-आन्दोलन को लोकजागरण का आन्दोलन और जनसंस्कृति की अभिव्यक्ति कहते हैं, वे भी लोकजीवन और जनसंस्कृति के भीतर इस्लाम के सामाजिक और सांस्कृतिक प्रभावों को अस्वीकार नहीं करते। लेकिन आश्चर्य की बात है कि ऐसे सभी आलोचक भक्तिकाव्य में उन प्रभावों की अभिव्यक्ति की उपेक्षा करते हैं। यह एक ऐतिहासिक वास्तविकता है कि भक्ति-आन्दोलन के काल में इस देश इस्लाम मौजूद था और भारतीय समाज में मुसलमान केवल मौजूद ही नहीं थे, बल्कि शासक भी थे। विचारणीय बात यह है कि उस ऐतिहासिक वास्तविकता का कौन-सा पक्ष भक्ति-आन्दोलन के किस कवि की कविता में किस रूप में व्यक्त हुआ है। मीरा की कविता में उस वास्तविकता के चिह्न बहुत कम हैं। तुलसीदास के यहाँ इस्लाम और मुसलमानों की मौजूदगी दर्ज है और अरबी-फारसी शब्दों का प्रयोग भी है। सूरदास की कविता में कृषि, ग्राम-प्रबन्ध, व्यापार, शासन-व्यवस्था और दरबार आदि से जुड़े चित्रों में उस वास्तविकता के अनेक पक्ष हैं और उनके साथ अरबी-फारसी की शब्दावली भी है। ध्रुपद के साथ खयाल गायकी और रबाव तथा शहनाई आदि बाजों का उल्लेख भी है। इस तरह सूर और तुलसी की कविता में उस नयी सांस्कृतिक प्रक्रिया की ओर संकेत है जो उस काल में विकसित हो रही थी। लेकिन भारतीय जीवन में उस वास्तविकता के व्यापक प्रसार और गहरे प्रभाव की समग्रता का जैसा बोध कबीर और जायसी के काव्य में है, वैसा और कवियों के यहाँ नहीं। कबीर और जायसी की कविता में उस वास्तविकता के बोध के साथ-साथ धार्मिक रूढ़िवाद से उपजे भेदभाव को हटाकर मानवीय स्तर पर व्यापक एकता की पहचान और प्रतिष्ठा का प्रयत्न भी है।

भक्तिकाव्य की व्याख्या से जुड़ी हुई दूसरी विवादास्पद समस्या निर्गुण-सगुण के सम्बन्ध की है। यह सही है कि कबीर, सूर और तुलसी के काव्य में निर्गुण-सगुण के सम्बन्ध पर जितना विवाद है, उससे अधिक वितंडावाद आलोचकों की व्याख्याओं में है। लेकिन यह भी सच है कि कबीर, सूर और तुलसी की कविता में निर्गुण-सगुण के सम्बन्ध पर पर्याप्त विवाद है। कबीरदास निर्गुण भक्त हैं। उन्होंने पुराणपोषित अवतारवाद का विरोध किया है—'दसरथ सुत तिहुँ लोक बखाना, राम नाम को मरम है आना।' सगुण मत का

आधार है अवतारवाद। सूर के कृष्ण और तुलसी के राम अवतार हैं। उनकी सगुण लीला और चरित्र के कवि हैं सूर और तुलसी। यह सब विवादास्पद नहीं है। विवाद की बात यह है कि सूर और तुलसी ने निर्गुण का खंडन किया है कि नहीं? वैसे तो कृष्ण की सगुण लीला के गायक सूरदास की कविता में आदि से अन्त तक प्रेम के उल्लास से भरपूर जीवन के उत्सव का सर्वव्यापी संगीत है जिसमें तन्मयता से हटकर किसी वाद-विवाद के लिए कोई जगह नहीं है, फिर भी सूर ने 'भ्रमरगीत' के उद्धव-गोपी संवाद में ज्ञान बनाम भक्ति और निर्गुण बनाम सगुण विवाद के लिए अवसर निकाल ही लिया है। वहाँ तीन सौ से अधिक पदों में योग, ज्ञान और सबसे अधिक निर्गुण की निस्सारता पर गोपियों का धाराप्रवाह व्याख्यान है। गोपियों के भावाकुल तर्क के आगे ज्ञानी उद्धव निरुत्तर, अवाक् और पराजित दिखाई देते हैं। भ्रमरगीत के सगुण-निर्गुण-विवाद से साबित होता है कि सूरदास अपने युग के वैचारिक द्वंद्वों से अलग और अनभिज्ञ कवि नहीं हैं।

सगुण-निर्गुण-विवाद में तुलसीदास अधिक सजग हैं। वे दार्शनिक कवि हैं और भारतीय धर्म, दर्शन तथा साहित्य की विशाल परम्परा के परम पंडित भी। जब वे निर्गुण का खंडन करते हैं तब उनके सामने निर्गुण भक्ति की पूरी परम्परा रहती है :

साखी सबदी दोहरा, कहि कहनी उपखान।
भगति निरूपहिं भगतजन, निन्दहिं वेद पुरान॥

कबीरदास भी योगियों के वाह्याचार की आलोचना करते हैं, लेकिन वे गोरखनाथ को आदर के साथ याद करते हैं—'साथी गोरखनाथ ज्यूं अमर भये कलिमांह।' उसके ठीक विपरीत तुलसीदास गोरखनाथ के योग को भक्तिविरोधी मानते हैं—'गोरख जगायो जोग भगति भगायो लोग।' साथ ही वे प्रेम की कहानी और आख्यान लिखने वाले सूफियों की भी आलोचना करते हैं। निर्गुण का खंडन करते समय तुलसीदास प्रायः कबीर को सामने रखते हैं। कबीर ने कहा था—'दसरथ सुत सब लोक बखाना, राम नाम को मरम है आना।' मानो उसे याद करते हुए *रामचरितमानस* के 'शिव-पार्वती-संवाद' में तुलसी ने लिखा :

एक बात नहिं मोहि सोहानी।
जदपि मोह बस कहेहु भवानी॥
तुम्ह जो कहा राम कोउ आना।
जेहि श्रुति गाव धरहिं मुनि ध्याना॥
कहहिं सुनहिं अस अधम नर ग्रसे जे मोह पिसाच।
पाखंडी हरिपद विमुख जानहिं झूठ न साँच॥

निर्गुणपंथियों की इससे अधिक कठोर आलोचना और क्या हो सकती है! इसके बाद भी यदि किसी को तुलसीदास के निर्गुण-विरोध पर सन्देह हो तो उससे बहस करना व्यर्थ है। तुलसीदास उन सबकी उग्र आलोचना करते हैं जो वेद तथा पुराण का विरोध करते हैं और श्रुतिसम्मत तथा पुराण-पोषित भक्तिपथ से अलग चलने की कोशिश करते हैं। इसके साथ ही तुलसीदास निर्गुणपंथियों की कड़ी आलोचना के बाद दार्शनिक स्तर पर निर्गुण-सगुण

के बीच एकता स्थापित करते हैं:

सगुनहिं अगुनहि नहि कछु भेदा। गावहिं मुनि पुरान बुध वेदा॥
अगुन अरूप अलख अज जोई। भगत प्रेम बस सगुन सो होई॥

तुलसीदास जिस वैदिक और पौराणिक परम्परा की रक्षा के लिए निर्गुण की आलोचना करते हैं, उसमें विरोधी विचारों के साथ ऐसा व्यवहार बहुत पहले से होता आया है। उस व्यवहार के अनुसार किसी विरोधी विचार का पहले पूर्ण विरोध किया जाता है। यदि विरोध से वह नष्ट नहीं होता तो उसे विकृत किया जाता है। अगर वह विरोध और विकृति की प्रक्रिया को झेलते हुए जीवित रहता है तो उसके विद्रोही स्वर को दबाकर उसे आत्मसात् कर लिया जाता है। निर्गुण मत से पहले बौद्धदर्शन और लोकायत दर्शन विरोध, विकृति और समाहार की इसी पद्धति के शिकार हो चुके हैं।

स्त्री-सम्बन्धी दृष्टिकोण

सामाजिक व्यवस्था और सांस्कृतिक प्रक्रिया के साथ सभी भक्त कवियों का सम्बन्ध एक जैसा नहीं है। यही कारण है कि उस युग की अनेक सामाजिक वास्तविकताओं और स्थितियों के बारे में उनकी राय भी एक जैसी नहीं है। इसका सबसे स्पष्ट प्रमाण स्त्री के बारे में विभिन्न भक्त कवियों के विचारों में दिखाई देता है। यद्यपि कबीर की सामाजिक चेतना अत्यन्त प्रखर है, लेकिन उनके स्त्री-सम्बन्धी विचारों पर उस युग की गहरी छाया है। वे कहते हैं :

नारी कुंड नरक का, बिरला थामे बाग।
कोई साधुजन ऊबरे, सब जग मुआ लाग॥

सामाजिक व्यवस्था और धार्मिक विश्वास सम्बन्धी कबीर के अधिकांश विचारों से तुलसीदास असहमत हैं, लेकिन स्त्री के बारे में दोनों की राय लगभग एक जैसी है। कबीर की तरह तुलसी भी स्त्री को अवगुणों की खान और बुराइयों की जड़ समझते हैं। वे यह भी कहते हैं कि पति की सेवा (चाहे पति जैसा भी हो) उसका धर्म है :

सहज अपावन नार, पति सेवत सुभगति लहै।
जस गावत श्रुति चार, अजहूँ तुलसिका हरिहि प्रिय॥

तुलसीदास स्त्री की पराधीनता की पीड़ा पहचानते हैं :

कत विधि सृजी नारि जगमांही, पराधीन सपनेहूँ सुख नाहीं।

पर साथ ही वे स्त्री की स्वतन्त्रता को भी खतरनाक समझते हैं—'जिमि स्वतन्त्र भए बिगरहिं नारी', इसलिए उसे पुरुष के शासन में रखना पसन्द करते हैं। कबीर और जायसी सतीप्रथा को भी महिमा-मंडित करते हैं। इस तरह कबीर, जायसी और तुलसी के काव्य में स्त्री सामंती रूढ़ियों में जकड़ी हुई है। लेकिन सूरदास के काव्य में स्त्री का सहज, स्वतन्त्र और तेजस्वी रूप मिलता है; जो प्रेम के अलावा लोक और वेद के किसी बन्धन को नहीं

मानती। *सूरसागर* में केवल एक जगह सतीप्रथा का उल्लेख है। वहाँ भी उस प्रथा की भर्त्सना ही है और उनके जघन्य रूप के त्रासद प्रभाव की ओर संकेत भी :

देख जरनि, जड़, नारि की, (रे) जरति प्रेम के संग।
चिता न चित फीकौ भयौ, (रे) रची जु पिय के रंग।
लोक-वेद बरजत सबै, (रे) देखत नैननि त्रास।

स्त्री के बारे में मीरा का दृष्टिकोण बाकी भक्त कवियों से एकदम अलग है। उनकी कविता में एक ओर सामंती समाज में स्त्री की पराधीनता और यातना की अभिव्यक्ति है तो दूसरी ओर उस व्यवस्था के बन्धनों का पूरी तरह निषेध और उससे स्वतन्त्रता के लिए दीवानगी की हद तक संघर्ष भी है। उस युग में एक स्त्री के लिए ऐसा संघर्ष अत्यन्त कठिन था। लेकिन मीरा ने अपने स्वत्व की रक्षा के लिए कठिन संघर्ष किया। वह राठौड़ राजकुल की बेटी और सिसोदिया राजकुल की बहू थीं, जहाँ सतीप्रथा का चलन था। लेकिन विधवा होने के बाद मीरा कुल की रीति और लोक की रूढ़ि के अनुसार सती नहीं हुईं। वह लगातार लांछन, अपमान और यातना सहती हुई स्वतन्त्र रहकर कृष्णभक्त बनीं। उन्होंने निर्भय होकर भ्रामक युगधर्म और लोकभय का सामना करते हुए स्पष्ट कहा :

भजन करस्याँ सती न होस्याँ मन मोह्यो घण नामी।

उस युग में किसी स्त्री को भक्ति भी सहज सुलभ न थी; क्योंकि स्त्री को भक्त-रूप में स्वीकार करने के लिए व्यापक समाज की कौन कहे, साधु समाज भी तैयार न था। उस काल में मीरा के बारे में प्रचलित विभिन्न प्रवादों से भी यही संकेत मिलता है। *चौरासी वैष्णवों* की वार्ता में वल्लभ-सम्प्रदाय के भक्तों का गुणगान किया गया है, लेकिन मीराबाई को उसमें बहुत बुरा-भला कहा गया है और गालियाँ भी दी गयी हैं।

मीरा का जीवन और काव्य उस काल के अन्य भक्त कवियों की स्त्री-सम्बन्धी मान्यताओं का प्रतिकार है और प्रत्युत्तर भी।

मूल्यांकन सम्बन्धी मतभेद

भक्ति-आन्दोलन और उसके काव्य के स्वरूप की जटिल समग्रता का एक और रूप लोकजीवन से उसके सम्बन्ध में दिखाई देता है। भक्तिकाव्य के प्रमुख व्याख्याकारों ने उस सम्बन्ध का विवेचन किया है। आचार्य शुक्ल भक्तिकाव्य को लोकधर्म की अभिव्यक्ति मानते हैं और रामविलास शर्मा उसे लोकजागरण का काव्य कहते हैं। आचार्य हजारीप्रसाद द्विवेदी भी लोकधर्म को भक्ति-आन्दोलन की जन्मभूमि मानते हैं, लेकिन लोकधर्म की उनकी धारणा शुक्ल जी से भिन्न है। वह शास्त्रीय धर्म के विरोध और विकल्प में विकसित लोकधर्म है। नामवर सिंह लोकधर्म को जनसाधारण के विद्रोह की विचारधारा कहते हैं। वास्तव में आचार्य शुक्ल के लोकधर्म का आधार है तुलसीदास की सामाजिक-सांस्कृतिक दृष्टि और आचार्य द्विवेदी के लोकधर्म के मूल में कबीरदास की सामाजिक-सांस्कृतिक दृष्टि है।

आचार्य रामचंद्र शुक्ल तुलसीदास के लोकधर्म की कसौटी पर दूसरे भक्त कवियों को परखते हैं, इसीलिए उन्हें 'निर्गुण धारा के सन्तों की बानी में लोकधर्म की अवहेलना छिपी हुई' दिखाई देती है, सूर का 'प्रेमपक्ष लोक से न्यारा' लगता है और मीरा की प्रेमसाधना लोकमर्यादा का अतिक्रमण करने के कारण खटकती है। शुक्ल जी के अनुसार, तुलसीदास ने यह पहचाना कि निर्गुण सन्तों के 'वचनों से जनता की चित्तवृत्ति में घोर विकार की आशंका है जिससे समाज विशृंखल हो जाएगा, उसकी मर्यादा नष्ट हो जाएगी।' तात्पर्य यह कि जो भी पहले से चली आती हुई सामाजिक व्यवस्था और मर्यादा को बदलने की प्रेरणा देगा, वह तुलसीदास और शुक्लजी के लोकधर्म का विरोधी होगा। सवाल यह है कि कैसे समाज और कैसी मर्यादा के लिए सन्तों की बानी खतरा बन रही थी। इसमें कोई सन्देह नहीं है कि सामाजिक असमानता और जाति-पाँति के भेदभाव पर टिकी हुई समाज-व्यवस्था और उसकी रक्षा करने वाली मर्यादाओं का विरोध निर्गुण सन्तों के काव्य में है। वही तुलसीदास को असह्य लगता है और रामचंद्र शुक्ल को लोकविरोधी। शुक्ल जी का लोकधर्म मूलतः ऐसा समाज-दर्शन है जिसमें पहले से स्थापित और स्थिर सामाजिक सम्बन्धों को यथावत् बनाए रखने का आग्रह है।

भक्तिकाल में जहाँ वर्णाश्रमवादी समाज-व्यवस्था, उस व्यवस्था के पोषक शास्त्रों और उन शास्त्रों को धारण करने वाले पंडितों का विरोध दिखाई देता है, वहाँ आचार्य शुक्ल की भौंहें तन जाती हैं। ऐसा विरोध सबसे अधिक निर्गुण काव्य में है, इसलिए उसके सामने आते ही शुक्ल जी कटु हो जाते हैं। वह कटुता कहीं सीधे प्रकट होती है और कहीं व्यंग्य बनकर। इसका सबसे दिलचस्प उदाहरण नामदेव के प्रसंग में दिखाई देता है। महाराष्ट्र के भक्त कवि नामदेव की कविता में निर्गुण-सगुण की एकता है। वह एकता उनके मराठी अभंगों में है और उनकी हिन्दी रचनाओं में भी। कहा जाता है कि नामदेव पहले सगुण भक्त थे, बाद में निर्गुण की ओर झुके। उनके सगुण से निर्गुण की ओर जाने को शुक्ल जी ने अपने विशेष व्यंग्यात्मक अन्दाज में प्रस्तुत किया है—"नामदेव किसी गुरु से दीक्षा लेकर अपनी सगुण भक्ति में प्रवृत्त नहीं हुए थे। अपने ही हृदय की स्वाभाविक प्रेरणा से हुए थे। ज्ञानदेव उन्हें बराबर 'बिन गुरु होहिं न ज्ञान' समझाते आते थे। अन्त में बेचारे नामदेव ने नागनाथ नामक शिव के स्थान पर जाकर बिसोबा खेचर या खेचरनाथ नामक एक नाथपंथी कनफटे से दीक्षा ली।" शुक्ल जी का संकेत स्पष्ट है—नामदेव सगुण भक्त हुए थे अपने ही हृदय की प्रेरणा से, लेकिन निर्गुण बने दूसरों के कहने पर। सगुण होना स्वाभाविक प्रक्रिया है, लेकिन निर्गुण होना पतन है; इसलिए निर्गुण की ओर झुकने वाले नामदेव 'बेचारे' हो गये।

शुक्ल जी ने अपने इतिहास में नामदेव की सगुण और निर्गुण दोनों तरह की कविताओं को उद्धृत किया है; पहले सगुण के पद, बाद में निर्गुण के सगुण लीला के पदों को उद्धृत करने के बाद उन्होंने लिखा है—"यह तो हुई नामदेव की व्यक्तोपासना सम्बन्धी हृदयप्रेरित रचना।" फिर बाद के निर्गुण पदों को लक्ष्य करके लिखा है— "आगे गुरु से सीखे हुए ज्ञान की उद्धरणी अर्थात् 'निर्गुन बानी' भी कुछ देखिए।" इस व्यंग्य-बाण का

लक्ष्य केवल नामदेव की निर्गुण कविता ही नहीं है, कबीर की कविता भी है; बल्कि पूरी निर्गुण कविता है। अभिप्राय यह है कि निर्गुण कविता में न हृदय की प्रेरणा होती है, न बुद्धि की साधना। फिर वह कविता कैसे होगी? आलोचना-बुद्धि का चमत्कार देखिए कि नामदेव की सगुण सम्बन्धी कविता तो 'हृदय प्रेरित रचना' है, लेकिन उन्हीं की निर्गुण कविता 'सीखे हुए ज्ञान की उद्धरणी' मात्र! क्या आलोचना के इस चमत्कार के मूल में निर्गुण कविता के प्रति गहरा तिरस्कार नहीं है?

नामदेव और कबीर की कविता में काफी समानता है। उन दोनों की धार्मिक भावना और सामाजिक चेतना में भी बहुत दूर तक एकता है। इस एकता का बोध कबीर को भी था, तभी उन्होंने नामदेव को अत्यन्त आदर के साथ याद किया है। भारतीय समाज में हिन्दुओं और मुसलमानों के बीच एकता स्थापित करने के लिए कबीर ने जिस भक्तिमार्ग का विकास किया, उसके मार्गदर्शक नामदेव थे। नामदेव की मराठी और हिन्दी कविता में उस एकता की भावना अत्यन्त गहरी है। यहाँ तक कि उनकी कृष्णलीला के चीरहरण-प्रसंग में एक मुसलमान गोपी भी शामिल है। हिन्दू-मुसलमान एकता की ऐसी अनुभूति और उसकी अभिव्यक्ति का साहस किसी दूसरे भक्त की कविता में शायद ही मिले। नामदेव की निर्गुण कविता के प्रसंग में आचार्य शुक्ल के आक्रामक व्यंग्य को देखकर यह अनुमान करना कठिन नहीं है कि कृष्णलीला में एक मुसलमान गोपी को शामिल करने वाली कविता उनके सामने होती तो वे कैसी प्रतिक्रिया करते।

भक्तिकाव्य और लोकधर्म

आचार्य हजारीप्रसाद द्विवेदी के भक्ति-आन्दोलन सम्बन्धी विचारों की व्याख्या करते हुए नामवर सिंह ने लिखा है कि "मध्यकाल में मुख्य अंतर्विरोध शास्त्र और लोक के बीच द्वंद्व का है।" भक्ति-आन्दोलन शास्त्रीय धर्म का विरोध करने वाले लोकधर्म के उत्थान का आन्दोलन है। उस लोकधर्म में उस युग के किसानों और दस्तकारों के विविध वर्गों-उपवर्गों की मिली-जुली भावनाओं की अभिव्यक्ति है और दमनकारी सामाजिक व्यवस्था तथा सांस्कृतिक मूल्यों के विरुद्ध विद्रोह की चेतना है। वही लोकधर्म कबीर और दूसरे सन्तों के काव्य का मुख्य प्रेरणास्रोत है। यह सब ठीक है। लेकिन जब नामवर सिंह कहते हैं कि "सामान्यजन में प्रचलित टोना, टोटका, तन्त्र-मन्त्र, मिथक आदि विश्वासों को ही वे (हजारीप्रसाद द्विवेदी) लोकधर्म मानते हैं" तब बात उलझ जाती है। अगर यही सब लोकधर्म है तो रूढ़ि और अन्धविश्वास किसे कहेंगे? क्या कबीर के काव्य में कहीं भी इन सबका समर्थन और स्वीकार है? कबीर की दृष्टि में यह सब लोकधर्म नहीं, लोक में प्रचलित अपधर्म है।

कबीर शास्त्रीय धर्म की बार-बार आलोचना करते हैं; वह चाहे वेद-पुराण के सहारे चलने वाला हो या कुरान के सहारे; उस पर पंडितों-पुरोहितों का प्रभुत्व हो या मुल्लाओं-मौलवियों का कब्जा। लेकिन कबीर यह भी जानते हैं कि समाज में लोकधर्म के नाम पर वह भ्रमजाल भी फैला होता है, जिसे लोकाचार कहा जाता है। वह कई बार शास्त्रोक्त व्यवहार होता है।

इसीलिए कबीर लोकाचार की भी आलोचना करते हैं :

ताथैं कहिये लोकोचार, वेद कतेब कथै व्यौहार॥

वे आँख मूँदकर सामान्यजन में प्रचलित विश्वासों को स्वीकार नहीं करते, उन्हें सजग आलोचनात्मक दृष्टि से देखते हैं। कबीर के सामने यह लोकविश्वास था कि जो काशी में मरेगा, वह मोक्ष पाएगा और मगहर में मरने वाला अगले जन्म में गदहा होगा। इस लोकविश्वास को मानने का अर्थ था भक्ति का निरादर। कबीर ने स्पष्ट शब्दों में इस लोकविश्वास का खंडन किया है। वे कहते हैं :

लोकामति के भोरा रे।
जो कासी तन तजै कबीरा, तो रामहिं कहा निहोरा रे ॥

× × ×

कहै कबीर सुनहु रे सन्तो भ्रमि परे जिनि कोई रे।
जस कासी तस मगहर ऊसर हिरदै रांम सति होई रे॥

कबीर यह नहीं मानते कि लोक में धर्म के नाम पर जो कुछ है, वह सब विवेक-सम्मत है। अन्धविश्वास और रूढ़ियों का चलन भी लोक में ही होता है। उनका आत्मविश्वास न तो शास्त्र की रूढ़ियों को स्वीकार करता है और न लोक-प्रचलित अन्धविश्वासों को। प्रायः जिसे लोकधर्म कहा जाता है उसमें बहुत कुछ ऐसा भी होता है जिसे कबीर लोकभ्रम मानते हैं :

लोका जानि न भूलौ भाई।

कबीर शास्त्रीय ज्ञान के बोझ से मुक्त हैं। वे लोक के व्यापक अनुभव से शास्त्रीय ज्ञान की सामाजिक भूमिका भी पहचानते हैं; इसीलिए वेद और कुरान को कभी झूठ का बाना, कभी प्रपंच, कभी फंदा और कहीं लोक को भरमाने का साधन कहते हैं। वे लोक के अनुभव से यह भी जानते हैं कि समाज में बहुत-सी भ्रामक मान्यताएँ और रूढ़ियाँ वेद और कुरान के नाम पर प्रचलित हैं। पुरोहितों और मौलवियों के लिए वेद तथा कुरान सामाजिक-धार्मिक रूढ़िवाद के जाल को अधिक कठोर और मजबूत बनाने के पवित्र स्रोत रहे हैं। इसीलिए कबीर लोक में प्रचलित धार्मिक रूढ़िवाद के साथ-साथ उसके मूल स्रोतों पर भी आक्रमण करते हैं। यही नहीं, वे एक कदम आगे बढ़कर जीवन के अनुभव और उस अनुभव से पाये सत्य को शास्त्र और उसके सत्य से अधिक प्रामाणिक मानते हैं, 'तू कहता कागद की लेखी', 'मैं कहता आँखिन की देखी।' कबीर जिस 'अनभै साँचा' को लेकर शास्त्र के सामने खड़े होते हैं उसी के सहारे वे लोकभ्रम के भय का भी सामना करते हैं। हजारीप्रसाद द्विवेदी के अनुसार, "अनभै साँचा अनुभव सत्य है और अनभय सत्य भी।" जीवन के विभिन्न प्रसंगों में सत्य का अनुभव तो बहुतों को होता है, लेकिन उसे कभी शास्त्र के भय और कभी लोक के डर से कहने का साहस नहीं होता। बिरला ही कोई निर्भय होकर अपने अनुभव का सच कहता है। वही कबीर होता है; कल, आज और कल भी।

वेदान्त के अनुसार सत्य के दो रूप हैं—पारमार्थिक और लौकिक। आध्यात्मिक स्तर पर सभी आत्माओं की पवित्रता और एकता पारमार्थिक सत्य है, लेकिन समाज में अमीर-गरीब, ऊँच-नीच, जाति-पाँति आदि का भेद व्यावहारिक या लौकिक सत्य है। सत्य के इन दोनों रूपों की समानांतर सत्ता बनाए रखना शास्त्रीय धर्म का मुख्य लक्ष्य रहा है। कबीरदास ऐसे शास्त्रीय धर्म और उसके अनुगामी लोकधर्म दोनों का विरोध करते हैं। वे पारमार्थिक और लौकिक सत्य के बीच के अन्तर को अस्वीकार करते हैं, आत्मा की माँग और जीवन की वास्तविकताओं के बीच की दरार को पाटना चाहते हैं; इसीलिए आध्यात्मिक क्षेत्र की समानता और एकता की भावना को मनुष्यों के बीच सामाजिक समानता और एकता के रूप में चरितार्थ करने का आग्रह करते हैं।

भक्तिकाल के लोकधर्म को लेकर आलोचना में जो धर्मयुद्ध चला है, उसमें शास्त्रीय धर्म से लोकधर्म के द्वंद्व की पहचान हुई है, लेकिन लोकधर्म के आन्तरिक द्वंद्व की उपेक्षा हुई है। कबीर और दूसरे सन्त कवि शास्त्रमत (जिसे वे प्रायः वेदमत कहते हैं) और उनसे प्रभावित लोकमत की आलोचना करते हुए एक नयी नैतिक चेतना और विश्वदृष्टि विकसित करते हैं, जिसे वे प्रायः साधुमत कहते हैं।

एंतोनियो ग्राम्शी ने लोकमत का स्वरूप स्पष्ट करते हुए लिखा है कि लोकमत अनुभवाश्रित, यथार्थपरक, समयसापेक्ष और भौतिकतावादी होता है। उसमें भोलापन, सहजता और भावावेग की प्रधानता होती है। किसी भी समाज में एक ही समय में विभिन्न जनसमुदायों के अनुभव से जुड़े अनेक लोकमत हो सकते हैं। लोकमत में जिन्दगी की सच्चाई होती है, लेकिन उसे सामाजिक सत्य का निर्भ्रान्त स्रोत समझना सही नहीं है। ग्राम्शी ने यह लिखा है कि धर्म लोकमत का महत्त्वपूर्ण अंग है, लेकिन लोकमत केवल लोकधर्म नहीं है। प्रायः जिसे लोकमत कहा जाता है, उसमें शास्त्रीय धर्म का प्रभाव होता है और वह नवीनता का विरोध भी होता है। ग्राम्शी के विश्लेषण से स्पष्ट है कि लोकमत को यथावत् स्वीकार करना या उसे महिमामंडित करना उसके अंतर्विरोधों की उपेक्षा करना है।

भक्ति-आन्दोलन के साथ जो नया लोकधर्म विकसित हुआ, वह सभी कवियों के यहाँ एक जैसा नहीं है। दूसरी भारतीय भाषाओं के भक्तिकाल के लोकधर्म की स्थानीय विशेषताओं को छोड़ दें और केवल हिन्दी के भक्तिकाल को देखें तो भी यह समझना बहुत कठिन न होगा कि कबीर, जायसी, सूर, तुलसी और मीरा के लोकधर्म का रूप एक-सा नहीं है। वैसे जब शास्त्रबद्ध और संघबद्ध धर्म भी आरोपित एकता के बावजूद समाज के सभी वर्गों और समुदायों के बीच समान अर्थ और रूप में माना नहीं जाता, तब किसानों, कारीगरों, पंडितों और स्त्रियों का लोकधर्म एक कैसे होगा? भक्ति-आन्दोलन के प्रत्येक कवि के लोकधर्म का रूप उसकी विश्वदृष्टि के अनुरूप है और कवि की विश्वदृष्टि पर उस वर्ग या समुदाय की जिन्दगी की वास्तविकताओं और आकांक्षाओं की छाप है, जिसका वह सदस्य है। वही विश्वदृष्टि प्रत्येक कवि की भक्तिभावना, सामाजिक चेतना और काव्यरचना के विशिष्ट स्वरूप का निर्माण करती है।

कबीर जिस लोकधर्म का विकास कर रहे थे, उसका मुख्य लक्ष्य है मानुष सत्य या मनुष्यत्व का विकास। आचार्य शुक्ल ने ठीक ही लिखा है कि "कबीर ने मनुष्यत्व की सामान्य भावना को आगे करके निम्न श्रेणी की जनता में आत्म-गौरव का भाव जगाया।" मनुष्यत्व की भावना को ही आगे रखकर कबीर एक ओर हिन्दू समाज के जातिभेद, धार्मिक रूढ़िवाद, अन्धविश्वास आदि की आलोचना करते हैं तो दूसरी ओर मुसलमान समुदाय के धार्मिक वाह्याचार और रस्मो-रिवाज की बखिया उधेड़ते हैं। यह आलोचना जनता को जगाने वाली है और रूढ़िवादियों को चिढ़ाने वाली। साथ ही यह आलोचना जनता के मन से शास्त्र के भय और सामाजिक रूढ़िवाद के भ्रम को दूर करके उसमें मनुष्यत्व की भावना जगाने वाली है।

कबीर की एक बड़ी विशेषता प्रश्न करने की प्रवृत्ति है। यह प्रवृत्ति कबीर में जितनी प्रखर है, उतनी उस काल के किसी अन्य कवि में नहीं है। उस समय के समाज, उसकी व्यवस्था और उसके धर्म का कोई भी पक्ष कबीर के प्रश्नों से बच नहीं पाया है। वे सामाजिक व्यवस्था और धार्मिक आस्था की रूढ़ियों को प्रश्नों के कठघरे में लाकर सवाल-दर-सवाल करते हुए उनके अंतर्विरोधों को खोलते हैं। उनके प्रश्न उस युग की नैतिक मान्यताओं को चुनौती देते हैं और नैतिक दृष्टि की जरूरत का अहसास जगाते हैं। उन सवालों की कौंध लोगों के दिमाग पर छाए भ्रामक विश्वासों के कोहरे को छिन्न-भिन्न करने वाली है। कबीर के प्रश्न जितने सरल और बेलाग हैं, उतने ही तीखे और तिलमिला देने वाले भी हैं। वे कभी-कभी सुकरात की तरह अज्ञानी बनकर प्रश्न करते हैं और ज्ञानियों की पोल खोल देते हैं। प्रश्न की प्रवृत्ति की कबीर की कविता में व्यंग्य को विशिष्ट सामाजिक कला बनाती है। वही प्रवृत्ति पाठकों को प्रश्न पूछने की प्रेरणा और निर्भीक दृष्टि भी देती है। कबीर और तुलसी की कविता में एक अन्तर यह है कि कबीर की कविता प्रश्न पैदा करती है, जबकि तुलसी की कविता उत्तर देने वाली है।

कबीरदास अगर केवल आलोचना और प्रश्न करने तक सीमित रहते तो वे अधिक से अधिक असहमति और विरोध के कवि होते, जैसा कि कुछ लोग कहते हैं। लेकिन वे केवल असहमति और विरोध के कवि नहीं हैं। उनकी सामाजिक सजगता असहमति और विरोध से आगे बढ़कर समाज में मनुष्यत्व की भावना को विकसित करने और मानुष-सत्य को प्रतिष्ठित करने के लक्ष्य को सामने रखती है। आलोचना और प्रश्न की प्रवृत्ति तो उस बड़े लक्ष्य की राह बनाने में सहायक मात्र है। कबीर मनुष्यत्व की भावना के विकास के लिए मनुष्य के हृदय के धर्म अर्थात् मानवीय भावों और उनसे विकसित मानवीय गुणों को लोकधर्म का आधार बनाते हैं। समाज में मानवीय भावों और मानवोचित गुणों के प्रसार के लिए मनुष्य-विरोधी भावों को हटाना आवश्यक होता है; इसीलिए कबीर ईर्ष्या, क्रूरता, कामुकता, कपट, अहंकार, पाखंड आदि की आलोचना करते हैं और प्रेम, करुणा, दया, उदारता, अहिंसा, समता आदि मानवीय भावों और गुणों को लोकधर्म बनाने पर जोर देते हैं। वे यह भी चाहते हैं कि इन मानवीय भावों, विचारों और गुणों के अनुरूप आचरण मनुष्य स्वयं करे, न कि उसके लिए कोई अवतारी राम या कृष्ण। गौतम बुद्ध की तरह कबीर भी

मनुष्य से यही कहते हैं कि अपना दीपक स्वयं बनो।

कबीर के लोकधर्म में व्यक्ति के आध्यात्मिक उत्कर्ष से अधिक महत्त्वपूर्ण है समाज में मनुष्यत्व का जागरण। भक्ति-दर्शन के अनुसार भक्ति के क्षेत्र में अमीर-गरीब, स्त्री-पुरुष, ब्राह्मण-शूद्र आदि का भेद नहीं होता। कबीर इस आध्यात्मिक सत्य को सामाजिक सत्य बनाते हैं और एक समतामूलक मानवीय समाज के निर्माण की माँग करते हैं। ऐसी माँग वे ही कर सकते थे; क्योंकि वे समाज के उस हिस्से से आये थे, जिसके जीवन में सामाजिक विषमता की लगातार मार की पीड़ा ही सबसे बड़ी सच्चाई थी। इसीलिए वे सामाजिक समता को लोकधर्म का सबसे बड़ा मूल्य मानते हैं। तुलसीदास भी भक्ति के क्षेत्र में ऊँच-नीच, जाति-पाँति, स्त्री-पुरुष का भेद नहीं मानते; लेकिन राम की भक्ति के क्षेत्र में ही; सामाजिक जीवन में नहीं; यहाँ तक कि रामराज्य में भी नहीं। वे भक्त समुदाय के बाहर व्यापक समाज में वर्णाश्रम व्यवस्था को ही आदर्श मानते हैं। यद्यपि उन्हें जीवन में गरीबी के दुख का अनुभव था– 'नहिं दरिद्र सम दुख जग माँही।' साथ ही वे वर्णव्यवस्था के उत्पीड़न से भी परिचित थे, इसीलिए खीझकर लिखा–'धूत कहौ, अवधूत कहौ, रजपूत कहौ, जोलहा कहौ कोऊ'। फिर श्री अंततः वे काल्पनिक आदर्श वर्णव्यवस्था को ही लोकधर्म के रूप में समाज में स्थापित करना चाहते हैं।

कबीर की कविता का लोक और उसका धर्म दूसरे भक्त कवियों से अलग है; क्योंकि उनके जीवन का अनुभवलोक भी दूसरों से भिन्न है। कबीर बार-बार कहते हैं–'मैं जुलाहा, मैं जुलाहा।' उनकी कविता का तानाबाना भी कहता है कि वह एक बुनकर की कविता है। उस कविता का पूरा लोक एक जुलाहे के जीवन-यथार्थ के अनुभवों और आकांक्षाओं से बुना हुआ है। यहाँ तक कि उनकी भक्ति-भावना का रहस्यलोक भी उन्हीं अनुभवों और आकांक्षाओं से बना है। कबीर की कविता और भक्ति के इस स्वरूप को किसी आलोचक ने भले ही न पहचाना हो, लेकिन उनके समानधर्मा जायसी ने जरूर पहचाना और लिखा :

ना नारद तक रोई पुकारा। एक जोलाहे सौं मैं हारा॥
प्रेम तंतु नित ताना तनई। जप तप साधि सैकरा भरई॥

कबीर प्रत्येक लौकिक और अलौकिक वस्तु को जुलाहे की नजर से देखते हैं। उनके लिए ईश्वर भी एक बुनकर ही है और उसकी यह दुनिया तथा मानव काया–'झीनी-झीनी बीनी चदरिया' है। वे अपने जीवानानुभवों का ताना तानकर उसमें भक्ति का बाना बुनते हैं :

हरि मोर रहँटा मैं रतन पिउरिया।
हरि को नाम लै कातल बहुरिया।
छ मास ताग बरस दिन ककुरी।
लोग बोले भल कातल बपुरी॥
कहै कबीर सूत भल काता।
रहँटा न होय मुक्ति कर दाता॥

चरखा कबीर के लिए जीवनयापन का साधन है और पूजा की वस्तु भी। उनकी दृष्टि में जीवन के कर्म से धर्म अलग नहीं है। उनके कवि-कर्म और जीवन-कर्म में अद्‌भुत एकता है। कारीगर कबीर के जीवन की कला ही उनकी कविता की कला बन गयी।

तुलसीदास का कवि-स्वभाव कबीर से एकदम भिन्न है। वे 'नाना पुराण निगम आगम' के पंडित हैं और संस्कृत काव्य की विशाल परम्परा के मर्मज्ञ भी। शास्त्र-मत या वेदमत उनकी काव्यदृष्टि का अनिवार्य अंग है। साथ ही वे उस समय के समाज में प्रचलित विभिन्न धार्मिक मतों से परिचित हैं और लोकमन को अच्छी तरह पहचानते भी हैं। वे एक कुशल कथावाचक की तरह नये-नये संवादों और प्रसंगों को रचते हुए अपने युग के वैचारिक द्वंद्वों को समेटने की कला में अत्यन्त निपुण हैं। इसी कला के सहारे वे पुराणों, स्मृतियों आदि की मान्यताओं को लोकभाषा के माध्यम से लोकमन में प्रतिष्ठित करते हैं। *रामचरित्रमानस* के संस्कृत स्रोतों पर ध्यान दें तो स्पष्ट होगा कि वह कविता में अनुवाद की कला का अनन्य उदाहरण है। आजकल आलोचना की एक प्रवृत्ति पाठों की अंतर्व्याप्ति की खोज पर जोर देती है। उसके लिए *रामचरितमानस* से बेहतर पाठ शायद ही मिले। तुलसीदास की कविता में सामाजिक और धार्मिक स्तर पर समन्वय की चिन्ता अधिक है। वे जिस तरह *रामचरितमानस* के आरंभ, अन्त और बीच में जगह-जगह संस्कृत में वन्दना और प्रार्थना लिखकर लोकभाषा से संस्कृत का समन्वय करते हैं, वैसे ही लोकमत से वेदमत का। इस प्रक्रिया से वे एक ओर वैदिक-पौराणिक परम्परा के लिए लोकमत में जगह बनाते हैं तो दूसरी ओर उस परम्परा में और लोकमन में भी अपनी जगह सुनिश्चित करते हैं। यह तुलसीदास के काव्य का एक पक्ष है।

तुलसी के काव्य का दूसरा पक्ष वह है जिसके आगे-पीछे कोई शास्त्र नहीं है। वहाँ लोकजीवन का व्यापक अनुभव है, उनका अपना चिन्तन है और गहरी सहृदयता है। यह सब *रामचरितमानस* में भी है; विशेषतः उसके मानवीय सम्बन्धों के चित्रण, कथा के रचना-विधान और काव्यभाषा की बनावट में। परन्तु उनकी गम्भीर चिन्तनशीलता और सहृदयता के एक से बढ़कर एक उदाहरण *विनयपत्रिका* में मिलते हैं। *विनयपत्रिका* में उनका निश्छल आत्मनिवेदन दूसरे भक्त कवियों के आत्मनिवेदन से भिन्न नहीं है। *कवितावली* के आत्मकथात्मक छन्दों में अपने जीवन और समाज के कठोर सच को सीधे कहने की तत्परता है तो दूसरे अनेक छन्दों में उस समय के समाज के यथार्थ का मर्मस्पर्शी चित्रण भी है। उन्होंने समाज में फैली गरीबी, भुखमरी, अकाल और महामारी के त्रासद यथार्थ का जो चित्रण किया है, उसमें उनकी जनजीवन से गहरी आत्मीयता और व्यापक करुणा व्यक्त हुई है। तुलसीदास के काव्य का यह पक्ष शास्त्रमत से मुक्त एवं लोक अनुभव से प्रेरित है।

भक्तिकाव्य में प्रेम-भावना

कबीर जिन मानवीय भावों को लोकधर्म का आधार बनाकर समाज में मनुष्यत्व की भावना का विकास करना चाहते थे, उनमें सबसे अधिक व्यापक और गम्भीर भाव है प्रेम। वही

भक्ति का मूलभाव है और सम्पूर्ण भक्तिकाल का केन्द्रीय भाव भी। आचार्य शुक्ल ने लिखा है कि "भक्तिमार्ग शुद्ध भावमार्ग या प्रेममार्ग है। उसका आधार मनुष्य की सहज रागात्मिका वृत्ति है। उसकी पद्धति वह प्रेम-पद्धति है जिसे सब लोग स्वभावतः जानते हैं।"

तात्पर्य यह कि भक्तिकाव्य के प्रेम के मूल में लौकिक अनुभव है। भक्त कवियों ने प्रेममार्ग की जिन बाधाओं का वर्णन किया है, वे भी लोकजीवन में प्रेम की अनुभूति की बाधाएँ हैं। जैसे सामाजिक जीवन में प्रेम की अनुभूति शास्त्र और लोक की रूढ़ियों से स्वतन्त्र होना चाहती है, वैसे ही जायसी, सूर और मीरा की प्रेमानुभूति विधि-निषेध से स्वतन्त्र है। वह शास्त्र के भ्रम और लोक के भय से मुक्त मानवीयता के विकास में सहायक है। भारतीय समाज में इस प्रेम का विशेष महत्त्व यह है कि कर्मवाद की मान्यताओं का निषेध करता है।

भक्तिकाव्य का प्रेम भक्ति-आन्दोलन की विभिन्न धाराओं को आपस में मिलाता है। वह वैष्णवों को सूफियों से और निर्गुण सन्तों को सगुण भक्तों से जोड़ता है। कहीं वह सामाजिक मूल्य है तो कहीं सामाजिक कर्तव्य। लेकिन उसका सबसे उत्कट और आवेगमय रूप स्त्री-पुरुष के प्रेम में मिलता है, इसलिए माधुर्य भाव भक्ति की अनुभूति का आदर्श है।

कबीर की कविता में प्रेम एक सामाजिक मूल्य भी है, परन्तु उनकी भक्ति की सांद्रता वहीं प्रकट हुई है, जहाँ माधुर्य भाव के अंतर्गत प्रियतम से मिलन की आकांक्षा, मिलन की सम्भावना का सुख और विरह की व्याकुलता व्यंजित हुई है। कबीर प्रेम की अनुभूति को जब भारतीय स्त्री के पारिवारिक परिवेश और उसमें पलने वाले मानवीय सम्बन्धों की भाषा में व्यक्त करते हैं, तब वह अधिक मूर्त और संवेद्य होती है। वह प्रेमानुभूति कहीं-कहीं रहस्यमयी लगती हुई भी भारतीय स्त्री की पारिवारिक जिन्दगी की अनुभूतियों को ही प्रतिबिम्बित करती है। वैसे लौकिक प्रेम की अनुभूति भी पूरी तरह रहस्य-रहित नहीं होती।

जायसी प्रेम के कवि के रूप में विख्यात हैं। उनके अनुसार संसार में प्रेम से अधिक सुन्दर और काम्य कुछ भी नहीं है। प्रेम ही मनुष्य के जीवन का चरम मूल्य है, जिसे पाकर मनुष्य बैकुंठी होता है, अन्यथा वह एक मुट्ठी राख नहीं तो और क्या है—'मानुष प्रेम भएउ बैकुंठी, नाहीं त काह छार भरि मुट्ठी।' यही प्रेम जायसी की कविता का प्रेरक है। उनकी कविता का लक्ष्य भी प्रेम ही है। उनको विश्वास है कि उनकी कविता पाठक के मन में प्रेम की पीर अवश्य पैदा करेगी—'मुहम्मद कवि यह जोरि सुनावा, सुना सो पीर प्रेम कर पावा।' जायसी यह भी मानते हैं कि प्रेम केवल उन्हीं की कविता का लक्ष्य नहीं है, बल्कि संसार की सभी भाषाओं की कविता में जहाँ प्रेम है, वहीं मनुष्य का मन लगता है :

तुरकी अरबी हिन्दुई, भाषा जेती आहि।
जेहि महँ मारग प्रेमकर, सबै सराहैं ताहि॥

जायसी की दृष्टि में प्रेम अत्यन्त गूढ़ और अथाह है। जाहिर है, ऐसे प्रेम की कविता लिखना भी आसान नहीं होगा। दूसरे कवि अधिक-से-अधिक आँसुओं से प्रेम की कविता

लिखते हैं, लेकिन जायसी ने आँखों से टपकने वाले लहू से प्रेम की कविता लिखी है :

जोरी लाइ रकत कै लेई, गाढ़ि प्रीति नयनन्ह जल भेई।
ओ मैं जानि गीत अस कीन्हा, मकु यह रहै जगत महँ चीन्हा॥

पद्मावत में प्रेम की प्रधानता निर्विवाद है, परन्तु उस प्रेम के स्वरूप के बारे में मतभेद है। विवाद का विषय यह है कि वह प्रेम मूलतः लौकिक है या अलौकिक। जो आलोचक जायसी को सूफी कवि सिद्ध करते हैं, वे *पद्मावत* में प्रत्येक स्तर पर सूफीमत की खोज करते हुए उसके प्रेम को अलौकिक, आध्यात्मिक और रहस्यवादी कहते हैं। आचार्य रामचंद्र शुक्ल *पद्मावत* को सूफी काव्य मानते हैं और उसके प्रेम को अलौकिक, आध्यात्मिक और एकांतिक कहते हैं, लेकिन वे *पद्मावत* में जगह-जगह लौकिक प्रेम का उत्कर्ष देखते हैं। विजयदेव नारायण साही ने *पद्मावत* में शुद्ध कविता की खोज की है। उन्होंने लिखा है कि जायसी ऐसे कवि हैं जिसे बैकुंठीप्रेम की तलाश नहीं है, जो ऐसा प्रेम चाहता है जो प्रेम करने वाले मनुष्य को ही बैकुंठी बना दे।

जायसी की कविता का आधार है लोकजीवन का व्यापक अनुभव। *पद्मावत* की भाषा की बनावट और मुहावरों में लोकजीवन के अनुभवों की अनुगूँज से सब परिचित हैं। उसी अनुभव से जायसी को यह प्रेमगाथा मिली है, जो *पद्मावत* की कथा बन गयी है। लोककथा की एक विशेषता यह है कि उसमें लौकिक से अलौकिक की सहज एकता होती है। यही स्थिति *पद्मावत* की कथा में भी है। *पद्मावत* की संरचना में लोकगीतों की भावभूमि और संवादधर्मिता जगह-जगह मौजूद है। लोकगीतों की भावभूमि और संवादधर्मी कल्पना का एक रूप सखियों के साथ पद्मावती की जलक्रीड़ा और बातचीत में दिखाई देता है तो दूसरा नागमती के विरह-वर्णन में। लोकगीतों की प्रश्नोत्तरी शैली और संगीतमयता पूरे *पद्मावत* में व्याप्त है। जायसी ने *पद्मावत* को गीत कहकर लोकगीत से आत्मीय सम्बन्ध की ओर ही संकेत किया है।

पद्मावत का अंतर्लोक भी लोक अनुभवों से भरा हुआ है। यहाँ तक कि उसके काल्पनिक रहस्यलोक अर्थात् सिंहलद्वीप में भी बहुत कुछ वैसा ही है, जैसा जायसी के समय के समाज में था। उदाहरण के लिए कोई चाहे तो सिंहलद्वीप के बाजार का वर्णन पढ़ सकता है। *पद्मावत* का रहस्यलोक कवि के लोक अनुभव का ही प्रतिबिम्ब है। उस रहस्यलोक में कवि जहाँ भी जीवन के यथार्थ की सीमाओं को लाँघकर मानवीय आकांक्षा की सम्भावनाओं की ओर संकेत करता है, वहीं अपार्थिव और अलौकिक की झलक मिलती है। *पद्मावत* में कहीं-कहीं अलौकिकता के आभास का यही रहस्य है। उसके पात्रों का स्वभाव और व्यवहार भी प्रायः मानवोचित ही है। पद्मावती के रूप, स्वभाव और व्यवहार में कहीं-कहीं असाधारणता जरूर आती है, लेकिन वह प्रेमिका, पत्नी और सौत के रूप में अधिकतर साधारण स्त्री की तरह व्यवहार करती है। यही स्थिति रत्नसेन तथा नागमती की है। *पद्मावत* का प्रेम असाधरण जरूर है, लेकिन अलौकिक नहीं।

यदि एक ओर *पद्मावत* को सूफी सिद्धान्त का दृष्टान्त काव्य मान लेना गलत है

तो दूसरी ओर जायसी की कविदृष्टि के सूफियाना अन्दाज को अस्वीकार करना भी सही नहीं है। जो लोग जायसी को शुद्ध सूफी सन्त सिद्ध करना चाहते हैं, वे *पद्मावत* के लौकिक और मानवीय पक्षों की उपेक्षा करके केवल अध्यात्म और अलौकिक की खोज करना चाहते हैं और जो उन्हें शुद्ध कवि साबित करते हैं, वे यह भूल जाते हैं कि *अखरावट* और *आखिरी कलाम* भी जायसी की ही रचनाएँ हैं। इस प्रसंग में एक गलती तक होती है जब सूफीमत की परवर्ती परिणति को ध्यान में रखकर *पद्मावत* की व्याख्या की जाती है।

मध्यकाल के दार्शनिकों, कलाकारों और कवियों की विश्वदृष्टि के निर्माण में धर्म की लगभग वही भूमिका रही है जो आधुनिक युग में राजनीति की है। उस युग में जीवन-जगत की धार्मिक परिभाषा सर्वोपरि थी। जीवन की वास्तविकताओं और आकांक्षाओं का अर्थ धर्म की भाषा में ही समझना-समझाना सुगम था। उस युग का कोई कवि धर्म की सर्वाश्लेषी भाषा का सामना करने से कैसे बच सकता था? भक्तिकाल के कवियों ने पहले से चली आती धार्मिक भाषा के बदले लोकजीवन की भाषा को विकसित किया। यही प्रयत्न जायसी के काव्य में भी है। जायसी की विश्वदृष्टि का सूफी स्वभाव उनकी कविदृष्टि को लोकजीवन के करीब ले जाता है; क्योंकि सूफीमत मूलतः लोकधर्म है। आरम्भ से ही सूफी कवियों ने लौकप्रचलित प्रेम-कथाओं को काव्यरचना का आधार बनाया और अपने क्षेत्र की बोली में कविता लिखी। जनसंस्कृति के विकास में सूफियों का यह योगदान अविस्मरणीय है।

जायसी की दृष्टि में मानव-जीवन का सच्चा मार्गदर्शक प्रेम है, धार्मिक कट्टरता नहीं। *पद्मावत* में पद्मिनी को पाने की इच्छा रत्नसेन के मन में है और अलाउद्दीन के मन में भी। रत्नसेन सत्ता और शक्ति को पीछे छोड़कर केवल प्रेम के सहारे पद्मिनी को पाने का प्रयत्न करता है और सफल होता है। अलाउद्दीन पद्मिनी के लिए चित्तौड़ पर चढ़ाई करता है। उसके पास प्रेम के सिवाय सब कुछ है—सत्ता, शक्ति और साथ में धार्मिक उन्माद भी। उसके अभियान का अन्त यह है :

जौहर भई सब इस्तरी, पुरुष भए संग्राम।
बादशाह गढ़ चूरा, चितउर भा इस्लाम॥

चित्तौड़ पर अलाउद्दीन और इस्लाम का कब्जा हुआ, लेकिन किस कीमत पर? वहाँ जो कुछ सुन्दर, कोमल और काम्य था, उसे जलाकर! इस जीत से बड़ी इन्सानियत की हार और क्या होगी! जायसी का संकेत स्पष्ट है कि धार्मिक कट्टरता भयंकर होती है, यदि वह सत्ता से जुड़ी हो तो और भी विनाशकारी होती है। सत्ता, शक्ति और धार्मिक उन्माद के बावजूद प्रेम के अभाव में अलाउद्दीन की चाह मृगतृष्णा है, जिसका यही अन्त होता है—'जौ लहि ऊपर छार न परै, लौ लहि यह तिस्नानाहिं मरै।' वास्तव में *पद्मावत* धार्मिक कट्टरता पर प्रेम की विजय का काव्य है।

सूर के काव्य में प्रेम कबीर से अधिक स्वाभाविक और जायसी से अधिक लौकिक है। सूर को कबीर की तरह वात्सल्य और माधुर्य की अभिव्यक्ति के लिए बालक तथा बहुरिया बनने की आवश्यकता नहीं है और जायसी की तरह प्रेम की अलौकिक आभा दिखाने की चिन्ता भी नहीं। वहाँ यशोदा और गोपियों के हृदय से तादात्म्य के लिए

कविसुलभ सहृदयता का सर्जनात्मक उपयोग है। उनकी प्रेमानुभूति की अथाह गहराई और अपार विविधता का अक्षय स्रोत प्रेम का लौकिक अनुभव है, कोई शास्त्र नहीं; न काव्यशास्त्र, न भक्तिशास्त्र। उसे शास्त्रबद्ध करने का प्रयत्न आचार्यों ने किया है। सूर के काव्य में प्रेम की अनुभूति के ऐसे अनेक पक्ष हैं जिनका उल्लेख किसी शास्त्र में नहीं है। ऐसे कुछ प्रसंगों की ओर आचार्य रामचंद्र शुक्ल ने संकेत किया है।

सूर की गोपियों का प्रेम कोई सीमा नहीं जानता। वह कोई बन्धन नहीं मानता, न संयोग में और न वियोग में। उसका लक्ष्य है तन्मयता। इस लक्ष्य में बाधक बनने वाले शास्त्र और लोक के सभी बन्धन असह्य हैं। यद्यपि आचार्य शुक्ल प्रेम के इस रूप को बहुत पसंद नहीं करते, फिर भी उन्होंने इसके सच्चे स्वरूप की ओर संकेत किया है। उन्होंने लिखा है कि "वह लोक और वेद दोनों की मर्यादाओं से परे है।"

आचार्य शुक्ल जिसे मर्यादा कहते हैं, वह वास्तव में रूढ़ि है। रूढ़ियाँ केवल शास्त्र की ही नहीं होतीं, लोक की भी होती हैं। लोक की रूढ़ियाँ शास्त्र की रूढ़ियों से कम दमनकारी नहीं होतीं। समाज में प्रचलित रीति-रिवाज, मान-मर्यादा, कुल-कानि आदि से उपजा लोकभय प्रायः लोकधर्म बनकर मानवीय भावों और सम्बन्धों के स्वतन्त्र विकास को, खासतौर से प्रेम की दुनिया को, छिन्न-भिन्न कर डालता है। गोपियों का प्रेम निर्द्वंद्व एवं निर्भीक है। वह शास्त्र की रूढ़ि और लोक के भय से मुक्त है। गोपियों के प्रेम का स्वभाव यह है :

गोपी स्याम रंग राँची।
देह गेह सुधि बिसारि, बढ़ी प्रीति साँची।
दुविधा उर दूर भई, गयी मति वह काँची॥
मातृ-पिता लोक भीति बाकी नहिं बाँची।
सकुच जबहि आवै उर बार-बार झाँची॥

घनानंद कह गये हैं कि 'अति सूधो सनेह को मारग है, जहाँ नेकु सयानप बाँक नहीं।' जिस प्रेम में अपनी थोड़ी-सी चालाकी भी बाधक होती है, उसमें शास्त्रमत और लोकमत के लिए जगह कहाँ होगी? इसीलिए संयोग में गोपियाँ स्पष्ट कहती हैं—'आरज पंथ चलै कहँ सरिहै, स्यामहि संग फिरौरी।' और वियोग में उनके प्रेम का वेग सारी रूढ़ियों और मर्यादाओं को बहा ले जाता है :

अब यह दशा देखि निज नैननि, सब मरजाद ढही।

सूर का प्रेम शास्त्र और लोक की रूढ़ियों से एकदम स्वतन्त्र है। वह विधिनिषेध से मुक्त मानवीय मनोकामना का मूर्त रूप है। ऐसा प्रेम किसी रूढ़िबद्ध समाज में सम्भव नहीं है। रूढ़िबद्ध समाज में ऐसा प्रेम अधिक-से-अधिक एक आकांक्षा, कल्पना या सपना हो सकता है। प्रेम की स्वतन्त्रता के लिए रूढ़िमुक्त समाज जरूरी है। सूर की विशेषता यह है कि उन्होंने स्वच्छंद समाज में स्वच्छंद प्रेम का चित्रण किया है। उस युग में ऐसे समाज और प्रेम का चित्रण तत्कालीन समाज की सीमाओं को लाँघकर स्वतन्त्र प्रेम और प्रेम की

मानवीय आकांक्षा के अनुकूल कल्पनालोक का सृजन है। सूर का वृंदावन ऐसी ही यूटोपिया है, जिसमें आदिम समाज की स्मृति और भावी समाज की सम्भावना का योग है। यह रचना-दृष्टि स्वच्छंदतावादी काव्यदृष्टि के समान है, इसलिए आचार्य शुक्ल ने लिखा है कि "इस प्रेम को हम जीवनोत्सव के रूप में पाते हैं। सूर के कृष्ण और गोपियाँ पक्षियों के समान स्वच्छंद हैं। वे लोक के बन्धनों से जकड़े हुए नहीं दिखाए गये हैं। जिस प्रकार स्वच्छंद समाज का स्वप्न अंगरेज कवि शेली देखा करते थे, उसी प्रकार का यह समाज सूर ने चित्रित किया।" सूर का प्रेम आज भी रूढ़िमुक्त समाज और प्रेम के लिए संघर्ष में प्रेरणाप्रद है; क्योंकि भारतीय समाज आज भी उन्हीं बन्धनों से जकड़ा हुआ है जिनसे मुक्ति की आकांक्षा सूर के काव्य में है। उन्हीं बन्धनों के कारण प्रेम यहाँ आज भी जीवन का उत्सव नहीं, एक अपराध या मानवीय कमजोरी है। शुक्लजी के कथन से यह भी स्पष्ट है कि भक्तिकाल में केवल शास्त्र और लोक का द्वंद्व देखना काफी नहीं है, लोक के आंतरिक अंतर्विरोधों की पहचान जरूरी है।

भक्तिकाल के कवियों में मीराबाई का प्रेम सबसे अधिक सहज, उत्कट और विद्रोही है। उनको प्रेम की अभिव्यक्ति के लिए किसी बिचवई की जरूरत नहीं है; न कबीर की तरह रूपक की, न जायसी की तरह लोककथा की और न सूर की तरह गोपियों की। वहाँ सीधा और प्रत्यक्ष प्रेम-निवेदन है, निर्भय और निर्द्वंद्व आत्माभिव्यक्ति।

वैसे तो कबीर, जायसी और सूर के लिए भी प्रेम का मार्ग आसान और सुगम न था, लेकिन मीरा को अपने हृदय के विवेक की रक्षा के लिए जिस अग्निपरीक्षा से गुजरना पड़ा, उससे भक्तिकाल के किसी दूसरे कवि को नहीं। कबीर, जायसी और सूर के सामने चुनौतियाँ और कठिनाइयाँ भावजगत की थीं। मीरा के सामने भावजगत से अधिक भौतिक जगत की, सीधे पारिवारिक और सामाजिक जीवन की चुनौतियाँ तथा कठिनाइयाँ थीं। उस पुरुष-प्रधान सामंती समाज में एक स्त्री, वह भी मेड़ता के राठौड़ राजपूत कुल की बेटी और मेवाड़ के महाराणा परिवार की बहू, ऊपर से विधवा। यही था मीरा का अपना लोक। उसके धर्म और उसमें स्त्री की स्थिति का अनुमान किया जा सकता है। लेकिन उसके विरुद्ध विद्रोह की कल्पना भी कठिन है। मीरा ने उस आतंककारी लोक और उसके भयावह धर्म के विरुद्ध खुला विद्रोह किया। उस विद्रोह का साक्षी है उनका जीवन और काव्य।

मीरा का विद्रोह अन्धे के हाथ बटेर नहीं है। वे अपने संघर्ष की परिस्थितियों के बारे में पूरी तरह सजग हैं। विरोधी शक्तियों के खूँखार स्वभाव और अपनी वास्तविक स्थिति की पहचान के बाद ही उन्होंने कहा है कि 'तन की आस कबहूँ नाहिं कीनो, ज्याँ रण माँही सूरो।' उनका संघर्ष सचमुच असाधारण है। जीवन की बाजी लगाकर लड़ा जाने वाला एक युद्ध। संकल्प उनकी शक्ति का मुख्य स्रोत है। संकल्प के पीछे प्रेम में अटूट आस्था का बल है। तभी वे विरोधियों को चुनौती देती हुई घोषणा करती हैं :

लोक लाज कुल कानि जगत की, दइ बहाय जस पानी।
अपने घर का परदा कर ले, मैं अबला बौरानी॥

यह चुनौती उन लोगों को है जो लोकलाज और कुल की मर्यादा के नाम पर मीरा की स्वतन्त्रता को कुचलना चाहते थे और असफल होने पर खीझकर उन्हे बावरी, दीवानी, कुलनासी आदि कहते थे। 'अपने घर का परदा कर ले, मैं अबला बौरानी' में आरम्भ का व्यंग्य बाद की विडम्बना से मिलकर जो प्रभाव पैदा करता है, चुनौती के स्वर को वह अधिक अर्थपूर्ण और धारदार बना देता है। यहाँ एक सजग स्त्री-स्वर सुनाई देता है, जिसमें आक्रोश की अनुगूँज है, किसी पीड़ित की चीख या पुकार नहीं। इससे यह भी स्पष्ट है कि संकल्प और आस्था के साथ अपनी अस्मिता और स्वतन्त्रता के लिए संघर्षशील अबला भी पुरुष-प्रभुत्व के लिए चुनौती बन सकती है।

अपने प्रेम की रक्षा के लिए मीरा का संघर्ष चौतरफा है। उसके विरोध में राणा की राजसत्ता है और सिसोदिया कुल की मर्यादा (कुल-कानि) भी, पुरुष-प्रभुत्व की सत्ता है और सामंती समाज की रूढ़ियाँ (लोक-लाज) भी। इनमें से कोई भी एक स्त्री की स्वतन्त्र चेतना की हत्या करने में सक्षम है। फिर जहाँ चारों एकत्र हों, वहाँ आतंक का क्या कहना! मीरा ने इन सबका सामना किया है और कभी-कभी आगे बढ़कर उन्हें ललकारा भी है :

सीसोद्यो रूठ्यो म्हाँरो काँईं कँर लेसी।
म्हें तो गुण गोविंद का गास्याँ, हो माई॥
राणाजी रूठ्याँ बाँरो देस रखासी।
हरि रूठ्या कुम्हलास्याँ, हो माई।
लोक लाज की काण न मानूँ।
निरभै निसाणा घुरास्याँ हो माई।

मीरा की सामाजिक सजगता का एक प्रमाण यह भी है कि उन्होंने जहाँ भी सामंती समाज की रूढ़ियों को चुनौती दी है, वहाँ समानधर्मा सखी या माँ को ही सम्बोधित किया है, भाई या पिता को नहीं।

प्रेम स्वभाव से ही सत्ता-विरोधी और स्वतन्त्र होता है। वह अपने प्रिय को छोड़कर किसी और की सत्ता स्वीकार नहीं करता। सत्ता से प्रेम के संघर्ष की कहानी उतनी ही पुरानी है, जितनी प्रेम की कविता की परम्परा। यह आवश्यक नहीं कि प्रेम की कविता में विरोधी सत्ता हमेशा सामने हो। वह कहीं प्रत्यक्ष होती है और कहीं परोक्ष। प्रेम ही मीरा के सामाजिक संघर्ष का साधन है और साध्य भी। यद्यपि कबीर भी कहते हैं कि प्रेम का घर खाला का घर नहीं है, लेकिन मीरा की प्रेमसाधना कबीर से भी अधिक कठिन है। उनका दुर्गम प्रेमपथ का अनुभव ठीक ही कहता है :

लगन को नाँव न लीजै, री भोली!
लगन लगी को पैंडो ही न्यारो, पाँव धरत तन छीजै।
जे तूँ लगन लगाई चाहै, सीस को आसन कीजै।

यह कोई काव्योक्ति नहीं, मीरा के जीवन की सच्चाई है।

मीरा के प्रेम में आत्मसमर्पण और आत्मविश्वास का अनुपम मेल है। उनका आत्मसमर्पण आत्मविसर्जन नहीं है। उस प्रेम में गोविन्द के सामने आत्मसमर्पण है तो सामंती शक्तियों के विरोध की दृढ़ता भी है। गोविन्द से मीरा कहती हैं–'म्हाने चाकर राखो जी! म्हाने चाकर राखो जी!' तो दूसरी ओर राणा से कहती हैं–'थे तो राणाजी म्हांने इसड़ा लागो, ज्यें बृच्छन में कैर' या फिर 'सिसोद्यो रूठ्यो म्हाँरो काँई कँर लेसी।' वे गोविन्द के सामने आत्मसमर्पण करती हैं और उससे शक्ति अर्जित करती हुई सामंती शक्तियों का सामना करती हैं। मीरा कभी-कभी राजसत्ता और उसकी शक्ति की सीमा बताने के लिए उसके सामने ईश्वर की सत्ता और शक्ति को रख देती हैं :

राणाजी रूठ्याँ बाँरो देस रखासी।
हरि रूठ्या कुम्हलास्याँ, हो माई॥

या

राजा रूठै नगरी राखे, हरि रूठ्या कहँ जाणा।

इस तरह वे सामंती सत्ता की तुच्छता सामने लाकर उसके आतंक, भय तथा प्रलोभन से मुक्ति की प्रेरणा देती हैं और अपने प्रेम की श्रेष्ठता सिद्ध करती हैं।

मीरा का विद्रोह, एक विकल्पविहीन व्यवस्था में अपनी स्वतन्त्रता के लिए विकल्प की खोज का संघर्ष है। उनको विकल्प की खोज के संकल्प की शक्ति भक्ति से मिली है। यह भक्ति-आन्दोलन का क्रांतिकारी महत्त्व है। मीरा की कविता में सामंती समाज और संस्कृति की जकड़न से बेचैन स्त्री-स्वर की मुखर अभिव्यक्ति है। उनकी स्वतन्त्रता की आकांक्षा जितनी आध्यात्मिक है, उतनी ही सामाजिक भी है। मीरा का जीवनसंघर्ष, उनके प्रेम का विद्रोही स्वभाव और उनकी कविता में स्त्री-स्वर की सामाजिक सजगता भक्ति-आन्दोलन की एक बड़ी उपलब्धि है, जिसकी ओर हिन्दी आलोचना में कम ध्यान दिया गया है। नाभादास ने मीरा के संघर्ष के महत्त्व को पहचानते हुए *भक्तमाल* में सच ही लिखा है :

सदरिस गोपिन प्रेम प्रकट, कलियुगहि दिखायो।
निरअंकुश अति निडर, रसिक जस रसना गायो॥

× × ×

भक्ति निसान बजाय के काहूते नाहिन लजी।
लोक लाज कुल शृंखला, तजि मीरा गिरधर भजी॥

मीरा के काव्य में रूढ़िवादी लोकमत का विरोध अत्यन्त उग्र है, लेकिन उसमें शास्त्रमत की कोई चिन्ता नहीं है। न उसका कहीं विरोध है और न कहीं सहारा। उसके आकर्षण, भय और भ्रम से पूरी तरह मुक्त है मीरा की कविता।

प्रेम का स्वरूप और महत्त्व

भक्तिकाल के प्रेम का महत्त्व सब स्वीकार करते हैं, लेकिन भक्त कवियों की प्रेमानुभूति के स्वरूप और महत्त्व के बारे में काफी मतभेद है। नामवर सिंह की यह बात सही है कि "आचार्य रामचंद्र शुक्ल की दृष्टि में एक तुलसीदास को छोड़कर प्रायः सभी भक्त कवियों का प्रेम ऐकांतिक है।" आचार्य शुक्ल के अनुसार भक्तिकाव्य में जहाँ माधुर्य भाव है, वहाँ प्रायः ऐकांतिक है। वह पारिवारिक और सामाजिक मर्यादाओं का अतिक्रमण करता है, इसलिए 'लोकवाह्य' है। इस दृष्टि से केवल तुलसीदास का प्रेम लोकबद्ध है, बाकी जायसी तथा सूरदास का प्रेम अंशतः ऐकांतिक है और मीरा का पूर्णतः। शुक्लजी की इस राय का अभिप्राय यह है कि प्रेम पारिवारिक मर्यादाओं से बँधा हुआ एक सामाजिक कर्त्तव्य है, जैसा कि वह तुलसीदास के काव्य में मिलता है; शास्त्र और लोक की रूढ़ियों को चुनौती देने वाली स्वतन्त्रता की आकांक्षा का प्रेरक स्वाधीनभाव नहीं, जैसा कि वह सूर और मीरा के काव्य में है। कबीर, जायसी, सूर और मीरा के काव्य में प्रेम उत्तरोत्तर शास्त्र के भ्रम और लोक के भय से मुक्त होता दिखाई देता है।

असल में भक्तिकाव्य या किसी भी काव्य के प्रेम को सम-विषम, स्वकीया-परकीया, लोकबद्ध और ऐकांतिक आदि रीतिगत साँचों में बाँटकर समझने की कोशिश ही गलत है। प्रेम की अनुभूति का लक्ष्य है तल्लीनता; इसलिए काव्य में प्रेमानुभूति की गहराई, सच्चाई और तन्मयता महत्त्वपूर्ण है न कि उसका सम या विषम रूप। फिर भगवान से भक्त के प्रेम में विषमता पर आश्चर्य और आपत्ति क्यों?

भक्तिकाव्य के प्रेम के स्वरूप पर विचार करते समय एक और बात ध्यान देने लायक है। विभिन्न कवियों की काव्यानुभूति का स्वरूप उनकी अभिव्यक्ति के रूप से बहुत दूर तक प्रभावित हुआ है। जिस कवि ने कथा का सहारा लेकर प्रबन्धकाव्य के भीतर प्रेम की अभिव्यक्ति की है, उसके यहाँ प्रेम के दोनों पक्षों के अनुभवों की अभिव्यक्ति की सम्भावना बनी है। परन्तु जहाँ कथासूत्र विरल है, अथवा पद या प्रगीत में प्रेम व्यक्त हुआ है, वहाँ अभिव्यक्ति के रूप की आत्मपरकता के अनुरूप ही अनुभूति भी अधिक आत्मपरक है। आख्यान में अनेक अनुभवों और स्वरों के समावेश की सम्भावना होती है, जबकि प्रगीत में एकाकी अनुभव और स्वर मुखर होता है। तुलसी और जायसी के कथात्मक काव्य में उभयपक्षी प्रेम अधिक उभरा है। सूर की कविता में कथा बहुत झीनी है, इसलिए वहाँ गोपियों का आत्मनिवेदन ही प्रमुख है। कबीर और विशेषतः मीरा की प्रेमानुभूति प्रगीत में ढली हुई विशुद्ध आत्माभिव्यक्ति है, जहाँ दूसरे पक्ष के अनुभव की खोज व्यर्थ है।

भक्तिकाव्य के बाहर भी अधिकांशतः प्रेम की वही कविता महत्त्वपूर्ण है जो सम-विषम की रूढ़ि से मुक्त है। आधुनिक प्रेम-कविता को छोड़ भी दें तो कालिदास के *मेघदूत* से घनानंद की कविता तक फैली हुई प्रेमकाव्य की उदात्त परम्परा में सम-विषम की कोई चिन्ता नहीं है। अगर लोक और शास्त्र की रूढ़ियों से मुक्त होने के कारण सूर और मीरा का प्रेम ऐकांतिक है तो कालिदास के *मेघदूत* और घनानंद का प्रेम भी ऐकांतिक ही

होगा। यदि प्रेम की ऐसी स्वच्छन्दता ही ऐकांतिक है तब तो मानना होगा कि ऐकांतिकता प्रेम का सहज स्वभाव है और अच्छी प्रेम-कविता की स्वाभाविक विशेषता भी।

भक्ति-आन्दोलन जनसंस्कृति के अपूर्व उत्कर्ष का अखिल भारतीय आन्दोलन है। ऐसे आन्दोलन में अनेक स्वरों का समावेश कोई आश्चर्य की बात नहीं है। जो आन्दोलन समाज के विभिन्न वर्गों, उपवर्गों और समुदायों के जीवन की वास्तविकताओं तथा आकांक्षाओं से जुड़ा हो, उसमें अनेक संवादी और विसंवादी स्वरों का सह-अस्तित्व स्वाभाविक ही है। यह स्थिति हिन्दी ही नहीं, दूसरी भारतीय भाषाओं के भक्तिकाव्य में भी दिखाई देती है।

हिन्दी के भक्तिकाल में अनेक स्वर हैं। सगुण भक्तों का स्वर निर्गुण सन्तों से भिन्न है। सगुण भक्तों में सूर का स्वर तुलसी से पृथक् है। मीरा की कविता का सजग और विशिष्ट स्त्री-स्वर कबीर, जायसी, सूर और तुलसी से बहुत अलग है। यही नहीं, तुलसी के काव्य में एक ओर *विनयपत्रिका* में आत्यंतिक आत्म-निवेदन और *कवितावली* में कठिन जीवन-संघर्ष का स्वर है है तो दूसरी ओर *रामचरितमानस* में आत्मविश्वास से भरा उपदेश का स्वर है। स्वरों की इस अनेकता में कहीं-कहीं परस्पर विरोध भी है, लेकिन उस विरोध के बावजूद भक्ति-भावना की मूलगामी लोकधर्मिता के स्तर पर समपूर्ण भक्ति-काव्य में एकता अधिक प्रबल है। वही एकता भक्ति-आन्दोलन के विशिष्ट व्यक्तित्व का निर्माण करती है।

हिन्दी आलोचना में भक्ति-आन्दोलन की व्याख्या की एक विडम्बना यह है कि कुछ आलोचक उस आन्दोलन के तिल-भर अंतर्विरोध को ताड़ बनाकर पेश करते हैं तो कुछ अन्य केवल सतही समानताओं की आड़ में विभिन्न स्वरों के बीच के विरोध को छिपाने की कोशिश करते हैं। दोनों स्थितियों में भक्ति-आन्दोलन के समग्र स्वरूप की ठीक-ठीक पहचान खतरे में पड़ जाती है।

हिन्दी आलोचना में सबसे पहले आचार्य रामचंद्र शुक्ल ने निर्गुण सन्तों के विरुद्ध सगुण भक्तों को खड़ा किया। उन्होंने निर्गुण सन्तों को लोक-विरोधी और सगुण भक्तों को लोक-संग्रही घोषित किया। बाद में आचार्य हजारीप्रसाद द्विवेदी को निर्गुण सन्तों के सामाजिक विचार सगुणों से अधिक प्रगतिशील लगे। मार्क्सवादी आलोचकों ने निर्गुण-सगुण विवाद को और अधिक उग्र बनाया। मार्क्सवादी आलोचना के एक छोर पर रामविलास शर्मा हैं, जिनकी दृष्टि में निर्गुण-सगुण के बीच कहीं कोई द्वंद्व नहीं है। वे भक्ति-आन्दोलन और उसके काव्य में किसी विसंवादी स्वर का अस्तित्व स्वीकार नहीं करते। दूसरे छोर पर मुक्तिबोध हैं, जिनके अनुसार, "निर्गुणमत के विरुद्ध सगुणमत का संघर्ष निम्न वर्गों के विरुद्ध उच्चवंशीय संस्कारशील वालों का संघर्ष था।" मुक्तिबोध की इस मान्यता को अन्तिम निष्कर्ष तक पहुँचाया है नामवर सिंह ने। उनहोंने निर्गुण से सगुण के मतभेद में लोक से शास्त्र का द्वंद्व देखा है। आचार्य रामचंद्र शुक्ल निर्गुणमत और काव्य को लोक-विरोधी मानते थे तो नामवर सिंह सगुणमत और काव्य को लोक-विमुख तथा लोक विरोधी कहते हैं।

इस निर्गुण बनाम सगुण के विवाद में जाति और वंश वाला मुक्तिबोध का तर्क विचित्र है और उससे नामवर सिंह की सहमति आश्चर्यजनक। नामवर सिंह ने हजारीप्रसाद द्विवेदी के प्रसंग में लिखा है कि "किसी लेखक के दृष्टिकोण को उसे पैदा करने वाले जाति, वर्ग या समाज के आधार पर, निर्धारित करने का प्रयास 'फूहड़ समाजशास्त्र' है।" अगर यह मान्यता सही है तो केवल हजारीप्रसाद द्विवेदी के प्रसंग में ही नहीं, कबीर, सूर, मीरा और तुलसी के प्रसंग में भी सही होगी। ऐसी स्थिति में निर्गुण और सगुण कवियों के दृष्टिकोण को उनके वंश और जाति के आधार पर निर्धारित करने का प्रयास भी 'फूहड़ समाजशास्त्र' ही है। इस समाजशास्त्र में जाति और वर्ग पर्यायवाची बन गये हैं। वैसे यह समाजशास्त्र तथ्य से अधिक अनुमान पर आश्रित है। यह कौन नहीं जानता कि कबीर, रैदास, सेन, घना आदि निर्गुण सन्तों के गुरु रामानंद सगुण भक्त थे। साथ ही यह भी तथ्य है कि सगुण धारा में अनेक मुसलमान और निम्न जातियों से आए भक्त शामिल थे।

इस प्रसंग में महत्त्वपूर्ण सवाल यह है कि क्या सगुण कवियों ने उच्च जाति और उच्च वंश के प्रभुत्व का समर्थन किया है? यद्यपि सूरदास के पारिवारिक परिवेश के बारे में कोई पुष्ट प्रमाण नहीं मिलता, लेकिन हजारीप्रसाद द्विवेदी का अनुमान है कि वे सम्पन्न समाज में पले थे। अगर यह अनुमान सही है तो भी स्वच्छन्द प्रेम के उन्मुक्त गायक सूर के काव्य में कहीं भी जाति और वंश के प्रभुत्व का समर्थन तो क्या, स्वीकार भी नहीं है। सूर का प्रेम समाज और शास्त्र की सभी रूढ़ियों से स्वतन्त्र है। मीराबाई जरूर उच्च कुल की हैं। लेकिन उनके जीवन और काव्य में कुलीनता के विरूद्ध विद्रोह की खुली घोषणा है। वे एक ओर राजकुल के आकर्षण और भय से मुक्त हैं तो दूसरी ओर रैदास को अपना गुरु मानती हैं। उनके बारे में नाभादास ने ठीक ही लिखा है; 'लोक लाज कुल शृंखला तजि मीरा गिरधर भजी।' तुलसीदास उच्च जाति के 'मंगनकुल' में पैदा हुए थे। उनका बचपन इस तरह बीता था; 'बारे ते ललात-बिललात द्वारा-द्वार दीन जानत हौं चारिफल चारि ही चनक को।' उन्होंने *रामचरितमानस* में वर्णाश्रम-व्यवस्था का आदर्श समाज के सामने रखा है, लेकिन कवितावली में उस व्यवस्था के यथार्थ के अनुभव की पीड़ा भी व्यक्त हुई है–'मेरे जाति-पाँति न चहौं काहू की जाति-पाँति।' ऐसी स्थिति में सगुण भक्तों को उच्चवंशी और उच्चजातीय वर्गों के प्रभुत्व का पोषक कहना सूर की प्रेम-भावना, मीरा की विद्रोही चेतना और तुलसी के आत्मसंघर्ष का अपमान करना है।

सगुण काव्य-धारा की सीमा बताने के लिए मुक्तिबोध ने यह सवाल किया है: "क्या यह एक महत्त्वपूर्ण तथ्य नहीं है कि रामभक्ति शाखा के अंतर्गत एक भी प्रभावशाली और महत्त्वपूर्ण कवि निम्नजातीय शूद्र वर्गों से नहीं आया?" यह तथ्य है। लेकिन इससे क्या साबित होता है? तथ्य तो यह भी है कि आधुनिक काल में प्रगतिशील आन्दोलन के अंतर्गत भी कोई महत्त्वपूर्ण और प्रभावशाली कवि निम्नजातीय शूद्र वर्गों से नहीं आया। तब क्या इससे यह साबित होता है कि प्रगतिवाद के बड़े कवि उच्चवंशी उच्चजातीय वर्गों के प्रभुत्व के प्रमाण हैं। महत्त्वपूर्ण तथ्य और भी हैं। प्रेमचंद ने 'ठाकुर का कुआँ' और 'सद्गति' जैसी कहानियाँ लिखी हैं और नागार्जुन ने 'हरिजन गाथा' जैसी कविता। इन रचनाओं के लेखक

शूद्र समुदाय से नहीं आये हैं, इसलिए क्या उनका कोई महत्त्व नहीं है? हिन्दी साहित्य के आधुनिक काल में भी निम्नजातियों के बीच से कोई महत्त्वपूर्ण लेखक क्यों नहीं आया—यह एक महत्त्वपूर्ण समाजशास्त्रीय सवाल है। इसका उत्तर खोजने के लिए भारतीय समाज की संरचना और उसकी सांस्कृतिक परम्पराओं के स्वभाव की गहरी छानबीन जरूरी है, केवल दूसरे लेखकों को दोषी कहकर छुट्टी पा लेने की प्रवृत्ति से बात नहीं बनेगी। यह प्रवृत्ति भक्ति-आन्दोलन की जटिल समग्रता को समझने में भी सहायक न होगी।

निर्गुण और सगुण की दार्शनिक दृष्टियों के बीच कहीं-कहीं द्वंद्व है, लेकिन यह हर जगह लोक से शास्त्र का द्वंद्व नहीं है। सूरदास के भ्रमरगीत में योग के साथ-साथ निर्गुण का जो खंडन है, उसका आधार कोई शास्त्र नहीं, विशुद्ध लोक-अनुभव है। वास्तव में लोक-मानस निर्गुण और सगुण के बीच विरोध की तुलना में एकता और अविच्छिन्नता को अधिक महत्त्व देता है। कबीर के पद अनेक परवर्ती भक्त कवियों के संग्रहों मे सहज भाव में शामिल और स्वीकृत हैं। सिक्खों के *आदिग्रंथ* में तो कबीर के पद हैं ही, *सूरसागर* और मीरा की *पदावली* में भी कबीर के पदों से एकदम मिलते-जुलते अनेक पद पाये जाते हैं। वे पद कबीर के हों या न हों, लेकिन भाव और रचना-पद्धति की दृष्टि से वे कबीर के पदों के समान हैं। यह समानता साबित करती है कि जन-मानस में निर्गुण-सगुण के बीच अलगाव से अधिक प्रबल है एकता।

भक्ति-आन्दोलन की एकता और अविच्छिन्नता को समझने के लिए इस बात पर ध्यान देना जरूरी है कि भक्त कवि पूर्ववर्ती भक्तों की परम्परा और समकालीन भक्तों से अपने सम्बन्ध के बारे में कितने सजग हैं। निर्गुण-निर्गुण का भेद इस सम्बन्ध-बोध में कहीं बाधक नहीं है। अगर कबीर के काव्य में जयदेव, नामदेव और गोरखनाथ का आदर के साथ स्मरण है तो जायसी के *अखरावट* में कबीर की प्रेमसापधना के महत्त्व की पहचान है। मीरा की कविता में भक्ति-आन्दोलन की एकता का बोध दूसरों से अधिक व्यापक है। वहाँ नामदेव, कबीर, रैदास, धन्ना और करमाबाई के साथ-साथ नरसी मेहता के महत्त्व की पहचान है। मीराबाई सगुण भक्त हैं, लेकिन उनके परम्परा-बोध में अधिकतर निर्गुण भक्त शामिल हैं।

भक्ति-आन्दोलन की दोनों धाराओं के बीच एकता की पहचान का पहला व्यवस्थित प्रयास नाभादास के *भक्तमाल* में है। आचार्य रामचंद्र शुक्ल के अनुसार नाभादास तुलसीदास के समकालीन थे। उन्होंने सन् 1600 ई० के आसपास *भक्तमाल* की रचना की, जिसमें 316 छप्पयों में दो सौ भक्त कवियों की भक्ति-भावना और काव्य-रचना की मुख्य विशेषताओं की अभिव्यक्ति है। *भक्तमाल* मध्यकाल का अत्यन्त लोकप्रिय ग्रन्थ था। उसका बंगला और मराठी में अनुवाद हुआ था। बाद के दिनों में उसका अनुकरण करते हुए असंख्य *भक्तमाल* लिखे गये हैं।

नाभादास निम्नतम शूद्र समुदाय से आये हुए सगुण रामभक्त थे। उनके *भक्तमाल* में निर्गुण-सगुण, ब्राह्मण-शूद्र, स्त्री-पुरुष सभी तरह के भक्तों के लिए सम्मानजनक जगह है। वहाँ केवल श्रद्धावश भक्तों का गुणगान या उनकी महिमा का बखान नहीं है, जैसा कि

प्रायः समझा जाता है। *भक्तमाल* में सन्तुलित विवेक के साथ प्रत्येक भक्त कवि के व्यक्तित्व, विचार, भक्ति-भाव और कवित्व की बुनियादी विशेषताओं की अचूक पहचान है। इस सच्चाई को जानने के लिए कबीर, सूर, मीरा और तुलसी पर लिखे छन्दों को पढ़ लेना पर्याप्त होगा। *भक्तमाल* भक्ति-आन्दोलन की एकता का प्रमाण है और उसके इतिहासबोध का प्रस्थान बिन्दु भी।

भक्ति आन्दोलन की विफलता

भक्ति-आन्दोलन के समग्र रूप पर विचार करने वाले किसी भी व्यक्ति के सामने यह प्रश्न जरूर खड़ा होगा कि वह आन्दोलन विफल क्यों हुआ! मुक्तिबोध ने यह प्रश्न उठाया है और उसका उत्तर खोजने की कोशिश भी की है। उनका प्रश्न है : "क्या कारण है कि निर्गुण भक्तिमार्गीय जातिवाद विरोधी आन्दोलन सफल नहीं हो सका?" मुक्तिबोध के इस प्रश्न में सम्पूर्ण भक्ति-आन्दोलन की शिथिलता और समाप्ति की चिन्ता नहीं है। सूफी और सगुण धाराएँ उनकी चिन्ता से बाहर हैं; केवल निर्गुण की असफलता का सवाल सामने है। उन्होंने लिखा है, "जो भक्ति आन्दोलन जन-साधारण से शुरू हुआ और जिसमें सामाजिक कट्टरपन के विरुद्ध जन-साधारण की सांस्कृतिक आकांक्षाएँ बोलती थीं, उसका मनुष्य-सत्य बोलता था, उसी भक्ति आन्दोलन को उच्चवर्गीयों ने आगे चलकर अपनी तरह बना लिया, और उससे समझौता करके, फिर उस पर अपना प्रभाव कायम करके और अनंतर जनता के अपने तत्त्वों को उनमें से निकालकर उन्होंने उस पर अपना प्रभुत्व स्थापित कर लिया।" मुक्तिबोध के अनुसार, सगुण भक्तिधारा के माध्यम से उच्चवंशी उच्चजातीय वर्गों का सांस्कृतिक प्रभुत्व स्थापित हुआ और "साहित्य के क्षेत्र में उन वर्गों का प्रधानभाव श्रृंगार, विलास का प्रभावशाली विकास हुआ; इसलिए भक्तिकाव्य की प्रधानता जाती रही है।"

नामवर सिंह भी मुक्तिबोध के इस मत से सहमत हैं कि भक्ति-आन्दोलन मे सगुणधारा के प्रभाव का विस्तार 'उच्चवंशी उच्चजातीय वर्गों के प्रभुत्व' का प्रसार है और वही भक्ति-आन्दोलन की शिथिलता तथा समाप्ति के लिए दोषी है। लेकिन वे सगुण कवियों के श्रृंगार को सामंती प्रभाव का प्रमाण नहीं मानते। उनकी दृष्टि में वह श्रृंगार मानवीय प्रवृत्तियों के सामंती दमन के विरुद्ध विद्रोह है। जो श्रृंगार मुक्तिबोध को सामंती विलास का द्योतक लगता है, वही नामवर सिंह के लिए सामंती दमन के विरुद्ध मानवीय विद्रोह का व्यंजक है। जाहिर है दोष उस श्रृंगार में नहीं; मुक्तिबोध की दृष्टि में है।

नामवर सिंह के अनुसार सगुण काव्य की मुख्य कमजोरी शास्त्र-सापेक्षता है, जो एक ओर निर्गुणधारा का विरोध करती है और दूसरी ओर रीतिकाव्य के उदय का कारण बनती है। नामवर सिंह के विवेचन से यह स्पष्ट नहीं होता कि सगुणधारा क्यों और कैसे शास्त्र-सापेक्ष है, इसलिए यह सवाल उठता है कि आखिर सगुण काव्य में शास्त्र-सापेक्ष क्या है—सूर का वात्सल्य और श्रृंगार? मीरा का प्रेम और विद्रोह? या तुलसी का आत्मनिवेदन और आत्मसंघर्ष? क्या यह सब शास्त्र-सापेक्ष और लोक-विमुख है? इन सबका रीतिकाव्य

से क्या लेना-देना है?

वास्तव में भक्ति संवेदना और भक्ति-आन्दोलन की व्यापक लोकधर्मिता, उसकी समतावादी सामाजिक चेतना, उसका रूढ़िवाद और कुलीनता के विरुद्ध विद्रोह, शास्त्र के भ्रम और लोक के भय से मुक्ति का उसका आह्वान, उसकी प्रेमानुभूति का सहज तथा स्वच्छन्द स्वभाव और लोकसंस्कृति के विभिन्न रूपों—विशेषतः लोकभाषाओं—के उत्कर्ष का उसका अभियान जितना मूलगामी है, उतना ही आश्चर्यजनक है उसका अन्त। वैसे आधुनिक भारतीय भाषाओं के निर्माण और आधुनिक भारतीय साहित्य के विकास में भक्ति-आन्दोलन की भूमिका को देखते हुए यह कहना सही नहीं होगा कि वह पूरी तरह विफल हो गया, लेकिन यह भी सच है कि उसका सामाजिक उद्देश्य पूरा न हो सका। भक्ति आन्दोलन के माध्यम से जन-साधारण की जो सामाजिक और सांस्कृतिक आकांक्षाएँ प्रकट हुई थीं वे अधूरी ही रह गयीं।

इस विफलता का कारण केवल निर्गुण से सगुण के द्वंद्व में खोजना ठीक नहीं है; क्योंकि अगर हम यह मान भी लें तो सगुणधारा ने निर्गुणधारा को समाप्त कर दिया तो हमारे सामने एक और सवाल आ खड़ा होगा कि सगुणधारा को किसने समाप्त किया? असल में निर्गुण, सूफी और सगुण अर्थात् पूरा भक्ति-आन्दोलन जिस सामंती समाज-व्यवस्था के विरुद्ध खड़ा हुआ था, वह अधिक शक्तिशाली साबित हुई। उसने भक्ति-आन्दोलन की सभी धाराओं को धीरे-धीरे अपने अनुकूल बना लिया। इससे साबित होता है कि सिर्फ सदाचारवाद से—चाहे वह कितना भी क्रांतिकारी क्यों न हो—सामाजिक व्यवस्था नहीं बदलती। डी॰पी॰ मुखर्जी ने भक्ति-आन्दोलन की सामाजिक असफलता के कारणों की ओर सही संकेत किया है। उनके अनुसार भक्ति-आन्दोलन में समाज के स्वरूप की पहचान है, लेकिन सामाजिक हित की कोई धारणा नहीं है। फलतः उसमें आत्मा के अनुरोध और सामाजिक जिन्दगी की ठोस जरूरतों के बीच दरार है, आध्यात्मिकता की भौतिक अंतर्वस्तु और लोकधर्म के विभिन्न रूपों के बीच अंतर्विरोध है। भक्ति-आन्दोलन की यही आन्तरिक कमजोरी उसकी सामाजिक विफलता का मुख्य कारण है। इससे यह भी स्पष्ट होता है कि केवल साहित्य के सहारे समाज को बदलने की आकांक्षा का अन्त प्रायः असफलता में होता है।

भक्ति-आन्दोलन की सभी धाराओं, विशेषतः निर्गुणधारा की परवर्ती परिणति से सिद्ध होता है कि सामाजिक संरचनाएँ और सांस्कृतिक परम्पराएँ प्रायः साहित्यिक प्रवृत्तियों और परम्पराओं से अधिक शक्तिशाली होती हैं। जिस वैदिक-पौराणिक परम्परा और उससे पोषित सामाजिक व्यवस्था के विरोध में निर्गुणधारा आगे बढ़ी थी, वह परम्परा अधिक स्थायी साबित हुई। बाद के दिनों में निर्गुणधारा भी उसी सर्वग्रासी परम्परा की धारा में विलीन हो गयी। इस प्रक्रिया की सच्चाई जानने के लिए कबीर के व्यक्तित्व और विचारों के संस्कृतीकरण के इतिहास की समझ जरूरी है। पिछले पाँच सौ वर्षों से कबीर के व्यक्तित्व और विचारों को वैदिक-पौराणिक परम्परा के विभिन्न साँचों में ढालने के अनेक प्रयास लगातार होते आ रहे हैं। ऐसे प्रयासों के पीछे निर्गुणधारा और कबीर की विचारधारा का कोई विरोधी नहीं, बल्कि कबीर के भक्तगण हैं। कबीर के विचारों को शास्त्र-सापेक्ष बनाने

का काम कबीरपंथियों ने किया है।

कबीर ने जीवन-भर जिन धार्मिक और सामाजिक रूढ़ियों का विरोध किया, उन्हीं में कबीर को कैद करने की कोशिश कबीरपंथियों ने की है। कबीर ने अपने जीवन में न मठ बनाया, न सम्प्रदाय चलाया; लेकिन बाद में उनके नाम पर जो मठ और सम्प्रदाय बने हैं, उनमें मठवाद और सम्प्रदायवाद की सारी रूढ़ियाँ मौजूद हैं। कबीर ने धार्मिक आडम्बर और वाह्याचार का खंडन किया था, कबीर-पंथियों ने तरह-तरह के मिथकों और चमत्कारों को कबीर से जोड़कर उन्हें अवतार बनाया है, उनकी मूर्ति स्थापित की है और शास्त्रीय विधि से मूर्ति-पूजा की प्रथा भी चलाई है। यहाँ तक कि आधुनिक कबीरपंथ पर वर्ण-व्यवस्था की भी छाया पड़ रही है।

कबीर ने कहा था : 'संस्कीरत है कूप-जल भाखा बहता नीर।' कबीरपंथी लोकभाषा की गंगा को संस्कृत के कूप-जल में डुबाकर पवित्र बना रहे हैं; वे कबीर की बानी का संस्कृत में अनुवाद कर रहे हैं। *बीजक* का संस्कृत में अनुवाद हो चुका है। नाभादास ने कहा था: 'कबीर कानि राखी नहीं, वर्णाश्रम षट दरसनी।' आधुनिक कबीरपंथी संस्कृत में कबीर की विचारधारा की व्याख्या कर रहे हैं ताकि वह षट्‌दर्शन की परम्परा में मान्य और स्वीकार्य हो सके। *दशमात्रा, कबीर शतकम्* और *ब्रह्मनिरूपण* जैसी पुस्तकों में यही प्रयत्न दिखाई देता है। कबीर के विचारों के संस्कृतीकरण का यह अभियान मुक्तिधर्मी लोक-प्रतिभा को रूढ़िवादी शास्त्रीयता का जामा पहनाने का अभियान है।

इस अभियान का एक अद्‌भुत उदाहरण है *कबीर मंसूर* नामक पुस्तक जिसके लेखक हैं कबीरपंथी साधु परमानंद। मूलतः उर्दू में लिखी यह पुस्तक पहली बार सन् 1857 में छपी थी। उसका हिन्दी अनुवाद सन् 1903 में प्रकाशित हुआ। पुराणों की शैली में लिखा हुआ लगभग पंद्रह सौ पृष्ठों का यह पोथा हिन्दू देवी-देवताओं के चित्रों से सुसज्जित है। इसमें चारों युगों में कबीर के अनेक अवतारों का वर्णन है; केवल कलयुग में मूसा, दाऊद, सुलेमान, ईस; मुहम्मद आदि रूपों में उनके चौदह अवतारों की चर्चा है। इस पुस्तक के अनुसार कबीर 'परमब्रह्म' हैं। पुस्तक में उनकी अनेक लीलाओं का भी वर्णन है। कबीर ने राम-रहीम की एकता पर जोर दिया था तो *कबीर मंसूर* में उन्हें हिन्दू, इस्लाम और ईसाई धर्मों के बीच एकता का सूत्रधार बना दिया गया है। यह पुस्तक कबीर के व्यक्तित्व के ऐतिहासिक महत्त्व और उनके विचारों की क्रांतिकारी भूमिका को मिटाकर उन्हें मिथकीय, शास्त्र-सापेक्ष और परम्पराबद्ध बनाती है। *कबीर मंसूर* के कबीर की केवल पूजा हो सकती है, वे सामाजिक और सांस्कृतिक रूढ़िवाद के विरुद्ध किसी संघर्ष के प्रेरणास्रोत नहीं बन सकते।

कबीरपंथ में कबीर के विचारों की दुर्गति के इतिहास से साबित होता है कि कोई क्रांतिकारी विचारधारा विरोधियों की आलोचनाओं से नहीं मरती; वह इतिहास-प्रक्रिया से बेखबर अनुयायियों की अन्धश्रद्धा, कट्‌टरवादिता और महत्त्वाकांक्षा से मरती है।

(भक्ति आन्दोलन और सूरदास का काव्य से)

2

आलोचना और इतिहास

आधुनिक काल में साहित्यानुशीलन के क्षेत्र में रूपवादी चिन्तन के प्रभुत्व का प्रभाव साहित्यसिद्धांत, आलोचना और इतिहास तीनों पर पड़ा है। रूपवादी चिन्तन के कारण इन तीनों का स्वरूप ही नहीं बदला, इनकी महत्ता और सार्थकता में भी परिवर्तन हुआ है। रूपवादी चिन्तन के कारण साहित्यानुशीलन के केन्द्र में आलोचना आ गयी और उसके समर्थन के लिए साहित्यसिद्धांत बनाए गये, इतिहास की उपेक्षा हुई और उसे अनावश्यक मान लिया गया। रूपवादी साहित्यचिन्तन के फलस्वरूप समाज से साहित्यसंसार की स्वतन्त्रता और साहित्यिक कृति की स्वायत्तता की धारणाएँ स्थापित हुईं। साहित्यसंसार की समाजनिरपेक्षता सिद्ध करने के लिए ही रचना को एक ओर सामाजिक प्रेरणा और प्रभाव से और दूसरी ओर परम्परा और परिवेश से पूर्णतः स्वतन्त्र घोषित किया गया।

रूपवादी आलोचकों ने रचनाकार और पाठक की आस्था को भी साहित्यानुशीलन से बहिष्कृत करने का प्रयत्न किया। शायद रचना में आस्था के अस्तित्व की सार्थकता स्वीकार करने पर रचना की ऐतिहासिकता को स्वीकार करना असम्भव होता। लेखक के रचनात्मक अभिप्राय, पाठक के मन पर पड़ने वाले रचना के प्रभाव और लेखक तथा पाठक की आस्था को साहित्यानुशीलन से बहिष्कृत करने के बाद ही कृति की स्वायत्त सत्ता सिद्ध होती है। जो आलोचक आलोचना में अभिप्राय, प्रभाव और आस्था की सार्थकता को स्वीकार नहीं करते, वे अन्ततः साहित्यसंसार की स्वायत्तता की धारणा के ही समर्थक बन जाते हैं। यह सच है कि रचना की उपेक्षा करके केवल रचनाकार के निहित अभिप्रायों या इरादों की खोज करने वाली आलोचना, जीवनीपरक आलोचना बन जाती है और रचना के विशेषण से बचकर केवल पाठकीय प्रक्रिया के सहारे चलने वाली आलोचना प्रभाववादी आलोचना हो जाती है। कभी-कभी आस्थावादी आलोचक रचना की विशिष्ट रचनाशीलता को छोड़कर रचना में अपनी या रचनाकार की आस्था ही ढूँढ़ते फिरते हैं। ऐसी आलोचना में आस्था ही रचना के मूल्यांकन की कसौटी बन जाती है। लेकिन आलोचना को अभिप्राय, प्रभाव और आस्था के अतिवादी दुष्प्रभावों से बचाने को सही तरीका यह नहीं है कि आलोचना से इनका बहिष्कार किया जाय। यह तो खाई में से निकलकर खंदक में गिरना होगा। जरूरी यह

है कि लेखक के रचनात्मक अभिप्राय और उसकी आस्था के सर्जनात्मक प्रतिफलन का विश्लेषण हो और पाठक की चेतना के निर्माण में रचना के योगदान का मूल्यांकन भी। जाहिर है इससे आलोचनाकर्म कुछ कठिन हो जाएगा। लेकिन आलोचना में कठिनाई से बचाव कहाँ है?

रूपवादी साहित्यचिन्तन के अनुसार साहित्यिक सृजन और ग्रहण को ऐतिहासिक सन्दर्भों से मुक्त माना गया। कृति के सृजन और ग्रहण को ऐतिहासिकता से स्वतन्त्र साबित करने के लिए ही सौन्दर्यानुभूति को स्थिर, स्थायी और अपरिवर्तनशील कहा गया। रूपवादियों का यह भी दावा है कि ऐतिहासिक सन्दर्भ के परिवर्तन के कारण रचना की सौन्दर्यानुभूति में कोई अन्तर नहीं आता। काव्यानुभूति को सामाजिक जीवन के 'रूपभाव' से असम्बद्ध मानने वाले और उसे 'सार्थक रूप' (क्लाइव बेल) तथा 'सार्थक भाव'(एलियट) में निहित मानने वाले रूपवादी चिन्तक कला और सौन्दर्यानुभूति की अपरिवर्तनशीलता में विश्वास करते हैं। इस प्रकार साहित्यिक कृति की रचना और उसके पाठकीय ग्रहण को ऐतिहासिक सन्दर्भों से स्वतन्त्र मानने वाले न तो रचना के इतिहास में विश्वास करते हैं और न बोध के इतिहास में। जाहिर है ऐसे रूपवादी चिन्तन से अनुशासित साहित्यानुशीलन के अंतर्गत इतिहास के लिए कोई जगह नहीं हो सकती। आलोचना को रूपवादी आलोचक केवल आभ्यंतरी आलोचना के रूप में स्वीकार करते हैं। 'आभ्यंतरी आलोचना', एलन रोडवे के अनुसार, "केन्द्राभिसारी होती है, उसकी चिन्ता कृति की अस्मिता की पहचान की होती है और उसका प्रयोजन कृति की सार्थकता नहीं, केवल उसके अर्थ की खोज करना है।" (कंटेम्परेरी क्रिटिसिज्म, 1970, पृ.92)

आधुनिक काल में रूपवाद का साहित्य के अध्ययन-चिन्तन पर इतना व्यापक प्रभाव पड़ा है कि मार्क्सवादी साहित्यचिन्तन भी उससे अछूता नहीं रह सका है। कुछ मार्क्सवादी आलोचक आलोचना को अद्यतन बनाने और उसे समृद्ध करने के लिए रूपवादी आलोचना के उपकरणों का उपयोग कर रहे हैं। ऐसे मार्क्सवादी आलोचक रचना की स्वायत्तता को स्वीकार करते हुए समाज से रचना के सम्बन्ध को व्यक्त करने के लिए रचना की सापेक्ष स्वतन्त्रता पर अधिक बल देते हैं। रूपवादी और मार्क्सवादी आलोचना के समन्वय का प्रयत्न करते हुए रचना की निजता और समाज से उसके सम्बन्ध को, जेरेमी हाथर्न ने, "अस्मिता और सम्बन्धभावना के रूप में उपस्थित करने का प्रयत्न किया है।" हाथर्न के अनुसार रचना के विशिष्ट रूप और सामाजिक सन्दर्भ के बीच द्वंद्वात्मक सम्बन्ध होता है और आलोचना में सम्बन्ध की द्वंद्वात्मकता पर ध्यान देना जरूरी है। सम्बन्धभावना के अंतर्गत रचना से लेखक, पाठक और सामाजिक, सामयिक सन्दर्भ का सम्बन्ध विवेच्य होता है। कलाकृति की समाजसापेक्षता की व्याख्या का एक दूसरे प्रकार का प्रयत्न पोलैंड के मार्क्सवादी सौन्दर्यशास्त्र स्तेफान मोरावस्की के चिन्तन में मिलता है। स्तेफान मोरावस्की ने रचना की विभिन्न विशेषताओं को सांस्कृतिक संदर्भों की ऐतिहासिकता के अंतर्गत पहचानने पर बल दिया है और माना है कि कलामूल्यों का निर्धारण पाठक और कलाकृति के सम्बन्धों द्वारा होता है। इस प्रकार उन्होंने रचना की विशिष्टता और समाज से उसके सम्बन्ध को स्पष्ट

करने के लिए 'ऐतिहासिकतावादी सम्बन्धवाद' की धारणा का प्रतिपादन किया है। स्तेफान मोरावस्की की इस धारणा के अनुसर रचना की विशिष्टता और उसकी ऐतिहासिकता के साथ-साथ इन दोनों की एकता की भी व्याख्या हो सकती है। यहाँ आलोचना और इतिहास की एकता की सम्भावना बनती है। लेकिन इस प्रसंग में यह याद रखना जरूरी है कि किसी रचना की सार्थकता को केवल सौन्दर्यानुभूति तक सीमित नहीं किया जा सकता और न आलोचना को सौन्दर्यानुभूति या सौन्दर्यबोधी मूल्यों की मीमांसा तक। सौन्दर्यशास्त्र और साहित्यालोचन की एकता या सौन्दर्यशास्त्रीय आलोचना की सार्थकता अभी भी विवादास्पद ही है। हिन्दी में इस दिशा में जो प्रयत्न हुए हैं, उनकी असफलता और निरर्थकता असंदिग्ध है।

रूपवादी साहित्यचिन्तन के फलस्वरूप साहित्यानुशीलन में इतिहास की सार्थकता संदिग्ध हो गयी और आलोचकों को साहित्य की सामूहिक विकासशीलता की खोज के प्रयत्नों की विफलता का बोध होने लगा। ऐसी दशा में इतिहास से आलोचकों की आस्था उठने लगी। कुछ रूपवादी आलोचकों ने कहा कि सौन्दर्यानुभूति का सम्बन्ध मुख्यतः रूप से होता है, इसलिए साहित्यरूपों, विधाओं, तकनीकों और शैलियों का ही इतिहास हो सकता है। रूपवादी चिन्तन के प्रभाव में जीने वाले कुछ आलोचकों ने 'साहित्यिकता का इतिहास' बनाने का प्रयत्न किया और साहित्य के इतिहास को एक कालविशेष के लेखन की रीति का इतिहास मान लिया। ऐसे ही कुछ आलोचक साहित्य के इतिहास को शब्दों का इतिहास बनाना चाहते हैं। इसी दौर में रूपवादी और मार्क्सवादी साहित्यचिन्तन की कमजोरियों से मुक्ति का दावा करते हुए हान्स राबर्ट यौस जैसे विचारक, रचना के ग्रहण और प्रभाव के सौन्दर्यशास्त्र के सहारे नया साहित्येतिहास विकसित करने की कोशिश कर रहे हैं। रूपवादी साहित्यचिन्तन के प्रभाव के बावजूद साहित्यानुशीलन में इतिहास की सार्थकता पर अब नये ढंग से विचार होने लगा है। साहित्य के इतिहास के नये स्वरूप और आलोचना से इतिहास के सम्बन्ध पर जो नया चिन्तन हो रहा है, उससे यह लगता है कि रूपवादी साहित्यचिन्तन के प्रभाव का जादू अब टूट रहा है। इतिहास में आस्था एक प्रकार से जीवन और साहित्य की परस्पर सम्बद्धता में आस्था है। यह साहित्य की विकासशीलता में भी आस्था है। इतिहास में आस्था मनुष्य की रचनाशक्ति में भी आस्था का द्योतक है। आलोचना रचनाशक्ति को दिशा देती है और इतिहासबोध अपनी रचनाशक्ति की प्रगति की निरन्तरता में मनुष्य की आस्था जगाता है। इस आस्था को जगाना और मजबूत करना ही इतिहास और आलोचना के सम्बन्ध पर विचार करने का मुख्य प्रयोजन है।

आलोचना के मुख्यतः दो प्रयोजन होते हैं : व्याख्या और मूल्यांकन। व्याख्या और मूल्यांकन के लिए ही आलोचक विश्लेषण और तुलना का सहारा लेता है। रचना में रूपायित रचनाकार के जीवनानुभव और उस अनुभव को व्यक्त करने वाले माध्यम का विश्लेषण करते हुए आलोचक रचना की व्याख्या करता है। रचना के विश्लेषण के दौरान ही आलोचक रचना की अंतर्वस्तु को निर्मित करने वाली रचनादृष्टि और रचना से व्यक्त होने वाले सन्देश की भी मीमांसा करता है। सन्देश को सम्प्रेष्य बनाने वाले माध्यम की

सृजनशीलता के विश्लेषण के साथ-साथ उस सृजनशीलता को प्रभावित करने वाली साहित्यिक और भाषिक परम्परा का भी विश्लेषण आवश्यक होता है। साहित्यिक और भाषिक परम्परा और परिवेश से रचना के सम्बन्ध के विश्लेषण के बिना किसी रचना की मौलिकता और नवीनता का मूल्यांकन नहीं हो सकता। यहीं आलोचना में इतिहासविवेक की आवश्यकता होती है, क्योंकि परम्पराबोध तो इतिहासविवेक से ही प्राप्त होता है। जो लोग आलोचना को केवल व्याख्या तक सीमित रखना चाहते हैं, उन्हें भी यह याद रखना चाहिए कि इतिहासविवेक रचना की व्याख्या में भी सहायक होता है; क्योंकि इतिहास ही रचना का सन्दर्भ प्रस्तुत करता है और संदर्भ के बिना रचना की प्रामाणिक व्याख्या नहीं हो सकती। आलोचक अपने इतिहासविवेक से रचना के सामाजिक, सांस्कृतिक और भाषिक सन्दर्भ का पुनर्निर्माण करके रचना की व्याख्या करता है। आलोचना में रचना के केवल कलात्मक मूल्यों की चिन्ता करने वालों को भी कलात्मक मूल्यों की सार्थकता की परख के लिए रचना के सामाजिक सांस्कृतिक सन्दर्भ की जरूरत होती है।

कुछ आलोचक मूल्यांकन को ही आलोचना का मुख्य प्रयोजन समझते हैं। लेकिन आलोचना के प्रतिमान रचना की परम्परा और रचना के परिवेश से ही प्राप्त होते हैं, केवल रचना से नहीं। काव्यमूल्यों का गहरा सम्बन्ध समकालीन जीवनमूल्यों से होता है और जीवनमूल्यों से रचनादृष्टि ही नहीं, आलोचनादृष्टि भी अनुशासित होती है। रचना मूल्यों के सृजन का काम करती है और आलोचना सार्थक मूल्यों के संरक्षण का। समर्थ रचनाशीलता पुराने मूल्यों को तोड़ती है, नये मूल्य रचती है और नये मूल्यों को विकसित करती है। सार्थक रचनाशीलता पुरानी मूल्य-व्यवस्था को तोड़कर नयी मूल्यव्यवस्था विकसित करती है। आलोचना रचना से निर्मित मूल्यों की सार्थकता और प्रासंगिकता की परख करती है, जिससे नये मूल्य-बोध और मूल्यदृष्टि का विकास होता है। ऐतिहासिक चेतना से शून्य आलोचक रचनागत मूल्यों की सार्थकता और प्रासंगिकता की पहचान नहीं कर सकता।

ऐतिहासिक चेतना और कलाचेतना का जहाँ मेल होता है, वहीं से रचना या आलोचना की शुरुआत होती है। ऐतिहासिक चेतना से रचनाकार को राष्ट्रीय चेतना, वर्गीय चेतना और मानवीय चेतना का बोध होता है। इसी से उसे अपनी कलापरम्परा की चेतनता भी प्राप्त होती है और ऐतिहासिक चेतना से ही समकालीनन युगचेतना के सन्दर्भ में रचनाकार को अपनी रचनाशीलता की सार्थकता का भी बोध होता है। इस बोध से ही रचनाकार के रचनाकर्म को दिशा और दृष्टि मिलती है। इसके बाद ही उसकी कलाचेतना की सृजनशीलता रचना में व्यक्त होती है। कलात्मक चेतना से सम्पन्न आलोचक किसी रचना के कलात्मक मूल्यों की पहचान करता है, उसकी कलात्मक विशेषताओं की व्याख्या करता है, लेकिन ऐतिहासिक चेतना से ही रचना में व्यक्त नैतिक और सौन्दर्यबोधी मूल्यों के स्रोत और निर्माण प्रक्रिया की परख होती है। साहित्य की विशाल परम्परा में किसी रचना की महत्ता और मूल्यवत्ता का निर्धारण ऐतिहासिक चेतना के सहारे ही हो सकता है। रचना की विशिष्टता और मौलिकता का विश्लेषण आलोचनात्मक विवेक से होता है, लेकिन

परम्परा और परिवेश के सन्दर्भ में किसी रचना की सार्थक नवीनता की पहचान ऐतिहासिक चेतना से होती है।

किसी रचना के मूल्यांकन में ऐतिहासिक चेतना की अनिवार्यता को समझने के लिए यह आवश्यक है कि *कामायनी* जैसे महत्त्वपूर्ण कृति के सन्दर्भ में इस बात को स्पष्ट किया जाय। *कामायनी* में भारतीय साहित्य, चिन्तन और सामाजिक जीवन की परम्पराओं का प्रभाव व्यंजित है। उसमे रचनाकालीन सामाजिक जीवन के यथार्थ और चिन्तन की भी अभिव्यक्ति है। *कामायनी* के सन्दर्भ में अगर यह विचारणीय है कि उसी परम्परा और परिवेश का हर रचनाकार कामायनीकार क्यों नहीं हो सकता; तो यह भी विचारणीय है कि *कामायनी* किसी दूसरे युग में, पहले या बाद में, क्यों नहीं लिखी जा सकती? कहने का तात्पर्य यह है कि आलोचना में रचना और रचनाकार की विशिष्टता का विवेचन जितना महत्त्वपूर्ण है, उतना ही महत्त्वपूर्ण है और उस विशिष्टता के साथ युगचेतना या परिवेश के सम्बन्ध का भी विवेचन।

लेकिन आलोचना में आलोचनात्मक विवेक और ऐतिहासिक चेतना की एकता में निहित जटिलता पर भी ध्यान देना आवश्यक है। जहाँ ऐतिहासिक चेतना से अनुशासित आलोचना में रचनाकार की कलात्मक विशिष्टता की उपेक्षा करके केवल रचना या रचनाकाल की ऐतिहासिकता के आधार पर मूल्यांकन किया जाता है, वहाँ रचना या रचनाकार के अवमूल्यन का भी खतरा उत्पन्न हो जाता है। ऐसे ही खतरे की ओर संकेत करते हुए सार्त्र ने कहा, "निःस्संदेह पाल वालेरी एक निम्नपूँजीवादी बुद्धिजीवी हैं, लेकिन प्रत्येक निम्नपूँजीवादी बुद्धिजीवी पाल वालेरी नहीं होता।" हर महत्त्वपूर्ण रचना का एक ऐतिहासिक चरित्र होता है, लेकिन महान रचना ऐतिहासिक सीमाओं के परे भी सार्थक बनी रहती है। किसी रचना का मूल्यांकन करते समय उसकी ऐतिहासिकता के साथ-साथ ऐतिहासिक सीमाओं को पार करके अपनी जीवंतता प्रमाणित करने वाली रचनात्मक निजता पर भी विचार होना चाहिए।

आलोचना के सन्दर्भ में इतिहास की सार्थकता देखने के बाद साहित्येतिहास के सन्दर्भ में आलोचना की सार्थकता पर भी विचार करना जरूरी है। यह प्रक्रिया इतिहासकार की अपनी इतिहासदृष्टि से अनुशासित होती है। इतिहासकार पहले रचना और रचनाकारों का चयन करता है, फिर वह रचनात्मक प्रवृत्तियों, साहित्यिक दृष्टिकोणों और रचनासम्बन्धी रीतियों (मोड्स) के परिवर्तनों की व्याख्या करता है। इस प्रक्रिया से गुजरकर इतिहासकार साहित्य के सामूहिक विकास का इतिहास निर्मित करता है। इतिहासलेखन में आलोचनात्मक विवेक की जरूरत वहीं से शुरू हो जाती है, जहाँ से इतिहासलेखन का कार्य शुरू होता है। जैसा कि विमूसाट ने लिखा है, "रचनाओं के चयन में ही मूल्यांकन निहित होता है।" (दि वर्बल आइकन, 1970, पृ० 260)। साहित्य सम्बन्धी किसी प्रकार के परिवर्तन की व्याख्या करते समय या साहित्य की विकासशीलता का विवेचन करते समय इतिहासकार साहित्यिक दृष्टिकोणों में परिवर्तन के साथ-साथ उस परिवर्तन को प्रभावित करने वाले मूल्यों पर भी विचार करता है। साहित्य का इतिहास असल में साहित्यिक कृतियों का ही

इतिहास होता है, इसलिए इतिहास में कृतियों में निहित या व्यक्त मूल्यों की उपेक्षा नहीं हो सकती।

एक आलोचक ने लिखा है कि साहित्यिक कृति अपने जीवनानुभव के प्रति रचनाकार की निजी प्रतिक्रिया होती है और हम रचनाकार के उस अनुभव को छोड़कर रचना को केवल सामाजिक या ऐतिहासिक सन्दर्भों में नहीं समझ सकते। रचना एक ऐसी निर्मिति होती है जो रचनाकार की संवेदना के परिवेश से पैदा होती है और वह अपने परिवेश से परे भी सार्थक बनी रहती है। (दि डिस्पिलेन आफ क्रिटिसिज्म, सं॰ दिमेत्स ओर नेल्सन, 1968, पृ॰ 480)। कहने का तात्पर्य यह है कि इतिहासकार को किसी रचना की युगीन और युगातीत दोनों प्रकार की विशेषताओं पर विचार करना चाहिए। यह इतिहास के लिए एक जटिल और कठिन समस्या है। युगातीत किसी रचना में युगीन से पृथक नहीं होता, उसमें दोनों की एकता होती है, युगीन से ही युगातीत आविर्भूत होता है। कुछ लोग कह सकते हैं कि रचना की युगीनता ऐतिहासिक चेतना से उत्पन्न होती है और युगातीतता कलाचेतना से। लेकिन हम यह जानते हैं कि ऐतिहासिक चेतना और कला-चेतना के मेल से ही रचना पैदा होती है, इसलिए कालजयी कृतियों में ऐतिहासिकता और कालातीतता की एकता होती है। ऐसी महत्त्वपूर्ण रचनाओं पर विचार करते समय इतिहासकार का आलोचनात्मक विवेक आलोचक की ऐतिहासिक चेतना की मदद करता है।

प्रत्येक पीढ़ी की अपनी संवेदनशीलता होती है। ऐसी संवेदनशीलता के निर्माण में पुरानी रचनाशीलता के बोध के संस्कार और नवीन जीवनानुभव, दोनों का योग होता है। नयी रचनाशीलता के समानांतर ही नयी आलोचनात्मक संवेदनशीलता समकालीन रचनाशील संवेदनशीलता से प्रेरित और समकालीन पाठकीय संवेदना से प्रभावित होती है। आलोचना समकालीन संवेदनशीलता के सन्दर्भ में ही अतीत की रचनाओं की व्याख्या और मूल्यांकन का प्रयत्न करती है। इस प्रकार किसी युग का इतिहासविवेक से सम्पन्न आलोचक, परम्परा और समकालीनता के सम्बन्धों का विवेचन करते हुए ही, समकालीन रचनाशीलता की मौलिकता और नवीनता की व्याख्या करता है। इस प्रकार समकालीन रचनाशीलता से उत्पन्न साहित्यविवेक इतिहास की नयी व्याख्या को सम्भव बनाता है और इतिहासविवेक से नयी रचनाशीलता की सार्थकता का बोध होता है।

कुछ आलोचक यह समझते हैं कि आलोचना आत्मपरक होती है और इतिहास वस्तुपरक होता है, इसलिए दोनों में अनिवार्यतः विरोध होता है। ऐसे आलोचक आलोचना को आलोचक की आत्मपरक ईमानदारी या कलात्मक संवेदनशीलता की ईमानदारी से सम्बद्ध मानते हैं और इतिहास को वस्तुपरक तथ्यनिष्ठता से सम्बद्ध समझते हैं। उनके अनुसार इतिहास का सम्बन्ध ऐतिहासिक तथ्य से होता है, जबकि आलोचना में 'काव्यसत्य' की चिन्ता अधिक होती है। वे यह जानते हैं कि ऐसे तथ्य और सत्य का सम्बन्ध साहित्य से ही होता है, लेकिन वे मानते हैं कि काव्यसत्य निजी होता है, उससे आलोचक का रागात्मक और बोधात्मक लगाव होता है; जबकि तथ्य तटस्थ और व्यक्ति-निरपेक्ष होता है। साहित्यानुशीलन के सन्दर्भ में अगर हम तथ्य और सत्य के सम्बन्ध पर विचार

करें तो यह स्पष्ट हो जाएगा कि साहित्य के इतिहास में तथ्यबोध मूल्यनिरपेक्ष और इतिहासकार की निजी संवेदनशीलता से कटा हुआ नहीं होता और न आलोचक का काव्यसत्य नितांत निजी होता है। इतिहास या आलोचना में वस्तुनिष्ठता अगर नैतिक दायित्वों से पलायन या मानवीय दायित्वों की पक्षधरता से बचाव का साधन बने तो वह असामाजिक और अमानवीय होने के कारण निरर्थक साबित होती है। साहित्य की विकासप्रक्रिया से 'सत्य' प्राप्त करने के लिए 'तथ्यों' की व्याख्या आवश्यक हो जाती है। साहित्य की विकासशील परम्परा के सन्दर्भ में सत्य तथ्य से अधिक जटिल, बहुआयामी और मूल्यनिष्ठ होता है। मूल्य से सम्बद्ध होने के कारण ही सत्य अधिक मानवीय भी होता है। इतिहासकार केवल तथ्यों तक सीमित नहीं रहता, वह साहित्यपरम्परा के सत्यों की भी चिन्ता करता है। इतिहास में वस्तुपरकता को भावना और मूल्य से विछिन्न नहीं माना जा सकता। इतिहासकार की मूल्यदृष्टि उसके कलात्मक अनुभव से बनती है और उस मूल्य-दृष्टि में इतिहासकार की निजी कलासंवेदना भी निहित होती है। चाहे आलोचक हो या इतिहासकार, दोनों को रचना के बोध से गुजरना पड़ता है।

इतिहास और आलोचना के अलगाव का एक कारण यह प्रतीत होता है कि प्रायः आलोचना में कृति की अस्मिता की खोज होती है और इतिहास में कृति के अस्तित्व की। आलोचना में कृति की निजता, मौलिकता और विशिष्टता की व्याख्या करते हुए उसके सौन्दर्यबोधी मूल्य और महत्त्व की मीमांसा पर अधिक बल दिया जाता है। आलोचना में रचना की विशिष्टता की पहचान का जितना प्रयत्न होता है, उतना सामान्यता की खोज का प्रयत्न नहीं होता। आलोचना के अनुसार रचना की अस्मिता की क्षमता ही उसके अस्तित्व के स्वरूप का निर्धारण करती है। दूसरी ओर, इतिहासकार प्रायः रचना के अस्तित्व की खोज करते हैं और वे यह भी मानते हैं कि रचना की अस्मिता रचना के परिवेशगत अस्तित्व से निर्धारित होती है। रचना की अस्मिता अपने अस्तित्व की सीमाओं से परे भी कायम रहती है, लेकिन इसका यह अर्थ नहीं कि वह अपने परिवेशगत अस्तित्व से पूर्णतः स्वतन्त्र होती है। इतिहास में रचना के अस्तित्व को अधिक महत्त्व देने के कारण ही रचना के उत्पत्तिमूलक पक्षों के विवेचन पर अधिक ध्यान दिया जाता है, जबकि आलोचना में रचना के आस्वादपरक या प्रभावपरक पक्षों का ही अधिक विश्लेषण होता है।

रचना की अस्मिता और उसके सामाजिक अस्तित्व के सम्बन्ध को लेकर साहित्यानुशीलन के क्षेत्र में विरोधी विचारधाराओं की लगातार टकराहट होती रही है। जो लोग रचना की कलात्मक अस्मिता की स्वायत्तता के समर्थक हैं, उनके लिए रचना का सामाजिक अस्तित्व विचारणीय नहीं है, लेकिन जो रचना की अस्मिता को उसके सामाजिक अस्तित्व से सम्बद्ध मानते हैं, वे भी इस सम्बन्ध के स्वरूप के बारे में एकमत नहीं हैं। इस समस्या को सुलझाने का प्रयत्न करते हुए कभी कृति की 'समाजसापेक्ष स्वायत्तता' की बात की जाती है और कभी 'अस्मिता और सम्बन्धभावना' की। अस्मिता और अस्तित्व के सम्बन्ध को स्पष्ट करने के लिए ही 'ऐतिहासिकतावादी सम्बन्धवाद' की धारणा भी सामने आयी है। इस सन्दर्भ में यह ध्यान रखना चाहिए कि रचना की अस्मिता और अस्तित्व के सम्बन्ध को भोंड़े नियतिवादी

(डिटर्मिनिस्टिक) ढंग से नहीं समझा जा सकता। दोनों के बीच द्वंद्वात्मक सम्बन्ध होता है और इस सम्बन्ध को इसी रूप में समझना उचित होगा। रचना पर विचार करते समय यह याद रखना चाहिए कि अस्तित्व से अस्मिता का आविर्भाव होता है, लेकिन इतिहास या आलोचना में रचना की कलात्मक अस्मिता की विशेषता भी विचारणीय होती है।

रचना वस्तु ही नहीं, घटना और क्रिया भी होती है। कोई भी रचना मानवीय क्रिया से उत्पन्न मानवीय वस्तु होती है। वह मनुष्य की जीवनकृति का अंग होती है। (डॉ॰ एहतेशाम हुसैन—उर्दू *साहित्य का आलोचनात्मक इतिहास*, 1969, पृ॰ 6)। जब कोई महत्त्वपूर्ण रचना अस्तित्व में आती है तो साहित्य-परम्परा में एक महत्त्वपूर्ण परिवर्तन उत्पन्न होता है। किसी रचना में रचनाकार के अस्तित्व के साथ-साथ रचनाकाल का अस्तित्व भी व्यक्त होता है। आलोचना में रचना को एक सौन्दर्यबोधी वस्तु के रूप में ही देखा-परखा जाता है, लेकिन इतिहास में उसे एक सोद्देश्य मानवीय क्रिया और रचनात्मक घटना के रूप में समझने का प्रयत्न होता है।

प्रायः ऐसा देखा जाता है कि इतिहासकार रचनाओं की अस्मिता से अधिक उनके अस्तित्व पर ही विचार करते हैं, वे रचना से अधिक रचनाकाल की खोज करते हैं। लेकिन एक सार्थक इतिहास का काम केवल रचनाकाल की खोज करना नहीं है, बल्कि रचनाकाल से अधिक रचना और रचना के जीवन की खोज करना है। आलोचक ऐसी रचनाओं को विचारणीय नहीं मानता, जिनकी अस्मिता उनके अस्तित्व के साथ ही कालप्रवाह में विलीन हो गयी हो। लेकिन इतिहासकार रचनाओं के अस्तित्व की खोज करते हुए उनकी अस्मिता का पुनर्निर्माण करता है। यह सम्भव है कि कोई रचना अपने रचनाकाल में अलोकप्रिय और उपेक्षित रह गयी हो या अपने जमाने की प्रचलित मूल्यव्यवस्था के विरुद्ध होने के कारण जान-बूझकर उपेक्षित कर दी गयी हो। ऐसी रचनाएँ कभी-कभी परवर्तीकाल में अनुकूल मूल्यदृष्टि के वातावरण में पुनः प्रतिष्ठित होती हैं। इतिहासकार वर्तमान की आँख से अतीत को देखता है, इसलिए वह ऐसी रचनाओं की पुनः प्रतिष्ठा का प्रयत्न करता है जो आलोचक की युगचेतना और मूल्यवृद्धि के अनुरूप होती हैं। आधुनिककाल में कबीर की लोकप्रियता का एक कारण नये युग की चेतना के सन्दर्भ में कबीर की सामाजिक दृष्टि की प्रासंगिकता है तो दूसरा कारण उस प्रासंगिकता की आचार्य हजारीप्रसाद द्विवेदी द्वारा की गयी व्याख्या भी है। इतिहास में किसी रचना के मूल अर्थ और प्रभाव की खोज की सार्थकता इस बात में प्रकट होती है कि उससे रचना के नये अर्थ और प्रभाव का कितना विकास होता है।

जॉर्ज लुकाच ने लिखा है कि जो कलाकृति मनुष्य को मानवमात्र से जोड़ सकने में सक्षम हो, उसी की खोज और मीमांसा होनी चाहिए। जाहिर है कि आलोचक और सौन्दर्यशास्त्री लुकाच की दृष्टि रचना की अस्मिता पर है और उनके अनुसार रचना की अस्मिता ही उसके अस्तित्व की सार्थकता का कारण भी है। लेकिन इतिहास केवल महान और महत्त्वपूर्ण से ही नहीं बनता, वह साधारण और सामान्य से भी बनता है। साहित्य के इतिहास में महान रचनाओं और रचनाकारों के साथ-साथ साधारण रचनाओं और रचनाकारों

का योगदान भी विचारणीय होता है। कई बार कालप्रवाह में विलुप्त कृतियों की खोज और उनकी कलात्मक उपलब्धि के विवेचन के बाद साहित्यपरम्परा नये ढंग से उपस्थित होती है। हम यह जानते हैं कि भास के नाटकों और अश्वघोष की रचनाओं की खोज से भारतीय नाटक और कविता के इतिहास में कई परवर्ती रचनाकारों के मूल्यांकन पर प्रभाव पड़ा है। कहने का तात्पर्य यह है कि इतिहास का काम केवल महान और महत्त्वपूर्ण रचनाओं की खोज करना नहीं है, उसका उद्देश्य साहित्यपरम्परा की रचनात्मक चेतना के विविध रूपों और अभिव्यक्तियों से सम्बन्धित परिवर्तनों की प्रक्रिया और दिशा का बोध कराना भी है। साहित्यपरम्परा की रचनात्मक चेतना की विविधता के बोध से आलोचनात्मक विवेक भी समृद्ध होता है। इस प्रकार इतिहास से आलोचना की शक्ति और सरहदों का विस्तार होता है।

एक आलोचक इस्त्वान् सोतेर ने आलोचना और इतिहास की एकता का समर्थन करते हुए लिखा है (*न्यू लिटरेरी हिस्ट्री*, वा॰ 11, सं॰ 1970, पृ॰ 90) कि हमें पहले सौन्दर्यबोध चिन्तन या आलोचना पर ध्यान देना चाहिए और बाद में ऐतिहासिक समस्याओं पर। फिर ऐतिहासिक समस्याओं से रचना की ओर लौटना चाहिए। इस प्रकार हमें इतिहास और आलोचना की प्रतियोगी दुनिया से निकलकर आलोचना, इतिहास और पुनः आलोचना की प्रक्रिया से गुजरना होगा। लेकिन इस प्रक्रिया को तभी स्वीकार किया जा सकता है, जब आलोचना सौन्दर्यबोधीचिन्तन से बाहर निकलकर इतिहास की समस्याओं को भी सुलझाने में सक्षम हो। इसके लिए जरूरी है कि इतिहास और आलोचना के केन्द्र में रचना को रखा जाय और आलोचनात्मक इतिहास की प्रक्रिया का विकास किया जाय। लेकिन आलोचनात्मक इतिहास ऐसा न हो जिसमें इतिहास और आलोचना दोनों का निषेध हो, जैसा हिन्दी के कुछ आलोचनात्मक इतिहासों में दिखाई देता है। ऐतिहासिक चेतना और आलोचनात्मक विवेक के द्वंद्वात्मक सम्बन्ध से विकसित रचनानिष्ठ इतिहास, इतिहास और आलोचना के अलगाव से उत्पन्न कमजोरियों से मुक्त हो सकता है।

आलोचना में जब हम किसी रचना से युग की प्रवृत्ति की ओर बढ़ते हैं तो आलोचना से इतिहास की ओर जाते हैं और साहित्य के विकास का बोध प्राप्त करते हैं। लेकिन जब हम किसी युग की सामान्य प्रवृत्तियों पर विचार करते हुए उस प्रकृति की किसी प्रतिनिधि रचना की विशिष्टता का विश्लेषण करते हैं तो हम इतिहास से आलोचना की ओर जाते हैं। ऐतिहासिक अनुसन्धान से रचना के ऐसे नये आयामों का उद्‌घाटन होता है जो आलोचनादृष्टि से परे होते हैं। जब हम ऐतिहासिक सन्दर्भ और ऐतिहासिक चेतना के आलोक में किसी रचना पर विचार करते हैं तो रचना की कलात्मक विशेषताओं की महत्ता का भी बोध होता है, क्योंकि ऐसी स्थिति में रचना अकेली कृति के रूप में नहीं, बल्कि विशाल परम्परा के अंग के रूप में हमारे सामने आती है।

इस्त्वान् सोतेरे ने इतिहास और आलोचना के गहरे सहयोग की समस्या पर विचार करते हुए लिखा है (*न्यू लिटरेरी हिस्ट्री*, वा॰ 11, सं॰ 1, 1970, पृ॰ 90) कि आलोचना और इतिहास की एकता तभी सम्भव होगी जब साहित्यानुशीलन का आरम्भ रचना से,

रचना के अंतजर्गत से होगा और बाद में रचना की वैयक्तिकता को छोड़कर दूसरी रचनाओं से उसके सम्बन्ध की खोज होगी। कहने का तात्पर्य यह है कि रचना को रचना के बाहर के जगत से जोड़कर देखने और रचनाओं की परम्परा की प्रगति के सन्दर्भ में रखकर परखने से ही रचना की सार्थकता प्रकट होगी। रचनाशीलता केवल दूसरी रचनाओं से या साहित्यपरम्परा से ही प्रभावित नहीं होती, इसलिए रचना के परिवेश का विश्लेषण ऐतिहासिक अंतर्दृष्टि की मदद से करना होगा।

साहित्यिक आन्दोलनों, दृष्टिकोण सम्बन्धी संघर्षों और रचना सम्बन्धी नवीन प्रयासों की अभिव्यक्ति केवल प्रौढ़ कृतियों में ही नहीं होती, बहसों, घोषणा पत्रों, पत्रों और डायरियों में भी होती है। एक युग की कलासंवेदना, वैचारिक संघर्ष और मूल्यदृष्टि को समझने में इनसे भी मदद मिलती है। इसके अतिरिक्त साहित्यक्षेत्र के बाहर घटित होने वाली घटनाओं (जैसे राष्ट्रीय उद्देश्यों के लिए संघर्ष या जनता के मुक्तिसंघर्ष) का साहित्य से, कलात्मक मूल्यों से सीधा सम्बन्ध न होने पर भी नैतिक और मानवीय मूल्यों पर गहरा प्रभाव पड़ता है, इनसे सम्पूर्ण युगजीवन प्रभावित होता है और उस युग की रचनाशीलता भी प्रभावित होती है। किसी युग की रचनाशीलता को प्रभावित करने वाले ऐसे तत्त्वों की समझ के लिए सौन्दर्यबोधी मूल्यदृष्टि पर्याप्त नहीं होती। ऐसी स्थिति में ऐतिहासिक यथार्थ की पहचान कराने वाली ऐतिहासिक अंतर्दृष्टि की जरूरत होती है।

आलोचना और इतिहास के अलगाव पर जोर देने वाले और इतिहास को अनावश्यक मानने वाले आलोचक कहते हैं कि रचना के अनुभव तथा आस्वादन में इतिहास से कोई मदद नहीं मिलती और इतिहास उस अनुभव और आस्वादन का विवेचन भी नहीं होता। यह काम केवल आलोचना का है। उनका कहना है कि इतिहास विश्लेषणात्मक होता है, जबकि रचना का अनुभव और उसकी आलोचना का स्वरूप मुख्यतः संश्लेषणात्मक होता है; इसलिए इतिहास और आलोचना का विरोध अनिवार्य है। रचना के अनुभव और आस्वादन की प्रक्रिया पर विचार करने से यह स्पष्टतः ज्ञात होता है कि कोई रचना कालप्रवाह के एक निश्चित ऐतिहासिक क्षण में अस्तित्व में आती है और उसके बाद ही रचना और पाठक के आत्मीय सम्बन्ध से अनुभव, आस्वादन और सम्प्रेषण की सम्भावना बनती है। रचनाकाल की व्यापक सामाजिक साहित्यिक प्रवृत्तियों से रचनाकार और पाठक दोनों की चेतना प्रभावित होती है। कृति की रचना और उसके अनुभव आस्वादन की प्रक्रिया ऐतिहासिक काल के भीतर घटित होती है, बाहर नहीं। रचना के अनुभव की प्रक्रिया में रचना के माध्यम (भाषा) और पाठक की मानसिकता के सम्बन्ध की भी महत्त्वपूर्ण भूमिका होती है। रचनाकार की मानसिकता परम्परा और परिवेश से प्रभावित होती है और पाठक की मानसिकता भी परम्परा के बोध और परिवेश के प्रति जागरूकता से निर्मित होती है। इस प्रकार रचनाकार की सृजनशीलता और पाठक की ग्रहणशीलता, दोनों का इतिहास होता है।

किसी मध्यकालीन रचना को आधुनिक संवेदना का पाठक उसी रूप में नहीं ग्रहण करेगा, जिस रूप में वह अपने रचनाकाल में ग्रहण की गयी होगी। यही कारण है कि

इतिहास या आलोचना में किसी रचना के मूल अर्थ से अधिक महत्त्वपूर्ण उसका वर्तमान अर्थ होता है। यह भी देखा जाता है कि आधुनिक भावबोध वाली किसी रचना को मध्यकालीन मानसिकता का पाठक स्वीकार नहीं कर पाता। नयी रचनात्मक संवेदनशीलता और पुराने काव्यसंस्कारों के बीच लगातार संघर्ष चलता है। 'जड़ीभूत सौन्दर्याभिरुचि' नयी रचनाओं के सौन्दर्य को देख नहीं पाती, इसीलिए पुराने संस्कारों और आग्रहों में जकड़े हुए आलोचक और पाठक नये साहित्य का हठपूर्वक विरोध करते हैं। नयी रचनाशीलता और पुराने काव्यसंस्कारों का यह संघर्ष नया नहीं है। पुराने संस्कारों में जकड़े पाठकों द्वारा अपने काव्य की दुराग्रहपूर्ण अवहेलना से पीड़ित होकर ही कालिदास ने लिखा होगा :

पुराणमित्येव न साधु सर्वं न चापि काव्यं नवमित्यवद्यम्।
सन्तः परीक्ष्यान्यतरदभजन्ते मूढः परप्रत्ययनेयबुद्धिः॥

(मालविकाग्निमित्रम्/1 12)

अपने जमाने के रूढ़िग्रस्त और दुराग्रही पाठकों से निराश होने के बाद ही भवभूति ने आने वाले जमाने के 'समानधर्मा' पाठकों की ओर आशाभरी नजरों से देखा होगा। नयी रचनाशीलता से पुराने संस्कारों से ग्रस्त मूढ़ पाठकों के विरोध के अनेक उदाहरण साहित्य के इतिहास से दिए जा सकते हैं। प्रायः नयी रचनाशीलता पाठकों की संवेदनशीलता का परिष्कार करती हुई अपने लिए पाठकों का निर्माण करती है। कहने का तात्पर्य यह है कि साहित्यबोध या काव्यानुभूति या सौन्दर्यानुभूति कोई स्थिर, स्थायी और शाश्वत चीज नहीं होती। सौन्दर्यानुभूति ऐतिहासिक सन्दर्भों और ऐतिहासिक चेतना की सापेक्षता में ही अपना रूप ग्रहण करती है। उसमें परिवर्तन होता है और उसका विकास भी होता है। इस प्रकार रचना के पाठकीय अनुभव और उससे निर्मित होने वाली मूल्यदृष्टि का एक ऐतिहासिक आयाम होता है। हान्स राबर्ट यौस ने ऐतिहासिक और सौन्दर्यशास्त्रीय दृष्टिकोण का समन्वय करते हुए रचना के पाठकीय ग्रहण और रचना के प्रभाव के विश्लेषण से एक नये साहित्येतिहास सम्बन्धी दृष्टिकोण की सम्भावना पर विचार किया है जिसमें लेख, रचना और पाठक के विकासशील सम्बन्ध की व्याख्या की गयी है। (न्यू लिटरेरी हिस्ट्री, वा॰ 11, सं॰ 1970, पृ॰ 7-8)

कुछ आलोचक यह समझते हैं कि साहित्यानुशीलन का आधार साहित्यसिद्धांतों से बनता है और साहित्यसिद्धांतों के निर्माण का काम आलोचना करती है, इतिहास नहीं। उन्हें इस बात पर विचार करना चाहिए कि साहित्यसिद्धांतों के निर्माण में इतिहास का कोई योगदान होता है या नहीं? जो लोग साहित्यसिद्धांतों की शाश्वतता और सार्वभौमिकता को उनकी ऐतिहासिकता से अधिक महत्त्व देते हैं, वे ही पुराने सिद्धांतों के डंडे से नये साहित्य को नापने की कोशिश करते हैं और नये साहित्य के सामने पुराने सिद्धांतों को छोटा पड़ते देखकर नये साहित्य को ही खोटा कह देते हैं। ऐसे लोग यह नहीं समझते की रचनाशीलता के विकास और परिवर्तनशीलता के साथ-साथ रचना और आलोचना के सिद्धांत भी बदलते हैं।

साहित्य के सिद्धांत साहित्यिक प्रवृत्तियों और प्रयोगों के बीच से विकसित होते हैं। इतिहास साहित्यसिद्धांतों के निर्माण और उनके प्रामाणिक विनियोग से उत्पन्न समस्याओं के समाधान के लिए आवश्यक सन्दर्भ और तथ्य उपलब्ध कराता है। जॉ ब्रांट कोर्टियस ने ठीक ही लिखा है (*न्यू लिटरेरी हिस्ट्री*, वा॰ 11 सं॰ 1, 1970, पृ॰ 68) कि साहित्य के विकास के दौरान समय-समय पर प्रकट होने वाली रचनात्मक प्रवृत्तियाँ मुख्यतः साहित्यपरम्परा से निर्मित निर्धारित होती हैं। साहित्यक रीतियाँ, धारणाएँ, परिप्रेक्ष्य, आकांक्षाएँ, सिद्धांत और प्रयोग साहित्यपरम्परा और नये अनुभव के द्वंद्व से उत्पन्न होते हैं। किसी युग की साहित्यिक चेतना और चिन्तन के बोध से ही उस युग की विशिष्ट रचना की अवधारणा को समझना सम्भव होता है। रचना के माध्यम से न केवल रचनाप्रक्रिया बल्कि रचनाकालीन साहित्यचिन्तन के प्रभावों को भी समझा जा सकता है। साहित्य का इतिहास, एहतेशाम हुसैन के शब्दों में, 'बदलते हुए साहित्यिक दृष्टिकोणों' का भी इतिहास होता है, उसमें साहित्यचिन्तन सम्बन्धी युगसापेक्ष परिवर्तनों के स्वरूप और कारणों की भी मीमांसा होती है। इतिहास के माध्यम से युग के रचनाशील मानस की पहचान होती है और युग के रचनाशील मानस की पहचान के बाद ही उस युग के किसी लेखक के रचनाशील मानस की व्याख्या सम्भव होती है। आलोचना आजकल आलोचनात्मक मानस की मीमांसा बन गयी है, क्योंकि रचनाकर्म भी अब अधिक आलोचनात्मक हो गया है।

प्रत्येक युग का साहित्यानुशीलन अपने युग के साहित्यिक दृष्टिकोण से अनुशासित होता है। साहित्यानुशीलन की पद्धति और परिदृश्य में परिवर्तन साहित्य की धारणा और साहित्य के प्रयोजन के परिवर्तन के अनुसार होता है। इसी से आलोचना और इतिहास के स्वरूप में भी बदलाव आता है। साहित्य के इतिहास के लिए साहित्य की अवधारणा और इतिहास की अवधारणा का समान महत्त्व है। साहित्यिक कृति को देशकालातीत विलक्षण वस्तु मानने और देशकाल को सामाजिक यथार्थ से असम्बद्ध समझने के बाद साहित्य के इतिहास की आवश्यकता समाप्त हो जाती है। साहित्यिक कृति को मानवीय विरासत की देन मानने के बाद ही साहित्य के सामूहिक विकास की धारणा बनती है, जो साहित्य के इतिहास का आधार है। साहित्य के इतिहास के अंतर्गत कृतियों के ऐतिहासिक आयाम और कलात्मक वैशिष्ट्य दोनों के विवेचन की जरूरत होती है और यह काम इतिहास और आलोचना की एकता से ही हो सकता है। आलोचना और इतिहास के सन्दर्भ में साहित्य की धारणा के केन्द्रीय महत्त्व को स्वीकार करते हुए यह विचारणीय है कि साहित्य को एक ऐसी जीवंत गतिशील प्रक्रिया माना जाय, जिसमें कृति के निर्माण और अनुभव की प्रक्रियाओं का द्वंद्वात्मक सम्बन्ध प्रकट होता है, या उसे एक निश्चित रूपात्मक उपभोग्य वस्तु माना जाय? यह भी सवाल है कि साहित्य को परिवर्तनशील यथार्थ की सर्जनात्मक अभिव्यक्ति के रूप में स्वीकार किया जाय या उसे रचनाकार की निजी अनुभूति की अभिव्यक्ति माना जाय, साहित्य को व्यक्तिमानव के सामाजिक व्यवहार के विशिष्ट अंग के रूप में ग्रहण किया जाय या उसे व्यक्तिमानस के रूपरचना की शक्ति की देन माना जाय? यह भी विचारणीय है कि साहित्य को आत्मबद्ध संरचना या मिथक माना जाय अथवा

उसे मानव-चेतना की सामाजिक चिन्ता के फल के रूप में ग्रहण किया जाय? इन प्रश्नों के उत्तर के अनुरूप ही साहित्यानुशीलन की पद्धति और परिदृश्य का स्वरूप भी निर्मित होगा।

साहित्यानुशीलन को सामाजिक दृष्टि से सोद्देश्य बनाने के लिए और साहित्य के इतिहास का एक सार्थक दृष्टिकोण निर्मित करने के लिए यह स्वीकार करना जरूरी है कि साहित्य एक जीवंत प्रक्रिया है, रचना एक सामाजिक कर्म है और साहित्यसृजन मनुष्य के सामाजिक व्यवहार का एक विशिष्ट रूप है। स्तारोबिंस्की ने साहित्य को एक सामाजिक कर्म मानते हुए लिखा है :

"साहित्य सामाजिक यथार्थ का मनमाना विकास नहीं है। यह एक विशिष्ट व्यवहार है जो दूसरे व्यवहारों से शैली तथा अर्थ की दृष्टि से भिन्न होते हुए भी उनके समान महत्त्व का होता है; और यह किसी ऐतिहासिक काल की जटिल समग्रता के निर्माण में दूसरे व्यवहारों का पूरक भी होता है।" (डायजिनिस, सं॰ 74, 197, पृ॰ 67)

साहित्य को सामाजिक व्यवहार का एक अंग और विशिष्ट रूप मानने तथा उसे ऐतिहासिक यथार्थ की जटिल समग्रता के निर्माण में दूसरे सामाजिक व्यवहारों के समान महत्त्वपूर्ण तत्त्व स्वीकार करने पर रचना और रचनाकर्म की परिभाषा बदल जाएगी। ऐसी स्थिति में रचना के विश्लेषण और मूल्यांकन के लिए रचना के युग के ऐतिहासिक यथार्थ के स्वरूप का बोध भी जरूरी होगा। यही नहीं, रचना के मूल्यांकन के लिए समकालीन दूसरे सामाजिक व्यवहारों से रचना को जोड़कर देखना भी जरूरी हो जाएगा। कहने का तात्पर्य यह है कि रचना के मूल्यांकन के लिए रचनाकालीन ऐतिहासिक यथार्थ की जटिल समग्रता से रचना के सम्बन्ध की व्याख्या आवश्यक होगी। रचना के इस प्रकार के विश्लेषण और मूल्यांकन में आभ्यंतरी आलोचना या सौन्दर्यबोधी आलोचना अपर्याप्त होती है। इसके लिए ऐतिहासिक चेतना से युक्त ऐसी आलोचनादृष्टि आवश्यक है जो रचना को उसके युग के ऐतिहासिक यथार्थ से जोड़कर देख सके, रचना के अंतर्जगत और बाहर के व्यापक सामाजिक जगत के सम्बन्ध को पहचान सके।

साहित्य संसार की स्वतन्त्रता, कृति की स्वायत्तता, सौन्दर्यबोधी मूल्यों की समाजनिरपेक्षता और रचनाकार की अद्वितीयता की धारणाएँ कला और साहित्य सम्बन्धी बुर्जुआ चिन्तन की देन हैं और इनका पूँजीवादी समाज व्यवस्था से गहरा सम्बन्ध है। इन धारणाओं में बुर्जुआ वर्ग की सांस्कृतिक आकांक्षाएँ व्यक्त होती हैं और तरह-तरह की रूपवादी आलोचनाओं से इनको समर्थन प्राप्त होता है। सामंती और पूँजीवादी समाज व्यवस्था में ललित कलाओं का उपयोगी कलाओं से क्रमशः पार्थक्य स्थापित हुआ। कला की धारणा के संकुचित होने के साथ-साथ कलाकार और कारीगर के कर्म में पार्थक्य आया, उसके अर्थ और मूल्य में अन्तर स्थापित हुआ। धीरे-धीरे रचनाकर्म दूसरे सामाजिक कर्मों से अलग और स्वतन्त्र रूप धारण करने लगा। वर्गों में विभाजित समाजव्यवस्था में मानसिक श्रम और शारीरिक श्रम में अलगाव आया और मानसिक श्रम के विभिन्न रूपों में भी ऐसा पार्थक्य बना, जिससे मानसिक श्रम के विभिन्न रूप एक दूसरे से स्वतन्त्र और विशिष्ट मान लिए

गये। कलाकार के कर्म की विशिष्टता और अनन्यता की धारणा, इस क्रमिक विभाजन और अलगाव की ही देन है। इसी प्रक्रिया के फलस्वरूप रचनाकर्म दूसरे सामाजिक कर्मों से पूर्णतः अलग और अनन्य समझा जाने लगा। ऐसी स्थिति में ही रचनाकार व रचनासंसार उसके सामाजिक व्यवहार के संसार से स्वतन्त्र कहा गया।

रचना को 'कृति' कहने से कर्म की जो धारणा व्यक्त होती है वह रचना को 'वस्तु' मानने में व्यक्त नहीं होती। रेमण्ड विलियम्स ने ठीक ही लिखा है कि रचना को 'वस्तु' मानने की धारणा उपभोगवादी आलोचना सिद्धांतों की केन्द्रीय धारणा है। (*न्यू लेफ्ट रिव्यू*, सं॰ 82, पृ॰ 14) सामंतवादी कलाचिन्तन ने कवि और कविता को ईश्वरत्व से जोड़कर देखा और दोनों को अलौकिक घोषित कर दिया। बुर्जुआ चिन्तन ने अपनी समाजव्यवस्था की प्रकृति के अनुसार ही रचना को विनिमय और उपभोग की वस्तु मान लिया। रचनाकर्म को 'दिव्य' कहा जाय या 'अनन्य परतन्त्र' दोनों ही स्थितियों में दूसरे सामाजिक कर्मों से उसकी पृथकता प्रकट होती है। रचनाकर्म दूसरे मानवीय व्यवहारों से अपने स्वरूप और अर्थ की भिन्नता के कारण विशिष्ट होता है, लेकिन वह दूसरे मानवीय व्यवहारों से स्वतन्त्र नहीं होता। वैसे तो मनुष्य के प्रत्येक सामाजिक व्यवहार की निजी प्रकृति होती है, लेकिन प्रत्येक प्रकार के सामाजिक व्यवहार में निहित मानवीयता और सामाजिकता के कारण ही दूसरे सामाजिक व्यवहारों से उसकी समानधर्मिता भी प्रकट होती है। रचनाकर्म मनुष्य के व्यापक सामाजिक कर्म का ही एक रूप है। रचनाकार केवल कलाकार ही नहीं होता, वह व्यापक सामाजिक प्रक्रिया में भाग लेता है, उससे प्रभावित होता है और उसे प्रभावित भी करता है। रचनाकार अपने सामाजिक जीवन में केवल कलाकार ही नहीं होता, वह कारीगर और कार्यकर्ता भी होता है। पाब्लो नेरूदा ने लिखा है कि "'कवि' एक कारीगर होता है जिसका एक कार्य है, लेकिन यह कार्य अन्य कार्यों से अधिक महत्त्वपूर्ण नहीं होता, सिवाय तब जब वह सामाजिक प्रतिक्रिया की शक्तियों का सामना करने की चुनौती स्वीकारता है और यह भी एक जोखिम भरा काम है क्योंकि कवि सच्चाई के रखवाले की हैसियत से बोलता है।'" (मान्चू पिच्चू के शिखर, अनुवाद-नीलाभ, पृ॰ 8 (उद्धत))।

साहित्य को एक जीवन्त गतिशील प्रक्रिया और रचनाकर्म को सामाजिक व्यवहार का एक विशिष्ट रूप मानने के बाद रचनाकार, रचना, पाठक और उनके सामाजिक सन्दर्भ का आपसी सम्बन्ध नये रूप में हमारे सामने आएगा। इसके बाद ही समाज की व्यापक इतिहास प्रक्रिया के अंतर्गत मनुष्य के सामाजिक सांस्कृतिक व्यवहार के अंग के रूप में साहित्य की विकासशीलता का अनुशीलन हो सकता है। लेकिन इस सन्दर्भ में यह याद रखना चाहिए कि साहित्य को सामाजिक-सांस्कृतिक व्यवहार का अंग समझते हुए उसके विशिष्ट स्वरूप पर भी ध्यान देना जरूरी है। तभी साहित्यक्षेत्र के आंतरिक परिवर्तनों की व्याख्या हो सकेगी और रचनाओं की अस्मिता के साथ-साथ उनके अस्तित्व की परिस्थितियों का भी विश्लेषण हो सकेगा। इसके लिए यह जरूरी है कि सामाजिक व्यवहार के विकास के सिद्धांत के समानांतर ही चेतना के विकासशील स्वरूप पर भी ध्यान दिया जाय; क्योंकि केवल सामाजिक व्यवहार के विकास के सिद्धांत से ही साहित्यक्षेत्र के आंतरिक परिवर्तनों

(साहित्यिक आन्दोलनों, प्रवृत्तियों, दृष्टिकोणों, शैलियों और नये रूपविधानों) की व्याख्या नहीं हो सकती। (*न्यू लिटरेरी हिस्ट्री*, वा, vii, सं. 1, 1975, पृ. 103) आलोचना और इतिहास दोनों की चिन्ता का मुख्य विषय रचना ही है और रचना अन्ततः रचनाकार की चेतना की संवेदनशीलता, कल्पनाशक्ति और सृजनशीलता का ही फल है। सामाजिक व्यवहार के परिवर्तन के साथ-साथ चेतना के विकास की व्याख्या करने से ही परिवेश और चेतना के सम्बन्ध का बोध प्रकट होगा और रचनाकार की चेतना की सृजनशीलता की व्याख्या भी हो सकेगी। इस प्रकार सामाजिक व्यवहार, उससे प्रभावित होने वाली चेतना और उस चेतना की सृजनशीलता से उत्पन्न होने वाले साहित्य की विकासशीलता का समन्वित अनुशीलन हो सकेगा। रचनाकर्म को सामाजिक व्यवहार का अंग मानने पर रचना के अंतर्जगत और उसके परिवेश का सम्बन्ध स्पष्ट होगा और व्यापक जीवनमूल्यों से रचना के सौन्दर्यबोधी मूल्यों की सापेक्षता भी प्रकट होगी। इस प्रक्रिया के अंतर्गत रचना की विशिष्टता और उसकी सामाजिकता में एकता स्थापित होगी और आलोचना तथा इतिहास का अलगाव भी दूर होगा। आलोचना और इतिहास में रचनाओं पर विचार करते समय अगर अंतर्वस्तुसम्बन्धी अन्वेषणों और रूपसम्बन्धी आविष्कारों का विवेचन न हो सके, प्रयोगों और परिवर्तनों के बीच से गुजरने वाली निरन्तरता की खोज न हो सके और इनके मूल स्रोत सामाजिक जीवन के ऐतिहासिक सन्दर्भ से इनका सम्बन्ध प्रकट न हो सके तो ये दोनों सारी तैयारी और दावों के बावजूद पाठकों के साहित्यविवेक के निर्माण के लिए अनुपयोगी ही साबित होंगे।

(साहित्य और इतिहास दृष्टि से)

3

उपन्यास का समाजशास्त्र

मिशेल जेराफा ने लिखा है कि–"उपन्यास ऐसी कला है जिसमें मनुष्य सामाजिक और ऐतिहासिक दृष्टि से निरूपित होकर सामने आता है।" जेराफा के इस कथन के अभिप्राय पर ध्यान देते ही यह बात समझ में आ जाएगी कि साहित्य के समाजशास्त्रियों के बीच उपन्यास अधिक लोकप्रिय क्यों है। इससे यह भी समझने में सुविधा होगी कि कला के दूसरे रूपों और साहित्य की दूसरी विधाओं की तुलना में उपन्यास समाजशास्त्रीय विश्लेषण के अधिक अनुकूल क्यों है। अपने समय, समाज और इतिहास की प्रक्रिया से परिभाषित मनुष्य ही उपन्यास रचना का लक्ष्य है, और समाजशास्त्रीय अन्वेषण का भी। एक उसकी कलात्मक पुनर्रचना का माध्यम है तो दूसरा उसके बौद्धिक विश्लेषण का साधन। समाजशास्त्र में मनुष्य की सामाजिकता की पहचान के अनेक रास्ते हैं। उनमें से जो रास्ता साहित्य संसार से होकर जाता है, वह सबसे सुगम और विश्वसनीय तब होता है, जब वह उपन्यास के रचना-संसार से गुजरता है, क्योंकि वहाँ न तो कविता की तरह आत्मपरकता की फिसलन होती है और न नाटक के यथार्थ का मायालोक होता है। उपन्यास की कला में मौजूद मनुष्य के समाजसम्बद्ध और इतिहाससापेक्ष रूप को आसानी से पहचाना जा सकता है। वहाँ कल्पना में रची-बसी जिन्दगी की वास्तविकता को आसानी से पाया जा सकता है। इसीलिए साहित्य का समाजशास्त्री सबसे पहले और सबसे अधिक उपन्यास की ओर मुड़ता है। उपन्यास के समाजशास्त्र के विशेष विकसित होने का भी यही कारण है।

असल में उपन्यास और समाजशास्त्र एक ही युग के समान भौतिक और वैचारिक परिवेश की उपज हैं। यह महज संयोग नहीं है कि यूरोप में आधुनिक युग के साथ ही नयी ऐतिहासिक चेतना और समाजशास्त्रीय अन्वेषण की दृष्टि का विकास होता है और आधुनिक चेतना की अभिव्यक्ति के कलात्मक माध्यम के रूप में उपन्यास का उदय होता है। विधेयवाद के जनक अगस्त काम्ते समाजशास्त्र के भी जनक हैं। उनके विचारों का उपन्यास के विकास पर गहरा प्रभाव केवल यूरोपीय उपन्यास तक सीमित नहीं है। भारतीय उपन्यास के विकास में भी उनके विचारों का योगदान है। भारत में उपन्यास के विकास

का मार्गदर्शन करने वाले और भारतीय उपन्यास की सम्भावनाओं को साकार रूप देने वाले बंगला के बंकिमचंद्र के उपन्यासों की रचनादृष्टि के पीछे विधेयवाद की सर्जनात्मक भूमिका को अनेक आलोचकों ने स्वीकार किया है। यशोधरा बागची ने बंकिमचंद्र के उपन्यासों में, विशेषतः *आनंदमठ* में, विधेयवाद और राष्ट्रवाद के अनेक स्तरीय सम्बन्धों की खोज की है। कुछ आलोचकों की राय है कि बंकिम के आरम्भिक उपन्यासों में विधेयवादी दृष्टि है, लेकिन परवर्ती उपन्यासों में विधेयवाद की वैज्ञानिकता की जगह परम्परागत हिन्दू चेतना आ गयी है। यशोधरा बागची ने इस मान्यता की खंडन करते हुए लिखा है कि बंकिम ने अपने परवर्ती उपन्यासों में विधेयवाद की वैज्ञानिकता से मुँह नहीं मोड़ा है, बल्कि उन्होंने विधेयवाद की प्रगति और व्यवस्था सम्बन्धी मान्यताओं को अधिक समग्रता के साथ अपनी रचनादृष्टि में आत्मसात् किया है और उसकी कलात्मक अभिव्यक्ति भी की है। *आनंदमठ* में विधेयवादी यूटोपिया के सहारे राष्ट्रीय स्वाधीनता संघर्ष की अभिव्यक्ति हुई है और स्त्री संकटग्रस्त राष्ट्रीयता का प्रतीक बन गयी है। काम्ते की मानवता की देवी ही *आनंदमठ* में भारतमाता के रूप में दिखाई देती है। इस उदाहरण से जाहिर है कि अपने समय और समाज के निरीक्षण, परीक्षण और अन्वेषण की आधुनिक दृष्टि का एक रूप उपन्यास में मिलता है और दूसरा समाजशास्त्र में। रिचर्ड होगार्ट के शब्दों में यह भी कहा जा सकता है कि—उपन्यास में साहित्यिक कल्पना और समाजशास्त्रीय कल्पना की जो रचनात्मक एकता मिलती है, उसी की खोज और पहचान उपन्यास के समाजशास्त्र का मुख्य लक्ष्य है।

पश्चिम में साहित्य के समाजशास्त्र के विकास के आरम्भिक काल से ही उपन्यास के सामाजिक आधार, अर्थ और अभिप्राय की खोज होती आ रही है। उपन्यास के उदय-काल से उसके रूप और अंतर्वस्तु एक ऐतिहासिक, सामाजिक स्वरूप साहित्य विचारकों को आकर्षित करता रहा है। मादाम स्तेल और हेगेल के चिन्तन से उपन्यास के सामाजिक आधार और अभिप्राय पर विचार की जो परम्परा शुरू हुई थी, वह उपन्यास के विकास के साथ-साथ विकसित हुई है। विगत चार सदियों में पश्चिम में उपन्यास की कला में निरन्तर निखार आया है, उसकी रचना दृष्टियों में विविधता आयी है और कलात्मक प्रयोगों की अनेक परम्पराएँ विकसित हुई हैं। इन सबके समानांतर उपन्यास की समाजशास्त्रीय व्याख्या के लिए आवश्यक दृष्टियों और पद्धतियों की खोज भी होती रही है। इसी प्रक्रिया में उपन्यास के समाजशास्त्रीय विश्लेषण की अवधारणाओं और पद्धतियों का विकास हुआ है।

उपन्यास की समाजशास्त्रीय व्याख्या की अनेक दृष्टियाँ और पद्धतियाँ हैं। सबसे पुराना दृष्टिकोण विधेयवाद का है, जिसका नया रूप अनुभववाद में दिखाई देता है। इसमें एक ओर उपन्यास के सामाजिक अस्तित्व को निर्धारित करने वाली भौतिक परिस्थितियों का विश्लेषण होता है तो दूसरी ओर उपन्यास के पाठकीय ग्रहण का विवेचन किया जाता है। उपन्यास के समाजशास्त्र का एक और रूप मार्क्सवादी विश्लेषण में मिलता है, जिसमें अंतर्वस्तु और रूप में निहित सामाजिक यथार्थ, चेतना, विचारधारा आदि की खोज होती है। फ्रैंकफुर्त समुदाय के आलोचनात्मक सामाजशास्त्रियों में से एक लियो लावेंथल ने आलोचनात्मक समाजशास्त्र की दृष्टि से उपन्यासों का विश्लेषण और मूल्यांकन किया है।

कुछ समाजशास्त्रियों ने संरचनावाद की पद्धति के सहारे उपन्यास का समाजशास्त्र विकसित करने का प्रयास किया है। गोल्डमान ने मार्क्सवाद और संरचनावाद के बीच एकता स्थापित करते हुए उत्पत्तिमूलक संरचनावाद की पद्धति से एक नये ढंग का उपन्यास का समाजशास्त्र विकसित किया है। जैसे यूरोप में उपन्यास के विकास से दुनिया भर में उपन्यास का विकास किसी-न-किसी रूप में प्रभावित हुआ है, वैसे ही उपन्यास के समाजशास्त्रीय विश्लेषण की यूरोपीय परम्परा में विकसित अवधारणाओं और पद्धतियों का प्रभाव दूसरे देशों के उपन्यासों के समाजशास्त्रीय विश्लेषण पर पड़ा है। अब उपन्यास की विधा के साथ उसकी रचना और आलोचना से जुड़ी अवधारणाएँ भी विश्वव्यापी बन गयी हैं।

समाज से उपन्यास के सम्बन्ध के अनेक स्तर पर रूप हैं। फिल्म के बाद उपन्यास ही आधुनिक युग का सर्वाधिक प्रतिनिधि कला रूप है। हेगेल ने उपन्यास को गद्य युग का महाकाव्य कहकर इसी सच्चाई की ओर संकेत किया था। उपन्यास के उदय और विकास के लिए अर्थात् उसके अस्तित्व के लिए कुछ भौतिक और विचारधारात्मक आधारों की जरूरत थी, जो आधुनिक युग में ही विकसित हुए। उपन्यास के अस्तित्व के लिए अनिवार्य प्रेस, प्रकाशन और पत्र-पत्रिकाएँ आधुनिक युग के वैज्ञानिक विकास की देन हैं तो उसके लेखक और पाठक के रूप में क्रियाशील मध्यवर्ग पूँजीवादी सामाजिक संरचना का परिणाम है। इन भौतिक आधारों के साथ-साथ विचारधारा के स्तर पर व्यक्तिवाद, धर्मनिरपेक्ष जीवनदृष्टि और यथार्थवादी विश्वदृष्टि की जरूरत थी, जो आधुनिक युग के विवेकवादी चेतना की उपज हैं। उपन्यास की रचनादृष्टि में मनुष्य की स्वतन्त्रता, व्यक्ति की महत्ता और मानवीय सम्बन्धों की गरिमा को तभी केन्द्रीय महत्त्व मिला, जब आधुनिक मानस अपने अनुभव और तर्क के अलावा किसी अलौकिक शक्ति की सत्ता को स्वीकार करने के लिए तैयार न था। यह मध्ययुग में सम्भव न था। उपन्यास मध्ययुगीनता के विरुद्ध आधुनिकता के विद्रोह की अभिव्यक्ति करने वाला साहित्य रूप है।

आधुनिक युग की सांस्कृतिक चेतना का प्रतिनिधि कला रूप बनने के लिए उपन्यास को कठिन संघर्ष करना पड़ा है। आधुनिक युग के प्रतिबंधित और तरह-तरह के सेंसरशिप के शिकार साहित्य का अगर कोई ब्योरा तैयार किया जाय तो उसमें सबसे अधिक संख्या उपन्यासों की ही होगी। उपन्यास के विरोध के अनेक कारण रहे हैं। आरम्भ से ही उपन्यास की कला में निहित लोकतांत्रिक चेतना का विरोध सामंती चेतना की ओर से होता रहा है। सोलहवीं सदी में स्पेन के सम्राट ने कानून बनाकर दक्षिण अमेरिका में उपन्यास लिखने पर प्रतिबन्ध लगा दिया था, क्योंकि उसके अनुसार उपन्यास जनता के लिए खतरनाक था। डब्ल्यू. जे. हार्वे ने ठीक ही लिखा है कि "उपन्यास की रचना में क्रियाशील मानसिकता समाज में लोगों की पूर्णता, विविधता और वैयक्तिकता को स्वीकार करती है। वह विश्वासों तथा मूल्यों की अनेकता में विश्वास करती है। सहिष्णुता, संशयवाद और दूसरों की स्वायत्तता के प्रति आदरभाव उसके आदर्श हैं, मतांधता और कट्टरता से उसे घृणा है। मध्ययुगीन मानसिकता वाले मतांध और कट्टरपंथियों के लिए उपन्यास की धर्मनिरपेक्षता

और विवेकशीलता कितनी असह्य हो सकती है, उसका एक उदाहरण है *सेटेनिक वर्सेज* उपन्यास के लेखक सलमान रुशदी की हत्या के लिए जारी किया गया ईरान के अयातुल्ला खुमैनी का फरमान।

उपन्यास अपने पाठकों को जीवनमूल्यों के बीच चुनाव का संकेत देता है, उनकी सहानुभूतियों का विस्तार करता है और जीवन की कला भी सिखाता है। इस तरह उसका एक नैतिक आयाम है। यह नैतिक आयाम आधुनिक युग का है, इसलिए रूढ़िवादी नैतिकता के समर्थक उसका विरोध करते हैं। आरम्भ से ही नैतिक आधार पर उपन्यासों का विरोध होता रहा है। युवकों को उपन्यास से बचने की सलाह दी जाती रही है। यही नहीं उपन्यासों को अनैतिक कहकर ही उन पर अधिक प्रतिबन्ध लगाए गये हैं। ऐसे प्रतिबंधित उपन्यासों में जेम्स ज्वायस का *यूलिसिस* और डी॰एच॰ लारेंस का *लेडी चेटैरलीज लवर* जैसे उपन्यास भी हैं। हिन्दी में अज्ञेय के *शेखर : एक जीवनी* के प्रकाशन पर खलबली मची थी। उस पर अनैतिकता का आरोप लगा था। कहीं-कहीं सभा करके उसकी प्रतियाँ भी जलाई गयी थीं। इन सब उपन्यासों को बाद में महत्त्वपूर्ण उपन्यास माना गया। हिन्दी के आरम्भिक उपन्यासों के बारे में पत्र-पत्रिकाओं में सबसे अधिक बहस नैतिकता के सवाल को लेकर ही हुई है। उन्नीसवीं सदी के अन्तिम दो दशकों से लेकर बीसवीं सदी के दूसरे दशक तक प्रकाशित हिन्दी उपन्यासों के नैतिक-अनैतिक प्रभाव पर *श्री वेंकटेश्वर समाचार, प्रयाग समाचार, भारतमित्र, सुदर्शन* आदि पत्रिकाओं में उग्र विवाद हुए। इन विवादों में माधव प्रसाद मिश्र का दृष्टिकोण दूसरे लोगों से अधिक आधुनिक है। उपन्यास की नैतिकता पर बहस हिन्दी में ही नहीं हुई। सत्रहवीं और अठारहवीं सदी के अंग्रेजी और फ्रांसीसी उपन्यासों पर भी ऐसी बहसें मिलती हैं। उन बहसों को देखने से मालूम होता है कि जो उपन्यास जितना अधिक यथार्थवादी होता था, उसको उतना ही अधिक अनैतिक कहकर उसकी निन्दा की जाती थी। अंग्रेजी के आलोचक रिचर्ड स्टील और फ्रांसीसी पीरे बायल ने यह माँग की थी कि कानून बनाकर उपन्यासकारों को तथ्य और कल्पना में अन्तर करने के लिए मजबूर किया जाय, अन्यथा पाठक कल्पना को तथ्य और तथ्य को कल्पना मान लेंगे। उपन्यास के प्रसंग में नैतिक और अनैतिक, तथ्य और कल्पना, सच और झूठ आदि के साथ सम्भव-असम्भव का झगड़ा भी खड़ा होता रहा है। हिन्दी में देवकीनंदन खत्री के उपन्यासों को लेकर सम्भव असम्भव के सवालों पर बहुत विवाद हुआ था।

यह सच है कि दूसरे कलारूपों और साहित्य रूपों की तुलना में उपन्यास का स्वरूप समाज पर अधिक निर्भर होता है और उसका विकास समाज के इतिहास के साथ होता है। लेकिन यह भी सच है कि एक कला है, केवल सामाजिक दस्तावेज नहीं, इसलिए सामाजिक यथार्थ, जीवन के अनुभव और इतिहास की गति रचनाकार की सृजनशीलता से पुनर्रचित होकर ही उपन्यास में आते हैं। कहने का तात्पर्य यह है कि उपन्यास के समाजशास्त्री को हमेशा यह याद रखना होगा कि वह एक कला के समाजशास्त्रीय विश्लेषण में लगा है, किसी सामाजिक दस्तावेज के अध्ययन में नहीं। मिशेल जेराफा ने लिखा है कि उपन्यास के रूप का भी अपना इतिहास होता है, जो एक सीमा तक समाज और इतिहास

से स्वतन्त्र होता है। जो समाजशास्त्री उपन्यास की इस विशेषता की उपेक्षा करता है, वह यह नहीं पहचान पाता कि उपन्यास कैसे सामाजिक यथार्थ का संश्लिष्ट प्रतिरूप बनाता है। वह समाज और संस्कृति पर उपन्यास के प्रभाव को भी नहीं समझ पाता। यह समझना आवश्यक है कि उपन्यासकार एक कलाकार है, उसकी रचना में ऐसे यथार्थ की अभिव्यक्ति होती है, जिसके रूप और अर्थ के बारे में वह पहले से सजग है। वह यथार्थ की अभिव्यक्ति के लिए एक ओर उपन्यास कला की उन तकनीकों का प्रयोग करता है, जिन्हें उसने अपने पूर्ववर्तियों से सीखा है और दूसरी ओर अपने अनुभवों से कुछ नये कला-कौशलों का आविष्कार भी करता है। यह समझ लेने के बाद कि उपन्यास सामाजिक यथार्थ की एक कला है, उस दुविधा की सम्भावना नहीं रहती कि उपन्यास लेखन एक कला है या सामाजिक अभिव्यक्ति का एक रूप। रूपवादी आलोचक उपन्यास को लेखन की एक कला कहते हैं और समाजशास्त्री उसे सामाजिक अभिव्यक्ति का एक रूप मानते हैं। दोनों इस भ्रामक असमंजस के एक-एक छोर को पकड़कर उपन्यास की आलोचना के क्षेत्र में रस्साकसी करते रहते हैं।

उपन्यास का स्वभाव ऐसा है कि वह सामाजिक यथार्थ की अभिव्यक्ति से भागकर उपन्यास नहीं रह सकता। लेकिन केवल सामाजिक यथार्थ की अभिव्यक्ति के कारण कोई उपन्यास कलात्मक कृति नहीं हो जाता। अगर ऐसा होता तो सभी उपन्यासकार प्रेमचंद होते। यहाँ तक कि प्रेमचंद के भी सभी उपन्यास समान रूप से कलात्मक नहीं हैं। अंतोनियो ग्राम्शी ने लिखा है कि दो लेखक एक ही सामाजिक ऐतिहासिक यथार्थ की अभिव्यक्ति का प्रयास करते हैं, लेकिन उनमें से एक कलाकार साबित होता है और दूसरा केवल कातिब। इन दोनों की आलोचना करते समय केवल उनकी सामाजिक पृष्ठभूमि बताना या रचना में व्यक्त यथार्थ की विशेषताएँ बताना कला की समस्या से पल्ला झाड़ लेना है। यह सब आवश्यक और उपयोगी है, लेकिन यह कला की आलोचना नहीं है। ग्राम्शी ने जो सवाल उठाया है उससे बचकर उपन्यास का जो समाजशास्त्र बनेगा, वह कला के रूप में उपन्यास का समाजशास्त्र न होगा। ऐसा समाजशास्त्र न तो किसान-जीवन पर लिखे प्रेमचंद के उपन्यासों से भैरव प्रसाद गुप्त के उपन्यासों का अन्तर समझ पाएगा और न आदिवासी जीवन से सम्बद्ध महाश्वेता देवी के उपन्यास से राजेन्द्र अवस्थी के उपन्यास का फर्क जान पाएगा।

प्रायः उपन्यास के समाजशास्त्र में उपन्यास की वर्गचेतना, विचारधारा या विश्वदृष्टि के सहारे उपन्यास का सामाजिक अभिप्राय जानने की कोशिश होती है। इसी प्रक्रिया में सामाजिक यथार्थ के बारे में लेखक के दृष्टिकोण के आधार पर उसकी रचना का मूल्यांकन भी होता है। यहाँ दो तरह के सरलीकरणों से सावधानी जरूरी है। एक सरलीकरण की ओर बहुत पहले एंगेल्स ने संकेत किया था और बाद में यथार्थवाद की व्याख्या के प्रसंग में जार्ज लुकाच ने उसको दुहराया था। एंगेल्स ने कहा था कि "यथार्थवाद लेखक के विचारों के बावजूद प्रकट हो सकता है।" उदाहरण के रूप में उन्होंने बालजाक की रचनाओं को रखा था। लुकाच ने एंगेल्स के इस कथन के सहारे बालजाक और तोलस्तोय के उपन्यासों में

लेखक की विचारधारा और रचना के यथार्थवाद के परस्पर विरोधी सम्बन्ध की व्याख्या की है। लेखक की विचारधारा और रचना के यथार्थवाद के बीच हमेशा समानधर्मिता ही नहीं होती, कई बार विरोध भी होता है। इस विरोध की उपेक्षा करके आलोचना, रचना के साथ न्याय नहीं कर सकती। लेकिन यह भी ध्यान में रखना होगा कि विचारधारा से लेखक को जीवन और जगत को देखने की दृष्टि मिलती है, इसलिए विचारधारा और यथार्थबोध के बीच समानधर्मिता भी हो सकती है। ऐसी समानधर्मिता ब्रेश्ट की रचनाओं में मिलती है। लेखक की चेतना से उसकी रचना के सम्बन्ध की पहचान के सन्दर्भ में दूसरी सावधानी का संकेत सार्त्र के एक कथन में है। सार्त्र ने लिखा है, "यह ठीक है कि पाल वैलरी एक पेटी बुर्जुआ बुद्धिजीवी है, लेकिन प्रत्येक पेटी बर्जुआ बुद्धिजीवी पाल वैलरी नहीं होता।" सार्त्र के इस कथन से जाहिर है कि किसी लेखक की वर्गीय स्थिति से ही उसकी रचना का मूल्यांकन करना खतरे से खाली नहीं है। उपन्यास के समाजशास्त्र में ऐसे खतरों के प्रति सजगता जरूरी है। प्रेमचंद मध्यवर्ग के व्यक्ति थे, लेकिन वे जीवन भर गहरी सहानुभूति के साथ किसान की कथा लिखते रहे।

मानव जीवन के यथार्थ में रूपों की अपार विविधता होती है। एक उपन्यासकार जीवन यथार्थ के एक रूप और स्तर को महत्त्व देता है तो दूसरा किसी और रूप का चित्रण करता है। इसके साथ ही यथार्थ को देखने की दृष्टियाँ भी अनेक हो सकती हैं। इन बातों से उपन्यास का कलात्मक रूप प्रभावित होता है। यथार्थ के रूप और रचनाकार की चेतना के रूप में कला के रूप का गहरा सम्बन्ध होता है। उपन्यास के समाजशास्त्रीय विवेचन में किसी रचना की समाजिकता की खोज करते समय उसके कलात्मक रूप से लेखक की चेतना और यथार्थ के रूप के सम्बन्ध की पहचान आवश्यक है। हिन्दी में ऐसे उपन्यासकार हैं जिनकी रचनाओं के केन्द्र में समाज का कोई वर्ग होता है और चरित्र उस वर्ग के प्रतिनिधि के रूप में सामने आते हैं। इनसे अलग उपन्यासकार हैं जिनकी रचनाओं के केन्द्र में व्यक्ति होता है और व्यक्ति-चरित्र के व्यक्तिगत गुणों, जीवन के अनुभवों और मानवीय सम्बन्धों के माध्यम से समाज व्यक्त होता है। इन दोनों प्रकार के उपन्यासों का समाजशास्त्रीय विश्लेषण एक ही पद्धति से नहीं हो सकता। उदाहरण के लिए एक ही समाजशास्त्रीय पद्धति से अगर प्रेमचंद और अज्ञेय के उपन्यासों का विश्लेषण होगा तो दोनों के साथ ज्यादती होगी। इन दोनों के उपन्यासों के समाजशास्त्रीय विश्लेषण में सामाजिक वास्तविकता और जीवन के अनुभवों के प्रति दोनों के दृष्टिकोण, उस दृष्टिकोण की रचनाओं में अभिव्यक्ति और दोनों की कला के अन्तरों को ध्यान में रखकर ही उनके उपन्यासों के साथ न्याय हो सकता है। प्रेमचंद की नैतिक चेतना और अज्ञेय की नैतिक चेतना में बहुत अन्तर है। इससे मानवीय सम्बन्धों और जीवन-मूल्यों के बारे में उनकी दृष्टियों में भी अन्तर आया है। फलतः चरित्र-विधान की प्रक्रियाएँ भी अलग-अलग हैं। दोनों के पात्र अलग-अलग वर्गों के हैं, इसलिए उनकी मानसिकताओं में भी अन्तर है। अज्ञेय के उच्च मध्यवर्गीय पात्रों में जैसी बौद्धिकता है, आत्ममंथन की प्रवृत्ति है, वैसी बौद्धिकता प्रेमचंद के किसानों में सम्भव नहीं है। इससे दोनों के उपन्यासों की भाषिक सरंचनाओं में भी अन्तर आया है।

प्रेमचंद के *गोदान* में भारतीय किसान जीवन की वास्तविकताएँ और आकांक्षाएँ साफ दिखाई देती हैं, लेकिन *शेखर : एक जीवनी* में मध्यवर्ग की जिन्दगी के जटिल यथार्थ के अनेक पक्ष खोजने पर मिलते हैं। फणीश्वर नाथ 'रेणु' के *मैला आँचल* के केन्द्र में भी किसान-जीवन ही है। रेणु ने किसान-जीवन के यथार्थ के कुछ दूसरे पक्षों और रूपों को देखा है और प्रेमचंद से भिन्न पद्धति से चित्रित किया है। इसलिए वहाँ किसान-जीवन का ही नया रूप सामने नहीं आता, उपन्यास कला का नया रूप भी उभरता दिखाई देता है।

अपने समाज की वास्तविकता, समय की सच्चाई और इतिहास की गति की अभिव्यक्ति उपन्यास में कई रूपों में हो सकती है और होती रही है। अभिव्यक्ति का एक रूप प्रातिनिधिक होता है और दूसरा प्रतीकात्मक। अभिव्यक्ति की प्रातिनिधिक पद्धति का विकास उपन्यास की यथार्थवादी परम्परा में मिलता है, लेकिन कथा की प्रतीकात्मक पद्धति अधिक पुरानी है। प्राचीनकाल के कथा साहित्य के अधिकांश में प्रतीकात्मक पद्धति का ही प्रयोग मिलता है। प्रतीकात्मक कथापद्धति के अंतर्गत फैंटेसी, मिथक और अद्‌भुत कथानकों का उपयोग होता है। बीसवीं सदी के उपन्यासों में प्रतीकात्मक पद्धति के विभिन्न रूपों का प्रयोग बढ़ा है। जेम्स ज्वायस और काफ्का के उपन्यास इसके कलात्मक रूपों के प्रमाण हैं। हिन्दी उपन्यास के आरम्भिक दौर में प्रतीकात्मक पद्धति का कथा-विधान मिलता है। देवकीनंदन खत्री के उपन्यासों में इसका एक रूप है तो अम्बिका दत्त व्यास के *आश्चर्य वृत्तांत* में दूसरा रूप। हिन्दी के अनेक महत्त्वपूर्ण उपन्यासों में प्रातिनिधिक और प्रतीकात्मक पद्धतियों का मिला-जुला रूप दिखाई देता है। कथा की प्रातिनिधिक और प्रतीकात्मक पद्धति की एकता का, यथार्थवादी रचनाविधान के भीतर फैंटेसी और मिथक के कलात्मक प्रयोग का सर्वोत्तम रूप दक्षिण अमेरिका के उन उपन्यासों में मिलता है, जिन्हें जादुई यथार्थवाद के उपन्यास कहा जाता है। यहाँ कथा की इन दोनों पद्धतियों के अलग-अलग रूपों और उनकी एकता की चर्चा का उद्देश्य यह है कि किसी उपन्यास के समाजशास्त्रीय विश्लेषण में उसके कथा शिल्प के स्वरूप की विशिष्टता पर ध्यान देना जरूरी है। प्रायः आलोचक प्रातिनिधिक पद्धति के यथार्थवादी उपन्यासों को ही समाजशास्त्रीय विश्लेषण के लिए स्वीकार करते हैं और प्रतीकात्मक कथाविधान वाले उपन्यासों को छोड़ देते हैं, क्योंकि फैंटेसी, मिथक आदि में निहित सचाइयों की खोज असुविधाजनक होती है। उपन्यास के ऐसे समाजशास्त्र में अनेक महत्त्वपूर्ण कलात्मक उपन्यासों की उपेक्षा हो जाती है।

टेरी एग्ल्टन ने हाल के एक निबन्ध में ठीक ही लिखा है कि साहित्य में समाजशास्त्रीय दिलचस्पी के दो रूप हैं—यथार्थवादी और व्यवहारवादी। यथार्थवादी दृष्टि के अनुसार साहित्य का स्वरूप अपने सामाजिक सन्दर्भ से निर्मित और प्रभावित होता है। व्यावहारवादी पद्धति में साहित्य के स्वरूप और उसके पाठकीय ग्रहण की परिस्थितियों पर विचार होता है। साहित्य के स्वरूप के निर्माण में सामाजिक सन्दर्भ की विभिन्न भूमिकाओं के विश्लेषण की प्रक्रिया में ही यथार्थवाद की अवधारणा का विकास हुआ है, जो उपन्यास के समाजशास्त्रीय विश्लेषण की केन्द्रीय अवधारणा है। उपन्यास की आलोचना में यथार्थवाद का उपयोग मार्क्सवादी और गैर-मार्क्सवादी दोनों तरह के आलोचक करते रहे हैं, लेकिन

इसका सबसे अधिक विकास मार्क्सवादी आलोचना में ही हुआ है।

पश्चिम में उपन्यास के समाजशास्त्र के निर्माण में जार्ज लुकाच का योगदान किसी भी दूसरे आलोचक से अधिक है। उनके लेखन में उपन्यास के समाजशास्त्र के विकास की दो अवस्थाएँ हैं। आरम्भिक अवस्था *उपन्यास का सिद्धान्त* नाम की पुस्तक में है, जो 1916 में प्रकाशित हुई थी। तब तक लुकाच मार्क्सवादी नहीं हुए थे। लुकाच की इस पुस्तक का उपन्यास के समाजशास्त्र के विकास पर जितना व्यापक प्रभाव पड़ा है, उतना किसी दूसरी पुस्तक का नहीं। उस पुस्तक में पहली बार उपन्यास के दार्शनिक, ऐतिहासिक और सामाजिक स्वरूप का गम्भीर विश्लेषण हुआ था, जिससे प्रेरणा लेकर गोल्डमान और दूसरे समाजशास्त्रियों ने उपन्यास के समाजशास्त्र का विकास किया। लुकाच ने *यूरोपीय यथार्थवाद का अनुशीलन* और *समकालीन यथार्थवाद का अर्थ* जैसी कृतियों में उपन्यास का मार्क्सवादी समाजशास्त्र निर्मित किया है। इन ग्रन्थों में यथार्थवाद को, विशेषतः आलोचनात्मक यथार्थवाद को, उपन्यास के समाजशास्त्रीय विश्लेषण की बुनियादी धारणा बनाया गया है और यूरोप के अनेक महान उपन्यासकारों की रचनाओं के विश्लेषण तथा मूल्यांकन में उसका सार्थक उपयोग हुआ है। वैसे तो यथार्थवाद के अनेक रूप और भेद बताए गये हैं, लेकिन वास्तव में यथार्थवाद के दो रूपों का विकास उपन्यास की आलोचना में हुआ है। इन्हीं दोनों को यथार्थवाद की सुसंगत अवधारणाएँ कहा जा सकता है। एक है आलोचनात्मक यथार्थवाद और दूसरा समाजवादी यथार्थवाद। जॉर्ज लुकाच ने समाजवादी यथार्थवाद की तुलना में आलोचनात्मक यथार्थवाद को अधिक व्यापक रचनात्मक प्रवृत्ति माना है और उसे विशेष महत्त्व दिया है। यहाँ हम यथार्थवाद के भेदों और रूपों की चर्चा नहीं करेंगे। उनकी हिन्दी में अच्छी-बुरी चर्चा खूब हुई है। हम आगे यथार्थवाद से सम्बन्धित कुछ सवालों की चर्चा करेंगे। ऐसे सवालों में सर्वाधिक विवादास्पद है यथार्थवाद से विचारधारा के सम्बन्ध का सवाल; इसलिए उस पर कुछ विस्तार से बात करना जरूरी है।

यथार्थवाद के स्वरूप और विचारधारा से उसके सम्बन्ध की बात उठते ही एंगेल्स का वह पत्र ध्यान में आता है जो उन्होंने 1888 में मार्ग्रेट हार्कनेस को लिखा था। इस पत्र में एंगेल्स ने यथार्थवाद के स्वरूप, प्रातिनिधिकता की धारणा और यथार्थवाद से विचारधारा के सम्बन्ध पर विचार करते हुए 'यथार्थवाद की विजय' की धारणा स्थापित की है। यथार्थवाद और विचारधारा के बीच विरोध को महत्त्व देने वाले बार-बार इस पत्र का हवाला देते हैं।

एंगेल्स ने अपने पत्र में लिखा है—"मैं जिस यथार्थवाद की बात कर रहा हूँ, वह लेखक के विचारों के बावजूद प्रकट हो सकता है। इस बात को समझने के लिए बालजाक का उदाहरण लिया जा सकता है। बालजाक राजनीतिक दृष्टि से लिजिटिमिस्ट था। उसकी महान रचनाएँ एक अच्छे समाज के अनिवार्य विनाश पर लिखे गये सच्चे शोकगीत के समान हैं। बालजाक अपने राजनीतिक पूर्वग्रहों और वर्गीय सहानुभूति के विपरीत जाने को मजबूर होता है। उसने अपने प्रिय सामंतों के पतन की अनिवार्यता को देखा और उनका उसने उसी रूप में चित्रण किया। उसने भविष्य की उन वास्तविक शक्तियों को भी देखा जो उस समय उपलब्ध थीं। मैं, इसे यथार्थवाद की महान विजय समझता हूँ।"

यथार्थवाद और विचारधारा को परस्पर विरोधी बताने वाले इस वाक्य को बार-बार उद्धत करते हैं–"यथार्थवाद लेखक के विचारों के बावजूद प्रकट हो सकता है।" इस वाक्य में एंगेल्स ने एक सम्भावना की ओर संकेत किया है। कुछ लोग इसको यथार्थवाद का स्थायी नियम समझते हैं। उनकी नजर एंगेल्स के वाक्य में आये 'बावजूद' पर टिकी रहती है। इस 'बावजूद' को ऐसे लोगों ने एक सिद्धांत बना दिया है। मिखाइल खापचैंको ने इन बावजूदवादियों की ठीक आलोचना की है। इन बावजूदवादियों में जार्ज लुकाच भी शामिल हैं।

जॉर्ज लुकाच यथार्थवाद के महत्त्वपूर्ण व्याख्याता और सिद्धांतकार हैं। उन्होंनें अपने अनेक लेखों में यथार्थवाद और विचारधारा के सम्बन्ध पर विचार किया है। लुकाच ने एक निबन्ध *'मार्क्स-एंगेल्स आन ईस्थेटिक्स'* में एंगेल्स के इस पत्र के सहारे सिद्ध किया है कि यथार्थवाद और लेखक के सामाजिक राजनीतिक दृष्टिकोण में विरोध होता है। यदि हम इस मान्यता को स्वीकार कर लें कि विचारधारा और रचना के यथार्थवाद में विरोध स्वाभाविक या जरूरी होता है तो सवाल उठता है कि यथार्थबोध की प्रेरणा और शक्ति का स्रोत क्या है और यह भी कि लेखक की चेतना और यथार्थबोध में क्या सम्बन्ध होता है। लुकाच के सामने भी ये सवाल जरूर रहे होंगें। उन्होंने बालजाक के प्रसंग में इन सवालों के उत्तर दिए हैं और उन उत्तरों को यथार्थवाद के नियम के रूप में पेश किया है।

लुकाच ने 'विचारक बालजाक' और 'रचनाकार बालजाक' में पार्थक्य स्थापित किया है। (क्या यह टी.एस. एलियट द्वारा स्थापित भोक्ता मनुष्य और सर्जक मनीषा के बीच पार्थक्य जैसा है?) लुकाच ने यथार्थवाद की विजय को विचारक बालजाक पर रचनाकार बालजाक की विजय बताया है। यह अन्तर और यथार्थवाद की विजय की व्याख्या बहुत सन्तोषजनक नहीं है, इसलिए उन्होंने एक दूसरी व्याख्या रखी है। वे कहते हैं कि यथार्थबोध के लिए 'दम्भ रहित अटल ईभानादारी' जरूरी है, जो महान लेखकों में होती है। *'स्टडीज इन यूरोपियन रियलिज्म'* की भूमिका में लुकाच ने ईमानदारी को सच्चे यथार्थवाद की कसौटी कहा है। हिन्दी में चर्चित अनुभूति की ईमानदारी और भोगा हुआ यथार्थ की सीमाओं से सब परिचित हैं। जाहिर है रचनाकार की ईमानदारी यथार्थबोध के लिए पर्याप्त नहीं है, रचनाकार की 'दम्भ रहित अटल ईमानदारी' यथार्थबोध और उसकी व्यंजना की व्याख्या नहीं हो पाती। लुकाच ने तथाकथित वर्ग–मनोविज्ञान के सहारे लेखक के राजनीतिक दृष्टिकोण के आधार पर रचना का मूल्यांकन करने वाली आलोचना को कुत्सित कहा है और उसकी आलोचना की है। ठीक। लेकिन क्या यथार्थवाद की विजय की व्याख्या के लिए लेखक की ईमानदारी को आधार बनाना व्यक्ति मनोविज्ञान का सहारा लेना नहीं है? क्या व्यक्ति मनोविज्ञान का सहारा लेने वाली आलोचना वर्ग-मनोविज्ञानवादी आलोचना से बेहतर है? लुकाच ने यथार्थवाद की विजय के लिए लेखक में 'सत्य की प्यास' और यथार्थ से बेहद लगाव आदि को जरूरी माना है। सत्य की प्यास और तथ्य की भूख को यथार्थवाद की अनिवार्य शर्त समझने वाले लेखकों की रचनाओं में जो भूखा-प्यासा यथार्थवाद मिलता है, उससे सब परिचित हैं और उसकी सीमाओं से भी। सुनिश्चित प्रयोजन और दृष्टिकोण के

अभाव में केवल सत्य की प्यास और यथार्थ से बेहद लगाव के आधार पर ही सार्थक यथार्थवादी कृति की रचना सम्भव नहीं होती।

विचारधारा से यथार्थवाद के विरोध और यथार्थवाद की विजय का रहस्य खोजने के लिए लुकाच लेखक की चेतना की गहराई में उतरे हैं। उन्होंने लिखा है कि लेखक की विश्वदृष्टि और यथार्थ-चित्रण के बीच विरोध, वास्तव में, लेखक की चेतना के दो स्तरों में बसने वाली विश्वदृष्टियों के बीच का विरोध है। रचनाकाल में रचनाकार की चेतना के ऊपरी स्तर और भीतरी अंतर्दृष्टि में द्वन्द्व होता है। अंतर्दृष्टि की विजय में यथार्थवाद की विजय निहित है। क्या किसी लेखक की चेतना के ऊपरी स्तर की विश्वदृष्टि प्रतिक्रिवादी और भीतरी अंतर्दृष्टि प्रगतिशील हो सकती है? क्या कोई लेखक सचेत रूप में प्रतिक्रियावादी होने के बावजूद अवचेतन में प्रगतिशील हो सकता है? ये सवाल यों ही नहीं उठाए जा रहे हैं। ये सवाल बालजाक के प्रसंग में यथार्थवाद की विजय की लुकाच की व्याख्या से उठे हैं। बेचारा बालजाक! वह जो चाहता था, वह कर नहीं पाता था और जो नहीं चाहता था वह हो जाता था। चेतना के इन दो स्तरों वाले तर्क को स्वीकार कर लिया जाय तो किसी भी प्रतिक्रियावादी रचनाकार को प्रगतिशील और प्रगतिशील को प्रतिक्रियावादी साबित करने में देर नहीं लगेगी।

यहाँ एक और सवाल विचारणीय है। लेखक की प्रतिक्रियावादी विचारधारा की यथार्थवाद के निर्माण में क्या भूमिका है। लुकाच ने तोल्सतोय के प्रसंग में लिखा है कि महान यथार्थवादी लेखकों की विश्वदृष्टि की प्रतिक्रियावादी प्रवृत्तियाँ सामाजिक यथार्थ के व्यापक, सच्चे और वस्तुनिष्ठ चित्रण में बाधक नहीं होतीं। तो क्या साधक होती हैं? जी, हाँ, लुकाच का यही खयाल है। वे लिखते हैं "तोल्सतोय के भ्रम उनके यथार्थवाद को कमजोर करने के बदले, वास्तव में, उनके यथार्थवाद को महानता, गहराई और अनुभूतिशीलता प्रदान करते हैं।" अगर यह सच है तो क्रांतिकारी विश्वदृष्टि की क्या जरूरत है? यह लुकाच का पूर्वग्रह है या उनकी विचारधारात्मक परिणति? सच तो यह है कि गलत विचारधारा महान से महान लेखकों की रचनाओं को भी किसी-न-किसी रूप में कमजोर करती है। तोल्सतोय और प्रेमचंद की अनेक रचनाएँ ऐसे प्रभावों से बच नहीं पायी हैं।

जॉर्ज लुकाच को बीसवीं सदी में यथार्थवाद का व्यापक ह्रास दिखाई देता है, केवल टामस मान और सोल्झेनित्सिन ही अपवाद प्रतीत होते हैं। 19वीं सदी के यथार्थवाद के विकास की विस्तृत छान-बीन करने के बाद 'तोल्सतोय और यथार्थवाद का विकास' नामक लेख में वे इस निष्कर्ष पर पहुँचे हैं कि 1848 के बाद बुर्जुआ समाज के विकास ने महान् यथार्थवाद की सम्भावना की आत्मपरक दशाओं का नाश कर दिया। 1848 के पहले यथार्थवादी लेखक सामाजिक प्रक्रिया में भाग लेते थे और उसका अनुभव करते थे, जबकि बीसवीं सदी के लेखक सामाजिक प्रक्रिया के दर्शक और पर्यवेक्षक रह गये हैं। लुकाच ने ठीक ही लिखा है कि सामाजिक प्रक्रिया में लेखक की सक्रिय हिस्सेदारी से उसके अनुभव में व्यापकता, गहराई और प्रामाणिकता आती है, इसलिए यथार्थवाद के विकास की सम्भावना बनती है। यह केवल लेखक के आत्मपरक प्रयास पर ही निर्भर नहीं होता।

लुकाच के अनुसार, "यह इस पर निर्भर है कि लेखक जिस समाज में रह रहा है, उसमें ऐतिहासिक दृष्टि से सार्थक सामाजिक और विचाराधारात्मक प्रवृत्तियाँ मौजूद हैं या नहीं।"

बीसवीं सदी में यथार्थवाद के ह्रास के बारे में जार्ज लुकाच की मान्यता से कई सवाल पैदा होते हैं। क्या 1848 के बाद पूँजीवाद की विकृतियों के बावजूद यूरोप में ऐतिहासिक दृष्टि से सार्थक सामाजिक और विचारधारात्मक प्रवृत्तियाँ मौजूद नहीं रही हैं? क्या 1848 के बाद सामाजिक प्रक्रिया में सक्रिय भाग लेने वाले लेखक नहीं रहे हैं? 1848 में ही 'कम्यूनिस्ट घोषणा पत्र' प्रकाशित हुआ जो 19वीं सदी के विचारधारात्मक इतिहास में एक नया मोड़ और बीसवीं सदी के विचारात्मक संघर्ष को नयी दिशा देने वाला साबित हुआ है। 1848 के बाद का इतिहास महान सामाजिक, राजनीतिक आन्दोलनों और संघर्षों से भरा पड़ा है। पेरिस कम्यून और रूस की समाजवादी क्रांति के अलावे साम्राज्यवाद के विरुद्ध दुनिया की शोषित-पीड़ित जनता का व्यापक मुक्ति आन्दोलन इसी बीच विकसित हुआ है, जिनसे मानव-मुक्ति का द्वार खुला है। 1848 के बाद के इतिहास की महान सामाजिक, राजनीतिक घटनाओं और मुक्ति-आन्दोलनों की अनदेखी करके अगर कोई कहता है कि 20वीं सदी में यथार्थवाद के विकास की सम्भावना का नाश हो गया है तो मानना होगा कि उसकी नजर वर्तमान पर नहीं, अतीत की ओर है। 1848 के बाद खासतौर से बीसवीं सदी में, एक-दो नहीं असंख्य लेखकों की पूरी पंक्ति मौजूद है जिन्होंने सामाजिक प्रक्रिया में, मुक्ति आन्दोलनों और संघर्षों में– न केवल भाग लिया है, बल्कि शहीद भी हुए हैं। क्या बीसवीं सदी के इतिहास में समाजवादी विचारधारा की मौजूदगी और समाजवाद की विजय ने यथार्थवाद के विकास और विजय की नयी सम्भावनाओं का निर्माण नहीं किया है?

जॉर्ज लुकाच पर कुछ विस्तार से बात करने के दो कारण हैं। एक तो यह है कि हिन्दी में जॉर्ज लुकाच की तरह सोचने वाले, उसकी मान्यताओं से सहमत बहुत-से लोग हैं। दूसरा यह कि लोग मार्क्स-एंगेल्स की यथार्थवाद सम्बन्धी मान्यताओं को लुकाच के मार्फत समझते हैं।

आइए अब मूल सवाल की ओर लौटें। क्या सचमुच 'यथार्थवाद की विजय' का अर्थ विचारधारा की पराजय है? यहाँ यह याद दिलाना जरूरी है कि विचारधारा का मतलब केवल राजनीतिक विचारधारा नहीं है और राजनीतिक विचारधारा केवल राजनीतिक पूर्वग्रह नहीं है। एंगेल्स के पत्र से स्पष्ट है कि बालजाक की वर्गीय सहानुभूति से उनका यथार्थवाद प्रभावित हुआ है, अन्यथा यह कहने का क्या अर्थ है कि बालजाक की महान रचनाएँ उसके प्रिय वर्ग और समाज के अनिवार्य अन्त पर लिखे गये सच्चे शोकगीत हैं। एंगेल्स ने लिखा है कि बालजाक अपने प्रिय वर्ग और समाज के अन्त की अनिवार्यता को देखता है और भविष्य की वास्तविक शक्तियों को भी। क्या इस देखने के पीछे कोई दृष्टि या दृष्टिकोण नहीं है? असल में समाज के इतिहास के यथार्थ की विकास-प्रक्रिया की अनिवार्यताओं और सम्भावनाओं को, वर्तमान की अनिवार्यताओं और भविष्य की सम्भावनाओं को, ह्रासशील शक्तियों के अन्त की अनिवार्यता और प्रगतिशील शक्तियों के विकास की सम्भावनाओं को देखने में ही यथार्थवाद की विजय है। यहाँ इतिहास-प्रक्रिया की अनिवार्यताओं और

सम्भावनाओं को देखने-दिखाने की क्षमता ही विचारधारा है। इस क्षमता के कारण ही कोई रचना यथार्थवादी होती है। यह बात बालजाक ही नहीं, प्रेमचंद के प्रसंग में भी सच है। प्रेमचंद ने अपनी रचनाओं में साम्राज्यवाद और सामंतवाद से जूझती भारतीय जनता के जीवन-संघर्ष और मुक्ति-संघर्ष का चित्रण किया है। इस विशाल चित्र में भारतीय जनता के सामाजिक-राजनीतिक जीवन के यथार्थ के वर्तमान रूपों की अभिव्यक्ति है और भावी सम्भावनाओं की ओर संकेत भी। प्रेमचंद ने भारतीय समाज के इतिहास की विकास-प्रक्रिया को, इस व्यापक विकास-प्रक्रिया में क्रियाशील शक्तियों को और विकास-प्रक्रिया में बदलते यथार्थ को एक जन पक्षधर रचनाकार की दृष्टि से देखा है। यही दृष्टि प्रेमचंद के यथार्थवाद की मुख्य शक्ति और विशेषता है। इस प्रकार हम देखते हैं कि यथार्थवाद की विजय विचारधारा की मदद से होती है, उसकी पराजय से नहीं। पूर्वग्रह और सहानुभूति पर विजय को विचारधारा की पराजय समझना विचारधारा को पूर्वग्रह और सहानुभूति तक सीमित करना है।

विचारधारा और यथार्थवाद के सम्बन्ध पर विचार करते समय आलोचना की पद्धति का प्रश्न भी विचारणीय है। सवाल यह है कि आलोचना में रचनाकार की विचारधारा और रचना के यथार्थवाद के सम्बन्ध की खोज हो या रचना के यथार्थवाद और उसकी विचारधारा में सम्बन्ध की। रचनाकार की विचारधारा को रचना की विचारधारा मान लेने और उससे रचना के यथार्थवाद के सम्बन्ध की खोज करने पर अनेक कठिनाइयाँ उठ खड़ी होती हैं। जहाँ रचनाकार की विचारधारा और उसकी रचना के यथार्थबोध के बीच विरोध नहीं होता, वहाँ कोई विशेष कठिनाई नहीं होती, लेकिन जहाँ विरोध होता है, वहाँ संगति खोजने में कठिनाई होती है। ऐसी स्थिति में असंगति को सुलझाने के लिए तरह-तरह के समाधान खोजे जाते हैं। कभी रचनाकार के विचारक और लेखक व्यक्तित्व में अन्तर किया जाता है और कभी चेतना के स्तरों के बीच द्वन्द्व की कल्पना की जाती है।

किसी व्यक्ति की विचारधारा केवल उसके कथनों और घोषणाओं के आधार पर नहीं जानी जा सकती। विचारधारा तो व्यक्ति के सामाजिक जीवन के क्रिया-व्यापार में व्यक्त होती है और उसी के सहारे जानी जा सकती है। रचनाकार की विचारधारा उसके रचना-कर्म में व्यक्त होती है और उसी के आधार पर उसे समझा जा सकता है, केवल कथनों के आधार पर नहीं। रचनाकर्म का प्रमाण रचना ही है। रचनाकर्म एक विचारधारात्मक कर्म है। रचना उसका फल है। रचनाकार की विचारधारा को जानने का विश्वसनीय साधन उसकी रचना ही है। ऐसी स्थिति में जाहिर है कि वस्तुपरक आलोचना-दृष्टि के विकास के लिए रचना की विचारधारा और उसके यथार्थवाद के सम्बन्ध की खोज करना जरूरी है।

यहाँ रचना-केन्द्रित आलोचना पर जोर देने का उद्‌देश्य लेखक के रचनात्मक अभिप्राय और विचारधारा के महत्त्व को कम करना नहीं है। आग्रह केवल यह है कि पहचान का आधार रचना को बनाया जाय और रचना की विचारधारा से उसके यथार्थवाद के सम्बन्ध की खोज की जाय। लेखक की विचारधारा को जानने के लिए उसके कथनों और घोषणाओं पर निर्भर होने से बेहतर है, उसकी रचना पर विश्वास करना। कई बार लेखक के

विचारधारात्मक छद्म का भेद उसकी रचना खोल देती है, इसलिए लेखक अपने रचनात्मक उद्देश्य और विचारधारा के बारे में जो कुछ कहता है, उससे अधिक महत्त्वपूर्ण यह है कि उसकी रचना क्या कहती है। शमशेर जी ने ठीक ही लिखा है "बात बोलेगी/हम नहीं/भेद खोलेगी/बात ही।"

आमतौर पर यथार्थवाद की चर्चा में यथार्थ पर कम और वाद पर अधिक बात होती है। अगर हम यथार्थ के बोध और उसकी अभिव्यक्ति की प्रक्रिया पर ध्यान दें तो यथार्थवाद और विचारधारा के सम्बन्ध के कई महत्त्वपूर्ण पक्ष सामने आएँगे। यथार्थ स्थिर और जड़ नहीं होता। वह गतिशील, परिवर्तनशील और व्यापक विकास-प्रक्रिया का हिस्सा होता है। कला और साहित्य में यथार्थ का ऐतिहासिक और मानवीय रूप व्यक्त होता है। रचनाकार जिस समाज और परिवेश में जीता है, उसके यथार्थ का अनुभव अनेक रूपों में करता है। यथार्थ का सामान्य और तात्कालिक अनुभव जब विशिष्ट और सुनिश्चित बोध बनता है, तब रचना का विषय बनता है। सामान्य और तात्कालिक अनुभव को विशिष्ट और सुनिश्चित बोध में रूपांतरित करने की प्रक्रिया में रचनाकार के दृष्टिकोण की महत्त्वपूर्ण भूमिका होती है। सामाजिक यथार्थ, यथार्थ के दूसरे रूपों से अधिक गतिशील, परिवर्तनशील और इतिहासबद्ध होता है। लेखक सामाजिक प्रक्रिया में हिस्सा लेते हुए सामाजिक यथार्थ के विभिन्न पक्षों और रूपों का अनुभव करता रहता है। रचना के लिए उसे अपने अनगिनत अनुभवों में से कुछ का चुनाव करना पड़ता है, उसे कुछ को अपनाना और कुछ अनुभवों को छोड़ना पड़ता है। इस चुनाव में वह यह देखता है कि विकास-प्रक्रिया में सामाजिक यथार्थ का कौन-सा रूप तथा पक्ष अधिक सार्थक और सम्भावनापूर्ण और कौन-सा रूप निरर्थक और अनावश्यक है। और यह भी कि क्या प्रतिनिधिक है और क्या नहीं। लेखक एक सुनिश्चित दृष्टिकोण और इतिहास-प्रक्रिया की समझ के अभाव में इन सवालों का सामना नहीं कर सकता और सही चुनाव भी नहीं कर सकता। अनुभववादी और यथार्थवादी में यह फर्क होता है कि अनुभववादी यथार्थ के अनुभव की तात्कालिकता को ही महत्त्व देता है जबकि यथार्थवादी यथार्थ के अनुभव के व्यापक सन्दर्भ पर भी ध्यान देता है। यथार्थ के चयन की प्रक्रिया में कई बार यथार्थ के नये रूप और पक्ष लेखक के सामने आते हैं। तब लेखक को पहले के अनुभवों से बने यथार्थ सम्बन्धी अपने पूर्वग्रहों और नये पक्षों के बीच चुनाव करना होता है। सच्चा यथार्थवादी यथार्थ के नये पक्षों पर अपने पूर्वग्रह नहीं लादता, नये उभरे पक्ष की उपेक्षा भी नहीं करता, वह यथार्थ की विकास-प्रक्रिया और विवेक-सम्मत परिणति को स्वीकार करता है। यही विवेकशील यथार्थवादी दृष्टिकोण है। प्रायः जिसे लेखक की विचारधारा पर यथार्थवाद की विजय कहा जाता है, वह वास्तव में यथार्थ के मामूली अनुभव पर यथार्थ के विवेक की विजय है, मामूली और तात्कालिक अनुभव से निर्मित पूर्वग्रह पर सुनिश्चित विवेक की विजय है।

लेखक चुने हुए यथार्थ की व्याख्या करता है, उसकी सम्भावना की पहचान करता है, उसे अपने रचनात्मक अभिप्राय के अनुरूप नये रूप में रचता है। यह पूरी प्रक्रिया एक निश्चित मूल्य-दृष्टि के तहत सम्पन्न होती है। इसके बाद यथार्थ का अनुभव रचना की

अंतर्वस्तु बनता है। यह ऐतिहासिक यथार्थ का कलात्मक रूपांतरण है। इस रूपांतरण की प्रक्रिया में विचारधारा की महत्त्वपूर्ण भूमिका होती है और रचना की अंतर्वस्तु में मूल्य-चेतना के रूप में विचारधारा मौजूद होती है। ऐतिहासिक यथार्थ के कलात्मक रूपांतरण की प्रक्रिया में रचना की संरचना का विकास होता है। उसके साथ ही अभिव्यक्ति के विभिन्न तत्त्वों का चयन और संगठन होता है। यथार्थबोध को यथार्थवाद में विकसित करने की प्रक्रिया व्यापक और जटिल होती है, इसलिए विचारधारा का यथार्थवाद से सम्बन्ध यथार्थबोध से सम्बन्ध की तुलना में अधिक व्यापक और जटिल होता है। विचारधारा रचना में अंतर्वस्तु से लेकर रूप तक व्याप्त होती है, इसलिए यथार्थ से विचारधारा के सम्बन्ध की खोज अंतर्वस्तु से लेकर रूप तक करने की जरूरत होती है।

यथार्थ के अनुभव, चयन, व्याख्या, मूल्यांकन, रूपांतरण और अभिव्यक्ति की प्रक्रिया स्वतः चालित प्रक्रिया नहीं होती। इसमें रचनाकार की विश्वदृष्टि के साथ-साथ कला-दृष्टि की महत्त्वपूर्ण भूमिका होती है। कला-दृष्टि के अभाव में यथार्थ के अनुभव के बावजूद यथार्थवादी कलाकृति नहीं बन पाती। ग्राम्शी ने ठीक ही लिखा है कि "एक ही ऐतिहासिक यथार्थ की अभिव्यक्ति करने वाले दो लेखकों में से एक उस यथार्थ का कलाकार बन जाता है और दूसरा केवल प्रवक्ता।" यह अन्तर कला-क्षमता के अन्तर के कारण होता है।

यथार्थवाद और विचारधारा के सम्बन्ध का एक और पक्ष रचना में व्यक्त यथार्थ के पाठकीय ग्रहण के सन्दर्भ में प्रकट होता है। पाठक रचना के पास खाली दिमाग लेकर नहीं जाता। रचना में व्यक्त यथार्थ बोध के समय उस यथार्थ का पाठक का अपना ज्ञान, उस यथार्थ के बारे में उसका दृष्टिकोण सदा सक्रिय रहता है। कई बार लेखक के यथार्थबोध और यथार्थ के प्रति दृष्टिकोण से पाठक के यथार्थबोध और यथार्थ के प्रति दृष्टिकोण की टकराहट होती है। पाठक रचना के बोध के समय व्यापक इतिहास-प्रक्रिया में अपनी स्थिति और रचना की स्थिति के बारे में सजग होता है। इस तरह विचराधारा और यथार्थवाद के सम्बन्ध का सवाल केवल रचनाकार की विचारधारा से रचना के यथार्थवाद या रचना की विचारधारा से उसके यथार्थवाद के सम्बन्ध का ही सवाल नहीं है। यह सवाल रचना के पाठकीय ग्रहण से भी जुड़ा हुआ है।

कुछ आलोचक यथार्थ के इंद्रियानुभव और भावानुभव के चित्रण में ही यथार्थवाद देखते हैं। वे कविता के प्रसंग में इंद्रियबोध और भावबोध में ही यथार्थवाद खोजते हैं। यथार्थवाद की इस धारणा में यथार्थ के बोध और चित्रण में विचारधारा की भूमिका की उपेक्षा होती है। रचना में इंद्रियबोध और भावबोध रचना की विचारधारा के अंग के रूप में ही सार्थक होते हैं। केवल इंद्रियबोध और भावबोध तक सीमित यथार्थवाद जीवन के तात्कालिक अनुभवों और तथ्यों से आगे नहीं जाता, उसमें अनुभव और तथ्य के व्यापक सन्दर्भ नहीं होते। जीवन के अनुभव और तथ्य जिस सामाजिक यथार्थ की जटिल समग्रता के अंग होते हैं, उसका बोध ऐसा यथार्थवाद नहीं जगा पाता। यथार्थवाद की यह धारणा अनुभववादी है। अनुभववादी यथार्थवाद अंतर्वस्तु और शिल्प के स्तर पर नयी खोज और आविष्कार की चेतना के अभाव में यथास्थितिवादी होता है।

यथार्थवाद व्यक्तियों, वर्गों और वस्तुओं के बाहरी रूप के मूर्त चित्रण तक सीमित नहीं होता, उसमें विभिन्न प्रकार के सम्बन्धों की भी अभिव्यक्ति होती है। सामाजिक जीवन के सतह के यथार्थ तक सीमित यथार्थवाद की कमजोरी सब जानते हैं, सतह के नीचे तह का यथार्थ भी यथार्थ ही होता है। सामाजिक-राजनीतिक व्यवस्थाओं और संस्थाओं की संरचनाओं की पहचान से वंचित यथार्थवाद अधूरा होता है। यथार्थ के मूर्त रूप के साथ-साथ उसके अमूर्त प्रभावों का चित्रण करना यथार्थवाद की सीमा लाँघना नहीं है। यथार्थ की सारसत्ता, विभिन्न प्रकार के सामाजिक, राजनीतिक तथा मानवीय सम्बन्ध, सामाजिक व्यवस्था तथा संस्थाओं की संरचनाओं और सामाजिक-राजनीतिक जीवन में सक्रिय विभिन्न प्रकार की दृश्य-अदृश्य शक्तियों के मूर्त-अमूर्त प्रभावों की पहचान विचारधारा की मदद से होती है, इसलिए विचारधारा यथार्थवाद की दुश्मन नहीं है। जिस यथार्थवादी रचना में सामाजिक यथार्थ की जटिल समग्रता और इतिहास प्रक्रिया में परिवर्तनशील यथार्थ के विकास की दिशा का बोध नहीं होता, तात्कालिक अनुभवों से आगे बढ़कर उनके व्यापक सन्दर्भों की खोज नहीं होती, जीवन के तथ्यों में निहित सत्य की पहचान नहीं होती और अभिव्यंजना की प्रचलित प्रवृत्तियों तथा शैलियों से आगे बढ़कर नये आविष्कारों की कोशिश नहीं होती, वह रचना अपने समय में भी पाठकों को प्रभावित नहीं करती। ऐसी रचना कालजयी क्या होगी।

किसी रचना की विचारधारा से उसके यथार्थवाद के सम्बन्ध की खोज तीन स्तरों पर हो सकती है—रचना की विचारधारा और यथार्थवाद की ऐतिहासिकता, रचना में दोनों का विशिष्ट स्वरूप और रचना की सम्पूर्ण संरचना में दोनों का सम्बन्ध। इनमें से किसी भी स्तर की उपेक्षा करने वाली आलोचना विचारधारा और यथार्थवाद के सम्बन्ध के बारे में सरलीकरण का शिकार होती है।

विचारधारा चाहे प्रभुत्वशाली हो या वैकल्पिक, उसमें सामाजिक यथार्थ के साथ किसी-न-किसी तरह के सम्बन्ध की अभिव्यक्ति जरूर होती है। यह सम्बन्ध काल्पनिक हो सकता है और वास्तविक भी हो सकता है। अपने समय के सामाजिक यथार्थ के साथ सम्बन्ध सभी विचाराधारात्मक रूपों में एक जैसा नहीं होता। राजनीतिक विचाराधारा और सौन्दर्यबोधी विचारधारा में सम्बन्ध की अभिव्यक्ति एक-सी नहीं होती। वर्गीय आधार की एकता के कारण उससे सम्बद्ध सभी विचारधारात्मक रूपों में एक स्तर पर सामानता होती है, लेकिन सम्बन्धों के बोध और व्यंजना की पद्धतियाँ अलग-अलग होती हैं। विचारधारा और यथार्थबोध की ऐतिहासिकता की खोज का अर्थ है दोनों के विकास के मूल सामाजिक सन्दर्भ की खोज। कला और साहित्य में विचारधारा धारणात्मक और तार्किक रूप में नहीं होती, वह यथार्थ के बोध और व्यंजना के दृष्टिकोण के रूप में प्रकट होती है। यथार्थ के बोध और व्यंजना में विचारधारा की विशिष्ट भूमिका की पहचान से ही विचारधारा और यथार्थवाद के विशिष्ट स्वरूप की पहचान होती है। एक ही विचारधारा के विभिन्न लेखकों की रचनाओं में या एक लेखक की विभिन्न रचनाओं में विचारधारा और यथार्थ की समान ऐतिहासिक स्थिति के बावजूद यथार्थ के बोध और व्यंजना में विचारधारा की भूमिका

एक-सी नहीं होती। प्रत्येक रचना में विचारधारा और यथार्थबोध के विशिष्ट स्वरूप से रचना की विशिष्ट संरचना का विकास होता है, इसलिए विचाराधारा और यथार्थवाद का सम्बन्ध रचना की पूरी संरचना में व्यक्त-अव्यक्त रूप में मौजूद होता है। यहाँ तक कि रचना की भाषा के स्वरूप में भी विचारधारात्मक प्रभाव मौजूद होते हैं। ग्राम्शी ने लिखा है कि "भाषा एक साथ ही एक जीवित वस्तु भी है और जीवन तथा सभ्यता का अजायबघर भी।" यथार्थवादी लेखक के सामने भाषा के इन दोनों रूपों में से एक के चुनाव की समस्या होती है। इस चुनाव पर यथार्थवाद की सफलता निर्भर होती है। भाषा का भोलापन एक भ्रम है। व्यवहार में भाषा का विचाराधारात्मक प्रभाव एक सच्चाई है।

गांधीवाद से प्रेमचंद के सम्बन्ध पर हिन्दी में काफी बस हुई है। बहस इस सवाल पर होती रही है कि प्रेमचंद का गांधीवाद से क्या सम्बन्ध है। गांधीवाद प्रेमचंद के काल की प्रभावशाली विचारधारा थी; उसके राजनीतिक ही नहीं, दार्शनिक और नैतिक आयाम भी थे। उस समय का कोई लेखक गांधीवाद का सामना करने से कैसे बच सकता था? यह अलग बात है कि सामना होने पर किसने क्या रुख अपनाया और किस तरह का सम्बन्ध बनाया। प्रेमचंद गांधीवाद के साम्राज्यवाद से संघर्ष और भारतीय जनता को जगाने के प्रयत्न से जुड़ते हैं, लेकिन साम्राज्यवाद से समझौता करने और जन आन्दोलनों को क्रांतिकारी दिशा में बढ़ने से रोकने की आलोचना करते हैं। वे भारतीय जन-जीवन के यथार्थ को, खासतौर से किसान-जीवन के यथार्थ को, हमेशा गांधीवादी पूर्वग्रहों से नहीं देखते। वे यथार्थ के अपने विवेक को महत्त्व देते हैं, लेकिन कई बार यथार्थ के बोध, चरित्रों के निर्माण और कथा की संरचना में गांधीवादी पूर्वग्रहों और यथार्थ के विवेक का द्वन्द्व भी होता है। जहाँ पूर्वग्रह प्रबल होता है, वहाँ हृदय परिवर्तन होता है, सदन और आश्रम स्थापित होते हैं। समस्या का समाधान रचना के अन्त को प्रभावित करता है, विचारधारा संरचना को प्रभावित करती है। जहाँ विवेक विजयी होता है, वहाँ किसानों का जीवन-संघर्ष पूरे समाज की समग्र वास्तविकता के अंग के रूप में विचित्र होता है। प्रेमचंद के यथार्थवाद और विचारधारा को केवल पूर्वग्रहों, पूर्वग्रहों से उत्पन्न समाधानों और उन समाधानों से प्रभावित संरचनाओं में खोजना गलत है, लेकिन इन सबकी उपेक्षा करके केवल विवेक के विजय की बात करना भी अधूरी पहचान है।

विचारधारा और रचनाशीलता के जटिल सम्बन्ध को समझने के लिए एक और उदाहरण लिया जा सकता है—आधुनिकतावादी रचनाशीलता का उदाहरण। यूरोप में आधुनिक कला तथा आधुनिकतावाद की ऐतिहासिक स्थिति और भूमिका इटली, इंग्लैंड और जर्मनी में समान नहीं रही है। इटली में आधुनिकतावाद का फासिज्म से गठजोड़ हुआ था। उदाहरण है पिरेंदेलो। इंग्लैंड में वह प्रतिक्रियावादी भूमिका निभा रहा था। टी॰एस॰ एलियट ने कहा था—"मैं राजनीति में राजतन्त्रवादी, धर्म में कैथोलिक और साहित्य में परम्परावादी हूँ।" जर्मनी में अधिकांश आधुनिकतावादी हिटलरशाही का विरोध कर रहे थे। प्रमाण के लिए नाजियों द्वारा आधुनिकतावादी कला और कलाकारों के दमन को देखा जा सकता है। ऐसी स्थिति में क्या आधुनिकतावाद की किसी सामान्य विचारधारा के आधार

पर इटली, इंग्लैंड और जर्मनी की आधुनिकतावादी कलाकृतियों को समझना और कलाकारों का मूल्यांकन करना उचित है? जार्ज लुकाज ने आधुनिकतावाद को कला के क्षेत्र में पतनशील बुर्जुआ विचारधारा की अभिव्यक्ति मानकर आधुनिकतावादी रचनाओं और रचनाकारों को सन्देह की नजर से देखा है। लुकाच ने आधुनिक रचनाकारों में सबसे अधिक काफ्का की आलोचना की है। कहते हैं कि जब लुकाच हंगरी के 1956 के उथल-पुथल के कारण रूमानिया में कैद थे तो उन्हें काफ्का की रचनाओं का ठीक-ठीक अर्थ समझ में आया। महत्त्वपूर्ण रचनाओं को समझने के लिए न जाने कैसा और कितना मूल्य चुकाना पड़ता है।

उपन्यास के समाजशास्त्र में यथार्थवाद की धारणा का आधार उन्नीसवीं सदी के यूरोपीय उपन्यासकार रहे हैं। बीसवीं सदी में भी इस परम्परा का विकास रूसी और फ्रांसीसी उपन्यासों में मिलता है। लेकिन दूसरे महायुद्ध के बाद फ्रांस में 'नया उपन्यास' का आन्दोलन चला, जिसने उन्नीसवीं सदी के उपन्यासों की परम्परा और यथार्थवाद दोनों का विरोध किया। बीसवीं सदी के आरम्भ से ही कला और साहित्य के विभिन्न रूपों में आधुनिकतावाद के आन्दोलन के साथ यथार्थवाद विरोधी चेतना फैली। फ्रांस में 'नया उपन्यास' के आन्दोलन के पहले प्रूस्त, कामू और सार्त्र के उपन्यासों में उपन्यास का परम्परागत स्वरूप विघटित हुआ, कथानक का महत्त्व घटा और यथार्थ से उसका सम्बन्ध बदला। एक तरह से इन उपन्यासकारों ने बालजाक की रचना परम्परा की जगह फ्लोबेयर की रचनादृष्टि को अपनाया। यूरोप में काफ्का, जेम्स ज्वायस, वर्जीनिया वुल्फ, प्रुस्त, कामू और सार्त्र के उपन्यासों से उपन्यास-रचना की नयी दृष्टि सामने आयी। इन उपन्यासों में समाज की जगह व्यक्ति रचना का केन्द्र बना, आत्मपरकता बढ़ी और उपन्यास के रूप में प्रयोगों की प्रवृत्ति प्रबल हुई। उपन्यास रचना में यथार्थवाद विरोध की प्रवृत्ति का चरम रूप 'नया उपन्यास' आन्दोलन में दिखाई दिया। इसमें पूँजीवादी समाज के एकआयामी मनुष्य की दशा, उसका अजनबीपन और परायापन, उपन्यास के केन्द्र में आ गये। ऐसे उपन्यासों में समाज में व्यक्ति की स्थिति की जगह उसकी चेतना की जटिलताएँ प्रमुख हो गयीं। फ्रांसीसी उपन्यासकार रॉब्ब ग्रिए ने लिखा है कि 'नया उपन्यास' उन्नीसवीं सदी के प्रकृतिवाद और यथार्थवाद की सीमाओं को पहचानता है और उनको तोड़कर उपन्यास को विकसित करता है। आधुनिकतावाद, अवाँगार्द और नया उपन्यास के आने के बाद यथार्थवाद की अपर्याप्तता पर पर्याप्त बहस चली। गोल्डमान और मिशेल जेराफा जैसे उपन्यास के समाजशास्त्रियों ने आधुनिकतावादी उपन्यासों की सामाजिक भूमि और भूमिका का विश्लेषण किया है। लेकिन जॉर्ज लुकाच के लेखन में आधुनिकतावाद और आधुनिकतावादी उपन्यासों का निरन्तर विरोध मिलता है। उन्होंने आधुनिकतावाद की विचारधारा की व्याख्या करते हुए उसे पतनशील प्रवृत्ति कहा है, जिसका कई ओर से विरोध भी हुआ है। काफ्का का कथा साहित्य यथार्थवाद विरोधी बहस का वर्षों केन्द्र बना रहा, इसलिए लुकाच ने 'काफ्का बनाम टॉमस मान' शीर्षक लेख में काफ्का की आलोचना की और टॉमस मान की यथार्थवादी रचनापद्धति का समर्थन किया। लुकाच का आधुनिकतावाद विरोध इतना

विख्यात हुआ कि कुछ लोगों ने मार्क्सवादी आलोचना को आधुनिकतावाद का स्थायी विरोधी मान लिया; जबकि मार्क्सवादी आलोचना में ऐसे आलोचकों की एक परम्परा रही है जो आधुनिकतावादी रचनाओं की सामाजिक सार्थकता पहचानते हैं। अडोर्नो, वाल्टर बेंजामिन अर्न्स्ट फिशन, गोल्डमान और रेमंड विलियम्स ने अनेक आधुनिकतावादी रचनाओं और रचनाकारों का व्यवस्थित मूल्यांकन किया है। कुछ मार्क्सवादी आलोचकों ने बीसवीं सदी के सम्पूर्ण साहित्य को यथार्थवाद की सीमा में लाने के लिए सीमाहीन यथार्थवाद की धारणा पेश की है। अब कुछ रूढ़िवादी मार्क्सवादियों को छोड़कर कोई भी आधुनिक कला या आधुनिक उपन्यास की आलोचना में पतनशीलता की पुरानी मान्यता का उपयोग नहीं करता है।

उपन्यास-रचना के क्षेत्र में आधुनिकतावाद के विकास के समानांतर आलोचना में भी यथार्थवाद-विरोध की प्रवृत्ति विकसित हुई है। वैसे तो आलोचना में यथार्थवाद के विरोध का इतिहास बहुत पुराना है, लेकिन इस सदी के दूसरे और तीसरे दशक के रूसी रूपवादियों ने सबसे पहले यथार्थवाद की सार्थकता का सवाल उठाया था। बाद में अमेरिकी नयी समीक्षा में समाज से रचना की स्वतन्त्रता पर जोर देते हुए यथार्थवाद की जड़ काटने की कोशिश की गयी। नयी समीक्षा के आलोचकों ने कृति के सत्य की संगति के लिए समाज से उसकी संवादिता का विरोध करते हुए रचना की आत्मनिर्भर आंतरिक संगति को महत्त्व दिया और साहित्य की पूरी प्रक्रिया को सामाजिक सन्दर्भ से स्वतन्त्र घोषित कर दिया। इस यथार्थवाद विरोधी अभियान का अधिक व्यवस्थित रूप फ्रांसीसी संरचनावाद में विकसित हुआ। संरचनावाद के भाषिक, मनोवैज्ञानिक और साहित्य-सम्बन्धी चिन्तन में यथार्थवाद का अनेक स्तरों पर विरोध हुआ। रोलां बार्थ, रेने गिराई, जॉक लाका, मिशेल फूको, तोदोरोव और जॉक दरीदा आदि के साहित्य विश्लेषण में यथार्थवाद के लिए कोई जगह नहीं है। संरचनावाद के अनुसार साहित्य अनेक भाषिक निर्मितियों में से एक भाषिक निर्मिति है, वह एक भाषिक संरचना है और एक संकेत है। मनुष्य संकेतों का निर्माता और पाठक है। संरचनावादी दृष्टि से साहित्य के विवेचन में मानवीय अनुभव और ज्ञान की वस्तु के रूप में रचना की कोई स्वतन्त्र सत्ता नहीं है, वह एक संकेत है या संकेतों की एक व्यवस्था है। इस तरह कृति और आलोचक के बीच ज्ञाता और ज्ञेय को सम्बन्ध नहीं है, जैसा कि पहले की आलोचना में था। रचना को पाठ मान लेने के बाद अधिक-से-अधिक पाठों के बीच के सम्बन्ध की खोज ही सम्भव है और इस प्रक्रिया में साहित्यिक रूढ़ियों और क्षमताओं की व्याख्या होती है। सरंचनावादी और उत्तर संरचनावादी मानते हैं कि यथार्थवाद की अवधारणा उन्नीसवीं सदी की ऐतिहासिक और विचारधारात्मक स्थितियों की देन है। वह लोकमत में निहित मानववाद और अनुभववाद से जुड़ा हुआ है, इसलिए उसे अभिव्यंजक यथार्थवाद भी कहा गया है। उनके अनुसार उपन्यास कोई यथार्थपरक प्रातिनिधिक रचना नहीं है, बल्कि वह संकेतों की एक आत्मनिर्भर व्यवस्था है, जिसमें भाषा की क्रियाशीलता और प्रयोजनशीलता की खोज ही आलोचना का दायित्व है।

उपन्यास के समाजशास्त्र में यथार्थवाद सम्बन्धी दो छोर हैं। एक छोर पर वे हैं जो

उपन्यास रचना में यथार्थवाद की दृष्टि और पद्धति के बाहर, आलोचनात्मक यथार्थवाद और समाजवादी यथार्थवाद के परे, किसी रचनात्मक प्रवृत्ति की सार्थकता स्वीकार करने को तैयार नहीं है। दूसरे छोर पर वे हैं जो उपन्यास में यथार्थवाद के किसी तरह के प्रभाव को बर्दाश्त करने के लिए तैयार नहीं हैं। इन अतिवादी छोरों पर ठहरी बहस में उलझकर उपन्यास की सामाजिकता खो जाती है। राबर्ट ऑल्टर ने ठीक ही लिखा है कि—"सभी उपन्यास यथार्थपरक होते हैं। लेकिन इस यथार्थपरकता के दो रूप हैं। एक है आत्मचेतन रूप और दूसरा यथार्थवादी रूप।" पहले में उपन्यास इस बात के बारे में निरन्तर सजग रहता है कि वह एक कथा लिख रहा है, इसलिए वह यथार्थ से अधिक उसकी चेतना पर ध्यान देता है और उस चेतना के बनते-बदलते रूपों को पाठकों के सामने रखता चलता है। यथार्थवादी उपन्यासकार यथार्थ की समरूपता और समानधर्मिता की प्रतीति बनाए रखने की निरन्तर कोशिश करता है। निश्चित ही शब्दों और वस्तुओं में अन्तर होता है और दूसरे कला माध्यमों की तरह उपन्यास में भी यथार्थ की सीधी पुनर्प्रस्तुति नही होती। उपन्यास में शाब्दिक संकेतों के माध्यम से पाठक के मन में व्यक्तियों, स्थानों, घटनाओं और संस्थाओं की समरूपता और समानधर्मिता की चेतना पैदा करने की कोशिश होती है। इसका आशय यह है कि यथार्थ की चेतना और अभिव्यक्ति की पद्धति के बदलने से उपन्यास यथार्थ-विरोधी नहीं होता और यथार्थवाद का महत्त्व भी नहीं घटता। लेकिन यह भी एक सच्चाई है कि पिछले पचास वर्षों में सारी दुनिया में उपन्यास के नये-नये रूपों का जो विकास हुआ है, उसे पुराने यथार्थवाद के दायरे में रखकर समझना मुश्किल है, इसलिए पुराने यथार्थवाद की दृष्टि और पद्धति से अलग हट कर लिखी गयी रचनाओं को पतित कहकर खारिज करने की मानसिकता से अब काम नहीं चलेगा। दक्षिणी अमेरिका के जादुई यथार्थवाद के उपन्यासों की व्याख्या उन्नीसवीं सदी के उपन्यासों वाले यथार्थवाद की सीमा में नहीं हो सकती। आज की दुनिया में वस्तु और शब्द का, समाज और पुस्तक का सम्बन्ध बहुत समस्यामूलक, जटिल और दुर्बोध्य हो गया है। उपन्यास भी इस स्थिति का शिकार है। फिर भी यह कहना जरूरी है कि उपन्यास की कला चाहे जितनी भी विकसित हो, अगर वह पाठक के आत्मबोध और जगत-बोध को सकारात्मक या नकारात्मक रूप में प्रभावित नहीं करती तो वह सार्थक नहीं हो सकती। पाठक की चेतना से उपन्यास के सम्बन्धों का विश्लेषण उपन्यास के समाजशास्त्र की एक नयी दिशा है।

पिछले दस-पन्द्रह वर्षों में उपन्यास की समाजशास्त्रीय आलोचना में एक नया मोड़ आया है, जिसके मूल में रूसी आलोचक मिखाइल बाख्तिन के विचारों की प्रेरणा है। रूस में इस सदी के तीस और चालीस के दशकों में बाख्तिन और उनके सहयोगियों ने एक ओर रूसी रूपवाद और दूसरी ओर स्तालिनवादी मार्क्सवाद की साहित्य सम्बन्धी मान्यताओं के अतिवादों से बचते हुए, लेकिन दोनों से बहुत कुछ सीखते हुए, जिस व्यापक समाजशास्त्रीय काव्यशास्त्र का विकास किया था, उसका महत्त्व अब स्वीकार किया जा रहा है। बाख्तिन और उनके दूसरे सहयोगी स्तालिनकालीन आतंकवाद के शिकार हो गये थे। इसीलिए उनका अधिकांश लेखन अब धीरे-धीरे प्रकाश में आ रहा है। अब बाख्तिन

उपन्यास के एक महत्त्वपूर्ण आलोचक और दार्शनिक के रूप में प्रतिष्ठित हो रहे हैं और उनके विचारों की मदद से उपन्यास की सामाजिक सार्थकता की नयी व्याख्या हो रही है। *दोस्तोव्यस्की के काव्यशास्त्र की समस्याएँ* नामक रचना में बाख्तिन ने उपन्यास की आलोचना की नयी दृष्टि और पद्धति का निर्माण किया है। बाख्तिन ने अपने लेखन में कृति के अंतर्जगत और वाह्य जगत के सम्बन्ध, रचना के उद्भव, उसके सन्दर्भ और उसकी संरचना आदि की समस्याओं पर विचार करते हुए यह मानने से इंकार किया है कि रचना का अंतर्जत पूर्णतः आत्मनिर्भर होता है या कि वह पूरी तरह बाहरी जगत से निर्धारित होता है। असल में वे रचना के सन्दर्भ में अंतर्जगत और वाह्य जगत के द्वैत को ही गलत मानते हैं। इसी प्रक्रिया में उन्होंने रूपवाद की आंतरिकता की धारणा के अतिवाद के साथ-साथ मार्क्सवाद की प्रतिबिम्बनवादी मान्यताओं को भी अस्वीकार किया है। वे भाषा और कल्पना की संवादधर्मिता पर जोर देते हैं और इसी संवादधर्मिता को साहित्य की विशेषता मानते हैं। उनके अनुसार रचना के अंतर्जगत में वाह्य जगत अंतर्निहित होता है और लेखक की चेतना में दूसरों की चेतनता बनी रहती है। तभी संवाद सम्भव होता है। इसीलिए साहित्य का मुख्य गुण संवाद तथा सम्प्रेषण है।

बख्तिन के अनुसार उपन्यास की केन्द्रीय विशेषता है उसकी संवादधर्मिता। साहित्य के दूसरे रूपों की तुलना में उपन्यास की संवादधर्मिता में अनेकता होती है। उन्होंने लिखा है कि उपन्यास में सामाजिक वाणी की विविधता और वैयक्तिक स्वरों की विविधता का कलात्मक गठन होता है। उसमें किसी जातीय भाषा की बोलियों, पेशा सम्बन्धी मुहावरों, साहित्यिक पदावलियों और पीढ़ियों की जबान का विशिष्ट संयोजन होता है, जिससे रचना की ऐतिहासिकता निर्मित होती है। उपन्यास में कोई स्वर अनुत्तरित नहीं रहता, उसमें कुछ भी अंतिम सत्य या अंतिम कथन नहीं होता। अपनी इस मान्यता के आधार पर ही बाख्तिन ने दोस्तोव्यस्की के उपन्यासों में स्वरों की अनेकता और कथा-शैलियों की परिवर्तनशीलता का विश्लेषण किया है। उपन्यास के रूप का खुलापन, विरुद्धों के सामंजस्य की उसकी शक्ति और उसकी बहुभाषिकता के विश्लेषण से उपन्यास की ऐतिहासिकता और सामाजिकता का बोध हो सकता है। उसमें भाषाओं, कथा-शैलियों, रूपों, स्वरों और सामाजिक कथन-भंगिमाओं की अनेकता ही उसके महत्त्व का एक मुख्य आधार है। बाख्तिन की राय में उपन्यासकार का लक्ष्य वस्तु की पुनर्प्रस्तुति नहीं है। उसके लिए वस्तु तो स्वरों की अनेकता का वह केन्द्र-बिन्दु है, जिसमें उसका अपना स्वर भी शामिल है। इन स्वरों की अभिव्यक्ति के लिए ही उपन्यासकार वस्तु या यथार्थ का सहारा लेता है। बाख्तिन की इन मान्यताओं के आधार पर उपन्यास की सामाजिकता की नयी व्याख्या की अपार सम्भावनाएँ बनी हुई हैं।

दुनिया भर के सभ्य और असभ्य समाजों में बच्चों को कथा का पहला अनुभव स्त्री के माध्यम से ही होता है, वह चाहे माँ हो, नानी हो या दादी। बच्चों को कभी-कभी नाना और दादा भी कहानियाँ सुनाते हैं; लेकिन नानी और दादी के बाद ही। माँ, नानी और दादी की कहानियाँ गद्य में हो सकती हैं और पद्य में भी। लोरी में भी कथा की कला होती है।

दुनिया भर के लोकसाहित्य का बड़ा हिस्सा लोककथाओं का है और अधिकांश लोककथाओं की रचना का श्रेय स्त्रियों को ही है। एक ही कथा को अगर स्त्री और पुरुष दोनों अलग-अलग कहें और श्रोता समुदाय भी भिन्न-भिन्न हों तो कथा में अनेक तरह के परिवर्तन हो जाते हैं। कथा के पात्रों के साथ कथा कहने वाली या कथा कहने वाले की भावनाएँ बदल जाती हैं। तात्पर्य यह कि कथा कहने की कला का कथा कहने वाले या कथा कहने वाली की चेतना से गहरा सम्बन्ध होता है। कथा कहते हुए स्त्री पात्रों के प्रति नाना-दादा को जो दृष्टिकोण होगा, वही नानी-दादी का नहीं होगा। लोककथाओं से आगे बढ़ाकर इस बात को आधुनिक उपन्यासों के सन्दर्भ में देखें तो उपन्यास के समाजशास्त्र का एक नया पक्ष उभरेगा। कथा कहने के दौरान जीवन जगत की व्याख्या भी होती है और उस व्याख्या में कथा कहने या कहने वाली की अपनी सामाजिक-ऐतिहासिक स्थिति की भी एक भूमिका होती है। तात्पर्य यह कि कथा के कहने, सुनने और पढ़ने में स्त्री और पुरुष के दृष्टिकोण में अन्तर हो सकता है। क्या इस अन्तर के कारण और प्रभाव की खोज उपन्यास के समाजशास्त्र का विषय नहीं हो सकता?

कथा कहने के ढंग में सोचने का ढंग भी निहित होता है, उसे माध्यम से स्त्री अपने स्वत्व और आत्मसम्मान की प्रतिष्ठा करती है। सामाजिक स्थिति और मूल्य चेतना के अन्तर के कारण पुरुष कथाकारों के उपन्यासों में स्त्री को जिस रूप में देखा और चित्रित किया जाता है, उससे भिन्न दृष्टिकोण स्त्री कथाकारों के उपन्यासों में मिल सकता है। *हजार चौरासी की माँ* जैसा उपन्यास और 'द्रौपदी' जैसी कहानी महाश्वेता देवी ही लिख सकती हैं, कोई पुरुष कथाकार नहीं। वर्जीनिया वुल्फ ने तो यहाँ तक कहा है कि स्त्री का दृष्टिकोण सामाजिक चेतना ही नहीं, कथा की शैली और वाक्य रचना में भी पुरुष से भिन्न होता है। डोरोथी रिचर्डसन के बारे में वर्जीनिया वुल्फ ने लिखा है कि वह उपन्यास की भाषा में पहले से प्रचलित 'पुरुष वाक्य' की जगह 'स्त्री वाक्य' का विकास कर रही थी। उसने स्त्री वाक्य और स्त्री भाषा की विशेषताओं की ओर संकेत भी किया है। पश्चिम में इस दृष्टि से नये-पुराने उपन्यासों का विश्लेषण हो रहा है। हिन्दी के लिए यह अभी दूर की बात लगती है। लेकिन जब तक उपन्यास की सामाजिकता का इस दृष्टिकोण से विश्लेषण न होगा, तब तक उपन्यास का समाजशास्त्र अधूरा ही रहेगा।

(साहित्य के समाजशास्त्र की भूमिका से)

4

हिन्दी की मार्क्सवादी आलोचना : कितनी मार्क्सवादी कितनी आलोचना

हिन्दी की मार्क्सवादी आलोचना के कई रूप हैं। कारण यह है कि हिन्दी क्षेत्र में मार्क्सवाद की समझ के भी अनेक रूप हैं। समझ की यह अनेकरूपता ही राजनीति और साहित्य के व्यवहारों में विभिन्न रूपों में प्रकट होती है। मार्क्सवाद के नाम पर हिन्दी आलोचना का एक ऐसा रूप भी दिखाई देता है, जो रचनाकारों के लिए 'डरावना सपना' है। ऐसी आलोचना के रूप और स्वभाव का अनुभवजन्य चित्रण नागार्जुन की एक कविता में है। कविता में आलोचना और आलोचक का एक चित्र इस प्रकार है :

आखिर में 'ज' आकृतिवाला
सामने आया...
उसने दाँत पीसते हुए कहा :
"साले, हमें सब पता है,
कहाँ-कहाँ जाता है तू।
भोपाल, जयपुर, पटना, चंडीगढ़
लखनऊ, शिमला, नयी दिल्ली
तेरे सारे ठौर-ठिकाने
हमें मालूम हो चुके हैं
बोल क्या करें तेरा"

यह कुछ आपबीती है, कुछ जगबीती। यहाँ सकेत बहुत स्पष्ट है। आँखें लाल, भौहें तनी हुईं, एक हाथ में कलम और दूसरे में तलवार लेकर अजय मुद्रा में ऐसी जानवरी आलोचना लिखने वाले आजकल हिन्दी में बहुत बढ़ गये हैं, लेकिन यह प्रवृत्ति एकदम नयी नहीं है। इसकी परम्परा चालीस और पचास के दशक से चली आ रही है। आजकल कुछ नये मुजाहिद नये जोश के साथ ऐसी जेहादी आलोचंना लिखने में लगे हैं। ऐसी

आलोचना से सामना होने पर रचनाकार की क्या हालत होती है, वह भी नागार्जुन से ही सुनिए :

अपना तो पसीना छुट रहा था...
घिघ्घी बँध गई थी...
साँप सूँघ गया था...
मगर अपना तो
सचमुच बुरा हाल था
प्यास के मारे गला सूख रहा था...
थर्मस से पानी निकालकर
हमने दो बार पिया...

ऐसी आलोचना से गुजरने के बावजूद अगर कोई रचनाकार रचना करना न छोड़े तो मानना होगा कि या तो साहित्य में उसकी आस्था अविचल है, फिर वह हद दर्जे का हठी है। सम्भव है आप कहें कि यह न तो आलोचना है और न मार्क्सवाद। आपके इस कथन पर मुझे न आश्चर्य होगा, न आपत्ति। सचमुच इसका न मार्क्सवाद से कुछ लेना-देना है, न साहित्य की आलोचना से। मैंने इसका उल्लेख केवल इसलिए किया है कि ऐसा ही बहुत कुछ आज हिन्दी में मार्क्सवादी आलोचना के नाम पर चल रहा है। इसका उल्लेख इसलिए भी जरूरी है कि साहित्य की रक्षा के लिए इस प्रवृत्ति से संघर्ष जरूरी है।

आजकल हिन्दी में तरह-तरह के मार्क्सवादी सक्रिय हैं। इधर कुछ ऐसी हवा चली है कि जिसे देखिए, वही मार्क्सवादी बन रहा है। कल तक जो मार्क्सवाद को दूर से नमस्कार करते या गाली देते थे, आज वही मार्क्सवाद का जामा पहने जुलूस में शामिल दिखाई देते हैं। जैनेन्द्र जी के अन्दाज में कहा जाय तो मार्क्सवादी होने और बनने वालों में फर्क करने की जरूरत है। साथ ही बने हुए मार्क्सवादियों की आलोचना पर सावधानी से विचार करने की भी जरूरत है, लेकिन इसका मतलब यह नहीं है कि जो चालीस-पचास सालों से मार्क्सवादी होने का दावा कर रहे हैं, उनके सोच-विचार में कहीं कोई गड़बड़ी नहीं है। यह सम्भव है कि कोई लम्बे काल तक मार्क्सवादी बने रहने का भ्रम बनाए रखे, लेकिन वह सचमुच मार्क्सवादी न हो। मार्क्सवादी होने और बनने का फर्क मार्क्सवाद के व्यापक उद्देश्यों की कसौटी पर कस कर ही जाना जा सकता है।

हिन्दी की मार्क्सवादी आलोचना के सामने मुख्य समस्या यह है कि वह कैसे मार्क्सवादी हो और साथ ही साहित्य की आलोचना भी हो। हिन्दी में मार्क्सवादी आलोचना के नाम पर जो कुछ छप रहा है, उसमें से अधिकांश में कहीं आलोचना को मार्क्सवादी बनाने के जोश में साहित्यिकता की हत्या होती है, तो कहीं साहित्यिकता की रक्षा की अतिरिक्त सावधानी में मार्क्सवाद पीछे छूट जाता है। ग्राम्शी ने मार्क्सवादी आलोचना में मार्क्सवाद और आलोचना के जटिल सम्बन्ध और दोनों की एक साथ रक्षा की समस्या को स्पष्ट करते हुए लिखा है कि "दो लेखक एक ही सामाजिक, ऐतिहासिक वास्तविकता की अभिव्यक्ति करते

हैं, लेकिन उनमें से एक कलाकार होता है और दूसरा केवल कातिब। इन दोनों की रचनाओं की आलोचना करते समय केवल उनकी सामाजिक पृष्ठभूमि बताना या रचना में व्यक्त सामाजिक ऐतिहासिक वास्तविकता की विशेषताएँ बताना कला की समस्या से पल्ला झाड़ लेना है। यह सब आवश्यक और उपयोगी है, लेकिन यह राजनीतिक आलोचना है और इसमें एक विशेष प्रकार के सामाजिक दृष्टिकोण की आलोचना होती है। यह कला की आलोचना नहीं है। इसे कलाकृति की आलोचना कहना आलोचना के वैज्ञानिक दृष्टिकोण के बारे में भ्रम फैलाने और उसके विकास को रोकने के अलावा और कुछ नहीं है। एक तरह से यह सांस्कृतिक संघर्ष के आंतरिक उद्देश्य से दूर जाना भी है।"

जो आलोचना रचना की केवल सामाजिक पृष्ठभूमि और विषयवस्तु के विवेचन तक सीमित होती है, वह कलाकार और कातिब में फर्क नहीं कर सकती। ऐसी स्थिति में उसे कला की आलोचना कहना कठिन है। हिन्दी में ऐसी मार्क्सवादी आलोचना बहुत है। मार्क्सवाद का व्यापक लक्ष्य सामाजिक परिवर्तन है और सांस्कृतिक संघर्ष उस परिवर्तन की प्रक्रिया का अनिवार्य हिस्सा है। इस सांस्कृतिक संघर्ष के आंतरिक उद्देश्य को पाने के लिए कला की आलोचना कला की जमीन पर ही खड़े होकर ही की जा सकती है। लेकिन कुछ लोग जब कला की जमीन पर खड़े होने के बाद सांस्कृतिक संघर्ष के व्यापक उद्देश्य को भूल जाते हैं, तब आलोचना कला के करीब तो होती है, लेकिन वह मार्क्सवाद के व्यापक उद्देश्यों से दूर चली जाती है। हिन्दी में यह प्रवृत्ति भी कम नहीं है।

हिन्दी की समकालीन मार्क्सवादी आलोचना के भीतर दो धाराओं का टकराव दिखाई देता है। एक धारा में रचना की सामाजिक पृष्ठभूमि और लेखक की जीवनी की खोज होती है। उसमें प्रायः रचना की अंतर्वस्तु का ही विवेचन होता है। इस धारा के कुछ आलोचकों ने विषयवादी आलोचना की एक प्रवृत्ति चला रखी है, जिसके अनुसार कुछ खास विषयों पर लिखी गयी रचनाएँ ही प्रगतिशील मानी जाती हैं। वे यह देखने की कोशिश नहीं करते कि रचना में विषय के साथ कैसा रचनात्मक व्यवहार किया गया है। इस प्रक्रिया में एक ही विषय पर लिखी गयी अनेक रचनाओं में कला की दृष्टि से फर्क करना मुश्किल हो जाता है। कुल मिलाकर यह आलोचना अपने सर्वोत्तम रूप में राजनीतिक आलोचना होती है और वह प्रायः 'समाजशास्त्रीयता' का शिकार होने के लिए अभिशप्त होती है। इस धारा में रचना की कला की समस्याएँ आलोचक की चिन्ता के बाहर होती हैं। दूसरी धारा साहित्य को जीवन और जगत् के यथार्थ का विशिष्ट बोध मानती है और रचना में उस यथार्थ की पुनर्रचना पर विचार करती हुई उसकी कला की समस्याओं से टकराती है। यहाँ लेखक की कलात्मक संवेदना में ही उसकी सामाजिक संवेदनशीलता की खोज होती है। पहली धारा में साहित्य और कला के बारे में पुनः उपयोगितावादी दृष्टिकोण होता है और दूसरी में कला के विशिष्ट स्वरूप की पहचान करते हुए उसके सामाजिक अभिप्राय की व्याख्या होती है। ग्राम्शी के अनुसार, "आलोचना की यह दूसरी धारा ही सांस्कृतिक संघर्ष के आंतरिक उद्देश्यों को पाने में सहायक हो सकती है।" यह एक अलग प्रसंग है कि कुछ लोग बारी-बारी से दोनों धाराओं में गोते लगाकर सीपी-घोंघे से लेकर मोती तक पा लेने का दावा करते हैं।

यह देखकर आश्चर्य होता है कि नये-पुराने साहित्य के जिन सवालों के बारे में दोनों धाराओं के प्रतिनिधि आलोचक आमने-सामने खड्गहस्त दिखाई देते हैं, उन सवालों पर भी दोनों के बीच सहमति के बिन्दु कुछ लोग ही लेते हैं। ऐसे सहमति के पुजारी विचारों के संघर्ष पर लीपा-पोती करते हैं।

हिन्दी की मार्क्सवादी आलोचना को अगर सांस्कृतिक संघर्ष के आंतरिक उद्देश्यों के अनुरूप विकसित करना है तो इन दो धाराओं में से एक का चुनाव जरूरी है। यहाँ चुनाव केवल आलोचना की दो धाराओं के बीच ही नहीं है, मार्क्सवाद की दो तरह की समझदारी के बीच भी चुनाव करना है। एक ओर रूढ़िवादी मार्क्सवाद है तो दूसरी ओर समकालीन मार्क्सवाद। एक ओर परम्परावाद है तो दूसरी और समकालीन चेतना। यहाँ यह सावधानी आवश्यक है कि आधुनिकतावादी मार्क्सवाद को ही समकालीन मार्क्सवाद न मान लिया जाय। समाज और साहित्य के समकालीन वैचारिक टकरावों से अपरिचित रूढ़िवादी मार्क्सवाद अपनी सारी सदाशयता के बावजूद कैसे आत्मघाती साबित होता है, इसका एक उदाहरण देख लेना उपयोगी होगा। डॉ॰ रामविलास शर्मा ने 'मार्क्स' और पिछड़े हुए समाज' में द्वंद्ववाद की जगह अनेकांतवाद की स्थापना करते हुए मार्क्सवाद को अनेकांतवादी दर्शन घोषित किया है। यह वही अनेकांतवाद है, जो आजकल अमेरिका में दर्शन और साहित्य की आलोचना के क्षेत्र का मुख्य दृष्टिकोण बना हुआ है। हिन्दी में आलोचना के जनतन्त्र या 'बहुवचन' आदि नामों से इसी अनेकांतवाद के प्रचार-प्रसार का काम अशोक वाजपेयी कर रहे हैं, वैसे डॉ॰ शर्मा सिद्धांत रूप में अनेकांतवाद की भले ही वकालत करें, लेकिन हिन्दी आलोचना में वे एकांतवाद के अनन्य आचार्य हैं।

समकालीन समाज और रचना के बारे में हिन्दी की मार्क्सवादी आलोचना की चिन्ता कितनी और कैसी है, इसका अन्दाज इस बात से लगाया जा सकता है कि पिछले कुछ वर्षों में हिन्दी की मार्क्सवादी आलोचना के दो आचार्यों के बीच धुआँधार बहस के केन्द्र में परम्परा रही है, कोई समकालीन समस्या नहीं। परम्परा पर इस बहस में जितना जोर उसकी 'विगत सार्थकता' की खोज पर रहा है, उतना उसकी वर्तमान अर्थवत्ता की पहचान पर नहीं। परम्परा पर बहस करने वाले इन दोनों महत्त्वपूर्ण आलोचकों की आलोचना यात्रा की दिशा पर ध्यान देना उपयोगी होगा। डॉ॰ शर्मा की आलोचना-यात्रा का आरम्भ अपने समकालीन समाज और साहित्य की समस्याओं से टकराने के साथ हुआ था। लेकिन आज वे समाज और साहित्य के जीवंत समकालीन सन्दर्भों से क्रमशः पीछे हटते हुए परम्परा और इतिहास की खोज में लगे हुए हैं। उनका परम्परा-प्रेम इतना प्रबल है कि वे किसी भी रचनाकार को, चाहे वे केदारनाथ अग्रवाल ही क्यों न हों, तब तक आलोचना के लायक नहीं मानते, जब तक वह परम्परा न हो जाय। आलोचना में जहाँ वर्तमान के बोध से भविष्य की चिन्ता जुड़ी हुई नहीं होती, वहाँ अतीत ही भविष्य की जगह ले लेता है। दूसरी ओर नामवर सिंह हैं, जिनकी आलोचना-यात्रा परम्परा से शुरू होकर समकालीनता की ओर बढ़ी है। यह अलग बात है कि हाल के वर्षों में उन्होंने समकालीन रचनाशीलता पर जितना कुछ कहा है, उससे बहुत कम लिखा है। सम्भव है कि यह मौखिक आलोचना की दूसरी परम्परा

हो। यह भी सम्भव है कि वे समकालीन रचनाशीलता से मौखिक संवाद और परम्परा से लिखित विवाद पसन्द करते हों। समकालीन रचनाशीलता से उनके संवाद की विडम्बना यह है कि वे अगर कभी समकालीन रचनाकारों पर कुछ लिखने की बात करते हैं तो नये रचनाकार उसे एक धमकी समझते हैं। कुछ दिन पहले उन्होंने समकालीन कहानीकारों पर लिखने की बात की थी, तो *दिनमान* में यह बहस चल पड़ी कि 'आखिर नामवर सिंह आज की कहानी पर क्यों लिखना चाहते हैं।' इससे यह जाहिर है कि समकालीन रचनाशीलता से नामवर सिंह के संवाद में सब कुछ ठीक-ठाक नहीं है। डॉ. रामविलास शर्मा और नामवर सिंह की आलोचना-दृष्टियों में अनेक अन्तर हैं, लेकिन दोनों में एक दुर्लभ समानता भी है। वे दोनों ही मार्क्सवादी लेखकों की अपेक्षा गैरमार्क्सवादी या कभी-कभी मार्क्सवाद-विरोधी लेखकों में प्रगतिशीलता और कला अधिक आसानी से खोज लेते हैं। रामविलास शर्मा आज के आन्दोलनों और उनसे प्रेरित रचनाशीलता से अपरिचित हैं। फिर भी वे कभी-कभी राजनीतिक शब्दावली में आज के लेखकों पर राय दे देते हैं, नामवर सिंह आज की रचनाशीलता और उसके सामाजिक राजनीतिक सन्दर्भों से परिचित हैं, लेकिन वे भी उसमें कभी अन्धलोकवादी रुझान और कभी रूमानियत ही देखते हैं।

मार्क्सवाद का निर्माण और विकास पुरानी पोथियों के सहारे नहीं हुआ है। वह समाज के विकास के बोध और समाज को बदलने-बनाने के प्रयत्न में सक्रिय साझेदारी के बीच से विकसित हुआ है। मार्क्सवादी आलोचना का विकास भी साहित्य-प्रक्रिया की वास्तविकता के बोध और उसका बदलने-बनाने में साझेदारी के माध्यम से ही हुआ है। हिन्दी की मार्क्सवादी आलोचना इसका अपवाद नहीं होगी। आलोचना का एक काम रचना के विकास के लिए अनुकूल बौद्धिक वातावरण तैयार करना है। इसके लिए मार्क्सवादी आलोचना को एक ओर विरोधी दृष्टिकोणों से संघर्ष और दूसरी ओर समकालीन रचनाशीलता का मूल्यांकन करना जरूरी है। हिन्दी की मार्क्सवादी आलोचना ने विरोधी दृष्टिकोणों से संघर्ष का काम जितना किया है, उसकी तुलना में प्रगतिशील रचनाशीलता के मूल्यांकन का काम कम हुआ है। हाल के वर्षों में इस दिशा में कुछ प्रगति हुई है, जिसके पीछे आज के जनांदोलनों का दबाव और जनांदोलनों के माध्यम से प्रगतिशील रचनाशीलता की व्यापक प्रतिष्ठा की महत्त्वपूर्ण भूमिका है। आज हिन्दी की मार्क्सवादी आलोचना का विकास न अतीत की महानता के गुणगान से सम्भव है, न चालीस के दशक की स्तालिनवादी मान्यताओं के पुनर्कथन और पुनरावृत्ति से। जरूरत है समकालीन सामाजिक राजनीतिक आन्दोलनों और सांस्कृतिक रचनाकर्म के सन्दर्भ में मार्क्सवाद की व्याख्या और बोध की। इस प्रसंग में उनसे कुछ उम्मीद की जा सकती है जो आज के सामाजिक-सांस्कृतिक परिवर्तनों के प्रति संवेदनशील हैं और आत्मलोचन के सहारे खुद को विकसित करने के लिए तैयार भी। यही नहीं कि वे साहित्य से राजनीति के सम्बन्ध के बारे में सजग हों, बल्कि साहित्य को राजनीति का, पार्टी की कार्यनीति और रणनीति का पिछलग्गू न समझते हों। जो राजनीति से साहित्य की सापेक्ष स्वतन्त्रता को केवल मन्त्र की तरह जपते नहीं हों, बल्कि उसे आलोचना-कर्म के मार्गदर्शक संकेत के रूप में पहचानते हों। यहाँ एक खतरे से सावधानी

जरूरी है। एक ओर कुछ लोग साहित्य की सापेक्ष स्वतन्त्रता को सिद्धांतः स्वीकार करते हैं, लेकिन व्यवहार में स्वतन्त्रता गायब हो जाती है और सापेक्षतावाद ही बच जाता है तो दूसरी ओर कुछ लोग 'सापेक्षता की तनी हुई रस्सी' पर हमेशा ठीक से नहीं चल पाते और अदबदाकर स्वतन्त्रता की जमीन पर खड़े हो जाते हैं। इन दोनों से बचाव के लिए समकालीन जनांदोलनों और उनसे जुड़ी रचनाशीलता के गहरे सम्बन्ध बोध के साथ-साथ जनांदोलनों के व्यापक उद्देश्यों से सच्ची हमदर्दी भी आवश्यक है।

मार्क्सवाद सिद्धांत और व्यवहार के बीच वैसी दूरी का कायल नहीं है, जैसी हिन्दी की मार्क्सवादी आलोचना में दिखाई देती है। मार्क्सवाद को इतिहास का विज्ञान कहना ही सिद्धांत और व्यवहार के बीच द्वंद्वात्मक सम्बन्ध की ओर संकेत है। हिन्दी की मार्क्सवादी आलोचना में सैद्धांतिक सवालों के बारे में महत्त्वपूर्ण आलोचकों के यहाँ जैसी अरुचि और उपेक्षा दिखाई देती है, वैसी मार्क्सवादी आलोचना की परम्परा में और कहीं नहीं मिलती। हिन्दी में भी चालीस और पचास के दशकों में ऐसी स्थिति न थी। आज की आलोचना में अनुभववाद और व्यवहारवाद का ही बोलबाला है। सम्भवतः यह नयी समीक्षा के प्रभाव का परिणाम है। यहाँ हिन्दी आलोचना के इतिहास की एक सच्चाई पर गौर करना उपयोगी होगा। हिन्दी आलोचना के इतिहास में जैसा अचूक और निर्णायक प्रभाव आचार्य शुक्ल का पड़ा, वैसा किसी और का नहीं। इस प्रभाव का क्या कारण है? अनेक कारणों में से एक कारण यह भी है कि आचार्य शुक्ल ने अपने रीतिवाद विरोधी अभियान को पूरा करने के लिए हिन्दी के अपने काव्यशास्त्र, आलोचना और इतिहास-लेखन का विकास किया। इन तीनों में से किसी एक के अभाव में बाकी दो का वैसा प्रभाव नहीं होता, जैसा आज भी है। हिन्दी के मार्क्सवादी आलोचकों ने व्यावहारिक आलोचना और इतिहास-लेखन का विकास किया है। लेकिन अभी भी हिन्दी की मार्क्सवादी आलोचना का अपना कोई स्वतन्त्र साहित्यशास्त्र निर्मित नहीं हुआ है। यहाँ मार्क्सवादी साहित्य सिद्धांत के विकास की जरूरत इस बात से भी साबित होती है कि प्रायः हिन्दी की पत्रिकाओं में समय-समय पर पश्चिम के मार्क्सवादी आलोचकों के सिद्धांत चिन्तन सम्बन्धी लेखों के अनुवाद छपते रहते हैं। ऐसे अनुवादों से कब तक काम चलाया जाएगा? सैद्धांतिक सवाल जिस सांस्कृतिक सन्दर्भ और व्यवहार से पैदा होते हैं, उसके भीतर से ही उनके उत्तर खोजने की कोशिश भी सार्थक होती है। आखिर यह कब तक चलेगा कि सवाल यहाँ पैदा हों और उसके उत्तर जॉर्ज लुकाच, वाल्टर बेन्जामिन और अडोर्नो से मिलें। हिन्दी में जिन लोगों ने इस दिशा में कोशिश की है, उनके यहाँ सिद्धांत और व्यवहार में कई बार उलटा सम्बन्ध दिखाई देता है। मार्क्सवादी साहित्य चिन्तन का एक बुनियादी सवाल कला और विचारधारा के सम्बन्ध का है। इसके बारे में हिन्दी में जितना भ्रम फैला हुआ है, उतना शायद ही कहीं और मिले। डॉ॰ रामविलास शर्मा कला और साहित्य को विचारधारात्मक रूपों में शामिल करने की मान्यता का खंडन करते हैं। यही नहीं, वे यह भी कहते हैं कि साहित्य को विचारधारात्मक रूपों में शामिल करने की मान्यता प्रयोगवाद से भी अधिक घातक है। लेकिन उनके आलोचनात्मक व्यवहार में स्थिति एकदम विपरीत दिखाई देती है। उनकी अधिकांश व्यावहारिक आलोचना

विचारधारात्मक आलोचना है। सम्भव है कुछ लोग सैद्धांतिक मान्यता और आलोचनात्मक व्यवहार में ऐसा विपरीत सम्बन्ध देखकर सैद्धांतिक सवालों पर विचार करने से ही परहेज करें। लेकिन इससे न तो हिन्दी के अपने स्वतन्त्र मार्क्सवादी साहित्य सिद्धांत के विकास की कमी दूर होगी और न सिद्धांत तथा व्यवहार के बीच की असंगति। प्रसन्नता की बात है कि इधर कुछ समय से नागार्जुन, त्रिलोचन, शमशेर आदि की कविताओं के मूल्यांकन के लिए नये काव्यशास्त्र की जरूरत महसूस की जा रही है, लेकिन अभी वह नया काव्यशास्त्र एक सम्भावना ही है।

हिन्दी की मार्क्सवादी आलोचना की एक विशेषता है—कविता की आलोचना का विकास। यूरोप की मार्क्सवादी आलोचना पर ध्यान दीजिए तो मालूम होगा कि वहाँ बाल्टर बेन्जामिन जैसे एक-दो आलोचकों को छोड़कर कविता के आलोचक बहुत कम हैं। वहाँ मार्क्सवादी आलोचना का विकास अधिकतर उपन्यास और नाटक की आलोचना के रूप में ही हुआ है। यही कारण है कि यूरोपीय मार्क्सवादी आलोचना में सैद्धांतिक सवालों पर बहस भी उपन्यास और नाटक के आसपास ही चलती रही और मार्क्सवादी आलोचना सम्बन्धी अनेक अवधारणाओं का विकास भी इसी प्रक्रिया में हुआ है। यथार्थवाद की धारणा उपन्यास की आलोचना से विकसित हुई है। हिन्दी की मार्क्सवादी आलोचना में कविता की आलोचना का जो विकास हुआ है, उसे दुनिया-भर की मार्क्सवादी आलोचना की परम्परा के लिए एक विशिष्ट योगदान मानना अनुचित न होगा। कविता की यह आलोचना मुख्य रूप से रामविलास शर्मा और नामवर सिंह के आलोचनात्मक प्रयत्नों से विकसित हुई है। हिन्दी की मार्क्सवादी आलोचना में कविता की आलोचना का प्रभाव इतना व्यापक है कि कहानी, उपन्यास और नाटक की आलोचना में भी उसकी छाया दिखाई देती है। नामवर सिंह की कहानी सम्बन्धी आलोचना के बारे में एक शिकायत यह होती रही है कि उसमें कविता की आलोचना की दृष्टि और पद्धति का विस्तार है।

डॉ० रामविलास शर्मा ने *नयी कविता* और *अस्तित्ववाद* के नये संस्करण में एक लेख जोड़ा है, जिसका शीर्षक है 'कविता में यथार्थवाद और नयी कविता'। कविता के प्रसंग में यथार्थवाद का उल्लेख उनके पहले के आलोचनात्मक लेखन में भी है, लेकिन यहाँ उन्होंने यथार्थवाद को कविता के प्रतिमान के रूप में पेश किया है। यथार्थवाद की धारणा उपन्यास और नाटक की आलोचना में उपयोगी रही है और दुनिया भर के मार्क्सवादी आलोचकों ने उपन्यासों के विश्लेषण तथा मूल्यांकन में उसका प्रयोग किया है। कविता के मूल्यांकन में यथार्थवाद का उपयोग एक तरह से उपन्यास की आलोचना-दृष्टि को कविता पर लागू करना है। यह प्रकारांतर से प्रतिबिम्बन सिद्धांत को दुहराना भी है। विचारणीय सवाल यह है कि क्या यथार्थवाद की अवधारणा की मदद से कविता की सार्थक आलोचना हो सकती है? वर्णानात्मक और कथात्मक कविताओं के प्रसंग में यथार्थवाद की भले ही एक सीमित सार्थकता हो, लेकिन प्रगीत की आलोचना में यथार्थवाद सहायक नहीं लगता। डॉ० शर्मा ने 'कविता में यथार्थवाद और नयी कविता' शीर्षक लेख में निराला को यथार्थवादी साबित करने के लिए जिन काव्यांशों को उद्धृत किया है, उनके आधार पर कवि के रूप में निराला

की महानता सामने नहीं आती! स्वयं डॉ॰ शर्मा निराला की छायावादी कविताओं को यथार्थवादी कविताओं से अलग रखते हैं, जबकि निराला की महानता उनकी छायावादी कविताओं से जुड़ी हुई है। केदारनाथ अग्रवाल की राजनीतिक कविताओं का मूल्यांकन इस यथार्थवाद की कसौटी पर हो तो हो लेकिन उनकी प्रेम और प्रकृति सम्बन्धी अधिकांश महत्त्वपूर्ण कविताएँ यथार्थवाद के प्रचलित रूपों—आलोचनात्मक यथार्थवाद और समाजवादी यथार्थवाद—के भीतर कैसे समा पाएँगी? शमशेर बहादुर सिंह की अधिकांश कविताओं के सामने यथार्थवाद का प्रतिमान कितना उपयोगी और अनुपयोगी है, यह अलग से कहने की जरूरत नहीं है। अगर यथार्थवाद के आधार पर नागार्जुन की कविताओं का ही मूल्यांकन करना हो तो यथार्थवाद की सीमाएँ प्रकट हो जाएँगी। नागार्जुन की 'अब तो बन्द करो हे देवी यह चुनाव का प्रहसन' या 'तुम रह जाते दस साल और' या 'सत्य को लकवा मार गया है' जैसी कविताओं का महत्त्व यथार्थवाद के सहारे कुछ समझा-समझाया जा सकता है, लेकिन 'कालिदास सच-सच बतलाना' 'बादल को घिरते देखा है' या फिर 'श्याम घटा, सित बीजुरि रेह', 'सुजन-नयन मनि', 'मेघ बजे', 'घन कुरंग' जैसी कविताएँ किसी भी तरह के यथार्थवाद के दायरे के बाहर पड़ती हैं। कविता की रचना-प्रक्रिया में जीवन जगत् की वास्तविकता केवल प्रातिनिधिक रूप में ही नहीं आती, प्रतीकात्मक रूप में भी आती है। वह व्यक्त ही नहीं होती, पुनर्रचित भी होती है। इस प्रक्रिया में पहली वास्तविकता (जीवन जगत् की वास्तविकता) का दूसरी वास्तविकता (कविता में पुनर्रचित वास्तविकता) में रूपांतरण ही नहीं होता, उसका अन्यथाकरण भी होता है। इस अन्यथाकरण की व्याख्या यथार्थवाद के सहारे कैसे होगी? कविता कई बार मानवीय आकांक्षाओं की अभिव्यक्ति भी होती है। कभी-कभी कविता का सौन्दर्य भाषित सृजनशीलता का सौन्दर्य होता है। इन सबकी व्याख्या यथार्थवाद की धारणा के भीतर कैसे होगी? कविता, खासतौर से प्रगीत के इन विभिन्न रूपों और पक्षों को अगर यथार्थवाद के सहारे समझने की कोशिश होगी तो यथार्थवाद का इतना विस्तार करना पड़ेगा कि वह सीमाहीन ही नहीं, अर्थहीन भी हो जाएगा। कविता के सन्दर्भ में यथार्थवाद की धारणा की सीमाओं को पहचानते हुए ही नेरूदा ने लिखा है कि "जहाँ तक यथार्थवाद का सवाल है, मैं कविता में यथार्थवाद को पसन्द नहीं करता। कविता यथार्थवाद-विरोधी होती है। उसके यथार्थवाद-विरोधी होने के हजार कारण हैं।"

मार्क्स ने लिखा है कि "सच्ची आलोचना की पहली शर्त है दुराग्रह से मुक्ति।" हिन्दी के अनेक मार्क्सवादी आलोचकों की व्यावहारिक आलोचनाओं को देखकर ऐसा लगता है कि वे आलोचना की इस शर्त से परिचित हैं या फिर उसे महत्त्व नहीं देते। आलोचनाओं में दुराग्रह का रूप यह है कि वहाँ मूल्यांकन और निष्कर्ष पहले से तय होते हैं, केवल तथ्यों और तर्कों के मनमाने उपयोग के सहारे पूर्व-निर्धारित निष्कर्षों को साबित करना ही आलोचना-कर्म का लक्ष्य होता है। आलोचना में दुराग्रह द्वंद्वात्मकता का ही दुश्मन नहीं है, वह कट्टरतावाद और अवसरवाद का पोषक भी होता है। उससे आलोचना में आत्मग्रस्तता का प्रचार होता है। मार्क्सवादी आलोचना में दुराग्रह से मुक्ति का मतलब दृष्टि से छुट्टी पाना नहीं है, क्योंकि दुराग्रह दृष्टि नहीं है, वह तो दृष्टि पर पड़ा हुआ परदा है। जहाँ

आलोचना में दृष्टि की जगह दुराग्रह ले लेता है, वहाँ वस्तुपरकता और सत्य-निष्ठा दोनों की हत्या होती है। हिन्दी की मार्क्सवादी आलोचना में दुराग्रह के दुष्परिणाम का एक उदाहरण देखिए। हिन्दी में ऐतिहासिक उपन्यास लिखने वाले अनेक लेखक हैं। इन उपन्यासकारों की सूची में आप शिवसागर मिश्र का नाम कहाँ और कैसे लिखना चाहेंगे, यह आप सोचें। लेकिन डॉ॰ रामविलास शर्मा के हाथों शिवसागर मिश्र ने "ऐतिहासिक उपन्यासों की सूची में अपना नाम स्वर्णाक्षरों में नहीं तो रजत अक्षरों में अवश्य लिखवा लिया है।" डॉ॰ शर्मा की राय में, "शिवसागर मिश्र ने प्राचीन इतिहास का नया मूल्यांकन करते हुए एक प्रगतिशील कथा लेखन परम्परा का सूत्रपात किया है।" अब अगर शिवसागर मिश्र ने इतिहास का नया मूल्यांकन करते हुए एक प्रगतिशील कथा लेखन परम्परा का सूत्रपात किया है तो फिर राहुल, यशपाल, रांगेय राघव या वृंदावनलाल वर्मा ने क्या किया है? असल में शिवसागर मिश्र के इस मूल्यांकन के पीछे उद्देश्य है, यशपाल और राहुल सांकृत्यायन के ऐतिहासिक उपन्यासों का अवमूल्यन करना। डॉ॰ शर्मा ने स्पष्ट घोषणा की है कि "राहुल जी ने *सिंह सेनापति* कोटि के जो उपन्यास लिखे थे, उनसे शिवसागर मिश्र की रचनाओं को मैं आगे बढ़ा हुआ कदम मानता हूँ।" आप स्वयं विचार कीजिए कि यह आलोचना की मार्क्सवादी दृष्टि है या राहुल जी के विरुद्ध रामविलास शर्मा के दुराग्रह का कमाल। आलोचना में दुराग्रह इससे भी बड़े-बड़े कमाल कर दिखाता है। यह दुराग्रह का कमाल नहीं तो और क्या है कि डॉ॰ शर्मा को रामधारी सिंह 'दिनकर' की उर्वशी में निराला जैसा मेघमंद्र स्वर तो सुनाई पड़ता है, लेकिन उसमें रतिक्रीड़ा का जो चित्रण-वर्णन है, वह दिखाई नहीं देता; जबकि इसके ठीक विपरीत यशपाल और राहुल के उपन्यासों में आये ऐसे प्रसंगों के संकेत भी उनको विराट रूप में दिखाई देते हैं, लेकिन उपन्यासकार या उपन्यास के पात्रों का कोई कथन सुनाई नहीं देता। स्वयं डॉ॰ शर्मा के अनुसार दुराग्रह की मूल विशेषताएँ हैं "अनचाहे तथ्यों को छिपाना, अपने पक्ष का समर्थन करने के लिए मनचाहे ढंग से तथ्यों को अतिरंजित करना।" राहुल, यशपाल, मुक्तिबोध आदि से सम्बन्धित डॉ॰ शर्मा की आलोचनाओं में दुराग्रह की ये विशेषताएँ अपनी पूरी शक्ति के साथ मौजूद हैं। दुराग्रह आलोचना की विश्वसनीयता का विनाश करता है। अगर मार्क्सवादी आलोचना में दुराग्रह है तो वह मार्क्सवाद की वैज्ञानिकता, वस्तुपरकता और द्वंद्वात्मकता को भी अविश्वसनीय बना देता है। हिन्दी की मार्क्सवादी आलोचना के सामने एक समस्या रचनाकारों और व्यापक पाठक समुदाय के बीच विश्वसनीयता अर्जित करने की है, और विश्वसनीयता अर्जित करने के लिए आलोचना में दुराग्रह से छुटकारा पाना जरूरी है।

यह बहुत विवाद का विषय नहीं है कि आलोचना की एक राजनीतिक भूमिका भी होती है। मार्क्सवादी आलोचना अपनी इस भूमिका के बारे में दूसरी आलोचना-दृष्टियों से अधिक सजग होती है। लेकिन आलोचना की राजनीतिक भूमिका स्वीकार करने का मतलब यह नहीं है कि साहित्यिक आलोचना को राजनीतिक आलोचना बना दिया जाय। मार्क्स के शब्दों में, "आलोचना के हथियार, हथियारों की आलोचना का काम नहीं कर सकते।" हिन्दी की मार्क्सवादी आलोचना में ऐसे लोगों का अभाव न पहले था, न आज है, जो

आलोचना के हथियारों से ही सशस्त्र संघर्ष का काम लेना चाहते हैं। इस प्रक्रिया में वे साहित्य और क्रांति दोनों का नुकसान करते हैं। आश्चर्य की बात तो यह है कि जो लोग सशस्त्र संघर्ष से कोसों दूर हैं या उसके घोर विरोधी हैं, वे ही आलोचना के हथियारों को सशस्त्र संघर्ष का साधन बनाने पर आमादा हैं।

आज मार्क्सवादी आलोचना की समस्याओं पर विचार करते समय उस राजनीतिक, सामाजिक और सांस्कृतिक सन्दर्भ को भी ध्यान में रखना जरूरी है, जिससे आज की रचना और आलोचना का वर्तमान ही नहीं, भविष्य भी जुड़ा हुआ है। आजकल जैसे-जैसे जनता संघर्ष की राह पर आगे बढ़ रही है, वैसे-वैसे शासक वर्ग और राजसत्ता अधिकाधिक आक्रामक, खूंखार और दमनकारी होती जा रही है। देश में किसानों, मजदूरों, हरिजनों, आदिवासियों और स्त्रियों के जागरण तथा आन्दोलन से समकालीन रचनाशीलता में नयी गति और स्फूर्ति आ रही है, लेकिन मार्क्सवादी आलोचना अभी इन स्थितियों के प्रति पर्याप्त सजग और संवेदनशील दिखाई नहीं देती। जहाँ पश्चिम में स्त्रीवादी आलोचना का व्यवस्थित विकास हो रहा है, स्त्रियों के दृष्टिकोण से इतिहास और परम्परा की पुनर्व्याख्या हो रही है, वहीं हिन्दी में अभी महिला लेखन की व्यावसायिकता—अव्यावसायिकता पर बहस ही चल रही है। कुल मिलाकर स्थिति यह है कि आज की रचनाशीलता अपने परिवेश और सन्दर्भ के प्रति जितनी सजग है, उतनी सजगता हिन्दी की मार्क्सवादी आलोचना में नहीं है। इसीलिए कई बार वह परोपजीवी बनी दिखाई देती है। यहाँ समाज में साम्प्रदायिकता, धार्मिक उन्माद और तरह-तरह के रूढ़िवाद को बढ़ावा मिल रहा है। इस समाज-व्यवस्था में मनुष्यता-विरोधी प्रवृत्तियाँ अधिकाधिक प्रबल होती जा रही हैं। आज की मार्क्सवादी आलोचना के सामने इन समस्याओं को समझने और इनसे संघर्ष करने की चुनौती मौजूद है। सांस्कृति के क्षेत्र में उपभोक्तावाद का प्रसार हो रहा है और संस्कृति के सरकारीकरण का अभियान चल रहा है। पुराने आधुनिकतावादी पुनरुत्थानवाद और अन्धराष्ट्रवाद की गोद में जा बैठे हैं और अनेकांतवाद के नाम पर नया कलावाद पनप रहा है। सांस्कृतिक क्षेत्र के इस प्रदूषण की उपेक्षा मार्क्सवादी आलोचना नहीं कर सकती; क्योंकि इसकी उपेक्षा का मतलब है प्रगतिशील रचनाशीलता के विकास की सम्भावनाओं और उनके आगे खड़ी बाधाओं की उपेक्षा करना। आज एक नयी सांस्कृतिक चेतना के विकास के दायित्व के प्रति सजग होकर ही मार्क्सवादी आलोचना अपनी सार्थक भूमिका निभा सकती है। लेकिन यह तभी होगा जब वह मार्क्सवादी तो हो, पर साथ ही साहित्यिक आलोचना भी हो।

(आलोचना, 1988)

5

संकट तो है लेकिन...

"हम अच्छे समय से जितना सीख सकते हैं
उससे कम बुरे समय से नहीं।"

—रेमंड विलियम्स

बीसवीं सवदी अपूर्व क्रांतियों के साथ-साथ भयावह भ्रांतियों की सदी रही है। सम्भवतः इसीलिए इस सदी का इतिहास लिखते हुए एरिक हाब्स बाम ने इसे 'अतिवादों का युग' कहा है। बीसवीं सदी के इस आखिरी दशक में सम्पूर्ण मानव समाज एक ऐसी स्थिति में है, जिसमें तरह-तरह की उलझनों, निरर्थकताओं नपुंसकताओं, भ्राँतियों और जटिलताओं की भरमार है, क्योंकि मानव-जाति के जीवन को व्यवस्थित और बेहतर बनाने का दावा करने वाले प्रायः सभी सामाजिक कार्यक्रम और प्रयोग ही नहीं, आदर्श और विचार भी असफल साबित हुए हैं।

इस समय मानव समाज जिस ऐतिहासिक संकट का सामना कर रहा है, वह असाधारण है और अपूर्व भी। उसकी चपेट में मानव समाज ही नहीं, प्रकृति और पर्यावरण भी है जिसके विनाश की स्थिति में मानव समाज का अस्तित्व भी असम्भव है। यह संकट किसी एक देश और समाज तक सीमित नहीं है। वह विश्वव्यापी है। वह आर्थिक और राजनीतिक ही नहीं, सामाजिक और नैतिक भी है। उसकी पहुँच मनुष्य की जिन्दगी के हर हिस्से तक है। उसके शिकार पराजय की निराशा में डूबे भूतपूर्व समाजवादी समाज ही नहीं, बल्कि विजय के उन्माद में इतराते पूँजीवादी समाज भी हैं। आज के समय में मानव समाज के भविष्य की चिन्ता करने वाला शायद ही कोई ऐसा संवेदनशील विचारक होगा, वह चाहे वामपंथी हो या दक्षिणपंथी, जिसे इस संकट का अगर पूरा बोध नहीं तो कमोबेश आभास या एहसास भी न हो।

ढलती हुई बीसवीं सदी जो स्मृति छोड़े जा रही है, उसमें न अतीत से लगाव के चिह्न हैं और न भविष्य से उम्मीद के संकेत, केवल वर्तमान के संकट की गहरी छाया ही सच है, क्योंकि यह सदी राजनीतिक अस्थिरता, आर्थिक अराजकता और वैचारिक विभ्रम को

विरासत के रूप में सौंप कर जा रही है। यह समय विचारों, आदर्शों, व्यवस्थाओं और संस्थाओं की ऐसी टूट-फूट का समय है, जिसके आसपास तो क्या दूर-दूर तक विकल्पों का कोई अस्तित्व नहीं है। कभी-कभी तो यह लगता है कि आजकल विकल्पों की गम्भीर चिन्ता भी कहीं नहीं है।

वर्तमान संकट का एकमात्र कारण हाल के वर्षों में पूँजीवाद की विजय और उससे उपजा उन्माद ही नहीं है। यह सच है कि आज दुनिया में पूँजीवाद एक सार्वभौम व्यवस्था के रूप में स्थापित हो रहा है। वह अपनी सफलता और विस्तार के बारे में विरोधियों के सारे संदेहों को झुठलाते हुए एकमात्र विश्व-व्यवस्था बनकर पूरे भूमंडल को अपने कब्जे में करने की ओर बढ़ रहा है। लेकिन सार्वभौमिकता और भूमंडलीकरण की प्रवृत्ति पूँजीवाद के लिए कोई नयी बात नहीं है। ये दोनों प्रवृत्तियाँ निरन्तर चलने वाली प्रक्रियाओं के रूप में पूँजीवाद के साथ उसके जन्म से जुड़ी हुई हैं। कार्ल मार्क्स ने *पूँजी* और *कम्यूनिस्ट मेनिफेस्टो* में यह स्पष्ट कहा था कि पूँजीवाद का स्वभाव है आंतरिक और वाह्य रूप में निरन्तर विस्तार। एक बार अपनी जड़ें जमा लेने के बाद पूँजीवाद लगातार विकास और विस्तार की दिशा में आगे बढ़ता है। पूँजीवाद के तीन-चार सदियों के इतिहास से उसके बारे में मार्क्स की मान्यता सच साबित हुई है। लेकिन इसके साथ ही अब एक बड़ा सवाल सामने आया है। सवाल यह है कि जब भूमंडलीकरण की प्रक्रिया पूरी हो जाएगी, तब पूँजीवाद के बाहरी विस्तार की प्रक्रिया का क्या हाल होगा? वह कैसे चलेगी और कहाँ जाएगी? क्या तब पूँजीवाद केवल आंतरिक विस्तार के सहारे टिका रहेगा?

बहुत पहले लक्जेमबर्ग ने कहा था कि पूँजीवाद गैर पूँजीवादी दुनिया में लगातार फैलते हुए ही जीवित रह सकता है, इसलिए जब उसके विस्तार की सम्भावना समाप्त हो जाएगी, तब उसके जीवित रहने की सम्भावना का भी अन्त हो जाएगा। क्या इससे यह जाहिर नहीं है कि पूँजीवाद भी एक भयानक संकट की ओर बढ़ रहा है? क्या भूमंडलीकरण की प्रक्रिया के अन्त के साथ पूँजीवाद के भी अन्त का आरम्भ होगा?

पूँजीवाद का पिछली तीन-चार सदियों का इतिहास मनुष्य और प्रकृति के शोषण और गुलामी का एक विराट वृत्तांत है। अपनी इस लम्बी यात्रा के दौरान वह जहाँ-जहाँ गया है, वहाँ के समाजों के ताने-बाने को छिन्न-भिन्न किया है, मनुष्यों को अर्थपिशाच बनाया है और प्रकृति का विनाश भी किया है। इस सच्चाई के असंख्य अकाट्य प्रमाण उन देशों और समाजों के आधुनिक लेखकों की रचनाओं में मौजूद हैं, जहाँ पूँजीवाद का जन्म हुआ था या जहाँ-जहाँ उसके चरण पड़े हैं।

इतिहारा इरा बात का गवाह है कि पिछली तीन-चार सदियों में जब और जहाँ पूँजीवाद को शोषण और लूट की खुली छूट नहीं मिली है या उसका भविष्य खतरे में दिखाई पड़ा है, तब उसने राजनीति में उदार लोकतन्त्र की पोशाक उतारकर अलग रख दी है और खूँखार दमनकारी सत्ता के रूप में काम किया है। पूँजीवाद के इस अतीत को ध्यान में रखकर उसके उस भविष्य के बारे में सोचते ही दिल दहल जाता है, जब भूमंडलीकरण की पूर्णता के बाद पूँजीवाद के विकास और विस्तार की सारी सम्भावनाएँ समाप्त हो जाएँगी। यही

नहीं, अगर पूँजीवाद की वर्तमान स्थिति भविष्य में लम्बे समय तक बनी रही, तब भी वह मनुष्यता के लिए खतरनाक साबित होगा, क्योंकि एक तो वह अपनी सभी रचनात्मक भूमिकाएँ भूल चुका है और दूसरे भूमंडलीकरण के इस दौर में, जबकि उसका कोई शक्तिशाली विकल्प या विरोध नहीं है, तब वह पहले से अधिक स्वेच्छाचारी और खूँखार साबित होगा। आजकल पूँजीवाद एक ऐसी बेलगाम और उत्तरदायित्वविहीन व्यवस्था है जिसे अपनी रक्षा के अलावा किसी मानवीय समस्या और ऐतिहासिक चुनौती की चिन्ता नहीं है। ऐसी स्थिति में वह एक ओर अनंत गरीबी, यातना और गुलामी पैदा करेगा तो दूसरी ओर समृद्धि से उपजी पशुता। यही कारण है कि एरिक हाब्स बाम ने बीसवीं सदी का जो इतिहास लिखा है, उसका अन्त इस प्रकार किया है–"अगर मनुष्यता को अपना साफ-सुथरा भविष्य बनाना है तो वह अतीत या वर्तमान को ढोने या कायम रखने से नहीं होगा। उसे इस समाज को बदलना होगा अन्यथा अन्धकार ही सामने होगा।"

पूँजीवाद शोषण और दमन पर टिकी खूँखार व्यवस्था है, यह बात लोगों को पहले से मालूम थी, कार्ल मार्क्स जैसे दर्शनिकों को ही नहीं, पूँजीवाद के शिकार मजदूरों को भी। तब बीसवीं सदी के अन्त में ऐसा क्या हुआ है, जिससे अधिकांश मानव समाज अभूतपूर्व संकट के गहरे बोध से आक्रांत हो गया है। असल में सोवियत संघ का विघटन और विभिन्न देशों में समाजवादी व्यवस्थाओं की पराजय के कारण ही अपूर्व संकट का बोध पैदा हुआ है। जैसे रूस में 1971 की अक्तूबर क्रांति एक प्रकार की युगांतकारी घटना थी, वैसे ही सोवियत संघ और पूर्वी यूरोप के देशों में 1989 से 1991 के बीच समाजवाद की पराजय दूसरे प्रकार की युगांतकारी घटना है। यह इतिहास की कैसी विडम्बना है कि जिस फ्रांसीसी क्रांति से रूस की क्रांति अत्यंत गहरे रूप में प्रेरित और प्रभावित थी, उस फ्रांसीसी क्रांति की दूसरी शताब्दी के वर्ष में ही रूसी क्रांति का अन्त हुआ।

रूस और दूसरे देशों की समाजवादी व्यवस्थाओं के विघटन के बारे में प्रो॰ रणधीर सिंह ने ठीक ही लिखा है कि यह केवल एक व्यवस्था का विघटन नहीं है, बल्कि वह पूँजीवाद से बेहतर समाज बनाने के एक सामाजिक प्रयोग, उस प्रयोग के पीछे क्रियाशील व्यवहार और उस व्यवहार के प्रेरक विचारों की पराजय है। इसीलिए उस विघटन को समाजवाद और मार्क्सवाद की असफलता कहा गया है। यही नहीं, उसे समाजवादी व्यवस्था के निर्माण की कल्पनाओं और सपनों के पराजय के रूप में देखा गया है।

ऐसा नहीं है कि मार्क्सवाद के रूसी रूप या रूसी समाजवाद की आलोचना इस पराजय के पहले नहीं हुई है। बुर्जुआ आलोचकों को छोड़ भी दें तो ऐसे मार्क्सवादियों की एक लम्बी कतार है जिन्होंने रूसी समाजवाद ही नहीं, रूस में क्रियाशील राजनीतिक पणाली और वहाँ की सांस्कृतिक तथा सामाजिक संरचनाओं की निर्मम आलोचना की है। 1927 में रूसी समाज के अपने प्रत्यक्ष अनुभव और ज्ञान के आधार पर वाल्टर बेन्जामिन ने लिखा था–"आज का रूसी राज्य केवल एक वर्गराज्य ही नहीं है, वह जातिराज्य भी है। जातिराज्य का अर्थ यह है कि नागरिक की सामाजिक हैसियत उसके भौतिक जीवन से नहीं, बल्कि पार्टी से उसके सम्बन्ध से निर्धारित होती है।" वाल्टन बेन्जामिन ने सत्ता और धन के गलत

सम्बन्ध को खतरनाक मानते हुए उसी निबन्ध में यह भी लिखा था–"रूसी समाज (और समाजवाद) का स्वास्थ्य इस बात पर निर्भर है कि यहाँ कभी भी सत्ता का कालाबाजार न खुले। अगर रूस में भी यूरोप जैसा ही सत्ता और धन का आपसी सम्बन्ध कायम हुआ तो देश और पार्टी न सही, रूस में समाजवाद जरूर समाप्त हो जाएगा।" वाल्टर बेन्जामिन की भविष्यवाणी उसकी उम्मीद से ज्यादा सच साबित हुई है।

रूसी समाजवाद की एक विडम्बना यह थी कि वहाँ के सत्ताधारी तथा बुद्धिजीवी और उनके विदेशी समर्थक भी रूस की कम्यूनिस्ट पार्टी, उसकी सत्ता और रूसी समाज की व्यवस्था की किसी भी आलोचना को ध्यान से सुनने और समझने के बदले उसे समाजवाद और मार्क्सवाद की निन्दा के अभियान का हिस्सा कहकर खारिज करते थे। इस प्रक्रिया में वे एक ओर आत्म प्रवंचना को बढ़ावा देते थे तो दूसरी ओर मार्क्सवाद को निर्भय तथा निर्मम आलोचना सिद्धांत के बदले सहमति और समर्थन का सिद्धांत बनाते थे। वही विडम्बना बाद में रूसी समाजवाद की पराजय की त्रासदी का कारण बनी। आजकल जो लोग सोवियत संघ के विघटन और रूसी समाजवाद की पराजय को केवल बाहरी साजिश का परिणाम कहते हैं, वे उसी पुरानी विडम्बना के शिकार हैं।

रूस की अक्तूबर क्रांति के पहले भी समाजवादी समाज बनाने के प्रयोग हुए थे। ऐसा पहला प्रयोग 1871 में पेरिस कम्यून की स्थापना के रूप में हुआ था। वह प्रयोग असफल और पराजित होने के बावजूद बाद के जन आन्दोलनों के लिए प्रेरणाप्रद बना रहा। इससे यह साबित होता है कि समाजवाद का इतिहास असफलता और पराजय के संकट का सामना पहली बार कर रहा है। लेकिन इस बार का संकट अभूतपूर्व इसलिए है कि समाजवाद की पराजय के साथ पूँजीवाद के विजय का उन्माद अब जैसा सर्वग्रासी है, वैसा पहले कभी न था। आरम्भ में तो ऐसा लगता है कि समाजवादी चेतना पूरी तरह लकवाग्रस्त हो गयी है। उस स्थिति का विश्लेषण करते हुए ई॰एम॰ वुड ने ठीक ही लिखा है कि "आजकल पूँजीवाद की आलोचना फैशन के बाहर है। लगता है कि पूँजीवाद के विजयोन्माद और समाजवादियों की निराशा के बीच कोई गठजोड़ हो गया हो। दक्षिणपंथ की विजय वामपंथियों की समाजवादी आकांक्षाओं की सिकुड़न में प्रतिबिम्बित हो रही है। वामपंथी बुद्धिजीवी या तो पूँजीवाद की शरण में जा रहे हैं या फिर पूँजीवाद से बची-खुची जगहों में सम्भव छोटे-मोटे प्रतिरोधों से जुड़ रहे हैं। इस तरह पूँजीवाद इतना सार्वभौम हो गया है कि वह अदृश्य लगता है। अब तो पूँजीवाद को बदलने और उलटने की कौन कहे, उसे आलोचनात्मक दृष्टि से समझने की कोशिशें भी कम होती जा रही है। ऐसा लगता है कि अब हम पूँजीवाद के विरुद्ध संघर्ष करना ही नहीं, सोचना भी भूलते जा रहे हैं।"

इस स्थिति में जहाँ एक ओर पूँजीवाद की अपराजेयता का भ्रम फैलाया जा रहा है, उसके वर्तमान को मानव समाज का भविष्य साबित किया जा रहा है, वहीं दूसरी ओर मार्क्सवाद और समाजवाद की मौत के फतवे जारी किए जा रहे हैं। इस तरह पूँजीवाद की अमानवीय व्यवस्था से मुक्ति की प्रत्येक सम्भावना को अस्वीकार किया जा रहा है और प्रत्येक कोशिश को नकारा जा रहा है या फिर उन्हें सामाजिक चेतना के भटकाव घोषित

किया जा रहा है। यह सब वे कर रहे हैं जो अपने को बुद्धिजीवी कहते हैं। ऐसा लगता है कि इन बुद्धिजीवियों ने अपनी आलोचनात्मक जिम्मेदारी या तो छोड़ दी है या पूँजीवाद को सौंप दी है। इन बुद्धिजीवियों के सोच-विचार में न मानव समाज के भविष्य की कोई चिन्ता है और न दृष्टि। यही नहीं, ये लोग मानव समाज के भविष्य की किसी भी दृष्टि की जरूरत और सम्भावना को भी नकारते हैं। ऐसी बौद्धिकता के कारण विचारों की दुनिया में नैतिक और बौद्धिक संकट का भयावह वातावरण बना है। इस वातावरण के निर्माण में बहुत बड़ी भूमिका उत्तर आधुनिकतावाद की है।

दो

इस समय विचारों की दुनिया में सबसे अधिक जादुई असर वाला शब्द है 'उत्तर'। उसके सहारे किसी भी वास्तविकता, घटना, स्थिति, अनुभव और विचारों आदि के अस्तित्व, स्वत्व, अर्थ और इतिहास को नष्ट किया जा सकता है, उन्हें अनस्तित्ववादी, असत्, स्वत्वविहीन, अर्थहीन और अनैतिहासिक बनाया जा सकता है। विचारों की दुनिया में 'उत्तर' की मदद से ऐसा ही चमत्कार उत्तर आधुनिकवादियों ने किया है। उन्होंने उत्तर के जादुई प्रभाव का प्रयोग करते हुए सम्पूर्ण मानव समाज को आधुनिकता, आधुनिकतावाद और आधुनिक युग से निकालकर एक झटके में उत्तर आधुनिक बना दिया है, जबकि दुनिया का अधिकांश हिस्सा, विशेष रूप से एशिया, अफ्रीका तथा दक्षिण अमेरिका के अधिकांश देशों की बहुसंख्यक जनता अभी कहीं आदिम और कहीं मध्ययुगीन स्थितियों का सामना करती हुई आधुनिक बनने के लिए संघर्ष कर रही है।

उत्तर आधुनिकता से ही निकली हुई एक धारा उत्तर औपनिवेशिकता की है जो एशिया, अफ्रिका और दक्षिणी अमेरिका के समाज, संस्कृति और साहित्य की ऐसी व्याख्या में लगी हुई है, जिससे साबित होता है कि अब दुनिया में कहीं भी किसी तरह का न साम्राज्यवाद है और न उपनिवेशवाद। लेकिन सच्चाई इसके ठीक उलटी है। सच तो यह है कि एशिया, अफ्रिका और दक्षिण अमेरिका के जो देश उपनिवेशवाद के शिकार रहे हैं, उनमें से अधिकांश आज भी आर्थिक और सांस्कृतिक उपनिवेशवाद के प्रभाव से मुक्त नहीं हुए हैं; बल्कि हाल के वर्षों में भूमण्डलीकरण के कारण वे नये ढंग के साम्राज्यवादी वर्चस्व और उपनिवेशवादी प्रभावों के शिकार हो रहे हैं। उत्तर औपनिवेशिकता के व्याख्याकार भारत की संस्कृति और साहित्य की ऐसी व्याख्या कर रहे हैं, जिसमें उपनिवेशवाद से पीड़ित जनता के न अनुभवों का कोई महत्त्व है और न उपनिवेशवाद के विरुद्ध उसके संघर्षों का। उत्तर औपनिवेशिकता के सिद्धांतकार साहित्य और संस्कृति के क्षेत्र में नकल, दोगलापन और प्रवासीपन को मूल्य तथा दृष्टि के रूप में स्थापित कर रहे हैं। आखिर वे ऐसा क्यों न करें! संयोगवश उनमें से अधिकांश ऐसे भारतीय हैं जो अमेरिका में रहते हुए अंग्रेजी में लिखते हैं। वे अनिवासी भारतीय पूँजीवादियों की तरह ही अनिवासी भारतीय बौद्धिक हैं। आरिफ डिरलिक ने उत्तर औपनिवेशिकता के व्याख्याकारों की गतिविधियों

के बारे में ठीक ही लिखा है कि उनका इरादा यूरोप और अमेरिका में उपजे बौद्धिक सरोकारों और दृष्टिकोणों के अनुसार सांस्कृतिक विमर्श का ऐसा प्रामाणिक भूमंडलीकरण है, जिसमें केन्द्र और हाशिए जैसे सभी अन्तर मिट जाएँ और विश्व के विभिन्न समाजों के बीच केवल बहुलता और आकस्मिकता के सम्बन्ध रह जाएँ। एक अश्वेत आलोचक क्वामे अंथोनी अप्पिअह के अनुसार ऐसे लोगों को दलाल बुद्धिजीवी कहना सही होगा जो हाशिए के देशों में विश्व पूँजीवाद की सांस्कृतिक वस्तुओं के व्यापार में मध्यस्थ की भूमिका निभाते हैं। उत्तरऔपनिवेशिक विमर्श में राष्ट्रीय संस्कृति और उससे जुड़ी बौद्धिकता की उपेक्षा और निन्दा ही अधिक होती है।

यद्यपि अनेक उत्तर आधुनिकतावादी भूतपूर्व मार्क्सवादी हैं, उनमें से कुछ खुद को अब भी वामपंथी कहते हैं और अनेक कट्टर रूढ़िवादी उन्हें वामपंथी मानते भी हैं, लेकिन मार्क्सवाद के सिद्धांत, व्यवहार और उद्देश्यों के बारे में उत्तर आधुनिकतावादियों के दृष्टिकोण को देखकर यही कहना होगा–

हुए तुम दोस्त जिसके, दुश्मन उसका आसमाँ क्यों हो।

उत्तर आधुनिकतावादी उत्तर मार्क्सवाद और उत्तर यथार्थवाद की घोषणाएँ कर चुके हैं। वे जब मुक्ति के विशद् आख्यान के अन्त की बात करते हैं, तब उनका उद्देश्य मार्क्सवाद और समाजवाद की सम्भावनाओं को अस्वीकार करना होता है। वे कहते हैं कि पूँजीवाद ऐसी अवस्था में पहुँच गया है जिसे उत्तर औद्योगिक, उत्तर सामूहिक, उत्तर इतिहास, उत्तर क्रांति, उत्तर विचार और उत्तर वर्ग कहा जा सकता है। उनमें से एक तो उत्तर जनता तक जा पहुँचे हैं। पता नहीं इस उत्तर बौद्धिकता और उत्तरवाद का अन्त कहाँ होगा!

उत्तर का अत्यंत घनिष्ठ सहयोगी और समानधर्मा है 'अन्त;' बल्कि उत्तर को राह दिखाने का काम अन्त ने ही किया है। बहुत पहले समाजशास्त्री डेनियल बेल ने विचारधारा के अन्त की घोषणा करके जो शुरुआत की थी, उसे चरम तक पहुँचाया है, उत्तर आधुनिकतावादियों ने। उत्तर आधुनिकतावादियों के बीच हर चीज के अन्त की घोषणा की होड़ लगी है। उनमें से एक इतिहास के अन्त की घोषणा कर रहा है तो दूसरा इतिहास की धारणा का। एक कहता है कि इतिहास आख्यान है तो दूसरा उसे गप्प साबित करता है। तात्पर्य यह कि हम अन्य चीजों की तरह इतिहास को भी जान नहीं सकते और जब उसे जान नहीं सकते, तब उसको बदल कैसे सकते हैं? एक उत्तर आधुनिकतावादी ज्ञान के अन्त की बात करता है तो दूसरा विवेक, चेतना, सत्य और समालोचना आदि के अन्त की। उनके अनुसार भाषा का अर्थ से, अर्थ का अनुभव से, अनुभव का यथार्थ से, यथार्थ का जीवन की स्थितियों से और जीवन की स्थितियों का इतिहास से कोई वास्तविक सम्बन्ध नहीं है।

उत्तर आधुनिकतावादी विमर्श में जो कुछ उत्तर और अन्त से बच गया है, उसकी मौत की मुनादी हो रही है। उत्तर आधुनिकतावादियों के प्रेरणा-स्रोत और दृष्टि-निर्माता नीत्शे और उसके विचार हैं। नीत्शे ने ईश्वर की मौत की घोषणा की थी तो उनके चेले मनुष्य और

उसकी चेतना ही नहीं, सामाजिकता तक की मौत की घोषणा कर चुके हैं। साहित्य और संस्कृति की दुनिया पर भी इस मौत की छाया है। रोलां बार्थ ने लेखक की मौत की घोषणा की तो एलविन केरमैन ने साहित्य के मौत की घोषणा की है। कभी सी॰डी॰ लेविस ने प्रगीत की मृत्यु की बात की थी तो अब कविता, उपन्यास के साथ पुस्तक की मृत्यु की बात हो रही है। यह सब देख-सुनकर अपने कबीरदास याद आते हैं—"संतो ई मुरदन के गाँव।"

आधुनिक युग के अन्त और उत्तर आधुनिक युग के आरम्भ की बात 1959 में सी॰ राइट मिल्स ने *समाजशास्त्रीय कल्पना* नामक पुस्तक में की थी। उन्होंने लिखा था कि ज्ञानोदय से पश्चिमी समाज को जो मूल्य, मान्यताएँ, धारणाएँ और विचार मिले थे, उनमें से अधिकांश संकट में हैं। उदारतावाद और समाजवाद अपर्याप्त साबित हो रहे हैं। इस स्थिति में विवेक और स्वतन्त्रता पर कई तरह के संकट हैं। मानवीय क्रिया-कलाप में विवेक का महत्त्व घटा है और व्यक्ति की स्वतन्त्रता का ह्रास हुआ है। उन्होंने यह भी लिखा था कि ये समस्याएँ समाज की संरचना से जुड़ी हैं और इन्हें समझने के लिए व्यक्ति के जीवन तथा युग के इतिहास का विश्लेषण आवश्यक होगा। मिल्स की चिन्ता के केन्द्र में व्यक्ति की स्वतन्त्रता के साथ-साथ समाज के इतिहास-निर्माण की प्रक्रिया थी।

सी॰ राइट मिल्स की अपने समय और समाज के बारे में सगुण चिन्ता के बाद अगर ल्योतार के उत्तर आधुनिकतावादी निर्गुण चिन्तन पर ध्यान दीजिए तो मालूम होगा कि उत्तर आधुनिकतावाद की चर्चा कहाँ पहुँची है। ल्योतार अपने युग के किसी संकट से चिन्तित नहीं हैं। उन्हें मिल्स की तरह विवेक और स्वतन्त्रता की रक्षा की चिन्ता भी नहीं है। वे ज्ञानोदय की परम्परा से उपजे मूल्यों के विरुद्ध युद्ध की घोषणा करते हैं, "आओ, हम समग्रता के विरुद्ध युद्ध छेड़ दें; आओ, हम उसके साक्षी बनें जिसकी पुनर्प्रस्तुति नहीं हो सकती; आओ, हम अंतरों को बढ़ाएँ और नाम के सम्मान की रक्षा करें।" ल्योतार द्वारा युद्ध की यह घोषणा हेगेल और मार्क्स की विचार परम्परा के विरुद्ध है, इसलिए वे जिन्हें पुकार रहे हैं, उनके बारे में अंदाज लगाना मुश्किल नहीं है। ल्योतार ने यह घोषणा फ्रांसीसी में 1979 में की थी, जो अंग्रेजी में 1984 में सुनाई पड़ी। तब से अब तक उस जेहाद में शामिल होने वालों की संख्या लगातार बढ़ रही है।

ल्योतार जब मुक्ति के विशद् आख्यान के अन्त की घोषणा कर रहे थे, तब एशिया, अफ्रिका और दक्षिण अमेरिका में मुक्ति के अनेक आन्दोलन चल रहे थे। 1975 में वियतनाम में अमेरिकी साम्राज्यवाद पराजित हुआ था, 1979 में ईरान में शाह का तख्ता पलटा था, 1979 में ही निकारागुआ में क्रांतिकारी आन्दोलन सफल हुआ था और उन्हीं दिनों दक्षिण अफ्रिका की जनता रंगभेद की गुलामी से मुक्ति के लिए कठिन संघर्ष कर रही थी—"मूँदहु आँखि कतहुँ कोउ नाहीं।"

असल में उत्तर आधुनिकतावादी अद्वैतवाद में हर तरह का विरोध डूब जाता है। उसके अनुसार शोषक और शोषित, दमनकारी और दमित, केन्द्र और हाशिया तथा बेजुबान और वाचाल के बीच न कोई द्वैत है, न कोई विरोध, न कोई संघर्ष। वे यह नहीं देखते कि ऐसे सारे द्वैतों और विरोधों का जनक पूँजीवाद है। वे मुक्ति के आख्यान के अन्त की बात करते

हैं, लेकिन पूँजीवाद के तीन-चार सौ वर्षों से क्रियाशील गुलामी के विराट् वृत्तांत के बारे में कुछ नहीं कहते। वे न तो पूँजीवाद द्वारा प्रकृति के विनाश की चर्चा करते हैं और न संस्कृति के क्षेत्र में बाजार की संस्कृति और उपभोक्तावाद के घातक घुसपैठ की। उनमें से कुछ बौद्धिक तो दिखावे की दुनिया के सतहीपन में आनन्द की खोज करना पसन्द करते हैं।

आलोचनात्मक चेतना के विरुद्ध उत्तर आधुनिकतावाद का अभियान मुक्ति के प्रत्येक संघर्ष और आन्दोलन के विरुद्ध अभियान है। वास्तव में मुक्ति की भावना के लिए वह विवेक जरूरी है जो न्याय, स्वतन्त्रता और मानवीय सुख की सम्भावनाओं की खोज करे। विवेक और चेतना की मौत की उत्तर आधुनिकतावादी घोषणा के बाद वह सम्भावना कहाँ होगी? इसीलिए नारी मुक्ति के आन्दोलनों की ओर से यह सवाल उठ रहा है कि हम लोग, जो युगों से चुप रहे हैं और अब जब बोलने लगे हैं, तभी चेतना का अस्तित्व क्यों अस्वीकार किया जा रहा है, क्या अस्मिता की राजनीति क्रियाशील और स्वतन्त्र चेतना को नकार कर सम्भव है? उत्तर आधुनिकतावादियों से ऐसे सवाल दुनिया भर के दलित, आदिवासी, अश्वेत, मजदूर वर्ग और सताए हुए समाज तथा राष्ट्र पूछ सकते हैं और पूछ रहे हैं।

उत्तर आधुनिकतावादियों ने दावा तो यह किया था कि वे ज्ञान, विवेक, चेतना, अर्थ, भाषा, इतिहास आदि को सत्ता, शक्ति और विचारधारा के खेल से मुक्त करेंगे, लेकिन बदले में उन्होंने मनुष्य को ज्ञान, विवेक, चेतना, अर्थ और इतिहास से मुक्त कर दिया और दूसरी ओर इन सबको अपनी बौद्धिक क्रीड़ा का साधन बना दिया है। अब शब्द-क्रीड़ा की प्रवृत्ति इतनी बढ़ गयी है कि उत्तर आधुनिकतावादी विमर्श की भाषा रहस्यवादी कवियों की दुर्बोध, जटिल, अबूझ और मनगढ़त संध्या भाषा की याद दिला रही है। इसीलिए फ्रांस के प्रसिद्ध समाजशास्त्री पीरे बोर्डिये ने उत्तर आधुनिकतावादी विमर्श को 'वितंडावादी पंडिताऊ ज्ञानचर्या' कहा है।

सबके अन्त और मौत की घोषणा करने वाला उत्तर आधुनिकतावाद अब खुद उसी प्रक्रिया का शिकार हो रहा है। 1996 में चार्ल्स अल्टिएरी ने एक लेख लिखा था जिसका शीर्षक है 'अमेरिकी उत्तर आधुनिकतावाद में क्या सजीव है और क्या मृत' हस लेख में यह स्पष्ट कहा गया है कि "एक सैद्धांतिक धारणा के रूप में उत्तर आधुनिकतावाद अब मर चुका है और सैद्धांतिक चिन्तन को प्रभावित करने वाले सांस्कृतिक दृष्टिकोण की उसकी क्षमता भी मर गयी है। अब जबकि उसके बुनियादी तर्क नारे बन गये हैं और द्वैतों से उसके बचने की कोशिश द्वैत का शिकार हो गयी है, तब वह कुछ नया और सार्थक पैदा करने में शायद ही सक्षम हो। ऐसी स्थिति में वह कलाओं के क्षेत्र में सार्थक रचना की प्रेरणा कैसे दे सकेगा।" असल में आधुनिकतावाद के विरुद्ध विद्रोह सबसे पहले कलाओं के क्षेत्र में हुआ था, जिसका परिणाम था अवाँगार्द आन्दोलन। उसमें एक ओर समकालीन यथार्थ और अनुभव की अभिव्यक्ति के नये रूपों के अन्वेषण की कोशिश थी तो दूसरी ओर समकालीन यथार्थ को बदलने की आकांक्षा भी थी। आधुनिकतावाद के विरुद्ध उस विद्रोह का उपयोग जब उत्तर आधुनिकतावादियों ने अपना दर्शन गढ़ने और संस्कृति का नया सिद्धांत बनाने

के लिए किया, तब वे अनेक लकवाग्रस्त अंतर्विरोधों का शिकार हुए जो अब अपना प्रभाव दिखा रहे हैं।

इस बीच अमेरिका के बौद्धिक जगत में एक ऐसी घटना घटी है जिसने उत्तर आधुनिकतावादी विचार-पद्धति की पोल खोल दी है। उत्तर आधुनिकतावादियों के आत्यंतिक सापेक्षतावाद से केवल रचनाकार, दार्शनिक और समाजशास्त्री ही नहीं, वैज्ञानिक भी परेशान हैं। वैज्ञानिक विशेष रूप से उत्तर आधुनिकतावादियों की ऐसी मान्यताओं से परेशान हैं कि भौतिक जगत का कोई स्वतन्त्र अस्तित्व नहीं है, भौतिक यथार्थ भी सामाजिक यथार्थ के समान ही सामाजिक और भाषिक निर्मिति है और आधुनिक विज्ञान एक मिथक, आख्यान और सामाजिक निर्मिति है। इन मान्यताओं के साथ ही अनेक उत्तर आधुनिकतावादी अपने लेखन को अधिक विद्वत्तापूर्ण और वैज्ञानिक दिखाने के लिए कभी-कभी विभिन्न विज्ञानों से धारणाएँ, विचार और शब्दावली लेकर उनका प्रायः बेतुका उपयोग करते हैं। इन सब बातों से क्षुब्ध होकर उत्तर आधुनिकतावादी विचारप्रणाली का खोखलापन खोलने का एक प्रयास भौतिक विज्ञान के प्रो॰ एलन सोकल ने किया है। सोकल ने उत्तर आधुनिकतावादी जार्गन से भरी भाषा, शैली और दृष्टि का उपयोग करते हुए भौतिक विज्ञान से सम्बन्धित एक लेख लिखा और उसे उत्तर आधुनिकतावादियों की एक प्रसिद्ध पत्रिका *सोशल टेक्स्ट* में छपने के लिए भेज दिया। वह लेख सोशल टेक्स्ट (1996) में छप गया। कुछ दिनों बाद सोकल ने *लिंगुआ फ्रांका* नाम की पत्रिका में एक लेख लिखकर यह बताया कि *सोशल टेक्स्ट* में छपा उसका लेख वास्तव में एक पैरोडी है जो आदि से अन्त तक अनर्गल बातों से भरा हुआ है और उसमें अर्थहीन गद्य तथा असम्भव दावों की भरमार है। सोकल के इस रहस्योद्‌घाटन के बाद अमेरिका की बौद्धिक दुनिया में हंगामा बरपा हो गया है। तब से आज तक अमेरिका के अनेक अखबारों और पत्रिकाओं में इस प्रसंग के पक्ष और विपक्ष में लेख छप रहे हैं। सोकल के लेख को व्यंग्य, मजाक, क्रूर मजाक, पैरोडी और धोखाधड़ी आदि कहा गया है। एलन सोकल के रहस्योद्‌घाटन से *सोशल टेक्स्ट* के संपादक और अन्य उत्तर आधुनिकतावादी हत्‌प्रभ हैं और आत्मरक्षा में लगे हैं।

अब सोकल ने सैद्धांतिक भौतिक विज्ञान के दूसरे प्रोफेसर जां ब्रिक मोन्त के साथ मिलकर एक किताब लिखी है जो इसी वर्ष (1997) फ्रांसीसी में छपी है। पुस्तक का नाम है *मायावी बुद्धिजीवी*। इस पुस्तक में एक बार फिर विस्तार के साथ फ्रांस के उत्तर आधुनिकतावादियों की छद्‌म वैज्ञानिकता का पर्दाफाश किया गया है। इसमें जां लाका, जुलिया क्रिस्तोवा, इरिगरे, बद्रिला, देलूज, दरीदा, गातारी, लातूर, ल्योतार आदि द्वारा वैज्ञानिक शब्दावली और धारणाओं के दुरुपयोग को सोदाहरण दिखाया गया है। इस पुस्तक के छपने पर फ्रांस के उत्तर आधुनिकतावादी वैसे ही विचलित और बौखलाए हुए हैं, जैसे पहले छपे लेख से अमेरिका के उत्तर आधुनिकतावादी हत्‌प्रभ और बेचैन थे। इस पूरे प्रसंग से उत्तर आधुनिकतावादी विचार-पद्धति का खोखलापन जग जाहिर हो गया है।

वही उत्तर आधुनिकतावाद अब धीरे-धीरे भारत में आ रहा है। भारत पहले यूरोप के आधुनिकतावाद का अनेक रूपों में शिकार रहा है। लगता है कि अब वह उत्तर

आधुनिकतावाद का शिकार होगा। पहले भारत में उपनिवेशवाद के साथ उत्तर आधुनिकतावाद आया था। क्या अब भूमंडलीयकरण के दौर में नव उपनिवेशवाद के साथ उत्तर आधुनिकतावाद आएगा? क्या भारत जैसे देश जो पश्चिम का उपनिवेश रह चुके हैं, वे विचारों का उपनिवेश बनते रहने के लिए अभिशप्त हैं? वह भी ऐसे विचारों का जो अब पश्चिम में मृत घोषित हो चुके हैं और जिनका खोखलापन साबित हो चुका है?

आज भारत जिन राजनीतिक, सामाजिक और सांस्कृतिक समस्याओं का सामना कर रहा है, उनके सन्दर्भ में उत्तर आधुनिकतावाद की क्या भूमिका होगी, वह किनके काम का होगा और किनके लिए बेकार, वह किनकी ताकत बनेगा और किन्हें कमजोर बनाएगा—ये सवाल अत्यंत महत्त्वपूर्ण हैं। जिस देश की जनता का एक बड़ा हिस्सा अभी आदिम स्थितियों में जी रहा हो, दूसरा बड़ा हिस्सा मध्ययुगीनता का शिकार हो और तीसरा बड़ा हिस्सा मध्ययुगीनता से निकलकर आधुनिक बनने के लिए संघर्ष कर रहा हो, उस देश में उत्तर आधुनिकतावाद मुट्ठी भर लोगों के लिए एक नया बौद्धिक फैशन भले ही हो; लेकिन व्यापक समाज के लिए वह व्यर्थ ही होगा। आजकल इस देश में उत्तर आधुनिक भाषा में कहें तो मानव मुक्ति का कोई विशद् आख्यान क्रियाशील नहीं है, लेकिन मुक्ति के छोटे-छोटे वृत्तांत जरूर सक्रिय हैं। क्या उन वृत्तांतों का कोई महत्त्व नहीं है? क्या जिस समय और समाज में महाकाव्य और उपन्यास न रचे जा रहे हों, उसमें उपलब्ध प्रगीतों और कहानियों का कोई महत्त्व नहीं होता?

आजकल इस देश के भविष्य के लिए जो राजनीतिक और वैचारिक लड़ाई चल रही है, उसकी रणभूमि अतीत ही है। ऐसे में इतिहास और उसकी व्याख्या का असाधारण महत्त्व है। लेकिन उत्तर आधुनिकतावादी सोच में अतीत सम्बन्धी जो दृष्टि है, वह भ्रम ही अधिक पैदा करेगी; क्योंकि उसके अनुसार अतीत के बारे में हर दृष्टिकोण सही है; वह चाहें फासिस्ट हो, जातिवादी हो, साम्प्रदायिक हो अथवा कोई और। उत्तर आधुनिकतावाद के अनुसार सच न सार्वजनिक होता है और न सार्वभौम; प्रत्येक समूह, समुदाय और वर्ग का अपना सच होता है। साथ ही सच के पीछे कोई तथ्य नहीं होता; क्योंकि तथ्य का आग्रह करना यथार्थवादी भ्रम में जीना है।

दरीदा के अनुसार इतिहास एक पाठ है। इतिहास ही क्यों उनके लिए तो विचार, विश्वास, व्यवहार, घटनाएँ और संस्थाएँ भी पाठ ही हैं और पाठ का अपना कोई निश्चित अर्थ नहीं होता, वह पाठक और उसकी व्याख्या पर निर्भर होता है। इस सोच के अनुसार जलियाँवाला बाग का हत्याकाण्ड, भोपाल का गैस हत्याकाण्ड, बाबरी मस्जिद का ध्वंश और सूरत का दंगा, सब पाठ हैं। इन्हें भयानक ट्रैजिडी कहना एक निश्चित अर्थ देना है, जो उत्तर आधुनिकतावाद को स्वीकार नहीं। दरिदा की राय में पाठ के प्रसंग में अनुभव का कोई स्वतन्त्र नहीं होता और अनुभव किसी व्याख्या की सच्चाई की कसौटी नहीं है। क्या यह बात सम्पूर्ण उत्तर आधुनिकतावाद पर लागू नहीं होती? क्या उत्तर आधुनिकतावादी सोच के अनुसार वास्तविक मनुष्यों की जिन्दगी की यातनाओं को झुठलाना बौद्धिक अत्याचार नहीं है?

भारतीय समाज में अपार शोषण और दमन है और उसके विरुद्ध संघर्ष भी। क्या उत्तर आधुनिकतावादी सोच में उस शोषण तथा दमन की वास्तविकता के स्वीकार तथा प्रतिकार की कोई सम्भावना है? दूसरों की कौन कहे जो दरिदा खुद को वामपंथी और कभी-कभी मार्क्सवादी भी कहते हैं; उनके लेखन में भी सामाजिक और राजनीतिक दमन की वास्तविकता की कोई चिन्ता नहीं है। वे दमन की बात करते हैं, लेकिन उसका सम्बन्ध दार्शनिक द्वैतों से है, जैसे कि प्रकृति और संस्कृति, विवेक और आवेग, चेतना ओर वस्तु, पुल्लिंग और स्त्रीलिंग आदि। दरिदा केवल इन द्वैतों की व्याख्या में दमन की स्थिति स्वीकार करते हैं। उनके लिए दमन केवल एक वैचारिक समस्या है, कोई सामाजिक वास्तविकता नहीं। ऐसी स्थिति में उत्तर आधुनिकतावादी दृष्टि से सामाजिक शोषण, दमन और गुलामी की वास्तविकता को समझना भी सम्भव नहीं है, उन्हें मिटाने की कौन कहे। ऐसी विचार पद्धति व्यापक भारतीय जनता के किस काम की है?

आज के तरह-तरह के उत्तरवादी तथा अन्तवादी विचारक मानव समाज के इतिहास, उस इतिहास के सच, उस सच के ज्ञान, उस ज्ञान के विवेक और उस विवेक की चेतना के अन्त का ऐलान कर रहे हैं। वे मानव मुक्ति की कोशिश ही नहीं, उसकी आकांक्षा की सम्भावना को भी नकार रहे हैं। इस तरह वे सम्पूर्ण मानव समाज की निराशा को बढ़ा रहे हैं और उसके वर्तमान संकट को और गहरा बना रहे हैं। विडम्बना तो यह है कि ऐसा यूरोप और अमेरिका के वे बुद्धिजीवी कर रहे हैं जो खुद न किसी निराशा का सामना कर रहे हैं और न किसी संकट का। अब उन्हें साम्यवाद का वह भूत भी नहीं सता रहा है, जिससे एक सदी तक उनके पूर्वज और वे भयभीत रहे हैं। ऐसा भी नहीं लगता है कि उन्हें इस बात का अपराधबोध है कि उनके पूर्वजों ने एशिया, अफ्रिका और दक्षिण अमेरिका की जनता को गुलाम बनाया, उनकी हत्या की और वहाँ की सारी संपत्ति लूटकर अपना घर भर लिया, जिसके अभाव में वे न तो आधुनिक बन पाते और न उत्तर आधुनिक। वह लूट की प्रक्रिया तो अब भी कई रूपों में जारी है, लेकिन उसका विरोध तो क्या; स्वीकार भी उत्तर आधुनिकतावादी सोच और लेखन में कहीं नहीं है।

तीन

उत्तर आधुनिकतावादी विचारकों से एकदम अलग दृष्टि से आज के महत्त्वपूर्ण रचनाकार वर्तमान समय और संसार को देख रहे हैं। यह बात एशिया, अफ्रिका और दक्षिण अमेरिका के मूलगामी कवियों, कथाकारों, नाटककारों और फिल्मकारों के बारे में ही नहीं, यूरोप और अमेरिका के भी उन रचनाकारों के बारे में सच है जो आज के समय और संसार की बदलती स्थितियों के बारे में सजग हैं। ये रचनाकार अगर एक ओर आधुनिकतावाद का विरोध कर रहे हैं तो दूसरी ओर उपभोक्तावाद और बाजार के मूल्यों को भी अस्वीकार कर रहे हैं। वे आधुनिकतावादी कला मूल्यों के विरोध के नाम पर और यथार्थवाद की सीमाओं से स्वतन्त्र होने की कोशिश में केवल रूप और अर्थ की नवीनता के खेल में ही नहीं लगे हैं, बल्कि

आधुनिकतावादी राजनीति के शिकार लोगों की उठती हुई आवाजों को व्यक्त भी कर रहे हैं। इन रचनाकारों में से कुछ की रचनाओं में आज के मनुष्य की गुलामी, यातना और पीड़ा की गवाही है तो कुछ की रचना में दमनकारी सत्तओं के आलोचनात्मक विकल्पों की पहचान भी है। इस तरह रचनाकार इतिहास से मुँह चुराने या उसे नकारने के बदले इतिहास से मुठभेड़ करते दिखाई देते हैं।

समकालीन रचनाकार अपने समय और संसार को किस तरह देख रहे हैं, उन्हें किन बातों के होने या न होने और किन चीजों के खोने का दुख है—इसका प्रमाण है पोलैंड की प्रसिद्ध कवयित्री विस्लाव शिम्बोर्स्का की 'बिसवीं सदी के अन्त' पर लिखी यह कविता :

हमारी बीसवीं सदी को
दूसरी सदियों से
बेहतर होना था।
लेकिन वह कैसे होगा अब
जबकि इसके गिनती के दिन शेष हैं,
कदम लड़खड़ा रहे हैं
साँसें उखड़ रही हैं।
ऐसी बहुत-सी बातें हुई हैं
जिन्हें नहीं होना था
जो कुछ होना था
वह नहीं हुआ।
बहुत सारी चीजों के साथ
खुशी और वसंत को
पास आना था,
जाना था भय को
पहाड़ों और घाटियों के पार,
झूठ से पहले
घर पहुँचना था
सच को।
कुछ समस्याओं को मिट जाना था
हमेशा के लिए,
जैसे कि भूख और युद्ध
और ऐसी और भी।
उम्मीद थी कि आदर होगा
असहाय लोगों की दुर्बलता का और विश्वास भी,
ऐसा ही बहुत कुछ।

इस दुनिया में
जो जीना चाहता था
सुख से
वह आज भी
डूबा है
निराशा में।
अफसोस
मूर्खता अब हँसने की चीज नहीं
विवेक जिन्दादिल नहीं है
उम्मीद पहले सी चुलबुली लड़की नहीं रही।
अंततः ईश्वर को विश्वास करना था
उस आदमी में
जो भला हो और ताकतवर भी,
पर यहाँ तो अब भी
एक भला है और दूसरा ताकतवर।
किसी ने पूछा था मुझसे पत्र में
"हमें कैसे जीना चाहिए।"
यही पूछना चाहती थी उसमें मैं भी।
हमेशा की तरह
आज भी
सबसे भोले सवाल हैं
सबसे जरूरी सवाल।

समकालीन रचनकारों को आज के समय के सामने खड़े संकटों का बोध है, लेकिन वे उत्तर आधुनिकतावादी विचारकों की तरह संकट का शास्त्र गढ़ने के बदले मनुष्य की जीने, स्वतन्त्र रहने और संघर्ष करने की आकांक्षाओं तथा कोशिशों की अभिव्यक्ति कर रहे हैं। आज जहाँ विचारों की दुनिया में वास्तविक और कल्पित निराशा का राज्य है, वहीं रचनाओं की दुनिया में अनेक कठिनाइयों के एहसास के बावजूद उम्मीद मौजूद है, क्योंकि कवि केदारनाथ सिंह के शब्दों में :

मौसम चाहे जितना खराब हो
उम्मीद नहीं छोड़तीं कविताएँ *(संकट के बावजूद से)*

6

आज का समय और कविता का संकट

आजकल हिन्दी कविता की स्थिति अत्यंत विचित्र है। कवियों को एक से बढ़कर एक पुरस्कार मिल रहे हैं, लेकिन कविता को पाठक नहीं मिल रहे हैं। जैसे-तैसे कविता की किताबें छप रही हैं, लेकिन अत्यंत सीमित संख्या में। किसी भी कविता-संग्रह की एक हजार से ज्यादा प्रतियाँ नहीं छपतीं। वे भी अगर सरकारी खरीद न हों तो दुकानों में पड़ी रहती हैं। किताबों के बाजार में उनकी कोई माँग नहीं है। कविता को पाठकों तक पहुँचाने का एक माध्यम छोटी पत्रिकाएँ हैं, जिनमें से अधिकांश की दशा अत्यंत दयनीय है। हिन्दी की कोई भी लघु पत्रिका एक-दो हजार से अधिक नहीं छपती और वह भी अनियमित। जो केवल कविता की पत्रिकाएँ हैं, उनकी हालत और भी खराब है। हिन्दी के कुछ दैनिक अखबार अपने पाठकों का स्वाद बदलने के लिए रविवार के संस्करण में थोड़ी जगह कविता को देते रहे हैं। उनमें से कुछ ने अब वह भी बंद कर दिया है और पाठकों का स्वाद बदलने या बढ़ाने के लिए कविता से अधिक जायकेदार मसालों की खोज कर ली है।

हिन्दी समाज में भी कविता की पहुँच बहुत सीमित है। आखिर हिन्दी में कविता की किताबें और पत्र-पत्रिकाएँ कितनी छपती हैं और जो छपती हैं, उनमें से कितनी पाठकों तक पहुँच पाती हैं? सोचने की बात यह भी है कि जो पाठकों तक पहुँचती हैं, उनमें से कितनी पाठकों के दिल-दिमाग तक पहुँच सकती हैं?

हिन्दी में कविता लिखने, पढ़ने और उसकी चर्चा करने का काम मुट्ठीभर साहित्यिक समुदाय के लोग करते हैं। कविता के प्रमुख पाठक कवि ही हैं। वे एक-दूसरे की कविताएँ पढ़ते हैं, उन पर बातें करते हैं और कभी-कभी लिखते भी हैं। कवियों के बाद कविता के पाठक वे हैं, जो साहित्य के पुरोहित माने जाते हैं। उन्हें आलोचक भी कहा जाता है। वे कोई किताब तभी पढ़ते हैं, जब उसे पढ़ना जरूरी होता है। इन सबके साथ ही कविता के पाठक वे भी हैं, जो साहित्यिक समुदाय में शामिल होने की तैयारी में कविता उसी तरह पढ़ते हैं, जैसे उपन्यास और कहानियाँ। कविता का एक बड़ा पाठक वर्ग शिक्षा संस्थाओं में पाया जाता है, जो जरूरत के मुताबिक मजबूरी में कविता पढ़ता और पढ़ाता है। इन सबसे अलग कविता का एक और पाठक समुदाय है, जिसे साधारण पाठक कहा जाता है।

वह साहित्यिक समुदाय का हिस्सा नहीं है, उसके हाशिए पर रहता है और साहित्यिक समुदाय के कर्म-कुकर्म को सहता, भोगता और स्वीकार करता है। वह मनुष्य और उसकी संस्कृति में दिलचस्पी के कारण कविता पढ़ता है। इसी साधारण पाठक के पास पहुँच कर कविता सचमुच सार्थक होती है; क्योंकि वह उसकी चेतना का हिस्सा बनती है। चिन्ता की बात यह है कि साधारण पाठक समुदाय कविता से क्रमशः दूर होता जा रहा है। उसमें कविता पढ़ने की इच्छा, जरूरत और आदत घट रही है। साहित्यिक समुदाय के बाहर के व्यापक समाज में कविता के लिए जगह धीरे-धीरे कम होती जा रही है। कविता ही नहीं, बाकी साहित्य का भी आज के सामाजिक जीवन मे कोई विशेष स्थान नहीं है। साहित्यिक समुदाय के लिए भले ही साहित्य जीवन के एक शौक, पेशा या सीढ़ी के रूप में महत्त्वपूर्ण हो, लेकिन वह व्यापक जनजीवन में कोई जरूरी, सक्रिय और जीवंत शक्ति नहीं है।

हिन्दी में कुछ ऐसे कवि हैं, जिनके लिए कविता लिखना शतरंज खेलने जैसा है। उससे उन्हें एक ओर बौद्धिक व्यायाम का लाभ मिलता है, तो दूसरी ओर उच्च कोटि के शौकीन कहलाने का सुख भी प्राप्त होता है। एक और जमात ऐसे कवियों की है, जो कविता का मदारी की बंदरिया की तरह उपयोग करते हैं और उससे पैसा बटोरते हैं। इन दोनों प्रकार के कवियों को अगर आज के समाज में कविता की दुर्गति की कोई चिन्ता न हो तो कोई आश्चर्य की बात नहीं है। लेकिन हिन्दी में ऐसे भी कवि हैं, जिनके लिए कविता आत्मा की पुकार है, अपने समय की गवाह है और अपने समाज की खबर भी। ऐसी कविता समाज से अलग रहकर सार्थक नहीं होती, क्योंकि पुकार में दूसरे तक पहुँचने की बेचैनी होती है और उत्तर पाने की आकांक्षा भी। जब साहित्यिक समुदाय के बाहर के व्यापक समाज में ऐसी कविता की पहुँच और प्रभाव का अभाव हो, तब मानना होगा कि समाज से कविता के सम्बन्ध के बीच कोई बड़ी दरार आ गयी है और समाज से कविता का रिश्ता टूट गया है। आज की अधिकांश हिन्दी कविता, चाहे वह व्यक्तिवादी हो या जनवादी, केवल साहित्यिक समुदाय की दिलचस्पी की वस्तु रह गयी है। यह स्थिति हिन्दी समाज और हिन्दी कविता दोनों के स्वास्थ्य के लिए खतरनाक है। इससे यह भी संकेत मिलता है कि हमारा समाज एक गहरे सांकृतिक संकट से गुजर रहा है।

व्यापक समाज से कविता के रिश्ते के टूटने का अनुभव अनेक कवियों को हो रहा है। जो कवि इस संकट के बारे में सचमुच सजग हैं, वे रचना के स्तर पर उससे जूझ भी रहे हैं। ऐसे कवि अपनी कविताओं में समाज से कविता के वास्तविक और सम्भावित सम्बन्धों की खोज और पहचान कर रहे हैं। लेकिन कुछ दूसरे कवि समाज में कविता की संकटग्रस्त स्थिति से निराश होकर भविष्य के लिए कविता लिख रहे हैं। वे अपनी कविता की असामाजिकता की जाँच-परख करने और उसे बदलने के बदले आज के समाज को ही कविता-विरोधी कहकर भवभूति की तरह भविष्य के समानधर्माओं के लिए इस उम्मीद में कविताएँ लिख रहे हैं कि "आएँगे दिन कविताओं के।" किसी कवि के निराशा में डूबे "दिल के खुश रखने को गालिब, यह खयाल अच्छा है।" लेकिन आज के समय में कविता की दुर्गति और समाज के सांस्कृतिक संकट का यह कोई समाधान नहीं है। आश्चर्य की

बात यह है कि साहित्य के पुरोहितों को न कविता की इस नाजुक स्थिति की खबर है, न उस व्यापक सांस्कृतिक संकट का बोध, जिससे यह नाजुक स्थिति पैदा हुई है। वे अपने-अपने जजमानों का जय-जयकार करते हुए उन्हें आश्वस्त कर रहे हैं कि कहीं कोई संकट नहीं है।

आज के समाज में कविता जिस संकट का सामना कर रही है, वह न अचानक आया है और न अकारण। वह लम्बी ऐतिहासिक प्रक्रिया का परिणाम है। सभ्यता के विकास के साथ समाज से कविता का सम्बन्ध बदलता रहा है। व्यापक जनजीवन से कविता की अंतरंगता क्रमशः कम हुई है। कविता के इतिहास में अब तक तीन मूलगामी परिवर्तन हुए हैं। सभ्यता के इतिहास में सम्प्रेषण की पहली अवस्था मौखिक थी, दूसरी लिखित और तीसरी अवस्था मुद्रण या प्रकाशन की है। इन तीनों का कविता के स्वरूप पर भी गहरा प्रभाव पड़ा है। आरम्भिक काल में जब मानव समाज मौखिक संस्कृति की अवस्था में था, तब कथा की तरह कविता भी मौखिक थी। उस समय कविता व्यक्तिगत कला नहीं, सामूहिक क्रियाशीलता थी, जिसमें पूरा जनसमूदाय शामिल होता था। तब कविता सामाजिक जीवन के धर्म और कर्म से अनिवार्य तथा अविभाज्य रूप से जुड़ी हुई थी। जनजीवन पर उसका प्रभाव बहुत व्यापक था और गहरा भी। लगभग जादुई प्रभाव। उस समय कविता प्रार्थना थी, भविष्यवाणी थी, आप्त वचन थी और आर्ष वाक्य थी। वह सत्य के स्रोत और ज्ञान के साधन के रूप में सर्वजनसुलभ थी; क्योंकि सम्पूर्ण समाज के जीवन, व्यवहार और अनुभव की भाषा में उसकी रचना होती थी। जनसमुदाय तक उसके पहुँचने में न कोई बाधा थी, न शर्त और न भेद की स्थिति। उस समय कविता मनुष्य की कल्पना और चिन्ता की अभिव्यक्ति का मुख्य माध्यम थी और उसकी सामाजिकता और मानवीयता के विकास का साधन भी।

जब मानव समाज मौखिक संस्कृति को पीछे छोड़कर लेखन की संस्कृति की ओर बढ़ा, तब साहित्य केवल कविता और कथा तक सीमित नहीं रहा। उसकी सीमा का विस्तार हुआ और नये-नये रूपों का विकास। लेकिन सभी साहित्य की संस्कृति में एक स्थायी विभाजन भी हुआ। मौखिक साहित्य से लिखित साहित्य अलग हो गया। मौखिक साहित्य लोक साहित्य बन गया और लिखित साहित्य शिष्ट या विशिष्ट साहित्य कहा जाने लगा, क्योंकि उसके लेखक समाज के अभिजात समुदाय के विशिष्ट लोग थे। इस विभाजन के साथ साहित्य के बोध और प्रभाव का भी विभाजन हुआ, लोक साहित्य का प्रभाव-क्षेत्र अलग और लिखित साहित्य का अलग हो गया। समाज का अधिकांश जनसमुदाय, जो अनपढ़ और निरक्षर था, वह लोक साहित्य से जुड़ा रहा, जबकि मुट्ठी भर पढ़े-लिखे लोग लिखित साहित्य के लेखक और पाठक बन गये। इस प्रक्रिया में जहाँ मौखिक साहित्य की भाषा से लिखित साहित्य की भाषा का अलग विकास हुआ, वहाँ दोनों के बीच की दूरी और भी बढ़ी।

सांस्कृतिक विकास की दृष्टि से लिखित साहित्य मौखिक की तुलना में नया था और उसके लेखक-पाठक समुदाय का समाज में वर्चस्व भी था, इसलिए वह साहित्य की मुख्यधारा बन गया। यद्यपि इस मुख्यधारा के लेखक अपने साहित्य में सम्पूर्ण समाज के

प्रतिनिधित्व का दावा करते थे, परन्तु वह प्रतिनिधित्व प्रतीकात्मक ही होता था, वास्तविक नहीं। साथ ही उसमें जिस अनपढ़ और निरक्षर जनसमुदाय के प्रतिनिधित्व का दावा किया जाता था, वह उस साहित्य का पाठक नहीं होता था। यह साहित्य और राजनीति में प्रतीकात्मक प्रतिनिधित्व की प्रक्रिया की त्रासद विडम्बना है, जो पहले भी थी, आज भी है।

साहित्य की संस्कृति में मौखिक से लिखित के अलगाव का सर्वाधिक दूरगामी प्रभाव कविता पर पड़ा। उससे कविता का आंतरिक स्वरूप और बाहरी रूप तो बदला ही, काव्यानुभव की पूरी प्रक्रिया रूपांतरित हो गयी। कविता श्रुति और स्मृति न रहकर पाठ बन गयी। वह सामूहिक संवाद की जीवंत प्रक्रिया के बदले व्यक्तिगत रूप से आस्वाद की वस्तु हो गयी। यही नहीं, वह व्यापक जनजीवन से अलग और उस जीवन की भाषा से दूर जाकर एक सीमित समुदाय के सांस्कृतिक शौक का सीमित साधन बन गयी। कविता जब लिखित रूप में पाठ बनी, तब उसमें रचनात्मक प्रयोग की सम्भावनाएँ जरूर बढ़ीं, लेकिन उसकी रचना से पाठ तक की पूरी प्रक्रिया विशिष्ट और व्यक्तिगत हो गयी। वह बहुसंख्यक जनसमुदाय के लिए सहज सुलभ नहीं रही, उसके आस्वाद के अधिकारी थोड़े से विशिष्ट, नागर, सहृदय, रसिक, विदग्ध और पंडित रहे। कविता जब मौखिक से लिखित अवस्था में आयी तो वह पूरे समाज की संजीवनी शक्ति नहीं, बल्कि एक सीमित समुदाय के लिए मकरध्वज बन गयी। अब तक के इतिहास में कविता इस स्थिति से तभी उबरी है, जब वह मौखिक से लिखित के विभाजन की सभी सीमाओं को तोड़कर विकसित हुई है, जैसे कि भक्तिकाल की कविता।

लेखन से मुद्रण की संस्कृति में प्रवेश के कारण साहित्य से समाज का, विशेषतया कविता का सम्बन्ध एक बार फिर बदला। छपी हुई किताबों और पत्रिकाओं के साथ साहित्य की दुनिया में लोकतंत्र आया, क्योंकि छपे हुए साहित्य को बाजार से खरीदकर कोई भी पढ़ सकता है, जाति और लिंग सम्बन्धी विधि निषेध की चिन्ता से मुक्त होकर। बाजार ऐसे विधि निषेध को नहीं मानता। लेकिन बाजार से खरीदकर पुस्तक पढ़ने के लिए एक तो शिक्षित होना जरूरी है, और दूसरे खरीदने के लिए सक्षम भी। भारत जैसे देश में, जहाँ आज भी अधिकांश जनता इन दोनों क्षमताओं से वंचित है, वहाँ समाज का बहुत बड़ा हिस्सा साहित्य की दुनिया से अपरिचित है। जो साहित्य की दुनिया में रहते हैं, उनके सामने दूसरी कठिनाइयाँ हैं। साहित्य की दुनिया में पुस्तक बाजार के आने के बाद सम्प्रेषण की प्रक्रिया कई तरह से प्रभावित हुई है।

मौखिक कविता के काल का अपने श्रोताओं से जो आत्मीय संवाद था, वह लेखन का दौर आने पर खंडित हुआ, लेकिन मुद्रण के दौर में लेखक और पाठक के बीच बाजार के आ जाने के कारण दोनों के बीच का बचा हुआ संवाद भी टूट गया। आज का कवि किसी वास्तविक पाठक के लिए नहीं, बल्कि सम्भावित पाठकों के लिए लिखता है। दूसरी ओर आज का पाठक छपी हुई रचना को हमेशा अकेले पढ़ता है, मानसिक रूप से और भौतिक रूप से भी। आज के कवि को अपनी पुकार के उत्तर की उम्मीद नहीं होती, इसलिए कविता अपनी सहज स्वाभाविक संवादधर्मिता छोड़कर एकालाप बनती जा रही है। लगता

है कि आज के समय में कविता कवि के एकाकीपन की व्याख्या होने के लिए अभिशप्त है।

आज की कविता के सामने एक बड़ा संकट संस्कृति के उद्योग का विस्तार है। इससे समाज में कविता की जरूरत खतरे में है और उसका अस्तित्व भी। उसकी सार्थकता के बारे में तरह-तरह के सवाल खड़े हो रहे हैं। संस्कृति के उद्योग के अनेक रूप हैं, लेकिन उसका सबसे शक्तिशाली रूप टेलीविजन है। यह संस्कृति का उद्योग फैंटेसी की दुनिया रचता है, जिसमें झूठे सच का विस्तार होता है। वह ऐसी माया की संस्कृति गढ़ता है, जो रहस्य, रोमांस, विलक्षणता और सनसनी के सहारे चलती है। उसमें अचरज का राज होता है, जो दर्शक को उत्सुकता, जिज्ञासा, आश्चर्य और इन्तजार के अन्तहीन सिलसिले में बाँधे रहता है। वह जीवन की वास्तविकता को सामने लाने के बहाने वास्तविकता के बोध को रहस्यमय बनाने और झूठ परोसने का माध्यम है। यह दृश्य माध्यम छद्म चेतना की खान है और नकली हृदयों का कारखाना। हिन्दी में यह माध्यम अति आधुनिक टेक्नालॉजी और अत्यन्त आदिम मानसिकता के सहयोग से ऐसा अति यथार्थवादी मानस पैदा कर रहा है, जो उत्तेजना और मौज के भँवर से बाहर निकलना नहीं चाहता और अगर कभी निकलता भी है, तो वह कविता का सामना करने के काबिल नहीं रहता।

पूँजीवादी सभ्यता में मनुष्य को वस्तु बनाने की जो सर्वग्रासी प्रक्रिया चलती है, उसका शिकार मनुष्य की चेतना ही नहीं, उसकी इन्द्रियाँ भी होती हैं। फिल्म और टेलीविजन के माध्यम से आँख को अपने अनुकूल बनाने में बुर्जुआ सभ्यता बहुत दूर तक सफल हुई है। फिल्म के प्रसंग में अडोर्नो ने ठीक ही कहा था कि "बुर्जुआ बुद्धिवाद की चमक-दमक का जितना असर हमारी आँखों पर है, इतना अभी कानों पर नहीं।" कान अब भी सुनने के सुख के आदिम प्रभावों को एकदम नहीं भूले हैं, इसलिए आज भी उन्हें संगीत अच्छा लगता है, शोर नहीं। शोर बुर्जुआ सभ्यता की स्थायी विशेषता है। इससे स्पष्ट है कि कान पर अभी भी बुर्जुआ सभ्यता का पूरा कब्जा नहीं है। यही कारण है कि सारी शास्त्रबद्धता, यंत्रीकरण और व्यावसायिकता के बावजूद सहज संगीत का सार्वभौम प्रभाव बना हुआ है।

अगर कविता अभी पूरी तरह बुर्जुआ सभ्यता का शिकार नहीं हुई है तो उसका एक कारण यह है कि कविता का आज भी जितना सम्बन्ध आँखों से है, उससे अधिक कानों से है। वह मौखिक संस्कृति के युग में लम्बे काल तक श्रव्य रही है। लय और छन्द के रूप में नाद से उसका अंतरंग सम्बन्ध रहा है और अर्थ की संरचना से शब्द की योजना के आत्मीय सम्बन्ध के सहारे उसकी संगीतमयता विकसित होती रही। लिखित रूप में आने पर कविता आँख की वस्तु बनी और बाद में मुद्रित होने पर वह पहले से अधिक चाक्षुष हुई। फिर बिम्बवाद के कविता को विशेष रूप से चाक्षुष बनाने की कोशिश की। इस कोशिश का बेतुकापन तब उजागर हुआ, जब ठोस कविता का फैशन आया, जिसमें कविता से संगीत को पूरी तरह निकालकर उसमें ठोसपन लाने का प्रयत्न हुआ। तब यह भी कहा गया कि कविता में शब्द किसी अर्थ के संकेत नहीं, बल्कि वस्तु हैं और कविता का कोई अर्थ नहीं होता, वह जो है सो है। उसके बाद वही हुआ, जो होना था—कविता की वनावट अमूर्त चित्रों से होड़ करने लगी, कागज के पन्ने का आकार-प्रकार कविता का रूपात्मक

आधार बनने लगा, कविता की पंक्तियों के ऊपर और नीचे की खाली जगहें कविता की संरचना का हिस्सा होने लगीं। इस तरह कविता की कला लिखावट और छपाई की कला बन गयी। कविता को अत्यंत चाक्षुष बनाने की कोशिश का यही परिणाम होना था।

कविता स्वभाव से चाक्षुष कला नहीं है। वह शब्दों की साधना है और शब्द सगुण-साकार होते हैं बोलने के समय, केवल पढ़ने पर नहीं। कविता के रूप की पूर्णता और गुणों की समृद्धि का जैसा साक्षात्कार उसे सुनते हुए होता है, वैसा पढ़ने के दौरान नहीं। जिन्हें निराला, भवानीप्रसाद मिश्र, रघुवीर सहाय, केदारनाथ सिंह और आलोकधन्वा का काव्यपाठ सुनने का अवसर मिला है, वे जानते हैं कि कवि से कविता सुनने का अनुभव उसे किताब में पढ़ने से कितना अलग और समृद्ध होता है। काव्यपाठ की प्रक्रिया से भाषा की स्थानीयता और कथन-भंगिमा का सौन्दर्य खुलकर प्रकट होता है और अर्थ की नयी सम्भावनाएँ भी उजागर होती हैं।

कविता की जिन्दगी के लिए श्रव्य परम्परा के महत्त्व की पहचान आज भी कई जगह मिलती है। आज भी उर्दू का हर शायर गजल या शेर कहता है, लिखता नहीं, जैसे कि हिन्दी के कवि करते हैं। बंगला में आवृत्ति की परम्परा ने कविता की सामाजिकता की रक्षा की है और उसे नयी जिन्दगी दी है। हिन्दी कविता को संस्कृति के उद्योगों के खतरों से बचाने के लिए उसके श्रव्य रूप की चिन्ता जरूरी है। लेकिन कविता के श्रव्य रूप की चिन्ता का यह अभिप्राय नहीं है कि उसे गीत, गाना या भड़ैती बना दिया जाय। मेरा निवेदन यह है कि कविता केवल विशेषज्ञों के लिए न हो, व्यापक समाज के लिए भी हो। वह केवल पढ़ने के लिए न हो, सुनने-सुनाने लायक भी हो। अगर कहानी को बचाने के लिए तरह-तरह के प्रयोगों के बाद किस्सागोई की माँग उचित है तो कविता के श्रव्य रूप और गुण की चिन्ता उचित क्यों नहीं है?

संस्कृति के उद्योग से उपभोग की संस्कृति का गहरा रिश्ता है। कोई भी उद्योग केवल उपभोग की वस्तु ही पैदा नहीं करता, उस वस्तु की जरूरत और इच्छा भी पैदा करता है। यह बात दूसरे उद्योगों की तरह संस्कृति के उद्योग यानी कि फिल्म, टेलीविजन और बाजारू साहित्य के उद्योग के बारे में भी सच है। आजकल संस्कृति का उद्योग अत्यंत तेजी से फैल रहा है और समाज के सांस्कृतिक जीवन में उसका असर लगातार बढ़ रहा है। यह संस्कृति का उद्योग मायावी संस्कृति के वर्चस्व का साधन है। वह जनचेतना को भरमाने, जड़ बनाने, नियंत्रित करने और उसे सहमति के साँचों में ढालने वाली प्रायोजित संस्कृति है। संस्कृति का उद्योग जो वस्तु पैदा करता है, उसकी उपयोगिता सनसनीखेज अनुभव से जुड़ी होती है और एक बार के उपभोग के बाद व्यर्थ हो जाती है। ऐसी स्थिति में यह स्वाभाविक ही है कि संस्कृति के जिन रूपों की रचना और बोध के लिए संवेदनशीलता, कल्पना और विचार की संजीदगी जरूरी है, उनकी दशा समाज में असहज हो जाय।

आजकल संस्कृति के उद्योग के विभिन्न रूप केवल मनोरंजन के माध्यम ही नहीं हैं वे समाज की सांस्कृतिक आकांक्षाओं को पूरा करने के ऐसे आसान साधन हैं, जिनके लिए विशेष मानसिक तैयारी जरूरी नहीं है। यही कारण है कि आजकल कविता जैसी कला

सांस्कृतिक जीवन के हाशिए पर जीने के लिए मजबूर है। जनसंचार के दृश्य-माध्यम समाज में कविता-विरोधी मन और माहौल पैदा करने में लगे हैं। रघुवीर सहाय ठीक ही कहते हैं कि "वे प्रत्येक अनुभव को एक सनसनी और प्रत्येक मनुष्य को एक वस्तु बनाते हैं।" यही नहीं वे कलाबोध की मानसिक प्रक्रिया और आदत को भी गहरे स्तर पर प्रभावित कर रहे हैं। दृश्य-माध्यमों के कौशल के बोध और प्रभाव का स्वभाव कविता की कला के बोध और प्रभाव से एकदम भिन्न होता है। उसका बोध तुरन्त और प्रभाव सनसनीखेज होता है। इसके विपरीत कविता का बोध समय चाहता है और प्रभाव दूरगामी भी होता है। दृश्य-माध्यम मौसम की तरह तत्काल प्रभावित करते हैं, जबकि कविता जलवायु के समान धीरे-धीरे स्थायी परिवर्तन और प्रभाव पैदा करती है।

मार्क्स ने कहा था कि पूँजीवादी उत्पादन कला और कविता का दुश्मन है। इस कथन को गलत साबित करने की खूब कोशिश हुई है। लेकिन पूँजीवादी युग के सांस्कृतिक इतिहास ने मार्क्स के कथन को सच साबित किया है। इस युग के अनेक संवेदनशील कवियों और विवेकशील आलोचकों ने इस सच्चाई को पहचाना है। रूस की कवयित्री करीना श्वेताऐवा ने अत्यंत पीड़ा के साथ 1931 में लिखा था—"यह शताब्दी एक कार के बदले दस पुश्किनों को दे सकती है।" अंग्रेजी के प्रसिद्ध आलोचक एफ॰आर॰ लीविस ने 1932 में कहा था कि आधुनिक संसार के लिए कविता का कोई खास महत्त्व नहीं है।

पूँजीवादी समाज में केवल वंचना की मायावी संस्कृति ही सक्रिय नहीं होती, उसके समानांतर एक और संस्कृति विकसित होती है जो वंचना की संस्कृति का विरोध करती है। वह मुक्तिधर्मी संस्कृति होती है। पूँजीवादी समाज में कविता न तो संस्कृति के उद्योग का हिस्सा बनकर जिन्दा रह सकती है और न माया की संस्कृति से होड़ करती हुई। वह मुक्तिधर्मी संस्कृति से जुड़कर ही अब तक जीवित रही है और आगे भी रहेगी। कविता जब मुक्तिधर्मी संस्कृति का माध्यम होती है, तभी वह सामाजिक जीवन में हस्तक्षेप करने वाली शक्ति बनती है, अन्यथा वह या तो बुद्धिजीवी समुदाय के मनोरंजन का एक साधन होती है या संस्कृति के संग्रहालय की वस्तु। इन दोनों स्थितियों में व्यापक समाज के लिए उसका होना-न-होना बराबर है। अब तक के इतिहास में वही कविता समाज के लिए जरूरी साबित हुई है, जो अपने समय और समाज के हाशिए पर रहने वाले पराधीन तथा पीड़ित जनसमुदाय की यातना के अनुभवों की आवाज बनी है और उसके संघर्ष की शक्ति भी। आज हम जिस संसार में जीने-मरने के लिए मजबूर हैं, उस पर शासन करने वाली व्यवस्था असामाजिक मनुष्य और अमानवीय समाज पैदा करती है। इसलिए उसके खिलाफ खड़ा होना कविता का धर्म है, क्योंकि वह मनुष्यता की मातृभाषा है। यही कविता की जिन्दगी और जरूरत की बुनियादी शर्त है।

आजकल हिन्दी के अधिकांश कवि और कविता प्रेमी यह अनुभव कर रहे हैं कि कविता संकट में है। इस बीच कविता पर संकट के बारे में जितने लेख लिखे गये हैं, उससे अधिक कविताएँ लिखी गयी हैं। उन कविताओं में प्रायः कविता के सामने खड़े उन खतरों की ओर संकेत है जो भाषा को भ्रष्ट करने से लेकर सामाजिक संवेदनशीलता को नष्ट करने

तक फैले हुए हैं। लेकिन ऐसी अधिकांश कविताआं में कहीं आत्मालोचन की कोशिश नहीं है। उनमें यह चेतना भी नहीं है कि आज की हिन्दी कविता अपनी दुर्दशा के लिए खुद कितनी जिम्मेवार है। लेकिन रघुवीर सहाय ऐसे कवि हैं, जो समकालीन हिन्दी कविता के संकटों के बारे में सजग हैं और उसकी आंतरिक कमजोरियों के बारे में सावधान भी। उनकी अनेक कविताओं में आज के कविकर्म की कठिनाइयों और कविता के अपधर्म की उन स्थितियों की पहचान है, जिनके कारण कविता दुर्बल और दयनीय होती जा रही है। वे कविता के आंतरिक संकटों की ओर संकेत करते हुए कवियों को आत्मविश्लेषण के लिए प्रेरित करते हैं और पाठकों को सावधान। आज की हिन्दी कविता में बौद्धिक एकाकीपन बहुत है, लेकिन उसके वस्तुगत आधार और प्रतिरूप की चिन्ता बहुत कम। लगता है कि कवि की आत्मा का न कोई मित्र है, न शत्रु। उसे न किसी की मर्माहत कातर पुकार सुनाई देती है और न किसी की दहशत पैदा करने वाली दहाड़। इससे कविता संवाद के बदले स्वगत कथन बनती जा रही है। इस स्थिति को देखकर रघुवीर सहाय एक कविता में पूछते हैं : *हर बार घूम-फिरकर/अपने एकाकीपन की व्याख्या करना/क्या कविता है?* जो कविता केवल कवि के एकाकीपन की व्याख्या करने में लगी हो, उसमें अगर पाठकों की कोई दिलचस्पी न हो तो क्या आश्चर्य!

युगों से कविता समाज को इसलिए प्रिय रही है कि वह श्रोताओं/पाठकों को भावात्मक-वैचारिक शक्ति और नैतिक बल देती रही है। लेकिन कविता में यह क्षमता तभी आती है, जब वह जिन्दगी की वास्तविकताओं से जुड़ी हो, जिनमें सुन्दरता से अधिक कुरूपता, गरीबी और गुलामी की सच्चाइयाँ होती हैं। जो कवि-दृष्टि ऐसी सच्चाइयों की खबर लेने और देने से बचती है, वह चाहे जो रचे, अन्ततः पाठक को निराशा और निर्बल बनाती है। आजकल हिन्दी में ऐसी कविताएँ खूब लिखी जा रही हैं। रघुवीर सहाय ने ऐसी कविताओं के बारे में ठीक ही सवाल किया है :

मैं पूछ रहा हूँ इसीलिए यह बार-बार
वह दर्द कहाँ मर गया रोज जो होता था
जिससे वह एकाकी भी तड़पा करता था
वह बल कविता ने पाठक से क्यों छीन लिया?

यह दृष्टि सुन्दरापे की कैसे बनी कि हर वह
चीज जो खबर देती है हो गयी गैर?
क्यों कलाकार को नहीं दिखाई देती अब
गन्दगी, गरीबी और गुलामी से पैदा?
आतंक कहाँ जा छिपा भागकर जीवन से
जो कविता की पीड़ा में अब दिख नहीं रहा?
हत्यारों से क्या लेखक साझीदार हुए
जो कविता हम सबको लाचार बनाती है?

यह हिन्दी में कविता की नयी संस्कृति है। जिस तेजी से इसका प्रसार हो रहा है, उसी गति से कविता पाठकों के लिए अजनबी और परायी होती जा रही है।

आज की हिन्दी कविता के बारे में बात करते समय कवि और आलोचक उसमें अच्छी और बड़ी कविता के सारे गुण खोज लेते हैं। उसकी प्रगतिशीलता, जनवाद और क्रांतिकारिता का बखान करते नहीं थकते। लेकिन वास्तविकता यह है कि आज की अधिकांश हिन्दी कविता का जनजीवन पर कोई खास प्रभाव नहीं है और उससे व्यापक समाज का कोई लगाव भी नहीं है, क्योंकि उसका स्वभाव अभिजन समुदाय की अभिरुचि के अनुकूल है, व्यापक समाज की आकांक्षा के अनुरूप नहीं।

समकालीन हिन्दी कविता की एक विशेषता यह है कि वह दिलचस्प एकदम नहीं है। यह गुण उसके स्वभाव से गायब हो गया है। सम्भव है, मेरी इस बात से कुछ लोग चकित हों और पूछें कि क्या दिलचस्प होना कविता का कोई आवश्यक गुण है। उनके सन्तोष के लिए मैं टी॰एस॰ इलियट का एक कथन दोहराना चाहूँगा : "हमें यह नहीं भूलना चाहिए कि गद्य या कविता के लिए जरूरी है कि वह दिलचस्प हो। यह पहली शर्त है, लेकिन आसान नहीं। आजकल साहित्य अधिकाधिक उबाऊ होता जा रहा है। यह उसका अपने अन्त की ओर बढ़ना है।"

यह ठीक है कि कविता केवल दिलचस्प होने के कारण सार्थक नहीं होती, लेकिन वह उबाऊ होने पर व्यर्थ जरूर हो जाती है। तब वह पाठकों को आकर्षित नहीं करती और बहुत दिनों तक जीवित भी नहीं रह पाती। कविता एक तरह का संवाद है। एक स्तर पर वह कवि का स्वयं से संवाद होती है, जैसे कि प्रगीत में। दूसरे स्तर पर वह अन्यों से संवाद होती है, जैसे कि लम्बी कविताओं में। मुक्तिबोध ठीक ही कहते हैं कि : *कविताएँ मुसकराकर लाग-डाँट करती हैं/प्यार बात करती हैं।* आजकल हिन्दी की अनेक कविताएँ पाठकों को मुँह चिढ़ाती हैं, वे बूझो तो जाने की चुनौती देती हुई पाठकों को बेवकूफ साबित करती लगती हैं। कुछ लोग कहते हैं कि जब से केवल विचारों की कविता लिखी जाने लगी है, तब से वह नीरस और निर्जीव होने लगी है। यह बात एक हद तक ही सही है। कविता विचारशीलता के कारण निर्जीव और उबाऊ नहीं होती, बशर्ते कि वह विचारशीलता जीवन के अनुभवों से उपजी हो, समकालीन संवेदनाओं से जुड़ी हो और इतिहास से मुठभेड़ करती हो, जैसा कि मुक्तिबोध की कविताओं में दिखाई देता है। लेकिन जब कविता में अमूर्त और मनगढ़ंत विचार सन्ध्याभाषा में उपस्थित होते हैं, तब वे आतंक पैदा करते हैं। आज की हिन्दी कविता में विचारों का ऐसा आतंक बहुत है।

आज की हिन्दी कविता की एक धारा 70 के दशक की अत्यंत राजनीतिक और विचारधारात्मक कविता के विरोध में विकसित हुई है। वह हर तरह की राजनीति और विचारधारा से छुटकारा पाने की कोशिश में समकालीन सामाजिक जिन्दगी की हलचलों से बेखबर रहती है और जनजीवन की त्रासद स्थितियों के बारे में लापरवाह। उसमें आज के भारतीय समाज की इतिहास-प्रक्रिया की न कोई चेतना है, न चिन्ता। वह या तो काल, नियति, अनन्त आदि की चिन्ता में डूबी रहती है या फिर कवि की व्यक्तिगत इच्छाओं

के उत्सव में। जाहिर है, ऐसी कविता में केवल समानधर्माओं की दिलचस्पी हो सकती है, व्यापक समाज की नहीं।

आजकल हिन्दी में जिस कविता का बोलबाला है, वह नागर कविता है, शहराती और चालाक। उसके रूप और स्वभाव में ही नहीं, अभिप्राय में भी नागरता छाई हुई है। वह शहरी मध्य वर्ग के बौद्धिक समुदाय की आत्मकेन्द्रित दृष्टि की उपज है, इसलिए उसमें उसी वर्ग के जीवन की वास्तविकताओं, संवेदनाओं, आकांक्षाओं और उम्मीदों की अभिव्यक्ति हो रही है। यही कारण है कि जिस समाज में जनता का एक बहुत बड़ा हिस्सा बेघर है या फिर जानवरों के रहने की जगह को अपना घर मानने के लिए मजबूर है, उस समाज का एक कवि कहता है: *मुझे एक घर दो कविता लिखने के लिए।* इस माँग के बारे में साधारण आदमी की क्या प्रतिक्रिया होगी--उसका अनुमान कठिन नहीं है।

इस नागर कविता की काव्यानुभूति की संस्कृति में गाँव का समाज, वहाँ के लोगों की जिन्दगी, उस जिन्दगी के संघर्ष, उस संघर्ष के अनुभव और उस अनुभव की भाषा के लिए प्रायः बहुत कम जगह होती है। अगर उसमें इन सबको कभी थोड़ी जगह मिलती भी है तो सजावट की वस्तुओं के रूप में, ठीक वैसे ही, जैसे शहरी मध्य वर्ग के लोगों के घरों में आजकल सूप, चलनी, हांडी, डलिया, टोकरी आदि का उपयोग होता है। इससे एक ओर मध्यवर्गीय जिन्दगी का खोखलापन ढँकता है तो दूसरी ओर लोकजीवन और संस्कृति से प्रेम का प्रदर्शन भी होता है।

इधर कुछ वर्षों से हिन्दी क्षेत्र में दलित चेतना के जागरण और दलित कविता के विकास के कारण हिन्दी कविता में दलित जीवन के संघर्ष और अनुभव का तेज स्वर उभर रहा है। जिन्हें नागर कविता की कानाफूसी प्रिय है, उन्हें दलित जीवन की 'चीखती कविता' का स्वर कर्कश और विसंवादी लग रहा है। लेकिन इस स्वर के साथ लोकजीवन की पुकार हिन्दी में एक बार फिर लौट रही है। इससे नागर कविता की नीरस एकस्वरता टूट रही है और हिन्दी कविता में स्वरों की अनेकता आ रही है।

नागर कविता की अपने रूप के बारे में अत्यधिक चिन्ता से लोकप्रियता और कला के बीच अलगाव पैदा हुआ है और हिन्दी कविता से लोकप्रियता के साथ सहजता, ऐन्द्रिकता और भावावेग की विदाई हो गयी है। इस प्रक्रिया में कविता से जीवंतता गायब हो गयी है। कविता की अभिजनवादी दृष्टि हमेशा लोकप्रियता को कला का प्रतिद्धंद्धी और विरोधी मानकर उसे खारिज करती है। इससे आजकल एक ओर लोकप्रिय कविता कमजोर हो रही है तो दूसरी ओर कलावादी कविता मरणोन्मुख। इतिहास गवाह है कि हिन्दी कविता की परम्परा में वही कविता सजीव और आकर्षक बनी है जो लोकप्रियता का बहिष्कार नहीं, परिष्कार करती हुई विकसित हुई है। इसका एक प्रमाण है भक्ति आन्दोलन की कविता और दूसरा प्रगतिशील आन्दोलन की कविता। कबीर, जायसी, सूर, तुलसी तथा मीरा के काव्य की अमरता और नागार्जुन की कविता की अपार लोकप्रियता का यही कारण है कि उसमें लोकप्रियता का विकास है। कविता में लोकप्रियता केवल रूप की विशेषता नहीं है, उसके स्वभाव का गुण है। वह कविता की कल्पना से लेकर अभिव्यक्ति तक की पूरी प्रक्रिया

में व्याप्त होती है। कविता की लोकप्रियता के इतिहास से यह भी साबित होता है कि वह हमेशा एक जैसी नहीं होती, उसका रूप बदलता रहता है। कबीर की कविता में लोकप्रियता का जो रूप है, वही तुलसी के काव्य में नहीं है और वह नागार्जुन की कविता में जैसी है, वैसी ही धूमिल की कविता में नहीं है।

समकालीन हिन्दी कविता में कला से लोकप्रियता के अलगाव का सबसे अधिक कविता की बनावट पर पड़ा है। आज की अधिकतर कविताओं में समकालीन जीवन के अनुभवों और संवेदनाओं की अभिव्यक्ति के बदले जीवन की स्थितियों के बारे में कवियों की वैचारिक प्रतिक्रियाएँ सामने आती हैं, जो प्रायः बिखरी हुई होती हैं। ऐसी अधिकांश कविताओं में सुगठित संरचना नहीं मिलती और आंतरिक विकास का अभाव भी होता है। कविता की आंतरिक संरचना के निर्माण के दो मुख्य माध्यम हैं—आख्यान और बिम्ब। आज के अधिकांश कवियों ने इस दोनों का बहिष्कार कर दिया है। इससे कविता में संरचनात्मक एकता की जगह बिखराव की स्थितियाँ दिखाई देती हैं। कविता की संरचना के बिखराव का प्रभाव उसके सम्प्रेषण और बोध पर भी पड़ता है। आज की अनेक कविताएँ व्यवस्था और गठन के अभाव के कारण अबूझ पहेली बन जाती हैं। छोटी-से-छोटी कविता में भी आख्यान के माध्यम से जीवन के नये-से-नये अनुभवों की अभिव्यक्ति हो सकती है, जैसा कि नागार्जुन और रघुवीर सहाय सम्भव करते हैं।

जो कवि जीवन के अनुभवों और स्थितियों का आख्यान के सहारे चित्रण नहीं करते, बल्कि उनसे उत्पन्न संवेदनाओं और विचारों की अभिव्यक्ति पसन्द करते हैं, वे प्रायः बिम्बों और प्रतीकों को माध्यम बनाते हैं। इस प्रक्रिया में कविता की जो संरचना बनती है, उसमें आख्यान वाली सहजता तो नहीं होती, लेकिन ऐन्द्रिकता अधिक होती है और अर्थछटा का विस्तार भी होता है, जैसा कि केदारनाथ सिंह की कविताओं में दिखाई देता है। उनकी कविताओं के बिम्ब और प्रतीक काव्यानुभूति की संस्कृति के देश और काल का पता भी बताते हैं। आज की जिन कविताओं में न आख्यान का आधार है और न बिम्बधर्मिता का, वे बेरीढ़ की संरचना के कारण लुंज-पुंज होती हैं। ऐसी कविताओं की संख्या इतनी अधिक है कि उनमें से कुछ का उल्लेखक करके बाकी का अपमान करना मैं नहीं चाहता।

आज की नागर कविता की एक विचित्रता भाषा की वह बनावट है जो साधारण ही नहीं, सुधी पाठकों की समझ को भी अँगूठा दिखाती है। कभी-कभी वाक्य का गठन इतना विचित्र होता है कि उसके प्रत्येक शब्द का अर्थ तो समझ में आता है, लेकिन पूरा वाक्य एक पहेली लगता है। ऐसी कठिनाई का सामना हिन्दी कविता के पाठकों को उस समय नहीं करना पड़ता जब वे 'प्रिय प्रवास' और 'राम की शक्तिपूजा' जैसी कविताएँ पढ़ते हैं, क्योंकि कठिन शब्दों का अर्थ शब्दकोश की मदद से भी जाना जा सकता है, लेकिन किसी कविता के जटिल वाक्य का अर्थ कहाँ से मालूम होगा? काव्यभाषा की यह बनावट पाठकों को कविता से दूर करने के लिए बहुत दूर तक जिम्मेवार है।

आज की अधिकांश नागर कविता एक गढ़ी हुई साहित्यिक हिन्दी में लिखी जा रही है। वह जीवन के कर्म और अनुभव की भाषा नहीं है। यहाँ तक कि वह मध्य वर्ग के भी

जीवन-व्यवहार की भाषा नहीं है। इसीलिए उसका बोलचाल की भाषा, उसके मुहावरे और कथन-भंगिमा से कोई आत्मीय सम्बन्ध नहीं है। यही नहीं, उसका लोकभाषाओं से सम्बन्ध भी क्रमशः कम होता जा रहा है। इस भाषा में जब कोई कवि लोकजीवन के अनुभवों को व्यक्त करना चाहता है, तब भाषा और संवेदना के बीच अंतरंगता की जगह अन्तराल आ जाता है। कुछ कवियों की भाषा पर अंग्रेजी के शब्द, मुहावरे और संरचना का इतना अधिक प्रभाव है कि वह अनुवाद की भाषा लगती है।

इधर कुछ समय से हिन्दी के अनेक कवि जड़ों से जुड़ने के लिए चिन्तित हैं। उनमें से कुछ यह समझते हैं कि जड़ों की तलाश के परम्परा और स्मृति की जितनी गहरी खुदाई होगी, कविता उतनी ही अधिक जड़ों से जुड़ेगी। इस समझ के कारण हिन्दी कविता की भाषा एक बार फिर संस्कृति निष्ठा की ओर बढ़ रही है। क्या संस्कृत की परम्परा से जुड़ना ही जड़ों की तलाश की एकमात्र दिशा है? क्या लोकसंस्कृति और लोकभाषाओं की रचना-परम्परा से जुड़ने की कोशिश जड़ों की तलाश की सही और सार्थक दिशा नहीं है? हिन्दी की रचनाशीलता संस्कृत से क्रमशः स्वतन्त्र होती हुई ही आगे बढ़ी है। आज भी उसकी शक्ति का सबसे आत्मीय और विश्वसनीय स्रोत लोकभाषाएँ और उनकी रचना-परम्परा ही है। आज के जो कवि इस सच्चाई को जानते हैं, वे लोकसंस्कृति की स्मृतियों और लोकभाषा की अभिव्यक्ति के रूपों से अपनी काव्यानुभूति की संस्कृति निर्मित करते हैं। इस प्रक्रिया में लोकसंस्कृति की परम्परा का नया संस्कार होता है और बोलचाला की भाषा की कथन भंगिमाओं का परिष्कार भी। इससे हिन्दी भाषा के मूलभूत काव्यत्व की सम्भावनाओं का विकास भी होता है। अगर कवि की भाषिक संवेदनशीलता उसकी सामाजिक चेतना का द्योतक है, जो वह है, जो संस्कृति में अपनी जड़ों की खोज करने वाले कवि से लोकभाषाओं की रचनाशीलता में अपनी जड़ें फैलाने वाले कवि की सामाजिक चेतना अधिक व्यापक, समकालीन और लोकधर्मी होगी।

(वर्तमान साहित्य, 2000)

7

जीवन की लय में मुक्ति का राग

सुना है इस साल त्रिलोचन शास्त्री सत्तर वर्ष के हो गये हैं। कहना कठिन है कि यह सच है या अफवाह। अभी उनका 'उठा हुआ सिर, चौड़ी छाती, लम्बी बाँहें/सधे कदम, तेजी से चलना' देखकर कौन कह सकता है कि वे सत्तर के हैं। कहीं यह भी उनके बारे में फैली अनेक किंवदंतियों की तरह एक किंवदंती तो नहीं है। नागार्जुन कहते हैं कि त्रिलोचन किंवदंती-पुरुष हैं। निराला के बाद सबसे अधिक किस्से त्रिलोचन के बारे में कहे-सुने गये हैं। उनको किंवदंती-पुरुष बनाने में सबसे अधिक योगदान उनके मित्रों का है, लेकिन कुछ सहयोग उनका भी है। वे अपने बारे में किस्से सुनकर या तो चुप रहते हैं या मुसकरा देते हैं, जैसे कि उन किस्सों से उनका कोई सम्बन्ध ही न हो। अपने बारे में ऐसी तटस्थता, लेकिन दूसरों की गहरी चिन्ता उनकी विशेषता है। यह बाहर से साधारण दिखने वाले उनके व्यक्तित्व की आंतरिक असाधारणता का प्रमाण है।

हम आज जैसे समाज में जी रहे हैं, उसमें शब्दों का अर्थ बिगड़ते देर नहीं लगती। प्रायः समझा जाता है कि शब्दों का अर्थ बदलने और बिगाड़ने का सबसे बड़ा कारखाना राजनीति है, लेकिन साहित्य भी उससे पीछे नहीं है। राजनीति की तरह साहित्य में भी पाखंड के प्रसार से शब्दों का अर्थ भ्रष्ट करने की प्रक्रिया तेजी से चल रही है। कई दूसरे शब्दों की तरह 'संघर्ष' भी इस प्रक्रिया का शिकार हुआ है। जिसे देखिए वही साहित्यकार जीवन और साहित्य में 'संघर्ष' कर रहा है। फिर भी, कुछ लेखकों ने अपने जीवन और रचना-कर्म से 'संघर्ष' के अर्थ की रक्षा की है। त्रिलोचन उनमें सबसे आगे हैं। दूसरों के लिए 'संघर्ष' विशेषण है, लेकिन त्रिलोचन की वह संज्ञा है। सुविधाजीवी कवियों के शब्द अघाए आदमी की डकार होते हैं, लेकिन त्रिलोचन की कविता में शब्द आँखों से टपकने वाली लहू की बूँदें हैं।

पिछले पचास वर्षों से त्रिलोचन की साहित्य-साधना अविराम चल रही है। उनकी गद्य-रचनाएँ अभी पत्रिकाओं के पन्नों में बिखरी पड़ी हैं। कविताएँ धीरे-धीरे प्रकाश में आ रही हैं। उनका पहला संग्रह 1945 में छपा, दूसरा 1956 में और तीसरा 1957 में। 1957 से 80 के बीच उनका कोई संग्रह नहीं आया, लेकिन 1980 से 87 के बीच छः- सात संग्रह

निकल चुके हैं। 60 से 80 के बीच बीस वर्षों का अन्तराल और 80 के बाद उनकी कविताओं के प्रकाशन की एक लहर। इससे स्वाधीनता के बाद की हिन्दी कविता का इतिहास और उससे त्रिलोचन के विशेष सम्बन्ध की स्थिति स्पष्ट होती है। कमोबेश यही स्थिति मुक्तिबोध, नागार्जुन, शमशेर और केदारनाथ अग्रवाल के साथ भी है। मुक्तिबोध के जीवन में उनका कोई काव्य-संग्रह नहीं छपा, मृत्यु के बाद उनकी रचनावली जरूर छप गयी है। नागार्जुन 1962 में *प्यासी-पथराई आँखें* लेकर आये तो 1975 में *तालाब की मछलियाँ* देख सके। 1959 में शमशेर की कुछ *कविताएँ* छपीं और 61 में कुछ और *कविताएँ*। फिर 1980 के बाद कई संग्रह निकले हैं। 60 से 80 के बीच केदारनाथ अग्रवाल के दूसरों से अधिक काव्यसंग्रह छपे हैं—लेकिन 80 के बाद उनके भी अनेक संग्रह आये हैं। ये सभी कवि 1936 से या कुछ पहले से भी लगातार कविताएँ लिख रहे हैं। जब इनके संग्रह नहीं आ रहे थे, तब भी वे कविताएँ लिख रहे थे। 80 के बाद के संग्रहों में उस काल की उनकी कविताएँ हैं।

1975 के बाद प्रगतिशील धारा की कविता में पाठकों की दिलचस्पी बढ़ने के पीछे 1970 के आसपास से आरम्भ होने वाले जन-आन्दोलनों की महत्त्वपूर्ण भूमिका है। उन आन्दोलनों ने साहित्य और समाज के सम्बन्ध के बारे में नये ढंग से सोचने की प्रेरणा दी। साहित्य-चेतना बदली तो आधुनिकतावादी कविता निरर्थक लगने लगी। नयी रचनाशीलता मध्यवर्गीय जीवन की सीमा से निकलकर व्यापक जन-जीवन के यथार्थ और अनुभवों से जुड़ने की आकांक्षा लेकर आगे बढ़ी तो वैसी रचना की परम्परा की खोज शुरू हुई। प्रगतिशील कविता की परम्परा जीवंत रूप में मौजूद थी, जरूरत थी उसको पहचानने और अपनाने की। इसी प्रक्रिया से प्रगतिशील कविता की धारा एक बार फिर हिन्दी कविता की मुख्यधारा बनी है। आज जबकि इतिहास-प्रक्रिया में जनधारा ने प्रगतिशील काव्य-धारा की प्रासंगिकता स्थापित कर दी है, तब कुछ पुराने आलोचक उसकी व्याख्या करके खुद को प्रासंगिक बनाना चाहते हैं?

प्रगतिशील काव्य-धारा में जितनी व्यापकता है, उतनी विविधता भी है। नागार्जुन, केदारनाथ अग्रवाल, मुक्तिबोध, शमशेर और त्रिलोचन की रचनाशीलता को समग्रता में देखने पर उसकी व्यापकता और विविधता का बोध होता है। इन कवियों में रचनात्मक उद्देश्य की एकता है, लेकिन प्रत्येक की काव्य-रचना का निजी रूप-रंग है। नागार्जुन और केदारनाथ अग्रवाल की रचनाशीलता में काफी समानता है, फिर भी दोनों में अन्तर है। आजादी के पहले के जन-आन्दोलनों की प्रतिध्वनि केदार की कविताओं में है, लेकिन आजादी के बाद के जन-जीवन और जन-आन्दोलनों की धड़कन नागार्जुन की कविताओं में मिलती है। नागार्जुन के व्यंग्य की धार अप्रतिम है। मुक्तिबोध की गहन विचारशीलता और शमशेर की कला से प्रगतिशील धारा समृद्ध हुई है। 'किसान-जीवन की लय में मानव-मुक्ति का सधा हुआ राग' त्रिलोचन की कविताओं में है। ये पाँचों कवि वैसे ही परस्पर पूरक हैं, विरोधी नहीं; जैसे भक्तिकाल के पाँचों महाकवि। कुछ आलोचकों की संकुचित दृष्टि में प्रगतिशील धारा की यह व्यापकता और विविधता अट नहीं पाती। वे

मूल्यांकन के नाम पर छँटनी करते हैं। कविता में प्रगतिशीलता को केवल राजनीति तक और राजनीति को आन्दोलन तक सीमित समझने वाली आलोचना-दृष्टि जन-जीवन की वास्तविकता और आकांक्षा के अन्य रूपों की अभिव्यक्ति को खारिज करती चलती है। यही नहीं, वह दृष्टि इन्द्रिबोध और भावों को छूने वाली कविता को यथार्थवादी मानती है, लेकिन पाठकों के विवेक को प्रभावित करने वाली कविता को यथार्थवाद के बाहर रखती है। प्रगतिशील धारा के प्रभाव को सीमित करने का कुछ श्रेय ऐसे आलोचकों को भी देना चाहिए। हिन्दी में राजनीतिक कविता का एक छोर है 'राम की शक्ति-पूजा' और दूसरे छोर पर शैलेन्द्र का यह गीत 'हर जोर-जुल्म की टक्कर में हड़ताल हमारा नारा है।' इन दोनों के बीच राजनीतिक कविता की जमीन बहुत व्यापक है। जिनकी नजर केवल छोरों पर रहती है, वे बीच की व्यापकता नहीं देख पाते।

पिछले कुछ वर्षों में साहित्य-चेतना के बदलने के साथ त्रिलोचन की कविता की लोकप्रियता बढ़ी है। लेकिन नये-पुराने आचार्यगण उन्हें अब भी कवि मानने को तैयार नहीं हैं; न आधुनिकतावादी आचार्य और न प्रगतिवादी। 1986-87 में कुछ आगे-पीछे इतिहास और आलोचना की दो पुस्तकें आयी हैं—रामस्वरूप चतुर्वेदी की *हिन्दी साहित्य और संवेदना का इतिहास* और रामविलास शर्मा की—*नयी कविता और अस्तित्ववाद* का नया संस्करण। दोनों में 'कहीं त्रिलोचन नहीं।' वे रामस्वरूप चतुर्वेदी की संवेदना के बाहर हैं और रामविलास शर्मा के यथार्थवाद से बहुत दूर। दोनों पुस्तकों में एक और समानता है। केदारनाथ अग्रवाल दोनों को पसन्द हैं; रामस्वरूप चतुर्वेदी के लिए प्रगतिवादी काव्य की अकेली उपलब्धि और रामविलास शर्मा की दृष्टि में क्रांतिकारी यथार्थवाद के अग्रदूत। *नयी कविता और अस्तित्ववाद* के पहले संस्करण में केदारनाथ अग्रवाल की कोई खास चर्चा न थी। जहाँ थोड़ी-सी चर्चा थी, वहीं त्रिलोचन का भी उल्लेख था। 1986 में इतिहास-दृष्टि बदली तो केदारनाथ अग्रवाल क्रांतिकारी यथार्थवाद के कवि हो गये और त्रिलोचन इतिहास से बहिष्कृत। त्रिलोचन के बारे में आधुनिकतावाद और प्रगतिवाद के इन दो आचार्यों को एकमत देखकर कुछ लोग चकित हैं। लेकिन मुझे इसमें आश्चर्य की कोई बात नहीं लगती। त्रिलोचन की तरह जो रचनाकार आचार्यों के बनाए रास्ते को छोड़कर चलता है, या अपनी राह बनाता है, उसके साथ आचार्यगण ऐसा ही व्यवहार करते हैं।

त्रिलोचन की कविता का व्यक्तित्व ऐसा है कि आधुनिकतावादियों को पसन्द नहीं आ सकता। उन्होंने आज तक अपनी कविता को लगातार आधुनिकतावादी फैशनों और प्रवृत्तियों से बचाया है। नयी कविता के व्यापक प्रभाव के दौर में भी वे दृढ़तापूर्वक (कुछ लोगों के अनुसार हठपूर्वक) अपनी कविता के स्वतन्त्र व्यक्तित्व की रक्षा करते रहे, जबकि कई प्रगतिशील कवि नयी कविता के करीब जा रहे थे। यही कारण है कि त्रिलोचन की कविता में नयी कविता का कहीं कोई प्रभाव नहीं है; व्यक्तिवाद, रहस्यवाद आदि की छाया नहीं है। उनकी कविता नयी कविता के समानांतर उसके विरोध में खड़ी दिखाई देती है।

नयी कविता का आधुनिकतावाद अनुभव के स्तर पर शहरी मध्यवर्ग की जिन्दगी से जुड़ा था और विचारों में पश्चिम के समानधर्मा कवियों-आलोचकों का अनुगामी था।

त्रिलोचन की कविता की दुनिया एकदम दूसरी है। उसमें गाँव की जिन्दगी की वास्तविकताएँ और आकांक्षाएँ हैं, जनजीवन के चित्र हैं और गाँव की 'बोली-ठोली, लाग-लपेट, टेक, भाषा, मुहावरा, इंगित' आदि हैं। किसान-जीवन और जातीय मन का यह काव्य नयी कविता के आधुनिकतावाद का प्रतिपक्षी और प्रतिरोधी है। नयी कविता के आधुनिकतावादी वातावरण में त्रिलोचन की कविता महानगर में बसे-बचे गाँव की तरह है। यह आपकी मानसिकता पर निर्भर है कि उसे आप पिछड़ेपन की निशानी माने या रेगिस्तान में नखलिस्तान।

त्रिलोचन का यथार्थवाद दूसरे कवियों के यथार्थवाद से कुछ अलग है। उसमें न कहीं भावुकता है, न झूठा आशावाद; न काल्पनिक संघर्षों के अमूर्त चित्र हैं, न मारो-मारो, काटो-काटो की ललकार है। वहाँ जनशक्ति में आस्था है, संघर्ष के लिए आह्वान है, मुक्ति-आन्दोलन के गीत भी है; लेकिन यह चेतावनी है कि 'सोच-समझकर चलना होगा।' उपदेश और आह्वान *धरती* की कविताओं में अधिक है, बाद के संग्रहों में कम। उनकी कविता का मुख्य स्वर यह है :

भाव उन्हीं का सबका है जो थे अभावमय
पर अभाव से दबे नहीं, जागे स्वभावमय।

वे किसान-जीवन के वास्तविक सुख-दुःख, आशा-निराशा और संघर्षों की कविता लिखते हैं--काल्पनिक उल्लास और विजय की नहीं। जो लोग जन-जीवन की कविता में केवल आशा और उल्लास देखना चाहते हैं। उनको लक्ष्य करके त्रिलोचन ने लिखा है :

अगर न हो हरियाली
कहाँ दिया सकता हूँ? फिर आँखों पर मेरी
चश्मा हरा नहीं है। यह नवीन ऐयारी
मुझे पसन्द नहीं है। जो इसकी तैयारी
करते हों वे करें। अगर कोठरी अँधेरी
है तो उसे अँधेरी समझने-कहने का
मुझको है अधिकार।

वे मानते हैं कि अगर जनता के जीवन में संघर्ष और दुःख है तो उस वास्तविकता को झुठलाना गलत है। लेकिन वे यह भी जानते हैं कि 'दुःख के तम में जीवन-ज्योति जला करती है।' वे किसान-जीवन की करुण-कहानी नहीं कहते, उसके स्वाभिमान की रक्षा को महत्त्व देते हैं। उनका किसान अभाव में जीता है, लेकिन अभाव से दबता नहीं। उनकी कविता में किसान-जीवन का यथार्थ सच्चे और खरे रूप में है; न वह भावुकता के उच्छ्वास में डूबा है, न विचारधारा के आग्रह से ढँका है। ऐसा यथार्थवाद अधीर पाठकों को बेचैन करता है।

त्रिलोचन की कविता के बारे में यह कहना काफी नहीं है कि वह किसानों के जीवन-संघर्ष की कविता है। यह भी देखना जरूरी है कि वे किसान-जीवन के यथार्थ को किस दृष्टि से देखते और चित्रित करते हैं। हिन्दी में किसान-जीवन के कवियों की कमी नहीं है। उनमें से अधिकांश कवि मध्यवर्गीय दृष्टि से किसान-जीवन के यथार्थ को देखते

हैं। वे कभी समय की माँग और कभी बौद्धिक सहानुभूति के कारण किसान-जीवन की कविता लिखते हैं। ऐसी कविताओं में कहीं कवि तटस्थ दर्शक की तरह होता है तो कहीं किसानों का वकील। इसमें भिन्न मध्यवर्गीय दृष्टि के कवि हैं जो किसान-जीवन की दयनीयता से द्रवित होकर उसकी व्यथा-कथा कहते हैं या किसान-जीवन की सरलता, सादगी और पवित्रता का गौरवगान करते हैं। त्रिलोचन ऐसे कवि नहीं हैं। उनकी दृष्टि एक सजग किसान की दृष्टि है जो उस जीवन के जीते, देखते-सुनते और समझते हुए कवि को मिली है, इसलिए उसमें किसान-जीवन से आत्मीयता और तादात्म्य है, लेकिन उस जीवन में मौजूद रूढ़ियों की आलोचना भी है। उनकी दृष्टि किसान-जीवन की समग्रता को देखती है। वह उस जीवन की शक्ति के स्रोतों की खोज करती है तो जड़ता की जड़ों पर प्रहार भी करती है। त्रिलोचन इसी सजग किसान-दृष्टि से प्रकृति, समाज और विश्व को देखते हैं। मानवीय सम्बन्धों और भावों के उनके बोध में भी वही दृष्टि सक्रिय रहती है।

उनकी कविता में किसान-जीवन के विभिन्न पक्षों के चित्र हैं। वे चित्र अलग-अलग हैं, फिर भी उनमें सम्बन्ध है और उस सम्बन्ध से किसान-जीवन की लय उभरती है। मध्यवर्गीय मानसिकता के कवियों की कविता में किसान बहुत कुछ करता है, लेकिन वह खेती करता नहीं दिखाई देता। त्रिलोचन सबसे पहले किसान को किसान के रूप में, जीवन के लिए प्रकृति से लड़ते हुए किसान के रूप में चित्रित करते हैं :

है धूप कठिन सिर ऊपर
थम गयी हवा है जैसे
दोनों दूबों के ऊपर
रख पैर खींचते पानी
उस मलिन हरी धरती पर
मिलकर वे दोनों प्रानी
दे रहे खेत में पानी।

ऐसा चित्र केवल सुनी-सुनाई बातों के आधार पर कल्पना के सहारे चित्रित नहीं किया जा सकता। इसके लिए सहृदयता भी काफी नहीं है, उस जीवन से गहरा परिचय चाहिए।

इससे भिन्न एक चित्र में किसान-जीवन का दूसरा पक्ष है। ऊपर के चित्र में पति के साथ घाम-शीत सहती हुई जो खेत में पानी दे रही है, वह किसी दिन बहू बनकर पति के घर आयी होगी। ऐसे अवसर पर किसान के जीवन में और घर में जो उत्सव और उल्लास आता है, उसकी अभिव्यक्ति त्रिलोचन ने की है। लेकिन उनकी सहृदयता उस भीड़-भाड़ से अलग आशंका, भय और संकोच में डूबी हुई बहू के पास पहुँच जाती है :

काँपती सुख से कहीं बैठी अकेली
साधती होगी बहू कुछ भाव के स्वर
आज मनसा इन सबों की गीत की पहली कड़ी ही
गा रही है गा रही है गा रही है।

कुछ कवि किसान को एक धारणा या विचार मात्र मानते हैं और कविता में उस पर बहस करते हैं। त्रिलोचन किसानों को जीते-जागते मानव-समुदाय के रूप में देखते हैं। किसानों में आर्थिक स्थिति के अनुसार अनेक स्तर हैं, कई तरह के भेद हैं। त्रिलोचन की कविता में गरीबी, शोषण और उत्पीड़न के शिकार किसान हैं। उनकी कविता में सबसे अधिक खेतिहर मजदूर आते हैं और उन खेतिहर मजदूरों में भी स्त्रियों की जीवन-दशा पर उनका ध्यान अधिक जाता है। उनकी कविताओं में कुछ चरित्र हैं। वे सब ग्रामीण कारीगर, खेत-मजदूर और स्त्रियाँ हैं। नगई महरा, भोरई केवट, मंगल, निरहू, भिखारिया, अतवरिया, चम्पा, सोना और सुकनी आदि ऐसे ही चरित्र हैं। इन चरित्रों के माध्यम से गाँव में सबसे कठिन जिन्दगी जीने वाले लोगों के ठोस अनुभवों की एक दुनिया साकार रूप में हमारे सामने आती है। ऐसे चरित्र या तो प्रेमचंद के कथा-साहित्य में मिल सकते हैं या नागार्जुन के काव्य-संसार में। ऐसे चरित्रों को कविता में ले आने वाले कवि की सामाजिक चेतना और वर्ग-दृष्टि के बारे में अलग से कुछ कहना अनावश्यक है।

त्रिलोचन जिस जनपद के कवि हैं, वहाँ के गरीब किसान और खेत-मजदूर आर्थिक तंगी के दिनों में किसी बड़े शहर में जाकर मजदूरी करते हैं। गाँव में पत्नी अकेली रह जाती है। त्रिलोचन ने दो कविताओं में परदेशी मजदूर और गाँव में रहनेवाली उसकी पत्नी के मन की गहराई में उतरकर उनकी भावनाओं की थाह लेने की कोशिश की है। एक कविता है 'परदेशी के नाम पत्र' और दूसरी है 'सचमुच इधर तुम्हारी याद तो...।' पहले 'परदेशी के नाम पत्र' का एक अंश पढ़िए :

सोसती सिरी सर्व उपमा जोग बाबूराम दास को

× × ×

और वह बछिया कोराती है। यहाँ
जो तुम होते। देखो कब ब्याती है।

× × ×

तुम्हें गाँव की क्या कभी याद नहीं आती है
आती तो आ जाते
मुझको विश्वास है
थोड़ा लिखा समझना बहुत,
समझदार के लिए इशारा ही काफी है।

वैसे तो पूरा पत्र पढ़ने पर ही (पत्र भी कहीं आधा पढ़ा जाता है!) इस कविता का मर्म समझना सम्भव है; फिर भी जो अंश सामने है, उससे स्पष्ट है कि गाँव की बोली, भाषा, मुहावरे और इशारों का उपयोग करते हुए कवि परदेशी की पत्नी की भावनाओं को व्यक्त करने में सफल है। अब इस पत्र का जवाब भी पढ़ लीजिए :

सचमुच इधर तुम्हारी याद तो नहीं आयी
झूठ क्या कहूँ। पूरे दिन मशीन पर खटना

बासे पर आकर पड़ जाना और कमाई
का हिसाब जोड़ना, बराबर चित्त उचटना
इस-उस पर मन दौड़ाना, फिर उठकर रोटी
करना, कभी नमक से कभी साग से खाना।

× × ×

धीरज धरो आजकल करते तब आऊँगा
जब देखूँगा अपना घर कुछ कर पाऊँगा।

परदेशी मजदूर के पत्र में उसकी कठिन जिन्दगी और मन की दशाओं को जिस कुशलता से प्रकट किया गया है, वह केवल त्रिलोचन ही कर सकते हैं। यह उनकी यथार्थवादी कला का एक उदाहरण है। आधुनिकतावाद के दौर में मध्यवर्गीय व्यक्ति के परायापन (एलिअनेशन) को कविता और कहानी में बहुत फेंटा गया, लेकिन मजदूर का परायापन किसी रचना में दिखाई नहीं दिया। मार्क्स ने लिखा है कि मजदूर परायापन की प्रक्रिया का शिकार होकर धीरे-धीरे अपने परिवार और मानवीयता से भी अलग हो जाता है। इस कविता में मजदूर अपने परिवार से विच्छिन्न हो गया है। अभी उसमें परिवार से लगाव बचा है, मनुष्यता बची है; लेकिन कब तक? परायापन की प्रक्रिया में पड़े मजदूर की भौतिक और मानसिक स्थितियों की ऐसी अभिव्यक्ति हिन्दी के किस दूसरे कवि ने की है? किसानों-मजदूरों की जिन्दगी की त्रासद स्थितियों को गहराई से महसूस करने वाला कवि ही यह लिख सकता है, "हाथों के दिन कब आएँगे। कब तब आएँगे, यह कोई नहीं बताता।"

जैसे प्रकृति के बिना किसान का जीवन अधूरा होता है, वैसे ही प्रकृति की उपेक्षा करने वाली किसान-जीवन की कविता भी अधूरी होगी—यह बात किसान-जीवन की समग्रता का कवि जानता है। प्रकृति किसान-जीवन का अंग है। उससे किसान का सम्बन्ध मनमाने की बात नहीं है, अस्तित्व की अनिवार्यता है। त्रिलोचन का किसान-मन प्रकृति में खूब रमता है। उनके यहाँ प्रकृति किसान-जीवन के अंग के रूप में है और उससे स्वतन्त्र भी, उसका आकर्षक सौन्दर्य है और विस्मयकारी रूप भी, सावन की बरसात का संगीत है और भादों का प्रचंड मेघ-गर्जन भी, प्रकृति से सहज आत्मीयता है और कठिन संघर्ष भी। प्रकृति से किसान-जीवन का ऐसा ही नाता है।

ऋतुओं के बदलने के साथ किसान का जीवन-क्रम बदलता है। त्रिलोचन ने विभिन्न ऋतुओं में बदलते किसान-जीवन का चित्रण किया है। उन्हें वर्षा और वसंत विशेष प्रिय हैं। एक से किसानों को जीवन मिलता है और दूसरे से जीवंतता मिलती है। उनकी कविता में वर्षा के अनेक रूपों के चित्र हैं। एक है भादों की रात में यह वर्षा :

भरी रात भादों की...पथ...लपका वह कौंधा
दीप्ति भर उठी आँखों में इतनी, फिर हम तुम
कुछ भी पकड़ सके न डीठ से, छाया चौंधा।

तड़ तड़ तड़त्तड़ाङ् धा धाङ् धाङ् धुङ् धूहुम्
रिमझिम रिमझिम—छक् छक् छक् छक्, सर् सर् सर्-सर्
चम चम चमक-धमाके धन के, उत्सव निशिमद।

और अब इससे एकदम भिन्न वर्षा के संगीत और चित्र 'झापस' कविता में:

आठ पहर की टिप् टिप्
सड़क भींग गयी है
पेड़ों के पत्तों से बूँदें
गिरती हैं टप् टप्
हवा सरसराती है
चिड़ियाँ पंख समेटे यहाँ वहाँ बैठी हैं।

वर्षा के ये दोनों चित्र एक-दूसरे से भिन्न हैं। दोनों में गति और ध्वनि को मूर्त करने वाली शब्द-योजना और भाषिक-संरचना भी अलग-अलग है। इन चित्रों से साबित होता है कि त्रिलोचन रूप के ही नहीं, गति और ध्वनि के भी चित्रकार हैं। यह उनकी यथार्थवादी कला का एक और नमूना है।

त्रिलोचन प्रकृति के रूप और प्रभाव दोनों का ध्यान रखते हैं, इसलिए उनकी प्रकृति की कविताएँ कहीं भी मानवीय सन्दर्भ से कटी हुई नहीं हैं। ऐसी कविताओं में जातीय जीवन के प्राकृतिक परिवेश का उनका बोध प्रकट होता है। ये कविताएँ उनकी रचनाशीलता के देश-काल का पता बताती हैं। उनकी प्रकृति की कविताओं में रूप, रस, गन्ध और ध्वनि का संसार कितना समृद्ध है—यह जानने के लिए वर्षा सम्बन्धी कविताओं के साथ 'मेहंदी और चाँदनी', 'उत्सव', 'धूप सुन्दर धूप में जग रूप सुन्दर', 'फूलों की चाँदनी नीम में जो आयी है', 'कटहल के फूलों की लहरों ने रोका था', 'गेहूँ-जौ के ऊपर सरसों की रंगीनी' जैसी कविताओं को पढ़ना जरूरी है। इन कविताओं में आत्मपरकता भी है, लेकिन उससे कहीं भी रूप, रस, गन्ध और ध्वनि का स्वरूप खंडित और विकृत नहीं हुआ है। वह आत्मपरकता प्रकृति से मनुष्य के आत्मीय सम्बन्ध की अनुभूति जगाती है।

उनकी कविताओं में अन्धकार लगभग नहीं है। धूप, चाँदनी, उषा और किरणों का प्रकाश है। उन्होंने कहीं-कहीं अत्यंत सहज ढंग से प्रतीक-पद्धति का हलका सहारा लेकर प्रकृति के रूपों और क्रिया-व्यापारों के माध्यम से जीवन-स्थितियों की व्यंजना की है। एक प्रमाण इस कविता में देखिए :

पीपल के पत्ते ने ज्यों मुँह खोला खोला
त्यों चटाक से लगा तमाचा आकर लू का,
झेल गया वह भी आखिर बच्चा था भू का
लेकिन जिसने देखा उसका धीरज डोला,
बैठ कलेजा गया। तड़पकर कोकिल बोला

कूऊ कूऊ मिले भले ही आधा टूका
लेकिन ऐसा न हो। रात चले जो चूका
उसको दुख ने अदल बदलकर फिर फिर तोला
सबको नहीं, नौनिहालों को अगर बचा दे
तो लू का डर नहीं जहाँ चाहे आ जाय।

ऐसी कविताएँ साबित करती हैं कि प्रकृति की कविता में भी प्रगतिशील सामाजिक दृष्टि हो सकती है, जीवन-संघर्ष की कविता भी मुक्ति-संघर्ष की प्रेरणा दे सकती है।

कुछ कवि प्रकृति का वर्णन करते हैं, कुछ उसकी व्यंजना करते हैं, लेकिन त्रिलोचन प्रायः प्रकृति का चित्रण करते हैं जो व्यक्ति वर्णन, व्यंजना और चित्रण में अन्तर नहीं जानता होगा, वह त्रिलोचन की कला को ठीक-ठीक नहीं पहचान पाएगा। चित्रण के लिए प्रकृति से गहरे लगाव के साथ-साथ उसके स्थिर और गतिशील रूप-रंग की सूक्ष्मताओं का तल्लीनता से निरीक्षण भी आवश्यक है। चित्रकार माइकेल एंजिलो की तरह त्रिलोचन भी आसमान में मेघों के बनते-मिटते चित्रों को तल्लीनता से देखते हैं। कभी-कभी उन्हें मन में साधन शब्दों में उतारते भी हैं :

सन्ध्या ने मेघों के कितने चित्र बनाए—
हाथी, घोड़े, पेड़, आदमी, जंगल, क्या-क्या
नहीं रच दिया और कभी रंगों से क्रीड़ा
की, आकृतियाँ नहीं बनाईं। कभी चलाए
झीने से बादल जिनमें चटकीली लाली
उभर उठी थी, जिनकी आभा हरियाली पर
थिरक उठी थी, जाते-जाते क्षितिज-परी पर
सूरज ने सोना बरसाया। छाया काली
बढ़ने लगी, रंग धीरे-धीरे फिर बदले,
पेंसिल के रेखाचित्रों से बादल छाए।

सचमुच त्रिलोचन ने सॉनेट आगरा के किले के उस नग के समान हैं, जिसमें पूरा ताजमहल प्रतिबिम्बित होता है। किसी सॉनेट के एक अंश को उध्दृत करना उस नग को तोड़कर उसके एक टुकड़े को देखना है। उनके सॉनेट (और दूसरी अच्छी कविताओं) की संरचना इतनी सुघठित होती है, पूरे वाक्यों के साथ लय और छन्द का विन्यास इतना आवयविक होता है कि किसी एक अंश से अलग करना उसके साथ ज्यादती लगती है। त्रिलोचन चित्रण-कला प्रकृति से सीखते हैं, लेकिन वह कला सार्थक तब होती है, जब वे मानव-जीवन और मानव-चरित्रों का चित्रण करते हैं।

त्रिलोचन की कविता के भाव-लोक की चर्चा तब तक अधूरी रहेगी, जब तक उनकी प्रेम-कविताओं पर कुछ बात न होगी। उनके संग्रहों में असंख्य प्रेम-कविताएँ हैं। हर तरह की रूढ़ि और रीति से मुक्त प्रेम की कविताएँ प्रगतिशील कवितयों में या तो शमशेर ने

लिखी हैं या त्रिलोचन ने। प्रेम के बारे में उनका दृष्टिकोण एकदम स्पष्ट है, 'प्यार करो तो प्यार करो, क्या आगा-पीछा' या 'चाहे जो समझे यह दुनिया, मैंने तुमको प्यार किया है।' कोई दुविधा नहीं, किसी की परवाह नहीं। इस दृष्टिकोण में रोमांटिक कवियों जैसी मुक्ति-चेतना है; लेकिन प्रेम कल्पना में नहीं, यथार्थ के धरातल पर विकसित होता है। यह प्रेम जीवन-जगत से दूर एकांत में नहीं ले जाता। वह जीवन की लय पैदा करता है, जगत-जीवन का प्रेमी बनाता है। यहाँ प्रेम शौक नहीं है, वह जीवन की अनिवार्यता है :

आज मैं अकेला हूँ
अकेले रहा नहीं जाता
जीवन मिला है यह
रतन मिला है यह
धूल में
कि
फूल में
मिला है
तो
मिला है यह
मोल तोल इसका
अकेले कहा नहीं जाता।

जीवन की कठिनाइयों से यह अकेलापन जब और गहरा हो जाता है, तब लगता है कि 'बाँह गहे कोई, लहरों में साथ रहे कोई।' प्रेम की अनुभूति में ऐसी गम्भीरता और अभिव्यक्ति में निश्छलता घनानंद में मिलती है। इन प्रेम-कविताओं में जीवन की लय में मानव-मन की मुक्ति का राग मुखरित होता है।

दुनिया-भर के बड़े कवियों ने प्रेम को सामाजिक रूढ़िवाद और शास्त्रीय रीतिवाद से मुक्त करने के लिए लम्बा संघर्ष किया है। यही नहीं, उन्होंने प्रेम को रूढ़िवाद और रीतिवाद से संघर्ष का माध्यम भी बनाया है। हिन्दी कविता में ऐसे संघर्ष की लम्बी गौरवशाली परम्परा है। आश्चर्य की बात है कि आजकल हिन्दी में प्रेम कविता के बारे में एक नया रूढ़िवाद पनप रहा है, वह मार्क्सवाद के नाम पर। प्रेम को स्वकीया-परकीया के खानों में बाँटकर प्रेम कविता पर रीतिवादी ढाँचा लादने की कोशिश हो रही है। कहा जा रहा है कि कविता में स्वकीया प्रेम ही प्रगतिशील है। फिर तो ऐसी प्रगतिशीलता का अगला कदम सती-प्रथा का समर्थन ही होगा। प्रेम की कविता में अनुभूति की सच्चाई और तन्मयता की जगह अगर स्वकीयापन को प्रगतिशीलता की कसौटी मान लिया जाय तो संस्कृत और हिन्दी के अनेक महाकवियों के साथ दुनिया-भर के रोमांटिक कवि प्रतिक्रियावादी साबित होंगे।

त्रिलोचन सॉनेट के कवि माने जाते हैं। सॉनेट से उन्हें ख्याति मिली है और आलोचना भी। कई लोग चकित हैं कि एक विजातीय छन्द में जातीय मन या भारतीय मन

की कविता कैसे सम्भव हुई है। आश्चर्य तो यह है कि जो लोग सॉनेट की अभारतीयता पर उँगली उठाते हैं, वे उपन्यास और कहानी के बारे में ऐसे सवाल नहीं करते, जबकि ये विधाएँ भी आधुनिक रूप में पश्चिम की देन हैं। अगर आज कोई सिनेमा को विदेशी कहकर उसकी आलोचना करे तो लोग क्या कहेंगे? यह भी एक विडम्बना ही है कि जो रूपवाद के विरोधी हैं, वही त्रिलोचन के सॉनेट की अंतर्वस्तु की उपेक्षा करके उसके रूप के पीछे पड़े रहते हैं। लेकिन इन सबके साथ ही त्रिलोचन के सॉनेट की शक्ति और सौन्दर्य को सराहने वाले भी हैं। रेणु को सॉनेट के कवि त्रिलोचन 'शब्द-योगी' लगते हैं और केदारनाथ अग्रवाल को 'शब्द-साधक।' शमशेर उनकी सहजता पर फिदा हैं।

त्रिलोचन ने सॉनेट के अलावा दूसरे काव्य-रूपों में भी लिखा है। *गुलाब और बुलबुल* ग़ज़लों का संग्रह है। दुष्यन्त कुमार की ग़ज़लों के बाद हिन्दी में ग़ज़ल की बाढ़ आ गयी है। इस बाढ़ में लोग उस निर्झर को भूल गये हैं जो *गुलाब और बुलबुल* में है। उनके यहाँ मुक्त छन्द के साथ-साथ गद्य-कविता भी है। *चैती* और *अरघान* में ऋचाओं की शैली में कुछ अत्यंत छोटी कविताएँ हैं। इन सबसे अलग 'नगई महरा' जैसी लम्बी कविता है जो हिन्दी की लम्बी कविताओं की परम्परा में अनेक कारणों से विशिष्ट है। उसमें लम्बी कविता को मिथक, फैंटेसी, रूपक और अमूर्तन के घटाटोप से मुक्त करके जन-जीवन के यथार्थ और ठोस अनुभवों की भूमि पर उतार लाने का सफल कलात्मक प्रयास है। उस कविता में जन-जीवन के अनुभव उसी जीवन की भाषा में यथार्थवादी रचाव के साथ व्यक्त हुए हैं। यथार्थ से भाषा का ऐसा आत्मीय सम्बन्ध केवल 'हरिजन गाथा' (नागार्जुन) में दिखाई देता है। त्रिलोचन ने नगई महरा को लम्बी कविता का नायक बनाकर एक स्तर पर वही काम किया है जो *गोदान* में होरी को लाकर प्रेमचंद ने किया था।

त्रिलोचन घटनाओं के कवि नहीं हैं। वे मूल्यों के कवि हैं। उनकी कविता में सामाजिक-राजनीतिक घटनाओं का चित्रण-वर्णन बहुत कम है, मानव-जीवन की दशाओं और अनुभवों की अभिव्यक्ति अधिक है। वे मानवीय अनुभवों और जीवन-दशाओं की अभिव्यक्ति करते हुए संघर्ष, आस्था जिजीविषा, प्रेम, न्याय और स्वतन्त्रता जैसे जीवन-मूल्यों की व्यंजना करते हैं। इन जीवन-मूल्यों के बारे में वे कविता में वक्तव्य भी देते हैं, लेकिन कविता वहीं होती है, जहाँ मूल्य या तो जीवन के अनुभवों के बीच व्यक्त होते हैं या वक्तव्य के पीछे मंतव्य में रहते हैं। घटनाओं की कविता हमारे सामने की वास्तविकता का बोध कराती है, इसलिए वह जल्दी मन को छूती है। मूल्यों की कविता सतह के नीचे छिपी सच्चाइयों को पहचानने की अंतर्दृष्टि देती है, इसलिए वह पाठकों से धैर्य की माँग करती है, धीरे-धीरे विवेक को प्रभावित करती है। यही कारण है कि त्रिलोचन की कविता कुछ देर से पाठकों के मन में जगह पा सकी।

त्रिलोचन की कविता हमारे सामने एक महत्त्वपूर्ण सवाल रखती है कि आज हम जिन स्थितियों का सामना कर रहे हैं, उसमें कौन-सी कविता सार्थक भूमिका निभा सकती है? आजकल जनता की चेतना पर लगातार संचार-माध्यमों का हमला बढ़ रहा है, उसकी अनुभूति, कल्पना और सोच को एक खास ढाँचे में ढालने की कोशिश हो रही है। यहाँ

मनुष्य लोहा, कोयला आदि की तरह एक संसाधन मान लिया गया है, जिसका शोषण व्यवस्था के अस्तित्व के लिए अनिवार्य हो रहा है। इस व्यवस्था में मनुष्य की मनुष्यता खतरे में है। यहाँ आदमी को रूढ़ियों और बर्बर आदिम प्रथाओं की आग में झोंका जा रहा है। सत्ता क्रमशः अधिक खूँखार और दमनकारी होती जा रही है और जनवादी शक्तियाँ फूट और बिखराव की स्थिति में पड़ी हैं।

ऐसी स्थिति में सबसे पहले उस कविता की जरूरत है जो पाठकों को प्रगतिशील जीवन-मूल्यों के प्रति सचेत बनाए और उनकी रक्षा के लिए संघर्ष में आस्था जागे। इसीलिए आज त्रिलोचन की कविता विशेष प्रासंगिक हो गयी है। वह कविता संचार-माध्यमों के हमलों से जन-चेतना को भ्रमित होने से बचा सकती है। मूल्यों की कविता ही उस चेतना के विकास की भूमिका तैयार करती है जो रेणु के शब्दों में, 'समाज को मानवीय और मनुष्य को सामाजिक' बनाने का संकल्प लेती है। उस चेतना को शोषक व्यवस्था और दमनकारी सत्ता के विरुद्ध संघर्ष की प्रेरणा देने वाली कविताओं की भी आज जरूरत है। यह काम वही कविता कर पाएगी जो वर्तमान व्यवस्था के वास्तविक चरित्र को उघाड़कर जनता के सामने रखती है और आज के जन-संघर्षों से जुड़कर उनके विकास में सहायक बनती है। ऐसी कविता नागार्जुन लिखते हैं।

आज से चालीस वर्ष पहले के जन-संघर्षों और आन्दोलनों की कविताओं का ऐतिहासिक महत्त्व है, लेकिन आज के सन्दर्भ में उनकी प्रासंगिकता संदिग्ध ही है। तात्कालिकता घटनाओं की कविता का एक बड़ा गुण है, लेकिन वही उनकी आयु के लिए खतरा भी है। 1848 की क्रांति के बाद किसी ने एंगेल्स से पूछा कि '1848 की क्रांति की कविताएँ कहाँ गयीं?' एंगेल्स ने जवाब दिया, "वे सब अपने समय के राजनीतिक पूर्वग्रहों के साथ मर गयीं।" राजनीति के तात्कालिक आग्रहों और कार्य-नीतियों का अनुगमन करने वाली कविताओं का प्रायः यही हाल होता है।

(आलोचना, 1987)

8

कविता खबर भी है

दूसरे महायुद्ध के दिनों की बात है। उन दिनों काशी में आज की तरह साहित्य पर अकाल की छाया न थी। वहाँ पुरानी और नयी पीढ़ी के अनेक रचनाकार मौजूद थे। लेखकों के बीच गहरी आत्मीयता थी, आज की तरह तीखी कटुता नहीं। युद्ध के दिन थे, इसलिए खबरों की चिन्ता बढ़ गयी थी। सभी अखबारों का बेचैनी से इन्तजार करते थे। एक दिन सवेरे-सवेरे नयी पीढ़ी के एक कवि से दूसरे कवि की भेंट हो गयी। रात में जर्मनी पर मित्र राष्ट्रों की बमबारी की खबर आयी थी। उस समय सबको दुनिया के भविष्य की चिन्ता थी। दुनिया का भविष्य युद्ध के भविष्य से जुड़ा था, इसलिए युद्ध की हर खबर लोगों के दिलों की धड़कन तक पहुँचती थी। ऐसी स्थिति में संवेदनशील कवि युद्ध की खबरों से बेखबर कैसे रह सकते थे। एक कवि ने दूसरे कवि को देखते ही पूछा, "तुमने आज का अखबार देखा है? आज एक बहुत अच्छी खबर है। मित्र राष्ट्रों ने जर्मनी पर बमबारी की है।" दूसरे कवि ने जवाब दिया, "मैं कवि हूँ, अखबार नहीं पढ़ता।" सवाल पूछने वाला चकित और चुप होकर कविता में समय को पुकारने वाले अपने कवि मित्र का मुँह देखता रह गया। वह भी कवि था, लेकिन ऐसा नहीं जो कवि होने के कारण अखबार न पढ़ता हो या अखबार न पढ़कर कवि बने रहना चाहता हो।

कहा जाता है कि मीर तकी 'मीर' अपनी जबान खराब हो जाने के डर से साधारण लोगों से बात करना मुनासिब नहीं समझते थे। वैसे ही आज के कई कवि अखबार नहीं पढ़ते। ऐसे कवि अपने मन को आसपास की जिन्दगी की हवा से और अपनी जबान को उस हवा के साथ आने वाले धूल-धक्कड़ से बचाए रखना चाहते हैं। असल में इस प्रवृत्ति के पीछे कविता के स्वभाव और जिन्दगी से उसके सम्बन्ध की एक ऐसी समझ है जो कविता को छुईमुई मानती है। जो लोग अखबार को कविता का दुश्मन समझते हैं, वे अपनी कविता को जिन्दगी की वास्तविक घटनाओं और स्थितियों से दूर रखना चाहते हैं। गनीमत है कि अब ऐसे कवि दुर्लभ होते जा रहे हैं जो कवि होने के कारण अखबार नहीं पढ़ते। हिन्दी कविता की दुनिया में अभी भी, रघुवीर सहाय की कविता के बावजूद, कुछ लोगों के मन में कविता से पत्रकारिता के सम्बन्ध को लेकर कई तरह की शंकाएँ हैं और कई भ्रम भी।

जिनके काव्य-बोध पर आज भी नयी कविता के संस्कार छाए हुए हैं, वे कविता में पत्रकारिता के किसी पहलू या कौशल को आते देखकर भड़क उठते हैं। यह ठीक है कि आजकल अधिकांश पत्रकारिता व्यवसाय और पेशा है, कोई बौद्धिक जरूरत नहीं। वह व्यापक जन-समुदाय से संवाद करने, उसे जानने और जगाने की इच्छा के बदले लाभ-लोभ की भावना से चल रही है। ऐसी पत्रकारिता अपनी खास बनाने और बाजार बढ़ाने के लिए साहित्य का मजेदार मसाले की तरह इस्तेमाल करती है। जाहिर है, ऐसी पत्रकारिता सच्चे लेखकों और कवियों को आकर्षित नहीं कर सकती। लेकिन पत्रकारिता इतने तक सीमित नहीं है। फिर वह जैसी भी है, आज के हमारे जीवन पर उसका प्रभाव इतना गहरा है कि उसकी उपेक्षा जगत-गति से उदासीन कोई मूढ़ ही करेगा। आज का कवि कोई ऐसा मूढ़ कैसे हो सकता है?

आज यह समझना जरूरी हो गया है कि अखबार और जन-संचार के दूसरे माध्यम समाज की वास्तविकताओं और सच्चाइयों को विशेष रूप-रंग में ढालकर पेश करते हैं और सामाजिक चेतना को मनचाही दिशा में मोड़ते हैं। इस तरह जन-संचार के माध्यम हमारे सामाजिक बोध को ही नहीं, बोध की प्रक्रिया को भी प्रभावित कर रहे हैं। सम्प्रेषण के माध्यमों की यह भूमिका सामाजिक चेतना के विकास और मानवीय संवेदना की रक्षा की चिन्ता करने वाले लेखकों, कवियों और कलाकारों के लिए अब एक चुनौती बन गयी है। आज भी जो कवि अपने नागरिक धर्म और कवि-कर्म के बीच रहस्य का परदा डालकर इस ओर नागरिक और उस ओर कवि बने रहते हैं, उन्हें भले ही इस चुनौती का एहसास न हो, लेकिन जो लेखक समाज की जिन्दगी के रोज-रोज के इतिहास में बनते-बिगड़ते मनुष्य और मानवीय रिश्तों की पहचान में सचमुच दिलचस्पी रखते हैं, वे इस चुनौती से मुँह नहीं मोड़ सकते। रघुवीर सहाय की कविता में इस चुनौती का एहसास और उसका सामना करने की कोशिश आज के किसी भी दूसरे कवि से अधिक है। सामाजिक चेतना पर जन-संचार के माध्यमों के आक्रमण के बारे में सजगता रघुवीर सहाय की कविता में पहले भी रही है, लेकिन *कुछ पते कुछ चिट्ठियाँ* की कविताओं में वह पहले से अधिक तीव्रता के साथ प्रकट हुई है; क्योंकि इन्हीं दिनों रेडियो, टेलीविजन और अखबार के उग्र प्रभाव के अधिक प्रमाण सामने आये हैं। *कुछ पते कुछ चिट्ठियाँ* के 'निवेदन' में उन्होंने लिखा है, "भाषा के अनेक प्रकारों पर व्यावसायिक और राजनीतिक कब्जे ने भाषा की रचनात्मकता को अनेक प्रकार से विकृत और कुंठित किया है, नयी प्रतिभा को सामाजिक चेतना के विषय में बलपूर्वक अशिक्षित करके मनुष्यों के बीच साझेदारी के सम्बन्ध तोड़े हैं और उनकी जगह बनावटी रागात्मकता के नये समझौते आरोपित किए हैं।" यह स्थिति हर तरह की रचनाशीलता के लिए अत्यंत खतरनाक है; विशेष रूप से कविता के लिए तो सबसे अधिक।

सम्प्रेषण के विभिन्न माध्यमों के प्रति नकली उदासीनता या फिर सतही दिलचस्पी से इस खतरे का सामना नहीं हो सकता। जो कवि होने के नाते अखबार नहीं पढ़ते वे नकली उदासीनता के शिकार हैं। ऐसे कवि समकालीन जिन्दगी की वास्तविकताओं के

गर्द-गुबार से कविता को बचाते हैं और मनगढंत समस्याओं पर जड़ाऊ कविता लिखते हैं। दूसरी ओर वे कवि हैं जो यथार्थवाद के नाम पर अखबार का काम कविता के जिम्मे सौंप देते हैं और अखबारी कविता लिखते हैं। यह समकालीन सामाजिक वास्तविकता और पत्रकारिता दोनों में सतही दिलचस्पी के कारण होता है। इसके पीछे पत्रकारिता से कविता के सम्बन्ध की सतही समझ भी होती है। इन दोनों स्थितियों में कविता मारी जाती है। पहली स्थिति में वह अपने समय और समाज से दूर जाकर मरती है और दूसरी स्थिति में पत्रकारिता से कविता के सम्बन्ध की सतही समझ उसे मार डालती है।

हमारी सामाजिक चेतना और रचनाशीलता के सामने खड़े इस खतरे के बारे में रघुवीर सहाय केवल चिन्तित ही नहीं हैं। वे सम्प्रेषण के माध्यमों की शक्ति और भूमिका को पहचानते भी हैं। यही नहीं, वे इन माध्यमों के पीछे सक्रिय शक्तियों और उनके इरादों को भी समझते हैं। इसीलिए वे नकली उदासीनता या सतही दिलचस्पी के शिकार नहीं होते। वे रचना के स्तर पर सम्प्रेषण के माध्यमों की न तो उपेक्षा करते हैं और न उनके सामने आत्मसमर्पण। वे सामाजिक चेतना और रचनाशीलता के सामने खड़े इस खतरे को रचनात्मक चुनौती के रूप में स्वीकार करते हैं और अपनी कविता में उसका सामना करते हैं। इस प्रक्रिया में वे कविता को भी विकसित करते हैं और उसे अद्यतन बनाते हैं। सम्प्रेषण के माध्यम आज की कविता के सामने ऐसी चुनौती हैं, जिनकी उपेक्षा कविता के लिए आत्मघाती होगी, इसलिए उस पर बात करना जरूरी है। इस चुनौती के बारे में बात करने के लिए रघुवीर सहाय की कविता से बेहतर सन्दर्भ और कहाँ मिलेगा? उनके यहाँ पत्रकारिता से कविता का रचनात्मक सम्बन्ध जितना समृद्ध और सम्भावनाओं से भरपूर है, वैसा हिन्दी में अन्यत्र शायद ही मिले।

रघुवीर सहाय जन-संचार के विभिन्न माध्यमों के स्वभाव और काम के ढंग को अच्छी तरह जानते थे। वे हिन्दी पत्रकारिता से जीवन भर जुड़े रहे, इसलिए उसकी भीतरी दुनिया की नस-नस पहचानते थे। *नवभारत टाइम्स* और *दिनमान* में काम करते हुए उन्होंने एक पत्रकार की नजर से दुनिया को देखने और पाठकों के सामने पेश करने की कला का रहस्य जाना था। पत्रकारिता के अनुभव से उन्होंने यह भी समझा था कि अखबार अपने पाठकों को क्या देता है और बदले में क्या ले लेता है। एक स्वाधीन पत्रकार की आँखों से उन्होंने पत्रकारिता के तिलिस्म को भी देखा था। उनकी कविता में पत्रकार के अनुभवों की अनुगूँजें हर स्तर पर मौजूद हैं; कहीं पत्रकार की दृष्टि से कवि-दृष्टि की टकराहट है तो कहीं एकता भी है।

रघुवीर सहाय जानते हैं कि सम्प्रेषण के माध्यमों पर व्यावसायिकता का कब्जा है जिसे मनुष्य, मानवीय अनुभव और मानवीय रिश्तों की मान-मर्यादा की कोई चिन्ता नहीं है। टेलीविजन और अखबार 'प्रत्येक अनुभव को एक सनसनी और प्रत्येक मनुष्य को एक वस्तु' बनाते चले जाते हैं। सामाजिक चेतना को दुविधा और भ्रम में डालने का तरीका टेलीविजन जानता है, इसलिए :

कभी-कभी वह दिखला देता है भूखा-नंगा इन्सान।
उसके ऊपर बजा दिया करता है सारंगी की तान॥
(हँसो हँसो जल्दी हँसो)

भूखा-नंगा इन्सान दिखलाने के बाद सारंगी की तान। समाज की कटु सच्चाई को देखकर बेचैन चेतना पर करुणा का लेप। टेलीविजन की कला का कमाल। रघुवीर सहाय विभिन्न कलाओं के आपसी रिश्तों को, खास तौर से कविता से संगीत के रिश्तों की रचनात्मक सम्भावनाओं को बहुत अच्छी तरह पहचानते थे। वे कहते थे कि "शब्द भाषा के अतिरिक्त भाषा के जो रूप हैं, जो हमें दूसरी कलाओं के माध्यम से दीखते हैं, उनके प्रति हम जितनी अधिक समझ विकसित कर सकें, हमें करनी चाहिए।" ऐसा उन्होंने स्वयं किया था। संगीत की भाषा के अनेक रूपों और अभिप्रायों की विकसित समझ के प्रमाण उनकी कई कविताओं में मौजूद हैं, अगर वे संगीत की भाषा से अपरिचित होते तो टेलीविजन की इस कपटी कला का रहस्य खोल नहीं पाते।

इन कलाबाजी में अखबार कई बार टेलीविजन से भी आगे निकल जाता है। सच को विकृत करने और लोगों को भरमाने की अखबारी कला का एक रूप यह है :

देखो जिसको मारा है उसके चेहरों को
उन पर कोई रंग नहीं है
पर सौदागर जरा देर में उनमें कोई रंग डालकर
उनको कपड़े पहना देंगे चिकनाए आवरण पृष्ठ पर
(लोग भूल गये हैं)

आज की जिन्दगी में अखबार की जगह और भूमिका के बारे में कुछ कहना अनावश्यक है। किसी ने ठीक ही कहा है कि एक सचमुच आधुनिक मनुष्य की जिन्दगी में अखबार प्रातःकालीन प्रार्थना की तरह आता है। अखबार अपने साथ लाता है कुछ खबरें। खबरों में छिपी रहती है एक सनसनी। उससे नीरस जिन्दगी में थोड़ी-सी हलचल, कुछ सिहरन, कभी-कभी गुदगुदी और कभी-कभार हलकी-सी चुभन पैदा होती है। लेकिन खबरों के पीछे मौजूद मनुष्य और उसके अनुभवों की चिन्ता अखबार नहीं करता। साधारण आदमी खबर के लायक तभी होता है, जब वह दुर्घटना का शिकार होता है। अखबार आदमी से अधिक दुर्घटना के सबूत में दिलचस्पी रखता है :

लाश वह चीज है जो संघर्ष के बाद बच रहती है
उसमें सहेजी हुई रहती है एक पिचकी थाली
एक चीकट कंघी और देह के अन्दर की टूट
सिर्फ एक चीख बाहर आती है जो दरअसल
एक अंदरूनी मामला है और अभी शोध का विषय है
तब वह चीख नहीं—लाश भेज दी जाती है छपाई के लिए
(हँसो हँसो जल्दी हँसो)

अखबार की इस अमानवीय दिलचस्पी को वही कवि पहचान सकता है, जो अखबार की दुनिया को जानता है और उसमें खोई हुई चीख की खोज करना चाहता है। तभी वह ऐसी कविता लिख पाता है जो सूचनाओं और सबूतों में खोए आदमी की चीख की खोज-खबर देती है। यहाँ वह कविता निरर्थक होगी जो अपनी कला पर पाठक को मुग्ध कर ले या उसे करुणा से व्याकुल बना दे। इन दोनों स्थितियों में पाठक आदमी की चीख को भूल जाता है।

रघुवीर सहाय की कविता में मनुष्य और मानवीय अनुभव कई दूसरे कवियों की तरह कविता के लिए केवल बहाना नहीं होते। उनकी कविता मानवीय अनुभव और मानवीय रिश्तों को हर तरह के हमलों से बचाती है, हमला चाहे अखबार का हो या झूठी कविता का। जैसे अखबार में मानवीय सच्चाई खो जाती है, वैसे ही काल्पनिक दर्द की कविताओं में मानवीय संवेदना झुठलाई जाती है। रघुवीर सहाय ऐसी कवि-दृष्टि की भी आलोचना करते हैं। अपने आसपास की दुनिया से बेखबर कविता के बारे में वे पूछते हैं–

यह दृष्टि सुन्दरापे की कैसे बनी कि हर वह
चीज जो खबर देती थी हो गयी गैर?
क्यों कलाकार को नहीं दिखाई देती अब
गन्दगी, गरीबी और गुलामी से पैदा?

(कुछ पते कुछ चिट्ठियाँ)

रघुवीर सहाय की कविता खबर देती है। वह जिन्दगी की वास्तविकताओं और सच्चाईयों के अनुभवों की खबर देती है। जाहिर है, कविता की खबर अखबार जैसी नहीं होती। अखबार की खबर जहाँ से शुरू होती है, उसके पहले की और जहाँ खत्म होती है, उसके बाद की खबर देती है रघुवीर सहाय की कविता। आजकल अखबारों में खोज-खबर की बड़ी चर्चा है। उस खोज-खबर की सीमा और कविता की खबर की सम्भावना यहाँ आमने-सामने मौजूद है; और साथ में पत्रकार की दृष्टि से कवि-दृष्टि का द्वन्द्वात्मक रिश्ता भी :

मुझसे कहा कि मृत्यु की खबर लिखो
मुर्दे के घर नहीं जाओ, मरघट जाओ
लाश को भुगताने के नियम, खर्च और कुप्रबन्ध
खोज-खबर लिख लाओ
यह तुमने क्या लिखा, 'झुर्रियाँ,
उनके भीतर छिपे उनके प्रकट होने के आसार,
आँखों में उदासी-सी एक चीज दिखती है–'
यह तुमने मरने के पहले का वृत्तांत क्यों लिखा?

(कुछ पते कुछ चिट्ठियाँ)

अखबार में किसी घटना या दुर्घटना के शिकार व्यक्ति के बारे में खबर पढ़कर हम जो कुछ भूल जाते हैं, उसकी याद दिलाती है यह कविता। दुर्घटना या पुलिस की गोली से मरे आदमी की चीख और उसकी आँखों में जमी उदासी रघुवीर सहाय की कविता में जैसी मिलती है, वैसी किसी अखबार में नहीं। जिन विशेषताओं के होने से आदमी इन्सान होता है, उनकी खोज कविता करती है, अखबार नहीं। रघुवीर सहाय जिन स्थितियों और अनुभवों पर कविता लिखते हैं, उनकी सीमा और सम्भावना दोनों की तलाश करते हैं। यहीं वे उन कवियों से अलग होते हैं, जो हर स्थिति और अनुभव की या तो केवल सीमा बताते हैं या अपार सम्भावनाएँ देखते हैं। रघुवीर सहाय जिस द्वन्द्वात्मक प्रक्रिया से कविता पैदा करते हैं, वह ऐसा विवेक देती है जिससे मनुष्य को वस्तु बनाने वाली प्रक्रिया को पहचानकर पाठक उसके खिलाफ खड़ा होने की ताकत पाता है।

आज के अखबार केवल पूँजी के तन्त्र और इरादों से ही संचालित नहीं होते, वे सत्ता के संकेतों पर भी चलते हैं। सत्ता अखबारों का उपयोग कभी शास्त्र की तरह करती है और कभी शस्त्र की तरह। जनता को अखबार कभी सत्ता की ओर से आश्वस्त करते हैं और कभी आतंकित। रघुवीर सहाय अखबार की इन भूमिकाओं को पहचानते हैं :

मरते मनुष्यों के मध्य खड़ा मक्कार मन्त्री
कहता है सविश्वास
सरकार सिंचाई करे
सुनते हैं लड़के, अधेड़ पढ़ते हैं, याद करते हैं बूढ़े
यह विचार, अखबार सीने पर धर जाता है लोहे के
अक्षरों में एक धौंस, कोई छटपटाता नहीं।

(आत्महत्या के विरुद्ध)

सत्ता और अखबार का यह गठजोड़ जनता को निरीह और गुलाम बनाए रखने की राजनीति का वह पक्ष है, जिसकी ओर दूसरे कवियों ने कम ही ध्यान दिया है। हिन्दी में राजनीतिक कविता की भरमार के बावजूद इस राजनीति का झूठा सच बहुत कम कविताओं में दिखाई देता है। इसकी पहचान कराने वाली सबसे अधिक और अच्छी कविताएँ रघुवीर सहाय के काव्य-संसार में हैं।

एक पतनशील सत्ता की सेवा करने वाली पत्रकारिता से साहस और स्वाधीनता की उम्मीद कैसे की जा सकती है, ऐसी स्थिति में अखबार अगर सत्ता के इशारों पर नाचे तो क्या आश्चर्य?–

बीस बड़े अखबारों के प्रतिनिधि पूछें पच्चीस बार
क्या हुआ समाजवाद
कहे महासंघपति पच्चीस बार हम करेंगे विचार
आँख मारकर पच्चीस बार हँसे वह, पच्चीस बार
हँसे बीस अखबार

(आत्महत्या के विरुद्ध)

इस सबके बावजूद अखबार और पत्रकार लोक-चेतना की रक्षा का दावा करते हैं। उनके दावों का खोखलापन खोलकर रख देती है रघुवीर सहाय की कविता। आजकल इस देश में अखबारों की दुनिया जैसी है, उसमें वही पत्रकार सफल और सुखी होगा जो सत्ता और सेठ को एक साथ साध सके। इसीलिए यहाँ 'घूर पर फुदकते हुए सम्पादक गद-गद हैं', जबकि एक स्वाधीन पत्रकार, वह रघुवीर सहाय हों या कोई दूसरा, धक्का मारकर अखबार की दुनिया से बाहर निकाल दिया जाता है।

अब तक हमने पत्रकारिता से रघुवीर सहाय की कविता के सम्बन्ध का वह पक्ष देखा है, जिसमें कविता अखबार की दुनिया के भेद खोलती है, उसकी जनविरोधी और अमानवीय भूमिका के विरोध में खड़ी होती है। लेकिन पत्रकारिता से रघुवीर सहाय के कवि-कर्म के सम्बन्ध का एक और पक्ष है। वे पत्रकारिता के अपने अनुभवों की मदद से समकालीन हिन्दी कविता के परिचित रूप-रंग और प्रचलित प्रभाव-पद्धति को तोड़ते हुए ऐसी कविता लिखते हैं, जिसका स्वभाव और प्रभाव दूसरे समकालीन कवियों की कविता से अलग है।

पत्रकारिता केवल व्यवसाय और पेशा नहीं है। वह अपने समय की समस्याओं और समाज की वास्तविकताओं को देखने-समझने की एक दृष्टि के साथ-साथ उन सबको सबके सामने पेश करने की कला भी है। पत्रकारिता की यही दृष्टि और कभी-कभी कला भी, आज के कवि के लिए उपयोगी है। खास तौर से ऐसे कवि के लिए तो वह एकदम जरूरी है जो अपने समय की वास्तविक दुनिया के व्यक्तियों और वस्तुओं में गहरी दिलचस्पी रखता हो और उस दुनिया की गतिविधि को अपनी कविता में ठीक-ठीक दर्ज करने के लिए बेचैन हो। ऐसा कवि यह भी चाहता है कि पाठक उसकी कविता में जब अपनी दुनिया को देखे, तब बिना किसी भ्रम या भटकाव के उसे पहचान सके, क्योंकि बहुत बनी-ठनी कविता अपने पाठकों को भटकाती है और भरमाती भी है। रघुवीर सहाय ऐसे ही कवि हैं, तभी तो वे चाहते हैं कि 'कविता भी वैसी ही जानदार हो सके जैसी कि वे वास्तविकताएँ, जिनसे हम कविता की प्रेरणा लेते हैं।' यह अकारण नहीं है कि कई दूसरे कवियों की तरह रघुवीर सहाय अनुभूति की कोमलता और स्वच्छता की रक्षा के लिए जीवन के खुरदुरे तथ्यों की उपेक्षा नहीं करते। रघुवीर सहाय आज के कवि के लिए पत्रकारिता की विशिष्ट दृष्टि का महत्त्व जानते हैं। वे यह भी जानते हैं कि पत्रकारिता की कला एक कौशल के रूप में कविता के लिए उपयोगी और जरूरी है, लेकिन एक सीमा के बाद यह कविता के लिए खतरा भी है। जब कविता पत्रकारिता के आगे अपना सिर झुका देती है, तब वह अखबारी कविता बन जाती है। रघुवीर सहाय इस खतरे से सावधान रहते हैं, इसलिए उनकी कविता पत्रकारिता के सामने समर्पण नहीं करती। उनके काव्य-संसार में पत्रकार की दृष्टि कवि को कविता के कई पुराने पूर्वग्रहों से छुटकारा पाने में मदद करती है तो कवि-दृष्टि पत्रकारिता को अधिक संवेदनशील और मानवीय बनाने की कोशिश करती है। वे कविता की जमीन से सनसनीखेज और अमानवीय पत्रकारिता की आलोचना करते हैं तो पत्रकार की दृष्टि से अपने में सिमटी-सिकुड़ी लचीली कविता की खबर लेते हैं। वे कविता में समकालीन मनुष्य, उसके अनुभव और मानवीय रिश्तों की खोज जरूरी मानते हैं। इस काम

में पत्रकारिता सहायक बनती है। उनकी कविता कवि-दृष्टि से पत्रकार की दृष्टि के द्वन्द्वात्मक रिश्ते से उपजी कविता है। जैसे कबीरदास की कविता एक बुनकर की कविता है, वैसे रघुवीर सहाय की कविता एक पत्रकार की कविता है।

पत्रकारिता रघुवीर सहाय की कविता का विषय ही नहीं है, वह उनकी कविता के रचाव में भी है। उनके काव्य-कौशल की कई विशेषताएँ पत्रकारिता से आयी हैं और उनकी काव्यानुभूति में ढलकर नया रूप पा गयी हैं। तात्कालिकता अखबार की खबर की विशेषता है, लेकिन रघुवीर सहाय की कविता में वह मानवीय अनुभव की विशेषता बन गयी है। वे जब कभी तात्कालिक अनुभवों पर कविता लिखते हैं, तब उनके स्थायी अभिप्रायों की खोज करते हैं, इसलिए कविता अखबारी तात्कालिकता से मुक्त होती है। लेकिन जब वे प्रेम और मृत्यु जैसे स्थायी विषयों पर कविता लिखते हैं, तब समकालीन समय और समाज में प्रेम और मृत्यु के अनुभवों की तात्कालिकता की अभिव्यक्ति करते हैं। रघुवीर सहाय अपनी कविता में नकली शाश्वतता की बेदी पर जीवन के अनुभवों की तात्कालिकता की बलि नहीं चढ़ाते। उनकी कविता में अनुभूतियों की तात्कालिकता होती है, अखबारी सूचनाओं की नहीं; इसलिए एक पाठ के बाद उसकी ताजगी मरती नहीं, हर पाठ के दौरान वह नये रूप में जी उठती है।

रघुवीर सहाय की कविता एक और स्तर पर पत्रकारिता की चुनौती का मुकाबला करती है। प्रायः अखबार सूचनाएँ देते हैं, सवाल नहीं करते। सूचनाएँ पाठकों को सन्तुष्ट करती हैं, बेचैन नहीं करतीं। इस प्रक्रिया में पाठक की चेतना जड़ होती जाती है। रघुवीर सहाय कविता में सूचनाएँ भी देते हैं। नागार्जुन के बाद सम्भवतः उन्हीं की कविता में समकालीन भारतीय समाज की सबसे अधिक सूचनाएँ दर्ज हैं, लेकिन वे कविता में सूचनाएँ देकर सन्तुष्ट नहीं हो जाते। उनकी कविताएँ अपने समय और समाज की खबर देती हुई बार-बार सवाल पूछती हैं और पाठकों को नये सवाल करने के लिए उकसाती भी हैं। वे सवाल पाठक को सजग बनाते हैं, उसकी चेतना नयी सम्भावनाओं की तलाश में सक्रिय होती है। इस तरह कविता परिवर्तन की प्रक्रिया तेज करती है।

रघुवीर सहाय उन कवियों में हैं जो अपने समय और समाज का कवि होने में अपने कवि-कर्म की सार्थकता मानते हैं, इसलिए वे समकालीन जिन्दगी की भाषा उसी जिन्दगी की वास्तविक स्थितियों और अनुभवों की कविता लिखते हैं। वे परम्परा की खुदाई से मिले शब्दों में दिमागी ऊहापोह की कविता नहीं लिखते। इस सजगता के मूल में उनकी पत्रकार-दृष्टि की सक्रियता भी एक कारण है। उनकी कविता में समकालीन समाज की खबरें हैं, लेकिन वे मानवीय अनुभवों की खबरें हैं। उन खबरों में टूटते-बिखरते मानवीय रिश्तों की पहचान है और नये मानवीय रिश्तों की खोज भी। वहाँ अनुभवों की तात्कालिकता है, लेकिन उसके साथ ही संघर्ष की चेतना की प्ररम्परा का अभिज्ञान भी है। ऐसी ही कविताओं के बारे में एजरा पाउंड का यह कथन सार्थक लगता है कि कविता ऐसी खबर है जो हमेशा खबर बनी रहती है।

रघुवीर सहाय ने एक बड़ा काम यह किया है कि उन्होंने कविता के पुराने प्रभामंडल

से कविता को मुक्त किया है, उससे कुछ अद्‌भुत-अपूर्व की उम्मीद करने के बदले उसे सहज-साधारण जिन्दगी की छोटी-से-छोटी घटनाओं और स्थितियों का आत्मीय साक्षी बनाया है। जिस समय हिन्दी में कविता से समाज के बुनियादी वर्गों के वर्तमान तथा भविष्य से जुड़े बुनियादी सवालों से जूझने की माँग हो रही थी और उसके परिणामस्वरूप महान विषयों पर तुच्छ कविताएँ लिखी जा रही थीं, उस समय रघुवीर सहाय ने अपनी कविता को अत्यन्त साधारण आदमी की जिन्दगी के रोज-ब-रोज के अनुभवों से जोड़ा। इसीलिए उनकी कविता विलक्षणता के विरूद्ध और सहज-साधारण के साथ खड़ी दिखाई देती है। उसमें चमत्कार की चिन्ता नहीं, बौद्धिकता का दम्भ नहीं, विशिष्टता का पाखंड नहीं और नाटकीय अंदाजेबयाँ नहीं है। दिल्ली में सामान्य जन की जिन्दगी के अनुभवों पर लिखी कविताओं, खासतौर से स्त्री और बच्चों पर लिखी कविताओं में रघुवीर सहाय की यह कवि-दृष्टि बार-बार सामने आती है। 'चढ़ती स्त्री', 'सेव बेचना', 'दो छोटे बच्चे' जैसी कविताएँ पढ़ने वाला कोई भी सावधान पाठक स्वीकार करेगा कि जीवन के मामूली अनुभव पर भी अच्छी कविता लिखी जा सकती है, बशर्ते कि कवि के पास संवेदनशील दृष्टि और रचना की क्षमता हो।

हिन्दी में कई कवि व्यक्ति और समाज के जीवन की बड़ी-बड़ी बातों, नाटकीय घटनाओं, विलक्षण स्थितियों और बुनियादी समस्याओं पर ही कविता लिखते हैं और इस भ्रम में प्रसन्न रहते हैं कि विषय जितना महान होगा, कविता भी उतनी ही महत्त्वपूर्ण होगी। रघुवीर सहाय ऐसे कवि नहीं हैं। वे समाज और व्यक्ति के जीवन की छोटी-से-छोटी बातों, घटनाओं, स्थितियों और समस्याओं के बीच भूली-भटकी हुई जिन्दगी की सच्चाइयों की कविता लिखते हैं।

रघुवीर सहाय जानते हैं कि हमारी रोज-रोज की जिन्दगी में ब्योरों का बहुत महत्त्व होता है, बल्कि ब्योरों के बीच से ही जिन्दगी का रूप उभरता है। वे पत्रकारिता के अनुभव से यह भी जानते हैं कि ब्योरों से बचने वाली भाषा हवाई होती है। इसलिए उनकी कविता ब्योरों से बचने की कोशिश नहीं करती। उनकी कविता की भाषा ब्योरों के बीच से गुजरती हुई जिन्दगी के यथार्थ और अनुभवों को मूर्त रूप में सामने लाती है। वह ब्योरों में छिपी विडम्बनाओं, संरचनाओं में खोई संवेदनाओं और तथ्यों के बीच मौजूद सच्चाइयों की खोज के लिए बेचैन भाषा है। लेकिन ब्योरों के बावजूद अपने विशेष रचाव के कारण वह अखबार की भाषा की तरह अर्थ की दृष्टि से इकहरी और सतह पर जीने वाली नहीं होती। रघुवीर सहाय की कविता में कई बार ब्योरे, तथ्य और सूचनाएँ वही होती हैं जो प्रायः अखबारों में मिल जाती हैं, लेकिन उनको नये सन्दर्भ में रखकर उनके बीच नये सम्बन्ध और नये अर्थ पैदा करने वाली दृष्टि कवि की होती है। ऊपर से अखबार की भाषा जैसी सरल-सहज दिखने वाली रघुवीर सहाय की काव्य-भाषा की सरलता में ऐसी दक्षता होती है जो एक ओर सतह पर सब कुछ पा जाने की आशा करने वाले पाठकों को धोखे में डाल देती है तो दूसरी ओर जटिलता में ही कविता खोजने वालों के लिए गूढ़ बन जाती है। रघुवीर सहाय काव्य-भाषा की काल्पनिक शुद्धता के पीछे नहीं भागते, बल्कि वे पत्रकारिता और राजनीति

के प्रयत्नों से बिगाड़ी और भ्रष्ट की गयी भाषा का प्रायः ऐसा प्रयोग करते हैं कि आज की जिन्दगी के यथार्थ की सारी विरूपता लगभग पूर्णता के साथ उनकी कविता में उतर आती है।

पत्रकार की दृष्टि रघुवीर सहाय की कविता के रचाव में कई तरह से काम करती दिखाई देती है। कहीं वह विषय के चुनाव में सक्रिय होती है तो कहीं काव्य-वस्तु के बनाव में। उनकी अनेक कविताएँ घटनाओं, स्थितियों, व्यक्तियों और अनुभवों का वृत्तांत मालूम पड़ती हैं। लेकिन वैसा वृत्तांत नहीं जैसा रोज अखबारों में छपता है। फणीश्वरनाथ 'रेणु' के सूखा और बाढ़ पर लिखे वृत्तातों की तरह सर्जनात्मक। अमानवीय स्थितियों के बीच मानवीयता की तलाश के वृत्तांत। रघुवीर सहाय की 'अकाल' (*आत्महत्या के विरुद्ध*) और 'दुर्भिक्ष' (*लोग भूल गये हैं*) जैसी कविताओं के साथ अकाल पर लिखी हिन्दी की दूसरी कविताओं को रखकर आप पढ़ें तो वृत्तांत वाली बात समझ में आ जाएगी। उनकी कई कविताएँ पहली नजर में रपट-सी लगती हैं; क्योंकि विषय के साथ-साथ उनकी बनावट और भाषा में आसपास की जिन्दगी भी सहज प्रकट होती है, किसी तरह की दार्शनिक मुद्रा या चमत्कार नहीं। वहाँ कविता में कुछ सिद्ध करने के आग्रह की जगह कुछ खोजने की कोशिश होती है। इस प्रक्रिया में कविता का रूप नया हो जाता है; उसमें बातचीत, कथा, सवाल, सूचनाएँ आदि के आने की छूट मिल जाती है। ऐसा खुलापन पत्रकारिता में होता है। 'एक अधेड़ भारतीय आत्मा', 'गुलाम स्वप्न', 'विचित्र सभी' और 'मरघट' जैसी कविताओं में यह खुलापन दिखाई देता है। यह खुलापन कविता के रूप में जनतन्त्र का एक लक्षण है।

रघुवीर सहाय की कविता के प्रति पाठकों के विशेष आकर्षण का एक कारण कविता की भाषा है। उसका रूप सहज लगता है और रचाव आत्मीय। प्रायः कहा जाता है कि उनकी कविता की भाषा बोलचाल की चलती हुई भाषा है या कि वह अखबार की भाषा जैसी लगती है। ऊपरी तौर पर ये बातें सही हैं, लेकिन इनसे उनकी काव्य-भाषा की बनावट की कोई बुनियादी विशेषता प्रकट नहीं होती। कई दूसरे कवि भी बोलचाल की भाषा में ऐसी कविता लिखते हैं। यह खूब सम्भव है कि बोलचाल की भाषा में ऐसी कविता लिखी जाय, जिसमें जिन्दगी की जटिल वास्तविकताओं का सरलीकरण हो, समाज की सच्चाइयों को समझ के बदले भ्रमों की भरमार हो या महज भावुकता का विस्तार हो। रघुवीर सहाय की कविता में वह सब नहीं है, क्योंकि वहाँ वास्तविकता से भाषा के आत्मीय रिश्ते की पहचान है। कविता जिस जिन्दगी की वास्तविकता के अनुभवों को अधिक-से-अधिक पूर्णता के साथ अपना बनाकर पाठकों तक पहुँचाना चाहती है, उसकी अपनी भाषा होती है। उसी भाषा में उस जिन्दगी की वास्तविकताओं का बोध होता है और उनका अनुभव घटित होता है। अगर किसान जीवन के अनुभवों को मध्यवर्गीय भाषा या फिर आज की जिन्दगी के अनुभवों को छायावादी कविता की भाषा में व्यक्त करने की कोशिश होगी तो यथार्थ के अनुभव और भाषा के बीच फाँक रह जाएगी; जो कविता के लिए घातक होगी। जो कवि यथार्थ से भाषा के आत्मीय सम्बन्ध पर ध्यान नहीं देते, वे बोलचाल की भाषा में कविता लिखते हुए भी अवास्तविक अनुभव की कविता लिखते हैं।

रघुवीर सहाय वास्तविकता से भाषा के रिश्ते की गति, लय और अन्दाज को पहचानते हैं, इसलिए उनकी कविता में यथार्थ के अनुभव और उसको व्यक्त करने वाली भाषा के बीच कोई दरार नहीं होती। तभी उनकी कविता का यथार्थ जानदार और अनुभव असरदार होता है। वे शहरी मध्यवर्ग की जिन्दगी के यथार्थ के अनेक रूपों के अनुभवों को उसी जिन्दगी की भाषा में मूर्त और संवेद्य बनाते हुए रचते हैं, इसलिए उनकी भाषा में राजनीति और पत्रकारिता की भाषा का रचनात्मक प्रयोग मिलता है। *कुछ पते कुछ चिट्ठियाँ* की कविताओं में संचार माध्यमों की भाषा जगह-जगह आयी है; क्योंकि इन दिनों हमारी जिन्दगी के अनुभवों में संचार माध्यमों का दखल बहुत बढ़ गया है। आजकल हिन्दी के कई कवि कविता में भाषा का जनवाद पैदा करने के लिए गाँव के बोलचाल के कुछ शब्दों को जानबूझकर जबरदस्ती ले आते हैं। रघुवीर सहाय ऐसा नहीं करते। उनकी कविता में जहाँ गाँव और शहर मिलते हैं, दोनों के अनुभवों की मुठभेड़ होती है, वहीं गाँव के अनुभव के साथ उसकी भाषा भी आती है और शहरी जिन्दगी की भाषा से टकराती हुई कविता की भाषा में नयी टंकार पैदा करती है।

प्रसिद्ध उपन्यासकार ग्रेबियल गार्सिया मार्खेज ने एक साक्षात्कार में कहा था कि विचित्र और अविश्वसनीय लगने वाली बातों को सहज और विश्वसनीय बनाने की कला मैंने पत्रकारिता से सीखी है। उस कला का रहस्य यह है कि बात को बिना किसी दुविधा और लाग-लपेट के सीधे कहो। मार्खेज ने इस कला का उद्‌भुत उपयोग अपने उपन्यास *पहले से मालूम मौत का वृत्तांत* (क्रानिकल ऑफ ए डेथ फोरटोल्ड) में किया है। उपन्यास में एक ऐसी हत्या की कथा कही गयी है जिसका पहले से अनुमान था। अनुमान के बावजूद हत्या हुई, अकेले में नहीं, सड़क के बीचोबीच, भीड़ के सामने। उस घटना के वर्षों बाद एक खोजी पत्रकार मारे गये व्यक्ति के परिवार के सदस्यों की स्मृतियों और घटना से जुड़ी परिस्थितियों की छानबीन करता है। उस छानबीन के ताने-बाने से ही उपन्यास की कथा बुनी गयी है। वाचक की खोजी पत्रकार बनाकर मार्खेज ने पत्रकारिता की मदद से विचित्र और असम्भव होने वाली कथा को सहज और विश्वसनीय बना दिया है।

मार्खेज के इस उपन्यास के वर्षों पहले रघुवीर सहाय ने 'रामदास' कविता में पत्रकारिता की इस कला का अत्यन्त कुशल प्रयोग किया था। उपन्यास के नायक की तरह रामदास को भी मालूम था कि उसकी हत्या होगी, बल्कि सभी जानते थे कि उस दिन उसकी हत्या होगी। उसकी हत्या हुई, बीच सड़क पर, भीड़ के सामने। रघुवीर सहाय की कविता और मार्खेज के उपन्यास में कई स्तरों पर इतनी समानता है कि दोनों को एक साथ पढ़ने वाला कोई भी पाठक जरूर चकित होगा। दोनों वृत्तांतों में न कोई नाटकीयता है और न भावुकता। स्थितियों के वर्णन और घटनाओं के बयान में एक ऐसी तटस्थता है जो पाठकों के मन में सिहरन पैदा करती है। यही दोनों रचनाकारों का उद्देश्य भी है। दोनों रचनाओं का प्रभाव देर तक पाठक का पीछा करता है। उपन्यास में पत्रकार उतना अनुपस्थित नहीं है, जितना रघुवीर सहाय की कविता में। विलक्षण को सहज सम्भव बनाने वाली पत्रकारिता की कला दोनों में है। कविता में पत्रकार की दृष्टि है, घटना का तटस्थ रहकर वर्णन करने

की दृष्टि। कविता की अंतिम पंक्तियों में वह विडम्बना है जो उसे एक व्यक्ति की हत्या से आगे बढ़कर एक समाज की मरती हुई चेतना की कविता बना देती है–

भीड़ ठेलकर चला गया वह
मरा पड़ा है रामदास यह
देखो देखो बार बार कह
लोग निडर उस जगह खड़े रह
लगे बुलाने उन्हें जिन्हें संशय था हत्या होगी

(हँसो हँसो जल्दी हँसो)

इन पंक्तियों में संकेत की जो शक्ति है, वह कविता की अपनी विशेषता है। इस तरह कविता अपने समय और समाज की खबर देती है। कविता की अंतिम दो पंक्तियाँ पूरी कविता को नया अर्थ देती हैं। अकेला एक शब्द प्रत्येक पाठक को भयभीत करने के लिए काफी है। जिस समाज में ऐसे 'निडर' लोग होंगे, उसमें हर मामूली व्यक्ति कितना डरा हुआ होगा–यह अलग से कहने की जरूरत नहीं है। आजकल हिन्दुस्तान के हर शहर और गाँव में हर रोज कोई रामदास ऐसे ही निडर लोगों के सामने इसी तरह मारा जा रहा है। जब समाज में नैतिक साहस मरने लगता है, तब साधारण आदमी अधिक असहाय होने लगता है और हत्यारे अधिक आजाद। यह स्थिति भारत में है और दक्षिण अमेरिका के अनेक देशों में भी, जिसकी पहचान दोनों रचनाओं में है। रघुवीर सहाय की कविता और मार्खेज के उपन्यास के बीच चकित करने वाली समानता के पीछे यही पहचान है; जो दोनों की पत्रकार-दृष्टि की देन है।

(पल-प्रतिपल, 1992)

9

धूपधर्मी कविताओं का कवि

कुमार विकल की काव्य-यात्रा बहुत लम्बी नहीं है। वह लगभग बीस वर्षों की है। सत्तर के दशक के आसपास से नब्बे के दशक के आरम्भिक कुछ वर्षों तक। उनकी कविताओं की संख्या भी बहुत अधिक नहीं है। उनके कुल तीन संग्रह हैं—*एक छोटी-सी लड़ाई* (1980), *रंग खतरे में हैं* (1982) और *निरुपमा दत्त मैं बहुत उदास हूँ* (1993)। ये तीनों संग्रह कुमार विकल के जीवन-काल में छपे थे। उनकी मृत्यु के बाद *चीख* नामक उनका एक नाटक *पल-प्रतिपल* (जून-सितंबर, 1997) में छपा है।

कुमार विकल की काव्य-यात्रा छोटी जरूर है, लेकिन सरल और सुविधाजनक नहीं। वे एक ऐसे समय और समाज में कविता लिख रहे थे, जिसमें कविता या तो भाषिक छल के सहारे आत्मरति का साधन बनने को अभिशप्त रही है या फिर निरन्तर आत्म-बलिदान का माध्यम। कुमार विकल मानते थे कि 'कविता आदमी का निजी मामला नहीं है।' वे कविता की कला के प्रति अपनी जिम्मेदारी को अपने समय और समाज के शोषित और पीड़ित मनुष्य के प्रति नैतिक और मानवीय जिम्मेदारी से जोड़कर देखते थे, इसलिए वे अपनी काव्य-यात्रा में दोहरे संघर्ष का सामना कर रहे थे। वे एक ओर भारतीय समाज में जनतन्त्र के नाम पर उग रहे वनतन्त्र में बढ़ती दरिन्दगी के विरुद्ध संघर्ष कर रहे थे तो दूसरी ओर अपनी कविता को विश्वास-भरी भाषा में अपने समय का अप्रिय सच कहने के लायक बनाने के लिए रचनात्मक संघर्ष कर रहे थे। इस दोहरे संघर्ष से पैदा होने के कारण की उनकी कविता प्रायः आत्मा की चीख लगती है। यह कोई आश्चर्य की बात नहीं है कि अपनी काव्य-यात्रा के कठिन संघर्ष की प्रक्रिया से गुजरते हुए कुमार विकल ने कविता की ज्योति को अपने जीवन की बाती सौंप दी।

कुमार विकल की कविताएँ शुरू से ही हिन्दी कविता के व्यापक पाठक समुदाय को आकर्षित करती रही हैं; सुधीजनों को ही नहीं, कविता-प्रेमी साधारण जनों को भी। उनकी काव्यानुभूति की विशिष्ट संस्कृति में ऐसा बहुत कुछ है जिससे उसकी विशेष पहचान बनती है। उसमें एक ओर भारतीय समाज में क्रमशः बढ़ती मनुष्य-विरोधी स्थितियों की दहशत भरी खबरें हैं, आम लोगों की जिन्दगी की यातनाओं की चिन्ता है, खास लोगों के छल-छद्म

की वास्तविकताएँ हैं, शोषित, पीड़ित मनुष्य के दुख-दर्द से गहरी सहानुभूति है, वामपन्थी राजनीति और विचारधाराओं के संकटों की पहचान है और जन-जीवन की अदस्य जिजीविषा में अटूट आस्था है तो दूसरी ओर प्रकृति के रूप, रंग, गन्ध आदि से सघन आसक्ति है और कोमल मानवीय भावों तथा सम्बन्धों की संवेदनशील पुनर्रचना भी।

कुमार विकल मूलतः धूपधर्मी कवि हैं। अपने जीवन के अंतिम दिनों की एक कविता में उन्होंने ठीक ही लिखा है :

कुमार विकल
जिसकी जीवन-सन्ध्या में अब भी
धूप पूरे सम्मान से रहती है
क्योंकि वह अब भी धूप का पक्षधर है।

कुमार विकल की काव्य-यात्रा में धूप हमेशा कविता के साथ रही है। वह 'चम्बा की धूप' से 'धूमधर्म' तक फैली हुई है। इस बीच उसके रूप और रंग कई बार बदले हैं, लेकिन धर्म नहीं। उसका धर्म है हर तरह के अँधेरे के खिलाफ खड़ा होना और लड़ना। लेकिन अँधेरे के खिलाफ खड़े होने और लड़ने से पहले जरूरी है उसको पहचानना। वह पहचान कुमार विकल की कविताओं में है, इसलिए उनकी कविता, वास्तव में, अँधेरे से धूप के निरन्तर द्वन्द्व की कविता है। निराला और मुक्तिबोध के बाद अँधेरे के विभिन्न रूपों की जैसी पहचान और उनसे संघर्ष की जैसी चिन्ता कुमार विकल की कविता में है, वैसी हिन्दी के दूसरे कवि की कविता में नहीं है।

कुमार विकल की अधिकांश कविताओं में किसी-न-किसी तरह के अँधेरे की ओर संकेत है और उससे संघर्ष की गहरी चिन्ता भी। उसमें अपने समय, समाज, व्यवस्था, राजनीति, विचारधारा, परिवार और व्यक्ति की चेतना में फैले अँधेरे के विभिन्न रूपों की खोज और पहचान है। उनकी कविता में कहीं अमानवीय व्यवस्था के आतंक के अँधेरे की शिनाख्त है तो कहीं खूँखार सत्ता द्वारा दमन और उत्पीड़न के अँधेरे की। *निरुपमा दत्त मैं बहुत उदास हूँ* की अनेक कविताओं में पंजाब में फैले आतंक और दहशत के घने अँधेरे के विभिन्न रूपों के बिम्बों और प्रतिबिम्बों की बहुलता है।

कुमार विकल के काव्य-संसार में अँधेरे के आतंक की अत्यन्त सघन और आवेगमयी अभिव्यक्ति उन कविताओं में है, जिन्हें स्वयं कवि ने 'अँधेरे की कविताएँ' कहा है। इन कविताओं में आपातकाल के अत्यन्त भयावह अँधेरे को मूर्त रूप में चित्रित किया गया है। 'खूनी नदी की यात्रा', 'विपाशा', 'ट्रैफिक के नये कानून', 'जंगल कैद', 'इस्तहार' आदि कविताओं को पढ़ते समय ब्रेश्त की अँधेरे समय की कविताएँ याद आती हैं। आपातकाल का समय सचमुच आतंककारी अन्धकार का समय था। वह उस समय के कवियों, लेखकों, कलाकारों और बुद्धिजीवियों की सामाजिक चेतना, मानवीय संवेदना और रचनात्मक साहस की परीक्षा का समय था। ऐसे समय के कवियों के सामने खड़ी चुनौती और उनसे भावी पीढ़ी की उम्मीद तथा निराशा के बारे में ब्रेश्ट ने लिखा है :

वे नहीं कहेंगे।
कि वह समय अन्धकार का था,
वे पूछेंगे
कि उस समय के कवि चुप क्यों थे?

कुमार विकल की कविताएँ गवाह हैं कि वह अपने समय के किसी भी अँधेरे के बारे में चुप रहने वाले कवि नहीं हैं।

कुमार विकल की कविता अपने समाज की व्यवस्था और राजसत्ता के बढ़ते अँधेरे की खोज के साथ-साथ कवि की आस्था और विश्वास के केन्द्र-वामपन्थी राजनीति और विचारधारा–में पलते और बढ़ते संशय और दुविधा के अँधेरे की भी पहचान करती है; क्योंकि उसमें दूसरों की आलोचना का स्वर जितना प्रखर है, उतना ही अपनी और अपनों की आलोचना का भी। वैसे तो वामपन्थी राजनीति और विचारधारा की विसंगतियों और कमजोरियों की आलोचना अनेक कविताओं में है, लेकिन उसका अत्यन्त प्रखर स्वर 'मुक्ति के दस्तावेज' कविता में सुनाई देता है :

मुक्ति के लिए झटपटाता मेरा मन–
वामपन्थी राजनीति के तीन शिविरों में भटकता है
और हर शिविर से–
मुक्ति का एक दस्तावेज लेकर लौटता है

और अब–
शिविर–दर शिविर भटकने के बाद
कुछ ऐसा हो गया है
कि मुझसे मेरा बहुत कुछ खो गया है
मसलन कई प्रिय शब्दों के अर्थ
चीजों के नाम
सम्बन्धों का बोध
और कुछ-कुछ अपनी पहचान।

कुमार विकल ऐसी हर चीज की आलोचना करते हैं जो आदमी को कमजोर बनाती है, उसके मन में डर पैदा करती है; वह चाहे 'पार्टी में प्रतिबद्धता की वर्जनाएँ' हों या कुछ और। निर्मम और निर्भय आत्मालोचन का ऐसा स्वर हिन्दी के मुक्तिबोध और पंजाबी के कवि पाश की कविताओं में है।

कुमार विकल ऐसे कवि नहीं हैं जो सारी दुनिया के अँधेरे की चिन्ता करते हैं, लेकिन घर-परिवार के भीतर अनेक रूपों में मौजूद अँधेरे को भूल जाते हैं। घर आत्मीयता की जगह के बदले प्रायः यातना और घुटन का कँटीला बाड़ा बन जाता है। उसमें अगर पुरुष की तानाशाही का राज हुआ तो वहाँ स्त्री की गुलामी का अँधेरा अत्यन्त घना और त्रासद होता है। तब स्त्री की 'जिन्दगी/अँधेरे से अँधेरे तक/रोशनी की एक छोटी-सी यात्रा/' बन जाती

है। ऐसे अँधेरे की पहचान 'एक गली का अँधेरा' में है। लेकिन भारतीय समाज, परिवार और परम्परा में स्त्री की गुलामी, शोषण और दमन के विभिन्न रूपों की गहरी चिन्ता और इन सबसे स्त्री की मुक्ति की जोरदार आवाज 'चीख' नामक नाटक में व्यक्त हुई है।

कुमार विकल की कविता को अँधेरा किसी भी रूप में बर्दाश्त नहीं, यहाँ तक कि कविता की बनावट और भाषिक रचाव में आये बिम्बों का अँधेरा भी नहीं। यद्यपि ये कविताएँ जिस समय और समाज में पैदा हुई हैं, उसकी छाप और छाया के रूप में काली हवाओं, अन्धी गुफाओं और वेगवती काली नदियों के बिम्ब बार-बार कविता में आते हैं, लेकिन कवि ऐसे बिम्बों से मुक्ति चाहता है :

मुझे लड़ना है—
अपनी ही कविताओं के बिम्बों के खिलाफ
जिनके अँधेरे में मुझसे
जिन्दगी का उजाला छूट जाता है।

इस संकल्प से ऐसी कविता की कामना और समझ सामने आती है जो बिम्बों की बन्द दुनिया से निकलकर लोकगीतों की खुली दुनिया में लौटना चाहती है, वह मुट्ठी भर रसिकों के हाथों से मुक्त होकर जनजीवन में रमना चाहती है :

मैं चाहता हूँ कि मेरी कविताएँ
माँ के गीतों की पंक्तियों में खो जाएँ
बन्द कमरों से खुले चौपालों में लौट आएँ।

कुमार विकल राजनीतिक कवि हैं; क्योंकि उनकी कविता पढ़ते हुए पाठकों को स्वाधीनता के बाद की भारतीय राजनीति की कुछ अत्यन्त भयावह वास्तविकताओं और त्रासद स्थितियों की संवेदनशील पहचान मिलती है। उनकी कविताओं में आपातकाल के गहरे आतंक के दिल दहलाने वाले चित्र हैं, नक्सलबाड़ी आन्दोलन के खूँखार दमन की विभीषिका की अभिव्यक्ति है और पंजाब में आतंक के राज से उपजी दहशत की खबरें। लेकिन इन सबका सामना करती हुई कविता कभी भी उम्मीद और संघर्ष की भावना से मुँह नहीं मोड़ती।

कुमार विकल राजनीतिक घटनाओं पर नहीं, उनके सामाजिक अभिप्राय, जनजीवन पर पड़ने वाले प्रभाव और मनुष्य के लिए उनके अर्थ की कविता लिखते हैं। वे प्रायः राजनीतिक व्यवस्था के अस्वीकारों और सत्ता के शिकारों के साथ गहरी सहानुभूति रखकर राजनीति के व्यवहारों की छानबीन करते हैं, फलतः कविता में राजनीति की विडम्बनाओं और उन विडम्बनाओं के कारण टूटते-बिखरते मनुष्य तथा मानवीय आकांक्षाओं की नियति और दुर्गति की अभिव्यक्ति होती है। वे किसी राजनीतिक घटना का ब्योरेवार वर्णन नहीं करते, बल्कि उस घटना की तह में छिपे ऐसे सच की तलाश करते हैं जो सतह पर दिखाई नहीं देता। ऐसी राजनीति अपने पाठकों से वैचारिक सहमति से अधिक संवेदनशील समझदारी की माँग करती है और पाठकों को समकालीन राजनीति के बारे में प्रचलित और

प्रचारित अनेक प्रकार के भ्रमों से सावधान भी करती है।

आजादी के बाद भारतीय मध्यवर्ग का बहुत बड़ा हिस्सा अवसरवाद का शिकार हुआ है। ऐसे लोगों में सबसे बड़ी संख्या उनकी है जो बुद्धिजीवी कहे जाते हैं। वे समाज, संस्कृति और साहित्य में सब जगह सक्रिय दिखाई देते हैं, वे सुविधा के लिए दुविधा की भाषा बोलते हैं और सिद्धांत की सीढ़ियाँ चढ़कर सफलता के सिंहासन पर पहुँचते हैं। उनके लिए राजनीति, विचारधारा, प्रतिबद्धता और आस्था आदि दुनियादारी के साधन हैं। वे दुनियादारी को ही समझदारी समझते हैं। आधुनिक हिन्दी कविता में इस अवसरवाद की सबसे तीखी आलोचना मुक्तिबोध ने की है और कुमार विकल ने।

अवसरवाद छद्म और पाखंड के सहारे पलता है। कुमार विकल को हर तरह के छद्म और पाखंड से चिढ़ है; वह चाहे समाज में हो, साहित्य में हो या रचना की भाषा में। कुमार विकल ने अवसरवाद के बुनियादी कारण की ओर संकेत करते हुए ठीक ही लिखा है :

आदमी ने जाने हैं अब तक जितने जहर
उनमें से सबसे अधिक घातक है
सुरक्षा की एक छोटी-सी चाहत का जहर।

जो सुविधा की चिन्ता और सुरक्षा की चाहत के शिकार होते हैं, उन्हें कुमार विकल 'तरक्की राम' कहते हैं। वह तरक्की राम क्या-क्या कर सकता है और कितनी भाषाएँ बोल सकता है—इसका पूरा ब्यौरा 'शताब्दी का सबसे बड़ा जादूगर' कविता में है।

एक कवि होने के नाते कुमार विकल सबसे अधिक चिन्तित हैं कविता को अवसरवाद से बचाने के लिए। वे एक साधारण आदमी के अवसरवाद को तो दुनियादारी मान कर सह सकते हैं, लेकिन एक कवि के अवसरवाद को नहीं; क्योंकि जब कवि शब्दों का अवसरवादी उपयोग करता है तो वह शब्दों की सार्थकता और कविता की विश्वसनीयता के लिए खतरा साबित होता है। इसीलिए कुमार विकल कविता की दुनिया में फैलते अवसरवाद से लड़ने की बात करते हैं :

मुझे शब्दों की हिफाजत
अपने तरीके से करनी है
और पहली लड़ाई
उस आदमी के खिलाफ लड़नी है
जो शब्दों की अर्थवत्ता को तोड़ता है
और दूसरी उसके विरुद्ध
जो शब्दों की अर्थवत्ता को छोड़ता है।

कुमार विकल की काव्यानुभूति की संस्कृति की एक विशेषता स्मृति की रचनात्मक सम्भावना की खोज है। उसका एक रूप वहाँ दिखाई देता है, जहाँ उनकी कविता आधुनिक हिन्दी कविता की प्रगतिशील परम्परा से कई रूपों में जुड़ती है। उसमें उस परम्परा की स्मृतियाँ और अनुगूँजें मौजूद हैं। वे स्मृतियाँ और अनुगूँजें उन कवियों की कविता की हैं

जो कुमार विकल के समानधर्मा हैं। यह जुड़ाव कहीं प्रत्यक्ष है तो कहीं परोक्ष नागार्जुन, केदारनाथ अग्रवाल और सर्वेश्वर की कविताओं की स्मृतियाँ प्रत्यक्ष हैं, लेकिन मुक्तिबोध की कविता की प्रतिध्वनियाँ परोक्ष रूप में हैं। मुक्तिबोध कुमार विकल को अपने समय और समाज के जीवन में गहराते अँधेरे के विभिन्न रूपों को देखने, समझने और पहचानने की दृष्टि देते हैं।

कविता में परम्परा की स्मृति तभी सार्थक होती है, जब वह नयी रचनात्मक सम्भावना के विकास में मदद करती है। 'एक सामरिक चुप्पी' में नागार्जुन की कविता की स्मृति कुमार विकल की राजनीतिक सजगता को अधिक व्यापक और धारदार बनाती है तो केदारनाथ अग्रवाल की कविता उन्हें 'रंग खतरे में हैं' जैसी कविता लिखने की प्रेरणा देती है। सर्वेश्वर की कविता से कुमार विकल के विचारों को नयी ताकत मिलती है।

कुमार विकल की कविता में हिन्दी के जिन कवियों की रचनाओं की स्मृतियाँ और अजुगूँजें हैं, उनकी कविता की जड़ें अपने-अपने जनपदों की लोक-संस्कृतियों और लोक भाषाओं में गहरे स्तर पर दूर-दूर फैली हुई हैं। नागार्जुन, केदारनाथ अग्रवाल और मुक्तिबोध की कविता के रचाव में मिथिला, बुंदेलखंड और मालवा की लोक संस्कृतियों और लोक भाषाओं की शक्ति तथा सौन्दर्य का सर्जनात्मक उपयोग अनेक रूपों में हुआ है। ऐसे में यह स्वाभाविक ही है कि कुमार विकल की कविता अपनी जड़ें पंजाब के लोकजीवन, उसकी संस्कृति और भाषा में फैलाए।

कुमार विकल ने ठीक ही लिखा है कि 'पंजाबी भाषी होते हुए भी मैं हिन्दी कविता की मुख्यधारा से जुड़ा हुआ हूँ।' जैसे मुक्तिबोध मराठी भाषी होते हुए भी हिन्दी कविता की मुख्यधारा के प्रमुख कवि हैं, वैसे ही कुमार विकल पंजाबी भाषी होते हुए भी हिन्दी के विशिष्ट कवि हैं। कुमार विकल की काव्यानुभूति की संस्कृति में पंजाबीपन अनेक रूपों में है। उसमें पंजाब की प्रकृति से जुड़ी संवेदनाएँ हैं, वहाँ के जन-जीवन की वास्तविकताएँ हैं, उसकी लोकसंस्कृति की प्रतिध्वनियाँ हैं और पंजाबी भाषा की कहन शैली की विशेषताएँ हैं। कुमार विकल का पंजाबीपन किसी भी तरह उनकी कविता के हिन्दीपन को सीमित नहीं करता; बल्कि उसे एक ठोस आधार देता है, जहाँ स्थानीयता की जमीन पर हिन्दी कविता खड़ी दिखाई देती है। उनकी कविता में पंजाबीपन और हिन्दीपन की सर्जनात्मक एकता वैसी ही आकर्षक है, जैसी कृष्णा सोबती की कहानियों और उपन्यासों में। कुमार विकल ने मुक्तिबोध की तरह अपनी मातृभाषा की मदद से हिन्दी काव्य-भाषा की सर्जनात्मक क्षमता और व्यंजना शक्ति को बढ़ाया और व्यापक बनाया है।

कुमार विकल ने कुछ ऐसी कविताएँ लिखी हैं जो हिन्दी कविता की परम्परा में बेजोड़ हैं। उदाहरण के लिए मृत्यु पर उनकी 'महाश्वेता', 'तय तो बहुत कुछ था', 'मृत्यु-गन्ध', 'मृत्यु-द्वार' और 'महाअन्धकार' जैसी कविताएँ। कहा जाता है कि मृत्यु भाषा के परे होती है, और जो भाषा के परे हो, उसे भाषा में बाँधना और व्यक्त करना कैसे सम्भव होगा। लेकिन जब मृत्यु कवि की आँखों में आँखें डालकर उसे लगातार घूर रही हो तो वह उसे कैसे भूल सकता है। कुमार विकल के समाज और निजी जीवन में मृत्यु निरन्तर मौजूद

थी; कहीं साक्षात् यथार्थ के रूप में तो कहीं दुःस्वप्न की तरह, कहीं किसी की स्मृति बनकर तो कहीं सम्भावना के रूप में। कुमार विकल की काव्य-यात्रा मृत्यु के भयावह वातावरण में पूरी होने वाली बीहड़ यात्रा है। वह नक्सलबाड़ी आन्दोलन के साथ शुरू होकर उसके खूँखार दामन और आपातकाल के आतंक को पार करती हुई पंजाब में आतंकवाद के दौर में मृत्यु के तांडव के आमने-सामने चलती रही है। ऐसी स्थिति में मृत्यु से कुमार विकल की कविता की मुठभेड़ आकस्मिक नहीं, स्वाभाविक ही है।

मृत्यु का अँधेरा और उसकी छाया 'एक छोटी-सी लड़ाई' में भी है, लेकिन वह छाया *'रंग खतरे में हैं'* तथा *'निरुपमा दत्त मैं बहुत उदास हूँ'* में क्रमशः गहरी होती दिखाई देती है। मृत्यु से सम्बन्धित सबसे अधिक कविताएँ *'निरुपमा दत्त मैं बहुत उदास हूँ'* में हैं; क्योंकि उन कविताओं के रचनाकाल में ही मृत्यु से कवि और कविता की मुठभेड़ सबसे अधिक भीषण थी। उस समय कवि अपने परिवेश और जीवन में भी मृत्यु की तेज आहटें लगातार सुन रहा था। उसी समय कवि ने 'मृत्युगन्ध', 'मृत्यु-द्वार' और 'महाअन्धकार' जैसी कविताएँ लिखी हैं। ये कविताएँ-मृत्यु से एक प्रेमिका की तरह साक्षात्कार और साक्षात्कार की सम्भावनाओं की कविताएँ हैं। इनमें दूसरे कवियों की तरह मृत्यु के बारे में कोई दार्शनिक मुद्रा नहीं है। पहले की एक कविता 'महाश्वेता' में मृत्यु को चुनौती देने और उसे अपनी जिजीविषा से पराजित करने का विश्वास है, लेकिन बाद की कविताओं में मौत से मुलाकात के सम्मोहक अनुभव और प्रभाव की मूर्त ऐन्द्रिक बिम्बों में अभिव्यक्ति है। कवि कहीं भी मृत्यु से आतंकित और विचलित नहीं है, वह उसकी 'भयानक रमणीयता' पर चकित जरूर है :

मृत्यु-गन्ध कैसी होती है
यदि जानना चाहते हो
तो
मेरे पास आओ
बैठो
थोड़ी देर में जान जाओगे
मृत्यु-गन्ध कैसी होती है
वह एक ऐसी खुशबू है
जो लम्बे बालों वाली
एक औरत के ताजा धुले बालों से आती है
तब आप उस औरत का नाम याद करने लगते हैं
लेकिन उसका कोई नाम नहीं!

कुमार विकल कविता पर मुग्ध ऐसे कवि नहीं हैं जो कविता की वेदी पर समाज और सामाजिकता की बलि चढ़ा देते हैं। वे कविता की ताकत जानते हैं, इसलिए नये अनुभव, नये अर्थ और नये भाषिक रचाव के लिए संघर्ष करने वाली कविताएँ लिखते हैं, लेकिन

वे अपने समय और समाज में कविता के प्रभाव की सीमाएँ भी पहचानते हैं, इसलिए 'अपनी कविता से बाहर' कविता से कोई बड़ा हथियार' गढ़ने की बात करते हैं। बाद के दिनों में कुमार विकल महसूस करने लगे थे कि कविता के जीवन से अधिक व्यापक, जटिल और कठिन है जीवन की कविता। तभी उन्होंने लिखा था :

जीवन भर की व्यथा-कथा को
कविता में कहना चाहा था
एक सुलगते वन को मैंने
महाकाव्य लिखना चाहा था
लेकिन प्रभुजी, महाकाव्य से
जीवन जंगल बहुत बड़ा था
और हमारा जीवन-जल भी
धीरे-धीरे सूख चला था।

कविता को अपना पूरा जीवन सौंप देने वाले एक कवि की यह पारदर्शी ईमानदारी क्या वर्तमान समय में कविता की विडम्बनापूर्ण स्थिति का द्योतक नहीं है? कविता के बारे में कवि की यह भावना *'रंग खतरे में हैं'* के 'एक नास्तिक के प्रार्थना गीत' खंड की सभी कविताओं में कई रूपों में मौजूद है। ये कविताएँ अपनी बनावट और आकांक्षा में ऐसी हैं जिन्हें कवि के शब्दों में 'शरारती कविता' कहा जा सकता है। इनमें भाव कबीर जैसा है और बयान का अन्दाज गालिब का-सा। ये नितांत निजी रूप में लिखी अत्यन्त सार्वजनिक कविताएँ हैं। हिन्दी में ऐसी कविताएँ लिखने का साहस केवल कुमार विकल ने किया है।

कुमार विमल की कविता एक बेचैन मन की कविता है, इसलिए वह प्रत्येक संवेदनशील पाठक को भी बेचैन करने वाली कविता है। कविता की बेचैनी समकालीन स्थितियों और समस्याओं के प्रति गहरी संवेदनशीलता से पैदा हुई है। उन्होंने 'डरा हुआ आदमी' कविता में लिखा है :

इस घातक व्यवस्था में हर पतली त्वचा वाला आदमी आरक्षित है
देखना तो यह है कि कौन बैसाखियों के सहारे जीता है
और कौन बिना बैसाखियों के
अपने नंगे शरीर से, किसी सुखद या दुखद अन्त तक जूझा है।

कुछ रचनाकार समकालीन समस्याओं और तात्कालिक अनुभवों से अपनी रचनाशीलता को बचाते हैं; क्योंकि उनके अनुसार जब वे स्थितियाँ बदल जाएँगी और समस्याएँ सुलझ जाएँगी, तब उनसे जुड़ी रचनाएँ भी निरर्थक हो जाएँगी। इसीलिए वे अपनी रचनाओं की शाश्वतता के लिए कभी व्यक्ति-मन की अनजानी गहराइयों में उतरते हैं तो कभी शाश्वत समझे जाने वाले विषयों की ओर लपकते हैं। इस प्रवृत्ति के ठीक विपरीत कुमार विकल अपने समय और समाज के मनुष्य की जिन्दगी की पीड़ा, उसकी यातना, उसकी आस्था

के विघटन और उसकी जिजीविषा से एकता अनुभव करते हुए जो बेचैनी महसूस करते हैं, उसे कविता में व्यक्त करते हैं। कुमार विकल की बेचैनी जितनी राजनीतिक है, उतनी ही नौतिक भी। वे एक ओर भारत में फैलते वनतन्त्र में साधारण आदमी को लगातार असुरक्षित देखकर बेचैन होते हैं तो दूसरी ओर सुरक्षा की चाहत के शिकार मनुष्य की मरती हुई मनुष्यता भी उन्हें बेचैन करती है।

कुमार विकल की कविताओं का पाठक यह अनुभव करता है कि हम एक ऐसी मनुष्य-विरोधी व्यवस्था में जी रहे हैं जो लगातार असामाजिक मनुष्य पैदा कर रही है और वे असामाजिक मनुष्य व्यवस्था और पूरे समाज को अधिकाधिक मनुष्य विरोधी बनाने में लगे हुए हैं। इस दुष्चक्र में व्यक्ति की सामाजिकता और उसकी मानवीयता हमेशा खतरे में है। इस स्थिति का बोध कराती हुई कुमार विकल की कविता पाठक को एक ओर बेचैन करती है तो दूसरी ओर उसे सामाजिक रूप से संवेदनशील बनाती है। आज के समय में किसी कवि और कविता की सामाजिक सार्थकता इससे अधिक और क्या होगी!

(सम्पूर्ण कविताएँ : कुमार विकल, भूमिका से)

10

वह कलम की नोक से डर रहा है

"पर्सियस एक जादुई टोपी पहनता था ताकि जिस राक्षस का पीछा करे, वह उसे न देख सके। हम वैसी ही टोपी से अपनी आँखें और कान खुद ढँक कर ढोंग रच रहे हैं कि कहीं कोई राक्षस नहीं है।..."

—कार्ल मार्क्स

आजकल दुनिया के उन देशों में ही कला और साहित्य की चिन्ता अधिक सच्ची और गहरी है, जहाँ शोषण और दमन के विरुद्ध जनता के संघर्ष चल रहे हैं। उन्हीं समाजों में महत्त्वपूर्ण साहित्य रचा जा रहा है; पिछले कुछ दशकों में एशिया, अफ्रिका और लैटिन अमेरिका के कई देशों में कविता, उपन्यास, कहानी और नाटक तथा रंगमंच का जो सृजन और विकास हुआ है, उसकी जीवंतता के सामने यूरोप और अमेरिका का अधिकांश समकालीन साहित्य बासी लगता है। एक ओर यथार्थबोध और भावावेग की सघनता है तो दूसरी ओर अमूर्त बौद्धिक ऊहापोह की भरमार। तीसरी दुनिया के देशों के साहित्य में रचनात्मक प्रतिभा का विस्फोट वहाँ की विस्फोटक सामाजिक-राजनीतिक परिस्थितियों की देन है। इन संघर्षरत समाजों में साहित्य बौद्धिक विलास का साधन नहीं है। यहाँ के सार्थक साहित्य में जन-जीवन की वास्तविकता, सच्चाई और आकांक्षाएँ व्यक्त हो रही हैं। यहाँ साहित्य मनुष्य की स्वतन्त्रता और गरिमा की रक्षा का माध्यम है, इसलिए समकालीन इतिहास की प्रेरकशक्ति के रूप में सक्रिय है।

इन देशों के शासक भी साहित्य के बारे में कम चिन्तित नहीं हैं। उन्हें जिस साहित्य में जनता की आवाज सुनाई देती है, उसका गला घोंटने के लिए हमेशा तैयार रहते हैं। विशेष रूप से तीसरी दुनिया के स्वतन्त्र देशों के शासक प्रतिरोध की संस्कृति के दमन में उन सभी शस्त्रों का प्रयोग कर रहे हैं जो उन्हें दमनकारी उपनिवेशवादी शासकों से मिले हैं। इन देशों के नये शासकों ने उपनिवेशवादियों से दमनकारी सत्ता और शासनतन्त्र ही नहीं पाया है, उनकी मानसिकता भी अपना ली है। कई देशों का शासक वर्ग जन आन्दोलन और उससे जुड़े साहित्य के दमन में उपनिवेशवादियों से भी अधिक खूँखार बन गया है। यह विडम्बना ही है इन देशों के शासक प्रायः अन्तर्राष्ट्रीय राजनीति के विभिन्न मंचों पर साम्राज्यवाद-विरोध

का नारा लगाते हैं, लेकिन राष्ट्रीय स्तर पर जनता का शोषण करने, उसके आन्दोलन को कुचलने और सत्ता-विरोधी संस्कृति तथा साहित्य का दमन करने के लिए साम्राज्यवादियों के बनाए-बताए रास्तों पर तेजी से चलते हैं।

तीसरी दुनिया के देशों के शासक वर्ग की दुरंगी चाल की सच्चाई समझने के लिए उनकी दमनकारी सांस्कृतिक नीति के कुछ उदाहरणों को देख लेना उपयोगी है। विली-बोडस रेंड्रा इंडोनेशिया के लोकप्रिय नाटककार और कवि हैं। उनकी रचनाओं में इंडोनेशिया की समाज-व्यवस्था की विकृतियों और सत्ता के चरित्र की विसंगतियों पर करारा व्यंग्य है; साथ ही उनमें जन-जीवन की यातनाओं की अभिव्यक्ति भी है। उनके राजनीतिक व्यंग्य की लोकप्रियता न सुकर्नो सह सके न सुहार्तो। इन दोनों शासकों ने रेंड्रा के नाटकों के प्रदर्शन पर प्रतिबन्ध और काव्यपाठ पर पाबन्दी लगाकर कलाकार को जनता से दूर रखने की लगातार कोशिश की। उन्हें कई बार जेल की यातना से गुजरना पड़ा।

तीसरी दुनिया का एक और देश है केन्या। वहाँ के अत्यन्त लोकप्रिय नाटककार, रंगकर्मी और उपन्यासकार हैं न्गुगी व थिओंगो। जनता का कलाकार होने के कारण वे जोमो केन्याटा और डेनियल मोई की सरकारों के आक्रमणों के शिकार हुए हैं। 1978 में उन्हें बिना मुकदमा चलाए एक साल तक जेल में रखा गया था और विश्वविद्यालय की नौकरी से निकाल दिया गया। सरकार की नजर में उनका अपराध यह था कि वे किसानों, मजदूरों के रंगमंच से जुड़े हुए थे। सरकार ने उनके प्रदर्शन पर प्रतिबन्ध लगा दिया। उन्होंने जिस रंगमंच की स्थापना की थी, उसे सरकार ने एकदम बर्बाद कर दिया और उसके रंगकर्मियों को पकड़कर जेल में डाल दिया। वे 1982 में अपनी एक रचना के अनुवाद के सिलसिले में इंग्लैंड गये तो केन्या की सरकार ने उन्हें लौटने की अनुमति नहीं दी। तब से वे विदेशों में रहकर लेखन कर रहे हैं। केन्या की सरकारी भाषा अंग्रेजी है, वहाँ के सरकारी बुद्धिजीवियों की भाषा भी वही है। न्गुगी अंग्रेजी में नहीं लिखते, वे केन्या की एक भाषा गिकुयू में लिखते हैं। सरकारी नाराजगी का यह भी एक कारण है। दूसरा कारण यह है कि उनकी रचनाओं में केन्या के मजदूरों के साम्राज्यवाद-विरोधी संघर्ष के चित्रण की प्रधानता है। ऐसे लेखक कलाकार का दमन करने वाली सरकार का अन्तर्राष्ट्रीय राजनीति में साम्राज्यवाद-विरोध ढोंग नहीं तो और क्या है। न्गुगी ने 1982 में ठीक ही कहा था कि "अब केन्या की नव उपनिवेशवादी सत्ता के जुल्मों के बारे में चुप रहना सामाजिक बुराई से सहयोग करना है।" यह बात तीसरी दुनिया के दूसरे देशों के लेखकों के बारे में भी सच है। केन्या के अनेक लेखकों ने सरकार की दमन नीति के सामने घुटने टेक दिए हैं, लेकिन न्गुगी आज भी जनता की संघर्ष-चेतना के प्रेरणा-स्रोत और प्रतीक बने हुए हैं।

जैसी स्थिति का सामना रेंड्रा और न्गुगी कर रहे हैं वैसी ही स्थिति, एशिया, अफ्रिका और लैटिन अमेरिका के अनेक देशों के लेखकों के सामने हैं। तीसरी दुनिया के कई देशों में आंतरिक उपनिवेशवाद पनपा है जहाँ केन्द्रीय सत्ता कमजोर राष्ट्रीयताओं का वैसे ही शोषण और दमन करती है, जैसे उपनिवेशवाद दूसरे देशों का करता है। जहाँ यह स्थिति है, वहाँ जनता के लेखकों-कलाकारों का दमन अधिक है। इंडोनेशिया और पाकिस्तान इसके

उदाहरण हैं। लैटिन अमेरिका के चिली, अलसल्वाडोर आदि देश लेखकों-कलाकारों के दमन के लिए कुख्यात हैं, लेकिन एशिया और अफ्रिका में लेखकों-कलाकारों के दमन की ओर लोगों का ध्यान कम गया है।

दमनकारी सत्ता का सामना करते हुए जनता का साहित्य लिखना खतरनाक काम है। लेकिन ऐसे खतरनाक समय में ही साहित्य की शक्ति और सार्थकता की पहचान होती है और जनता के लेखकों के साहस की परीक्षा भी। ऐसे कठिन समय में भी अपने अस्तित्व की कीमत पर साहित्य की सार्थकता की रक्षा करने वाले लेखकों की कमी कभी नहीं रही है। एशिया, अफ्रिका और लैटिन अमेरिका के विभिन्न देशों में ऐसे असंख्य लेखक हैं जो सत्ता से जनता के संघर्ष में अपनी रचनाएँ लेकर जनता के साथ खड़े हैं। भारत में भी ऐसे लेखक-कलाकारों की संख्या कम नहीं है।

स्वाधीनता आन्दोलन के क़ाल में भारतीय जनता और जनता के साहित्यकारों ने अंग्रेजी राज के दमन, उत्पीड़न और प्रतिबन्ध आदि का लगातार सामना किया जाता था। आजादी के बाद भी प्रेस, प्रकाशन और अभिव्यक्ति की स्वतन्त्रता पर रोक लगाने वाले अंग्रेज़ी राज के अनेक कानून बने रहे। उनमें से कुछ को सुधारकर अधिक कठोर बना दिया गया। अगर 1947 के बाद के भारत में साहित्य और सांस्कृतिक गतिविधियों पर केन्द्र और राज्यों की सरकारों द्वारा लगाए गये प्रतिबन्धों का अध्ययन किया जाय तो मालूम होगा कि विरोध के साहित्य और प्रतिरोध की संस्कृति के दमन के मामले में कांग्रेसी राज अंग्रेजी राज से बहुत पीछे नहीं है। इस बात को समझने के लिए तेलंगाना आन्दोलन, नक्सलबाड़ी आन्दोलन और आपातकाल के दमन को याद कर लेना काफी होगा।

फिर भी, संस्कृति के सरकारीकरण के नये अभियान के एक नेता अशोक वाजपेयी का दावा है कि भारतीय राजनीति ने "साहित्य और समालोचना की स्वतन्त्रता और स्वायत्तता पर अंकुश लगाने या उसे सीमित करने की कोई विशेष या गम्भीर चेष्टा नहीं की है।" यही नहीं, उनको इस बात का दुख है कि "भारतीय राजनीति ने साहित्य और समालोचना को एक तरह से छुट्टा छोड़ रखा है।" उनके पहले वाक्य का दावा जितना झूठा है, उतना ही खतरनाक है दूसरे वाक्य में छिपा हुआ इरादा। आलोचना में सुरुचि और शालीनता की माँग करने वाले अशोक वाजपेयी की भाषा उनकी आलोचना की संस्कृति की कलई खोल रही है। अशोक बाजपेयी के मन में साहित्यकारों, खास तौर से विरोधी साहित्यकारों के प्रति मौजूद हिकारत और उनकी स्वतन्त्रता से नफरत का गवाह है उनका यह वाक्य "भारतीय राजनीति ने साहित्य और समालोचना को छुट्टा छोड़ रखा है," मानो लेखक आवारा पशु या गुंडे-बदमाश हों। उनको लेखकों की स्वतन्त्रता एकदम पसन्द नहीं है। जब वे कहते हैं कि भारतीय राजनीति ने साहित्य की स्वतन्त्रता पर अंकुश लगाने या उसे सीमित करने की कोई विशेष या गम्भीर चेष्टा नहीं की है, तब लगता है कि वे आपातकालीन दमन से सन्तुष्ट नहीं हैं। वे साहित्य की स्वतन्त्रता को सीमित या समाप्त करने के लिए आपातकाल से भी अधिक गम्भीर चेष्टा चाहते हैं। यह सब *पूर्वग्रह* के उस अंक में लिखा गया है, जिसमें बार-बार साहित्य के गणतन्त्र में आलोचना के जनतन्त्र की

दुहाई दी गयी है। कोई भी अनुमान कर सकता है कि अशोक वाजपेयी की इस मानसिकता से संचालित और नियंत्रित साहित्य के गणतन्त्र में आलोचना का जनतन्त्र कैसा होगा। आजकल इस देश में संस्कृति के सरकारीकरण का जो अभियान चल रहा है, उसके दो पक्ष हैं; प्रतिरोध की संस्कृति का दमन और सहमति की संस्कृति का प्रसार। अशोक वाजपेयी प्रतिरोध की संस्कृति के दमन को झुठलाते हैं और आलोचना के जनतन्त्र के नाम पर सहमति की संस्कृति का प्रचार करते हैं।

असल में सत्ता साहित्य से तब डरती है, जब वह सामाजिक प्रक्रिया में सक्रिय हस्तक्षेप की शक्ति बनने लगता है। सत्ता उन लेखकों की चिन्ता नहीं करती जो अपने व्यक्तिगत सुख-दुःख तक सीमित होते हैं या वर्तमान से भागकर अतीत में भटकते हैं या यथार्थ से बचकर केवल स्मृति में खोए रहते हैं; सत्ता उन साहित्यकारों की भी चिन्ता नहीं करती जो साहित्य की स्वतन्त्र दुनिया में ही क्रांति करते रहते हैं। लेकिन जब साहित्य के शब्द सामाजिक यथार्थ के दर्पण बनते हैं, तब यथार्थ को छुपाने और सच को झुठलाने के लिए सत्ता साहित्य पर आक्रमण करती है।

जहाँ समाज में शोषण की सत्ता के खिलाफ जनता का संघर्ष तेज होता है, वहाँ साहित्यकार के सामने अपनी पक्षधरता तय करने का सवाल होता है। वहीं साहित्य जन-संघर्ष से जुड़कर सामाजिक प्रक्रिया में सक्रिय हस्तक्षेप की शक्ति बनता है। ऐसी स्थिति में लेखक केवल जनता का कलाकार ही नहीं होता, वह क्रांतिकारी प्रक्रिया का साझेदार साथी और कई बार कार्यकर्ता भी होता है। ऐसे ही लेखकों पर सत्ता आक्रमण करती है। तेलगु कवि वरवर राव ने बैंजामिन मोलेस की शहादत पर लिखी कविता में कहा है :

दुश्मन कवि से कब डरता है?
जब गीत अस्त्र बन जाते हैं।
वह कैद करता है
कवि को
फाँसी पर चढ़ाता है
× × ×
कवि जीता है गीतों में
गीत जन-मन में

आन्ध्रप्रदेश में तेलांगना आन्दोलन से अब तक एक ओर जन आन्दोलन के पक्षधर लेखकों, कलाकारों की गौरवशाली परम्परा है तो दूसरी ओर उनके दमन और उत्पीड़न की शर्मनाक सरकारी परम्परा भी है। वहाँ 1971 से जनता के लेखकों-कवियों के दमन और उनकी रचनाओं पर प्रतिबन्ध का अभियान चल रहा है। कविता के साथ-साथ नाटक और रंगमंच पर विशेष रूप से सत्ता की टेढ़ी नजर है; क्योंकि ये सर्वाधिक लोकप्रिय कला-रूप हैं। वहाँ कवियों, नाटककारों, रंगकर्मियों और लोकगायकों को सबसे अधिक सताया गया

है। तेलगु कवि चेरबंड राजु 1971 से लगातार गिरफ्तारी, जेल और रचनाओं पर प्रतिबन्ध झेलते हुए 1982 में शहीद हुए। 1974 से आन्ध्र के अनेक कवियों, लेखकों पर कुख्यात सिकन्दराबाद षड्यन्त्र मुकदमा चल रहा है। जन पक्षधर लेखकों, कवियों, कलाकारों और संस्कृतिकर्मियों के दमन के मामले में तेलगुदेशम की सरकार कांग्रेसी से आगे निकल गयी है। आश्चर्य की बात है कि आन्ध्र सरकार की दमन नीति के खिलाफ देश के बाकी हिस्सों में कहीं कोई विशेष प्रतिक्रिया नहीं हुई है, लेखकों-बुद्धिजीवियों की ओर से विरोध की आवाज नहीं उठी है। हिन्दी के बहुत से लेखक अपनी आत्मा की आवाज सुनने सुनाने में लगे हैं, उनको आन्ध्र की जनता की आवाज सुनने की फुर्सत कहाँ है! जहाँ आत्म-संघर्ष ही सबसे बड़ा संघर्ष है, वहाँ जन-संघर्ष और उससे जुड़े लेखकों के संघर्ष से एकता कैसे होगी!

आन्ध्र में तेलगुदेशम सरकार ने हर तरह की असहमति और विरोध को दबा देने का जो अभियान चला रखा है, उसका एक उदाहरण है तेलगु के कवि वरवर राव के काव्य-संग्रह *भविष्यातु चित्रपटम्* पर 1987 के आरम्भ में लगता प्रतिबन्ध। वरवर राव पिछले तीन वर्षों से आन्ध्र के विभिन्न जेलों में जी रहे हैं। अगर वे जेल से बाहर होते तो सम्भव है, कई दूसरे कलाकारों की तरह पुलिस से झूठी मुठभेड़ में अब तक मार दिए गये होते। इसलिए वरवर राव ने जेल में रहना और जीना पसन्द किया है। जिस राज्य में एक कवि को जीने के लिए जेल में रहना पड़े, उसे स्वतन्त्रता खोकर जीना पड़े, उस राज्य को लोकतांत्रिक कहना लोकतन्त्र का अपमान है। स्वाधीनता आन्दोलन के दौरान जेलों में रहकर नेताओं ने महत्त्वपूर्ण पुस्तकों की रचना की। क्या स्वतन्त्र भारत के जेलों में रहने वाले किसी व्यक्ति के लिए लिखना-पढ़ना सम्भव है?

वरवर राव का काव्य *भविष्यातु-चित्रपटम्* 1986 में छपा और उस पर 1987 के आरम्भ में प्रतिबन्ध लग गया। सरकार ने सोचा कि वह पाबन्दी लगाकर कविताओं को पाठकों तक पहुँचाने से रोक देगी। लेकिन हुआ ठीक उलटा। प्रतिबन्ध के बाद पाठक कविताओं को खोजने लगे, खोज-खोज कर पढ़ने लगे। इन कविताओं की रक्षा का सवाल अभिव्यक्ति की स्वतन्त्रता और संस्कृति के भविष्य का सवाल बन गया। तेलगु के 74 वर्ष के कवि और स्वतंत्रता सेनानी कालो जी जैसे व्यक्ति प्रतिबन्ध का विरोध और कविताओं की रक्षा के लिए जनता को जगाने में जुट गये। जिन कविताओं की रक्षा के लिए जनता तैयार होती है, उनको दुनिया की कोई भी सत्ता नष्ट नहीं कर पाती। साहित्य पर प्रतिबन्ध का हमेशा उलटा असर होता है, क्योंकि प्रतिबंधित साहित्य पाठकों को अधिक आकर्षित और प्रभावित करता है। लेकिन आत्मप्रवंचना के शिकार शासकों को निरर्थकता के रास्ते पर दौड़ने से कौन रोक सकता है!

वरवर राव के इस संग्रह में अधिकांश कविताएँ 1980 से 85 के बीच की हैं, दो कविताएँ 1978 और 79 की भी हैं। संग्रह के शीर्षक से लगता है कि कविताओं में भविष्य का नक्शा होगा, जिससे डर कर सरकार ने उस पर पाबन्दी लगा दी है। लेकिन कविताओं में भविष्य का कोई नक्शा नहीं है, वर्तमान के चित्र ही अधिक हैं। उनमें खूँखार सत्ता के

बर्बर चरित्र और पुलिस के अत्याचारों के यथार्थ और सच्चे चित्र हैं। आंध्र की सरकार और पुलिस ने इन कविताओं में अपना वास्तविक चरित्र और चित्र देखकर बौखलाहट में संग्रह पर प्रतिबंध लगाया होगा। कवि की दृष्टि वर्तमान की वास्तविकताओं पर है, चित्र भी वास्तविकताओं के हैं, लेकिन उन चित्रों में भविष्य के संकेत भी हैं।

यह स्वाभाविक है कि कवि जिस जन-जीवन का अंग है, उससे वह अधिक लगाव और आत्मीयता अनुभव करे, लेकिन उसकी मानवीय संवेदनशीलता अपने पड़ोस और परिवेश तक सीमित नहीं है। उसे जहाँ भी मनुष्य की सत्ता और स्वतन्त्रता खतरे में पड़ी दिखाई देती है, वहाँ अपनी पूरी संवेदनशीलता के साथ वह पहुँचता है। इस संग्रह की अच्छी कविताओं में से एक भोपाल की गैस ट्रेजेडी पर है और दूसरी अफ्रीका के अश्वेत कवि बैंजामिन मोलेस की शहादत पर। बैंजामिन मोलेस की स्मृति में लिखी कविता में कवि की अपनी स्थिति और आकांक्षा भी व्यक्त हुई है :

प्रतिगामी युग-धर्म जब
वक्त के उमड़ते बादलों का गला घोंटता है
तब न खून बहता है न आँसू
बिजली गिरती है वज्र बनकर
वर्षा की बूँदों से उठता है तूफान
माँ धरती अपने आँसू पोछती है
जेल की सींखचों से बाहर आता है
कवि का संदेश
गीत बन कर
× × ×
कवि जीता है गीतों में
गीत जन-मन में

पिछले कई वर्षों से जेल की यातना और उत्पीड़न के अनुभव के बावजूद वरवर राव की इन कविताओं में कहीं निराशा और थकान नहीं है, आत्मव्यथा और आत्मश्लाघा भी नहीं है; आक्रोश है, लेकिन अनावश्यक उत्तेजना नहीं है। उनके यहाँ कई दूसरे कवियों की तरह क्रांतिकारी उद्गारों की भरमार नहीं है। वे प्रायः कविताओं में अपनी उपस्थिति से बचते हैं। जहाँ आत्मपरक होने की गुंजाइश होती है, वहाँ भी वे खुद को पीछे रखकर वास्तविकता को सामने लाते हैं। 1985 में उन पर पुलिस ने आरोप लगाया था कि उन्होंने नक्सलवादी युवकों को हथियार देकर पुलिस पर आक्रमण के लिए भड़काया था। उस प्रसंग पर वरवर राव ने जो कविता लिखी है, उसमें भी उनकी रचना पद्धति वही है—आत्मपरकता से बचकर स्थितियों और अनुभवों के मूर्त और भावात्मक चित्र खींचना। कविता का आरम्भिक अंश देखिए :

मैंन नहीं बाँटा था बम
विचार भी नहीं
तुमने ही रौंदा था
नाल जड़े जूतों से
चींटियों का बिल
फिर रौंदी हुई धरती से
फूटी थी प्रतिहिंसा की धारा।

वरवर राव अमूर्त बौद्धिक ऊपाहोह के कवि नहीं हैं। उनकी कविता में जनता के जीवन, उसके आन्दोलन और सत्ता के दमनकारी रूप का यथार्थपरक चित्रण है। कई कविताओं में स्थानीय स्थितियों और घटनाओं का, पुलिस आतंक और झूठी मुठभेड़ में हत्याओं का ब्योरेवार वर्णन है। इसलिए इन कविताओं को पढ़कर कोई व्यक्ति आन्ध्र के जन-जीवन की वास्तविक समाजिक-राजनीतिक परिस्थितियों से परिचित हो सकता है। इन कविताओं में सार्वभौमिकता के लिए स्थानीयता की और शाश्वत के लिए तात्कालिकता की उपेक्षा नहीं हुई है।

यह एक खास ढंग की कविता है जो कविता के साथ-साथ इतिहास भी है। उसमें कवि की भावनाओं के साथ-साथ समकालीन घटनाओं की स्मृति भी है। वह पाठकों को संवेदनशील बनाने के साथ-साथ सूचनाएँ भी देती है। ऐसी कविता इतिहास-प्रक्रिया में कवि की साझेदारी से सम्भव होती है, केवल कल्पना की कलाकारी से नहीं। वरवर राव की कविताओं में पुलिस के जुल्म और आतंक का यथार्थपरक चित्रण है, वहाँ अखबारों से बटोरी गयी सूचनाओं की कविता में तटस्थ सजावट नहीं है। उसमें एक संवेदनशील साक्षी के बयान का भावावेग है। आन्ध्र की पुलिस झूठी मुठभेंड़ों में नौजवानों की हत्या ही नहीं करती है; वह इतिहास से अपने जुल्मों के चिह्न और जनता के मन से शहीदों की स्मृति मिटाने के लिए स्मारकों को भी नष्ट करती है। ऐसी कठिन स्थिति का सामना वही कविता कर सकती है जो घटनाओं का ब्योरा भी सुरक्षित रखे और शहीदों की स्मृति की रक्षा भी करे। 'धरती से डर' कविता में इसी दोहरे दायित्व का निर्वाह है जिसका एक हिस्सा यह है :

उसने मार दिया है उनको
जो मौत से नहीं डरते
शहीदों से डरकर उसने
बारूद से मूर्तियाँ उड़ा दी हैं
मूर्तियों को गिराओ
वहाँ जलते दियों को बुझाओ
दीप-चिह्नों को मिटाओ
उस चेतना का क्या करोगे
जिससे पैदा होते हैं बार बार शहीद

बनती है उनकी मूर्तियाँ
चढ़ाए जाते हैं दीप।

आतंक और भय के सहारे टिकी हुई सत्ता भीतर से कहीं-न-कहीं खोखली होती है। वह ऐसी हर चीज से डरती है जिसमें जीवन की हलचल, आजादी का एहसास और भविष्य की सम्भावना होती है। इन सबसे उसे अपना भविष्य असुरक्षित लगता है। ऐसी डरी हुई सत्ता डरे हुए साँप की तरह बहुत आक्रामक होती है। 'धरती से डर' कविता में सत्ता के ऐसे चरित्र की सहज ढंग से प्रभावशाली अभिव्यक्ति हुई है। उसमें परिचित परिस्थितियों के संयोजन के सहारे भय और आक्रामकता की विडम्बनापूर्ण वास्तविकता को उभारा गया है :

लोगों को लगातार
धमकी पर धमकी देता
भयभीत करता डराता वह
खुद डर गया है
× × ×
वह नौजवानों से डर रहा है
उनकी कल्पनाओं से डर रहा है
वह डर रहा है सपनों से
कलम की नोक से डर रहा है
उसने स्वतन्त्रता को जकड़ा है जंजीरों में
अब हथकड़ी के हिलने-डुलने पर
जंजीरों की झंकार से
वह डर रहा है

वैसे तो इस संग्रह की अनेक कविताओं में सत्ता के जुल्म के खिलाफ कवि की गुस्से से भरी गवाही है, लेकिन संग्रह में एक सच्ची गवाही भी है जो कवि की मदद से कविता बन गयी है। कविता में गवाही या गवाही में कविता का ऐसा कोई दूसरा उदाहरण मुश्किल से मिलेगा। वह कविता है 'कसाई'। 15 मई, 1985 को तेलंगाना क्षेत्र में कामारेड्डी कस्बे में झूठी मुठभेड़ों में पुलिस द्वारा नौजवानों की हत्या का विरोध करने के लिए बन्द रखा गया था। उस दिन सबेरे-सबेरे अमरेन्द्र रेड्डी नाम का एक लड़का कस्बे में घूम-घूम कर दुकानें बन्द करा रहा था। बन्द को असफल बनाने के लिए तैयार पुलिस के कुछ सिपाहियों ने उसे देखा, उसका पीछा किया और पकड़ लिया। फिर सिपाहियों ने दिन-दहाड़े भीड़ भरे चौराहे पर लाठियों और बंदूक के कुंदों से पीट-पीट कर उसकी हत्या कर दी। चौराहे पर खड़ा एक कसाई वह पूरा हत्याकांड देख रहा था। बाद में आन्ध्र प्रदेश नागरिक स्वाधीनता समिति के सामने कसाई ने हत्याकांड के बारे में जो बयान दिया था, वही इस कविता का आधार है। कविता में गवाही इस तरह शुरू होती है :

मैं माँस बेचता हूँ
आप चाहे मुझे कसाई कह लें
आपकी मर्जी।
मैं हर रोज जानवरों को मारता
उनके माँस काटता-बेचता हूँ
खून देखकर मैं चौंकता नहीं
लेकिन उस दिन
मैंने जाना
कसाई का मतलब

बातें कसाई की हैं, लेकिन भाषा कवि की है। घटना का ब्योरा गवाही में है, लेकिन ब्योरे में से नये अर्थ और संकेतों की खोज कवि की है। कविता के दूसरे खंड के अन्त में कसाई कहता है :

मैं जानवरों की जान लेता हूँ
पर क्रोध और घृणा से नहीं
मैं माँस बेचता हूँ
पर खुद को नहीं

कविता के अन्त में सहज-सरल ढंग से, लेकिन तीखी भाषा में सरकार और पुलिस के चरित्र का वास्तविक रूप और अर्थ बताया गया है :

मैं कसाई हूँ
रोजी-रोटी के लिए
जानवरों को मारने वाला कसाई
आदमी को मारने पर
मिलते हैं पद, पुरस्कार, मेडल्स
मन्त्री के हाथों।
उसकी हत्या के बाद
मैंने जाना—
किसकी सरकार
किसकी रक्षा
कौन असली कसाई है।

आन्ध्र प्रदेश की पुलिस निश्चिय ही इस कविता को पढ़कर तिलमिला उठी होगी। जो सत्ता आतंक और झूठ के सहारे चलती है, वह सच को सह नहीं सकती। वह बिना लाग-लपेट के सच कहने वाली ऐसी कविता कैसे बरदाश्त कर सकती है!

वरवर राव जिस राजनीतिक परिवेश में रहकर कविता लिख रहे हैं, उसमें वास्तविकता

इतनी विलक्षण और भयावह है कि केवल सौन्दर्य की दुनिया में विचरण करने वाली कल्पना वहाँ जाने में सहमेगी। इस विस्मयकारी यथार्थ की अभिव्यक्ति के लिए विरूपता के बोध में सक्षम कला-चेतना आवश्यक है। वरवर राव के पास वह चेतना है, तभी वे 'कसाई' और 'स्वतन्त्रता का नृत्य' जैसी कविताएँ लिख सके हैं।

वरवर राव प्रायः अपनी बात बिम्बों में अधिक कहते हैं, बयानों में कम। इससे कविताओं में यथार्थ-बोध की सघनता और अर्थ की व्यापकता आती है। उनके इस विशिष्ट शिल्प का अच्छा उदहारण है 'सूर्य' शीर्षक यह कविता :

तू ने
अलसुबः
सुबह के लिए
लड़ने वाले हाथों को बाँधकर
सुबह देखने के लिए बेचैन
आँखों पर परदा डाल दिया
फिर सुबह को पुकारने वाले गले में
लगाया फाँसी का फन्दा
बटन दबाकर पीछे देखा
सारा आसमान लाल
रक्तरंजित कोख में
कोई आँख खोले है
देखो।

कविता में फाँसी के समानांतर सूर्योदय का चित्रण है। दोनों चित्र एक-दूसरे को नया अर्थ देते हैं। दूसरे चित्र से पहले की भाव-दशा भी बदलती है।

वरवर राव की जो कविताएँ मेरे सामने हैं, उनके बारे में कह सकता हूँ कि उनमें आदेश, उपदेश और ललकार कम है। विचारधारात्मक व्याख्यान भी लगभग नहीं के बराबर है। भावनाओं का आवेग और ताप है, लेकिन अनावश्यक अधीरता नहीं है। कवि संयम, संवेदनशीलता और साहस के साथ सच्चाई को कविताओं में उभारता है। कहीं-कहीं आलोचना के अस्त्र के रूप में व्यंग्य का भी प्रयोग है। सबसे बड़ी बात यह है कि वरवर राव की कविता उन जन-जीवन और आन्दोलन का प्रामाणिक बोध जगाती है जिसके वे कलाकार और कार्यकर्ता हैं।

कहा जाता है कि गहरे संकट के क्षण में आदमी अपनी मातृभाषा में बोलता है। मार्क्स ने लिखा है कि कविता मनुष्यता की मातृभाषा है। इसलिए यह कोई आश्चर्य की बात नहीं है कि जहाँ भी मनुष्यता संकट में होती है, वहाँ कविता में उस संकट की ईमानदार और प्रामाणिक अभिव्यक्ति होती है।

(कतार, 1988)

11

राष्ट्रवाद, उपन्यास और प्रेमचंद

(एक)

हम जिस समय और समाज में जी रहे हैं, उसमें विडम्बना सर्वव्यापी है। यहाँ विडम्बना और वास्तविकता का भेद मिट गया है। लगता है कि अब विडम्बना ही वास्तविकता है और वास्तविकता विडम्बना बन गयी है। यह स्थिति राजनीति में है और साहित्य में भी, व्यवहार में है और विचार में भी। आजकल जब एक ओर पूँजीवाद के भूमंडलीकरण की आँधी चल रही है, जिसके कारण राष्ट्र राज्य की नींव हिल रही है, तभी दूसरी ओर राष्ट्रवाद का आतंक बढ़ रहा है और उसके खतरों की चर्चा हो रही है। क्या यह विडम्बना नहीं है कि भारत जैसे देशों में जो लोग भूमंडलीकरण का स्वागत कर रहे हैं, वही आदिम राष्ट्रवाद का ढोल बजा रहे हैं।

ठीक इसी समय राष्ट्रवाद से उपन्यास के सम्बन्ध की खोज शुरू हुई है। वह भी उसी पश्चिम की प्रेरणा से जहाँ से भारत जैसे देशों में उपनिवेशवाद के साथ आधुनिक राष्ट्रवाद का विमर्श आया और उपन्यास का रूप भी। जब से बेनेडिक्ट एंडरसन ने आधुनिक राष्ट्रवाद को पूँजीवाद से जुड़े मुद्रण की मदद से निर्मित कल्पित समुदाय कहा है और उसके यथार्थवादी उपन्यास के आख्यान की संस्कृति में व्यक्त होने की बात की है, तब से उपन्यास को आधुनिक राष्ट्र का आख्यान सिद्ध करने की लगातार कोशिशें हो रही हैं। ऐसी कोशिशों के साथ-साथ राष्ट्रवाद और उपन्यास के स्वदेशी स्रोतों की खोज की प्रक्रिया भी चल रही है। इस प्रक्रिया को नयी दिशा दी है अमेरिका के मार्क्सवादी आलोचक फ्रेडरिक जेम्सन ने, जो तीसरी दुनिया के सभी पाठों को रूपकात्मक मानते हैं और सभी उपन्यासों को राष्ट्रीय रूपक के रूप में पढ़ना जरूरी समझते हैं। जेम्सन की इस मान्यता की विस्तृत और सटीक आलोचना करते हुए एजाज अहमद ने भारत जैसे देशों के सभी उपन्यासों को राष्ट्रीय रूपक घोषित करने का खंडन किया है।

हिन्दी में नामवर सिंह ने बेनिडिक्ट एंडरसन और फ्रेडरिक जेम्सन की मान्यताओं की मदद से भारतीय राष्ट्रवाद और भारतीय उपन्यास के सम्बन्धों की खोज और दोनों की

भारतीयता की पहचान का एक प्रयत्न अपने निबंध 'अंग्रेजी ढंग का नावेल और भारतीय उपन्यास' में किया है। नामवर सिंह के अनुसार भारतीय राष्ट्रवाद की चिन्ता का केन्द्र था 'कोई असली भारत। मनोवांछित भारत। कल्पना का भारत।' और उसके राष्ट्रीय रूपक हैं बाङ्ला के बंकिम, हिन्दी के ठाकुर जगमोहन सिंह तथा हजारीप्रसाद द्विवेदी के *कपाल कुंडला, श्यामा स्वप्न* और *बाणभट्ट की आत्मकथा* जैसे ऐतिहासिक और व्यक्तिगत रोमांस या रोमांसधर्मी उपन्यास। वे न तो उस राष्ट्रवाद को महत्त्वपूर्ण मानते हैं जिसका आधार था उस समय का वास्तविक भारत, "आँखों के सामने रोज-रोज दिखाई पड़ने वाला भारत" और न उस भारत की पराधीनता के यथार्थ, उसकी स्वाधीनता की आकांक्षा और उसके लिए संघर्ष के प्रयत्नों का चित्रण करने वाले सामाजिक यथार्थवाद के उपन्यासों को, क्योंकि उन्हें वे राष्ट्रीय रूपक नहीं लगते।

अम्बेर्तो एको ने ठीक ही लिखा है कि रोमांस में अन्यत्र की कथा होती है, वर्तमान की नहीं। वह अन्यत्र अतीत हो सकता है और भविष्य भी। जब भारत में उपन्यास का उदय हो रहा था, तब देश गुलाम था। उस समय अंग्रेजी राज के अत्याचारों से भरे हुए असह्य वर्तमान से मुक्ति की तलाश भारतीय जनता को थी और रचनाकारों को भी। रचनाकारों के सामने मुक्ति के दो मार्ग थे। एक अतीत या भविष्य के मायालोक में ले जाने वाला था। दूसरा था वर्तमान के यथार्थ के बोध और प्रतिरोध की ओर पहुँचाने वाला। रोमांस के रचनाकार पहले मार्ग पर चल रहे थे और सामाजिक-यथार्थवाद के उपन्यासकार दूसरे पर। केवल यही दूसरा मार्ग जनता को भी उपलब्ध था। इसलिए सामाजिक यथार्थवाद के लेखक वर्तमान के बोध और प्रतिरोध के मार्ग पर चलने की प्रक्रिया में साधारण जनता के साथ थे।

असल में यथार्थवाद और रूपकवाद यथार्थ के बारे में मूल रूप से परस्पर विरोधी दृष्टिकोण हैं। यथार्थवाद इतिहास में व्यक्ति के अनुभवों और उन अनुभवों की भौतिक-सामाजिक परिस्थितियों को महत्त्व देता है, जबकि रूपक में व्यक्ति और भौतिक परिस्थितियों का केवल संकेत, माध्यम या बहाने के रूप में प्रयोग होता है। रूपक व्यक्तियों, वस्तुओं और घटनाओं को देशकाल और इतिहास से मुक्त रूप में प्रस्तुत करता है। वह विशेष का सामान्यीकरण और यथार्थ का आदर्शीकरण करता हुआ शाश्वत की ओर संकेत करता है। इस तरह वह रहस्यवाद की ओर ले जाता है। यथार्थवादी उपन्यासों के पात्र एक विशेष समय, समाज और इतिहास में जीने-मरने वाले व्यक्ति होते हैं। उनकी जिन्दगी की वास्तविकताएँ एक विशेष ऐतिहासिक परिस्थिति से जुड़ी हुई होती हैं, इसलिए उनसे यह संकेत मिलता है कि उन परिस्थितियों को बदला जा सकता है। इस तरह यथार्थवाद समाज के परिवर्तन को सम्भव मानता है। ब्रेश्ट ने ठीक ही कहा था कि यथार्थवाद एक राजनीतिक दृष्टिकोण भी है।

जब राष्ट्रवाद से उपन्यास के सम्बन्ध पर विचार के आरम्भ में ही मान लिया जाता है कि उपन्यास आधुनिक राष्ट्र का आख्यान है, वह एक कल्पित समुदाय के रूप में राष्ट्र का निर्माता है या कि वह राष्ट्रवाद की उपज है, तब राष्ट्र और राष्ट्रवाद से उपन्यास के सम्बन्ध की खोज का एकतरफा रास्ता सामने रह जाता है, जिस पर चल कर यह साबित

करना सरल होता है कि राष्ट्र की कल्पना और राष्ट्रवाद की निर्मिति में उपन्यास की क्या भूमिका होती है। इसी विचार-प्रक्रिया के कारण उपन्यास को राष्ट्र का संकेत, प्रतीक और रूपक (मेटाफर और अलेगरी) कहा जाता है। लेकिन उपन्यास ऐसी विधा है जिसमें अपनी और दूसरों की आलोचना की अपार क्षमता होती है। वह उन सभी सामाजिक शक्तियों, भौतिक परिस्थितियों और विचारधाराओं का सशक्त प्रतिरोधक और आलोचक रहा है जो उसके उदय, विकास और रूप के निर्माण के कारण रहे हैं। इसीलिए वह राष्ट्रवाद का जितना पोषक है, उससे अधिक उसका आलोचक है।

उपन्यास आधुनिक युग का महाकाव्य कहा जाता है, इसलिए वह राष्ट्र की पुरानी स्मृति का आधुनिक उत्तराधिकारी है। लेकिन उपन्यास का स्वभाव महाकाव्य से भिन्न होता है। महाकाव्य में जातीय जीवन के अतीत का गौरव गान होता रहा है, जबकि उपन्यास का सम्बन्ध समकालीन सामाजिक प्रक्रियाओं से होता है और वे सामाजिक प्रक्रियाएँ राष्ट्र के शासक वर्ग की विचारधारा की एकान्विति और एकस्वरता का खंडन करती हैं। यही नहीं, वह राष्ट्र की कल्पित सामूहिकता के समक्ष विभिन्न समुदायों, वर्गों और अस्मिताओं को प्रस्तुत करता हुआ राष्ट्रवाद की समग्रतावादी विचारधारा के एकाधिपत्य को तोड़ता है।

दुनिया भर के उपन्यास के इतिहास से यह साबित होता है कि उपन्यास का रूप अत्यन्त लचीला, गतिशील, बहुआयामी और प्रयोगधर्मी होता है, इसीलिए मिखाइल वाख्तिन ने उपन्यास के सिद्धांतकारों को चेतावनी देते हुए कहा था कि उपन्यास का वह प्रत्येक सिद्धांत उलझाव का शिकार होता है जो उसे कुछ स्थायी विशेषताओं और विचारधारात्मक बन्धनों में बाँधना चाहता है। राष्ट्रवाद भी एक विचारधारा है, जिसके बन्धनों में बँधना उपन्यास स्वीकार नहीं करता।

उपन्यास से राष्ट्रवाद के सम्बन्ध पर विचार करते समय यह याद रखना जरूरी है कि जैसे राष्ट्रवाद के अनेक रूप हैं, वैसे ही उपन्यास भी कई प्रकार के होते हैं। प्रत्येक उपन्यास हर प्रकार के राष्ट्रवाद का पोषक या रूपक नहीं होता। ऐतिहासिक और व्यक्तिगत रोमांस के उपन्यास जिस तरह के राष्ट्रवाद के पोषक होते हैं, वैसे राष्ट्रवाद से सामाजिक यथार्थवाद के उपन्यासों का स्थायी विरोध होता है। रोमांसधर्मी उपन्यासों में वर्तमान के बोध की जगह अतीत की स्मृति या भविष्य की कल्पना अधिक होती है। उनकी आख्यान की पूरी संस्कृति पुनरुत्थानवादी राष्ट्रवाद की मदद करती है, जबकि सामाजिक यथार्थवाद के उपन्यास अपने समय और समाज की सच्चाइयों को साक्षात्कार करते हुए मुक्तिधर्मी और अग्रगामी राष्ट्रीय चेतना का निर्माण करते हैं। उनमें जनता की जिन्दगी की वास्तविकताओं तथा लोकतांत्रिक आकांक्षाओं की अभिव्यक्ति होती है और राष्ट्रवाद के हाशिए पर रहने वालों की आवाज सुनाई देती है।

यूरोप में उपन्यास का जन्म राष्ट्र-राज्य के साथ हुआ था, वे दोनों समकालीन ही नहीं, परस्पर पूरक भी थे। वहाँ उपन्यास बुर्जुआ वर्ग का महाकाव्य होने के कारण राष्ट्र की पहचान और उसके आधार के निर्माण में सहायक था। यही नहीं, वहाँ राष्ट्र-राज्य का अस्तित्व उपन्यास की रचना के सन्दर्भ और क्षितिज के रूप में क्रियाशील था, इसलिए उपन्यास

कभी-कभी उस राष्ट्र-राज्य के उपनिवेशवादी अभियानों का सहचर भी दिखाई देता है, जिसकी ओर *एडवर्ड सईद* ने *संस्कृति और साम्राज्यवाद* में पर्याप्त संकेत किया है।

लेकिन भारत में उपन्यास का आगमन या उदय एक भिन्न और अभिशप्त स्थिति में हुआ। यहाँ उपन्यास के सामने उपनिवेशवाद के अभिशाप का मूर्त रूप अंग्रेजी राज था, जिसका विरोध और प्रतिरोध उपन्यास के भारतीय होने की पहली शर्त थी। भारत में जिस तरह का स्वाधीनता आन्दोलन निर्मित और विकसित हो रहा था, उसमें अनेक प्रकार के अंतर्विरोध थे। वह जितना व्यापक, उदार, सहमतिवादी और लोकप्रिय लगता था, उससे अधिक अपवर्जी था। उसके अपवर्जन के शिकार वही थे जो उपनिवेशवादी शोषण और दमन के भी सर्वाधिक शिकार थे। ऐसे लोगों की आर्थिक-सामाजिक तथा सांस्कृतिक पराधीनता की पीड़ा और स्वाधीनता की आकांक्षा की अभिव्यक्ति जिन सामाजिक यथार्थवाद के उपन्यासों में है, उनमें अभिजनवादी और अपवर्जी राष्ट्रवाद की तीखी आलोचना भी है।

अगर हम पश्चिम के उस राष्ट्रवाद को छोड़ दें, जो साम्राज्यवाद का जनक भी रहा है, और केवल एशिया, अफ्रिका तथा दक्षिण अमेरिका के पराधीन देशों के स्वाधीनता आन्दोलन के समय और स्वाधीनता के बाद के राष्ट्रवाद को देखें तो यह स्पष्ट होगा कि राष्ट्रवाद हमेशा मुक्तिधर्मी और मूलगामी नहीं होता। पार्थ चटर्जी ने लिखा है कि भारत जैसे देशों में राष्ट्रवाद का इतिहास सामाजिक समस्याओं से बचने और भागने का इतिहास रहा है। वह आर्थिक विषमताओं और सामाजिक अन्यायों का सामना करने से बचने का एक उपाय भी बनता रहा है और सामाजिक जीवन की ठोस वास्तविकताओं, द्वंद्वों तथा वर्ग-संघर्ष की सच्चाइयों के इतिहास और राजनीति से आँखें चुराता रहा है।

आजादी के बाद के पचास वर्षों में भारतीय जनता को राष्ट्रवाद का जो अनुभव होता रहा है, उससे स्पष्ट है कि राष्ट्रवाद एक बहाना भी है, राजसत्ता को अधिक दमनकारी बनाने का, उच्च वर्गों की हित साधना का, एक समुदाय के वर्चस्व का, हर तरह की असहमति के दमन का, देश के भीतर पनपने वाली विभिन्न अस्मिताओं के अस्वीकार का, स्त्रियों की अनेक प्रकार की पराधीनताओं को गौरवान्वित करने का, दलितों की आवाज दबाने का और आजकल बहुराष्ट्रीय कम्पनियों के आगे आत्मसमर्पण का। इन सबके लिए उसके अनेक रूप भी दिखाई देते हैं : राजनीतिक, धार्मिक, सांस्कृतिक, साम्प्रदायिक, नस्लवादी और अनन्यतावादी आदि।

यद्यपि स्वाधीनता आन्दोलन के काल में राष्ट्रवादी विमर्श समूचे भारतीय समाज के बारे में बोलने का दावा और दिखावा करता था, लेकिन उसमें उच्च वर्गों और उच्च वर्णों की आकांक्षाओं की आवाज अधिक सुनाई देती थी। उस राष्ट्रवाद ने जिस मुख्यधारा की कल्पना की थी, उसका देश के गरीब किसानों, मजदूरों, स्त्रियों और दलितों के साथ सम्बन्ध उपयोग और उपेक्षा का था। इस स्थिति में स्वाधीनता आन्दोलन के काल में जिन उपन्यासों में राष्ट्रवाद की मुख्यधारा से बहिष्कृत बेजुबान और उपेक्षित किसानों, मजदूरों स्त्रियों और दलितों की पराधीनता की यातना की ऐतिहासिक ट्रेजडी का आख्यान है, उसमें उस राष्ट्रवाद का पोषक कोई रूपक नहीं, उसकी खरी आलोचना है।

बेनेडिक्ट एंडरसन जब राष्ट्र को कल्पित समुदाय कहते हैं और उपन्यास के आख्यान में उसका मूर्त रूप देखते हैं, तब वे यूरोप के राष्ट्रवाद और उपन्यास को ध्यान में रखते हैं। पार्थ चटर्जी ने भारत जैसे देशों के राष्ट्रवाद को पश्चिम के राष्ट्रवाद से स्वतन्त्र साबित करने के लिए एंडरसन से यह सवाल पूछा है कि राष्ट्र अगर कल्पित समुदाय है तो वह किसकी कल्पना का समुदाय है। यह सवाल भारतीय राष्ट्रवाद के बारे में भी पूछा जाना चाहिए ताकि उसके सामाजिक आधार, राजनीतिक उद्देश्य और विचारधारात्मक अभिप्राय की वास्तविकता सामने आये। एंडरसन कहते हैं कि राष्ट्र में वास्तविक विषमता और शोषण होने के बावजूद राष्ट्रवाद में एक प्रकार के गहरे साहचर्य की कल्पना होती है। लेकिन भारत जैसे देशों में जहाँ उपनिवेशवाद के विरुद्ध राष्ट्रीय संघर्ष हुए हैं, वहाँ कुछ ऐसे लेखक भी हैं जो विषमता और शोषण की वास्तविकता की उपेक्षा करने वाले राष्ट्रवाद के बारे में यह प्रश्न पूछते हैं कि राष्ट्र किसकी कल्पना का समुदाय है, सामंतों, पूँजीपतियों और उनके प्रतिनिधियों की कल्पना का या उनके द्वारा शोषित और दलित जनसमुदायों की कल्पना का। प्रेमचंद के साहित्य में ऐसे सवाल उनके द्वारा बार-बार पूछे गये हैं जो राष्ट्रवाद के हाशिए पर थे। स्वयं प्रेमचंद ने भी यह सवाल बार-बार पूछा है और उसका जवाब भी दिया है।

(दो)

प्रेमचंद भारतीय स्वाधीनता आन्दोलन के कथाकार और पत्रकार हैं, इसलिए उनको स्वाधीनता-संग्राम का 'कलम का सिपाही' ठीक ही कहा गया है। उन्होंने स्वाधीनता आन्दोलन के लिए संघर्ष की प्रेरणा, शक्ति और संकल्प पैदा करने के उद्देश्य से ही कथा-लेखन आरम्भ किया था। जब वे नवाब राय के नाम से उर्दू में लिखते थे, तब उनकी आरम्भिक कहानियों में देशभक्ति-प्रेम, स्वतन्त्रता-प्रेम और राष्ट्र की स्वाधीनता के लिए आत्म-बलिदान की भावनाएँ व्यक्त हो रही थीं। ऐसी कहानियों का पहला संग्रह *सोजे वतन* 1980 ई॰ में छपा था। उसमें सरकार को राजद्रोह दिखाई दिया। उस पर प्रतिबन्ध लगा। उसकी सात सौ प्रतियाँ जला दी गयीं। *सोजे वतन* ही नहीं, इस काल की दूसरी और कहानियों और *जलवए ईसार* नामक उपन्यास की रचना-दृष्टि रोमांसधर्मी है और लेखन-शैली दास्तानों वाली। उस काल की उनकी राष्ट्रीय चेतना रोमांटिक और स्मृति-निर्भर अधिक है।

प्रेमचंद के 1907 से 1936 तक के कथा-लेखन में भारत के स्वाधीनता आन्दोलन और राष्ट्रीय चेतना के विकास का इतिहास है और उसकी आलोचना भी। उनकी आरम्भिक रचनाओं में स्वाधीनता आन्दोलन के उस दौर की राष्ट्रीय चेतना है जिसे एक ओर क्रांतिकारी आन्दोलन कहा जाता है तो दूसरी ओर आतंकवादी आन्दोलन। बाद के स्वदेशी आन्दोलन और असहयोग आन्दोलन के काल में व्यापक जन-उभार से जुड़ी हुई उनकी राष्ट्रीय चेतना क्रमशः अधिक व्यापक, गहरी, यथार्थवादी, जनोन्मुखी और आलोचनात्मक होती दिखाई देती है, जिसकी अभिव्यक्ति *सेवासदन, प्रेमाश्रम, रंगभूमि, गबन, कर्मभूमि* और *गोदान* जैसे

उपन्यासों और अनेक कहानियों में हुई है।

यद्यपि उनके उपन्यासों में केवल *कर्मभूमि* का कथानाक सीधे स्वाधीनता आन्दोलन से जुड़ा है और उसी का कथानायक स्वाधीनता आन्दोलन का नेता है, किसी अन्य उपन्यास का नहीं, लेकिन उनके सभी महत्त्वपूर्ण उपन्यासों में अंग्रेजी राज की काली छाया मौजूद है, उसकी लूट और दमन की खूँखार व्यवस्था भी है और उसके साथ सहयोग करने वाले दलाल जमींदारों तथा पूँजीपतियों का समूचा शोषण तन्त्र है। साथ ही प्रेमचंद के उपन्यासों में स्वाधीनता आन्दोलन का चित्रण इतना स्पष्ट, सच्चा और संकेतयुक्त है कि उनके अनेक पात्रों के चरित्र में स्वाधीनता आन्दोलन के अनेक नेताओं के प्रतिबिम्ब दिखाई देते हैं, जिनकी पहचान कई आलोचकों ने की है।

प्रेमचंद के सामने जो स्वाधीनता आन्दोलन था, उसके साथ होते हुए भी वे उससे न पूरी तरह सहमत थे और न संतुष्ट। उनकी आस्था उस आन्दोलन से अधिक जनता की शक्ति में थी। उनकी दृष्टि जितनी स्वाधीनता आन्दोलन पर थी, उससे अधिक जनता के जीवन की समस्याओं और उन समस्याओं से जुड़े छोटे-बड़े जन आन्दोलन पर रहती थी, इसलिए उनके उपन्यासों और कहानियों में किसानों, मजदूरों, स्त्रियों और दलितों के जीवन की वास्तविकताओं और उनसे जुड़े आन्दोलन के चित्र और प्रभाव अधिक दिखाई देते हैं। किसान आन्दोलनों से प्रेमचंद के कथा-साहित्य के सम्बन्ध की खोज आलोचकों ने की है, लेकिन डॉ॰ अम्बेडकर के दलित आन्दोलन से प्रेमचंद के चिन्तन और कथा-लेखन के सम्बन्ध की पहचान कम हुई है। 1927 में डॉ॰ अम्बेडकर ने महाद में जो आन्दोलन चलाया था, उसके बाद दलित जीवन की समस्याओं के बारे में प्रेमचंद के चिन्तन और लेखन में बदलाव आया। अम्बेडकर के 1930 के मंदिर प्रवेश आन्दोलन का असर *कर्मभूमि* में चित्रित मंदिर-प्रवेश के जन आन्दोलन पर है। साथ ही दलित जीवन की दारुण समस्याओं को सामने लाने वाली 'सद्गति' (1931), 'ठाकुर का कुआँ' (1932) और 'दूध का दाम' (1934) जैसी कहानियों की नयी चेतना और तेजस्वी यथार्थवाद के पीछे देश भर में चलने वाले दलित जन आन्दोलन के बारे में प्रेमचंद की सजगता मौजूद है। वही सजगता *गोदान* में ब्राह्मणवाद से दलितों के निर्णायक संघर्ष में दिखाई देती है। 1927-28 के बाद ही प्रेमचंद के चिन्तन और लेखन में दलित समस्या पर विचार की एक ऐसी प्रक्रिया शुरू होती है जो दलितों की स्वाधीनता को भारतीय राष्ट्र की स्वाधीनता का एक महत्त्वपूर्ण मुद्दा और भारतीय राष्ट्रवाद की आलोचना का एक ज्वलंत प्रश्न बनाती है।

प्रेमचंद गांधी युग के लेखक हैं। उस समय के राष्ट्रवाद से प्रेमचंद के सम्बन्ध का एक रूप गांधीवाद से उनके सम्बन्ध में भी दिखाई देता है। गांधीवाद से प्रेमचंद के सम्बन्ध पर हिन्दी में बहुत बहस हुई है। कहीं प्रेमचंद को सच्चा गांधीवादी सिद्ध किया गया है। तो कहीं गांधीवाद का पक्का विरोधी। लेकिन वास्तविकता यह है कि वे न कभी अभिभूत गांधीवादी थे और न कभी गांधीवाद के एकदम विरोधी। वे गांधी के राजनीतिक लक्ष्य, देश की स्वाधीनता के समर्थक थे, लेकिन सत्याग्रह की पद्धति से निराश। वे उनके जाति-प्रथा को मिटाने के अभियान के साथ थे, लेकिन वर्ण-व्यवस्था को उचित ठहराने के तर्कों के

विरोधी। वे गांधी की समन्वयवादी सांस्कृतिक दृष्टि के कायल थे, लेकिन उनके धार्मिक आग्रहों से असहमत। प्रेमचंद गांधी की पूँजीवादी सभ्यता की आलोचना से बहुत दूर तक तक सहमत थे, लेकिन भारत के भविष्य पर उसके अतीत के आरोपण के विरुद्ध थे। प्रेमचंद गांधी के हृदय परिवर्तन और ट्रस्टीशिप के सिद्धान्तों को आजमा कर छोड़ चुके थे।

प्रेमचंद साम्प्रदायिक सद्‌भाव के बारे में गांधी के दृष्टिकोण के समर्थक ही नहीं, उसके प्रतीक और प्रमाण भी थे। उन्होंने *हंस* और *जागरण* में साम्प्रदायिक एकता के लिए टिप्पणियाँ और लेख ही नहीं, *कर्बला* जैसा नाटक भी लिखा था। उन्होंने अपनी कहानियों और उपन्यासों में हिन्दू और मुस्लिम समाजों के जीवन के यथार्थ का चित्रण करते हुए दोनों को एक दूसरे की जिन्दगी को जानने और दोनों के बीच बढ़ते हुए अजनबीपन को मिटाने का प्रयत्न किया, साथ ही उन्होंने *कर्मभूमि* के माध्यम से भारतीय स्वाधीनता आन्दोलन में मुसलमानों की महत्त्वपूर्ण भूमिका का प्रभावशाली चित्रण भी किया है।

1930 के आसपास प्रेमचंद गांधी, उनके वाद और आन्दोलन की पद्धति से निराश होते दिखाई देते हैं। वे स्वाधीनता आन्दोलन के सन्दर्भ में गांधी की समझौतावादी प्रवृत्ति की आलोचना करते हैं, वह चाहे सरकार से समझौतों में प्रकट होती हो या जमींदारों और पूँजीपतियों से। *कर्मभूमि* में व्यापक जन आन्दोलन, उसके खूँखार दमन और जनता के प्रतिरोध के बावजूद अमरकांत जो समझौता करता है, उसकी आलोचना करते हुए सलीम कहता है, "नतीजा यह होगा कि यहीं पड़े रहेंगे। और रिआया तबाह होगी। तुम्हें तो कोई खास तकलीफ नहीं है, लेकिन गरीबों पर क्या बीत रही है, यह सोचो।" अगर अमरकांत का समझौता गांधी इरविन पैक्ट की ओर संकेत करता है तो सलीम की आलोचना में प्रेमचंद की आवाज सुनाई देती है। सलीम ने अमरकांत के समझौते की जैसी आलोचना की है, वैसी ही गांधी इरविन पैक्ट की आलोचना भगतसिंह ने 2 फरवरी, 1931 के अपने क्रांतिकारी कार्यक्रम के मसौदे में की थी।

प्रेमचंद ने 1930 में बनारसीदास चतुर्वेदी को एक पत्र में लिखा था, "मेरी आकांक्षाएँ कुछ नहीं हैं। इस समय सबसे बड़ी आकांक्षा यही है कि हम स्वराज्य-संग्राम में विजयी हों। धन या यश की लालसा मुझे नहीं रही। खाने को मिल ही जाता है। मोटर और बँगले की मुझे हवस नहीं। हाँ, यह जरूर चाहता हूँ कि दो-चार उच्च कोटि की पुस्तकें लिखूँ, पर उनका उद्देश्य भी स्वराज्य-प्राप्ति ही हो।" प्रेमचंद के सम्पूर्ण लेखन का लक्ष्य है स्वाधीनता। लेकिन केवल राजनीतिक स्वाधीनता ही नहीं, आर्थिक और सामाजिक स्वाधीनता भी। केवल उपनिवेशवाद की गुलामी से देश की आजादी ही नहीं, देशी सामंतवाद और पूँजीवाद की आर्थिक, सामाजिक और सांस्कृतिक पराधीनता से देश के गरीब किसानों, मजदूरों, स्त्रियों और दलितों की स्वाधीनता। इसी उद्देश्य के लिए उन्होंने उपन्यासों और कहानियों की रचना की और *हंस* तथा *जागरण* के माध्यम से व्यापक जन जागरण का अभियान चलाया।

प्रेमचंद जिस स्वराज्य की कामना और कल्पना करते थे, वह अमीरों का नहीं, गरीबों का स्वराज्य था। उन्होंने 1930 में लिखा था, "जिस व्यक्ति के हृदय में गरीबों की दिन-रात गिरती हुई दशा देखकर ज्वाला-सी उठती रहती है, जो उनकी मूक वेदना देखकर तड़प रहा

है, वह किसी ऐसे स्वराज्य की कल्पना से संतुष्ट नहीं हो सकता जिसमें कुछ ऊँचे दर्जे के आदमियों का हित हो और प्रजा की दशा ज्यों-की-त्यों बनी रहे।" इसीलिए उन्होंने घोषणा की थी "हमारी लड़ाई केवल अंग्रेज सत्ताधारियों से नहीं, हिन्दुस्तानी सत्ताधारियों से भी है।"

प्रेमचंद मानते थे कि स्वराज्य का आन्दोलन गरीबों का आन्दोलन है। उन्होंने 1930 में ही लिखा था कि "इस आन्दोलन में गरीब लोग ही आगे आगे हैं और उन्हीं को रहना भी चाहिए, क्योंकि स्वराज्य से ज्यादा फायदा उन्हीं को होगा।" प्रेमचंद की इस मान्यता का मूर्त रूप *कर्मभूमि* में दिखाई देता है, जिसमें गरीब किसानों, मजदूरों, स्त्रियों और दलितों के व्यापक जागरण, आन्दोलन, उसके दमन और प्रतिरोध की जटिल समग्रता का आख्यान है।

फ्रैंज फैनन ने लिखा है कि "अगर साम्राज्यवाद विरोधी संघर्ष के समय राष्ट्रीय चेतना को सामाजिक चेतना नहीं बनाया जाता तो भविष्य मुक्ति का नहीं, उपनिवेशवाद के बदले हुए रूप का होगा। इसलिए राष्ट्रीय चेतना को सामाजिक और राजनीतिक आवश्यकताओं में रूपांतरित करते हुए उसे अधिक व्यापक और गहरा अर्थात् वास्तविक रूप में मानवीय बनाना जरूरी है।" प्रेमचंद ने यही प्रयत्न अपने उपन्यासों के माध्यम से किया है। उनके उपन्यासों में किसानों, स्त्रियों और दलितों की पराधीनता के जटिल यथार्थ का चित्रण है, उनकी स्वाधीनता की आकांक्षा की अभिव्यक्ति है और मुक्ति की सम्भावनाओं की तलाश है। वे भारतीय समाज की अन्यायपूर्ण समाज व्यवस्था को बदलना चाहते थे, इसलिए उनके उपन्यासों में भारतीय समाज में व्याप्त आर्थिक विषमता, सामाजिक पराधीनता और तरह-तरह की अमानवीय स्थितियों का चित्रण सबसे अधिक है। इस तरह वे स्वाधीनता आन्दोलन के सामने भारतीय समाज की वास्तविकताएँ और सच्चाइयाँ रखकर उसे सामाजिक पुनर्निर्माण का आन्दोलन बनाने की प्रेरणा दे रहे थे।

प्रेमचंद के सामने जो स्वाधीनता आन्दोलन था, उसका नेतृत्व उच्च वर्गों और उच्च वर्णों के वे लोग कर रहे थे जो स्वयं भारतीय समाज में तरह-तरह की विषमता, पराधीनता और दमन की व्यवस्था के सूत्रधार थे, इसलिए वे भारतीय समाज का आमूल परिवर्तन नहीं, अंग्रेजी राज की सत्ता का हस्तांतरण चाहते थे, जबकि प्रेमचंद श्रमजीवी जनता की, एक ओर अंग्रेजी राज की गुलामी से और दूसरी ओर देशी सामंतों तथा पूँजीपतियों की पराधीनता से मुक्ति चाहते थे, इसलिए वे अमीरों के राष्ट्रवाद को सन्देह की नजर से देखते थे और उसके सामने पराधीन और पीड़ित जनता की ओर से विभिन्न प्रकार के सामाजिक प्रश्न रखते थे। उनके *'गबन'* उपन्यास का एक पात्र देवीदीन, जिसके दो बेटे स्वदेशी आन्दोलन में शहीद हुए थे, एक राष्ट्रवादी नेता से पूछता है, "साहब, सच बताओ, जब तुम सुराज का नाम लेते हो तो उसका कौन-सा रूप तुम्हारी आँखों के सामने आता है? तुम भी बड़ी-बड़ी तलब लोगे, तुम भी अंग्रेजों की तरह बँगलों में रहोगे, पहाड़ों की हवा खाओगे, अंग्रेजी ठाट-बाट बनाए घूमोगे? इस सुराज से देश का क्या कल्याण होगा? उस समय ऐसे प्रश्न स्वाधीनता आन्दोलन के रूप और नेताओं के रंग-ढंग को देखकर संघर्षशील जनता के मन में उठ रहे थे और उन्हें जनता के प्रतिनिधि कथाकार प्रेमचंद भारतीय राष्ट्रवाद के सामने रख रहे थे।

प्रेमचंद की राष्ट्रीय चेतना भारतीय समाज में समता चाहती थी। उन्होंने 1934 एक लेख 'क्या हम वास्तव में राष्ट्रवादी हैं?' में जाति व्यवस्था और राष्ट्रवाद को परस्पर विरोधी घोषित करते हुए कहा था कि "राष्ट्रीयता की पहली शर्त है समाज में साम्य भाव का दृढ़ होना।" प्रेमचंद स्वराज्य के आन्दोलन को समतामूलक समाज की रचना का आन्दोलन बनाना चाहते थे, इसलिए उन्होंने जोर देकर कहा था कि "हमारा स्वराज्य केवल विदेशी जुए से अपने को मुक्त करना नहीं है, बल्कि सामाजिक जुए से भी, जो विदेशी शासन से कहीं अधिक घातक है।" यहीं बात प्रेमचंद ने *'आहुति'* नामक कहानी में कही है। उस कहानी की नायिका कहती है, "अगर स्वराज्य आने पर भी सम्पत्ति का यही प्रभुत्व रहे और पढ़ा-लिखा समाज यों ही स्वार्थान्ध बना रहे तो मैं कहूँगी कि ऐसे स्वराज का न आना ही अच्छा है। अंग्रेज महाजनों की धन-लोलुपता और स्वहित ही आज हमें पीसे डाल रहा है। जिन बुराइयों को दूर करने के लिए आज हम प्राणों को हथेली पर लिए हुए हैं, उन्हीं बुराइयों को क्या प्रजा इसलिए सिर चढ़ाएगी कि वे विदेशी नहीं स्वदेशी हैं। कम-से-कम मेरे लिए तो स्वराज्य का यह अर्थ नहीं है कि जॉन की जगह गोविन्द बैठ जाये, मैं ऐसी व्यवस्था देखना चाहती हूँ जहाँ कम-से-कम विमषमता को आश्रय न मिल सके।" यह कथन एक तरह से प्रेमचंद के स्वराज्य का घोषणा-पत्र है।

प्रेमचंद की 'आहुति' कहानी नवम्बर, 1930 में *हंस* में छपी थी। 2 फरवरी, 1931 को भगतसिंह ने काल कोठरी से क्रांतिकारी कार्यक्रम का जो मसौदा जारी किया था, उसमें कांग्रेस के राष्ट्रवादी नेताओं से कहा गया था, "यदि आप सोचते हैं कि किसानों और मजदूरों को सक्रिय हिस्सेदारी के लिए आप मना लेंगे तो मैं बताना चाहता हूँ कि वे बेवकूफ नहीं बनाए जा सकते। वे साफ-साफ पूछेंगे कि उन्हें आपकी क्रांति से क्या लाभ होगा, वह क्रांति जिसके लिए आप उनसे बलिदान माँग रहे हैं। भारत सरकार का प्रमुख लार्ड रीडिंग की जगह यदि सर पुरुषोत्तमदास ठाकुर हों तो इससे क्या फर्क पड़ेगा। एक किसान को इससे क्या फर्क पड़ेगा यदि लार्ड इरिवन की जगह सर तेज बहादुर सप्रू आ जाएँ।"

'आहुति' की नायिका के कथन से भगतसिंह के कथन की तुलना कीजिए तो साहित्य और राजनीति के सम्बन्ध के बारे में प्रेमचंद की इस राय का महत्त्व मालूम होगा कि "साहित्य देशभक्ति और राजनीति के पीछे चलने वाली सच्चाई नहीं, बल्कि उसके आगे मशाल दिखाती हुई चलने वाली सच्चाई है।" यह बात किसी और के साहित्य के लिए सच हो या न हो, लेकिन प्रेमचंद का साहित्य इसका सच्चा साक्षी है।

प्रेमचंद भारतीय राष्ट्रवाद की मुख्यधारा का आख्यान लिखने के बदले उसके विकल्प के रूप में दूसरी राष्ट्रीय चेतना का निर्माण करते हैं और राष्ट्र की जीवंतता की खोज जनता की संघर्षशील चेतना में करते हैं।

प्रेमचंद स्वाधीनता आन्दोलन के काल के उन थोड़े से लेखकों में थे जो गहरी देशभक्ति और उदात्त राष्ट्रीय चेतना के बावजूद राष्ट्रवाद की तीखी आलोचना करते थे। वे स्वतन्त्रता, समता और बंधुता से संचालित राष्ट्रीय भावना को स्वीकार करते थे। उन्होंने 1932 में लिखा था कि "राष्ट्र एक मानसिक प्रवृत्ति है। जब यह प्रवृत्ति प्रबल हो जाती

है तो किसी एक प्रांत या देश के निवासियों में भ्रातृ-भाव जागरित हो जाता है। तब उनमें रूढ़ियों से पैदा होने वाले भेद, पुराने संस्कारों से उत्पन्न होने वाली विभिन्नताएँ और ऐतिहासिक तथा धार्मिक विषमताएँ एक प्रकार से मिट जाती हैं।" ऐसा राष्ट्रवाद न पश्चिम में था और न भारत में, इसलिए उन्होंने यूरोप के राष्ट्रवाद की आलोचना की है और भारत के राष्ट्रवाद की भी।

प्रेमचंद जानते थे कि यूरोप में आधुनिक राष्ट्रवाद पूँजीवाद के साथ पैदा हुआ था और वह यूरोप के उपनिवेशवादी अभियानों का प्रेरक भी था। उनके सामन उसी का एक अत्यन्त उग्र रूप फासिज्म था जो संसार के सर्वनाश की तैयारी कर रहा था। यह सब देखते हुए प्रेमचंद ने लिखा था कि "वर्तमान राष्ट्र यूरोप की ईजाद है और राष्ट्रवाद वर्तमान युग का शाप। इसी राष्ट्रवाद ने साम्राज्यवाद, व्यवसायवाद आदि को जन्म देकर संसार में तहलका मचा रखा है।" प्रेमचंद स्वाधीनता आन्दोलन के उन विचारकों से असहमत थे जो यूरोप की इस ईजाद का भारतीयकरण करते हुए भी अरविन्द की तरह उसे ब्रह्म की शक्ति का अवतार कहते थे। वे रवीन्द्रनाथ टैगोर से सहमत थे जो राष्ट्रवाद को भौगोलिक अपदेवता या शैतान मानते थे। असल में प्रेमचंद राष्ट्रवाद के बारे में श्रमजीवी जनता की दृष्टि से सोचते थे जो यूरोप में और भारत में भी राष्ट्रवाद के हाशिये पर रहने के लिए मजबूर थी। राष्ट्रवाद उसका उपयोग करता था, लेकिन उसके जीवन की वास्तविकताओं और समस्याओं की उपेक्षा भी करता था।

प्रेमचंद समाज और राजनीति में हर तरह की संकीर्णता के विरुद्ध थे, इसलिए वे संकीर्ण राष्ट्रवाद के आलोचक थे। उन्होंने 1933 में लिखा था कि "राष्ट्रीयता वर्तमान युग का कोढ़ है, उसी तरह जैसे मध्यकालीन युग का कोढ़ साम्प्रदायिकता थी। नतीजा दोनों का एक है। साम्प्रदायिकता अपने घेरे के अन्दर पूर्ण शांति और सुख का राज्य स्थापित कर देना चाहती थी, मगर उस घेरे के बाहर जो संसार था, उसको नोचने-खसोटने में उसे जरा भी मानसिक क्लेश न होता था। राष्ट्रीयता भी अपने परिचित क्षेत्र के अन्दर रामराज्य का आयोजन करती है। उसके बाहर का संसार उसका शत्रु है।" यही वह दृष्टि है जो प्रेमचंद के कथा साहित्य में एक ओर संकीर्ण राष्ट्रवाद का विरोध करती है तो दूसरी ओर साम्प्रदायिकता का। जहाँ दोनों में गठजोड़ दिखाई देता है, वहाँ प्रेमचंद की मानवीय चेतना अत्यंत जुझारू हो जाती है और उनकी कलम अत्यधिक धारदार।

प्रेमचंद के उपन्सासों में भारतीय राष्ट्रवाद के वर्ग-चरित्र की पहचान है। उनके उपन्यासों में अनेक जमींदार और पूँजीपति राष्ट्रवादी हैं, क्योंकि वही स्वाधीनता आन्दोलन के नेता थे। प्रेमचंद ऐसे राष्ट्रवादियों की कथनी और करनी में दूरी, समझौतापरस्ती, ढुलमुलपन, अंग्रेजीराज से साँठ-गाठ और दिमागी गुलामी की असलियत सामने लाते हैं। *रंगभूमि* में एक राष्ट्रवादी हैं राजा महेन्द्र प्रताप, जो अपने स्वत्व, जमीन और घर की रक्षा के लिए सूरदास के संघर्ष को अशांति घोषित करते हुए कहते हैं, "यों मैं स्वयं जनवादी हूँ और उस नीति का हृदय से समर्थन करता हूँ, पर जनवाद के नाम पर जो अशांति फैली हुई है, उसका घोर विरोधी हूँ। ऐसे जनवाद से धनवाद, एकवाद सभी वाद अच्छे हैं।"

कर्मभूमि में अमरकांत के ढुलमुलपन और समझौतापरस्ती का चित्रण करते हुए प्रेमचंद ने स्वाधीनता आन्दोलन के ऐसे मध्यवर्गीय नेताओं के राष्ट्रवाद की पोल खोली है जो बात क्रांति की करते थे, लेकिन व्यवहार में सत्ता से समझौता और जनता से विश्वासघात करते थे।

अपने जीवन के अंतिम दिनों में प्रेमचंद आन्दोलन के चरित्र को देखते हुए उससे निराश हो गये थे। वह निराशा *गोदान* उपन्यास में फैली हुई है जो एक ओर भारतीय किसान की दारुण ट्रेजेडी के आख्यान में व्यक्त हुई है तो दूसरी ओर जमींदारों और पूँजीपतियों के राष्ट्रवाद की तल्ख आलोचना में। *गोदान* में जमींदारों के राष्ट्रवाद के एक प्रतिनिधि हैं राय साहब। उनके बारे में प्रेमचंद ने लिखा है, "राय साहब राष्ट्रवादी होने पर भी हुक्काम से मेल-जोल बनाए रखते थे। उनकी नजरें और डालियाँ और कर्मचारियों की दस्तूरियाँ जैसी की तैसी चली आती थीं।" यह राष्ट्रवाद किसानों के शोषण पर टिका हुआ था।

गोदान में पूँजीपतियों के राष्ट्रवाद के प्रतिनिधि हैं खन्ना। उनके राष्ट्रवाद के बारे में प्रेमचंद ने लिखा है, "दो बार जेल हो आये थे। किसी से दबना न जानते थे, खद्दर पहनते थे और फ्रांस की शराब पीते थे।" यह राष्ट्रवाद मजदूरों के शोषण से चलता था।

प्रेमचंद ने 1933 में लिखा था, "सभी खद्दर पहनने वाले और जेल जाने वाले देवता नहीं हैं। उनमें अक्सर बड़े-बड़े हथकंडेबाज लोग शामिल हैं जो जेल भी किसी-न-किसी स्वार्थवश गये थे।" प्रेमचंद की यह बात *गोदान* में मालती की इस स्वीकारोक्ति के रूप में सामने आयी है, "मैंने केवल एक बार जेल जाने के सिवा और क्या जन-सेवा की है। और सच पूछिए तो उस बार भी मैं अपने मतलब से ही गयी थी, उसी तरह जैसे राय साहब और खन्ना गये थे।"

गोदान में प्रेमचंद ने यह दिखाया है कि भारतीय राष्ट्रवाद की सबसे बड़ी विडम्बना है राय साहब से खन्ना की दोस्ती अर्थात् सामंतवाद से पूँजीवाद की दोस्ती, जिसके फलस्वरूप आजादी के बाद देश का भविष्य शोषण और दमन की व्यवस्था से जनता की मुक्ति का नहीं, जॉन की जगह गोविन्द के गद्दी पर बैठ जाने का होगा।

अगर प्रेमचंद आज जीवित रहते तो स्वाधीनता आन्दोलन के राष्ट्रवाद की वर्तमान परिणतियों को देखकर वे कैसा महसूस करते, इसका अनुमान किया जा सकता है। स्वाधीनता आन्दोलन के समय उभरते भारतीय शासक वर्ग और उसके राष्ट्रवाद के बारे में प्रेमचंद की चिन्ताएँ, आशंकाएँ और आलोचनाएँ आज उनकी उम्मीद से भी ज्यादा सच साबित हो रही हैं।

(हंस, मई 1999)

12

मानवीयता की तलाश का कलात्मक प्रयास

फणीश्वरनाथ 'रेणु' की पहली कहानी 'बटबाबा' 1941 में छपी थी, लेकिन कहानीकार के रूप में उन्हें लोकप्रियता नयी कहानी के काम में मिली। उनका पहला कहानी-संग्रह *ठुमरी* 1959 में छपा। 1973 में अंतिम कहानी-संग्रह *अगिनखोर* प्रकाशित हुआ। इस बीच 1967 में *आदिम रात्रि की महक* नामक संग्रह सामने आया। 'रेणु' की कहानियों की संख्या बहत नहीं है। *ठुमरी* उनका सर्वाधिक महत्त्वपूर्ण संग्रह है। 'रेणु' की कहानियों की इस चर्चा के केन्द्र में *ठुमरी* ही है।

'रेणु' की कथायात्रा मुख्यतः नयी कहानी के दौर से आरम्भ होती है और अकहानी के मोड़ से गुजरती हुई काफी बाद तक चलती है। उनकी कथायात्रा का अन्त उनकी जीवनयात्रा के साथ ही होता है। 'रेणु' की कथायात्रा इस काल की हिन्दी कहानी के विकास के पड़ावों से प्रभावित हुई है। उसका अपना निजी स्वरूप है, लेकिन वह निजीपन समकालीन हिन्दी कहानी से अनजान नहीं है। नयी कहानी मुख्यतः शहरी मध्य वर्ग के जीवन के यथार्थ और भ्रमों की कहानी है, जबकि 'रेणु' ग्रामीण जनजीवन के यथार्थ के कहानीकार हैं। वे ग्रामीण जीवन में टूटते-बिखरते और जीवित मानवीय सम्बन्धों के कथाकार हैं। नयी कहानी के दौर में गाँव के जीवन पर कहानियाँ लिखने वाले कुछ और भी कहानीकार थे। उनकी कहानियों में 'अहा! ग्राम्य जीवन भी क्या है' का जो भाव है वह 'रेणु' की कहानियों में नहीं है। वे न तो गाँव के विरह में व्याकुल कथाकार हैं और न गाँव को जड़ता का गढ़ मानने वाले। उनकी दृष्टि ग्रामीण जीवन के सम्पूर्ण यथार्थ पर है, जिसमें 'फूल भी है शूल भी, कीचड़ भी चंदन भी।' नयी कहानी में 'भोगा हुआ यथार्थ' का सिद्धांत प्रचलित था, व्यवहार में भोग का यथार्थ कहानियों का मुख्य विषय था। रेणु न भोगा हुआ यथार्थ के सिद्धांत के कायल थे और न भोग के यथार्थ के कहानीकार। उनकी कहानियों में जो रोमांटिक तत्त्व हैं, उसका एक स्रोत नयी कहानी है और दूसरा बँगला का कथा साहित्य। नयी कहानी के काल में साहित्य को राजनीति से अलग रखने की जो हवा चली थी, उसका असर कहानीकार 'रेणु' पर भी पड़ा, यद्यपि वे जीवन में राजनीति से परहेज करने वाले व्यक्ति न थे। जब हिन्दी साहित्य में अस्तित्ववाद की आँधी चल रही थी, तब भी वे

उससे अप्रभावित रहे। उनकी कहानियों में न तो नयी कहानी वाली मोह की रंगीनी है और न बाद के मोहभंग के काल का निषेधवाद। लोकजीवन से गहरी आत्मीयता और लोकसंस्कृति में अटूट आस्था ने उनको अस्तित्ववादी प्रभावों से बचाया।

ऐसा नहीं है कि 'रेणु' ने शहरी जीवन की कथा नहीं लिखी है। 'दीर्घतपा' में महिलाओं के जीवनसंघर्ष की व्यथा-कथा और परोपजीवी वर्गों के छल-छद्म की कथा मौजूद है। 'रेणु' के अधिकांश कथा-साहित्य में, चाहे उसके केन्द्र में गाँव हो या शहर, शोषित पीड़ित सामान्यजन, विशेष रूप से नारी के जीवन की त्रासद स्थितियों और अनुभवों की अभिव्यक्ति है और परोपजीवी वर्गों के जीवन के पाखंड, खोखलेपन और अमानवीयता का चित्रण है। वे जनजीवन की ट्रेजेडी और अभिजात वर्ग के जीवन की कॉमेडी के कथाकार हैं। प्रमाण के लिए उपन्यासों और कहानियों के साथ 1966 के भयानक सूखे और 1975 की भीषण बाढ़ पर लिखे दो लम्बे रिपोर्ताज के संग्रह *ऋणजल धनजल* को देखा जा सकता है।

'रेणु' की कथा-रचना की वास्तविक जमीन ग्रामांचल ही है। वहीं से उन्होंने अपनी कथायात्रा आरम्भ की और बाद में भी सार्थक रचनाशीलता के लिए वे बार-बार गाँवों की ओर लौटते रहे हैं। वे हिन्दी में आंचलिक कथाकार के रूप में विख्यात भी हैं और बदनाम भी। आंचलिकता को कथारचना की एक विशेष प्रवृत्ति के रूप में प्रतिष्ठित करने का श्रेय *मैला आँचल* को है। उससे आंचलिकता की चर्चा की शुरुआत हुई। फिर आंचलिकता की परम्परा की खोज शुरू हुई तो *मैला आंचल* के पहले और बाद की कथाकृतियों पर आलोचकों की कृपादृष्टि पड़ी। 'मैला आंचल' की आंचलिकता की चर्चा के प्रसंग में जो कृतियाँ सामने आयीं, उनकी प्रशंसा होने लगी और 'रेणु' की आंचलितकता की निन्दा।

'रेणु' स्वतन्त्रता के बाद के दशक के हिन्दी कथा-साहित्य को शहरी मध्यवर्ग के घेरे से निकालकर ग्रामीण जीवन से जोड़ने वाले महत्त्वपूर्ण रचनाकार हैं। उनकी रचनाओं में आंचलिकता साहित्यिक फैशन के तहत नहीं है, जैसा कि *मैला आँचल* की लोकप्रियता के प्रभाव में लिखी बाद की अनेक कृतियों में वह दिखाई देती है। उनके कथा-साहित्य में पूर्णिया जनपद के ग्रामांचल का आत्मीय चित्रण है, कुशलता और सहानुभूति से आँके गये परस्पर सम्बद्ध चित्रों का जो समूह है, उनके पीछे इस अंचल से 'रेणु' का गहरा और सच्चा लगाव है। ग्रामांचल की प्रकृति, जनजीवन और लोकसंस्कृति से उनका लगाव सहज और स्वाभाविक है, किसी सिद्धांत के आग्रह से उपजी बौद्धिक सहानुभूति के कारण नहीं, इसलिए इस लगाव में एक ऐसी दृढ़ता है जो कोरी बौद्धिक सहानुभूति में नहीं होती। आंचलिकता के लिए 'रेणु' बदनाम किए गये, आलोचनाओं के शिकार हुए। फिर भी उन्होंने अपनी रचना की वास्तविक जमीन नहीं छोड़ी। अपना पहला कहानी-संग्रह उस अंचल की जनता को समर्पित किया जिसके जीवन और संस्कृति का कलात्मक चित्रण उन कहानियों में है। समर्पण करते हुए उन्होंने लिखा 'तेरे लिए—मैंने लाखों के बोल सहे...।' इस समर्पण में वेदना है और विश्वास भी।

'रेणु' की कहानियों में आंचलितकता *मैला आँचल* और *परती परिकथा* से कम है।

कहानियों में पात्रों के जीवन-व्यवहार, अनुभव-संसार और सोच के पीछे आंचलिकता मौजूद है, लेकिन यहाँ आंचलिकता की जमीन पर प्रातिनिधिकता का विकास हुआ है। 'तीसरी कसम', 'ठेस' और 'जलवा' आदि केवल आंचलिक कहानियाँ नहीं हैं। 'रसप्रिया', 'संवदिया', 'लाल पान की बेगम' जैसी कहानियों में आंचलिकता का रंग कुछ अधिक गहरा है। 'रेणु' निराधार-निराकार प्रातिनिधिकता के कहानीकार नहीं हैं। वे अपने पात्रों के क्रिया-कलाप, जीवनानुभव और सामाजिक स्थिति का चित्रण करते समय परिवेश और चेतना के सम्बन्ध पर बराबर दृष्टि रखते हैं। वे मुख्यतः मानवीय सम्बन्धों के कहानीकार हैं, कहानियों में मानवीय सम्बन्धों के टूटने, बनने और बिखरने की जटिल प्रक्रिया व्यक्त होती दिखाई देती है। मानवीय सम्बन्ध हवा में पैदा नहीं होते, वे सामाजिक वास्तविकता की जमीन पर विशेष सांस्कृतिक चेतना की उपज होते हैं। यही कारण है कि 'तीसरी कसम' या 'रसप्रिया' जैसी कहानियों में मानवीय सम्बन्धों के बनने या टूटने की प्रक्रिया का चित्रण करते समय उसके मूलभूत सामाजिक यथार्थ पर निगाह रखी गयी है। 'रेणु' मानवीय सम्बन्धों की कथा कहते समय मनुष्य विरोधी सामाजिक ढाँचे और शक्तियों पर भी नजर रखते हैं।

यह विचित्र बात है कि कुछ लोग लोकजीवन और लोकसंस्कृति से प्रेम करने की बात भी करते हैं और 'रेणु' की कहानियों में लोकसंस्कृति की मौजूदगी पर एतराज भी करते हैं। वास्तव में ऐसे लोग लोकसंस्कृति का या तो उपयोग करना चाहते हैं या व्यापार। 'रेणु' लोकसंस्कृति से प्रेम करते हैं, इसलिए वे लोकसंस्कृति के दुरुपयोग और व्यापार दोनों का विरोध करते हैं। लोकसंस्कृति लोकजीवन में बसती है। लोकसंस्कृति में 'रेणु' की आस्था इतनी गहरी है कि वे अमानवीय समाज को मानवीय बनाने के लिए 'लोकसांस्कृतिमूलक समाज के गठन' की बात करते हैं। सम्भव है कुछ लोगों को 'रेणु' की यह बात रोमांटिक या आंचलित लगे। 'रेणु' की कई कहानियों में लोकसंस्कृति के सौदागरों की आलोचना है। 'रेखाएँ : वृत्तचक्र' और 'भित्तिचित्र की मयूरी' ऐसी ही कहानियाँ हैं। महाजनी सभ्यता में दूसरी चीजों की तरह लोककला और लोकसंस्कृति भी बाजार और व्यापार की वस्तु बना दी जाती है। इस सभ्यता के चतुर खिलाड़ी लोक कला के उत्थान के नाम पर उसका व्यापार करते हैं। ऊपर-ऊपर लोककला से प्रेम का नाटक और भीतर कमाऊ धन्धा चलता है। "भित्तिचित्र की मयूरी" में गाँव के सीधे-सादे कलाकारों की गरीबी, मजबूरी और भोलेपन से फायदा उठाकर कला और कलाकारों के शोषण की प्रक्रिया का पर्दाफाश किया गया है। इस कहानी में सनातन लोककला और कलाकार से प्रेम का नाटक रचकर दोनों का शोषण करना चाहता है, भित्तिचित्र की कला के साथ कलाकार फूलपत्ती को भी भित्तिचित्र की मयूरी की तरह खरीदना चाहता है। लोककला के व्यापार के साथ वासना पूरी करने की कोशिश, कोढ़ में खाज। लोकजीवन में महाजनी सभ्यता की घुसपैठ को 'रेणु' ने बारीकी से देखा है। 'रेणु' लोकसंस्कृति से प्रेम करते हैं, इसलिए उसके स्वरूप और सम्मान की रक्षा करना जरूरी समझते हैं। लोककला के स्वरूप और सम्मान को खतरा पूँजीवाद से ही नहीं होता, सामंती ढाँचे से भी होता है। सामंती मानसिकता के लिए लोककला या तो मनबहलाव की चीज

होती है या सजावट की। उसे लोक कलाकार का काम बेगार लगता है, इसलिए कलाकार को बार-बार अपमान का सामना करना पड़ता है। 'ठेस' गाँव के सामंती परिवेश में जीने वाले कलाकार सिरचन के आहत मन और जागृत मानवीयता को व्यक्त करने वाली कहानी है।

'रेणु' की कई कहानियों का पूरा ताना-बाना लोकगीतों से बना है। ऐसी कहानियों में लोकगीत कहानी की संरचना का भीतरी तल बन जाता है। महुआ घटवारिन के गीत के अभाव में क्या 'तीसरी कसम' कहानी की कल्पना की जा सकती है? यह गीत 'तीसरी कसम' का प्रेरणास्रोत भी है और पूरी कहानी का छोटा रूप भी। लगता है जैसे यह गीत ही फैलकर कहानी बन गया हो। एक तरह से यह कहानी लम्बा गीत ही है। कहानी पर गीत की छाया है और गीत कहानी के भीतर भी है। इस गीत में हिरामन और हीराबाई का भविष्य है, उसके प्रेम का भी भविष्य है। कहानी पढ़ने के बाद पाठक के मन में गीत की अनुगूँज बनी रहती है। जो बात कई पन्नों में नहीं कही जा सकती उसे 'रेणु' लोकगीत की एक-दो पंक्तियों की मदद से कह देते हैं और जो प्रभाव कई पन्ने रँगने पर भी पैदा नहीं हो सकता, वह किसी लोकगीत की दो-चार पंक्तियों के प्रयोग से पैदा कर देते हैं। यही स्थिति 'रसप्रिया' में है। ऐसी कहानियों में रचनाकार की गहरी संवेदनशीलता और लोकसंस्कृति में निहित मानवीयता की अभिव्यक्ति होती है। कहानी में लोकसंस्कृति के विभिन्न रूपों और पक्षों का ऐसा कलात्मक रचाव बहुत कम कहानीकारों के यहाँ मिलता है। इन कहानियों को पढ़कर बिहार के ग्रामांचलों के जनजीवन में रची-बसी लोकसंस्कृति की विविधता और उदात्त मानवीयता का बोध होता है। जो लोग सार्वभौमिकता के लिए जनपदीय और जातीय जीवन तथा संस्कृति की उपेक्षा करते हैं, वे कहीं के नहीं होते—न घर के न घाट के।

'रेणु' की कहानियों का मुख्य विषय स्वतन्त्रता के बाद का भारतीय ग्रामीण जीवन, खासतौर से बिहार के गाँवों का जनजीवन है। वे केवल लोकसंस्कृति के कथाकार नहीं हैं। सच बात यह है कि वे लोकजीवन के आधार—किसान जीवन के यथार्थ—के कहानीकार हैं। उनकी कहानियों में केवल ग्रामीण जीवन के सौन्दर्य और रस की ही अभिव्यक्ति नहीं है। वे जनजीवन में जड़ जमाए उन अंधविश्वासों को भी देखते हैं जो जनता की चेतना को विजड़ित किए हुए हैं, लेकिन वे गाँव वालों को किसी उद्धारक के जोश में धिक्कारते नहीं, उनके आत्मविश्वास को जगाने की कोशिश करते हैं। साधारण किसान परिवार गरीबी और चिन्ता में बारहों महीने जीने के बावजूद मेला-त्योहार के मौके पर मिले सुख और उल्लास के क्षणों को हाथों से जाने नहीं देता। ऐसे क्षण उसे जीवन-संघर्ष को पार करने की शक्ति देते हैं। इन क्षणों को भी सँभालने में हजार मुश्किलें सामने आती हैं। लेकिन मुश्किलों में जीने और कठिनाइयों पर काबू पाने में भारतीय किसान का कोई जवाब नहीं। 'रेणु' किसान जीवन के ऐसे क्षणों को पूरी आत्मीयता और संवेदनशीलता के साथ चित्रित करते हैं। प्रमाण के लिए 'लाल पान की बेगम' कहानी को पढ़ा जा सकता है।

'रेणु' की कहानियों में स्वतन्त्रता के बाद के बदलते हुए गाँव और किसान जीवन

के यथार्थ की अभिव्यक्ति है। इन कहानियाँ में गाँव का बदलता परिवेश और बदलती हुई चेतना है, गाँव में बदलते वर्ग-सम्बन्ध, शोषण और नयी चेतना के विकास की अभिव्यक्ति है। खासतौर से टूटती सामंती व्यवस्था और मानवीय रिश्तों के बनने-बिगड़ने की प्रक्रिया और इस प्रक्रिया से गुजरने वालों की मानसिकता का चित्रण 'रेणु' की कहानियों में है। उत्तर भारत के गाँव और किसान जीवन का सम्पूर्ण चित्र देखने के लिए प्रेमचन्द के साथ 'रेणु' की कहानियों को भी पढ़ना जरूरी है।

'रेणु' ने शहरी मध्यवर्ग के जीवन पर भी कहानियाँ लिखी हैं। ऐसी अधिकांश कहानियाँ *अगिनखोर* में हैं जो उनकी परवर्ती कहानियों का संग्रह है। ये कहानियाँ अकहानी और अकविता के दौर की हैं। इन पर उस दौर की मानसिकता का प्रभाव भी है। कुछ कहानियों में नयेपन के नाम पर फैली विचित्रता और विरूपता के प्रति आलोचनात्मक दृष्टिकोण व्यक्त हुआ है। अधिकांश कहानियों में मध्यवर्गीय जीवन में व्याप्त छद्म के किसी-न-किसी रूप को उजागर किया गया है। खासतौर से साहित्य और कला की दुनिया की सतही समस्याओं तक सीमित कहानियों में उस समय के सामाजिक जीवन की व्यापक समस्याओं और वास्तविकताओं की पहचान नहीं है। *अगिनखोर* की अधिकांश कहानियों में 'रेणु' की यथार्थ-दृष्टि ही सतही नहीं है, ये कहानियाँ कलात्मक दृष्टि से भी कमजोर हैं। 'रेणु' अपनी कला के बारे में सजग थे, उसके विकास और ह्रास के प्रति सचेत भी थे। 'रेखाएँ : वृत्तचक्र' उनके अंतिम दिनों की आत्मकथात्मक कहानी है। इस कहानी में 'रेणु' ने लिखा है– 'जिस कंठ से मैं चम्पाकली की तुनुक पंखुड़ियों के टूटने के शब्द को कुशलता से प्रस्तुत कर दिया करता था, उससे अब फटे झाँझ की-सी आवाज निकलती है।' क्या *ठुमरी* और *अगिनखोर* की कहानियों की कला में वही फर्क है?

'रेणु' जीवन में लगातार राजनीति से जुड़े रहे। वे भारत छोड़ो आन्दोलन में शामिल हुए और जेल गये। स्वतन्त्रता के बाद भी जन आन्दोलनों में वे गहरी दिलचस्पी लेते रहे। उन्होंने कितने *चौराहे* शहीद ध्रुव कुंडू को समर्पित किया। वे बिहार के तानाशाही विरोधी आन्दोलन में शामिल हुए। इन सबके बावजूद 'रेणु' ने राजनीतिक कहानियाँ कम ही लिखी हैं। *मैला आँचल* और *परती परिकथा* में राजनीति है, लेकिन राजनीतिक कहानियों का कम होना आश्चर्यजनक लगता है। 'रेणु' का राजनीतिक दृष्टिकोण सोशलिस्ट पार्टी और उनके नेताओं के सम्पर्क से बना था। कम्युनिस्ट विरोध इस दृष्टिकोण का एक मुद्दा रहा है। यह कम्युनिस्ट विरोध 'रेणु' में भी है। साक्षी है उनकी कहानी 'आत्म-साक्षी'। इसमें कम्युनिस्ट पार्टी की कार्य-पद्धति, 1964 के विभाजन, नेताओं के चरित्र और इन सबके बीच एक सामान्य कार्यकर्त्ता की दुर्गति दिखाई गयी है। कम्युनिस्ट पार्टी आलोचना से परे नहीं है, आलोचना करना कोई अपराध भी नहीं है, बशर्ते कि आलोचना गम्भीरता से की जाय। 'रेणु' कम्युनिस्ट पार्टी की कार्यपद्धति और नेताओं के व्यवहार की गम्भीर आलोचना करने के बदले उनका मजाक उड़ाते हैं, उनकी नीयत पर सन्देह करते हैं। 'रेणु' की एक अच्छी राजनीतिक कहानी है 'जलवा', जिसमें स्वतन्त्रता के बाद की अवसरवादी राजनीति और नेताओं के चरित्र का पर्दाफाश किया गया है। इसमें साम्प्रदायिक और अवसरवादी

राजनीतिक माहौल में देशभक्त और ईमानदार राजनीतिक व्यक्ति की विडम्बनापूर्ण स्थिति दिखाई गयी है जो स्वतन्त्रता के बाद की राजर्नीति की एक आम बात बन गयी है। 'जलवा' जैसी कहानियों के बावजूद यह सच है कि शहरी जीवन 'रेणु' की कहानियों की वास्तविक जमीन नहीं है। इन कहानियों में यथार्थबोध और कला के स्तर पर वह बात कहाँ; जो उनकी ग्रामीण जीवन की कहानियों में है।

कहानीकार 'रेणु' की रचनाशीलता का सार्थक रूप ग्रामीण जीवन की कहानियों में दिखाई देता है। इन्हीं कहानियों में उनका संवेदनात्मक उद्‌देश्य पूरी सफलता के साथ व्यक्त हुआ है। इन कहानियों का मुख्य उद्देश्य है अमानवीय परिस्थितियों के बीच और उनके विरोध में खड़ी मानवीयता की तलाश। मानवीयता की तलाश की यह प्रक्रिया दोहरी है—मानवीय सम्बन्धों और भावनाओं के स्तर की तलाश और मनुष्य-विरोधी स्थितियों और शक्तियों की पहचान। यह दोहरी प्रक्रिया महत्त्वपूर्ण कहानियों में साथ-साथ चलती है। 'रसप्रिया', 'ठेस', 'तीसरी कसम', 'संवदिया' और 'जलवा' आदि कहानियों में अमानवीय परिस्थितियों के बीच मानवीयता के विकास का चित्रण है। रेणु मानवीयता का विकास सामान्यजन के जीवन में देखते हैं और मनुष्य-विरोधी शक्तियों के रूप में सामंत-वर्ग और उसकी सामाजिक मान्यताओं को दिखाते हैं। इन कहानियों में मानवीयता का एक स्रोत लोकसंस्कृति है। 'रसप्रिया' के पंचकौड़ी मिरदंगिया, 'ठेस' के सिरचन, 'तीसरी कसम' के हिरामन और हीराबाई, 'लाल पान की बेगम' की बिरजू की माँ, 'जलवा' की फातिमादि और 'संवदिया' के हरगोविन्द जैसे सामान्य जनों के जीवन, सामाजिक सम्बन्ध, सोच और भावनाओं में विरोधी परिस्थितियों के बावजूद मानवीयता का विकास दिखाई देता है। समाज में मानवीयता के अस्तित्व और विकास को निगल जाने के लिए हरदम तैयार है सामंती मूल्यव्यवस्था। मानवीयता को खतरा है, वर्ग भेद, शोषण, गरीबी और फरेबी राजनीति से। शोषक वर्गों के अमानवीय आचरण का चित्रण कहानियों में है और रिपोर्ताज में भी। इन वर्गों के समाज-विरोधी दृष्टिकोण का पर्दाफाश इन दोनों तरह की रचनाओं में किया गया है। इन रचनाओं के मूल में गहरी मानवीय करुणा है। आचार्य शुक्ल ने लिखा है कि करुणा सेंत का सौदा नहीं है। यह करुणा जनजीवन के यथार्थ के ज्ञान, मनुष्य-विरोधी शक्तियों की पहचान और शोषित-पीड़ित जनता की सच्ची सहानुभूति से उपजी है।

जिस समाज में मानवीयता का दमन होता है, वहाँ समाज-विरोधी मनुष्य बढ़ते हैं और जो शक्तियाँ मानवीयता का दमन करती हैं, वही समाज-विरोधी मनुष्यों को बढ़ावा देती हैं। 'रेणु' ऐसी समाज-व्यवस्था और शक्तियों का असली रूप सामने लाते हैं। वे जन-जीवन की मानवीयता का एक महत्त्वपूर्ण स्रोत लोकसंस्कृति को मानते हैं और लोकसंस्कृति में मानवीयता के विकास की सम्भावनाएँ देखते हैं। इसलिए 'समाज' को मानवीय और मनुष्य को सामाजिक बनाने' के उद्देश्य से 'लोकसांस्कृति मूलक समाज के गठन' की बात करते हैं। शोषण और उत्पीड़न से भरी अमानवीय स्थितियों में जीने वाली जनता सौन्दर्य और रस से भरी-पूरी ऐसी जनसंस्कृति की रचना करती है, जिसमें उसके जीवन की वास्तविकताएँ और आकाक्षाएँ व्यक्त होती हैं, उसकी मानवीयता प्रकट होती है। लोकसंस्कृति मूलक

समाज का गठन का अर्थ है जनता के जीवन की वास्तविकताओं को ध्यान में रखकर उसकी आकांक्षाओं के अनुरूप ऐसे समाज का गठन, जिसमें उसकी मानवीयता की रक्षा सम्भव हो। सम्भव है कुछ लोग 'रेणु' की इस मानवीय पक्षधरता पर मुँह बिचकाएँ और इसे मानववाद कहकर खारिज करें। लेकिन लोकसंस्कृति की जमीन पर खड़े इस मानववाद के महत्त्व को समझने के लिए इसके सामने 'रेणु' के समकालीन हिन्दी कथा-साहित्य के आधुनिकतावादी हवाई विश्वमानववाद को रखकर देख लेना पर्याप्त होगा।

'रेणु' की कहानियों का पाठक महसूस करता है कि हम एक ऐसी दुनिया में जी रहे हैं, जिसमें मनुष्य विरोधी समाज-व्यवस्था है, उस व्यवस्था को बनाए रखने वाली मूल्य-व्यवस्था है और उस मूल्य-व्यवस्था से नियंत्रित मानवीय सम्बन्धों का पीड़ित संसार है। इस व्यवस्था का ताना-बाना मनुष्यविरोधी समाज और समाजविरोधी मनुष्यों से बना हुआ है। इस व्यवस्था में समाज-विरोधी मनुष्य फूलते-फलते हैं और समाज अधिकाधिक अमानवीय होता जाता है। एक ऐसी दुनिया जिसमें मनुष्य विरोधी समाज और समाज-व्यवस्था मनुष्य को असामाजिक बना रही हो, जहाँ समाज की मानवीयता और मनुष्य की सामाजिकता दोनों खतरे में हों, जहाँ मानवीय संवेदना कुचली जा रही हो, मानवीय सम्बन्ध निरर्थक हो रहे हों, सामाजिक चेतना को अपराध माना जा रहा हो, राजनीतिक दावे और वादे झूठे साबित हो रहे हों और इन सबको सँभालने वाले शब्द बेमानी हो रहे हों, वहाँ क्या कला और कलाकार का एक दायित्व समाज की मानवीयता और मनुष्य की सामाजिकता की रक्षा करना नहीं है? रेणु अपनी कहानियों को इंसान की इंसानियत की तलाश का माध्यम बनाते हैं। जिन कहानियों में उन्हें अपने इस प्रयास में पूरी सफलता मिली है, वे ही उनकी सर्वाधिक महत्त्वपूर्ण कहानियाँ हैं।

यह सच है कि जिस दुनिया में मनुष्य की सामाजिकता और समाज की मानवीयता खतरे में हो, उस दुनिया को बदले बिना और जो समाज-व्यवस्था असामाजिक मनुष्य और अमानवीय समाज बना रही हो उसको मिटाए बिना सच्चे अर्थों में समाज को मानवीय और मनुष्य को सामाजिक बनाना सम्भव नहीं है। रेणु ऐसे क्रांतिकारी दृष्टिकोण के कथाकार नहीं हैं। लेकिन पुरानी दुनिया को बदल कर नयी दुनिया बनाने की प्रक्रिया में, सामाजिक परिवर्तन और विकास की प्रक्रिया में उन रचनाकारों की भूमिका भी महत्त्वपूर्ण होती है जो अमानवीय समाज व्यवस्था के भयानक तन्त्र के बावजूद बची हुई मानवीयता और सामाजिकता की तलाश करते हैं। 'रेणु' ऐसे ही कहानीकार हैं। उनकी कहानियाँ मानवीयता की पहचान कराती हैं, उसमें आस्था जगाती हैं और मनुष्य विरोधी व्यवस्था के विरुद्ध उठ खड़े होने की प्रेरणा देती हैं। जो पाठक रचनाओं से केवल ललकार सुनने के आदी हैं, सम्भव है, वे 'रेणु' की कहानियों से निराश हों। लेकिन अगर वे अपनी आदत के दायरे से निकल कर देखें तो 'रेणु' की कहानियों की सार्थकता समझ में आएगी।

ग्राम्शी ने लिखा है कि एक ऐतिहासिक यथार्थ की अभिव्यक्ति करने वाले दो लेखकों में से एक उस यथार्थ का कलाकार सिद्ध होता है और दूसरा केवल प्रवक्ता। आखिर क्यों? क्यों सूखा और बाढ़ पर लिखी 'रेणु' की रपट रचना बन जाती है और अनेक लेखकों की

रचनाएँ-कहानियाँ और यहाँ तक कि कविताएँ भी, निरी रपट लगती हैं? प्रत्येक महत्त्वपूर्ण कथाकार के सामने अपने युग के यथार्थ, जीवनानुभव और इन दोनों को जीने वाले कथा के पात्रों के व्यक्तित्व को अधिक-से-अधिक संवेद्य और सम्प्रेष्य बनाने की समस्या होती है। दूसरे महत्त्वपूर्ण कथाकारों की तरह 'रेणु' भी इस समस्या का सामना अपने ढंग से करते हैं। उनके इन निजी ढंग को जानना ही उनकी कला के मर्म को पहचानना है।

ठुमरी की भूमिका में 'रेणु' ने लिखा है कि संग्रह की सभी कहानियाँ 'ठुमरी धर्मा' हैं। कहानियों के 'ठुमरी-धर्मा' होने का क्या अर्थ है? उन्होंने आगे लिखा है "एकाधिक कथाओं में, एक ही विशेष मुहूर्त को विभिन्न परिवेश में रखकर रूपायित किया गया है। इस संग्रह की सभी कहानियों का मूल स्वर मानवीयता की तलाश है। विभिन्न कहानियों में जीवन के अलग-अलग सन्दर्भों, सम्बन्धों, अनुभवों और भावों में मानवीयता की अभिव्यक्ति को रूपायित किया गया है। ठुमरी में मूल स्वर के साथ सहायक स्वर भी होते हैं। इन ठुमरी-धर्मा कहानियों के कथागायक ने मूल स्वर के साथ सहायक स्वरों को भी साधा है, मानवीयता की तलाश की प्रक्रिया में अमानवीय स्थितियों को भी उजागर किया है : तभी मानवीयता की तलाश सन्दर्भ और पूर्णता के साथ व्यक्त हुई है।"

ठुमरी में एक कहानी है 'तीन बिन्दियाँ। 'रेणु' की कहानियों की ठुमरी-धर्मिता को समझने के लिए इस कहानी को पढ़ना जरूरी है। 'रेणु' कला के रूप की तथाकथित विशुद्धता के समर्थक न थे। उनकी दृष्टि कला से उत्पन्न प्रभाव पर रहती थी। यही कारण है कि वे कहानी के रूप की प्रचलित विशुद्धता की रक्षा के बदले लोकसंस्कृति के तत्त्वों की मदद से उसे अधिक प्रभावशाली बनाने की कोशिश करते थे। उनकी कहानियों की संरचना भी ठुमरी-धर्मा है। उसमें कहीं मूल कथा के भीतर सहायक कथा है और कहीं एक प्रसंग के साथ दूसरे प्रसंग जुड़े हुए हैं। मूल कथा से सहायक कथाओं और प्रसंगों की सुसंगति से कहानी का प्रभाव बढ़ता है।

'रेणु' की कहानियाँ पाठकों को आकर्षित करती हैं। इस आकर्षण का एक कारण संरचना और शिल्प की नवीनता है। कुछ कहानियों में लोककथा की-सी सहजता है और कुछ में स्वप्न पद्धति के शिल्प का प्रयोग। उनके उपन्यासों में ही नहीं, कहानियों में भी फिल्म-कला के अनेक तत्त्वों का उपयोग है। इस प्रसंग में उनकी कला-चेतना हिन्दी के अनेक आधुनिकतावादी कथाकारों से अधिक आधुनिक है। कुछ कहानियों में फ्लैश-बैक टेकनिक का प्रयोग है और कुछ में दृश्यों के संयोजन का विधान। दृश्य संयोजन की विधि का उपयोग करते हुए वे कथा कहते ही नहीं, उसे दिखाते भी हैं। उनकी कहानियों में कथा कहने की स्मृति-निर्भर शिल्पविधि का बार-बार प्रयोग हुआ है। वे समसामयिक यथार्थ का कहानी में सीधा साक्षात्कार करने के बदले उसे स्मृति की जाली से छनकर आने देते हैं। शायद इसीलिए उनकी कहानियों में समकालीन यथार्थ के कठोर और रूखे-सूखे पक्षों का चित्रण कम है। इस तरह वे प्रेमचंद से अधिक रवीन्द्र और शरत की परम्परा के कहानीकार हैं। उनकी कहानियों में बौद्धिकता से अधिक रागात्मकता है, स्थितियों के विश्लेषण से अधिक अनुभवों की अभिव्यक्ति है। उनका गद्य विवेचनात्मक कम है और काव्योचित

बिम्बों, प्रतीकों तथा संकेतों से भरा हुआ भावात्मक गद्य अधिक है। 'रेणु' की कहानियों में वस्तुओं को बारीकी से देखने की प्रवृत्ति और उनके एक-एक ब्योरे को सूक्ष्मता से चित्रित करने की क्षमता में होड़ दिखाई देती है। फलतः वहाँ वस्तुओं और संवेदनाओं के चित्रों की बहुलता है। रूप, ध्वनि और गन्ध की ऐसी विकसित संवेदनशीलता के कहानीकार हिन्दी में कम ही हैं। सघन इंद्रियबोध और तीव्र संवेदनशीलता के कारण कहानियों का रचित संसार पाठकों को बाँधता है। उनका पाठक यह महसूस करता है कि कहानियों की रचना के मूल में चित्रकार की दृष्टि, कवि की संवेदनशीलता और कथाकार की सम्बन्धभावना का सामंजस्य है। यथार्थवाद को सीमित अर्थ में लेने वाले आलोचक कहानी की इस विशिष्ट रचनाशीलता पर ध्यान नहीं देते। 'रेणु' की कहानियों में जीवन की समस्याओं पर लम्बा भाषण नहीं है। वे व्यक्तियों, वस्तुओं और स्थितियों का जीवन्त चित्रण करते हुए उनका साक्षात्कार कराते हैं, इस प्रक्रिया में समस्याओं का बोध जगाकर पाठकों को सोचने की प्रेरणा देते हैं।

'रेणु' की सभी महत्त्वपूर्ण कहानियों में एक या दो अविस्मरणीय चरित्र हैं। मानवीयता की तलाश करने वाले कहानीकार के लिए यह स्वाभाविक ही है। कई कहानियों की कथा-वस्तु का ताना-बाना कहानी के एक या दो पात्रों के व्यक्तित्व की विशेषताओं को उजागर करने के लिए बुना गया है। कई बार दूसरे पात्र मुख्य पात्र के चरित्र को चमकाने के लिए आये लगते हैं। एक व्यक्ति की मानवीयता दूसरे व्यक्ति से उसके सम्बन्ध में प्रकट होती है, इसलिए कहानियों में मुख्य पात्र की मानवीयता की अभिव्यक्ति का अवसर उपस्थित करने के लिए दूसरे पात्र आते हैं। 'तीसरी कसम' के हिरामन, 'रसप्रिया' के पंचकौड़ी, 'संवदिया' के हरगोविन्द और 'ठेस' के सिरचन के व्यक्तित्व में विभिन्न जीवन सन्दर्भों में मानवीयता के अलग-अलग रूप और पक्ष व्यक्त हुए हैं।

गाँव का किसान अपना जीवन अकेले नहीं, पूरे परिवेश के साथ जीता है। उसके जीवन में साथ रहने वाले पशु-पक्षी भी सुख-दुःख के साथी होते हैं, उसके जीवन के नितांत निजी अनुभवों के हिस्सेदार होते हैं। भारतीय किसान जीवन की यह विशेषता या तो प्रेमचंद के कथा-साहित्य में मिलती है या नागार्जुन की कविताओं में। 'रेणु' भी किसान जीवन की इस विशेषता को पहचानते हैं। 'तीसरी कसम' में हिरामन की गाड़ी के बैल उसके एक-एक भाव को समझते हैं और हिरामन बैलों से अपने मन की हर बात कहता है। दोनों बैल हिरामन की खुशी में खुश दुःख में और दुःखी होते हैं। 'रसप्रिया' में आसमान में चक्कर काटते चील की टिहकारी पचकौड़ी के मन को बिजली की तरह भेद जाती है। चील की तीन बार टिहकारी से पंचकौड़ी की तीन मनःस्थितियाँ प्रकट होती हैं। 'रेणु' की संकेतों वाली कला की यह एक जानी-पहचानी पद्धति है, जिसका वे कई बार उपयोग करते हैं। वे कम-से-कम शब्दों का उपयोग करके अधिक-से-अधिक अर्थ पैदा करने की कला में माहिर हैं। उनकी कहानी में कुछ भी अनावश्यक नहीं होता, इसलिए कहानियों के पाठक बिना पढ़े पन्ना उलटकर काम नहीं चला सकते। 'तीसरी कसम' में बैलों का और 'रसप्रिया' में चील की टिहकारी का जो

उपयोग है, उस पर ध्यान न देने वाला पाठक कहानियों का पूरा अर्थ नहीं पा सकता।

कहानी के अधिकांश कुशल शिल्पियों की सफलता का रहस्य या तो उनकी कथा कहने की कला में होता है या वस्तु-वर्णन की क्षमता में अथवा वस्तुस्थितियों और मनोदशाओं को चित्रित करने की कुशलता में। इन तीनों के पूर्ण सामंजस्य की केवल कल्पना की जा सकती है जो एक दुर्लभ स्थिति है। 'रेणु' कथा कहने की कला से अधिक कथा के भीतर प्रसंगवश आयी या लायी गयी हर चीज का बारीकी से वर्णन करने पर ध्यान देते हैं। निर्जीव वस्तुओं और अवाक् स्थितियों को सजीव और सवाक् बना देने वाली उनकी वर्णन-क्षमता पाठकों को प्रभावित करती है। इस वस्तु वर्णन से भी एक कदम आगे बढ़कर वे रूप, ध्वनि और भावदशाओं को चित्रित करने में विशेष रुचि लेते हैं। अरूप संवेदनाओं को साकार बनाने वाली चित्रण-कला उनकी कहानियों की सफलता का एक मुख्य कारण है।

कहानीकार 'रेणु' का उद्देश्य गाँव के जनजीवन के यथार्थ, संघर्ष, अनुभव और मानवीय सम्बन्धों की अभिव्यक्ति है। रचनाकार के रूप में उनके सामने समस्या है इस अभिव्यक्ति को अधिकाधिक प्रामाणिक और प्रभावशाली बनाने की। जनजीवन के यथार्थ और अनुभव की प्रामाणिक अभिव्यक्ति के लिए 'रेणु' ने उस यथार्थ और अनुभव-संसार से अभिन्न रूप से जुड़ी भाषा का सहारा लिया है। उन्होंने जनजीवन के यथार्थ और अनुभव को उसी जीवन की भाषा की मदद से नए ढंग से रचा है। 'रेणु'की रचनाशीलता इस बात में है कि उन्होंने यथार्थ और भाषा के आत्मीय सम्बन्ध को पहचानते हुए जनजीवन के यथार्थ और अनुभव को अधिक संवेद्य बनाया है और बोलचाल की भाषा को अधिक व्यंजक। कहानियों में ग्रामांचल के अनुभवों की विशिष्टता को व्यक्त करने के लिए उस जीवन में रची-बसी संस्कृति और भाषा का रचनात्मक जरूरत के अनुरूप उपयोग हुआ है। वे जनजीवन के अनुभव और यथार्थ को उस जीवन की भाषा, उसके मुहावरे और उस जीवन में मिल-जुले लोकगीतों की पंक्तियों की मदद से जिस प्रामाणिक और प्रभावी रूप में व्यक्त करते हैं, उसे किसी बाहरी, पराई और कृत्रिम भाषा में व्यक्त कर पाना कठिन है। 'रेणु' की भाषा की जनपदीयता जनपदीय बोली के कुछ शब्दों तक सीमित नहीं है। वे बोलचाल की भाषा के मिजाज और उसकी ताकत को पहचानते हैं, इसलिए बोचलाच की भाषा के मुहावरे, अन्दाजेबयाँ और कभी-कभी पूरे वाक्य को कहानी में इस तरह लाते हैं कि भाषा के भिजाज के साथ बोलने वालों का मिजाज और बोलने के ढंग के साथ सोचने का ढंग भी प्रकट हो जाता है। वे मैथिली, मगही और भोजपुरी के शब्दों, मुहावरों और वाक्यों का प्रयोग चमत्कार प्रदर्शन के लिए नहीं, जनजीवन के यथार्थ और अनुभव की प्रामाणिक अभिव्यक्ति के लिए करते हैं।

हम जिस यथार्थ को जीते हैं, उसी से हमारा अनुभव-संसार बनता है। अनुभव-संसार के भीतर इंद्रियबोध, भावबोध और सौन्दर्यबोध का विकास होता है। हमारे इंद्रियबोध, भावबोध, सौन्दर्यबोध और सोच के अनुरूप हमारी भाषा का स्वरूप विकसित होता है। 'रेणु' ग्रामीण पात्रों के अनुभव-संसार से उनके सौन्दर्यबोध और भाषा के सम्बन्ध का बराबर ध्यान

रखते हैं। एक उदाहरण—'हिरामन परदे के छेद से देखता है। हीराबाई एक दियासलाई की डिब्बी के बराबर आइने में अपने दाँत देख रही है...मदनपुर मेले में एक बार बैलों को नन्हीं-चित्ति कौड़ियों की माला खरीद दी थी हिरामन ने। छोटी-छोटी नन्हीं कौड़ियों की पाँत।' हिरामन की हिराबाई के सुंदर दाँतों को देखकर न हीरे याद आते हैं और न मोती। जो जीवन में नहीं आये, वे स्मृति में कैसे आ सकते हैं? हिरामन का सौन्दर्यबोध और उसको व्यक्त करने वाली भाषा उसके अनुभव-संसार से उपजी है। 'रेणु' की कहानियों में ऐसे और कई उदाहरण मिल सकते हैं। 'रेणु' ग्रामीण पात्रों के अनुभव संसार और उससे निर्मित भाषा की सीमा का ध्यान रखते हैं और उसका विस्तार भी करते हैं।

'रेणु' कहानी की कथा की रचना और कथावस्तु की संरचना में मौजूद रहते हैं। वे वातावरण के चित्रण और ब्योरों की सच्चाई में भी उपस्थित रहते हैं। कभी-कभी पात्रों के व्यक्तित्व और गतिविधि पर टिप्पणी भी करते हैं। इन सब जगहों पर 'रेणु' की अपनी भाषा होती है, लेकिन जहाँ पात्र स्वयं अपना दिल खोलते हैं, वहाँ 'रेणु' पीछे हट जाते हैं। 'तीसरी कसम' का हिरामन ठीक कहता है 'कचराही बोली में दो-चार सवाल-जवाब चल सकता है, दिल-खोल गप तो गाँव की बोली में ही की जा सकती है।' 'रेणु' ने गाँव की बोली की मदद से गाँव वालों का दिल खोलकर व्यापक पाठक समुदाय के सामने रखा है। ऐसा दिल खोल गल्प या गप वही रच सकता है जो गाँव की बोली और गाँव वालों के दिल की एक-एक धड़कन से परिचित हो।

'रेणु' की कहानियों की भाषा जनजीवन के इतिहास और संस्कृति से सम्पृक्त है। वह पुराने सन्दर्भों और नये संकेतों से भरी हुई, अनुभवों को खोलने वाली भाषा है। वह पाठकों को ग्रामीण जीवन से आत्मीय बनाकर उस जीवन के अनुभवों की विशिष्टता का बोध कराने वाली भाषा है। वह ग्रामीण जीवन के यथार्थ को मूर्त, जीवन्त और संवेद्य बनाने वाली स्पंदनशील भाषा है।

(मूल्यांकन, 1985)

13

क्या आपने 'वज्र-सूची' का नाम सुना है?

वज्र-सूची अवश्घोष की रचना है, अश्वघोष का समय पचास ई॰पू॰ से पचास ई॰ तक माना गया है। इस तरह वे आदिकवि वाल्मीकि के परवर्ती और कालिदास के पूर्ववर्ती हैं। अश्वघोष केवल महान कवि और नाटककार ही नहीं हैं, वे बौद्ध दर्शन की तेजस्वी आलोचनात्मक चेतना की परम्परा के प्रवर्तक और क्रांतिकारी सामाजिक चिन्तक भी हैं।

अश्वघोष की अनुपम सर्जनात्मक प्रतिभा का प्रमाण *बुद्धचरित* और *सौन्दरनंद* जैसे महाकाव्यों में मिलता है। ये *महाभारत* और *रामायण* जैसे विकसनशील महाकाव्यों से अलग हैं। उनसे संस्कृत में कलात्मक महाकाव्यों की परम्परा प्रारम्भ होती है। महाकाव्य के साथ-साथ गीत और संगीत की रचना में अश्वघोष की कुशलता 'गंडी स्तोत्र गाथा' नामक गेय कविता में मिलती है, जिसके गायन की लोकप्रियता का उल्लेख प्रसिद्ध चीनी यात्री इत्सिंग ने किया है। अश्वघोष संस्कृत के आरंभिक नाटककारों में सबसे प्रमुख हैं। उनके तीन नाटकों की खंडित पांडुलिपियों को प्रो॰ त्युङसे ने गोबी के रेगिस्तान में स्थित तुरफान नामक स्थान से खोज निकाला। इनमें पहला नाटक *शारिपुत्र प्रकरण* है। यह नाटक कई रूपों में *मृच्छकटिक* का पूर्वाभास देता है। दूसरा प्रतीक नाटक है, क्योंकि उसमें कीर्ति, धृति, बुद्धि आदि पात्र हैं। तीसरा नाटक *शारिपुत्र प्रकरण* से काफी मिलता-जुलता है। इन तीनों के अतिरिक्त अश्वघोष के दो और नाटकों का उल्लेख मिलता है। *राष्ट्रपाल* नामक नाटक की चर्चा सिलवॉ लेवी और राहुल सांस्कृत्यायन ने की है। उनके *उर्वशी वियोग* नामक नाटक का उल्लेख राहुल जी की प्रसिद्ध कहानी 'प्रभा' में है। इन काव्यों और नाटकों के साथ अवदान और जातक की शैली में लिखा हुआ उनका *सूत्रालंकार* नामक एक कथाकाव्य भी है। अश्वघोष की अत्यन्त प्रसिद्ध दार्शनिक कृति है *महायान श्रद्धोत्पाद*, जिसमें विज्ञानवाद और शून्यवाद का विवेचन है।

वज्र-सूची को छोड़कर अश्वघोष की कोई रचना मूल संस्कृत रूप में उपलब्ध नहीं है, *महायान श्रद्धोत्पाद* का केवल चीनी अनुवाद मिलता है। *सूत्रालंकार* का चीनी में अनुवाद कुमार जीव ने 405 ई॰ में किया था। अब वह केवल चीनी अनुवाद में ही उपलब्ध है या फिर चीनी से जापानी और फ्रांसीसी अनुवाद के रूप में। 'गंडीस्तोत्र गाथा' का चीनी

प्रतिलिपि के आधार पर संस्कृत रूप मिला है। *बुद्धचरित* भी अपूर्णरूप में ही प्राप्त है। यह कुल अट्ठाईस सर्गों का महाकाव्य है, लेकिन संस्कृत में केवल आरम्भ के चौदह सर्ग ही मिलते हैं। *सौन्दरनंद* की जो दो प्राचीन हस्तलिखित प्रतियाँ मिलती हैं; वे नेपाल में हैं।

अश्वघोष की कृतियाँ कभी इस देश में अत्यन्त लोकप्रिय थीं। फिर धीरे-धीरे वे यहाँ से गायब हो गयीं। कृतियों के गायब होने की यह प्रक्रिया केवल अश्वघोष तक सीमित नहीं रही है। इसके शिकार दूसरे बौद्ध दार्शनिक और कवि भी हुए हैं। नागार्जुन, आर्यदेव, असंग, बसुबंधु, दीङ नाग, धर्म कीर्ति, शांतिदेव आदि की अधिकांश रचनाएँ, इस देश से गायब हो गयीं, और अब उनका केवल तिब्बती, चीनी, जापानी, अनुवाद ही उपलब्ध है या फिर अनुवादों अथवा प्रतिलिपियों के आधार पर उनका पुनर्निर्मित रूप। अगर इन कृतियों का चीनी और तिब्बती में अनुवाद नहीं होता तो भारत के साहित्य और दर्शन के इतिहास में अश्वघोष और दूसरे कवियों तथा दार्शनिकों का नाम लेने वाला भी कोई नहीं होता। आखिर ऐसा क्यों और कैसे हुआ? क्या यह केवल बौद्ध परम्परा की रचनाओं के साथ हुआ है या अन्य धार्मिक-दार्शनिक विचारकों की रचनाओं के साथ भी? बौद्धों के अतिरिक्त चार्वाक, आजीवक और अन्य अनेक भौतिकवादी-अनात्मवादी विचारकों की रचनाएँ भी अब इस देश में नहीं मिलतीं। तिब्बती और चीनी अनुवादों तथा प्रतिलिपियों के सहारे बौद्ध-दर्शन और साहित्य की अनेक कृतियों का ज्ञान तथा पुनर्निर्माण सम्भव हुआ है, लेकिन चार्वाक, आजीवक आदि के विचारों को जानने के लिए उनके विरोधियों के शब्दों के सिवाय और कोई साधन नहीं है। यह भारतीय समाज में विचारों के इतिहास की एक ऐसी विडम्बना है; जिसकी उपेक्षा करके उस इतिहास के अन्तर्विरोधों की पहचान सम्भव नहीं है।

भारतीय समाज और संस्कृत के इतिहास में वैदिक-पौराणिक परम्परा की केन्द्रीय स्थिति और प्रभुत्ववादी भूमिका रही है। लेकिन समय-समय पर उसको चुनौती देने वाले विचारक भी पैदा होते रहे हैं। वैदिक-पौराणिक विचारधारा की आलोचना चार्वाक, आजीवक और दूसरे भौतिकवादी-अनात्मवादी विचारक करते रहे हैं। लेकिन वैदिक पौराणिक विचारधारा और उसके आधार पर निर्मित सामाजिक व्यवस्था की सबसे अधिक मूलगामी, समग्र और उग्र आलोचना बौद्ध दार्शनिकों ने की है। बौद्धों ने वैदिक-पौराणिक परम्परा की केवल आलोचना ही नहीं की है, उसके विकल्प के रूप में नयी विचारधारा का विकास भी किया है। यही कारण है कि बौद्धों से वैदिक-पौराणिक परम्परा के प्रतिनिधियों का संघर्ष केवल विचारधारात्मक नहीं रहा है। वह कभी-कभी आलोचना के अस्त्रों की टकराहट से आगे बढ़कर सशस्त्र संघर्ष तक जा पहुँचा है। ऐसी स्थिति में अगर वैदिक पौराणिक परम्परा के प्रतिनिधियों द्वारा विरोधी विचारों वाली रचनाओं का अस्तित्व मिटा देने की कोशिश हो तो क्या आश्चर्य!

प्रायः वैदिक-पौराणिक परम्परा के प्रतिनिधि अपने विरोधी और विकल्पी विचारों के साथ जो व्यवहार करते रहे हैं, उसकी प्रक्रिया ध्यान देने लायक है। इस प्रक्रिया में सबसे पहले विरोधी विचार का उग्र विरोधी होता है। अगर वह विरोध के बाद भी नष्ट नहीं होता

तो उसे विकृत करके बदनाम करने की कोशिश होती है। इसके बाद भी यदि विरोधी विचार जीवित रहता है, तो उसके विरोध की धार की तेजी को नष्ट करके अपने भीतर समेट लेने का प्रयत्न चलता है। विरोध, विकृति और समाहार की इस सर्वग्रासी प्रक्रिया का शिकार चार्वाक, आजीवक और बौद्ध ही नहीं, कबीर जैसे कवि भी हो चुके हैं। वैदिक-पौराणिक परम्परा की यह प्रवृत्ति इस देश में आलोचना की संस्कृति का स्वभाव बन गयी है।

आज भी जो लोग वैदिक-पौराणिक परम्परा को ही भारतीयता के स्वत्व का सार समझते हैं, वे बाकी सभी नयी-पुरानी परम्पराओं को परायी या अन्य मानकर खारिज कर देते हैं। और तो और मार्क्सवाद के भारतीयकरण पर भी इस प्रवृत्ति की गहरी छाया है। जब डॉ॰ रामविलास शर्मा कहते हैं कि 'संस्कृत साहित्य, सब नहीं तो अधिकांश, हमारा राष्ट्रीय साहित्य है', और यह भी कि 'महाभारत और पुराण भारतीय राष्ट्रीयता के आदिस्रोत हैं।' तब वे बौद्ध-साहित्य को भारत के राष्ट्रीय साहित्य में शामिल नहीं करते, यही नहीं, डॉ॰ रामविलास शर्मा के अनुसार वाल्मीकि और व्यास की एक उपलब्धि है बौद्ध मत को निर्मूल करना। आश्चर्य की बात यह है कि जो लोग संस्कृत को भारतीय संस्कृति का पर्याय मानते हैं, वे भी संस्कृत में लिखे बौद्ध साहित्य को अपनी परम्परा से बाहर रखते हैं। क्या परम्परा की इस छँटाई में संकीर्ण सांस्कृतिक दृष्टि के साथ-साथ धार्मिक विद्वेष भी सक्रिय नहीं है?

वज्र-सूची अश्वघोष की ऐसी रचना है जो संयोगवश मूल और पूर्णरूप में प्राप्त है। कुछ लोग इसे अश्वघोष की रचना नहीं मानते, लेकिन, अधिकतर विद्वानों की राय में *वज्र-सूची* अश्वघोष की रचना है। 19वीं सदी के तीसरे दशक से अब तक विभिन्न भारतीय और यूरोपीय भाषाओं में *वज्र-सूची* के अनेक अनुवाद छपे हैं। उन सभी अनुवादकों के अनुसार यह अश्वघोष की ही रचना है। लोकमान्य तिलक, राजेन्द्र लाल मित्र, राहुल सांकृत्यायन और हजारी प्रसाद द्विवेदी भी *वज्र-सूची* को अश्वघोष की रचना मानते हैं। हिन्दी में इसका जो एकमात्र अनुवाद उपलब्ध है, उसकी भूमिका में अनुवादक रामायण प्रसाद द्विवेदी ने अनेक तथ्यों और तर्कों के सहारे इसे अश्वघोष की रचना सिद्ध किया है। *वज्र-सूची* का पहला श्लोक और अंतिम वाक्य दोनों कह रहे हैं कि वह अश्वघोष की ही कृति है।

वज्र-सूची के साथ कभी-कभी *वज्र-सूची उपनिषद्* की चर्चा होती है। कुछ लोगों का अनुमान है कि अश्वघोष की *वज्र-सूची, वज्र-सूची उपनिषद्* की टीका है। लेकिन यह अनुमान ही है, वास्तविकता नहीं, क्योंकि दोनों की रचना सम्बन्धी दृष्टि, पद्धति और प्रयोजन में कोई मेल नहीं है, बल्कि स्पष्ट विरोध है। अश्वघोष की रचना के पीछे गौतम बुद्ध के समतावादी और वर्ण-विरोधी विचारों की प्रेरणा है, जबकि *वज्र-सूची उपनिषद्* वैदिक-पौराणिक परम्परा का पोषक है। अश्वघोष की *वज्र-सूची*, का लक्ष्य है ब्राह्मण और ब्राह्मणवाद पर उग्र आक्रमण, जबकि *वज्र-सूची उपनिषद्* में घुमा-फिराकर ब्राह्मणवाद की रक्षा की गयी है। डॉ. रूपा कुलकर्णी ने मराठी में *वज्र-सूची* का अनुवाद किया है और साथ में उसके महत्त्व का विस्तार से विवेचन भी। उन्होंने *वज्र-सूची* से *वज्र-सूची उपनिषद्* की तुलना करते हुए ठीक ही लिखा है कि वर्ण व्यवस्था के विरूद्ध अश्वघोष की *वज्र-सूची* के

बढ़ते हुए प्रभाव को मिटाने और ब्राह्मणवाद को बचाने के लिए बहुत बाद के समय में *वज्र-सूची उपनिषद्* की रचना हुई लगती है।

आखिर *वज्र-सूची* में ऐसा क्या है, जो एक ओर वर्ण-व्यवस्था तथा जातिप्रथा के समर्थकों को बैचैन करता है तो दूसरी और वर्ण तथा जाति की व्यवस्था के विरुद्ध संघर्ष करने वाले को प्रेरणा और शक्ति देता है। प्राचीन भारतीय साहित्य में *वज्र-सूची* सम्भवतः पहली ऐसी रचना है, जिसमें वर्णभेद तथा जातिभेद पर टिकी व्यवस्था, उस व्यवस्था के नियामक-संचालक ब्राह्मण वर्ण, उनकी विचारधारा और उस विचारधारा के पाखंड का पर्दाफाश किया गया है।

आइए, पहले हम *वज्र-सूची* के भीतर झाँककर देखें कि उसमें क्या है? यह छोटी-सी रचना है, जिसमें कुल तिरपन श्लोक हैं और लगभग चालीस गद्य खंड। इसमें अश्वघोष के लिखे श्लोक कम नहीं हैं। उन्होंने अपनी बात गद्य में कही है और उसके समर्थन के लिए प्रमाण के रूप में वेद, स्मृति और अधिक महाभारत के कथनों को उद्धृत किया है। इस पद्धति के प्रयोजन पर ध्यान देना जरूरी है। वर्ण-व्यवस्था के नियामक-संचालक ब्राह्मण जातिभेद को बनाए रखने और शूद्रों पर तरह-तरह के अत्याचार करने के लिए जिन ग्रंथों का सहारा लेते रहे हैं, उन्हीं ग्रंथों से वर्ण और जाति के भेद का खंडन करने वाले कथनों को सामने लाकर अश्वघोष ने ब्राह्मणों को यह चुनौती दी है कि या तो वेद, स्मृति और *महाभारत* के इन कथनों को प्रमाण मानते हुए वर्णभेद तथा जातिभेद को तोड़ो या फिर इन ग्रंथों की पवित्रता और प्रामाणिकता का आग्रह छोड़ो। यह एक तरह से वैदिक-पौराणिक विचारधारा का विखंडन (deconstruction) है, जिसमें उस विचारधारा की आंतरिक असंगतियों की पोल खोलने के लिए उसके तार्किक छलों और धार्मिक रहस्यमयता के आवरणों को तार-तार किया गया है।

वज्र-सूची में अश्वघोष के आक्रमण का मुख्य लक्ष्य है ब्रह्मण-वर्ण; क्योंकि वही वर्ण व्यवस्था का निर्माता और संचालक है। वह अपने को सभी वर्णों में श्रेष्ठ और सबका प्रभु समझता है। वह अपना प्रभुत्व बनाए रखने के लिए तरह-तरह के तर्क गढ़ता है। अश्वघोष ने ऐसे सभी तर्कों को एक के बाद एक सामने रखकर उनकी निस्सारता और निरर्थकता सिद्ध की है। वे बहस की प्रक्रिया इस प्रश्न से शुरू करते हैं, "आप कहते हैं कि ब्राह्मण सभी वर्णों में श्रेष्ठ हैं, तब मैं पूछता हूँ कि ब्राह्मण कौन है? क्या आत्मा ब्राह्मण है? क्या शरीर ब्राह्मण है? क्या मनुष्य जन्म से ब्राह्मण होता है या वह ज्ञान के कारण ब्राह्मण होता है? क्या वह आचरण के कारण ब्राह्मण है या आजीविका और व्यवसाय के कारण? क्यों कोई वेद जानने के कारण ब्राह्मण होता है?" प्रश्नों की इस बौछार से बड़ा-से-बड़ा तर्कशास्त्री पंडित भी बेचैन और परेशान हो जाएगा। ये प्रश्न जितने सीधे हैं, उतने ही चुभने वाले हैं। इन सभी प्रश्नों की छानबीन करते हुए अश्वघोष ने एक ओर जीवन जगत की वास्तविकताओं से और दूसरी ओर श्रुति, स्मृति और *महाभारत* आदि से प्रमाण देकर यह सिद्ध किया है कि आत्मा, शरीर, जन्म, आजीविका और वेदों के ज्ञान के कारण कोई ब्राह्मण नहीं होता।

अश्वघोष की विचार-प्रक्रिया की एक विशेषता यह है कि वे ब्राह्मणवाद के तर्कों का

खंडन करने के लिए जितना प्राचीन साहित्य की ओर देखते हैं, उससे अधिक अपने समय के समाज के अनुभवों और प्रकृति की वास्तविकताओं पर ध्यान देते हैं। उनकी इस पद्धति को समझने के लिए कुछ उदाहरणों को देख लेना उपयोगी होगा। जाति-प्रथा का मूल आधार है जन्म का भेद। वैसे जाति का मूल अर्थ भी जन्म ही है। लेकिन जन्म से जाति के सम्बन्ध की स्थिति सरल-सीधी नहीं है, उसमें अनेक पेच हैं। अश्वघोष ने जन्म से जाति के सम्बन्ध की जटिलताओं का विवेचन करते हुए जातिभेद के जन्म सम्बन्धी आधार को ध्वस्त किया है। वे कहते हैं कि पुराने ऋषियों में से किसी का जन्म हाथी से, किसी का कुश से, किसी का घड़े से, किसी का पक्षी से और किसी का शूद्र स्त्री से हुआ माना जाता है। वे सभी ब्राह्मण स्वीकार किए गये। ऐसी स्थिति में जन्म को जाति का आधार मानना व्यर्थ है। इसके बाद वे उस समय के भारतीय समाज में फैली वर्णसंकरता की वास्तविकता का उल्लेख करते हुए जन्म से किसी को ब्राह्मण और किसी को शूद्र मानने का विरोध करते हैं।

ब्राह्मणों ने वर्णभेद को स्थायी, अकाट्य और सन्देश से परे रखने के लिए उसे कई तरह से ईश्वरीय व्यवस्था बनाया। पुराणों के अनुसार ब्रह्मा के मुख से ब्राह्मण, बाँहों से क्षत्रिय, जंघा से वैश्य और पैरों से शूद्र की उत्पत्ति हुई है। इसके आधार पर ब्राह्मण स्वयं को श्रेष्ठ और शूद्र को सबसे नीच कहते हैं। अश्वघोष ने इस रहस्यमयी कल्पना से जुड़े वर्णभेद का विस्तार से खंडन किया है। इस प्रसंग में उनका एक तर्क अत्यन्त दिलचस्प है। अश्वघोष कहते हैं, "आप (ब्राह्मण) को मालूम होना चाहिए कि जैसे एक वृक्ष से पैदा होने वाले फलों में कोई ऊँच-नीच का भेद नहीं होता, वैसे ही एक ही पुरुष (ब्रह्म) से उत्पन्न सन्तानों में कोई वर्णभेद क्यों? उदाहरण के लिए 'कटहल' को लीजिए। कटहल के पेड़ में जड़ से डाली तक फल लगते हैं। ऐसा नहीं होता कि डाली पर लगाने वाले फल को ब्राह्मण फल और जड़ में लगने वाले फल को शूद्र फल कहा जाय। वे सभी एक ही वृक्ष के फल हैं, इसलिए एक समान माने जाते हैं, उसी प्रकार एक ही ब्रह्मा से पैदा होने के कारण मनुष्यों के बीच वर्णभेद गलत हैं।"

वैसे तो पूरी *वज्र-सूची* वर्ण-व्यवस्था के समर्थकों को रह-रहकर चुभती है। लेकिन कभी-कभी अश्वघोष के तर्क सचमुच कठोर, तेज और घातक वज्रमयी सूई की तरह चुभकर तिलमिला देने वाले हैं। ब्रह्मा के मुँह से पैदा होने के कारण ब्राह्मण की श्रेष्ठता सम्बन्धी मान्यता की एक असंगति की ओर संकेत करते हुए अश्वघोष कहते हैं कि "अगर ब्राह्मण की उत्पत्ति ब्रह्मा के मुँह से हुई है तो प्रश्न होगा कि ब्राह्मणी की उत्पत्ति कहाँ से हुई है? निश्चय ही उसकी भी उत्पत्ति ब्रह्मा के मुख से ही हुई है। खेद है। तब तो वह आपकी बहन हुई। फिर उसके साथ स्त्री-प्रसंग? यह तो लोक विरोधी आचरण होगा।"

अश्वघोष धार्मिक आग्रह, श्रद्धा अथवा अन्धविश्वास के सहारे पाठकों के मन में अपनी बात नहीं बैठाना चाहते। वे अपने पाठकों से तर्क, विवेक और सच को स्वीकार करने के साहस की माँग करते हैं। उन्होंने *वज्र-सूची* के अन्त में लिखा है कि मैंने जो कुछ कहा है, वह अगर तर्कसंगत हो तो उसे समझदार लोग स्वीकार करें, अन्यथा अगर युक्तिसंगत न लगे तो त्याग दें।

वज्र-सूची वर्णभेद और जातिभेद के विरुद्ध वैचारिक संघर्ष का घोषणा-पत्र है। अश्वघोष के अनुसार दुःख-सुख, जीवन-प्रज्ञा, व्यवसाय-व्यापार, जन्म-मरण, भय-काम आदि में सब श्रेणी के लोग बराबर हैं। इसलिए समाज में किसी भी आधार पर जाति-भेद का होना गलत है। वे भारतीय समाज के जाति-भेद का ही विरोध नहीं करते, संसार भर में, मानव-मात्र की समानता का आग्रह करते हैं। अश्वघोष स्पष्ट घोषणा करते है कि "शील प्रधान न कुलं प्रधानं कुलेन कि शीलविवर्जितेन।" अर्थात इस संसार में मनुष्य का महत्त्व जन्म या वंश से नहीं, उसके कर्म और आचरण से जुड़ा हुआ है।

वज्र-सूची जाति-प्रथा के अमानवीय भेदभाव के विरुद्ध दो-टूक शैली और बेलौस भाषा में गम्भीर बहस करने वाली रचना है। इसकी तर्कशैली सरल, लेकिन सीधे मार करने वाली है। इसमें न कहीं धार्मिक रहस्यवाद है और न कहीं अमूर्त दार्शनिक ऊहापोह। पूरी पुस्तक सवाल-जवाब की ऐसी शैली में लिखी गयी है कि लेखक की बात कम पढ़े-लिखे लोगों के मन में भी सहज रूप में बैठ जाएगी। यहाँ विवाद की कला में अश्वघोष की कुशलता जितनी आकर्षक है, उतनी ही मारक भी। विवाद की इस कला और दृष्टि का विकास दर्शन में नागार्जुन तथा धर्मकीर्ति की कृतियों में मिलता है और सरहपा तथा कबीर की कविता में भी।

भारत में सामंतवाद के इतिहास और आज के भारतीय समाज में सामंती अवशेषों के प्रभाव पर अंग्रेजी और हिन्दी में बहुत कुछ लिखा गया है। लिखेन वाले भारतीय विद्वान हैं और विदेशी भी, इतिहासकार हैं और समाजशास्त्री भी, साहित्यकारों ने भी इस पर काफी कुछ लिखा है। भारतीय सामंतवाद का एक मुख्य लक्षण है वर्ण-व्यवस्था और जाति-प्रथा। इस वर्ण-व्यवस्था का अस्तित्व बहुत पुराना है तो इसके विरोध की परम्परा भी कम पुरानी नहीं है। वर्ण-व्यवस्था के विरोध की परम्परा की एक महत्त्वपूर्ण उपलब्धि है *वज्र-सूची*। यह देखकर आश्चर्य होता है कि जाति-प्रथा और उसके विरोध पर लेख और पुस्तकें लिखने वाले समाजशास्त्री, इतिहासकार और साहित्यकार भी अश्वघोष की *वज्र-सूची* से अपरिचित हैं, जबकि इसका चीनी, जर्मन, अंग्रेजी, बंगला, मराठी, तमिल और हिन्दी में भी अनुवाद मौजूद है। असल में इस देश के अधिकांश समाज वैज्ञानिकों की यह आदत बन गयी है कि वे भारतीय समाज की समस्याओं पर लिखते समय भी यूरोप की भाषाओं में, विशेषतः अंग्रेजी में लिखी किताबों को ही मार्गदर्शक मानते हैं। वे भारतीय भाषाओं में लिखी हुई नयी-पुरानी पुस्तकों को पढ़ना जरूरी नहीं समझते। यही कारण है कि जाति-प्रथा पर लिखने वाले अधिकांश समाजशास्त्री *वज्र-सूची* का नाम भी नहीं जानते।

जाति-प्रथा शोषण, दमन और उत्पीड़न की ऐसी अमानुषिक व्यवस्था है, जिसे देखकर समाज के बारे में सजग, संवेदनशील और सहृदय रचनाकारों-विचारकों के मन में बेचैनी और विद्रोह की भावना पैदा होती रही है। ऐसी ही बेचैनी और विद्रोह की पहली सशक्त अभिव्यक्ति *वज्र-सूची* में हुई है। इसकी अगली कड़ी सिद्धों और नाथों की कविता में मिलती है। लगता है कि सहजयानी सिद्ध सरहपा अश्वघोष की *वज्र-सूची* से जरूर परिचित रहे होंगे, क्योंकि उन्होंने ब्राह्मणों की जो आलोचना की है, उसकी तर्कशैली *वज्र-सूची* जैसी ही

है। सरहपा कहते हैं, "ब्राह्मण ब्रह्मा के मुख से उत्पन्न हुए थे;—जब हुए थे, तब हुए थे। इस समय तो वे भी दूसरे लोग जिस तरह से पैदा होते हैं, वैसे ही पैदा होते हैं। तो फिर ब्राह्मणत्व कहाँ रहा? यदि कहो कि संस्कार से ब्राह्मण होता है तो चांडाल को भी संस्कार दो, वह भी ब्राह्मण हो जाय; यदि कहो कि वेद पढ़ने से कोई ब्राह्मण होता है तो क्यों नहीं चांडाल को भी वेद पढ़कर ब्राह्मण हो जाने देते? सच पूछो तो शूद्र भी तो व्याकरण आदि पढ़ते हैं और इन व्याकरणादि में वेद के शब्द हैं, फिर शूद्रों का भी तो वेद पढ़ना हो ही गया और यदि आग में घी देने से मुक्ति हो तो सबको क्यों नहीं देने देते ताकि सब मुक्त हो जाते? होम करने से मुक्ति होती है या नहीं, धुआँ लगने से आँखों को कष्ट जरूर होता है।" जाति-प्रथा के विरुद्ध विद्रोह की इस परम्परा का अधिक व्यापक रूप कबीर की कविता में है। कबीर के विद्रोह के दायरे में हिन्दू समाज की जाति प्रथा के साथ-साथ मुसलमान समाज का रूढ़िवाद भी है और हिन्दुओं-मुसलमानों के बीच का भेदभाव भी। इन सबके विरुद्ध एक साथ विद्रोह के लिए असाधारण विवेक और साहस की जरूरत थी, जो कबीर में है। अश्वघोष से सरहपा और कबीर की एकता का सबसे बड़ा प्रमाण यह है कि तीनों की वर्ण-व्यवस्था के सिरमौर बने ब्राह्मणों पर ही सबसे अधिक चोट करते हैं।

वज्र-सूची काफी लम्बे समय तक इतिहास के अँधेरे में रहने के बाद 19वीं शताब्दी में एक बार फिर प्रकाश में आयी। जब भारत में नवजागरण की चेतना के विकास के साथ जाति-प्रथा के विरुद्ध संघर्ष की आवाज उठने लगी, तब *वज्र-सूची* के महत्त्व की पहचान फिर शुरू हुई। यह स्वाभाविक ही था कि 19वीं सदी में जाति-प्रथा से लड़ने वाले अपनी परम्परा की खोज करते हुए उस रचना को पहचानें जो वर्ण-व्यवस्था और जाति-भेद पर पहला वज्राघात है। 1829 ई॰ में राजा राममोहन राय ने बंगाल में *वज्र-सूची* का अनुवाद और प्रकाशन शुरू किया, लेकिन वह अधूरा ही रहा। बाद में *वज्र-सूची* के अनुवाद और उस पर विचार-विमर्श का एक अटूट सिलसिला चल पड़ा। 1829 से 1839 के बीच अंग्रेजी में कई अनुवाद हुए 1860 में वेबर का अनुवाद जर्मन में छपा।

भारतीय भाषाओं में *वज्र-सूची* के अनुवाद और भाष्य की कहानी अत्यन्त दिलचस्प है। वह भारतीय नवजागरण के बारे में बहुत कुछ कहती है और विभिन्न भाषा-भाषी क्षेत्रों के नवजागरण की चेतना के रूप तथा स्वर का राज-रहस्य भी खोलती है। *वज्र-सूची* के अनुवाद और विवेचन का काम सबसे अधिक मराठी में हुआ है। डॉ॰ रूपा कुलकर्णी ने मराठी में *वज्र-सूची* का अनुवाद और विवेचन किया है। उसमें *वज्र-सूची उपनिषद्* और *वज्र-सूची* पर हुए अब तक के विचार-विमर्श का विस्तृत ब्योरा दिया गया है। रूपा कुलकर्णी के अनुसार 17वीं सदी में तुकाराम की शिष्या सन्त बैहणाबाई (सन् 1628-1700) ने अभंग में *वज्र-सूची उपनिषद्* का भाष्य किया था, उसके बाद अनेक सन्तों और विचारकों ने *वज्र-सूची उपनिषद्* का भाष्य और अनुवाद किया। 19वीं सदी के मध्य से मराठी में अश्वघोष की *वज्र-सूची* के अनुवाद और विवेचन का क्रम शुरू हुआ जो आज तक चल रहा है। मराठी में *वज्र-सूची* पर विचार की व्यापकता और उसके प्रभाव की गहराई का अन्दाज इस बात से लगता है कि एक ओर उसके अनुवाद, प्रकाशन और प्रसार की चिन्ता महात्मा ज्योतिबा

फुले करते हैं तो दूसरी ओर सावरकर भी उसकी व्याख्या करना जरूरी समझते हैं। महाराष्ट्र में *वज्र-सूची* की चिन्ता वहाँ जाति-प्रथा के विरुद्ध संघर्ष और आन्दोलन की चेतना से जुड़ी हुई है, इसलिए महाराष्ट्र में जब भी जाति-प्रथा के खिलाफ आन्दोलन तेज हुआ है, तब *वज्र-सूची* के अनुवाद और विवेचन के काम में भी तेजी आयी है। इधर हाल के कुछ वर्षों से साहित्य तथा संस्कृति के क्षेत्र में दलित आन्दोलन के उभार के साथ एक बार फिर मराठी में *वज्र-सूची* के महत्त्व पर बहस तेज हुई है।

अगर आप *वज्र-सूची* की चिन्ता और चर्चा के प्रसंग में मराठी की परम्परा से हिन्दी की तुलना कीजिए तो मालूम होगा कि हिन्दी में *वज्र-सूची* का केवल एक अनुवाद छपा है। वह भी 1985 में। यह देखकर आश्चर्य होता है कि हिन्दी की परम्परा में सरहपा और कबीर के होने के बावजूद हिन्दी नवजागरण के साहित्य में *वज्र-सूची* की चर्चा का एकदम अभाव है। उसका अनुवाद और विश्लेषण तो दूर की बात है, कहीं उल्लेख भी शायद ही मिले। आखिर ऐसा क्यों है? इस सवाल का उत्तर खोजने के लिए हिन्दी नवजागरण के वास्तविक स्वरूप की पहचान और कल्पित रूप की छानबीन जरूरी है, जो यहाँ सम्भव नहीं है। फिर भी कुछ बातों की ओर संकेत आवश्यक है।

हिन्दी में *वज्र-सूची* की उपेक्षा केवल एक किताब की उपेक्षा नहीं है। वह भारतीय समाज में सामंतवाद के सबसे मजबूत और घिनौने अवशेष जाति-प्रथा की उपेक्षा है, जाति-प्रथा की क्रूरता और वीभत्सता की उपेक्षा है और जाति-प्रथा के उन्मूलन के लिए कटिबद्ध एक क्रांतिकारी दृष्टि की उपेक्षा है। इस उपेक्षा के कारण हिन्दी नवजागरण की चेतना लँगड़ी हुई है, उसका सामंतवाद विरोधी स्वर दुर्बल हुआ है।

हिन्दी नवजागरण में जाति-प्रथा के विरोध की चेतना अत्यन्त कमजोर रही है, क्योंकि यहाँ जाति-प्रथा के विरुद्ध न कोई प्रभावशाली जन आन्दोलन चला है और न उसके विरोध में वैचारिक संघर्ष की शक्तिशाली परम्परा ही बनी है। हिन्दी नवजागरण के निर्माण की प्रक्रिया में जाति-प्रथा से जुड़ी चिन्ता और चेतना पर ध्यान दीजिए तो मालूम होगा कि स्थिति अत्यन्त दयनीय है। जिन लेखकों और पत्रिकाओं को हिन्दी नवजागरण के निर्माण का श्रेय दिया जाता है, उनकी जाति-व्यवस्था सम्बन्धी दृष्टि और भूमिका प्रायः निराशाजनक ही है। 19वीं सदी की ही नहीं, 20वीं सदी के आरम्भिक दो दशकों की हिन्दी की महत्त्वपूर्ण पत्रिकाओं में जाति-व्यवस्था के विरुद्ध वैचारिक संघर्ष की कोई विशेष चिन्ता नहीं मिलती। हिन्दी नवजागरण के निर्माण में *सरस्वती* और *मर्यादा* की भूमिका बहुत महत्त्वपूर्ण मानी जाती है। इन दोनों पत्रिकाओं में और जो कुछ हो, लेकिन जाति-प्रथा का गम्भीर विश्लेषण और इसके अन्त का आह्वान करने वाला कोई लेख नहीं है।

असल में हिन्दी नवजागरण का बुद्धिवाद जाति-प्रथा का सामना होने पर सहमा-सा दिखाई देता है। कभी-कभी तो वह जातिवाद का साथी बन गया है। यह तथ्य है कि 19वीं सदी और 20वीं सदी के आरम्भिक दो दशकों तक हिन्दी में ब्राह्मणों, क्षत्रियों और वैश्यों के हितों की चिन्ता करने वाली अनेक पत्रिकाएँ निकलती थीं, उन पत्रिकाओं के कई सम्पादक हिन्दी नवजागरण के निर्माता माने जाते हैं। लेकिन यह सच्चाई है कि उस समय

शूद्रों की अपनी कोई पत्रिका न थी। हिन्दी के नवजागरणकालीन लेखन में जाति की भावना को मिटाने की कोशिश के बदले कई बार जाने-अनजाने उसे जगाने के प्रमाण मिलते हैं। आचार्य रामचंद्र शुक्ल का *हिन्दी साहित्य का इतिहास* हिन्दी नवजागरण की चेतना की एक उपलब्धि है, लेकिन उसमें कवियों और लेखकों का परिचय देते समय प्रत्येक की जाति जरूर बताई गयी है। यह प्रवृत्ति आचार्य शुक्ल के पहले मिश्र बन्धुओं के इतिहास में है और आचार्य शुक्ल के बाद लिखे गये हिन्दी साहित्य के इतिहासों में भी मौजूद है। जाति-प्रथा के प्रसंग में जिस नवजागरण की चेतना का यह हाल हो, वह *वज्र-सूची* की चुभन कैसे बर्दाश्त कर सकती है?

हिन्दी में *वज्र-सूची* की उपेक्षा के पीछे एक और कारण है बौद्ध-दर्शन की सामाजिक दृष्टि के प्रति विरोध का भाव। यह विरोध का भाव हिन्दी नवजागरण के अधिकांश निर्माताओं और व्याख्याकारों के लेखन में मौजूद है। इस विरोध का मूल स्रोत वैदिक-पौराणिक परम्परा और उसकी विचारधारा में गहरी आस्था है। यही कारण है कि हिन्दी में *वज्र-सूची* की चर्चा उन्हीं दो लेखकों ने की हैं, जिनके मन में बौद्ध-दर्शन की सामाजिक दृष्टि के प्रति विरोध का भाव नहीं है, बल्कि गहरी सहानुभूति है। ये लेखक हैं, राहुल सांकृत्यायन और आचार्य हजारीप्रसाद द्विवेदी। राहुल जी ने *प्रभा नाम* की कहानी में अश्वघोष के व्यक्तित्व, विचार और रचनाशीलता के निर्माण की प्रक्रिया की पुनर्रचना करते हुए, *वज्र-सूची* के लेखन के ऐतिहासिक सन्दर्भ और प्रेरणास्रोत की ओर संकेत किया है। यही नहीं, राहुल जी ने तुम्हारी *क्षय, दिमागी गुलामी* और *भागो नहीं दुनिया को बदलो* आदि रचनाओं में जाति-प्रथा पर आक्रमण करते हुए उसे भारतीय समाज से उखाड़ फेंकने का आह्वान भी किया है।

आचार्य हजारीप्रसाद द्विवेदी ने *वज्र-सूची* का उल्लेख *हिन्दी साहित्य* की भूमिका में किया है। उन्होंने कबीरदास के जाति-पाँति विरोधी विचारों की पूर्ववर्ती परम्परा की खोज करते हुए *वज्र-सूची* को याद किया है। जाति-प्रथा का उग्र विरोध करने वाले कवियों की परम्परा में कबीर और अश्वघोष के बीच सरहपा भी हैं। द्विवेदी जी ने इस पूरी परम्परा की ओर संकेत करते हुए लिखा है कि "जाति-भेद से जर्जरीभूत इस देश में जो कोई महासाधक आया है, उसे यह प्रथा खटकी है। ऐसे बहुत से प्राचीन ग्रन्थ हैं, जिनमें जाति-भेद को उड़ा देने पर जोर दिया गया है। पर संस्कृत की पुस्तकें साधारणतः ऊँची जातियों के लोगों द्वारा लिखी गयी होती हैं, जिनमें लेखक केवल तटस्थ विचारक की भाँति होता है, स्वयं नीच कहे जाने वाले वंश के उत्पन्न नहीं होने के कारण उसमें भुक्तभोगी की उग्रता और तीव्रता नहीं होती। सहजयान और नाथपन्थ के अधिकांश साधक तथाकथित नीच जातियों में उत्पन्न हुए थे, अतः उन्होंने इस अकारण नीच बनाने वाली प्रथा को दार्शनिक की तटस्थता के साथ नहीं देखा। कबीरदास के विषय में यही बात ठीक है। फिर भी उच्च वर्ण के लोगों ने सदा तटस्थता का ही अवलम्बन नहीं किया है। कभी-कभी उन्होंने भी उग्रतम आक्रमण किया है। अश्वघोष (कालिदास के भी पूर्ववर्ती) कवि की लिखी हुई *वज्र-सूची* एक ऐसी ही पुस्तक है।"

यहाँ ध्यान देने लायक बात यह है कि द्विवेदी जी हिन्दी साहित्य की कबीरवादी परम्परा का एक महत्त्वपूर्ण स्रोत बौद्ध-दर्शन और साहित्य की सामाजिक दृष्टि में देखते हैं। द्विवेदी जी हिन्दी के ऐसे अकेले आलोचक हैं, जिन्होंने हिन्दी साहित्य की इस सचमुच मूलगामी परम्परा के निर्माण में बौद्ध-दर्शन और सहित्य के योगदान को स्वीकार करते हुए उसका गम्भीर विवेचन किया है। द्विवेदी जी उन लोगों से एकदम अलग हैं, जो *ऋग्वेद* और तुलसीदास को ही हिन्दी जाति की उपलब्धि मानते हैं, लेकिन इन दोनों के बीच के अश्वघोष और कबीर को जानबूझकर भूल जाते हैं। *हिन्दी साहित्य की भूमिका* के परिशिष्ट में पालि और संस्कृत में लिखे बौद्ध-साहित्य का जो विश्लेषण है, वह वास्तव में हिन्दी साहित्य की दूसरी परम्परा के मूल स्रोत की खोज है। डॉ॰ नामवर सिंह जिसे दूसरी परम्परा कहते हैं, वह अगर पहली परम्परा से केवल भिन्न ही नहीं है, बल्कि उसके विरोध में विकल्प बनकर खड़ी परम्परा है तो फिर उसका निश्चय ही एक महत्त्वपूर्ण आधार बौद्ध-दर्शन और साहित्य है।

आज से लगभग दो हजार वर्ष पहले *वज्र-सूची* की रचना हुई थी, लेकिन वह आज भी जाति-प्रथा के विरुद्ध संघर्ष के लिए अत्यन्त जरूरी और प्रेरणादायक रचना है। आज भी भारतीय समाज में जातिवाद की जकड़न बनी हुई है। हिन्दी क्षेत्र में इसका जोर और आतंक सबसे अधिक है। सामूहिक रूप से हरिजनों की हत्या करने और उन्हें जिन्दा जलाने की सबसे अधिक घटनाएँ आज भी हिन्दी क्षेत्र में ही हो रही हैं। ऐसी स्थिति में जातिवाद के विरुद्ध जन आन्दोलन और वैचारिक संघर्ष की जरूरत आज भी बनी हुई है। जाति-प्रथा मूलतः अधिनायकवादी और दमनकारी प्रवृत्तियों से जुड़ी हुई है। इस देश में लोकतन्त्र की रक्षा और विकास के लिए जातिवाद का विरोध आवश्यक है। आजकल जातिवाद जितना समाज में है, उससे अधिक लोगों के मन में है। इस स्थिति से संघर्ष जितना जरूरी है, उतना ही कठिन भी है। इस कठिन संघर्ष में *वज्र-सूची* का महत्त्व असंदिग्ध है। लेकिन हिन्दी में उसके महत्त्व की पहचान अभी शुरू ही हुई है, वह भी किसी प्रगतिशील, जनवादी या मार्क्सवादी लेखक द्वारा नहीं, बल्कि संस्कृति के एक विद्वान रामायण प्रसाद द्विवेदी के प्रयत्न से, जिन्होंने *वज्र-सूची* का हिन्दी में पहला अनुवाद किया है और उसकी सहानुभूतिपूर्ण समीक्षा भी लिखी है।

(हंस, 1993)

14

शृंखला की कड़ियाँ : मुक्ति की राहें

अब यह लगभग सर्वमान्य बात है कि छायावाद हिन्दी नवजागरण की अभिव्यक्ति का काव्यांदोलन है और महादेवी वर्मा उसकी प्रतिनिधि कवि। लेकिन यह आश्चर्य की बात है कि महादेवी वर्मा की कविता की व्याख्या के समय आलोचकों को प्रायः नवजागरण की याद नहीं आती। जिन्हें आती भी है, वे उनकी कविता में मिटने के अधिकार की माँग को ही नवजागरण की अभिव्यक्ति मानते हैं। इससे भारतीय समाज में स्त्री-जीवन के प्रचलित और प्रचारित लक्ष्य की ही पुष्टि होती है। इस स्थिति का कारण यह है कि हिन्दी नवजागरण की चिन्ता और उस पर बहस के केन्द्र में स्त्री की पराधीनता और स्वाधीनता का प्रश्न कभी नहीं रहा है।

महादेवी वर्मा की कविता के साथ आरम्भ से ही एक प्रकार के आलोचनात्मक पूर्वग्रह की स्थिति दिखाई देती है। यह ठीक है कि उनकी कविता में दुःख है, वेदना है, निराशा है, आँसू हैं, अन्तर्मुखता है और अभिव्यक्ति शैली में परोक्ष की प्रधानता भी है, पर साथ ही वहाँ असन्तोष है, आक्रोश है और संघर्ष की चेतना भी। आलोचकों ने उनके आँसुओं पर ध्यान दिया है, लेकिन उनके आक्रोश पर नहीं। प्रायः आलोचकों ने यह भी देखने-समझने की कोशिश नहीं की है कि महादेवी वर्मा की कविता में जो दुःख, वेदना, निराशा और अन्तर्मुखता है, वह सब उनके समय की और आज की भी भारतीय स्त्री के जीवन की वास्तविकताएँ हैं और सम्भावनाएँ भी। कुछ आलोचकों ने अपनी प्रतिभा का कमाल दिखाते हुए महादेवी वर्मा की कविता में दुःख के अनुभव की अभिव्यक्ति को दुःखवाद बना दिया है तो कुछ दूसरों ने उन्हें 'एकाकिनी बरसात' या 'नीर भरी दुख की बदली' घोषित कर दिया है। ऐसी घोषणाएँ कविता को अखबार की तरह पढ़ने का परिणाम हैं। जो आलोचक कविता को इतिहास के सन्दर्भ और सामाजिक जीवन के अनुभवों से स्वतन्त्र मानते हैं, वे महादेवी की कविता में तरह-तरह के रहस्यवाद खोजते हैं। इस प्रक्रिया में कविता और कवि दोनों का मिथकीकरण हुआ है, कविता अध्यात्म-साधना की अभिव्यक्ति बन गयी है और महादेवी वर्मा मीरा बना दी गयी हैं; वह भी अपनी स्वाधीनता के लिए राणाशाही के आतंक, सामंती समाज की रूढ़ियों और कुलकानि के बन्धनों के

विरुद्ध विद्रोह करने वाली मीरा नहीं, निरीह भाव से भगवान का भजन करने वाली मीरा।

महादेवी की कविता में रात और अन्धकार के चित्र बहुत हैं और अपार अन्धकार से लड़ता हुआ एक दीपक भी बार-बार सामने आता है। उन्होंने *दीप-शिखा* के 'दो शब्द' में लिखा है, "आलोक मुझे प्रिय है, पर दिन से अधिक रात का। दिन में तो अन्धकार से उसके संघर्ष का पता ही नहीं चलता, परन्तु रात में हर झिलमिलाती लौ योद्धा की भूमिका में अवतरित होती है।" क्या इससे यह स्पष्ट नहीं है कि महादेवी को अन्धकार से अधिक प्रकाश प्रिय है और पलायन से अधिक संघर्ष। उनकी कविता में अन्धकार से आलोक का जो संघर्ष है, वह भारतीय स्त्री के जीवन की पराधीनता के अन्धकार से स्वाधीनता की आकांक्षा का संघर्ष है। महादेवी वर्मा भारतीय स्त्री की प्रतिनिधि के रूप में एक ओर उसकी पराधीनता की पीड़ा की अभिव्यक्ति करती हुई कहती हैं कि :

रात-सी नीरव व्यथा
तम-सी अगम मेरी कहानी।

तो दूसरी ओर उसकी स्वाधीनता की आकांक्षा और उसके लिए संघर्ष की दृढ़ता व्यक्त करती हुई कहती हैं :

रात के उर में दिवस की चाह का शर हूँ।

उनकी कविता के बारे में डॉ॰ रामविलास शर्मा ने ठीक ही लिखा है कि "महादेवी वर्मा अपने गीतों में देवी के रूप में नहीं, एक मानवी के रूप में दर्शन देती हैं। वे अपनी भावव्यंजना में इस धरती पर काम करने वाली मनुष्य नामक प्राणी ही नहीं हैं, वरन् उसका एक भेद नारी भी हैं। उनका नारीत्व सामाजिक सीमाओं के अन्दर विकास के लिए पंख फड़फड़ाता है। उसकी यह व्याकुलता अनेक सांकेतिक रूपों में उनकी कविता में प्रकट होती है।"

महादेवी वर्मा भारतीय स्त्री के जीवन के अनुभवों और आकांक्षाओं की अभिव्यक्ति करने वाली कलाकार हैं, उसके जागरण का अभियान चलाने वाली कार्यकर्त्ता और उसकी पराधीनता के जटिल रूपों का विश्लेषण तथा स्वाधीनता की सम्भावनाओं की तलाश करने वाली दार्शनिक भी हैं। उनके गीतों, चित्रों और रेखाचित्रों में उनका कलाकार रूप मिलता है तो उनकी शिक्षा, संस्कृति और साहित्य, पत्रकारिता सम्बन्धी गतिविधियों में उनका कार्यकर्त्ता रूप। *शृंखला की कड़ियाँ* के माध्यम से वे एक स्त्रीवादी दार्शनिक के रूप में हमारे सामने आती हैं। हिन्दी में स्त्री-जीवन की वास्तविकताओं और कामनाओं का कलात्मक चित्रण करने वाली लेखिकाएँ और भी हैं तथा स्त्री-स्वाधीनता का आन्दोलन चलाने वाली कार्यकर्त्ताओं की भी कोई कमी नहीं है, लेकिन भारतीय स्त्री-जीवन की जटिल समस्याओं, उसकी दासता की दारुण स्थितियों और उसकी मुक्ति की दिशाओं का मूलगामी दृष्टि से जैसा विवेचन महादेवी वर्मा की पुस्तक *शृंखला की कड़ियाँ* में है, वैसा हिन्दी में अन्यत्र कहीं नहीं है। *शृंखला की कड़ियाँ* का उद्देश्य उस भारतीय नारी की स्थिति का विश्लेषण है जो महादेवी वर्मा के शब्दों में 'जन्म से अभिशप्त और जीवन संतप्त' है।

जो लोग यह समझते हैं कि स्त्री की स्वाधीनता की विचारधारा सत्तर के दशक में फ्रांस और अमेरिका से भारत में आयी है, उन्हें यह जानकर आश्चर्य होगा कि *शृंखला की कड़ियाँ* 1942 ई॰ में छपी थी और उसके अधिकांश निबन्ध तीस के दशक में प्रसिद्ध पत्रिका *चाँद* के सम्पादकीय लेखों के रूप में प्रकाशित हुए थे। तब तक सारी दुनिया में नारीवादी सोच और आन्दोलन को प्रेरित और प्रभावित करने वाली सिमोन द बोउआ की पुस्तक *द सकेंड सेक्स* अस्तित्व में न थी। वह फ्रांसीसी में 1949 ई॰ में छपी और अंग्रजी में सन् 1953 में। उसका कुछ साल पहले ही स्त्री *उपेक्षिता नाम* से हिन्दी अनुवाद प्रकाशित हुआ है।

शृंखला की कड़ियाँ इस बात का प्रमाण है कि विचार केवल ज्ञान की एकांत साधना से पैदा नहीं होते। सामाजिक आन्दोलनों और जीवन के अनुभवों से भी विचारों का जन्म होता है। यही नहीं, सामाजिक आन्दोलन और जीवन के अनुभवों से पैदा होने वाले विचारों का स्वभाव एकांत साधना से उपजे विचारों से भिन्न होता है। ग्राम्शी के अनुसार समाज में बुद्धिजीवी दो प्रकार के होते हैं, पेशेवर और आवयविक। प्रायः ज्ञान की एकांत साधना करने वाले पेशेवर बद्धिजीवी होते हैं, लेकिन जो किसी वर्ग, समुदाय और समाज की जिन्दगी की वास्तविकताओं बौर आकांक्षाओं की व्याख्या करते हुए उस वर्ग, समुदाय और समाज को इतिहास में अपनी स्थिति समझने और उसे बदलने के लिए संघर्ष करने की प्रेरणा देते हैं, वे आवयविक बुद्धिजीवी होते हैं। *शृंखला की कड़ियाँ* की लेखिका भारतीय स्त्री समुदाय की आवयविक बुद्धिजीवी के रूप में हमारे सामने आती है। उसके विचारों के निर्माण में भारतीय समाज के अतीत और वर्तमान के स्त्री-जीवन की कठोर वास्तविकताओं के गम्भीर ज्ञान, जटिल स्थितियों की अचूक पहचान और लेखिका के अपने व्यापक जीवनानुभवों की महत्त्वपूर्ण भूमिका है। साथ ही उसमें भारतीय स्त्री की आर्थिक, सामाजिक और सांस्कृतिक पराधीनता से मुक्ति की गहरी चिन्ता है, इसलिए उसके विचारों में वैसी उदासीनता और निर्जीवता नहीं है, जैसी एकांत साधना से उपजे विचारों में होती है। *शृंखला की कड़ियाँ* के विचारों में सघन भावावेग है और कहीं-कहीं आक्रोश भी।

शृंखला की कड़ियाँ भारत में नारी जागरण की उस प्रक्रिया की उपज है जिसकी शुरुआत भारतीय नवजागरण के साथ हुई थी। भारतीय नवजागरण के आरम्भिक दौर में समाज में स्त्री की स्थिति का प्रश्न महत्त्वपूर्ण था और विवाद का विषय भी। उस समय स्त्री की स्वाधीनता का प्रश्न उतना महत्त्वपूर्ण नहीं था, जितना उसके जीने के अधिकार का। वह जन्म से लेकर सती होने तक मौत के दरवाजे पर खड़ी रहती थी, स्वेच्छा से नहीं पुरुष की इच्छा से, क्योंकि उसकी इच्छा और शरीर पर पुरुषों का अधिकार था। इसीलिए राजा राममोहन राय ने स्त्री के जीने के अधिकार का प्रश्न उठाते हुए सती प्रथा का विरोध किया था और उसके स्वेच्छा से जीने के अधिकार के लिए ईश्वरचन्द्र विद्यासागर ने विधवा विवाह का समर्थन किया। स्त्री-प्रश्न के प्रसंग में बंगाल नवजागरण की तुलना में महाराष्ट्र का नवजागरण अधिक अग्रगामी था, क्योंकि महात्मा ज्योतिराव फुले ने न केवल स्त्रियों की सामाजिक गुलामी के विरुद्ध आवाज उठाई थी, बल्कि उन्होंने उनकी शिक्षा के अधिकार का भी समर्थन किया था और उसकी व्यवस्था भी की थी, जिसका प्रभाव महाराष्ट्र के नारी

जागरण पर दिखाई देता है।

यद्यपि हिन्दी नवजागरण के अग्रदूत भारतेन्दु हरिश्चन्द्र ने यह कामना की थी कि 'नारी नर सम होहिं' और उन्होंने स्त्री शिक्षा का समर्थन करते हुए *बाला बोधिनी* नाम की पत्रिका भी निकाली थी, लेकिन स्त्री की स्वाधीनता का सवाल हिन्दी नवजागरण का मुख्य सवाल कभी नहीं बन पाया। वह हमेशा हशिए पर ही रहा। आरम्भ में स्त्रियों की पराधीनता और उनकी दारुण स्थिति के बारे में जो चिन्ता थी, वह भी बाद में कम हो गयी। यह एक विडम्बनापूर्ण सच्चाई है कि भारतीय स्वाधीनता आन्दोलन के दौरान साम्राज्यवाद विरोधी चेतना के विस्तार के समानांतर सामंतवाद विरोधी चेतना क्रमशः कमजोर हुई। परम्परा और राष्ट्रवाद की वेदी पर स्त्री की स्वाधीनता की बलि चढ़ा दी गयी।

भारतीय नवजागरण के दौरान स्त्री की स्वाधीनता का प्रश्न तभी प्रखरता के साथ सामने आया है, जब भारतीय स्त्री अपनी स्वाधीनता की माँग करती हुई आगे आयी है। इस दृष्टि से सन् 1882 का वर्ष भारतीय स्त्री के जागरण के इतिहास में अत्यन्त महत्त्वपूर्ण है। *वुमेन राइटिंग इन इंडिया* से ज्ञात होता है कि 1882 ई॰ में बंगाल की मोक्षदायिनी मुखोपाध्याय का बंगला में कविता *बनप्रसून* प्रकाशित हुआ था जो अपने नाम से लेकर रचनादृष्टि तक स्त्री की स्वाधीनता और आलोचनात्मक चेतना का प्रमाण था। उस संग्रह की एक कविता 'बंगाली बाबू' में बंगाल के तथाकथित स्वतन्त्र पुरुष समुदाय की प्रदर्शनप्रियता, खोखलापन, अंग्रेजों की नकल, दासता और पतनशील प्रवृत्तियों का पर्दाफाश किया गया है, साथ ही स्त्रियों के उद्धार के उनके दावों पर तीखा व्यंग्य भी है।

1882 ई॰ में ही महाराष्ट्र की एक क्रांतिकारी महिला ताराबाई शिन्दे की पुस्तक *स्त्री-पुरुष तुलना* छपी थी, जिसमें स्त्री दृष्टि से महाराष्ट्र की पितृसत्तात्मक समाज-व्यवस्था, संस्कृति और पुरुषों की मानसिकता की तीखी आलोचना है। ताराबाई शिन्दे ने एक ओर स्त्रियों पर पुरुषों द्वारा लगाए गये तरह-तरह के आरोपों का उत्तर दिया है तो दूसरी ओर पुरुषों के पूर्वग्रहों, अन्यायों और अत्याचारों का विवेचन भी किया है।

यद्यपि 19वीं सदी में हिन्दी क्षेत्र में नारी जागरण का रूप वैसा न था, जैसा बंगाल और महाराष्ट्र में था, फिर भी सन् 1882 में ही हिन्दी में भी एक पुस्तक छपी थी, जिसमें नारी के जागरण का स्वर अत्यन्त प्रखर है और उसकी आजादी की आवाज अत्यन्त बुलन्द। वह पुस्तक है *सीमंतनी उपदेश* इस पुस्तक को खोजकर 1988 ई॰ में संपादित और प्रकाशित करने का काम डॉ॰ धर्मवीर ने किया है। *सीमंतनी उपदेश* जब पहली बार सन् 1882 में छपी थी, तब उस पर लेखिका का नाम न था, इसलिए 1988 ई॰ में डॉ॰ धर्मवीर ने उसकी लेखिका को एक अज्ञात हिन्दू औरत माना था, लेकिन अब जून 1999 के *हंस* में छपे अपने लेख 'सीमंतनी उपदेश की लेखिका कौन थी' में यह सम्भावना प्रकट की है कि उस लेखिका का नाम माई भगवती हो सकता है, जो 19वीं सदी के अंतिम दशक के पंजाब में एक लोकप्रिय लेखिका के रूप में प्रसिद्ध थी।

सीमंतनी उपदेश हिन्दू समाज में स्त्री की गुलामी और यातना के विभिन्न रूपों के व्यापक ज्ञान और अनुभवों के आधार पर लिखी गयी किताब है। उसमें विधवा-जीवन की

दुर्दशा का मार्मिक वर्णन है, सती प्रथा का जोरदार विरोध है, पतिव्रता तथा सतीत्व सम्बन्धी भ्रामक विचारों का खंडन है, पुरुषों के दोहरे चरित्र की पोल खोली गयी है और धर्म के नाम पर स्त्री की गुलामी के लिए फैलाए गये जाल को तर्क की कसौटी पर कसकर छिन्न-भिन्न किया गया है। *सीमंतनी उपदेश* के प्रत्येक पन्ने से हिन्दू स्त्री की गुलामी की पीड़ा से पैदा हुई चीख सुनाई पड़ती है और आजादी की दूर तक गूँजने वाली पुकार भी।

सीमंतनी उपदेश की लेखिका के मन में भारतीय स्त्री की पराधीनता की पीड़ा कितनी गहरी है और उसकी आजादी की चाह कितनी तीव्र-यह उसके इस कथन से स्पष्ट है, "अगर इस दुनिया में कुछ खुशी है तो उन्हीं को है जो अपने तईं आजादी रखते हैं। हिन्दुस्तानी औरतों को तो आजादी किसी हालत में नहीं हो सकती। बाप, भाई, बेटा, रिश्तेदार—सभी हुकूमत रखते हैं। मगर जिस कद्र खाविन्द जुल्म करता है, उतना कोई नहीं करता। लौंडी तो यह सारी उम्र सब ही की रहती है पर शादी करने से तो बिल्कुल जरखरीद हो जाती है। इस दुनिया में चाहे बादशाहत की नियामत मिले और आजादी न हो, नर्क की बराबर है" (पृ॰ 68-69)। *सीमंतनी उपदेश* 19वीं सदी के आर्य समाजी समाज सुधार के आन्दोलन की उपज है तो *शृंखला की कड़ियाँ* 20वीं सदी के तीसरे और चौथे दशक के नारी जागरण की देन। यद्यपि *शृंखला की कड़ियाँ* पर *सीमंतनी उपदेश* का कोई सीधा प्रभाव नहीं है, लेकिन दोनों में भारतीय स्त्री की गुलामी से मुक्ति की जो चिन्ता है, उसमें निरन्तरता अवश्य है।

20वीं सदी के दूसरे दशक से लेकर चौथे दशक तक हिन्दी क्षेत्र में नारी जागरण का नया उभार दिखाई देता है, जिसके प्रमाण उस समय की स्त्री जीवन से जुड़ी पत्रिकाओं में दिखाई देते हैं। उनमें *स्त्री दर्पण, गृहलक्ष्मी, आर्य महिला, महिला सर्वस्व और चाँद* जैसी पत्रिकाएँ विशेष रूप से उल्लेखनीय हैं। इन पत्रिकाओं में स्त्री-जीवन की विभिन्न समस्याओं पर बहस होती थी, उनके जीवन-संघर्ष और मुक्ति-संघर्ष की रपटें छपती थीं और स्त्रियों का रचनात्मक साहित्य भी प्रकाशित होता था।

नवम्बर, 1934 में *चाँद* का नारी आन्दोलन निकला था। उसके सम्पादकीय में लिखा है कि "इस समय हमारे सामने सामाजिक परिवर्तन की जितनी समस्याएँ मौजूद हैं, उनमें सबसे महत्त्वपूर्ण है नारियों की स्थिति का प्रश्न।" *चाँद* के उस अंक में भारतीय समाज के अतीत और वर्तमान में स्त्रियों की दशा, उनके भविष्य की चिन्ता, मताधिकार तथा कानूनी अधिकार के आन्दोलन और उनकी स्वाधीनता के प्रश्न पर अनेक लेख छपे हैं।

महादेवी वर्मा *चाँद* से घनिष्ठ रूप से जुड़ी हुई थीं। पहले एक कवि के रूप में और बाद में सम्पादक के रूप में। सन् 1935 में *चाँद* का विदुषी अंक निकला, जिसका सम्पादन महादेवी वर्मा ने किया था। उन्होंने बाद में *चाँद* के सम्पादन काल के दौरान एक ओर स्त्रियों को आत्मसजग बनाने का प्रयत्न किया तो दूसरी ओर नयी लेखिकाओं की खोज और उनकी रचनाओं के प्रकाशन का जरूरी काम भी किया। उन्होंने स्त्रियों में आत्मचेतना और आत्मविश्वास के विकास के लिए उनकी शिक्षा के प्रसार का प्रयास किया तो उनकी रचनाशीलता को आगे बढ़ाने के लिए महिला कवि सम्मेलन और महिला गल्प सम्मेलन का आयोजन भी किया था। इन सबके साथ ही उन्होंने तीस के दशक में ही मीरा जयन्ती

मनाने की शुरुआत की थी, ताकि हिन्दी क्षेत्र की स्त्रियाँ मीरा के विद्रोही व्यक्तित्व से प्रेरणा लेकर अपनी स्वतन्त्रता के लिए संघर्ष और सृजन के मार्ग पर आगे बढ़ सकें।

शृंखला की कड़ियाँ तीसरे और चौथे दशक के उस नारी आन्दोलन की देन है, जिसमें महादेवी वर्मा सक्रिय रूप से सम्मिलित थीं, इसलिए उसमें उस समय की नारी चेतना के जागरण की अनुगूँजे हैं; उसकी शक्ति की, सीमाओं की और सम्भावाओं की भी। महादेवी वर्मा के मन में भारतीय नारी की भावी स्वाधीनता का विश्वास है, लेकिन वे यह जानती हैं कि स्वाधीनता याचना से नहीं मिलती, उसके लिए संघर्ष करना पड़ता है। वे कहती हैं, "भारतीय नारी जिस दिन अपने सम्पूर्ण प्राणवेग से जाग सके, उस दिन उसकी गति रोकना किसी के लिए सम्भव नहीं। उसके अधिकारों के सम्बन्ध में यह सत्य है कि वे भिक्षावृत्ति से न मिले हैं और न मिलेंगे, क्योंकि उनकी स्थिति आदान-प्रदान योग्य वस्तुओं से भिन्न है" (पृ॰ 9)। वे यह भी जानती हैं कि संघर्ष के लिए शक्ति और विवेक की आवश्यकता होती है इसलिए वे कहती हैं कि 'हमारे अधिकार, हमारी शक्ति और विवेक के सापेक्ष रहेंगे।'

भारतीय समाज में ऐसे लोगों की कमी न पहले थी और न आज है जो भारतीय सभ्यता और संस्कृति की प्राचीनता की दुहाई देकर भारतीय स्त्री को गुलाम बनाए रखना चाहते हैं। उन लोगों के सोच-विचार की आलोचना करते हुए महादेवी वर्मा कहती हैं कि "आज जब सारा गतिशील संसार निरन्तर परिवर्तन की अनिवार्यता प्रमाणित कर रहा है, स्त्रियों के जीवन को काट-छाँट कर उसी साँचे के बराबर बनाने का प्रयत्न हो रहा है जो प्राचीनतम युग में ढाला गया था।... प्राचीनता की दुहाई देकर जीवन को संकीर्णतम बनाते जाना और विकास के मार्ग को चारों ओर से अवरुद्ध कर लेना किसी जीवित व्यक्ति पर समाधि बना देने से भी अधिक क्रूर और विचारहीन कार्य है" (पृ॰ 22-23)।

महादेवी वर्मा दूसरे देशों की स्त्रियों की स्वाधीनता का उदाहरण सामने रखकर भारतीय स्त्री की पराधीनता पर क्षोभ व्यक्त करती हुई कहती हैं, "पश्चिमी तथा पूर्वी जागृत देशों में स्त्रियों ने उन बेड़ियों को काट डाला है, जिसमें पुरुषों ने बर्बरता के युग में उन्हें बाँधकर अपने स्वामित्व का क्रूर प्रदर्शन किया था।... जिसकी सभ्यता की प्राचीनता प्रख्यात है, केवल उसी हमारे देश में अब तक इस भावना की ऐसी धुँधली रूपरेखा है कि हजार स्त्रियों में कदाचित् एक भी इससे परिचित न होगी" (पृ॰ 21)।

महादेवी वर्मा ने लिखा है कि 'समस्या का समाधान समस्या के ज्ञान पर निर्भर है।' यही कारण है कि उन्होंने भारतीय समाज में, विशेष रूप से हिन्दू समाज में बेटी, पत्नी, विधवा और वेश्या के रूप में स्त्री की दारुण स्थितियों और उसके जीवन की जटिल समस्याओं का संवेदनशील विवेचन किया है, जिससे पाठक केवल विचार ही नहीं, भाव के स्तर पर भी आन्दोलित होता है। भारतीय समाज में स्त्री की स्थिति के बारे में महादेवी वर्मा की राय उन लोगों से भिन्न है जो मानते हैं कि आज भले ही भारतीय स्त्री पराधीन हो, लेकिन अतीत में वह स्वाधीन थी। वे कहती हैं कि "भारतीय स्त्री की सामाजिक स्थिति का इतिहास भी उसके विकृत से विकृततर होने की कहानी मात्र है। बीती हुई शताब्दियाँ

उसके सामाजिक प्रासाद के लिए नींव के पत्थर नहीं बनीं, वरन् उसे ढहाने के लिए वज्रपात बनती रही हैं। फलतः उसकी स्थिति उत्तरोत्तर दृढ़ तथा सुन्दर होने के बदले दुर्बल और कुत्सित होती गयी" (पृ० 76)।

हिन्दू समाज-व्यवस्था में स्त्री की कोई स्वतन्त्र पहचान नहीं होती, न उसका कोई स्वतन्त्र व्यक्तित्व होता है। पुरुष के साथ उसके सम्बन्ध से ही उसकी पहचान बनती है, अस्मिता निर्धारित होती है और व्यक्तित्व अर्थ पाता है। महादेवी वर्मा इस स्थिति को स्पष्ट करती हुई कहती हैं कि "भारतीय पुरुष जैसे अपने मनोरंजन के लिए रंग-बिरंगे पक्षी पाल लेता है; उपयोग के लिए गाय या घोड़े पाल लेता है, उसी प्रकार वह एक स्त्री को भी पालता है तथा अपने पालिक पशु-पक्षियों के समान ही उसके शरीर और मन पर अपना अधिकार समझता है" (पृ० 83)। इस स्थिति की सच्चाई और उससे उपजी पीड़ा की अभिव्यक्ति प्रायः स्त्रियों के लोकगीतों में सुनाई पड़ती है। एक राजस्थानी लोकगीत में बेटी अपने पिता से कहती है कि 'मैं तो आपके खूँटे से बँधी गाय हूँ, आप मुझे जिधर हाँकोगे उधर ही चली जाऊँगी।' (म्है तो बाबोसा आपरै खूंटे री गायड़ टोरो जठै टुर जाऊसाँ)।

भारतीय समाज में स्त्री की गुलामी की सर्वग्रासी प्रक्रिया का बुनियादी कारण है आर्थिक दृष्टि से स्त्री की पुरुष पर निर्भरता। महादेवी वर्मा के शब्दों में, "समाज ने स्त्री को पुरुष की सहायता पर इतना निर्भर कर दिया है उसके सारे त्याग, सारा स्नेह और सम्पूर्ण आत्म-समर्पण बन्दी के विवश कर्त्तव्य के समान हैं।" समाज में स्त्री की आर्थिक पराधीनता सर्वव्यापी है। वह पुत्री, बहन, पत्नी, माता, विधवा और वेश्या आदि रूपों में आर्थिक स्वतन्त्रता के अभाव में ही पुरुष के अन्याय की मार सहती है। इन सब स्थितियों का विवेचन करते हुए महादेवी वर्मा ने स्त्री की आर्थिक स्वाधीनता को उसकी सामाजिक स्वाधीनता के लिए आवश्यक माना है। स्त्री की आर्थिक परवशता से जुड़ी है उसकी सामाजिक विवशता। पुरुष आर्थिक दृष्टि से स्वतन्त्र होने के कारण ही सामाजिक रूप से स्वच्छन्द होता है और उसकी सामाजिक स्वच्छन्दता स्त्री को अपना शिकार बनाती है; घर में और बाहर समाज में भी।

भारतीय समाज में स्त्री जन्म से अबला बनाई जाती है। स्वतन्त्रता की भावना को उसकी जिन्दगी और सपनों से भी दूर रखा जाता है। भारतीय समाज में स्त्री को अबला बनाए जाने की प्रक्रिया को स्पष्ट करती हुई महादेवी जी ठीक ही कहती हैं, "न स्त्री को अपने जीवन का कोई लक्ष्य बनाने का अधिकार है और न समाज द्वारा निर्धारित विधान के विरुद्ध कुछ कहने का। वातावरण भी धीरे-धीरे उसे ऐसे ही मूक आज्ञापालन के लिए प्रस्तुत करता रहता है" (पृ० 150)। आज के समय में शहरी मध्यवर्ग और उच्च वर्ग की कुछ शिक्षित स्त्रियाँ इस स्थिति से बाहर निकली हैं और निकल रही हैं, लेकिन भारतीय गाँवों में रहने वाली अधिकांश स्त्रियाँ अभी उसी वातावरण में जीने और मरने के लिए अभिशप्त हैं।

हिन्दू समाज में स्त्री को गुलाम बनाए रखने में रूढ़िवाद निरन्तर सक्रिय रहा है और आज वह अधिक आक्रामक रूप से सक्रिय है। इस रूढ़िवाद के समर्थक, महादेवी वर्मा के

शब्दों में, "किसी भी नवीन दृष्टिकोण को समाज और धर्म की स्थिति के लिए घातक समझ लेते हैं और भरसक किसी भी परिवर्तन को आने नहीं देते।" स्त्री के बारे में हिन्दू समाज के रूढ़िवादी दृष्टिकोण और उसके परिणाम स्वरूप स्त्री की स्थायी पराधीनता की ओर संकेत करती हुई महादेवी जी ठीक ही कहती हैं कि "हिन्दू समाज ने उसे अपनी प्राचीन गौरवगाथा का प्रदर्शन-मात्र बनाकर रख छोड़ा है। और वह भी मूक निरीह भाव से उसको वहन करती जा रही है। शताब्दियों पर शताब्दियाँ बीती चली जा रही हैं, समय की लहरों में परिवर्तन पर परिवर्तन बहते आ रहे हैं, परन्तु समाज केवल स्त्री को, जिसे उसने दासता के अतिरिक्त और कुछ देना नहीं सीखा, प्रलय की उथल-पुथल में भी शिला के समान स्थिर देखना चाहता है। ऐसी स्थिरता मृत्यु का शृंगार हो सकती है, जीवन का नहीं" (पृ॰ 148-49)।

हिन्दू समाज में पुरुष प्रभुत्व का सबसे उग्र और छली रूप उसकी नैतिक व्यवस्था में दिखाई देता है, जिसमें पुरुष सब कुछ करने के लिए स्वतन्त्र है और स्त्री सब कुछ सहने के लिए मजबूर। इस समाज में पुरुष और स्त्री के लिए अलग-अलग नैतिक मानदंड हैं। पुरुष ही उन मानदंडों का निर्माता है। यही नहीं, वह स्त्री की नैतिकता का निर्धारक और निर्णायक भी होता है। हिन्दू समाज की भेदभाव से भरी नैतिक व्यवस्था और उसमें पुरुष के दोहरे आचरण की आलोचना करती हुई महादेवी वर्मा ने आक्रोश के साथ लिखा है कि इस समाज में "किसी भी पुरुष का कैसा भी चरित्रिक पतन उससे सामाजिकता का अधिकार नहीं छीन लेता, उसे गृह-जीवन से निर्वासन नहीं देता, सुसंस्कृत व्यक्तियों में उसका प्रवेश निषिद्ध नहीं बनाता, और धर्म से लेकर राजनीति तक सभी क्षेत्रों में ऊँचे-ऊँचे पदों तक पहुँचने का मार्ग नहीं रोक लेता। साधारणतः महान् दुराचारी पुरुष भी परम सती स्त्री के चरित्र का आलोचक ही नहीं, न्यायकर्त्ता भी बना रहता है" (पृ॰ 98)।

भारतीय समाज में स्त्री की गुलामी के बन्धनों को कठोर और अकाट्य बनाने में बहुत बड़ी भूमिका धर्म और उसके शास्त्रों की है। उनमें स्त्री की दासता को बढ़ाने वाले केवल आदेश और उपदेश ही नहीं हैं, बल्कि उसको मिथक बनाने की एक पूरी प्रक्रिया है, जिसमें एक ओर उसे सहज अपावन और अवगुणों की खान कहा गया है तो दूसरी ओर पवित्रता, सहनशीलता, त्याग, बलिदान आदि की मूर्ति बनाकर उसकी गुलामी को गौरवान्वित करने की कोशिश की गयी है। रोला बार्थ ने लिखा है मिथक में चीजों की ऐतिहासिक विशेषताएँ नष्ट हो जाती हैं और उनके निर्माण से जुड़ी स्मृतियाँ भी खो जाती हैं। पुरुष समुदाय धर्म के माध्यम से स्त्री का मिथकीकरण इसलिए करता है कि वह अपनी ऐतिहासिक स्थिति और अपनी जिन्दगी की वास्तविकताओं की स्मृतियों को ही भूल जाएँ। सिमोन दी बोउआ ने लिखा है कि नारी का मिथकीकरण शासक जातियों के लिए जितना लाभदायक रहा है उतना कोई और नहीं; क्योंकि वह पुरुष के विशेषाधिकारों को उचित ठहराता है और उनके दुरुपयोग की छूट भी देता है। हिन्दू धर्म और संस्कृति में स्त्री की ऐसी कल्पना की गयी है और धारणा बनाई गयी है कि वह मानवी न रहकर देवी बन जाय और अपने जीवन की पराधीनता को भूलकर पुरुषों के सुख-दुख की चिन्ता करे। भारतीय मिथक परम्परा में धन की देवी लक्ष्मी है, विद्या की सरस्वती और शक्ति की दुर्गा, लेकिन भारतीय समाज में स्त्री

धन, विद्या और शक्ति तीनों से वंचित रही है। भारतीय स्त्री को मिथक बनाने और उसे देवी बनाकर पूजने की प्रक्रिया में निहित चालाकी को महादेवी वर्मा जानती हैं, इसलिए उन्होंने लिखा है कि "भारतीय स्त्री के अत्यधिक श्रद्धालु पुजारी भी उसकी निर्जीवता को ही देवत्व का प्रधान अंश मानते रहे और आज भी मान रहे हैं" (पृ. 106)। साथ महादेवी वर्मा यह भी कहती है कि अब भारतीय स्त्री को अपनी ऐसी स्थिति स्वीकार नहीं है, आज वह "न घर का अलंकार मात्र बनकर जीवित रहना चाहती है, न देवता की मूर्ति बनकर प्राण-प्रतिष्ठा चाहती है।''

शृंखला की कड़ियाँ में भारतीय स्त्री की पराधीनता की प्रत्येक स्थिति की पहचान है और उससे मुक्ति की राहों की खोज की चिन्ता भी है। भारतीय स्त्री की स्वाधीनता के बारे में महादेवी वर्मा का दृष्टिकोण व्यापक है। वे केवल सम्पन्न और शहरी मध्यवर्ग की स्त्रियों की स्वाधीनता की चिन्ता नहीं करतीं। वे श्रमजीवी समुदाय की स्त्रियों की जागृति और स्वतन्त्रता के बारे में भी सोचती हैं। उन्होंने ठीक ही लिखा है कि कृषक तथा अन्य श्रमजीवी स्त्रियों की जागृति तथा स्वाधीनता के बिना भारतीय स्त्री की मुक्ति का प्रत्येक प्रयत्न अधूरा होगा। महादेवी वर्मा ने एक कदम आगे बढ़कर यह भी लिखा है कि कृषक और अन्य श्रमजीवी स्त्रियों द्वारा श्रम से अर्जित स्वावलम्बन की भावना से प्रेरणा लेकर सम्पन्न और मध्यवर्ग की स्त्रियाँ भी अपनी मुक्ति की राह पर अधिक सहजता से आगे बढ़ सकती हैं।

स्त्री की स्वाधीनता का एक क्षेत्र साहित्य भी है। उसमें वह आत्माभिव्यक्ति के माध्यम से अपनी अस्मिता की पहचान करती है और स्वतन्त्रता की व्यंजना भी। सामाजिक, सांस्कृतिक और मानसिक स्वतन्त्रता के अभाव में सृजन सम्भव नहीं है। यह एक सच्चाई है कि भक्तिकाल के पहले के साहित्य के इतिहास में स्त्री कवियों की रचनाशीलता के बहुत कम प्रमाण मिलते हैं। क्या संस्कृत और प्राकृत साहित्य में स्त्री कवियों की अनुपस्थिति से यह संकेत नहीं मिलता कि वह जिस समाज और संस्कृति की उपज है, उसमें स्त्रियों को आत्माभिव्यक्ति की स्वतन्त्रता बहुत कम थी। यह सब जानते हैं कि संस्कृत नाटकों में स्त्रियों को संस्कृत में संवाद बोलने की स्वतन्त्रता न थी। उन्हें शूद्रों और दासों की तरह प्राकृत में संवाद बोलना पड़ता था। यह नियम साधारण स्त्रियों पर ही नहीं, उच्च वर्ग की स्त्रियों पर भी लागू होता था। क्या नाटकों में स्त्रियों की यह भाषिक स्थिति उनकी सामाजिक और सांस्कृतिक स्थिति का द्योतक नहीं है। संस्कृत मुख्यतः पुरुष-प्रधान संस्कृति की भाषा थी, इसीलिए भक्ति आन्दोलन के समय जब संस्कृत के वर्चस्व से स्वतन्त्र होती मातृभाषाओं में काव्य रचना की शुरुआत हुई, तब स्त्रियों को आत्माभिव्यक्ति का अवसर मिला और बड़ी संख्या में स्त्रियाँ कवि के रूप में सामने आयीं।

महादेवी वर्मा ने 1935 ई. में *चाँद* के विदुषी अंक के सम्पादकीय के रूप में एक लेख लिखा था—'साहित्य और उसमें स्त्रियों का स्थान।' उस लेख में उन्होंने हिन्दी साहित्य में स्त्रियों की अनुपस्थिति और सीमित सक्रियता के लिए हिन्दी क्षेत्र की सामाजिक रूढ़ियों को उत्तरदायी माना है। उन्होंने *दीपशिखा* की भूमिका में भी लिखा है कि "भारतीय पुरुष जीवन में नारी का जितना ऋणी है, उतना कृतज्ञ नहीं हो सका। अन्य क्षेत्रों की भाँति

साहित्य में उसकी स्वभावगत संकीर्णता का परिचय मिलता रहा है।" स्वयं महादेवी वर्मा ने ऐसी संकीर्णता का अनुभव कई बार किया था।

शृंखला की कड़ियाँ में उन्होंने साहित्य के क्षेत्र में स्त्री-पुरुष की समानता पर जोर देते हुए लिखा है कि "यदि पुरुष साहित्य के निर्माण को अपनी जीविका का साधन बना सकता है तो स्त्री के लिए यह कार्य संकोच का कारण क्यों बनेगा।" उनके अनुसार साहित्य में स्त्रियों के आने से एक ओर "स्त्री के जीवन में अधिक उदारता और संवेदनशीलता आ सकेगी, उसकी मानसिक शक्तियों का अधिक से अधिक विकास होगा" तो दूसरी ओर एक बड़े अभाव की पूर्ति भी होगी क्योंकि "साहित्य यदि स्त्री के सहयोग से शून्य हो तो उसे आधी मानव जाति के प्रतिनिधित्व से शून्य समझना चाहिए।"

आजकल हिन्दी में साहित्य की स्त्री दृष्टि पर बहस हो रही है। उसमें प्रायः पुरुष दृष्टि से भिन्न और स्वतन्त्र स्त्री दृष्टि की आवश्यकता को अस्वीकार करने की कोशिशें दिखाई देती हैं। ऐसा जब वे लोग करते हैं जो साहित्य और समाज में अपनी दृष्टि का वर्चस्व बनाए रखना चाहते हैं, तो उनका उद्देश्य समझ में आता है, लेकिन जब कुछ लेखिकाएँ भी वैसा ही करती हैं तब आश्चर्य होता है। असल में जो लेखिकाएँ पुरुषों का अनुकरण करती हुई लेखक बनने का प्रयत्न करती हैं, वे ही जाने-अनजाने साहित्य की अद्वैतवादी पुरुष दृष्टि का समर्थन करती हैं और उससे स्वतन्त्र स्त्री दृष्टि का विरोध। इस सदी के पूर्वार्द्ध में, जब भारत में तो क्या पश्चिम में भी साहित्य की स्वतन्त्र स्त्री दृष्टि पर कोई खास बहस नहीं हो रही थी, तब महादेवी वर्मा ने साहित्य में स्त्री दृष्टि की जरूरत पर जोर देकर कहा था कि "पुरुष के द्वारा नारी का चरित्र अधिक आदर्श बन सकता है, परन्तु अधिक सत्य नहीं; विकृति के अधिक निकट पहुँच सकता है, परन्तु यथार्थ के अधिक समीप नहीं। पुरुष के लिए नारीत्व अनुमान है, परन्तु नारी के लिए अनुभव। अतः अपने जीवन का जैसा सजीव चित्र वह हमें दे सकेगी, वैसा पुरुष बहुत साधना के उपरांत भी शायद ही दे सके" (पृ॰ 72)। आज भले ही यह कोई बड़ी बात न लगे, लेकिन तीस के दशक के भारतीय समाज और साहित्य में स्त्री की स्थिति को ध्यान में रखिए तो इसका महत्त्व समझ में आएगा।

शृंखला की कड़ियाँ में केवल भारतीय स्त्री की पराधीनता और स्वाधीनता पर विचार ही नहीं किया गया है, उसमें एक नयी दृष्टि से मानव समाज के इतिहास-लेखन की बात भी की गयी है। वह दृष्टि ऐसी है कि उसे मूलगामी कहा जा सकता है। मार्क्स ने लिखा है कि मूलगामी होने का अर्थ है किसी बात के मूल को पूरी तरह समझना और मनुष्य के लिए मूल तो मनुष्य ही है। लेकिन जहाँ आदमी का अर्थ पुरुष हो, वहाँ स्त्री की मूलगामिता का लक्ष्य पुरुष की मूलगामिता से अनिवार्यतः अलग होगा। इब्सन ने एक बार कहा था कि "आधुनिक समाज मानव समाज नहीं हैं, यह केवल पुरुषों का समाज है।" ऐसे समाज में स्त्री के मूलगामी होने का अर्थ है स्त्री दृष्टि से समाज के इतिहास को देखना-समझना। अब तक के इतिहास-लेखन में मनुष्य का अर्थ पुरुष ही रहा है, इसलिए अब स्त्री अपनी दृष्टि से समाज और संस्कृति के इतिहास को देखना-समझना चाहती है। महादेवी वर्मा भी

स्त्री दृष्टि से ही समाज के इतिहास को देखने की माँग करती हैं। वे मानती हैं कि "स्त्री की स्थिति समाज का विकास मापने का मानदंड कही जा सकती है।"

महादेवी वर्मा ने लिखा है कि "समाज की दो आधारशिलाएँ हैं, अर्थ का विभाजन और स्त्री-पुरुष का सम्बन्ध। इनमें से यदि एक की भी स्थिति में विषमता उत्पन्न होने लगती है तो समाज का सम्पूर्ण प्रासाद हिले बिना नहीं रह सकता।" समाज के आर्थिक आधार को ध्यान में रखकर मार्क्स ने मानव-समाज के इतिहास-लेखन की जो दृष्टि निर्मित की थी, उसका उपयोग करते हुए मार्क्सवादियों ने विभिन्न मानव-समाजों का इतिहास लिखा है। लेकिन उन इतिहासों में समाज की दूसरी आधारशीला-स्त्री-पुरुष सम्बन्ध-की उपेक्षा हुई है। मार्क्सवादी इतिहास-लेखन में व्यक्तिगत सम्पत्ति से जुड़ी हुई अधिकार भावना की बात होती है, लेकिन वह अधिकार भावना जिस तरह स्त्री की गुलामी का कारण बनती है, उसकी कम ही चर्चा हुई है। सच्चाई यह है कि वह अधिकार भावना ही स्त्री की गुलामी का मूल कारण है। महादेवी वर्मा ठीक ही कहती हैं कि "एक बार पुरुष के अधिकार की परिधि में पैर रख देने के पश्चात् जीवन में तो क्या मृत्यु में भी वह (स्त्री) स्वतन्त्र नहीं।" व्यक्तिगत अधिकार भावना जब मनुष्य की चेतना में रच-बस जाती है, तब व्यक्तिगत सम्पत्ति के अन्त के बाद भी वह समाप्त नहीं होती। यही कारण है कि भूतपूर्व समाजवादी व्यवस्थाओं में व्यक्तिगत संपत्ति के अन्त की घोषणा के बावजूद न तो पुरुष की अधिकार भावना का पूरी तरह अन्त हुआ था और न स्त्री की गुलामी का।

महादेवी वर्मा ने जिस मूलगामी दृष्टि से समाज के इतिहास के पुनर्लेखन की माँग की है, उसी दृष्टि से युद्ध और नारी के सम्बन्ध पर भी विचार किया है। उन्होंने लिखा है कि "स्त्री पुरुष के दृष्टिकोण से युद्ध को देख नहीं सकती;" क्योंकि *महाभारत* से लेकर आज तक के युद्धों का इतिहास गवाह है कि प्रत्येक युद्ध में स्त्री पुरुष की बर्बरता का शिकार हुई है, उसका शरीर तथा मन रणभूमि की तरह रौंदे गये हैं और वह सामूहिक बलात्कार से लेकर वेश्या बनने तक के लिए मजबूर की जाती रही है।

महादेवी वर्मा ने जब 'युद्ध और नारी' शीर्षक निबन्ध लिखा था, तब दूसरे विश्वयुद्ध की तैयारी हो रही थी और दुनियाभर में राष्ट्रवाद का हुंकार सुनाई पड़ रहा था। उस समय महादेवी वर्मा ने युद्ध के सन्दर्भ में स्त्री की चिन्ता और स्थिति का विवेचन किया था।

उस दौर के राष्ट्रवादी उन्माद के परिणाम-स्वरूप जो दूसरा विश्वयुद्ध हुआ, उसमें स्त्रियों की कैसी दुर्दशा हुई—यह जानना हो तो जापान से पराजित देशों की उन स्त्रियों की व्यथा-कथा सुनना-पढ़ना पर्याप्त होगा, जिन्हें जापानी सेना की भाषा में 'आरामदेह औरतें' कहा जाता था। जापानी सैनिकों की यौन भूख मिटाने के लिए जापान, चीन, कोरिया, इंडोनेशिया आदि देशों से जबरदस्ती लायी गयी लगभग दो लाख औरतों को वेश्या बनने के लिए मजबूर किया गया था। उन्हें ही 'आरामदेह औरतें' कहा जाता था। आज वे औरतें अपने साथ हुए अन्याय और अत्याचार के विरुद्ध आवाज उठा रही हैं।

युद्ध में हमेशा मानवाधिकारों का हनन होता है, लेकिन सबसे अधिक स्त्रियों के अस्तित्व, व्यक्तित्व और मानवीय अधिकारों का। दुनिया भर की पितृसत्तात्मक व्यवस्था के

अन्तर्गत युद्ध में स्त्री की दो ही मुख्य भूमिकाएँ रही हैं; एक तो सैनिक पैदा करने वाली माता की और दूसरी सैनिकों की यौन भूख मिटाने वाली वेश्या की। इसलिए महादेवी वर्मा ने युद्ध को पूरी तरह स्त्री विरोधी मानते हुए लिखा है कि युद्धकाल में स्त्री सम्पूर्ण स्त्री कभी नहीं बन सकती, उसके गुणों का चरम विकास समाज के शांतिमय वातावरण में ही सम्भव है।

शृंखला की कड़ियाँ में महादेवी वर्मा भारतीय स्त्री की मुक्ति के लिए ऐसी स्त्री दृष्टि का विकास चाहती हैं जो न पुरुष दृष्टि के पीछे-पीछे चले और न पुरुष दृष्टि बनने की कोशिश करे। भारतीय समाज में सबसे अधिक संख्या उन स्त्रियों की है जो पुरुष सत्ता के सर्वाधिकारवादी प्रभाव के कारण अपना व्यक्तित्व और विवेक खोकर पुरुष की छाया मात्र बन गयी हैं। पुरुष उनके आत्मबोध और जगत बोध का निर्माता ही नहीं, नियंता भी होता है। ऐसी स्थिति में वे स्वयं पुरुष की दृष्टि से देखती हैं और उसकी आकांक्षा की मूर्ति बनना चाहती हैं। दूसरी ओर वे स्त्रियाँ हैं जो नारी जागरण के आन्दोलन के फलस्वरूप अपनी मुक्ति पुरुष बनने में समझती हैं। वे समाज और संस्कृति को पुरुष की दृष्टि से देखना चाहती हैं। महादेवी वर्मा इन दोनों दृष्टियों को गलत मानती हैं। वे ऐसी स्त्री दृष्टि का समर्थन करती हैं जो स्त्री को अपनी अस्मिता की पहचान, विवेक के विकास और नारीत्व की शक्ति की समझ पैदा करने में सहायक हो ताकि स्त्री अपने स्वत्व की रक्षा कर सके।

भारतीय समाज में स्त्री की पराधीनता केवल लिंगभेद तक ही सीमित नहीं है, उसका सम्बन्ध वर्गगत और वर्णगत विषमता से भी है। भारतीय स्त्री की मुक्ति पुरुष बनने की कोशिश से सम्भव नहीं है, उसके लिए वर्गगत और वर्णगत विषमता का अन्त जरूरी है। अपनी मुक्ति के लिए पुरुष बनने की कोशिश में लगी स्त्री की विडम्बनापूर्ण और दुखभरी स्थिति की अभिव्यक्ति रघुवीर सहाय की कविता 'चेहरा' में है :

यह चेहरा एक लड़के जैसा हो चला है
शायद यह लड़की की बन्धन से मुक्ति का पहला उपाय है
पर लड़के-सा चेहरा अपने में कुछ नहीं
उसके संग कीमती कपड़े और अंग्रेजी चाहिए
मगर यह लड़की गरीब घर की है
वह स्वीकृत वर्ग में शामिल होना चाहती है
और उस वर्ग की लड़कियाँ जो लड़का बनती हैं
उनकी तरह बनने की इसकी कोशिश, एक दुखभरी कोशिश है
क्योंकि वह चेहरा बदलकर अपने वर्ग का ही लड़का बनेगी
एक कहीं और अधिक लाचार व्यक्ति एक तरसी हुई सहमी हुई
असहाय लड़की।

महादेवी वर्मा ने *शृंखला की कड़ियाँ* के माध्यम से स्त्री विमर्श को नये विचार ही नहीं, नयी भाषा भी दी है। हिन्दी में स्त्रियों के बारे में सरस चर्चा करना तो सरल है, लेकिन

गम्भीर विचार-विमर्श करना कठिन; क्योंकि भारतीय समाज में जो पुरुष वर्चस्व है, उसका प्रभाव हिन्दी भाषा के स्वभाव पर भी है, इसीलिए वह स्त्री विमर्श के लिए अपर्याप्त लगती है। हिन्दी में स्त्रियों से सम्बन्धित ऐसे अनेक शब्द हैं जिनका का कोई पुलिंग नहीं है। उदाहरण के लिए हिन्दी में 'सती' शब्द है, लेकिन उसका पुलिंग नहीं। वैसे ही 'वन्ध्या' है, लेकिन उसका भी कोई पुलिंग नहीं। हिन्दी में ऐसे शब्दों के न होने का अर्थ है हिन्दी समाज, उसकी संवेदना और संस्कृति में पुरुष सम्बन्धी अनेक स्थितियों का अस्वीकार। जहाँ भाषा में प्रतिपक्ष अनुपस्थित होता है, वहाँ न विवाद सम्भव है और न संवाद। ऐसी भाषा में स्त्री की पराधीनता और स्वाधीनता के प्रश्न पर विचार करना कितना कठिन होगा, यह अनुमान किया जा सकता है। लेकिन महादेवी वर्मा ने इन कठिनाइयों के बावजूद भारतीय स्त्री के जीवन की वास्तविकताओं और उसकी स्वतन्त्रता की सम्भावनाओं के बारे में विचार-विमर्श की लायक भाषा का विकास किया है।

शृंखला की कड़ियाँ का प्रकाशन हिन्दी में स्त्रीवादी चिन्तन के इतिहास की एक महत्त्वपूर्ण घटना है, लेकिन उसके ग्रहण और मूल्यांकन का इतिहास निराशाजनक है। यह एक तरह से हिन्दी में स्त्री प्रश्न पर चिन्तन की दुर्दशा का द्योतक है। *शृंखला की कड़ियाँ* जब छपी थी, तब से आज तक उसकी चर्चा कम हुई है और उपेक्षा अधिक। 1946 ई॰ में अमृतराय का *हंस* में एक लेख छपा था 'गद्यकार महादेवी और नारी समस्या'। उसमें *शृंखला की कड़ियाँ* के महत्त्व की पहचान है। उसके बाद से आज तक उसका जहाँ-तहाँ केवल उल्लेख मिलता है, कोई व्यवस्थित मूल्यांकन नहीं। यह स्थिति चकित करने वाली है। जो समाज और साहित्य में स्त्री की स्वतन्त्रता की बात सुनकर बिदकते हैं, वे यदि *शृंखला की कड़ियाँ* की उपेक्षा करें तो कोई आश्चर्य नहीं, परन्तु जो स्त्री की स्वाधीनता का समर्थन करते हैं और उसके लिए आन्दोलन चलाते हैं, वे जब *शृंखला की कड़ियाँ* को याद नहीं करते, तब आश्चर्य और क्षोभ होता है, जबकि उसके प्रत्येक पन्ने पर भारतीय स्त्री की पराधीनता की चिन्ता और स्वाधीनता की माँग है।

ऐसा लगता है कि नारीवादी और अन्य लेखिकाएँ भी *शृंखला की कड़ियाँ* के महत्त्व से पूरी तरह परिचित नहीं हैं। वे सिमोन द बोउआ की किताब पढ़ती हैं, लेकिन *शृंखला की कड़ियाँ* नहीं, क्योंकि वह हिन्दी में लिखी गयी है, फ्रेंच या अंग्रेजी में नहीं।

शृंखला की कड़ियाँ का महत्त्व केवल ऐतिहासिक नहीं है। वह आज भी प्रासंगिक है। उसमें भारतीय स्त्री को गुलाम बनाने वाली आर्थिक, सामाजिक और धार्मिक प्रक्रियाओं से निर्मित जिस जटिल व्यवस्था की कार्यपद्धति के विभिन्न रूपों का विश्लेषण है, वह आज भी सक्रिय है। 'वह (व्यवस्था) मनुष्य को न नष्टकर उसकी मनुष्यता का नष्ट करती है,' इसलिए उसका शिकार व्यक्ति तथा समुदाय अपनी गुलामी को ही अपना धर्म और संस्कृति मानने लगता है। उस व्यवस्था की गतिविधियों को समझने और उसके विरुद्ध आलोचनात्मक चेतना विकसित करने में *शृंखला की कड़ियाँ* आज भी भारतीय स्त्री की मदद कर सकती है।

(तद्भव, 2000)

15

कला का उत्सव और उत्सव की संस्कृति

1

कुछ दिनों से केन्द्र और राज्य की सरकारें संस्कृति के बारे में बहुत चिन्तित दिखाई देती हैं। संस्कृति के बारे में सरकारी चिन्ता की शुरुआत मध्य प्रदेश से हुई थी। उससे प्रेरणा पाकर केन्द्रीय सरकार भी संस्कृति के बारे में चिन्तित हो उठी। प्रायः राज्यों की सरकारें केन्द्र के पीछे-पीछे चलती हैं, लेकिन कभी-कभी कुछ मामलों में केन्द्रीय सरकार भी किसी राज्य-सरकार से प्रेरणा पा लेती है। संस्कृति के सरकारीकरण के अभियान में यही हुआ है। केन्द्रीय सरकार के पास साधन और सलाहकारों की कमी नहीं है, इसलिए उनकी संस्कृति चिन्ता की भी कोई सीमा नहीं है।

केन्द्रीय सरकार की पहल पर राज्यों में संस्कृति केन्द्र बन रहे हैं। संस्कृति का सबसे बड़ा केन्द्र दिल्ली में होगा। जहाँ संस्कृति की चिन्ता जितनी अधिक होगी, वहाँ संस्कृति का केन्द्र उतना ही बड़ा होगा। संस्कृति के सरकारीकरण के इन नये अभियान से अनेक संस्कृतिकर्मी परेशान हैं; क्योंकि पिछले कुछ वर्षों में जिन चीजों पर सरकार की कृपा-दृष्टि पड़ी है, उनकी दुर्गति सबके सामने है। संस्कृतिकर्मी इस बात से भी परेशान हैं कि जबसे संस्कृति, कला, मानवीय मूल्य आदि के बारे में सरकारें चिन्तित हुई हैं, तब से कवियों, पत्रकारों, रंगकर्मियों पर घातक हमले बढ़ गये हैं। अब स्थिति यह है कि सरकारी संस्कृति का विराट रूप प्रकट होता जा रहा है। केन्द्र और राज्यों की सरकारें संस्कृति के बारे में चिन्तित हो रही हैं और संस्कृतिकर्मी सरकारी संस्कृति के बारे में।

सरकारी संस्कृतिक विचित्रताओं से भरी है। दिल्ली देश की राजधानी है। यहाँ सरकारी संस्कृति का बिखरा हुआ रूप दिखाई देता है, उसका बिखरा हुआ रूप राज्यों की राजधानियों में मिलता है। दिल्ली में आदिम बर्बरता और इक्कसवीं सदी के दरवाजे पर दस्तक देती आधुनिकता अगल-बगल खड़ी हैं। दहेज के लिए सबसे अधिक स्त्रियाँ दिल्ली में ही जलाई जाती हैं और कम्प्यूटर की शिक्षा देने वाली संस्थाएँ सबसे अधिक दिल्ली में ही हैं। यहाँ पुराने से नये की अद्‌भुत साँठ-गाँठ है। यहाँ धर्म और विज्ञान साथ-साथ चलते

हैं, भौतिकता की गोद में आध्यात्मिकता पलती है। जो लोग रात में विशाल भगवती जागरण में शामिल होते हैं, वही दिन में इक्कीसवीं सदी में पहुँचने के लिए दौड़ते दिखाई देते हैं। आजकल चारों ओर कम्प्यूटर की चर्चा है। कहा जा रहा है कि देश की प्रगति कम्प्यूटर पर निर्भर है; लेकिन कम्प्यूटर चलाने वाले वैज्ञानिक नौकरशाही पर निर्भर हैं, नौकरशाही नेताओं की कृपा पर निर्भर है और नेताओं का भविष्य सन्तों-महात्माओं-ज्योतिषियों पर निर्भर है।

सरकार अपने ढंग से संस्कृति का विकास करने के लिए बेचैन है। वह जिस चीज का विकास करना चाहती है, उसके लिए एक प्राधिकरण बना देती है। हाल के वर्षों में कई प्राधिकरण बने हैं—दिल्ली विकास प्राधिकरण, व्यापार मेला प्राधिकरण, खेल विकास प्राधिकरण, गंगा प्राधिकरण आदि। सम्भव है आगे कुछ दिनों में एक संस्कृति विकास प्राधिकरण भी बन जाय। जब मनुष्य संसाधन हो सकता है, तब संस्कृति का प्राधिकरण क्यों नहीं बन सकता। यह अलग बात है कि प्राधिकरणों के अधीन दूसरों का जो हाल हुआ है, वही संस्कृति का भी होगा।

1986 का वर्ष संस्कृति के सरकारीकरण के अभियान के लिए याद किया जाएगा। इस वर्ष दिल्ली में एक नया कला केन्द्र बना और इसी वर्ष अब तक का सबसे बड़ा कला-मेला दिल्ली में लगा। विशाल भगवती जागरण की तरह आयोजित सप्ताह भर के सांस्कृतिक समारोह का नाम था 'अपना उत्सव'। उत्सव देखने-सुनने के बाद कहना कठिन है कि यह किसका उत्सव था—सरकार का या जनता का, अधिकारियों का या कलाकारों का। अब तक लोग कला के पास जाते थे, लेकिन जब बिना बुलाए कला दिल्ली वालों के दरवाजे आ पहुँची तो लोग भौंचक्के होकर सहमे-सहमे उसे देखते रहे। इस कला-मेले में कलाकारों की वही दशा थी जो किसी भी सरकारी समारोह में उनकी होती है। सब अपने-अपने करतब दिखाने में लगे थे। मेले में कला-विवेक के अलावा सब कुछ था। मेले को देखकर लगा कि जहाँ सहज और स्वतन्त्र वातावरण नहीं होता, वहाँ कला नहीं होती।

1986 में ही सत्ता और संस्कृति के सम्बन्ध का एक और रूप आन्ध्र प्रदेश में दिखाई पड़ा। तेलगु के प्रसिद्ध कवि वरवर राव के काव्य-संग्रह *भविष्यातु चित्रपटम्* पर प्रतिबन्ध लगा और वरवर राव ने नकली मुठभेड़ में पुलिस के हाथों बाहर मारे जाने के बदले जेल में जीते रहना बेहतर समझा। कवि वरवर राव कई साल तक सिकंदराबाद जेल में थे। बंगला की एक क्रांतिकारी कविता का अनुवाद छापने के कारण तेलगु की पत्रिका *सृजन* का दमन और पी॰ हेमलता को दंडित करके महात्मा बने एन॰टी॰ रामाराव ने सत्ता की संस्कृति का बेजोड़ नमून पेश किया।

आन्ध्र में सत्ता की संस्कृति का खूँखार रूप बहुत पहले से दिखाई देता रहा है। तेलंगाना आन्दोलन से आज तक लगातार क्रांतिकारी कला और कलाकारों का दमन होता आ रहा है। कुछ दिनों से आन्ध्र की सरकार जन-संस्कृति के समानांतर पुलिस संस्कृति खड़ी कर रही है। वहाँ जन-नाटकों के मंचन पर रोक लगाकर जगह-जगह पुलिस अपने नाटक खेल रही है। पुलिस-संस्कृति से परिचित कोई भी व्यक्ति पुलिस के नाटक का अर्थ

समझ सकता है। संस्कृति और कला की सुरक्षा का इससे अच्छा उपाय क्या हो सकता है? आन्ध्र सरकार की यह सांस्कृतिक दूरदर्शिता अद्भुत है। इसकी बराबरी केवल बिहार सरकार ही कर सकती है। आन्ध्र और बिहार की सरकारें समझती हैं कि जनता का सांस्कृतिक जागरण खतरनाक है, इसलिए वे संस्कृति को जनता से बचाने के लिए उसे पुलिस के हवाले करके चैन की बंसी बजा रही हैं।

संस्कृति और सत्ता का यह सम्बन्ध नया लगते हुए भी एकदम नया नहीं है। इसका इतिहास काफी पुराना है। अगर हम उस इतिहास पर नजर डालें तो सत्ता और संस्कृति के बदलते सम्बन्धों को समझने में मदद मिलेगी। लम्बे इतिहास में सत्ता और संस्कृति के सम्बन्ध बहुत बदल गये हैं, लेकिन इतने नहीं बदले हैं कि नये का पुराने से कोई सम्बन्ध न हो। आज भी सत्ता के सलाहकार अपने पूर्वजों की सलाहों से लाभ उठाते हैं, कई बार उन्हें दोहराते हैं।

यूनानी दार्शनिक प्लेटो के आदर्श राज्य में कवियों के लिए कोई जगह न थी। वे मानते थे कि कविता में भावावेश और भ्रम की भरमार होती है, विवेक और सत्य का अभाव होता है, उससे अनैतिकता और झूठ का प्रसार होता है। उनको डर था कि कविता के प्रभाव से आदर्श नागरिक बिगड़ जाएँगे, इसलिए उन्होंने घोषणा की थी कि कवियों को राज्य से बाहर निकाल देना चाहिए। प्लेटो कविता के अचूक प्रभाव से परिचित थे। उसको नैतिक और राजनीतिक दृष्टि से हानिकर समझते थे, इसलिए कवियों को राज्य से बाहर निकालना चाहते थे; लेकिन वे काव्य-प्रेमी भी थे, इसलिए कवियों को माला पहनाकर राज्य से विदा करना चाहते थे। कविता से डरने वाले शासकों की कभी कमी नहीं रही है, लेकिन काव्य-प्रेमी शासक कम ही मिलते हैं। जो शासक कविता से डरते हैं, वे कविता के बारे में प्लेटो की राजनीतिक राय को ही मानते हैं। प्लेटो के आदर्श राज्य में केवल प्रार्थना-गीत और प्रशंसा गीत लिखने वाले कवियों को ही थोड़ी-सी जगह मिल सकती थी। आज भी ऐसे ही कवि राज्य के प्रिय कवि होते हैं। आज जो कवि अपनी कविता में सत्ता और व्यवस्था को सचमुच चुनौती देते हैं, उनके साथ राजसत्ता और उसके सहयोगी वही व्यवहार करते हैं, जिसकी सलाह प्लेटो दे गये हैं। ऐसे कवियों पर आज भी वही आरोप लगाए जाते हैं जो प्लेटो बता गये हैं।

प्लेटो अपने आदर्श राज्य से कवियों को बाहर निकालना चाहते थे, लेकिन भारतीय आचार्य कौटिल्य ने तो जनपद में कलाकारों के प्रवेश पर ही प्रतिबन्ध लगा दिया। अर्थशास्त्र में कौटिल्य ने लिखा है, "जनपद में नाट्यगृह, विहार तथा क्रीड़ाशालाएँ नहीं होनी चाहिए। नट, नर्तक, वादक, वाग्जीवी (कवि) और कुशीलव (रंगकर्मी) आदि गाँवों में जाकर कृषि कार्य में विघ्न उत्पन्न न करें, क्योंकि गाँवों में नाट्यादि की सुविधा न होने पर गाँववासी कृषि कार्यों में लगे रहते हैं, जिससे राजकोष की वृद्धि होती है।" प्लेटो दार्शनिक थे, उन्हें कविता से विवेक और सत्य की रक्षा की चिन्ता थी। कौटिल्य अर्थशास्त्री ठहरे, उन्हें कला से राजकोष की रक्षा की चिन्ता थी। राजनीति प्लेटो के दर्शन के केन्द्र में थी, वे कविता से राज्य व्यवस्था को बचाना चाहते थे। कौटिल्य राजनीतिक अर्थशास्त्र के आचार्य थे, वे भी

राजसत्ता और व्यवस्था को बचाना चाहते थे, इसीलिए लिखा "जनपद में राजभक्त जन-संघ के अतिरिक्त कोई दूसरा ऐसा संघ न पनपने पावे जो राजद्रोह करने के लिए प्रतिज्ञाबद्ध हो।" कौटिल्य के अनुसार जनपद में न तो कलाकारों को जाना चाहिए और न राज्य-विरोधी किसी जन संगठन का निर्माण होना चाहिए, क्योंकि पहले से राजकोष को खतरा होगा और दूसरे से राजसत्ता को। अगर कोई राजसत्ता-विरोधी कलाकार जनपद में पहुँच जाता तो कौटिल्य उसके साथ कैसा सलूक करने को सलाह देते, आन्ध्र प्रदेश और बिहार के जन-कलाकारों के साथ वहाँ की सरकारों के व्यवहार को देखकर इसका अनुमान किया जा सकता है।

जनता को कला से वंचित करके उसे राज्य का गुलाम बनाए रखने का कैसा सरल और सीधा उपाय है! ऐसा उपाय साम्राज्य का ही सलाहकार सुझा सकता है, गण-व्यवस्था का आचार्य नहीं। इतिहासकार बता सकते हैं कि कौटिल्य का यह सुझाव उनके समकालीन और बाद के शासकों ने कितना माना और लागू किया। इसके बावजूद जन-संस्कृति और जनकला का विकास साबित करता है कि जनता की सृजनशीलता अदम्य और अक्षय है।

कौटिल्य का विशेष जोर इस पर है कि जनपद में नाटक-रंगमंच की सुविधा नहीं होनी चाहिए। रचना, सम्प्रेषण और प्रभाव की दृष्टि से नाटक-रंगमंच सर्वाधिका यथार्थदर्शी जनोन्मुखी और जनतांत्रिक कला है। अक्षरों की दुनिया से अपरिचित जनता के लिए जीवन और जगत के बोध का वह अत्यन्त समर्थ माध्यम है, इसीलिए भरत मुनि ने सामान्यजन के लिए दुर्लभ चार वेदों से अलग नाटक को सर्वजन सुलभ पंचम वेद कहा और उसे वर्ग, वर्ण और लिंग के भेद से मुक्त ज्ञान का साधन बनाया। कौटिल्य इस पंचम वेद को भी जनता से दूर रखने का उपदेश देते हैं। आज भी शासक वर्ग कौटिल्य के बताए मार्ग पर चलता है, पर अपने ढंग से और आज की जरूरत के मुताबिक। कौटिल्य के आधुनिक उत्तराधिकारी अधिक चालाक हो गये हैं। वे एक ओर जनता के बीच नुक्कड़ नाटकों के मंचन और क्रांतिकारी कविताओं के प्रसार पर रोक लगाते हैं और दूसरी ओर 'अपना उत्सव' में जनता की कला और विरोध की कविता की नुमाइश करते हैं। जहाँ तक विरोध की कला मनोरंजक होती है, वहाँ तक शासक वर्ग का कला प्रेम बना रहता है, लेकिन जब वह सक्रिय शक्ति बनने लगती है, तब कला-प्रेम पर सत्ता-प्रेम हावी हो जाता है।

प्रायः शासक वर्ग संस्कृति को सामान्यजन की पहुँच के बाहर रखकर जनता के सांस्कृतिक विकास का रास्ता रोकता है। इसके बावजूद जब जनता अपनी कला और संस्कृति रचती है, तब शासक वर्ग उसकी उपेक्षा करता है। जब उपेक्षा से काम नहीं चलता, तब उसका दमन करता है। जहाँ उपेक्षा और दमन से उद्देश्य पूरा नहीं होता, जहाँ शासक वर्ग जन-संस्कृति को विकृत करने की कोशिश करता है। कई बार वह जनता की कला और संस्कृति की उपलब्धियों की तेज धार को भोथरा बनाकर उन्हें अपनी धारा में समेटने का भी प्रयास करता है। संस्कृति के इतिहास में जन-संस्कृति को उपेक्षा दमन, विकृति और समाहार की प्रक्रिया का शिकार बनाने की कोशिश शासक वर्ग की ओर से होती रहती है। यहाँ दर्शन और साहित्य में यह प्रक्रिया लगातार चलती रही है, प्रभुत्वशाली संस्कृति से

जन-संस्कृति का टकराव लगातार होता रहा है। दर्शन के क्षेत्र में लोकायत और बौद्ध दर्शन इस प्रक्रिया से गुजरे हैं। महाकवि अश्वघोष को संस्कृत काव्य की 'महान परम्परा' में कभी उचित महत्त्व नहीं मिला। *मृच्छकटिक* जैसे अद्वितीय यथार्थवादी नाटक की उपेक्षा हुई। यह ध्यान देने लायक तथ्य है कि भारतेन्दु हरिश्चन्द्र अपनी नाट्यकला को *मृच्छकटिक* की परम्परा में रखते हैं। प्रभुत्वशाली सांस्कृतिक परम्परा ने कबीर के प्रभाव को विकृत करने के लिए उनका नाम गालियों से जोड़ दिया। उनके रहस्यवाद को सराहा गया, लेकिन उनकी क्रांतिकारी कविता को दबाने की कोशिश की गयी। प्रगतिशील आन्दोलन से आये कवियों के साथ प्रयोगवाद-नयी कविता के काल में वही प्रक्रिया लागू की गयी। आजकल सामाजिक संघर्ष के विकास के साथ जन-संस्कृति के उभार के नये दौर में एक बार फिर जन-संस्कृति और उसके कलाकारों को उपेक्षा, दमन, विकृति और समाहार की प्रक्रिया का शिकार बनाने की कोशिश तेज हुई है।

जब से किसानों, मजदूरों आदिवासियों, हरिजनों और स्त्रियों ने शोषण और दमन के खिलाफ आवाज उठाना आरम्भ किया है, उनके आन्दोलन तेज हुए हैं, तबसे उनकी कला और संस्कृति में सरकार की दिलचस्पी बढ़ी है। जनता की कला की असहमति और विरोध की आवाज को दबाकर उसे सजावट और मनोरंजन की वस्तु बनाने की कोशिश जारी है। लोककलाओं को उनके मूल सन्दर्भों से अलग करके कलाओं के नये घर और बाजार में लाया जा रहा है। इस तरह शासक वर्ग के कला-प्रेम का प्रदर्शन भी होता है और लोककला का व्यवस्था-विरोधी स्वर भी दबता है। इसी अभियान का अंग था 'अपना उत्सव।'

'अपना उत्सव' नाम के कला-मेले में हर कला को एक-एक कोना मिला था। कलाकार तुरन्त कला के नमूने पेश कर रहे थे। एक कोना कविता के लिए भी सुरक्षित था, जिसमें तरह-तरह की कविताओं के लिए जगह थी। एक जगह विरोध की कविता वैसे ही मेले की शोभा बढ़ा रही थी, जैसे विरोधी दल संसद की शोभा बढ़ाते हैं। विरोध की कविता सुनाने के लिए कई रंग के कवि बुलाए गये थे। उनमें से कुछ आये, कुछ नहीं आये। जो आये, उनमें रघुवीर सहाय भी थे। 'अपना उत्सव' में विरोध की कविता सुनाने वालों में रघुवीर सहाय को शामिल देखकर उन्हीं की एक कविता याद आयी जो *हँसो हँसो* जल्दी हँसो में है।

प्रायः महत्त्वपूर्ण रचनाएँ अपने समय के समाज और मानव-जीवन की इतिहास-प्रक्रिया का अर्थ खोलती हैं, लेकिन ऐसा कम ही होता है कि इतिहास की कोई घटना पहले के किसी रचना की सार्थकता सिद्ध करे। रघुवीर सहाय की इस कविता के साथ यही दुर्लभ संयोग घटा है। 'अपना उत्सव' से उसे नया सन्दर्भ और अर्थ मिला है। 'अपना उत्सव' देखने के बाद रघुवीर सहाय की कविता पढ़िए तो विश्वास नहीं होगा कि यह कविता 'अपना उत्सव' से दस-बारह वर्ष पहले लिखी गयी थी। लगेगा कि 'अपना उत्सव' के अनुभव से कविता उपजी है।

'अगर अपना उत्सव' को याद करते हुए रघुवीर सहाय की कविता 'हैं' को पढ़ें तो उत्सव और कविता दोनों का नया अर्थ खुलेगा। कविता इस तरह शुरू होती है :

संस्कृति मन्त्री से कहा राजा ने देखो देखो मन्त्री जी
हर एक विधा के भीतर कितने ही प्राचीन कला रूप—
क्या यह तुम्हें उपयोगी नहीं दिखाई देता?
क्यों नहीं तुम सैकड़ों कलाकार इसी काम पर लगा देते
कि वे उनमें से पुराने रूप लेकर नयी रचनाएँ करें?
क्या तुम नहीं समझ पाते कि यह उनको
एक अनिश्चित आगामी कल रचने से रोके रखने का सरलतम ढंग है?

सम्भव है अब आपके सामने 'अपना उत्सव' का असली अभिप्राय स्पष्ट हो रहा हो और आप धीरे-धीरे पहचान रहे हों कि 'अपना उत्सव' के पीछे केवल कला-प्रेम है या कुछ और, चिन्ता कला के भविष्य की है या अपने भविष्य की।

'अपना उत्सव' के रूप में जाहिर होने वाली कला और संस्कृति की चिन्ता अचानक भले ही हो, लेकिन अकारण नहीं है। यह किसी भावुकता या उदारता का परिणाम नहीं है। इसके मूल में समाज, संस्कृति और सत्ता के सम्बन्ध की एक विशेष समझ है जिसकी ओर कविता संकेत करती है :

यह समाज मर रहा है इसका मरना पहचानो मन्त्री
देश ही सब कुछ है धरती का क्षेत्रफल सब कुछ है
सिकुड़कर सिंहासन पर रह जाये तो भी वह सब कुछ है
राजा ने मन कहा जो राजा प्रजा की दुर्बलता नहीं पहचानता
वह अपने देश को नहीं बचा सकता प्रजा के हाथों से

इस कविता में शासकीय मानसिकता का जो नक्शा है वह 'अपना उत्सव' के आयोजकों की मानसिकता के नक्शे जैसा लगता है। इसके अनुसार *नौजवानों को पहले रोटी के बारे में। सोचना चाहिए/और बाद में कुछ और जिसके लिए वक्त बहुत पड़ा है/बुढ़ापे में/जवानी में रोटी और बुढ़ापे में संस्कृति की चिन्ता।* जन-जीवन के निर्माण की कैसी अद्‌भुत योजना है! कोई आश्चर्य की बात नहीं कि यह मानसिकता उन सबको अपना शत्रु समझती है *जो भी अपनी आग से रचते हैं/और अपने लिए रचते हैं अपनी आग।* रघुवीर सहाय की इस कविता की दूसरी विशेषताओं की चर्चा का अवसर यहाँ नहीं है।

इस कविता के कवि को 'अपना उत्सव' में विरोध की कविता पढ़ते देखकर कई सवाल उठते हैं। प्रायः रचनाकार शिकायत करते हैं कि पाठक उनकी रचनाओं के साथ न्याय नहीं करते। यह सही है कि हिन्दी में साहित्य का जो वातावरण है, उसमें इतना धुंध, धुआँ और प्रदूषण है कि कई बार रचना और विचार का दम घुटने लगता है, रचनाओं के साथ न्याय नहीं हो पाता, इसलिए रचनाकारों की शिकायत काफी हद तक ठीक है। लेकिन रचनाकार खुद से यह सवाल क्यों नहीं पूछते कि वे अपनी रचनाओं के साथ कितना न्याय करते हैं। क्या—रचनाकार का अपनी रचना के प्रति, उसके अर्थ की सार्थकता के प्रति कोई दायित्व नहीं है। 'अपना उत्सव' से रघुवीर सहाय की कविता का जो सम्बन्ध बनता है,

वही कवि का नहीं है। कविता 'अपना उत्सव' के विरोध में खड़ी है, कवि 'अपना उत्सव' में विरोध की कविता पढ़ने के लिए खड़ा है। क्या यह अपनी ही कविता के साथ कवि का अन्याय नहीं है? कहा जा सकता है कि 'विवेक-प्रक्रिया' और उसकी 'क्रियागत परिणति' के बीच हमेशा एकता नहीं होती, कई बार दूरी रह जाती है; लेकिन यह मजबूरी भले ही हो, कोई अनिवार्यता तो नहीं। यह भी कहा जा सकता है कि रची जाने के बाद रचना रचनाकार से स्वतन्त्र हो जाती है, लेकिन क्या रचना की स्वतन्त्रता के नाम पर रचनाकार का अपनी रचना के विपक्ष में खड़ा होना उचित है? अगर रचना रचनाकार की आस्था की अभिव्यक्ति है तो उसकी विश्वसनीयता की रक्षा के दायित्व से वह कैसे मुक्त हो सकता है?

2

कुछ दिन पहले जबलपुर में 'पांडवानी' सुनने का मौका मिला। 'अपना उत्सव' के समय उसी का टेलीविजन से प्रसारण भी देखा था। लोक कलाकारों के आमने-सामने बैठकर 'पांडवानी' देखना-सुनना एक नया अनुभव था, टेलीविजन पर देखने-सुनने से एकदम भिन्न अनुभव। 'पांडवानी' के साक्षात अनुभव में जो बात थी, वह टेलीविजन के माध्यम से अनुभव में कहाँ!

'पांडवानी' छत्तीसगढ़ की लोककला की विशिष्ट देन है और लोक-प्रतिभा की सृजनशीलता का उत्कृष्ट उदाहरण। इसमें *महाभारत* की कथा गाकर प्रस्तुत की जाती है। दुनियाभर में प्राचीन महाकाव्यों का यही मौखिक मूल रूप रहा है। होमर के महाकाव्य आरम्भ में गेय ही थे। *रामायण* की कथा भी पहले गेय रूप में जनजीवन में प्रचलित थी, बाद में उसका लिखित रूप बना। 'पांडवानी' की प्रस्तुति सामूहिक होती है। एक गायक या गायिका के नेतृत्व में सहायक गायकों, वादकों के सहयोग से 'पांडवानी' का रूप निखरता है। 'पांडवानी' की प्रस्तुति में मुख्य गायक से सहायकों का सहयोग इतना अनिवार्य और आत्मीय होता है कि उनके अभाव में प्रस्तुति के स्वरूप और प्रभाव की पूर्णता की कल्पना कठिन है। वैसे तो 'पांडवानी' मुख्यतः कथा-गायकी है, उसमें गायक के स्वर का जादू सब पर छाया रहता है, लेकिन उसकी प्रस्तुति में गीत, संगीत, कथा और अभिनय का विलक्षण कलात्मक संयोजन होता है। कला की यह समग्रता लोक कलाओं में ही मिलती है। मुख्य गायक अवसर के अनुकूल स्वर के आरोह-अवरोह और आंगिक तथा वाचिक अभिनय के सहारे विभिन्न मनोदशाओं और स्थितियों को मूर्त और साकार बनाता चलता है। इसलिए 'पांडवानी' को केवल सुनना काफी नहीं है, उसे देखना भी जरूरी है।

'पांडवानी' का श्रोता-समूह निष्क्रिय ग्राही नहीं होता। वह निष्क्रिय रह ही नहीं सकता। श्रोता अपनी सहज और तुरन्त प्रतिक्रियाओं से ऐसा वातावरण बनाता है, जिससे गायक कलाकार प्रेरित, प्रभावित और प्रोत्साहित होता है। इस तरह श्रोता गायकी के विकास में सर्जनात्मक सहयोग करता है। दूसरी लोक कलाओं की तरह 'पांडवानी' भी

सामूहिक और साक्षी सर्जना की कला है। टेलीविजन और रेडियो से प्रसारण के समय यह बात सम्भव नहीं है। यहाँ कलाकार और श्रोता या दर्शक के बीच रचनात्मक संवाद नहीं हो सकता।

'पांडवानी' में जगह-जगह अवसर के अनुकूल कबीर, सूर और तुलसी के पदों का प्रयोग होता है। यह भक्तिकाल की लोकधर्मिता का प्रमाण है। उसमें कथा के गायन के दौरान लोकप्रचलित विभिन्न छन्दों और रागों का भी कलात्मक संयोजन होता है। 'पांडवानी' की आधार भाषा छत्तीसगढ़ी है, लेकिन छत्तीसगढ़ी के प्रवाह में हिन्दी की दूसरी बोलियों का संवाद में और कविता के रूप में प्रयोग कहीं खटकता नहीं। 'पांडवानी' लोककला की पच्चीकारी प्रवृत्ति का बेजोड़ नमूना है।

लोक कलाओं की एक विशेषता है अपने मूल रूप की रक्षा करते हुए समय के साथ विकसित होना। बदलते समाज और जीवन के नये तत्वों को समेटकर जीने की कला के कारण ही लोककलाएँ दीर्घजीवी होती हैं, केवल अतीत की स्मृति को सँजोकर चलने के कारण नहीं। 'पांडवानी' में यह विशेषता है। गायक परम्परा से प्राप्त कथा और गायन शैली के मूलरूप और प्रभाव की रक्षा करते हुए बीच-बीच में समकालीन समाज और जीवन के अनुभवों की ओर इशारा करता चलता है। उसका ढंग इतना स्वाभाविक होता है कि अतीत की कथा में आये वर्तमान को श्रोता सहज भाव से स्वीकार करते हैं। कहीं कोई झटका नहीं लगता। इस तरह अतीत की कथा वर्तमान के अनुभवों को सँभाल समकालीन जीवन से जुड़ जाती है।

लोककलाएँ श्रमजीवी जनता के जीवन के परिवेश और परम्परा से पैदा होती हैं। उसमें किसानों और आदिवासियों के जीवन के यथार्थ और अनुभव की अभिव्यक्ति होती है, कहीं सीधे और कहीं सांकेतिक रूप में। लोक कलाओं में श्रमशील जीवन का सहज सौन्दर्य होता है, विश्राम का जड़ाऊ सौन्दर्य नहीं। जिस जीवन और परिवेश में लोककलाओं की रचना होती है वहीं उनके बोध का स्वभाविक सौन्दर्य होता है। इसीलिए जब उन कलाओं को उनके सहज परिवेश और सन्दर्भ से निकालकर महानगरों के परिवेश में लाया जाता है तब उनके अर्थ के मूल सन्दर्भ के साथ-साथ बोध का स्वाभाविक वातावरण पीछे छूट जाता है। वहाँ उनकी सहजता खो जाती है और उनमें एक प्रकार की विचित्रता आ जाती है। यही विचित्रता अधुनिकतावाद को पसन्द आती है।

'पांडवानी' में छत्तीसगढ़ की बोली-बानी है, वहाँ के जीवन की लय से जुड़े छन्दों और रागों का संगीत है, जीवन में बसी हुई कथा है, जन-जीवन के नैतिक विश्वासों और धार्मिक भावों का समावेश है। यहाँ तक कि गायकों-वादकों की विशेष वेशभूषा भी है। जन-जीवन में ऐसी घुली-मिली कला जब महानगरों में आती है, तब वह आधुनिकता की आँधी में उड़ते लहँगे की तरह लगती है या फिर महानगरों के बड़े-बड़े होटलों के सजे-सजाए कमरों में लटके सूप की तरह।

आमतौर पर जिसे लोक संस्कृति और लोककला कहा जाता है, उसकी जड़ें हमारे समाज के सुदूर अतीत में होती हैं। इतिहास-प्रक्रिया में समाज का जो हिस्सा उस अतीत

के जितना निकट होता है, उसमें लोकसंस्कृति और लोककलाओं का मूल रूप उतना ही अधिक सुरक्षित रहता है। हमारे यहाँ लोकसंस्कृति और लोककलाओं का सहज रूप किसानों और आदिवासियों के यहाँ मिलता है। महानगरों में कला सामान्य जीवन से अलग या कला-घरों में होती है या बाजार में। लोककला जन-जीवन में बसी होती है। लोककलाएँ अपने मूल सन्दर्भ से निकलकर जब महानगरों में आती हैं, तब नुमाइश, संग्रहालय और बाजार की वस्तु बन जाती हैं। किसानों और आदिवासियों के जीवन में जो कला जीने की प्रेरणा और संघर्ष की शक्ति देती है, वही पूँजीवादी व्यवस्था में मनोरंजक और बिकाऊ माल हो जाती है। पूँजीवादी व्यवस्था और बाजार में लोककलाओं और कलाकारों की जो दुर्गति होती है, उसका प्रामाणिक चित्रण फणीश्वर नाथ 'रेणु' की कहानी 'भित्ति चित्र की मयूरी' में है।

लोक कलाओं में जन-जीवन के अनुभव होते हैं और आकांक्षाएँ भी, यथार्थ होता है और कल्पना भी। इनकी अभिव्यक्ति उन मानव मूल्यों में होती है जो लोककला के प्राण हैं। लोक संस्कृति और लोक कलाओं में प्रेम और करुणा, संघर्ष और त्याग, वीरता और उदारता, भाईचारा और समता, स्वाधीनता और सामूहिकता आदि में मानवीय मूल्यों का मूर्त और जीवन्त संसार मिलता है। लूट, शोषण और दमन पर टिकी पूँजीवादी व्यवस्था इन मानवीय मूल्यों की दुश्मन है, इसलिए जो लोग इन मूल्यों की स्थापना के लिए शोषण और दमन की व्यवस्था से संघर्ष करते हैं, वे ही लोक संस्कृति और लोक कलाओं का महत्त्व समझ सकते हैं। लोक संस्कृति और लोक कलाएँ इन मानवीय मूल्यों के कारण ही आज भी प्रेरक और प्रभावी शक्ति के रूप में मूल्यवान हैं, न कि अतीत की स्मृति का अजायबघर होने में, जैसा कि कुछ लोग समझते हैं।

पिछले कुछ वर्षों से इस देश का शासक वर्ग लोक संस्कृति और लोक कलाओं में गहरी दिलचस्पी लेने लगा है। इसके पहले लोक संस्कृति और लोक कलाओं की याद केवल गणतन्त्र दिवस की परेड के समय आती थी। कभी-कभी विदेशी मेहमानों को भारतीय संस्कृति की झलक दिखाने के लिए भी लोक कलाकार बुलाए जाते थे। लेकिन अब देश और राज्यों की राजधानियों में लोक कलाओं के घर बनाए जा रहे हैं, उन्हें विदेशी बाजारों में पहुँचाया जा रहा है। यही नहीं अब तो देशी उत्सवों और विदेशी महोत्सवों में लोक कलाओं का प्रदर्शन हो रहा है। अचानक लोक कलाओं में शासक वर्ग की इस दिलचस्पी का क्या कारण है?

कुछ दशकों से इस देश में और दुनिया के दूसरे भागों में भी, क्रांतिकारी आन्दोलन के केन्द्र बदले हैं। इन आन्दोलनों में किसानों और आदिवासियों की नयी भूमिका सामने आई है। क्रांतिकारी आन्दोलन में किसानों और आदिवासियों की बढ़ती भूमिका के कारण उनके जीवन और संस्कृति में शासक वर्ग की दिलचस्पी बढ़ी है। जब किसान और आदिवासी सामंजस्य की धार तोड़कर संघर्ष की राह पर चल रहे हैं, तब शासक वर्ग की ओर से उनकी संस्कृति और कला से प्रेम के बहाने उनको भुलावे में डालने की कोशिश हो रही है।

लोक संस्कृति का दायरा बहुत व्यापक है। उसमें लोक जीवन के विश्वास, जीवन मूल्य और धार्मिक सम्भावनाएँ होती हैं, जिन्हें लोक मत कहा जाता है। फिर विभिन्न कलाएँ आती हैं, जिनमें संगीत, नृत्य, चित्र, स्थापत्य आदि प्रमुख हैं। इसके साथ भाषा और भाषिक रचनाएँ हैं, जिनमें गीत, कथा और नाट्य रूप, लोकोक्तियाँ और मुहावरे हैं जिन्हें लोक साहित्य कहा जाता है। वैसे लोक जीवन की भाषिक रचनाओं को साहित्य कहना पूरी तरह सही नहीं है, क्योंकि साहित्य की धारणा का विकास लेखन के साथ हुआ है, जबकि लोक जीवन की भाषिक रचनाएँ मुख्यतः मौखिक होती हैं। उन्हें सुविधा के लिए ही साहित्य कहा जा सकता है।

लोक जीवन की भाषिक रचनाओं की मूलभूत विशेषताओं को तब तक समझना मुश्किल होगा, जब तक हम मौखिक से लिखित रचना का अन्तर नहीं समझते। प्रत्येक समाज बहुत लम्बे समय तक उच्चरित शब्दों की दुनिया में जीने के बाद ही लिखित शब्दों की दुनिया में प्रवेश करता है। किसी भी समाज के सांस्कृतिक इतिहास में इस परिवर्तन का युगांतरकारी महत्त्व होता है। समाज जब लिखित शब्दों की दुनिया में प्रवेश करता है, तब भी वह उच्चरित शब्दों की दुनिया से एकदम मुक्त नहीं होता। लेकिन यहीं से भाषिक रचना की दो परम्पराएँ साथ-साथ चलने लगती हैं, एक मौखिक परम्परा और दूसरी लिखित परम्परा। जिसे लोक साहित्य कहा जाता है, वह मौखिक रचना की परम्परा है। शिल्प से कला का अलगाव और कलाओं में उपयोगी से ललित का भेद भी सामाजिक विकास की प्रक्रिया में बहुत बाद में होता है।

मौखिक रचना की पद्धति, उसकी परम्परा की रक्षा और उसका ग्रहण सब कुछ लिखित से भिन्न होता है। मौखिक रचना की परम्परा में सब कुछ सामूहिक होता है और लिखित परम्परा में अधिकांशतः वैयक्तिक। मौखिक परम्परा में प्रायः रचनाओं के साथ रचनाकार का नाम नहीं होता। जहाँ नाम होता है, वहाँ भी समय के साथ कुछ-न-कुछ जुड़ता है, लेकिन लिखित परम्परा में हर रचना का एक लेखक होता है, उसमें बाद में अगर जुड़ता है तो वह प्रक्षिप्त होता है। मौखिक परम्परा की रचनाएँ लोक स्मृति में सुरक्षित रहती हैं, जबकि लिखित रचनाओं का इतिहास होता है। उच्चरित शब्दों का श्रोता समूह होता है, उसका ग्रहण सामूहिक होता है, लेकिन लिखित पाठ का पाठक हमेशा व्यक्ति होता है। मौखिक और लिखित के बीच अन्तर केवल रूप का नहीं होता, मानसिकता का भी होता है। ये दोनों परम्पराएँ एक-दूसरे से भिन्न होती हुई भी बाद में साथ-साथ चलती हैं, एक दूसरी को प्रभावित करतीं। प्रायः मौखिक परम्परा लिखित को अधिक प्रभावित करती है, लेकिन कई बार वह प्रभावित भी होती है। मौखिक परम्परा जन भाषा में ही मिलती है, पंडितों की भाषा में नहीं, इसलिए संस्कृत साहित्य में लोक तो है, लेकिन संस्कृत में लोक साहित्य नहीं मिलता। हिन्दी के भक्ति काव्य में मौखिक और लिखित परम्पराओं का संगम दिखाई देता है, लेकिन वहाँ भी दोनों धाराओं का अन्तर स्पष्ट है। कबीर जब कहते हैं 'लिखा लिखी की है नहीं, देखा-देखी बात' तब वे लिखित के विरुद्ध मौखिक को, शास्त्र के विरुद्ध लोक को रखते हैं। तुलसीदास मौखिक और लिखित के बीच, लोक और वेद के बीच, एकता खोजते हैं।

लोक संस्कृति और लोक कलाओं की ओर सबसे पहले रोमांटिक कलाकारों और विचारकों ने ध्यान दिया था। उन्हें लोक जीवन, लोक संस्कृति और लोक कलाओं में सहज सौन्दर्य, स्वाभाविक कवित्व और लोक आत्मा के दर्शन हुए। रोमांटिक कवियों और कलाकारों को लोक जीवन और लोक संस्कृति से नयी रचनाशीलता की प्रेरणा मिली। उन्हें पूँजीवादी समाज में व्याप्त विघटन, परायापन और बाजारूपन की कटुता के बदले लोक जीवन और लोक संस्कृति की सहजता और समग्रता भली लगी। वे लोक कला की चित्रमयता और रंगीनी की ओर आकर्षित हुए। रोमांटिक विचारकों ने भी लोक संस्कृति की इन्हीं विशेषताओं पर जोर दिया। इन विचारकों और कलाकारों ने अपनी मानसिकता के अनुरूप लोक संस्कृति में आध्यात्मिकता खोज ली और उसे अपने अतीत प्रेम का आलम्बन भी बना लिया। इस प्रक्रिया में लोक संस्कृति का सौन्दर्य सामने आया, लेकिन उसका तेज गायब हो गया।

आधुनिकतावाद ने लोक संस्कृति और लोक कलाओं के बारे में स्वच्छन्दतावादियों से भिन्न दृष्टिकोण अपनाया। उपभोक्ता पूँजीवाद के दौर की मानसिकता लोक संस्कृति को सैलानी दृष्टि से देखती है, उसकी विचित्रता पर मुग्ध होती है। विचित्रता की खोज और ललक के कारण आधुनिकतावादी आदिम समाज, आदिम मनुष्य और आदिम मन की ओर मुड़े। यही प्रवृत्ति उन्हें लोक संस्कृति, लोक कला और लोक कथाओं की ओर ले गयी। आधुनिकतावाद के साथ विभिन्न कलाओं में आदिमवाद का उभार इसी कारण हुआ। आदिवासियों के नृत्य और संगीत में विशेष दिलचस्पी और उनके नृत्य और संगीत के आधुनिक संस्करणों का विकास इसी प्रक्रिया में हुआ। आधुनिकतावाद के बाद संरचनावाद ने लोक जीवन, लोक संस्कृति और लोक कलाओं में कुछ दूसरी विशेषताओं की खोज की। संरचनावादी लोक संस्कृति को ऐतिहासिक दृष्टि से नहीं देखता। वह उसे इतिहास की जीवन्त शक्ति के रूप में नहीं, शाश्वत प्रवृत्ति के रूप में पेश करता है। संरचनावाद मनुष्य को इतिहास से निकालकर मिथकों की दुनिया में जीने की सलाह देता है। वह लोक संस्कृति को ऐसे मिथकों की जन्मभूमि समझता है।

लोक संस्कृति और लोक कलाओं के महत्त्व का समुचित मूल्यांकन ऐतिहासिक यथार्थवादी दृष्टि से ही हो सकता है। इस दृष्टि से लोक संस्कृति और लोक कलाओं को इतिहास को जीवन्त शक्ति के रूप में देखा-परखा जा सकता है। इटली के प्रसिद्ध क्रांतिकारी और विचारक अंटोनियो ग्राम्शी ने इसी दृष्टि से लोक संस्कृति और लोक कलाओं के अध्ययन पर जोर दिया है। ग्राम्शी ने लिखा है लोक संस्कृति और लोक कलाओं में समाज के विशेष ऐतिहासिक काल के अधीनस्थ जन समुदायों की जीवन जगत सम्बन्धी दृष्टि अभिव्यक्त होती है। साधारण जनता की विश्व दृष्टि प्रभु-वर्ग की विश्व दृष्टि की तरह व्यवस्थित और संगठित नहीं होती, वह बहुत कुछ अस्पष्ट और असंगठित होती है। इसे लोक मत भी कहा जाता है। लोक संस्कृति में इसी लोकमत की अभिव्यक्ति होती है। ग्राम्शी ने लोकमत को शासक वर्ग के सुव्यवस्थित दर्शन के विरुद्ध जनता की दार्शनिक लोकवार्ता कहा है। लोकमत में प्रभु वर्ग की विश्व दृष्टि का जो विरोध अन्तर्निहित होता है, यही लोक कलाओं में प्रकट होता है, इसलिए लोक संस्कृति और लोक कलाओं की

व्यवस्था-विरोधी भूमिका की पहचान जरूरी है।

लोक संस्कृति लोक जीवन के यथार्थ, अनुभव और कल्पना से पैदा होती है, इसलिए उसमें सर्जक जन समुदाय की ऐतिहासिक स्थिति भी व्यक्त होती है। लोक संस्कृति की इस विशेषता को समझे बिना उसका ऐतिहासिक महत्त्व सामने नहीं आएगा। लोक जीवन की तरह ही लोक संस्कृति में भी विविधता और अनेकता होती है। उसमें नयी पुरानी विश्व दृष्टियों का मेल भी होता है। लोक संस्कृति में नवीन जीवन दशाओं से उत्पन्न दृष्टि के साथ-साथ पुरानी जीवन दशाओं और दृष्टियों की स्मृतियाँ भी बनी रहती हैं। ऐसी स्थिति में लोक संस्कृति का अध्ययन करते समय पुराने से नये तत्त्वों को, रूढ़ियों से जीवन्त परम्परा को और जड़ीभूत अभिरुचि से नयी संवेदनशीलता को अलगाना आवश्यक है। ग्राम्शी ने लिखा है कि लोक संस्कृति में जहाँ प्राचीन जीवन के अवशेषों से जुड़ी रूढ़िवादी और प्रतिक्रियावादी प्रवृत्तियाँ होती हैं, वहीं समकालीन जीवन के विकासशील यथार्थ से उपजी ऐसी नयी सर्जनात्मक और प्रगतिशील प्रवृत्तियाँ भी होती हैं जो प्रभु वर्ग की सत्ता और संस्कृति का विरोध करती हैं। कई बार लोक संस्कृति नये के नाम पर समकालीन पतनशील प्रवृत्तियों से भी प्रभावित होती है। आजकल लोक गीतों पर फिल्मी गीतों का खूब प्रभाव पड़ रहा है। ऐसी हालत में जो कुछ नया होगा, वह सब प्रगतिशील नहीं होगा। साथ ही यह भी ध्यान में रखना आवश्यक है कि श्रमजीवी जनता के जीवन कर्म से उत्पन्न सभी मानवीय मूल्य समाज और जीवन के बदलते ही प्रतिक्रियावादी नहीं हो जाते। संघर्ष, समता, स्वाधीनता, भाई-चारा आदि मूल्य नयी स्थितियों में नया अर्थ पा लेते हैं। लोक संस्कृति और लोक कलाओं में नयी और पुरानी, प्रगतिशील और प्रतिक्रियावादी प्रवृत्तियों के अस्तित्व और अन्तर को पहचाने बिना उनका उचित मूल्यांकन सम्भव नहीं है। इस पहचान के बाद ही संग्रह और त्याग का वह विवेक जगता है, जिसके अभाव में या तो निषेधवाद आता है या परम्परावाद।

शासक वर्ग लोक संस्कृति और लोक कलाओं की रक्षा की बात करता है, लेकिन उस कला की रचना करने वाली जनता की उपेक्षा करता है, उसका शोषण और दमन करता है। आजकल कुछ लोग लोक कला को बिकाऊ माल समझकर उसकी ओर लपक रहे हैं तो कुछ दूसरे उसे सजावट और पूजा की वस्तु बना रहे हैं। लोक कला के व्यापारी और पुजारी दोनों ही उसे इतिहास की सक्रिय शक्ति बनने से रोकते हैं। लोक जीवन से लोक कलाएँ अभिन्न रूप से जुड़ी होती हैं। इसलिए लोक कलाओं का विकास लोक जीवन के विकास पर निर्भर है। शासक वर्ग जनता को हमेशा लोक बनाए रखना चाहता है। लेकिन जैसा कि ब्रेश्ट ने लिखा है, जन हमेशा लोक बने रहना नहीं चाहता। वह अपने जीवन के साथ-साथ पूरे समाज का जीवन बदलना चाहता है। जिन्हें लोक संस्कृति और लोक कलाओं के विकास की सचमुच चिन्ता है, उन्हें जन जागरण और जन जीवन के बदलाव के अभियान की भी चिन्ता होनी चाहिए। इसी प्रक्रिया में लोक संस्कृति और लोक कलाओं की सच्ची समझदारी मिलेगी और उनकी रक्षा भी होगी।

(कल्चरल री ओरिएन्टेशन इन मॉडर्न सं. इंदु बग्गा, जयदेव, 1996)

16

गाँधी : महात्मा से चेथरिया पीर

भारतीय समाज के इतिहास में स्वाधीनता आन्दोलन एक युगांतकारी घटना है, केवल राजनीतिक दृष्टि से नहीं, बल्कि अधिक गहरे स्तर पर सामाजिक और सांस्कृतिक रूप में भी। स्वाधीनता आन्दोलन के दौरान भारतीय समाज में व्यापक आत्मसजगता आयी, प्रखर आलोचनात्मक चेतना का विकास हुआ और लम्बे काल से दबे हुए सामाजिक-सांस्कृतिक सवाल उठ खड़े हुए। इस प्रक्रिया में भारतीय जनता की दबी-कुचली हुई आत्मा की शक्तियाँ जागीं। यह एक तरह से भारतीय समाज की आत्मा के अन्वेषण ही नहीं, आविष्कार और परिष्कार का भी अभियान था। इस मूलगामी अभियान को प्रभावित करने वाली अनेक प्रवृत्तियाँ सक्रिय थीं। उनमें से कुछ सहायक थीं तो कुछ बाधक भी। उस व्यापक जन-जागरण के अग्रदूत महात्मा गाँधी थे। जनता के दिल और दिमाग पर उनका प्रभाव अपूर्व था। वे लोकमन को पहचानते थे। उसकी भाषा में बात करते थे, शब्द और कर्म की एकता के साक्षात प्रमाण थे और नैतिक ईमानदारी तथा जिम्मेवारी की सजीव प्रतिमा भी थे। इसीलिए वे लोकमत को बदलने-बनाने में सक्षम थे और सफल भी। वे लोक-हृदय के सम्राट नहीं, सेवक थे, इसलिए जनता उनके हृदय के विवेक से एकता अनुभव करती थी।

गाँधी जी को दार्शनिक बनाने-बताने के लिए बहुत कुछ लिखा गया है, लेकिन वे विचारों की एकांत साधना करने वाले परम्परागत दार्शनिक न थे। उनका विचारों से वैसा ही सम्बन्ध था, जैसा कबीर का था या एक कवि का होता है। वे विचारों का अनुभव करते थे और उसे कर्म की कसौटी पर कसते थे। उन्होंने पश्चिम के ज्ञानोदय से उपजे बुद्धिवाद की *हिन्द स्वराज* (1909) में तीखी आलोचना की है। वे सूचना और जानकारी को ज्ञान मानने के लिए तैयार न थे, बल्कि ऐसे ज्ञान को आधुनिक बुद्धिवाद की विडम्बना समझते थे। वास्तव में वे किर्केगार्द की इस चिन्ता से सहमत लगते हैं कि "आज के जमाने में ज्ञान से मानवीय अनुभव का अलगाव हो गया है। वह जानकारी और सूचना तक सीमित हो गया है। यहाँ तक कि आज हम प्रेम नहीं करते, उसका अनुभव भी नहीं करते, बल्कि उसके बारे में ब्योरेवार जानकारी रखते हैं।" गाँधी जी विचार का साक्षात्कार करने और उसे मानवीय अनुभव बनाने के कायल थे, जो कला और साहित्य की रचनाशीलता की बुनियादी विशेषता

है। सम्भवतः यही कारण है कि उनका भारतीय लेखकों पर व्यापक प्रभाव पड़ा है।

गाँधी की एक विशेषता उनकी दृष्टि की समग्रता है जो स्वाधीनता आन्दोलन के किसी दूसरे नेता में नहीं मिलती। उनकी दृष्टि भारत की केवल राजनीतिक स्वाधीनता तक सीमित न थी। उनके सामने भारत के सामाजिक और सांस्कृतिक जागरण का महाप्रश्न था। उनकी आकांक्षा का स्वराज्य केवल राजनीतिक और आर्थिक ही नहीं नैतिक भी था। उस युग के कुछ नेता भारत के अतीत की स्मृति में खोए हुए थे, कुछ वर्तमान के बोध से आक्रांत और कुछ भविष्य की चिन्ता में डूबे हुए। लेकिन गाँधी की दृष्टि में अतीत की स्मृति, वर्तमान के बोध और भविष्य चिन्ता की जटिल समग्रता थी, केवल एक विचार के रूप में नहीं, हृदय के विवेक के रूप में। उनके हृदय के विवेक के निर्माण में साहित्य की महत्त्वपूर्ण भूमिका थी।

गाँधी के हृदय के विवेक का मूल स्रोत भक्ति काव्य की संवेदना, उसकी लोकधर्मिता और मूलगामी मानवीयता है, न कि तोलस्तोय और रस्किन के विचार, जैसा कि प्रायः समझा जाता है। गाँधी की राजनीति की संस्कृति में सत्याग्रह, रामराज्य और चरखा का क्या महत्त्व है—यह सब लोग जानते हैं। लेकिन इन तीनों का भक्ति काव्य से क्या सम्बन्ध है—यह बहुत लोग नहीं जानते। गाँधी जी को सत्याग्रह की प्रेरणा मीराबाई से मिली और रामराज्य की कल्पना तुलसीदास से। उनका चरखा कबीर का है और पराई पीर अनुभव करने वाली संवेदनशीलता नरसी मेहता की। यह मेरा अनुमान नहीं है। इसके पर्याप्त प्रमाण गाँधी जी के लेखन में मौजूद हैं, जिन्हें पेश करने का अवकाश यहाँ नहीं है। वे मीराबाई को आदि सत्याग्रही मानते थे और तुलसीदास के *रामचरित मानस* को रामायण-महाभारत से भी अधिक महत्त्व देते थे। वे चरखा को कबीर की तरह पवित्र और उपयोगी समझते थे। नरसी मेहता के पदों से उनका लगाव जगजाहिर है।

गाँधी भक्ति काव्य को किस तरह पढ़ते थे, उसकी 'विगत सार्थकता और वर्तमान अर्थवत्ता' की कैसी पहचान रखते थे, इसका एक उदाहरण तुलसीदास पर लिखा उनका छोटा-सा निबन्ध है, जो अक्तूबर, 1929 के *हिन्दी नवजीवन* में छपा था। उस निबन्ध में उन्होंने *रामचरित मानस* के विभीषण के चरित्र की जो व्याख्या की है, वह व्याख्या की राजनीति या साहित्य की राजनीतिक व्याख्या का बहुत अच्छा उदाहरण है। विभीषण को देशद्रोही माना जाता है। लेकिन गाँधीजी कहते हैं कि "विभीषण ने अपने भाई के साथ सत्याग्रह किया है। विभीषण का दृष्टांत हमें यह सिखाता है कि अपने देश या अपने शासन के दोषों के प्रति सहानुभूति रखना या उन्हें छिपाना देशभक्ति के नाम को लजाना है, इसके विपरीत देश के दोषों का विरोध करना सच्ची देशभक्ति है।" 1929 में ऐसा सच केवल गाँधी कह सकते थे, जिनमें अनभै साँचा कहने का कबीर जैसा असाधारण साहस था। आज 1996 में, जबकि भारत में ही नहीं, सारी दुनिया में राष्ट्रवाद का उन्माद हर तरह की आलोचनात्मक चेतना को कुचलना चाहता है, तब कितने लोग गाँधी के इस कथन को दोहराना चाहेंगे। गाँधी ने अपने समय में आलोचनात्मक चेतना की स्वतन्त्रता की रक्षा की थी, उनकी यह राय आज भी आलोचनात्मक चेतना की रक्षा के लिए जरूरी है। हिन्दी में तुलसीदास और *रामचरित मानस* के किसी

व्याख्याकार ने क्या कभी ऐसी व्याख्या का साहस किया है?

गाँधी केवल स्वाधीनता संग्राम के एक विलक्षण योद्धा और जनजीवन की आकांक्षाओं की बुलन्द आवाज़ ही नहीं थे, वे भारतीय समाज में मुक्ति की एक ऐसी व्यापक प्रक्रिया के प्रेरक भी थे जो राजनीतिक स्वाधीनता से लेकर कविता की मुक्ति तक क्रियाशील थी। उससे एक नयी सामाजिक संवेदनशीलता और सांस्कृतिक चेतना विकसित हुई, जिसकी उपेक्षा अपने समय और समाज के बारे में सचेत किसी भारतीय लेखक के लिए सम्भव न थी। अगर किसी ने वैसा किया तो अपनी रचनाशीलता की सामाजिक सार्थकता की कीमत पर ही।

भारतीय साहित्य और साहित्यकारों पर गाँधी के प्रभाव को उनके व्यक्तित्व, विचार और व्यवहार के स्वीकार तक सीमित करना सही नहीं है। गाँधी और उनके बाद के अस्वीकार में भी एक तरह का सम्बन्ध व्यक्त हुआ है। गाँधी और उनके विचारों से लेखकों के तीन प्रकार के सम्बन्ध दिखाई देते हैं : एकता, विरोध और सन्देह के सम्बन्ध। कहीं-कहीं एक ही लेखक में ये तीनों मिल सकते हैं, जैसे कि प्रेमचंद के यहाँ। लेकिन इसके साथ ही यह भी ध्यान देने लायक बात है कि ये तीनों सम्बन्ध वहीं रचनात्मक साबित हुए हैं, जहाँ वे द्वन्द्वात्मक रूप में हैं यानी कि जहाँ एकता के साथ अन्तर का बोध है, विरोध के बावजूद विरोधी को समझने की तत्परता है और सन्देह के संग एकता की तलाश है, अन्यथा कोरी एकता में समर्पण है, निपट विरोध में निषेध और केवल सन्देह में भ्रमों की भरमार, जो रचनाशीलता के स्वभाव के प्रतिकूल है।

हिन्दी के लेखकों से गाँधी का विशेष सम्बन्ध रहा है। इसका एक कारण यह है कि उन्होंने जब से भारत की स्वाधीनता के बारे में सोचना शुरू किया, तभी से हिन्दी को राष्ट्रभाषा बनाने की चिन्ता भी उनके मन में थी। उन्होंने *हिन्द स्वराज* (1909) में लिखा था : "सारे हिन्दुस्तान के लिए जो भाषा चाहिए, वह तो हिन्दी ही होनी चाहिए।" वे देश की सच्ची आजादी के लिए अंग्रेजी की गुलामी से मुक्ति और राष्ट्रभाषा के रूप में हिन्दी का विकास जरूरी मानते थे। अपनी इस आकांक्षा को पूरा करने के लिए उन्होंने जीवन भर प्रयत्न किया। यहाँ तक कि रवीन्द्रनाथ टैगोर को हिन्दी में भाषण देने के लिए प्रेरित किया, जिसके फलस्वरूप रवीन्द्रनाथ ने 6 अप्रैल, 1920 को काठियावाड़ में पहली बार हिन्दी मे व्याख्यान दिया था। गाँधी जी अपने जीवन के अंतिम वर्षों में हिन्दी-उर्दू के सम्बन्ध और हिन्दुस्तानी के स्वरूप के प्रश्न के प्रसंग में वैसे ही गलत समझे गये, जैसे स्वाधीनता आन्दोलन के अन्य अनेक प्रसंगों में। तब प्रेमचंद को छोड़कर अधिकांश हिन्दी के लेखकों ने गाँधीजी की हिन्दुस्तानी का विरोध किया था। फिर भी हिन्दी को राष्ट्रभाषा बनाने के उनके प्रयत्नों के कारण हिन्दी के लेखकों का उनसे लगाव स्वाभाविक था।

हिन्दी के लेखकों से गाँधी का सीधा संपर्क भी था। उन्होंने 1935 में हिन्दी साहित्य सम्मेलन के इंदौर अधिवेशन की अध्यक्षता की थी। यही नहीं, हिन्दी के अनेक गाँधीवादी लेखक और कवि अपनी रचनाएँ गाँधी जी के पास भेजते थे, जिन पर वे अपनी खरी राय भी देते थे। इस प्रक्रिया से जुड़े एक प्रसंग का उल्लेख जरूरी है। मैथिलीशरण गुप्त और

सियारामशरण गुप्त गाँधीवादी के रूप में विख्यात रहे हैं। इन दोनों ने गाँधी पर कविताएँ लिखी हैं। मैथिलीशरण गुप्त अपनी रचनाएँ गाँधी जी के पास भेजते थे। उनकी अनेक रचनाएँ पढ़कर गाँधी ने उनको एक पत्र में यह लिखा था, "*साकेत, अनघ, पंचवटी* और *झंकार* सब रसपूर्वक पढ़ गया। बहुत अच्छे लगे। परन्तु टीका करने की मैं अपनी कुछ योग्यता नहीं समझता हूँ। तो भी आपने मेरे अभिप्राय पूछे हैं, और क्योंकि जैसे पढ़ता गया, वैसे विचार भी आते रहते थे, इसलिए जैसे आये, वैसे ही आपके सामने रखता हूँ।" इसके बाद गाँधी जी ने मैथिलीशरण गुप्त की सबसे लोकप्रिय रचना *साकेत* के बारे में जो लिखा है, वह विशेष ध्यान देने लायक है : "उर्मिला का विषाद, अगर भाषा की दृष्टि से सुन्दर है, परन्तु *साकेत* में उनको शायद ही स्थान हो सकता था। तुलसीदास ने उर्मिला के बारे में बहुत कुछ नहीं लिखा है– यह दोष माना गया है। मैंने इस अभाव को दोष की दृष्टि से नहीं देखा। मुझको उसमें कवि की कला प्रतीत हुई। एक और चीज कह दूँ, दशरथादि का रुदन तुलसीदास के 'मानस' में पढ़ने पर आघात नहीं पहुँचाता था। तुलसीदास से कुछ दूसरा नहीं हो सकता था। परन्तु इस युग की पुस्तक में ऐसा रुदन अच्छा नहीं भाता। उसमें वीरता को हानि पहुँचती है और इधर भक्ति को भी।"

महात्मा गाँधी को एक आधुनिक रचना में विलाप का विस्तार, वह भी स्वाधीनता आन्दोलन के समय, अच्छा नहीं लगा। उसकी उन्होंने जो आलोचना की है, उसमें एक बार फिर वह साहित्य-विवेक सामने आया है जो एक ओर मध्यकाल की रचना से आधुनिक रचना का अन्तर समझता है और दूसरी ओर एक आधुनिक रचना की समकालीन सार्थकता की खोज करता है। हिन्दी के अधिकांश आलोचक *साकेत* के उर्मिला विलाप की प्रशंसा करते रहे हैं, लेकिन गाँधी ने उसे वीरता और भक्ति दोनों के लिए हानिकारक माना है। गाँधी जैसे बार-बार अपनी खरी आलोचना करते थे, वैसे ही अपनों की आलोचना करते थे।

हिन्दी के कुछ लेखक रचनाओं के बारे में गाँधी की राय का उपयोग/दुरुपयोग भी करते थे। ऐसी ही एक कोशिश बनारसीदास चतुर्वेदी ने की थी। उन्होंने पाण्डेय बेचन शर्मा 'उग्र' को अश्लील साहित्य का लेखक साबित करने के अपने अभियान में गाँधी की राय का उपयोग करना चाहा था, इसलिए उग्र का *चाकलेट* नामक कहानी-संग्रह गाँधी जी के पास भेजा और साथ में अपना पत्र भी, जिसमें उग्र की कहानियों को अश्लील साबित करते हुए गाँधी जी को सलाह दी गयी थी कि वे भी *चाकलेट* की कहानियों को अश्लील घोषित करें। बनारसीदास चतुर्वेदी साहित्य के साथ-साथ राजनीति में भी दखल रखते थे, इसलिए गाँधी जी ने उनकी साहित्य की समझ पर भरोसा किया। उन दिनों स्वयं गाँधी जी भी साहित्य में अश्लीलता की निन्दा कर रहे थे। ऐसी स्थिति में उन्होंने पुस्तक बिना पढ़े ही अपनी टिप्पणी के साथ बनारसीदास चतुर्वेदी का पत्र *यंग इंडिया* में छपने के लिए भेज दिया। बाद में उनको लगा कि किसी पुस्तक को पढ़े बिना उसके बारे में राय देना नहीं चाहिए इसलिए उन्होंने पुस्तक पढ़ी। उसके बाद 10 अक्तूबर, 1928 को गाँधी ने बनारसीदास चतुर्वेदी को यह पत्र लिखा : "*चाकलेट* नाम की पुस्तक पर (आपका) पत्र आया था, उसको मैंने *यंग इंडिया* के लिए नोट लिखकर भेज दिया। पुस्तक तो नहीं पढ़ी

थी। टीका केवल आपके पत्र पर निर्भर थी। मैंने सोचा इस तरह टीका करना उचित नहीं होगा। पुस्तक पढ़ना चाहिए। मैंने पुस्तक आज खत्म की। उसका जो असर आप पर हुआ, वह मेरे मन पर नहीं हुआ। मैं पुस्तक का हेतु शुद्ध मानता हूँ। इसका असर अच्छा पड़ता है कि बुरा, मुझे नहीं मालूम। लेखक ने अमानुषी व्यवहार पर घृणा ही पैदा की है।" गाँधी जी ने *यंग इंडिया* में छपने के लिए अपनी टिप्पणी के साथ बनारसीदास चतुर्वेदी का जो पत्र भेजा था, उसे नहीं छपने दिया। गाँधी जी कला और साहित्य को नैतिक अनुशासन में रखना चाहते थे, लेकिन उनकी नैतिकता के मूल्य में सत्यनिष्ठा थी जो इस पत्र में प्रकट हुई है। यह पत्र उनके नैतिक साहस और सत्यनिष्ठा का प्रमाण है। जहाँ नैतिक मूल्य में 'आत्मपरक ईमानादारी और वस्तुपरक सत्यपरायणता' नहीं होती है, वहाँ नैतिकता के नाम पर पाखंड पलता है। बनारसीदास चतुर्वेदी उग्र विरोधी अभियान में गाँधी की राय का उपयोग नहीं कर सके, लेकिन उन्होंने यह पत्र उस समय प्रकाशित नहीं किया। जहाँ ऐसे गाँधीवादी हों, वहाँ गाँधी के विरोधियों की क्या जरूरत होगी।

हिन्दी में गाँधी और गाँधीवाद से प्रभावित साहित्य बहुत लिखा गया है। हिन्दी में 1920 के आसपास से ऐसा साहित्य लगातार लिखा जा रहा है। लेकिन उसमें सचमुच साहित्य बहुत कम है। अधिकांश में गाँधी के प्रति पूजा-भाव और गाँधीवाद में आस्था की घोषणाएँ हैं। कारण चाहे जो हो, लेकिन हिन्दी में गाँधीवादी कवि बहुत हैं, कथाकार उनसे कम और नाटककार और भी कम हैं। गाँधी पर सबसे अधिक कविताएँ उनकी हत्या के बाद लिखी गयी थीं, जिनमें उनकी हत्या से उत्पन्न गहरा विक्षोभ है और हत्या करने वाली मानसिकता के बारे में उबलता हुआ आक्रोश। बाद में गाँधी शताब्दी वर्ष में उन पर काफी साहित्य लिखा गया, जिसमें सबसे अधिक कविताएँ हैं। हिन्दी में गाँधीवादी साहित्यकारों की एक लम्बी कतार है। उनमें रामनरेश त्रिपाठी, सोहनलाल द्विवेदी, हरिभाऊ उपाध्याय, मैथिलीशरण गुप्त, सियारामशरण गुप्त, जैनेन्द्र कुमार, माखनलाल चतुर्वेदी और भवानीप्रसाद मिश्र प्रमुख हैं। इनके अतिरिक्त पन्त, दिनकर, बच्चन और नरेन्द्र शर्मा जैसे कवि भी हैं, जिनकी पूरी रचनाशीलता तो गाँधी से प्रभावित नहीं है, लेकिन उन्होंने गाँधी के व्यक्तित्व और विचार पर कुछ महत्त्वपूर्ण कविताएँ लिखी हैं।

स्वाधीनता के पहले और बाद में भी हिन्दी साहित्य की जो धारा मुख्यतः नागर, अभिजात, आधुनिकतावादी, पश्चिममुखी या अतीतोन्मुखी है, उसका गाँधी और गाँधीवाद से कोई सम्बन्ध नहीं है; न एकता का, न विरोध का और न सन्देह का। सच बात तो यह है कि जिनके मन में आते ही गाँधी अपराध-बोध जगाते हैं, उनके साहित्य में वे कैसे आ सकते हैं। यह स्थिति गाँधी युग में थी और आज भी है।

असल में हिन्दी की जिस रचनाशीलता का स्वाधीनता आन्दोलन से आत्मीय रिश्ता है, उसका गाँधी की राजनीतिक दृष्टि, सामाजिक चेतना और सांस्कृतिक चिन्ता से प्रत्यक्ष या परोक्ष एकता या विरोध का सम्बन्ध जरूर है। उदाहरण के लिए मैथिलीशरण गुप्त और माखनलाल चतुर्वेदी जैसे कवियों की रचनाशीलता में स्वाधीनता आन्दोलन की अभिव्यक्ति है और उसकी गाँधी के विचारों से प्रत्यक्ष एकता भी है, जबकि राहुल, यशपाल और नागार्जुन

आदि स्वाधीनता आन्दोलन को व्यक्त करते हुए भी गाँधीवाद का विरोध करते हैं। इन दोनों से भिन्न स्थिति छायावादी कविता की है। उस पर गाँधी के व्यक्तित्व और विचारों का प्रत्यक्ष प्रभाव कम है, लेकिन उसमें राष्ट्रीय जागरण, परम्परा की स्मृति और स्वाधीनता के व्यापक भाव की जो अभिव्यक्ति है वह गाँधी के व्यापक मुक्ति अभियान से जुड़ी हुई है।

हिन्दी में गाँधीवाद से प्रभावित साहित्य दो प्रकार का है। एक में गाँधीवाद की राजनीतिक दृष्टि, सामाजिक संवेदनशीलता और नैतिक भावना रचना की प्रेरक दृष्टि के रूप में है तो दूसरे में गाँधीवाद एक पूर्वग्रह की तरह है। जहाँ वह दृष्टि के रूप में है, वहाँ जनजीवन की वास्तविकताओं और आकांक्षाओं को देखने और रचने में सक्रिय है, लेकिन जहाँ वह पूर्वग्रह है, वहाँ उसका लक्ष्य अपने होने का बोध कराना है। पूर्वग्रह दृष्टि नहीं, दृष्टि पर पड़ा हुआ परदा है, उसमें आत्ममुग्धता होती है। कहीं-कहीं तो गाँधीवाद एक समय जिस लेखक की रचना-दृष्टि के रूप में क्रियाशील है, वह दूसरे समय उसका पूर्वग्रह बन गया है। हिन्दी के दो महत्त्वपूर्ण रचनाकारों के साथ यह स्थिति दिखाई देती है। सुमित्रानंदन पन्त की *ग्राम्या* की कविताएँ गाँधीवाद से अनुप्राणित रचनाशीलता की महत्त्वपूर्ण उपलब्धि हैं। वहाँ गाँधी की सामाजिक संवेदनशीलता पन्त की रचनादृष्टि में है, जबकि *लोकायतन* में, जहाँ गाँधी महाकाव्य के नायक हैं, कविता निष्प्राण है, क्योंकि वहाँ गाँधीवाद एक पूर्वग्रह बन गया है। गाँधीवाद से लगभग वैसा ही सम्बन्ध जैनेन्द्र कुमार का है। जैनेन्द्र की आरम्भिक रचनाओं—*परख, त्यागपत्र, सुनीता, कल्याणी* आदि में भारतीय स्त्री की स्वाधीनता के लिए गाँधी की गहरी चिन्ता का मूलगामी रचनात्मक प्रयोग है। वहाँ भारतीय समाज में स्त्री की पराधीनता का बोध और उसके विरुद्ध विद्रोह की चेतना इतनी प्रखर है कि वह कई बार गाँधीवाद की सीमाओं का अतिक्रमण करती है। इसीलिए वहाँ रचनाशीलता अत्यन्त जानदार है और असरदार भी। लेकिन उनकी परवर्ती रचनाओं में और उससे भी अधिक वैचारिक लेखन में गाँधीवाद एक पूर्वग्रह और मुद्रा है। वे पहले गाँधी के नैतिक साहस से प्रेरणा लेते दिखाई देते हैं, पर बाद में उनके नैतिक आग्रहों को दोहराते हुए।

जैनेन्द्र के *त्यागपत्र* और *सुनीता* में अपूर्व नैतिक साहस है। उसके लिए उन्होंने बहुतों के बोल सहे। यही नहीं, उन्होंने दृढ़ता के साथ यह भी लिखा है, "कला और कुलीनता और शिष्टता के नाम पर बहुत कुछ व्यर्थता आज पल और पुज रही है, पर वह निर्वीर्य है। जीवन का स्वरूप विकसेगा तो यह मानी गयी भद्रता, शुचिता और काल-पूजा झर जाएगी।" वही जैनेन्द्र जब कहते हैं कि "मैं आस्कर वाइल्ड को भटक गया हुआ व्यक्ति समझता हूँ। विचार की सुलझन उसकी विशेषता नहीं है।" तब वे आस्कर वाइल्ड के बारे में गाँधी के नैतिक निर्णय को दोहराते हैं और गाँधी तोलस्तोय को। तब जैनेन्द्र यह भूल जाते हैं कि उच्चवर्ग कला, कुलीनता और शिष्टता के नाम पर जिस व्यर्थता को पालता और पूजता है, उसी का विरोध आस्कर वाइल्ड कर रहा था, जिसके कारण चर्च और राज्य उसके पीछे पड़े थे।

स्वाधीनता आन्दोलन के समय और बाद में भी गाँधी के व्यक्तित्व और विचारों का साहित्य पर असर अनेक रूपों में है। वह कहीं मौसम-सा है तो कहीं जलवायु जैसा, कहीं

प्रत्यक्ष है तो कहीं परोक्ष, कहीं व्यक्त है तो कहीं अन्तर्निहित, कहीं रचना में है तो कहीं विचार में, कहीं एकता के रूप में है तो कहीं विरोध के रूप में। जो लोग साहित्य में गाँधी के प्रति पूजा-भाव की सीधी अभिव्यक्ति की ही खोज करते हैं, वे उनके व्यक्तित्व और विचारों के प्रभाव की व्यापकता और बारीकी को नहीं देख पाते। गाँधी जी ने लेखकों को लोकजीवन से जुड़ने, समाज के दबे-कुचले लोगों के बारे में सोचने, उपनिवेशवाद की दिमागी गुलामी से मुक्त होने, अपनी परम्परा की शक्ति को पहचानने, भारतीय समाज के रूढ़िवाद को जानने और जीवन के सभी प्रसंगों में साहसी आलोचनात्मक चेतना विकसित करने का जो आह्वान किया था, उसका व्यापक प्रभाव हिन्दी और अन्य भारतीय भाषाओं के साहित्य पर है। गाँधी के आह्वान को रचनाकारों ने अपनी रचनाशीलता के स्वभाव और स्वरूप के अनुसार स्वीकार और अस्वीकार किया, कुछ ने पूरी तरह तो कुछेक ने आंशिक रूप में, कुछ ने भावुक होकर तो कुछ ने विवेक के साथ।

आप इसे साहित्य-प्रक्रिया की विशेषता कहें या किसी विचारधारा से रचना के समर्पणवादी सम्बन्ध की विडम्बना या फिर गाँधीवाद की सर्जनात्मक क्षमता की सीमा, लेकिन यह सच्चाई है कि गाँधीवाद से जुड़े साहित्य में वहीं रचनाशीलता का उत्कर्ष है, जहाँ उससे रचनाकार का संवाद और विवाद का द्वन्द्वात्मक सम्बन्ध है, वहाँ नहीं जहाँ रचनाकार गाँधीवाद से पूरी तरह अभिभूत है।

गाँधी युग के सबसे बड़े लेखक प्रेमचंद हैं। गाँधीवाद से उनके सम्बन्ध पर हिन्दी में बहुत बहस हुई है। कहीं उन्हें पक्का गाँधीवादी सिद्ध किया गया है तो कहीं गाँधीवाद का विरोधी। यह भी कहा गया है कि वे पहले गाँधीवादी थे, पर बाद में उसके विरोधी हो गये। लेकिन वास्तविकता यह है कि वे न कभी अभिभूत गाँधीवादी थे और न कभी गाँधी के एकदम विरोधी। उनका गाँधी के विचारों से जीवनभर संवाद और विवाद चलता रहा। संवाद-विवाद की वह प्रक्रिया काफी जटिल है और बारीक भी। वे गाँधीजी के राजनीतिक लक्ष्य के समर्थक थे, लेकिन सत्याग्रह की पद्धति से अन्ततः निराश, उनके जाति-प्रथा को तोड़ने-मिटाने के आह्वान के पक्षधर थे, लेकिन वर्ण-व्यवस्था को उचित ठहराने के तर्कों के विरोधी, वे गाँधी की समन्वयवादी सांस्कृतिक दृष्टि, उदात्त नैतिक चेतना और उदार संवेदनशीलता के कायल थे, लेकिन उनके धार्मिक आग्रहों से असहमत। वे गाँधी जी की आधुनिक सभ्यता की समीक्षा से बहुत दूर तक सहमत थे, लेकिन भारत के भविष्य पर अतीत को आरोपित करने की उनकी कोशिश के खिलाफ, वे खुद महाजनी सभ्यता के कटु आलोचक थे, लेकिन गाँधी के ट्रस्टीशिप के सिद्धांत को आजमा कर छोड़ चुके थे। वे साम्प्रदायिक सद्भाव और हिन्दी-उर्दू की एकता के बारे में गाँधी के दृष्टिकोण के समर्थक ही नहीं, उसके प्रतीक और प्रमाण भी थे। गाँधी जी के व्यक्तित्व और विचारों से संवाद-विवाद की निरन्तर चलने वाली इस प्रक्रिया के कारण प्रेमचंद के साहित्य में वह तेजस्विता है जो अन्यत्र दुर्लभ है।

प्रेमचंद प्रायः कर्मयोगी गाँधी से संवाद करते हैं और उनके वाद से विवाद। उनके संवाद की सर्वोत्तम रचनात्मक उपलब्धि है *रंगभूमि* का सूरदास, जिसके चरित्र में असहयोग

आन्दोलन के नायक गाँधी के संघर्षशील व्यक्तित्व की झलक है। उसके संघर्ष में सत्याग्रह का प्रयोग, विचारों में *हिन्द स्वराज* की अनुगूँज और राजनीतिक दृष्टि में गाँधी की नैतिक चेतना की अभिव्यक्ति है। प्रेमचंद के अनुसार सूरदास के "हृदय में धैर्य और क्षमा, सत्य और साहस का अगाध भंडार था, उसमें विनय, शील और सहानुभूति भरी हुई थी। अन्याय देखकर उसे न रहा जाता था। अनीति उसके लिए असह्य थी।" क्या सूरदास की ये विशेषताएँ गाँधी के व्यक्ति की विशेषताएँ नहीं हैं?

रंगभूमि का सूरदास, मुक्तिबोध के शब्दों में भारतीय विवेक-चेतना का प्रतीक है, बहुत कुछ गाँधी के समान। वह जीवन में गाँधी जैसा रहा और उन्हीं की तरह मारा गया। क्या सूरदास की हत्या में गाँधी की हत्या का पूर्वाभास नहीं है? प्रेमचंद अपनी भविष्यवाणी सच होते देखने के लिए जीवित नहीं रहे, लेकिन उन्होंने बहुत पहले उस मानसिकता को पहचान लिया था, जिसने बाद में गाँधी की हत्या की। प्रेमचंद अगर गाँधी की हत्या के बाद भी जीवित रहते तो क्या वैसी ही प्रतिक्रिया व्यक्त नहीं करते, जैसे उन्होंने *रंगभूमि* में सूरदास की हत्या और उसकी मूर्ति तोड़ने की कोशिश के बाद की है? सूरदास और गाँधी की हत्या करने वाली मानसिकता आज भी सक्रिय है। अगर आज प्रेमचंद होते तो वे जरूर पूछते कि यह प्रक्रिया अभी और कब तक चलेगी, भारतीय विवेक चेतना के प्रतीकों की हत्या कब तक होती रहेगी?

गाँधी जी को अपने विचारों की दुर्व्याख्या की चिन्ता थी। उन्होंने कहा था : "मेरी भाषा सूत्रात्मक है, उसमें स्पष्टता नहीं है, इसलिए उसकी अनेक व्याख्याएँ सम्भव हैं।" स्वाधीनता के बाद गाँधी का नाम जपते हुए इस देश पर शासन करने वालों ने गाँधी के विचारों का मनमाना अर्थ करते हुए जिस तरह उन्हें व्यर्थ बनाया है और उनका दुरुपयोग किया है, उसके विरुद्ध तीखी प्रतिक्रिया स्वाधीनता के बाद के हिन्दी साहित्य में व्यक्त हुई है। कुछ लेखकों ने सरकारी गाँधीवादियों को गाँधी का प्रतिनिधि मानकर गाँधी और गाँधीवादी की कड़ी आलोचना की है। इस प्रक्रिया में गाँधी पर दोहरी मार पड़ी है। एक ओर वे सरकारी दुरुपयोग के शिकार हुए हैं और दूसरी ओर गलतफहमी के।

जीवन के अंतिम दिनों में गाँधी अत्यन्त उपेक्षित, बेबस और निरुपाय अनुभव कर रहे थे। आखिरी दिनों में उन्होंने कहा था : "अब जो कांग्रेस तय करेगी, वही होगा। मेरे कहे के मुताबिक कुछ नहीं होगा। अब मेरा हुक्म नहीं चलता, मेरी बात कोई नहीं सुनता। मैं एक साधारण आदमी हूँ। एक समय था जब मेरी आवाज बहुत बुलन्द थी, तब सब मेरी बात मानते थे। आज मेरी पुकार जंगल में चीख की तरह है।" जिन लोगों ने गाँधी को इस मनोदशा में पहुँचा दिया था, उन्हें गाँधीवादी कहना गाँधी का अपमान करना है।

स्वाधीनता के बाद के अधिकांश लेखक या तो गाँधी से उदासीन हैं या उन्हें अस्वीकार करते हैं। लेकिन कुछ लेखकों ने झूठे गाँधीवादियों से गाँधी का अन्तर समझा है। उस अन्तर का बोध मुक्तिबोध ने इस तरह व्यक्त किया है :

मानव मस्तक से निकले
कुछ ब्रह्मराक्षसों ने पहनी

गाँधी की टूटी चप्पल
हरहरा उठा यह पीपल तब
हँस पड़ा ठठाकर गर्जन कर, गाँव का कुआँ
तब दूर सुनाई दिया शब्द हुँआ, हुँआ।

मुक्तिबोध की प्रसिद्ध कविता है 'अँधेरे में।' उसमें भारतीय समाज के बदलाव की जटिल प्रक्रिया की गहरी चिन्ता के बीच तिलक के तत्काल बाद गाँधी आते हैं, अत्यन्त प्रेरणाप्रद व्यक्ति के रूप में। वे काव्यनायक को व्यक्तिवाद के भ्रमों से सावधान करते हुए कहते हैं :

दुनिया न कचरे का ढेर जिस पर
दानों को चुगने चढ़ा कोई भी कुक्कुट
कोई भी मुर्गा
यदि बाँग दे उठे जोरदार
बन जाय मसीहा

फिर वे जनशक्ति में आस्था का सन्देश देते हैं :

मिट्टी के लोंदे में किरणीले कण-कण गुण हैं
जनता के गुणों से ही सम्भव
भावी का उद्गम।

यह कोरा उपदेश नहीं है। इसके पीछे गाँधी का अपना लम्बा अनुभव है, जनता को ठीक से जानने, जगाने और एक विराट आन्दोलन तथा कठिन संघर्ष के लिए तैयार करने का अनुभव।

प्रत्येक समाज का प्रभुत्वशाली वर्ग किसी क्रांतिकारी व्यक्ति और विचार को सामाजिक प्रक्रिया में सक्रिय भूमिका निभाने से रोकने, हटाने और उसे प्रभावहीन बनाने के लिए उसकी या तो हत्या करता है या पूजा या फिर हत्या करके पूजा। आजादी के बाद गाँधी के साथ दोनों हुआ है। जिस अंग्रेजी राज में कभी सूरज नहीं डूबता था और फिर भी कभी खून नहीं सूखता था, वह भी गाँधी के साथ वैसा व्यवहार नहीं कर सका, जैसा कांग्रेसी राज में हुआ। कांग्रेसी राज में गाँधी और उनके विचारों की पहले हत्या और फिर पूजा की जो प्रक्रिया चली, उसका अत्यन्त सजीव और सार्थक चित्रण फणीश्वरनाथ 'रेणु' के *मैला आँचल* में है। *मैला आँचल* का बावनदास *रंगभूमि* के सूरदास का दूसरा अवतार है। वह पक्का गाँधीवादी है, ईमानदार और सत्यनिष्ठ। आजाद भारत में वह चोरबाजारी रोकने की कोशिश करता है तो बैलगाड़ी से कुचलकर उसकी हत्या कर दी जाती है। उसके हत्यारे स्वाधीन भारत की सत्ता के दलाल और सेवक हैं। फिर वह चेथरिया पीर हो जाता है या बना दिया जाता है—ठीक महात्मा गाँधी की तरह। जैसे दिल्ली में, राजघाट पर बापू की समाधि पर रोज श्रद्धांजलियाँ अर्पित होती हैं, वैसे ही 'कल्लीमुद्दीनपुर में, नागर नदी के किनारे, चोरघट्टा के पास साहुंड़ की डाली में चिथरिया पीर के लिए चिथड़ा बाँधा जाता

है।' क्या बावनदास की इस परिणति में स्वाधीन भारत में गाँधी की दुर्गति का प्रतिबिम्बन नहीं है?

आज के हिन्दी साहित्य में गाँधी लगभग अनुपस्थित हैं। अगर कभी कहीं आते हैं तो व्यंग्य और विडम्बना का विषय बनकर। लेकिन वे लोक-जीवन में अब भी जीवित हैं, कहीं लोक देवता बनकर, कहीं चेथरिया पीर के रूप में जनता की आशाओं, आकांक्षाओं और कल्पनाओं को जगाते हुए। वे आज भी जनता को संघर्ष की नैतिक शक्ति देते हैं। ऐसी स्थिति में जो लेखक भूमंडलीकरण, विदेशीकरण और बाजारीकरण की सर्वग्रास प्रक्रिया के शिकार नहीं हुई हैं, स्वाधीनता आन्दोलन को भूले नहीं हैं और लोक संवेदना से जुड़े हुए हैं, उन्हें गाँधी याद आते हैं। तभी तो केदारनाथ सिंह 1995 में एक लोक कलाकार पर लिखी कविता 'भिखारी ठाकुर' में महात्मा गाँधी को गाँव के लोगों के बीच में बैठा देखते हैं :

क्या आप विश्वास करेंगे
एक रात जब किसी खलिहान में चल रहा था
भिखारी ठाकुर का नाच
तो दर्शकों की पाँत में
एक शख्स ऐसा भी बैठा था
जिसकी शक्ल बेहद मिलती थी
महात्मा गाँधी से।

गाँधी ने कहा था : "मैं ऐसी कला चाहता हूँ जो करोड़ों लोगों से बोल सके।" वैसी ही कला के सर्जक थे भिखारी ठाकुर। इसलिए उन पर कविता में गाँधी की याद स्वाभाविक है और आज के समय में विशेष अर्थ से भरपूर भी।

(वागर्थ, 1996)

17

मुक्तिबोध का आलोचनात्मक संघर्ष

दुनिया भर के आलोचना के इतिहास में आलोचना के विकास में रचनाकार आलोचकों का महत्त्वपूर्ण योगदान रहा है। वैसे तो रचनाकारों की आलोचनात्मक चेतना के प्रमाण उनकी रचनाओं में बहुत पुराने जमाने से मिलते हैं, लेकिन सार्थक रचनाकार आलोचक आधुनिक युग की देन हैं। रचनाकारों ने आधुनिक युग में आत्मरक्षा की भावना से पीड़ित होकर आलोचना लिखने का काम किया है और आलोचकों द्वारा अपनी उपेक्षा के उत्तर के रूप में भी आलोचना लिखने का दायित्व सँभाला है। यह भी देखा गया है कि अपने समय के आलोचनात्मक व्यवहार की असमर्थता को देखकर भी रचनाकार आलोचना के मैदान में उतरे हैं। कई बार रचनाकार नयी रचनात्मक प्रवृत्ति या आन्दोलन को स्थापित करने, समझाने और व्यापक रूप से ग्राह्य बनाने की कोशिश करते हुए मजबूरी में आलोचक बने हैं। यह भी देखा गया है कि रचनाकार विरोधी रचनादृष्टियों से आलोचनात्मक संघर्ष करते हुए आलोचना के विकास में सहायक हुए हैं।

रचनाकार आलोचक, चाहे सिद्धांत-निर्माण का प्रयत्न करें या व्यावहारिक आलोचना का, दोनों में ही उनके अपने रचनात्मक अनुभव की मुख्य भूमिका होती है, उनके रचनात्मक अनुभव के निष्कर्ष ही आलोचना में प्रकट होते हैं। यही रचनाकारों की आलोचना के सामर्थ्य और सीमा का बुनियादी कारण है। रचनाकार आलोचक की आलोचना बहुत कुछ उसकी रचनादृष्टि से अनुशासित होती है, इसलिए उसकी रचनादृष्टि की शक्ति और सीमा आलोचना की शक्ति और सीमा बन जाती है। रचनाकार आलोचक अपनी रचनादृष्टि के अनुसार ही परम्परा और समकालीन रचनाशीलता की व्याख्या करता है और सिद्धांत-निर्माण का प्रयत्न भी करता है।

पूँजीवाद समाज-व्यवस्था के तीव्र वर्ग-संघर्ष के काल में आलोचना विचारधारात्मक संघर्ष का एक महत्त्वपूर्ण साधन है। शासक-वर्ग के सेवक रचनाकार और आलोचकों ने आलोचना का ऐसा उपयोग किया है और शासक-वर्ग के विचारधारात्मक प्रभुत्व के खिलाफ संघर्ष करने वाले रचनाकार और आलोचकों ने भी आलोचना के हथियारों का इस्तेमाल किया

है। किसी युग के साहित्य और कला के क्षेत्र के आलोचनात्मक संघर्ष को शुद्ध साहित्य की सीमा के भीतर सीमित रखने का प्रयत्न वे करते हैं जो साहित्य-संसार की पूर्ण स्वायत्तता में विश्वास करते हैं और साहित्य को सामाजिक सन्दर्भों से दूर रखना चाहते हैं। लेकिन जो यह मानते हैं कि "काव्य-साधना, अधिकतर, काव्य-रचना के क्षेत्र के बाहर होती है।" (मुक्तिबोध), वे साहित्य और कला के क्षेत्र के आलोचनात्मक संघर्ष को साहित्य के बाहर के व्यापक सांस्कृतिक और विचारधारात्मक संघर्ष तक ले जाते हैं और साहित्य की आलोचना को अपने समय और समाज की आलोचना के रूप में विकसित करते हैं। हिन्दी आलोचना के क्षेत्र में यही काम मुक्तिबोध ने अपने आलोचनात्मक संघर्ष के माध्यम से किया। मुक्तिबोध ने अपने आलोचनात्मक संघर्ष के दौरान ही रचना और आलोचना से सम्बद्ध विभिन्न समस्याओं के बारे में जो महत्त्वपूर्ण और मौलिक चिन्तन किया है, उसके आधार पर वे आचार्य रामचन्द्र शुक्ल के बाद हिन्दी के सबसे बड़े साहित्य-विचारक सिद्ध होते हैं। उनके साहित्य-चिन्तन से हिन्दी के मार्क्सवादी साहित्यशास्त्र और सौन्दर्यशास्त्र के विकास का मार्ग प्रशस्त हुआ है। उन्होंने अपने आलोचनात्मक संघर्ष के दौरान ही हिन्दी आलोचना की भाषा को नये पारिभाषिक शब्दों से समृद्ध किया है।

इस निबन्ध का उद्देश्य मुक्तिबोध के साहित्य-चिन्तन के सभी पक्षों पर विचार करना नहीं है। इस निबन्ध में केवल यह देखने का प्रयास किया गया है कि मुक्तिबोध ने आलोचना को किस सीमा तक अपने समय और समाज के विचारधारात्मक संघर्ष का साधन बनाया है और उन्हें इस महत्त्वपूर्ण काम में कितनी सफलता मिली है।

प्रायः रचनाकारों के सन्दर्भ में 'साधना' और 'संघर्ष' की बातें बहुत की जाती हैं। कुछ लोगों के लिए तो इन शब्दों का प्रयोग महज अलंकार के रूप में ही होता है। जीवन की वास्तविकता के रूप में इनके दर्शन कुछ थोड़े से रचनाकारों के जीवन और साहित्य में ही होते हैं। प्रेमचंद, निराला और मुक्तिबोध जैसे रचनाकारों के साहित्य में संघर्ष और साधना की अग्निदीक्षा से सिद्ध खरेपन की चमक है। संघर्ष और साधना की यह कहानी अनेक दूसरे जनवादी लेखकों के जीवन और साहित्य की भी कहानी है। दुनियादारी और समझदारी के सहारे सफलता के चक्करदार जीनों पर चढ़ते हुए सुख और सुविधा कुतुबमीनार की सर्वोच्च सीढ़ी तक पहुँचे हुए लेखक जीवन में चाहे जितने सफल दिखाई दें, रचनाशीलता के स्तर पर वे असफल ही रहेंगे। लेकिन दुनियादारी और ईमानदारी की विडम्बना में पिसते हुए, 'अवसरवादी दुनिया के गणित से वंचित', संघर्ष की अग्निदीक्षा से गुजरने वाले लेखक जीवन में असफल होकर भी अपनी जनवादी रचनाओं के कारण रचनाशीलता के स्तर पर सफल और सार्थक सिद्ध होते हैं।

मुक्तिबोध ने उस समय लिखना प्रारम्भ किया था, जब छायावाद का अवसान और प्रगतिवाद का उत्थान हो रहा था। छायावाद का काल भारतीय जनता के राजनीतिक, सामाजिक जागरण का काल था और जागरण की अभिव्यक्ति छायावाद की रचनाशीलता में ही हो रही थी। प्रगतिवाद के दौर में भारतीय जनता की जाग्रत चेतना, संघर्षशील चेतना

में बदल रही थी और प्रगतिवादी साहित्य में जनता की संघर्षशील चेतना की अभिव्यक्ति हो रही थी। मुक्तिबोध की साहित्य चेतना के निर्माण में इन दोनों आन्दोलनों का योगदान है। सन् 1942 का भारतीय जनता के जीवन में महत्त्वपूर्ण स्थान है; मुक्तिबोध के जीवन में भी इस वर्ष का क्रांतिकारी महत्त्व है। 1942 में ही मुक्तिबोध का मार्क्सवाद की ओर झुकाव हुआ। मुक्तिबोध ने एक व्यवस्थित विश्वदृष्टि अर्जित करने के लिए गहन आन्तरिक संघर्ष के फलस्वरूप मार्क्सवादी दर्शन को अपनाया था। इसलिए वे जीवन भर मार्क्सवादी साहित्य विचारक और रचनाकार बने रहे। उनके जमाने के अनेक दूसरे लेखक जैसे अचानक और अनायास मार्क्सवाद की ओर लपके थे, वैसे ही कुछ दिनों बाद अचानक दूसरी ओर मुड़ गये। मार्क्सवाद के रूप में मुक्तिबोध को एक वैज्ञानिक और ओजस्वी दृष्टिकोण प्राप्त हुआ; जिसके सहारे वे अपने समय के समाज और जीवन की वास्तविकताओं, समस्याओं और विचारधारात्मक संघर्ष को ही नहीं, इतिहास और परम्परा को भी ठीक से समझने में सफल हुए। एक मार्क्सवादी रचनाकार और विचारक अपने समय की समाज-व्यवस्था और सांस्कृतिक व्यवस्था की ऐतिहासिक स्थिति की पहचान करता है और पहचान बताता है, वह वर्तमान के विचारधारात्मक संघर्ष में अपनी भूमिका निभाता है, और इन सबके साथ ही वर्तमान के विचारधारात्मक संघर्ष और भावी विकास के लिए परम्परा तथा इतिहास का पुनर्मूल्यांकन भी करता है। प्रगतिशील आलोचना के लिए इतिहास और परम्परा का विवेकपूर्ण मूल्यांकन विशेष जरूरी है; क्योंकि अगर जनता के मुक्ति संघर्ष के सन्दर्भ में इतिहास और परम्परा के जीवन्त मूल्यों और जनवादी तत्त्वों का मूल्यांकन और उपयोग नहीं होगा तो शोषक-शासक वर्ग जनता के मुक्ति-संघर्ष के विरुद्ध इतिहास और परम्परा का दुरुपयोग करेगा। मुक्तिबोध ने अपने आलोचनात्मक संघर्ष का प्रारम्भ हिन्दी साहित्य के अपने समीपवर्ती इतिहास और परम्परा के पुनर्मूल्यांकन से ही किया था। इस काम के लिए मुक्तिबोध ने छायावाद की प्रतिनिधि रचना *कामायनी* का पुनर्मूल्यांकन किया।

छायावाद के प्रति लगाव मुक्तिबोध के मन में बहुत गहरे और व्यापक रूप में आजीवन कायम रहा। उनकी आलोचना और रचना में इस बात के प्रमाण बड़ी आसानी से मिल सकते हैं। मुक्तिबोध ने प्रेमचंद और छायावाद के काल के बारे में लिखा है कि वह भारतीय समाज के क्रांतिकारी आन्दोलन का काल था, प्रेमचंद में इस सामाजिक क्रांति की सुसंगत अभिव्यक्ति हुई है और छायावाद में वह क्रांति व्यक्तिवाद के दायरे में प्रकट हुई है। मुक्तिबोध के अनुसार यह व्यक्तिवाद एक संवेदना के रूप में सामाजिक गर्भितार्थों को लिए हुए था। छायावाद में जो सामाजिक गर्भितार्थ थे, उनसे मुक्तिबोध का लगाव था, प्रेम था और जो व्यक्तिवाद था उससे उनका अलगाव था, विरोध था।

मुक्तिबोध का छायावाद और उसकी प्रतिनिधि रचना *कामायनी* से लगाव था, उसके परिणामस्वरूप ही उन्होंने लम्बे समय तक *कामायनी* का अध्ययन-मनन किया और उस पर पुनर्विचार करने का दायित्व उठाया। *कामायनी : एक पुनर्विचार* के पहले भी मुक्तिबोध ने *कामायनी : एक अध्ययन* नाम की एक पुस्तक लिखी थी, उसका प्रकाशन भी हुआ था।

लेकिन लगता है मुक्तिबोध को अपने उस आलोचनात्मक प्रयास से सन्तोष न था, इसलिए वह पुस्तक लगभग अज्ञात ही रह गयी। *कामायनी : एक पुनर्विचार* में बुनियादी बातें वही हैं जो कामायनी : एक अध्ययन में हैं, *कामायनी : एक पुनर्विचार*' में उन बातों का विकास और विस्तार दिखाई देता है और आलोचना पद्धति अधिक सुव्यवस्थित दिखाई देती है। कामायनी से मुक्तिबोध के लगाव का एक प्रमाण यह भी है कि जनवरी, 1964 की *कल्पना* के 'उर्वशी विवाद' में भाग लेते हुए जहाँ *उर्वशी* की तीखी आलोचना के लिए उन्होंने भगवतशरण उपाध्याय की प्रशंसा की है, वहीं 'राह चलते *कामायनी* की निन्दा कर डालने' के लिए भगवतशरण उपाध्याय की आलोचना की है।

प्रश्न यह है कि क्या मुक्तिबोध ने केवल अपने निजी लगाव के कारण *कामायनी* पर पुनर्विचार का प्रयत्न किया है या इस प्रयत्न के कुछ व्यापक सामाजिक, साहित्यिक और विचारधारात्मक अभिप्राय हैं? निश्चय ही मुक्तिबोध ने *कामायनी* से अपने लगाव के कारण ही उस पर पुनर्विचार का प्रयास नहीं किया था, उस प्रयास के अनेक विचारधारात्मक और साहित्यिक कारण थे।

स्वाधीनता के बाद की हिन्दी कविता के इतिहास में प्रयोगवाद और नयी कविता के आधुनिकतावादियों ने या तो इतिहास और परम्परा से मुक्ति की घोषणा की, क्योंकि इतिहास और परम्परा का बोध उन्हें बोझ प्रतीत होता था, या फिर अपनी कलावादी रचनादृष्टि और प्रतिक्रियावादी सामाजिक विचारधारा का औचित्य सिद्ध करने के लिए उन्होंने परम्परा और इतिहास का दुरुपयोग किया। इस प्रकार के दुरुपयोग का एक उदाहरण विजयदेव नारायण साही के लेख 'लघु मानव के बहाने हिन्दी कविता पर एक बहस' में देखा जा सकता है। उस समय दूसरी स्थिति यह थी कि नयी कविता वाले बार-बार छायावाद की निन्दा करते थे, जबकि नयी कविता की व्यक्तिवादी धारा में छायावाद से अधिक रूमानियत, व्यक्तिवाद, रहस्यवाद और यथार्थ से पलायन की प्रवृत्तियाँ थीं। मुक्तिबोध ने *कामायनी* की आलोचना लिखकर नयी कविता की व्यक्तिवादी धारा के कवियों तथा आलोचकों द्वारा परम्परा के दुरुपयोग का विरोध किया। उन्होंने *कामायनी* में व्यक्त सामाजिक यथार्थ और सामाजिक अभिप्रायों का विश्लेषण करते हुए इस धारणा का भी खंडन किया कि छायावाद का अपने समय के सामाजिक यथार्थ से कोई सम्बन्ध नहीं था। *कामायनी* की आलोचना का एक कारण यह भी था कि पुराने रसवादी और कलावादी आलोचक *कामायनी* का नयी रचनाशीलता के खिलाफ एक हथियार के रूप में प्रयोग कर रहे थे। मुक्तिबोध ने प्रगति-विरोधी, रसवादी और कलावादी आलोचकों के हाथों *कामायनी* के दुरुपयोग का विरोध करने के लिए उसकी व्यवस्थित आलोचना लिखने का प्रयत्न किया। मुक्तिबोध ने *कामायनी* के सहारे नयी रचनाशीलता का विरोध करने वाले पुराणपंथी आलोचकों के इरादों का भेद खोलते हुए लिखा है कि "प्रसाद जी की कामायनी रसवादी छायावादी पुराण-पंथियों के हाथ में नवीन प्रगति शक्तियों के विरुद्ध एक अस्त्र बन गयी। भाववादी आलोचकों ने प्रसादजी से आगे बढ़ कर कामायनी का रहस्यवादी मनोवैज्ञानिक

अर्थ लगाया और उसके उपयोगी तत्त्वों को प्रच्छन्न कर दिया। उन्होंने कामायनी के सम्बन्ध में हर तरह की ऊँचे किस्म की गलतफहमियाँ फैलाई" (कामायनी : एक पुनर्विचार, पृ॰ 138)। मुक्तिबोध ने यहाँ जिन रसवादी पुराणपंथी भाववादी आलोचकों की चर्चा की है, उनके प्रमुख प्रतिनिधि नन्ददुलारे वाजपेयी थे, इसलिए मुक्तिबोध ने उनको अपने आक्रमण का निशाना बनाया। मुक्तिबोध का उद्देश्य एक ओर सामंती और बुर्जुआ (रसवादी और मनोवैज्ञानिक) आलोचना-दृष्टियों का खंडन करना था, जो *कामायनी* की आड़ में नयी प्रगतिशील शक्तियों का विरोध कर रही थी, और दूसरी ओर *कामायनी* के रहस्यवादी अर्थों का खंडन करना था। मुक्तिबोध का एक और उद्देश्य *कामायनी* के बारे में फैलाई गयी तरह-तरह की गलतफहमियों को दूर करना और *कामायनी* के उपयोगी तत्त्वों को सामने लाना था। मुक्तिबोध ने आलोचकों की असलियत की ओर भी संकेत किया है जो वास्तविक जीवन की उपेक्षा करके केवल कृति की राह से गुजर कर या कृति में से ही आलोचना की राहों का अन्वेषण करके छायावाद की आलोचना करते थे। ऐसे आलोचकों के बारे में मुक्तिबोध ने लिखा है कि "छायावाद की आलोचना करने वाले हमारे महान् आलोचक छायावाद के निःसहाय बच्चे हैं। छायावादी सम्मोह और उसके अद्वैतवादी प्रयास साहित्यिक आलोचना के मानदंड नहीं हैं। इन सम्मोहों, कल्पनास्वप्नों का भावुक विवरण विश्लेषण नहीं है।" यहाँ मुक्तिबोध नन्ददुलारे बाज़पेयी के अतिरिक्त शांतिप्रिय द्विवेदी जैसे आलोचकों को भी याद कर रहे हैं। व्यक्तिवादी आलोचना का एक रूप मनोवैज्ञानिक आलोचना मे दिखाई पड़ता है। हिन्दी में इस मनोवैज्ञानिक आलोचना के प्रचारक डॉ॰ नगेन्द्र ने महादेवी वर्मा की बात दोहराते हुए बहुत पहले छायावाद को 'स्थूल के प्रति सूक्ष्म का विद्रोह' कहा था। मुक्तिबोध ने इस अत्यन्त प्रचलित लटके को याद करते हुए लिखा है कि 'छायावाद को स्थूल के प्रति सूक्ष्म का विद्रोह कहना बेमानी है' क्योंकि इससे छायावाद की कोई ऐतिहासिक, सामाजिक या साहित्यिक विशेषता सामने नहीं आती। मुक्तिबोध ने *कामायनी* को ऐतिहासिक महाकाव्य मानकर उसमें वेदकालीन प्रवृत्तियों को खोजने वाली आलोचना को निराधार और भ्रामक घोषित किया है।

मुक्तिबोध ने *कामायनी* की आलोचना करने के लिए आलोचना का एक नया व्यवस्थित सैद्धान्तिक ढाँचा और नयी पद्धति का निर्माण किया। उन्होंने मूल्यांकन की प्रक्रिया और मूल्य-निर्णय का आधार भी सामने रखा है। मुक्तिबोध ने रचना की उत्पत्ति के ऐतिहासिक-सामाजिक परिवेश, रचना की अन्तःप्रकृति और रचना के कलात्मक प्रभाव के विश्लेषण को आलोचना की सुव्यवस्थित पद्धति के लिए आवश्यक माना है। मुक्तिबोध ने *कामायनी* के कलात्मक सौन्दर्य का विश्लेषण नहीं किया है, उन्होंने उसकी अन्तर्वस्तु को ही आलोचना का विषय बनाया है। मुक्तिबोध ने *कामायनी* में व्यक्त जीवन-मूल्य, विश्व-दृष्टि और यथार्थबोध का विश्लेषण, मूल्यांकन करते हुए अपनी सफल वस्तुवादी आलोचना-दृष्टि का प्रमाण दिया है।

मुक्तिबोध ने *कामायनी* को एक विशाल फैंटेसी माना है और एक फैंटेसी के रूप

में ही उसकी व्याख्या की है। इस निबन्ध के प्रारम्भ में ही कहा गया है कि रचनाकार आलोचक की आलोचना उसकी रचनादृष्टि से अनुशासित होती है। *कामायनी* को एक विशाल फैंटेसी मानकर उसके विश्लेषण और मूल्यांकन में प्रवृत्त होने के पीछे मुक्तिबोध की अपनी रचना दृष्टि सक्रिय दिखाई देती है। मुक्तिबोध ने स्वयं अपनी रचनाओं में फैंटेसी का कुशलता से प्रयोग किया है और फैंटेसी में काव्य-रचना की प्रकृति और परिणतियों से पूरी तरह परिचित होने के कारण ही उन्होंने *कामायनी* का एक विशाल फैंटेसी के रूप में सफल विश्लेषण किया है। उन्होंने लिखा है, "प्रसाद जी ने *कामायनी* में एक विशाल फैंटेसी के अन्तर्गत स्वानुभूत जीवन समस्या को, एक परिवेश से संलग्न कर उपस्थित किया है, तथा उस जीवन समस्या का स्वचिन्तित दार्शनिक निदान प्रस्तुत किया है। यह जीवन समस्या, फैंटेसी रूप में उपस्थित होकर फैंटेसी के नियमों में बँधकर अपने मूल वास्तविक जीवन-सन्दर्भ को अर्थात् अपने मूल वास्तविक मानव-सम्बन्ध क्षेत्र को—जिससे कि वह आवयविक सम्बन्ध रखती है—भूमिगत बना चुकी है—उस क्षेत्र को नेपथ्य में डालकर ही वह समस्या कल्पना चित्रों के रूप में उद्‌घाटित हुई है और कल्पना के गति नियमों में बँध गयी है" (पुनर्विचार—पृ. 4)। मुक्तिबोध इस बात से अपरिचित नहीं थे कि फैंटेसी का शिल्प बुनियादी तौर पर भाववादी रोमांटिक शिल्प होता है, लेकिन उनकी यह भी मान्यता है कि भाववादी रोमांटिक शिल्प के अन्तर्गत भी जीवन को समझने की दृष्टि यथार्थवादी हो सकती है। *कामायनी* में यही हुआ है।

मुक्तिबोध ने *कामायनी* में व्यक्त यथार्थचेतना, जीवन-मूल्य और विश्व-दृष्टि की विस्तृत समीक्षा की है। उनके अनुसार *कामायनी* जीवन की पुनर्रचना है, ऐसे जीवन की पुनर्रचना कि जिस जीवन के प्रति लेखक अत्यन्त दीर्घकाल से संवेदनात्मक प्रतिक्रिया करता आया हो। यही कारण है कि *कामायनी* में फैंटेसी के आत्मपरक शिल्प में 'एक विशेष कालखंड के भीतर उपस्थित व्यापक वास्तविकता को एक विशाल कल्पना चित्र द्वारा प्रस्तुत किया गया है।' मुक्तिबोध का कहना है : "प्रसाद जी को अपने समय की पूँजीवादी समाज-व्यवस्था की वास्तविकताओं, समस्याओं और विकृतियों का गहरा ज्ञान था और इन सबकी अभिव्यक्ति *कामायनी* में हुई है।"

कामायनी में मनु और श्रद्धा के चरित्र के माध्यम से जिस व्यक्तिवाद और श्रद्धावाद की प्रतिष्ठा हुई है, उन दोनों की मुक्तिबोध ने कड़ी आलोचना की है और इस प्रकार स्वातन्त्र्योत्तर हिन्दी साहित्य में व्यक्तिवाद और श्रद्धावाद के समर्थक रचनाकारों, विचारकों और विचारधाराओं पर आक्रमण किया है। व्यक्तिवाद को हम सब जानते हैं, इसलिए उसकी यहाँ विशेष चर्चा करने की कोई जरूरत नहीं है। लेकिन यह श्रद्धावाद क्या है? मुक्तिबोध ने लिखा है कि "श्रद्धावाद यह उद्‌घाटित करता है कि भाववाद, आदर्शवाद अन्ततः किस प्रकार प्रस्तुत पूँजीवादी विषमताओं के लिए क्षमाप्रार्थी होकर उन्हें नसीहत देता है और उन्हीं से समझौता कर लेता है। वह वस्तुतः अपने अन्तर्विरोधों से ग्रस्त पूँजीवाद तथा व्यक्तिवाद का डिफैंस है, और कुछ नहीं" (एक अध्ययन, पृ. 120)। कहने का तात्पर्य

यह है कि जो सम्बन्ध मनु और श्रद्धा में है, वही व्यक्तिवाद और श्रद्धावाद में है। मुक्तिबोध ने लिखा है : "श्रद्धावाद घनघोर व्यक्तिवाद है। ह्रासग्रस्त पूँजीवाद का जनता को बरगलाने का एक जबरदस्त साधन है।" प्रश्न यह भी उठता है कि इस श्रद्धावाद के समर्थक कौन हैं? मुक्तिबोध का उत्तर है कि आज श्रद्धावाद उन लोगों का अस्त्र है जो जनता की न्यायपूर्ण लड़ाई के विरुद्ध शोषकों और शासकों के चन्द टुकड़ों के प्रति जनता को आकर्षित करना चाहते हैं, यद्यपि हमारा शोषक-शासक आज एक टुकड़ा फेंकता है तो दूसरी ओर उससे दस गुना हिस्सा छीन लेता है। (*कामायनी : एक अध्ययन*, पृ॰ 120) यही *कामायनी* में प्रतिपादित श्रद्धावाद का वास्तविक अर्थ है और उसके समर्थकों की असली विचारधारात्मक स्थिति है। हम यह देख सकते हैं कि मुक्तिबोध ने *कामायनी* में व्यक्त व्यक्तिवाद और श्रद्धावाद के निहित विचारधारात्मक प्रयोजनों की आलोचना करते हुए साहित्य की आलोचना को विचारधारात्मक संघर्ष का साधन बनाया है।

मुक्तिबोध ने लिखा है कि प्रसादजी को वर्तमान पूँजीवादी समाज-व्यवस्था की विकृतियों और समस्याओं का गहरा और ठीक ज्ञान है, उन्होंने इन सबका प्रभावशाली चित्रण भी किया है, लेकिन प्रसादजी ने जो समाधान प्रस्तुत किया है, वह गलत है। मुक्तिबोध ने लिखा है कि "प्रसादजी की आत्मा ने भोगा तो वास्तविक जीवन, खोज की वास्तविक जीवन की, चिन्तन किया वास्तविक जीवन का। किन्तु निष्कर्ष रूप में, निदान और समाधान के रूप में पाया क्या? आध्यात्मिक मनोवैज्ञानिक भाववादी रहस्यवाद। यह ऐतिहासिक सामाजिक समस्याओं का ऐतिहासिक सामाजिक हल नहीं हुआ" (पुनर्विचार, पृ॰ 164)। प्रसादजी को आधुनिक भारतीय पूँजीवादी समाज-व्यवस्था की वास्तविकता का बोध था, उसकी विकृतियों और समस्याओं का ज्ञान था, उनसे जुड़े प्रश्नों की पहचान भी थी, लेकिन यह सब सहज भावना और विवेक के कारण सम्भव हुआ था, किसी वैज्ञानिक विश्व-दृष्टि के कारण नहीं, इसलिए इनका समाधान नितांत काल्पनिक, आध्यात्मिक और रहस्यवादी रूप में सामने आया तो कोई आश्चर्य की बात नहीं है। यथार्थ-बोध सच्चा, जीवन-मूल्य भ्रामक और विश्वदृष्टि गलत, यही *कामायनी* की रचनादृष्टि की ट्रैजेडी है। क्या टी॰एस॰ एलियट की रचना *वेस्टलैंड* लगभग ऐसी ही ट्रैजेडी का शिकार नहीं हुई है? क्या इससे यह साबित नहीं होता कि आधुनिक युग में गलत विचारधारा का शिकार बड़ा-से-बड़ा रचनाकार भी केवल यथार्थ-बोध और रचना-कौशल के आधार पर सामाजिक विकास और परिवर्तन की दिशा की अभिव्यक्ति करने वाली महत्त्वपूर्ण कलाकृति का निर्माण नहीं कर सकता।

मुक्तिबोध *कामायनी* के अद्वैतवाद, रहस्यवाद आनन्दवाद, आध्यात्मिकता आदि का खंडन करते हैं और इन सबके समर्थक नन्ददुलारे वाजपेयी की सामंती-बुर्जुआ (रसवादी-कलावादी) आलोचना-दृष्टि का भी खंडन करते हैं। क्या यह महज संयोग है कि *कामायनी* के रहस्यवाद, श्रद्धावाद और आनन्दभूतिशील अद्वैतवाद का विरोध आचार्य रामचंद्र शुक्ल भी करते हैं और मुक्तिबोध भी? मुक्तिबोध छायावाद और *कामायनी* के सन्दर्भ में नन्ददुलारे

वाजपेयी का विरोध करते हुए आचार्य शुक्ल से काफी कुछ सहमत दिखाई देते हैं।

कुछ लोगों को *कामायनी* में 'द्वन्द्व' को देखते ही ऐतिहासिक भौतिकवाद की याद आने लगती है और वर्ग-भेद, विषमता आदि की आलोचना में समाजवाद की गूँज सुनाई पड़ने लगती है। सम्भवतः ऐसे लोगों को ध्यान में रखकर ही मुक्तिबोध ने प्रसादजी की पूँजीवादी सभ्यता की समीक्षा की। ये कहते हैं कि द्वन्द्व की इस शाश्वता का ऐतिहासिक भौतिकवाद से कोई सम्बन्ध नहीं है और पूँजीवादी सभ्यता की समीक्षा किसी उच्चतर, बेहतर समाज-व्यवस्था समाजवादी समाज की दृष्टि से नहीं की गयी है। लेकिन इसका यह अर्थ नहीं है कि मुक्तिबोध प्रसादजी की पूँजीवादी सभ्यता की समीक्षा को पूरी तरह निरर्थक मानते हैं। उन्होंने लिखा है कि वर्ग-भेद का विरोध और उसकी भर्त्सना एक प्रगतिशील प्रवृत्ति है, शासक-वर्ग की जन विरोधी, आतंकवादी नीतियों की भर्त्सना दूसरी प्रगतिशील प्रवृत्ति है, लेकिन वर्ग भेद का विरोध करते हुए मेहनतकशों के वर्ग-संघर्ष का तिरस्कार एक प्रतिक्रियावादी प्रवृत्ति है। वर्ग सामंजस्य और सामंजस्य का सिद्धान्त भी अमूर्त, आदर्शवादी और आध्यात्मिक होने के कारण भ्रामक है। यह प्रकारांतर से वर्तमान वर्ग-भेद और विषमता को शाश्वत सिद्ध करने का प्रयास है।

कामायनी में व्यक्त सामाजिक यथार्थ, जीवन-मूल्य और विश्व-दृष्टि की आलोचना मुक्तिबोध ने वर्ग-विश्लेषण की दृष्टि से की है और उन्होंने रचनाकार के वर्गीय आधार और सम्बन्ध को भी स्पष्ट किया है। उन्होंने जनता के मुक्ति-संघर्ष की चेतना को भ्रमित करने वाले जीवन-मूल्यों की आलोचना करते हुए साहित्यिक आलोचना को विचारधारात्मक संघर्ष के साधन के रूप में विकसित किया। मुक्तिबोध की यह आलोचना साहित्य के कलात्मक सौन्दर्य की सूक्ष्मताओं का विश्लेषण कर अभिभूत करने वाली नहीं है। वह ऐसा आलोचनात्मक विवेक जगाती है जो साहित्य-विवेक तक ही सीमित नहीं रहता। इस आलोचना के अन्त में मुक्तिबोध ने वर्ग-समाज में सांस्कृतिक प्रभुत्व के बनने और टूटने की प्रक्रिया के बारे में जो महत्त्वपूर्ण चिन्तन किया है, वह अलग से विचारणीय है।

मुक्तिबोध ने *कामायनी* की इस आलोचना के प्रसंग में ही इस महत्त्वपूर्ण बात की ओर संकेत किया है कि अगर किसी कलाकृति का कलात्मक प्रभाव या कलात्मक सौन्दर्य अभिभूत करने वाला हुआ तो एक खतरा यह भी होता है कि आलोचक और पाठक उसमें व्यक्त जीवन-मूल्य और विचारधारा के असली रूप को आसानी से न पहचान सकें। मुक्तिबोध ने जिस खतरे की ओर संकेत किया है, उसके शिकार हिन्दी के अनेक मार्क्सवादी आलोचक सन्त-भक्ति साहित्य और *कामायनी* की आलोचना के प्रसंग में हुए हैं। ऐसे आलोचक सन्त-भक्ति साहित्य और *कामायनी* से दो-चार उद्धरण छाँटकर उनकी प्रगतिशीलता की दुहाई देते हैं, उनके कलात्मक सौन्दर्य पर मुग्ध रहते हैं और उनमें व्यक्त जीवन-मूल्य और विचारधारा का विश्लेषण करने की जरूरत ही नहीं समझते।

मुक्तिबोध ने *कामायनी* की आलोचना में परम्परा को अपने समय की आँखों से देखा है, अपने समय के साहित्य और समाज के विकास की आवश्यकताओं को ध्यान में रखकर

उस पर पुनर्विचार किया है और अपने समय की प्रगतिशील साहित्यिक सांस्कृतिक विचारधारा की दृष्टि से परम्परा का पुनर्मूल्यांकन किया है। एक रचनाकार जब परम्परा का पुनर्मूल्यांकन करता है तो वह अतीत को केवल वर्तमान की आँख से ही नहीं देखता है, वह परम्परा के सन्दर्भ में आत्मविश्लेषण भी करता है, और तभी उसे अपने दायित्व का बोध भी होता है। परम्परा रचनाकार के समक्ष एक चुनौती बनकर भी उपस्थित होती है, वह रचनाकार को आत्मविश्लेषण के लिए भी प्रेरित करती है। मुक्तिबोध ने छायावाद के अलावा प्रेमचंद पर भी विचार किया है। वे प्रेमचंद को 'उत्थानशील' भारतीय सामाजिक क्रांति के प्रथम और अंतिम महान् कलाकार मानते हैं और उनकी विशाल छाया में बैठकर आत्मविश्लेषण की प्रेरणा भी प्राप्त करते हैं। परम्परा रचनाकार के सामने नयी रचनात्मक उपलब्धियों की समीक्षा की कसौटी बनकर भी उपस्थित होती है। प्रेमचंद को परवर्ती रचनाशीलता की समीक्षा के मानदंड के रूप में स्वीकार करते हुए मुक्तिबोध कहते हैं कि "प्रेमचंद के बाद एक भी ऐसा चरित्र नहीं हुआ है जिसे हम भारतीय विवेकचेतना का प्रतीक कह सकते हैं।" जीवन्त परम्परा का विवेकपूर्ण पूनर्मूल्यांकन नयी रचनाशीलता को गति और दिशा देता है, उसके विकास को कुंठित नहीं करता है। यही परम्परा का सार्थक बोध और उचित उपयोग है।

मुक्तिबोध ने छायावाद और *कामायनी* की जो आलोचना की है, उसमें छायावाद और *कामायनी* की केवल निन्दा ही नहीं है, जैसा कि कुछ लोग समझते हैं। मुक्तिबोध *कामायनी* को एक महत्त्वपूर्ण रचना मानते थे, अन्यथा वे लगभग 20-25 वर्षों तक *कामायनी* के अध्ययन और दो बार उसकी आलोचना लिखने का प्रयास क्यों करते? मुक्तिबोध की यह आलोचना उस आलोचना से भिन्न है जो या तो प्रशंसापरक होती है या निन्दापरक। कुछ आलोचक किसी रचना का विरोध करने के लिए कभी केवल रचनाकार की विचारधारा पर ध्यान देते हैं तो रचना में व्यक्त यथार्थबोध, जीवन-मूल्य और कलात्मक सौन्दर्य की उपेक्षा करते हैं, और कभी अपने प्रिय रचनाकारों के यथार्थबोध और कलात्मक सौन्दर्य को ही देखते हैं तो उनकी विचारधारा की उपेक्षा कर देते हैं। ऐसे आलोचक रचनाओं और रचनाकारों के विरोध या समर्थन के लिए कभी सन्दर्भसहित और कभी सन्दर्भरहित कुछ उद्धरणों के आधार पर मूल्य निर्णय करते रहते हैं। ऐसे निर्णयवादी आलोचक कभी वस्तु की आलोचना करते हैं तो कभी रूप की। कभी विचारधारा की उपेक्षा करते हैं तो कभी विचारधारा के आधार पर ही रचना को खारिज कर देते हैं। मुक्तिबोध ने *कामायनी* की वस्तुवादी आलोचना की है और उसके कलात्मक सौन्दर्य की आलोचना का काम दूसरों के लिए छोड़ दिया। मुक्तिबोध ने *कामायनी* में व्यक्त रचनाकार के व्यक्तित्व, यथार्थबोध, जीवन-मूल्य और विश्व-दृष्टि की समीक्षा करते हुए उसके यथार्थबोध की प्रशंसा की है, लेकिन जन-विरोधी, प्रगति-विरोधी और आध्यात्मिक जीवन-मूल्य तथा विश्व-दृष्टि की कड़ी आलोचना की है।

मुक्तिबोध ने *कामायनी* की समीक्षा करते हुए उसे पुराणपंथियों और प्रगतिविरोधियों के हाथ का हथियार से बचाया है और उसके मूल्यवान पक्षों का उचित मूल्यांकन किया है।

परम्परा में सब-कुछ सार्थक, उपयोगी और प्रगतिशील ही नहीं होता, उसमें बहुत कुछ निरर्थक, अनुपयोगी और प्रगतिविरोधी भी होता है। यह विवेक हमें परम्परा की उपेक्षा करने से नहीं, उसके साक्षात्कार से ही प्राप्त हो सकता है। मुक्तिबोध ने *कामायनी* के पुनर्मूल्यांकन का जो प्रयास किया है, उससे यह सिद्ध होता है कि हमें परम्परा से टकराना चाहिए, उसकी चुनौती को स्वीकार करना चाहिए, तभी हम उसका विवेकपूर्ण मूल्यांकन करते हुए साहित्य और समाज के भावी विकास के लिए परम्परा के सार्थक तत्त्वों का उपयोग कर सकते हैं। मुक्तिबोध ने *कामायनी* की आलोचना जिन उद्देश्यों से की थी, वे आज भी पूरे नहीं हुए हैं। *कामायनी : एक पुनर्विचार* पर नये सिरे से विचार करने की प्रासंगिकता यही है कि उन उद्देश्यों को पूरा करने के लिए निरन्तर आलोचनात्मक संघर्ष का प्रयत्न किया जाये।

2

मुक्तिबोध के आलोचनात्मक संघर्ष के दूसरे मुख्य मोर्चे का सम्बन्ध स्वतन्त्रता के बाद के काल, विशेषतः नयी कविता के काल में प्रचलित और प्रचारित प्रगतिविरोधी कलादर्शन, जीवन-दृष्टि और राजनीतिक दृष्टि के विरुद्ध संघर्ष से है। स्वतन्त्रता के बाद के भारतीय समाज के प्रारम्भिक चार-पाँच वर्षों का काल तीव्र वर्ग-संघर्ष का काल है। इसी बीच में जनता की मुक्ति की आकांक्षा और उसके लिए क्रांतिकारी संघर्ष की अभिव्यक्ति तेलंगाना के किसान-संघर्ष में हुई। जनता के इस राजनीतिक क्रांतिकारी संघर्ष की सांस्कृतिक स्तर पर अभिव्यक्ति प्रगतिशील आन्दोलन और उससे विकसित विभिन्न कला-रूपों में हुई। आजादी के नाम पर सत्ता-हस्तांतरण के बाद देश में सामंती-पूँजीवादी वर्गों के गठजोड़ के रूप में शासक-वर्ग सामने आया, उसका पहला खूँखार दमनकारी रूप तेलंगाना की किसान क्रांति और प्रगतिशील आन्दोलन के क्रूर दमन में दिखाई पड़ा। तेलंगाना का क्रांतिकारी आन्दोलन और जन-संस्कृति के व्यापक उत्थान का प्रगतिशील आन्दोलन, शासक वर्ग के कठोर दमन के साथ-साथ अपनी आन्तरिक असंगतियों और अन्तर्विरोधों के कारण बिखराव के शिकार हुए। फलतः राजनीति और साहित्य में प्रगतिशील शक्तियाँ कमजोर हुईं और प्रगति विरोधी शक्तियों का प्रभुत्व बढ़ा। इसी समय हिन्दी साहित्य में प्रयोगवाद, नयी कविता और नयी कहानी की व्यक्तिवादी-कलावादी प्रवृत्तियों का उदय हुआ।

मुक्तिबोध ने नयी कविता के काल की व्यक्तिवादी-कलावादी प्रवृत्तियों के प्रसार और प्रभाव के कारणों की खोज करते हुए उन ऐतिहासिक सामाजिक शक्तियों और विचारात्मक स्रोतों की ओर संकेत किया है, जिनसे प्रगति विरोधी प्रवृत्तियों को प्रोत्साहन मिल रहा था। ये शक्तियाँ और ये स्रोत देशी ही नहीं, विदेशी भी थे। नयी कविता के काल में प्रचलित और प्रचारित प्रगति विरोधी कलावादी प्रवृत्तियों के सामाजिक, राजनीतिक सन्दर्भ और वर्गीय आधार का विश्लेषण करते हुए मुक्तिबोध ने लिखा है कि नयी कविता में दो वर्ग हैं, उच्च मध्यवर्ग और निम्न मध्यवर्ग। यह उच्च मध्यवर्ग स्वाधीनता के बाद अवसरवाद का खूब

शिकार हुआ है, उसका एक ओर देशी शोषक-शासक-वर्ग से गहरा रिश्ता है तो दूसरी ओर उसने पश्चिमी साम्राज्यवाद की शीतयुद्धकालीन विचारधारा को भी अपनाया है। इस उच्च मध्यवर्ग का उद्देश्य प्रगतिवादी साहित्य, संस्कृति और विचारधारा पर आक्रमण करना और प्रगति विरोधी कला-दर्शन, जीवन-दृष्टि और राजनीतिक दृष्टि का प्रचार-प्रसार करना है। मुक्तिबोध ने लिखा है कि "स्वाधीनता प्राप्ति के उपरांत भारत में एक ओर अवसरवाद की बाढ़ आयी। शिक्षित मध्यवर्ग में भी उसकी जोरदार लहरें पैदा हुईं। साहित्यिक लोग भी उसके प्रवाह में बहे और खूब बहे। इस भ्रष्टाचार, अवसरवाद और स्वार्थपरता की पार्श्वभूमि में नयी कविता के क्षेत्र में पुराने प्रगतिवाद पर जोरदार हमले किए गये और कुछ सिद्धांतों की एक रूपरेखा प्रस्तुत की गयी। ये सिद्धांत और उनके हमले वस्तुतः उस शीतयुद्ध के अंग थे, जिसकी प्रेरणा लंदन और वाशिंग्टन से ली गयी थी। नयी कविता के आसपास लिपटे हुए बहुत से साहित्यिक सिद्धांतों में शीतयुद्ध की छाप है " ('नयी कविता का आत्मसंघर्ष तथा अन्य निबन्ध' पृ. 37)।

मुक्तिबोध ने अनेक निबन्धों और डायरी में नयी कविता की व्यक्तिवादी, कलावादी धारा के कवियों और लेखकों के वास्तविक वर्गीय चरित्र का विश्लेषण किया है। नयी कविता की इस धारा के सिद्धांतकारों ने प्रगतिवाद पर जो हमले किए, उसकी ओर भी जगह-जगह संकेत किया है। मुक्तिबोध ने सम्भवतः सबसे पहले सर्वाधिक जोरदार ढंग से नयी कविता के प्रतिक्रियावादी साहित्यिक दृष्टिकोण के पीछे सक्रिय शीतयुद्धकालीन साम्राज्यवादी विचारधारा के वास्तविक रूप का उद्घाटन किया।

मुक्तिबोध ने एक निबन्ध में लिखा है कि "एक कला सिद्धांत के पीछे एक विशेष जीवन-दृष्टि हुआ करती है, उस जीवन-दृष्टि के पीछे एक जीवन-दर्शन होता है, और उस जीवन-दर्शन के पीछे आज के जमाने में एक राजनीतिक दृष्टि भी लगी रहती है।" मुक्तिबोध ने नयी कविता की व्यक्तिवादी-कलावादी धारा के साहित्य-सिद्धांतों पर विचार करते हुए ही यह बात लिखी है। इससे स्पष्ट है कि मुक्तिबोध के अनुसार नयी कविता की इस धारा ने प्रगतिशील साहित्य और विचारधारा के खिलाफ एक प्रगतिविरोधी कला-दर्शन गढ़ने का प्रयास किया था, जिसका एक निश्चित प्रगतिविरोधी राजनीतिक अभिप्राय भी था। इस प्रगतिविरोधी कलादर्शन, जीवन-दृष्टि और राजनीतिक दृष्टिकोण के विरुद्ध संघर्ष करना नयी कविता के काल की मार्क्सवादी आलोचना का मुख्य दायित्व था। दायित्व को मुक्तिबोध ने पूरा किया। उनका यह आलोचनात्मक संघर्ष केवल साहित्य की दुनिया तक ही सीमित न था; उसके व्यापक राजनीतिक, सांस्कृतिक और विचारधारा सन्दर्भ तथा प्रयोजन भी थे।

अब हमें यह देखना है कि नयी कविता की प्रगतिविरोधी विचारधारा (कला-दर्शन जीवन-दृष्टि और राजनीतिक दृष्टि) का वास्तविक स्वरूप क्या था? क्यों न हम इस विचारधारा के स्वरूप को इसके एक कवि और आचार्य की आत्मस्वीकृति से ही जानें? लक्ष्मीकांत वर्मा उस गिरोह के प्रमुख प्रवक्ता रहे हैं, जिसमें विजय देवनारायण साही, धर्मवीर

भारती और जगदीश गुप्त आदि शामिल थे और जो 'परिमल' के मंच से लगातार कला और सौन्दर्य के नाम पर प्रगतिवाद विरोधी साहित्य-सिद्धांत के निर्माण और प्रचार का काम कर रहा था। अज्ञेय इस गिरोह के आध्यात्मिक गुरु थे, जो कभी-कभी सूत्र और मन्त्र दिया करते थे। लक्ष्मीकांत वर्मा ने *कल्पना* के चार अंकों में 'हिन्दी साहित्य के पिछले बीस वर्ष' शीर्षक लेखमाला में 1947 से 67 तक के हिन्दी साहित्य पर विचार किया है। इस लेख का एकमात्र उद्देश्य प्रगतिशील आन्दोलन के विरुद्ध विषवमन करना और प्रगतिशील रचनाकारों को पानी पी-पी कर गाली देना है। लक्ष्मीकांत वर्मा ने इस लेखमाला की पहली किश्त में ही अपने गिरोह की जिन पाँच स्थायी माँगों का उल्लेख किया है, उनसे नयी कविता की इस प्रगति-विरोधी धारा का असली रूप सामने आ जाता है। लक्ष्मीकांत वर्मा के अनुसार ये पाँच माँगें हैं–

1. "वैयक्तिक स्वातन्त्र्य और कलात्मक सृजनशीलता के साथ मानव-मूल्यों की प्रतिष्ठा,
2. राजाश्रय से मुक्त लेखक का व्यक्तित्व,
3. महामानवों की खोखली और बिकाऊ प्रवृत्ति के विरुद्ध लघु मानव की विवेकपूर्ण दृढ़ता,
4. कम्युनिस्ट विचारधारा से प्रभावित कृत्रिम साहित्य-सृजनशीलता के विरुद्ध सौन्दर्यपरक (एस्थेटिक) कला-सृजन की सार्थकता,
5. इतिहास के दुराग्रह और परम्परा की रूढ़ियों से मुक्त आधुनिकता की माँग, जिसमें अद्वितीय क्षणों की अनुभूति और विवेक का समर्थन, कोरी भावुकता और इलहामी नपुंसकता की निन्दा।"

कोई भी देख सकता है कि इन पाँच माँगों में व्यक्ति स्वातन्त्र्य, मुक्त व्यक्तित्व, मानवमूल्य, इतिहास का दुराग्रह आदि 'शीत युद्ध के मन्त्रपूत शब्दों' की भरमार है। इन पाँच माँगों में से अगर शीतयुद्धकालीन सिद्ध शब्दों को निकाल दें तो ये पाँच माँगें इस रूप में हमारे सामने आएँगी–व्यक्ति स्वातन्त्र्य, लघुमानव का सिद्धांत, कम्युनिस्ट विचारधारा का विरोध, सौन्दर्यवादी कला-दृष्टि का आग्रह, इतिहास तथा परम्परा से मुक्ति और अद्वितीय क्षणों की अनुभूति से युक्त आधुनिकता। लक्ष्मीकांत वर्मा की इन पाँच माँगों का मुख्य उद्देश्य एक ओर मार्क्सवादी विचारधारा और उससे प्रभावित साहित्य का विरोध करना था और दूसरी ओर प्रगतिविरोधी सामाजिक-राजनीतिक जीवन-मूल्यों तथा विचारधारा का समर्थन करते हुए समाज-निरपेक्ष सौन्दर्यवादी कलादर्शन की प्रतिष्ठा करना था। मुक्तिबोध ने नयी कविता की इस प्रगतिविरोधी कलावादी धारा के चिन्तन में छिपी राजनीतिक दृष्टि के विरुद्ध संघर्ष में साहित्य की आलोचना को 'आलोचना के हथियार' की तरह इस्तेमाल किया।

अब हमें यह देखना है कि नयी कविता की प्रगति-विरोधी, व्यक्तिवादी, कलावादी धारा के कलादर्शन, जीवन-दृष्टि और राजनीतिक दृष्टिकोण के वास्तविक रूप को सामने

लाने और उनके खिलाफ आलोचनात्मक संघर्ष चलाने का काम मुक्तिबोध ने किस रूप में किया।

नयी कविता की प्रगतिवाद-विरोधी धारा ने अपनी व्यक्तिवादी रचना-दृष्टि को सैद्धान्तिक आधार प्रदान करने के लिए कलादर्शन खड़ा करने की कोशिश की। इस कलादर्शन के मूल सूत्र और मन्त्र पश्चिम के आधुनिकतावादी और रूपवादी विचारधारात्मक अभियान की उपज थे। पहले प्रकार के सूत्रों और मन्त्रों के सहारे पश्चिम के आधुनिक बुर्जुआ कला-चिन्तन को हिन्दी में स्थापित करने की कोशिश हो रही थी और दूसरे प्रकार के सूत्रों तथा मन्त्रों के सहारे भारतीय साहित्य में साम्राज्यवाद की शीतयुद्धकालीन विचारधारा को सुनियोजित ढंग से प्रचारित करने का प्रयास हो रहा था। मुक्तिबोध ने नयी कविता के इस तथाकथित कलादर्शन के प्रेरक स्रोतों और प्रयोजनों पर विस्तार से विचार किया। प्रयोगवाद-नयी कविता की इस धारा के नेता अज्ञेय ने समाज-निरपेक्ष सौन्दर्यवादी कलादर्शन के निर्माण का प्रयत्न किया। इस कलादर्शन की एक मान्यता यह थी कि कला का अपना पूर्ण स्वायत्त संसार होता है और रचना या आलोचना के प्रसंग में कला के संसार का समाज के वास्तविक जीवन से कोई सम्बन्ध नहीं होता। इस मान्यता से जुड़ी हुई उनकी दूसरी धारणा यह थी कि रचनाकार के भोक्ता मन और सर्जक मन के बीच पूर्ण पार्थक्य होता है। यह दूसरी धारणा मूलतः टी॰एस॰ एलियट की है, जिसका अज्ञेय ने हिन्दी में खूब प्रचार किया था। इस कलादर्शन की तीसरी मान्यता यह थी कि चूँकि भोक्ता मनुष्य और सर्जक मन में पूर्ण पार्थक्य होता है, इसलिए वास्तविक जीवन की अनुभूति और सौन्दर्यानुभूति में भी पार्थक्य होता है। इस मान्यता के अनुसार रचनाकारों को अपनी रचनाओं में केवल एस्थेटिक इमोशन्स की ही अभिव्यक्ति करनी चाहिए। रचनाकार को तथाकथित सौन्दर्यपरक भावों की अभिव्यक्ति तक सीमित रखने की धारणा दुनिया भर के कलावाद की बुनियादी धारणा है। मुक्तिबोध ने नयी कविता की व्यक्तिवादी धारा के कलावाद पर चोट करते हुए लिखा कि जीवनानुभूति और काव्यानुभूति के बीच पूर्ण पार्थक्य स्थापित करने वाली धारणा गलत है। मुक्तिबोध के अनुसार यह एक ऐसा सिद्धांत है, जिसके पीछे न केवल विशेष सौन्दर्याभिरुचि है, वरन् विशेष प्रकार के विषय संकलन का आग्रह भी है, किन्तु इस सिद्धांत का मुख्य हेतु यह है कि व्यक्ति को व्यक्तिबद्ध बनाया जाय (*नयी कविता का आत्म संघर्ष*, पृ॰ 17)। मुक्तिबोध ने जीवनानुभूति और काव्यानुभूति में पार्थक्य स्थापित करने वाले सिद्धांत को व्यावहारिक दृष्टि से प्रतिक्रियावादी कहा है।

नयी कविता की व्यक्तिवादी कलावादी धारा की चौथी मान्यता यह थी कि जीवनानुभूति और सौन्दर्यानुभूति में समानांतरता होती है, एकता नहीं। इस मान्यता के अनुसार सौन्दर्यानुभूति जीवन के एक निगूढ़ क्षण में कल्पोद्भास या पूर्ण मानसिक द्रवण है। जीवनानुभूति सौन्दर्यानुभूति से पृथक् तो है ही, वह समानांतर भी है। जीवनानुभूति और सौन्दर्यानुभूति के अलगाव की इस धारणा के अनुसार सौन्दर्य प्रतीति का सामाजिक दृष्टि से भी कोई सम्बन्ध नहीं है, बल्कि सामाजिक दृष्टि सौन्दर्य-प्रतीति में बाधक ही है।

मुक्तिबोध ने जीवनानुभूति और सौन्दर्यानुभूति की समानांतरता की धारणा का खंडन किया है और दोनों की एकता पर बल दिया है। उन्होंने सौन्दर्यानुभूति की व्याख्या करते हुए लिखा है कि "सौन्दर्यनुभव जीवन के सार रूप का प्रगाढ़ मार्मिक अनुभव है। किन्तु यह तभी प्राप्त होता है, जब मनुष्य को अपने परे जाने, अपने से ऊपर उठने, तटस्थ होने, निजबद्धता से मुक्त होने के साथ-साथ (और एक साथ) तन्मय होने का, विलीन हो जाने का, मानवीय गुण और उस गुण का सामर्थ्य प्राप्त हो, तभी वह विशिष्ट की सामान्य में परिणति की मुक्त आत्मीयता का आनन्द ले सकेगा" (*नयी कविता का आत्मसंघर्ष*, पृ॰ 39-40)। मुक्तिबोध ने सौन्दर्यानुभूति को केवल कलाकार की ही विशिष्टता न मानकर उसे मनुष्यत्व का लक्षण कहा है। कलाकार को सौन्दर्यानुभूति की क्षमता उसकी मनुष्यता की क्षमता पर, उसके व्यापक जीवन-विवेक पर निर्भर है, क्योंकि "सौन्दर्यानुभूति वास्तविक जीवन की मनुष्यता है।" आचार्य रामचंद्र शुक्ल ने जीवनानुभूति और काव्यानुभूति की एकता को स्वीकार करते हुए रचनाकारों के लिए आत्मबोध के साथ-साथ जगत् बोध अर्जित करने पर बल दिया था। मुक्तिबोध भी जीवनानुभूति और सौन्दर्यानुभूति की एकता स्वीकार करते हैं और रचनाकार को आत्मचेतस् होने के साथ-साथ विश्चेतस् होने की सलाह देते हैं।

नयी कविता की व्यक्तिवादी धारा की सौन्दर्यवादी दृष्टि अनुभूति के क्षण को महत्त्व देती थी। इस दृष्टि के अनुसार रचना का सम्बन्ध सौन्दर्यानुभूति से होता है और सौन्दर्यानुभूति का केवल क्षण ही हो सकता है, इसलिए अनुभूति के क्षण को ही रचना में महत्त्व मिलना चाहिए। कलाकार और कला को वास्तविक जीवन प्रसंगों से काटकर क्षण की अनुभूति या अनुभूत क्षण तक सीमित रखने वाली यह मान्यता विशुद्ध कलाकार और विशुद्ध कला की वकालत करती है। मुक्तिबोध ने इस कलावादियों के सौन्दर्यवाद के अंतरंग सखा क्षणवाद की आलोचना करते हुए लिखा है कि "यह सौन्दर्यवाद कलाकार को क्षणजीवी सौन्दर्यानुभूति के छोटे-से मानसिक बिन्दुओं में ही समेटकर, बाँधकर रखना चाहता है ताकि वह अपने समस्त व्यक्तित्व और समस्त अन्तरजीवन की प्राणधाराओं को भूमिगत करके, केवल ऊपरी सतह पर उछाले गये बिन्दुओं में अपने-आपको तृप्त मान ले और शेष को भूल जाय" (*नयी कविता का आत्म-संघर्ष*, पृ॰ 169)। नयी कविता के व्यक्तिवादी कलावादियों के बारे में मुक्तिबोध ने लिखा है कि समग्र मानव सत्ता के प्रति उनके मन मे कोई अनुराग नहीं है। इन कलावादियों के क्षणवाद का कला-सृजन के सन्दर्भ में सामाजिक-राजनीतिक और नैतिक दायित्वों से घोर विरोध है।

प्रश्न यह है कि क्या इस क्षणवाद का कोई राजनीतिक और विचारधारात्मक प्रयोजन भी है? नयी कविता के कलावादियों के सौन्दर्यवाद और क्षणवाद का सम्बन्ध केवल कला की दुनिया से ही नहीं है। मुक्तिबोध ने इस क्षणवाद के राजनीतिक और विचारधारात्मक प्रयोजन को स्पष्ट करते हुए लिखा है, "इनकी बड़ी चिन्ता यह थी कि समाज में प्रचलित समाजवादी भावों और प्रगतिवादी झुकावों को लेखक कहीं मूलबद्ध रूप से स्वीकार न कर ले। अतएव उनका प्रधान आग्रह यह था कि लेखक सौन्दर्यानुभूति का जो विशेष क्षण होता

है, उस क्षण की सत्ता की परिधि के बाहर न जावे" (*नयी कविता का आत्म-संघर्ष*, पृ॰ 171)। मुक्तिबोध ने ठीक ही लिखा है कि इस सौन्दर्यवाद और क्षणवाद का मुख्य प्रयोजन साम्यवाद और प्रगतिवाद का विरोध करना था।

अनुभूति के क्षण के नारे का गहरा सम्बन्ध अनुभूति की ईमानदारी और अनुभूति की प्रामाणिकता के नारे से था। इन कलावादियों का तर्क था कि रचनाकार के पास अनुभूति के केवल क्षण होते हैं, इसलिए सहज, क्षणिक अनुभूति भी प्रामाणिक हो सकती है और उसकी अभिव्यक्ति में ही रचनाकार की ईमानदारी प्रकट होती है। उनकी इस मान्यता के अनुसार सौन्दर्यानुभूति की क्षण-सत्ता की परिधि के बाहर के जीवनानुभवों, व्यापक सामाजिक जीवन के अनुभवों की अभिव्यक्ति करने वाली रचना में न तो अनुभूति की ईनानदारी होगी और न प्रामाणिकता। अनुभूति की ईमानदारी और प्रामाणिकता का नारा साहित्यकार और साहित्य को समाज से, जनता की समस्याओं से, सामाजिक-राजनीति जीवन के गतिशील यथार्थ से दूर हटाने के इरादे से उछाला गया था। स्पष्ट है, यह नारा यथार्थवादी साहित्य का विरोध करने के लिए गढ़ा गया था। कुछ लोगों ने अनुभूति की ईमानदारी और प्रामाणिकता को अपर्याप्त समझ कर अनुभूति की समझदारी की बात की, लेकिन यह समझदारी भी प्रगतिवाद के विरोध में ही काम आयी। मुक्तिबोध ने अनुभूति की ईमानदारी के नारे का खंडन करते हुए कहा कि "अनुभूति की ईमानदारी का नारा देने वाले लोग, असल में, भाव या विचार के सिर्फ सब्जेक्टिव पहलू, केवल आत्मगत पक्ष के चित्रण को ही महत्त्व देकर उसे भाव-सत्य या आत्म-सत्य की उपाधि देते हैं। किन्तु भाव या विचार का एक ऑब्जेक्टिव पहलू अर्थात् वस्तुपरक पक्ष भी होता है" (*एक साहित्यिक की डायरी*, पृ॰ 133)। मुक्तिबोध ने अपने द्वन्द्वात्मक भौतिकवादी दृष्टिकोण के कारण ही 'अनुभूति की ईमानदारी' में निहित भाववाद को पहचाना और भाव या विचार के आत्मगत पक्ष और वस्तुगत पक्ष के समान महत्त्व पर बल दिया। इससे भी एक कदम आगे बढ़कर उन्होंने यह भी बताया, कि रचना के सन्दर्भ में आत्मगत पक्ष को सब कुछ मान लेने के कारण रचना में एक खास किस्म का शिल्प निर्मित होता है और आलोचना में केवल आत्मपरक कविताओं को महत्त्व दिया जाता है। उन्होंने यह भी लिखा है कि अनुभूति की ईमानदारी के नाम पर अनुभूति का फ्रॉड भी हो सकता है और यह नयी कविता में बहुत है। इस सन्दर्भ में ध्यान देने लायक दूसरी महत्त्वपूर्ण बात यह है कि रचना में ईमानदारी के बावजूद वहाँ फ्रॉड पैदा हो सकता है, जहाँ 'लेखक ईमानदारी से मूर्ख होता है।' इस फ्रॉड से बचने का तरीका यह है कि लेखक "वस्तु जगत् के ज्ञान को अधिकाधिक मार्मिक यथार्थमूलक बनाए और विकसित करे'; क्योंकि 'ज्ञान के क्षेत्र में ही भावना विचरण करती है और भावना का ज्ञानात्मक आधार जब तक वस्तुतः शुद्ध है तभी तक यह भावना फ्रॉड नहीं है" (*एक साहित्यिक की डायरी*', पृ॰ 142)। मुक्तिबोध के लिए 'ज्ञान का अर्थ केवल वैज्ञानिक उपलब्धियों का बोध नहीं हैं, वरन् समाज की उत्थानशील और ह्रासशील शक्तियों का बोध भी है।' समाज की ह्रासशील और उत्थानशील शक्तियों के बोध के लिए एक

वैज्ञानिक विचारधारा की जरूरत होती है। इस तरह मुक्तिबोध प्रकारांतर से रचनाकारों के लिए एक वैज्ञानिक विचारधारा अर्जित करने की अनिवार्यता पर बल देते हैं। मुक्तिबोध अनुभूति की ईमानदारी को सुव्यवस्थित और अनुशासित करने वाली अनुभूति की सच्चाई को महत्त्वपूर्ण मानते हैं; इसलिए वे आत्मपरक ईमानदारी और 'वस्तुपरक सत्यपरायणता' की बात करते हैं।

नयी कविता की व्यक्तिवादी कलावादी धारा की सातवीं मान्यता यह थी कि सौन्दर्य-प्रतीति और सामाजिक दृष्टि में परस्पर विरोध होता है। इस धारा के लेखकों के अनुसार सामाजिक दृष्टि ऊपर से थोपी हुई चीज है और वह रचना तथा आलोचना के सन्दर्भ में अप्रासंगिक है। इन कलावादियों का कहना था कि काव्य-सत्य कवि का आत्म-सत्य होता है, कवि का काम आत्मान्वेषण करना और आत्माभिव्यक्ति करना है, इसलिए कवि का आत्म-संघर्ष उसकी चेतना का अपना संघर्ष है, उसका सामाजिक संघर्ष से कोई सम्बन्ध नहीं होता। उनके अनुसार सौन्दर्य-प्रतीति आत्मा की विशेष दशा की प्रतीति है, इसलिए इस सन्दर्भ में सामाजिक दृष्टि की बात करना गैर जरूरी है। मुक्तिबोध ने नयी कविता के व्यक्तिवादी कलादर्शन की इस मान्यता का भी खंडन किया है। वे कविता की रचना-प्रक्रिया को एक सांस्कृतिक प्रक्रिया मानते हैं और कहते हैं कि रचना में "जो सांस्कृतिक मूल्य परिलक्षित होते हैं, वे व्यक्ति की अपनी देन नहीं, समाज की या वर्ग की देन है" इसलिए कविता को केवल आत्माभिव्यक्ति समझना गलत है। मुक्तिबोध ने कविता को केवल आत्माभिव्यक्ति मानने की धारणा का खंडन करते हुए ही 'कला के तीन क्षण' के नाम से रचना-प्रक्रिया की तीन अवस्थाओं का विश्लेषण किया है। उन्होंने रचना-प्रक्रिया के विश्लेषण में उसकी व्यापकता, जटिलता, गहराई और विशिष्टता का पूरा ध्यान रखा है। रचना-प्रक्रिया के उनके विश्लेषण में 'क्षण' को आते देखकर अगर किसी को कोई भ्रम या सन्देह हो तो उसे स्वयं मुक्तिबोध का विश्लेषण और उनकी कविताओं में इसका रचनात्मक प्रतिफलन देख लेने पर यह मालूम हो जाएगा कि मुक्तिबोध ने कला-रचना के जिन तीन क्षणों की चर्चा की है, उन्हें पार करने में अनेक कवियों का पूरा जीवन छोटा पड़ जाता है। नयी कविता के व्यक्तिवादी कलावादियों के विपरीत मुक्तिबोध की मान्यता है कि सामाजिक दृष्टि रचनाकार की सौन्दर्य-प्रतीति में बाधक नहीं, सहायक ही है, क्योंकि सामाजिक दृष्टि से रचनाकार की सौन्दर्य-प्रतीति की परिधि का विस्तार होता है, उसका विकास होता है। मुक्तिबोध ने सौन्दर्य-प्रतीति के सन्दर्भ में सामाजिक दृष्टि की महत्ता स्थापित करते हुए लिखा है कि "जिस समाज में हम रहते हैं, उसके द्वारा प्रदत्त अथवा उत्सर्जित भाव, परम्परा तथा मूल्यों से विच्छिन्न होकर सृजन-प्रक्रिया के अंगभूत मूल्यों का अस्तित्व ही नहीं है। सौन्दर्य-प्रतीति की डुग्गी पीटने वाले लोग सामाजिक दृष्टि को भले ही ऊपर से थोपी हुई चीज समझें, वह वस्तुतः यदि दृष्टि है, तो कभी भी थोपी हुई नहीं रहती, वरन् हमारे अन्तर का एक निजतेजस्व आलोक बनकर सामने आती है। हम जिस समाज, संस्कृति, परम्परा, युग और ऐतिहासिक आवर्त्त में रह रहे हैं, उन सबका प्रभाव हमारे

हृदय का संस्कार करता है" (*नयी कविता का आत्मसंघर्ष*, पृ॰ 57)। वास्तव में कविता को केवल आत्माभिव्यक्ति मानने और सामाजिक दृष्टि को सौन्दर्य-प्रतीति का विरोधी समझने की धारणा व्यक्तिवादी सोच की उपज है। इस धारणा के मूल में व्यक्ति और समाज के आपसी विरोध को शाश्वत मानने वाली धारणा छिपी हुई है। मुक्तिबोध ने 'व्यक्ति के विरुद्ध समाज' की धारणा का खंडन करते हुए लिखा है कि "हमारा सामाजिक व्यक्तित्व ही हमारी आत्मा है। व्यक्ति और समाज का विरोध बौद्धिक विक्षेप है, इस विरोध का कोई अस्तित्व नहीं। जहाँ व्यक्ति समाज का विरोध करता दिखाई देता है वहाँ, वस्तुतः समाज के भीतर की ही एक सामाजिक प्रवृत्ति दूसरी सामाजिक प्रवृत्ति से टकराती है। वह समाज का अन्तर्विरोध है न कि व्यक्ति के विरुद्ध समाज का, या समाज के विरुद्ध व्यक्ति का। 'व्यक्ति विरुद्ध समाज' की इस विचार-शैली ने ही हमारे सामने कृत्रिम प्रश्न खड़े किए हैं—जिनमें से एक है सौन्दर्य-प्रतीति के विरुद्ध सामाजिक दृष्टि" (*नयी कविता का आत्मसंघर्ष*, पृ॰ 58)। इस प्रकार हम देखते हैं कि नयी कविता के कलावादी व्यक्तिवादी विचारकों द्वारा गढ़े गये कला और साहित्य सम्बन्धी सभी प्रश्न कृत्रिम और उत्तर झूठे हैं। मुक्तिबोध ने इन प्रश्नों और उत्तरों के भीतर छिपे सामाजिक इरादों, राजनीतिक अभिप्रायों और विचारधारात्मक प्रयोजनों की असलियत को सामने लाकर अपने समय के विचारधारात्मक संघर्ष में महत्त्वपूर्ण योगदान किया है।

नयी कविता के कलावादी व्यक्तिवादी लेखकों ने एक कला-दर्शन खड़ा करने के साथ-साथ साहित्य और समाज के सम्बन्ध को निर्धारित और प्रभावित करने वाली कुछ ऐसी धारणाओं का भी प्रचार-प्रसार किया, जिनमें उनकी जीवन-दृष्टि और राजनीतिक दृष्टि की स्पष्ट रूप से अभिव्यक्ति हो रही थी। इन धारणाओं में से एक धारणा व्यक्ति-स्वातन्त्र्य की थी। यह व्यक्ति-स्वातन्त्र्य का सिद्धांत शीत युद्ध के काल में मार्क्सवादी दर्शन, समाजवादी समाज व्यवस्था और साम्यवादी आदर्श और इन सबसे सम्बद्ध कला और साहित्य के विरुद्ध संघर्ष के लिए साम्राज्यवादियों का सर्वाधिक सिद्ध सिद्धांत था। हिन्दी में नयी कविता के कलावादी व्यक्तिवादी शीतयुद्ध के इस सिद्धांत का सहारा लेकर प्रगति-विरोधी अभियान चला रहे थे। मुक्तिबोध ने नयी कविता के व्यक्तिवादियों के व्यक्ति-स्वातन्त्र्य के सिद्धांत के मूल में निहित शीतयुद्धकालीन प्रभाव को लक्षित करते हुए लिखा है कि "शीतयुद्ध के दौरान इस नवीन भावधारा ने विगत जनतन्त्रवादी विचारधारा से भी युद्ध किया और प्रगतिवादी विचारधारा से भी।" नयी कविता की व्यक्तिवादी धारा ने एक ओर छायावाद की जनतन्त्रवादी विचारधारा से युद्ध किया और दूसरी ओर प्रगतिवादी से। छायावाद में व्यक्तिवाद था, लेकिन उसमें सामाजिक रूढ़ियों से मुक्ति, रीतिवादी रूढ़ियों के विरुद्ध संघर्ष और राजनीतिक गुलामी के विरुद्ध विद्रोह का भाव था। छायावाद में सामाजिक परिवर्तन के तत्त्व और आग्रह थे, इसलिए उसका व्यक्तिवाद नयी कविता के व्यक्तिवाद की तरह प्रगति-विरोधी और समाज-विरोधी नहीं था। छायावाद की मूल चेतना सामंतवाद विरोधी और जनतन्त्र समर्थक थी। नयी कविता के व्यक्तिवादियों ने छायावाद

के विरुद्ध संघर्ष का जो अभियान चलाया था, उसका मुक्तिबोध ने खंडन किया।

नयी कविता के व्यक्तिवादी लेखक अपने व्यक्ति-स्वातन्त्र्य के सिद्धांत के अनुसार व्यक्ति और समाज के बीच शाश्वत और सार्वभौम विरोध देखते थे। उनका कहना था कि औद्योगिक सभ्यता व्यक्तित्व का नाश करती है और व्यक्ति का व्यक्तित्व विखंडित हो जाता है। वे यह भी कहते थे कि पूँजीवाद और समाजवाद दोनों औद्योगिक सभ्यताएँ हैं, लेकिन पूँजीवादी देशों में, तथाकथित स्वतन्त्र दुनिया में, व्यक्तित्व-विभाजन और व्यक्तित्व-विनाश के बावजूद व्यक्ति अपने निर्णय के लिए स्वतन्त्र है, इसलिए पूँजीवाद, समाजवाद से बेहतर व्यवस्था है। कहने की जरूरत नहीं है कि इस तर्क-पद्धति और दृष्टिकोण का उद्देश्य समाजवाद का विरोध और पूँजीवाद तथा साम्राज्यवाद का समर्थन था।

इन कलावादियों का व्यक्तिवादी दृष्टिकोण सामान्य जनता के प्रति उनके दृष्टिकोण में भी प्रकट होता है। इन व्यक्तिवादियों का कहना था कि जनता भीड़ है, मूर्ख है, वह विवेक-विहीन है, और जब तक व्यक्ति इस भीड़ का अंग है, तब तक वह किसी भी तरह के आत्मनिर्णय के लिए स्वतन्त्र नहीं है। इन व्यक्तिवादियों का नारा था कि कलाकारों को, आत्मा का अन्वेषण करने वालों को जनता से दूर रहना चाहिए। मुक्तिबोध ने इस प्रकार के सोच को नितांत प्रतिक्रियावादी कहा है।

व्यक्ति-स्वातन्त्र्य का सिद्धांत पूँजीवादी व्यवस्था और विचारधारा के समाज-विरोधी रूप की चरम परिणति है। इसे एक पुनीत सिद्धांत के रूप में नयी कविता के व्यक्तिवादियों ने प्रचारित-प्रसारित किया था। पूँजीवादी समाज में व्यक्ति-स्वातन्त्र्य के असली रूप को मुक्तिबोध ने इन शब्दों में स्पष्ट किया है—"जिस समाज में हर चीज खरीदी और बेची जाती है, जहाँ बुद्धि बिकती है, और बुद्धिजीवी वर्ग बुद्धि बेचता है, अपने शारीरिक अस्तित्व के लिए, जहाँ उदारवादी की जगह उदरवादी हुआ जाता है, जहाँ स्त्री बिकती है, श्रम बिकता है, वहाँ अन्तरात्मा भी बिकती है। यहाँ सच्चा व्यक्ति-स्वातन्त्र्य अगर किसी को है तो धनिक वर्ग को है, क्योंकि वह दूसरों की स्वतन्त्रता खरीदकर अपनी स्वतन्त्रता बढ़ाता है, और अर्थव्यवस्था, राजनीतिक व्यवस्था-सम्पूर्ण समाज-व्यवस्था का पदाधीश बनकर, प्रत्यक्षतः और अप्रत्यक्षतः स्वयं या विक्रीता आत्माओं द्वारा अपने प्रभाव और जीवन को स्थायी बनाता है" (*नयी कविता का आत्मसंघर्ष*, पृ॰ 179)। यही है पूँजीवादी समाज-व्यवस्था में व्यक्ति-स्वातन्त्र्य का वास्तविक रूप। इस वास्तविकता को तर्क की चादर से ढँकने के लिए ही नयी कविता के व्यक्तिवादियों ने व्यक्ति-स्वातन्त्र्य के सिद्धांत की जोर-शोर से वकालत की थी।

मुक्तिबोध हर तरह से व्यक्ति-स्वातन्त्र्य के विरोधी नहीं थे। वे व्यक्ति-स्वातन्त्र्य के नाम पर प्रचलित समाज-विरोधी और मानव-विरोधी व्यक्तिवाद के विरोधी थे। वे जनता की स्वतन्त्रता के समर्थक थे, इसलिए व्यक्ति-स्वातन्त्र्य को जनता की मुक्ति की आकांक्षा से जोड़कर देखते थे। मुक्तिबोध ने लिखा है कि "साधारण जन-मन में व्यक्ति-स्वातन्त्र्य का प्रश्न सबके लिए मानवोचित जीवन-रचना और समाज-रचना के प्रश्नों से जुड़ा है।"

पूँजीवादी व्यवस्था के पोषक और साम्राज्यवाद के सेवकों के व्यक्ति-स्वातन्त्र्य के लक्ष्य से जनता के व्यक्ति-स्वातन्त्र्य का लक्ष्य भिन्न है। मुक्तिबोध ने इस स्थिति को स्पष्ट करते हुए लिखा है–"मुनाफाखोरों और उत्पीड़कों के व्यक्ति-स्वातन्त्र्य का लक्ष्य, और जनता के व्यक्ति-स्वातन्त्र्य के लक्ष्य में अन्तर है–जी नहीं, केवल अन्तर ही नहीं, विरोध भाव है। केवल विरोध भाव ही नहीं, विपरीत दिशाएँ हैं" (*नयी कविता का आत्मसंघर्ष*, पृ॰ 181)। निश्चय ही मुक्तिबोध उत्पीड़कों, मुनाफाखोरों और उनके प्रतिनिधि साहित्यकारों के व्यक्ति-स्वातन्त्र्य के लक्ष्य के विरुद्ध हैं और जनता के व्यक्ति-स्वातन्त्र्य के लक्ष्य के समर्थक। उन्होंने इस बात को कविता में भी कहा है–*कविता में कहने की आदत नहीं, पर कह दूँ। वर्तमान समाज चल नहीं सकता/पूँजी से जुड़ा हृदय बदल नहीं सकता/स्वातन्त्र्य व्यक्ति का वादी/छल नहीं सकता, मुक्ति के मन को/जन को*।

नयी कविता के व्यक्तिवादियों की जीवन-दृष्टि और राजनीतिक दृष्टि को उजागर करने वाला दूसरा सिद्धांत 'लघु मानव' का है। इसके मुख्य प्रवक्ता हैं लक्ष्मीकांत वर्मा। लक्ष्मीकांत वर्मा ने *नयी कविता के प्रतिमान* में इस लघु मानव के सिद्धान्त को प्रतिपादित करने का प्रयास किया था और 1967 की 'कल्पना' की लेखमाला में भी इसे दोहराया था। लक्ष्मीकान्त वर्मा 'नयी कविता के प्रतिमान' के निर्माता ही नहीं हैं, वे नयी कविता की यथार्थवाद-विरोधी और प्रगतिवाद-विरोधी धारा के एक कवि भी रहे हैं। उन्होंने जब नयी कविता की परिभाषा गढ़ने की कोशिश की थी तो निश्चय ही अपनी कविता को ध्यान में रखकर होगा। उन्होंने लिखा है कि नयी कविता 'लघु मानव के लघु परिवेश की अभिव्यक्ति' है। नयी कविता की इस धारा में लघु मानव के सिद्धांत का कितना अधिक महत्त्व था, यह बात लक्ष्मीकांत वर्मा की नयी कविता की परिभाषा से स्पष्ट हो जाती है। वैसे तो लक्ष्मीकांत वर्मा अपने को व्यापक मानवता के प्रति आस्थावान कहते हैं, लेकिन मानवता के प्रति इस आस्था का हाल यह है कि वह 'समूह मानव और समूह चेतना' अर्थात् समाज और सामाजिक चेतना से पूरी तरह आतंकित है। उनका लघु-मानव व्यक्ति-मानव है। वे यह भी मानते हैं कि व्यक्ति और समाज परस्पर विरोधी हैं। नयी कविता की इस धारा के लक्ष्मीकांत वर्मा और विजयदेवनारायण साही जैसे चिन्तक बार-बार जिस मानववाद की चर्चा करते हैं, वह 'लघु-मानव' के सिद्धांत पर टिका हुआ है।

मुक्तिबोध लघु-मानव के इस सिद्धांत को भी शीतयुद्ध की साम्राज्यवादी विचारधारा की उपज मानते हैं। उनका कहना है कि यह लघु-मानव व्यक्तिवाद का सगा भाई है क्योंकि यह समाज और सामाजिक चेतना से आतंकित है और व्यक्ति-सत्ता में ही अपनी अद्वितीयता खोजता और पाता है। दुःख की स्थिति को प्राकृतिक देन की तरह स्थायी मान लेने के बाद उसको दूर करने के सभी प्रयत्न निरर्थक ही लगेंगे। लघु-मानव के सिद्धांत के अनुसार सामाजिक परिवर्तन के सारे प्रयत्न और मानव-मुक्ति के सारे लक्ष्य निरर्थक हैं। इस सिद्धांत को स्वीकार करने का अर्थ है पूँजीवादी समाज-व्यवस्था को मनुष्य की नियति

मान लेना और पूँजीवादी समाज-व्यवस्था को समाप्त कर एक शोषण मुक्त समाज-व्यवस्था के निर्माण की आकांक्षा और कोशिश से मुँह मोड़ लेना। क्या यह अलग से कहने की जरूरत है कि लघु-मानव का सिद्धांत पूँजीवादी समाज-व्यवस्था के वर्तमान को मानव समाज का शाश्वत वर्तमान मानता है? मुक्तिबोध ने ठीक ही लिखा है कि "यह मुख्यतः मानव-मुक्तिवादी विचारधाराओं के विरुद्ध है, इसकी तीखी नोक खास कर साम्यवादी धारणाओं के विरुद्ध है, क्योंकि साम्यवादी धारणाओं में यह बताया गया है कि मनुष्य चाहे तो अपना भाग्य परिवर्तन कर सकता है" (*नये साहित्य का सौन्दर्यशास्त्र*, पृ॰ 26)। मुक्तिबोध के अनुसार, "दुख के स्थायित्व, लघुत्व की मूल स्थिति तथा उच्चतर गुणों के माया स्वप्नत्व का पाठ पढ़ाकर मनुष्य को मानव सत्ता के उच्चतर रूपांतर के कार्यों और कार्यक्रमों से अलग करना" ही इस लघु-मानव के सिद्धांत का मुख्य उद्देश्य है। यही कारण है कि वे लघु मानव के सिद्धांत को नकारवादी, निराशावादी और प्रतिक्रियावादी कहते हैं।

नयी कविता की कलावादी व्यक्तिवादी धारा की कला-दृष्टि, जीवन-दृष्टि और राजनीतिक दृष्टि को प्रकट करने वाला तीसरा सिद्धांत आधुनिकतावाद का है। अपने अनेक दूसरे सिद्धांतों की तरह इस आधुनिकतावाद को भी नयी कविता वालों ने पश्चिम के आधुनिक बुर्जुआ विचारकों से प्राप्त किया था। आधुनिकतावाद कला-दृष्टि और जीवन-दृष्टि के रूप में एक विश्वव्यापी प्रवृत्ति रही है और इसके प्रगति-विरोधी तथा प्रगतिशील दोनों ही रूप कला और साहित्य में प्रकट हुए हैं। नयी कविता के प्रगति-विरोधी व्यक्तिवादियों ने इतिहास और परम्परा से मुक्ति के आग्रही आधुनिकतावाद को ही स्वीकार किया। नयी कविता के आधुनिकतावादियों ने आस्था, अनास्था, अस्तित्व के संकट, संत्रास और मृत्यु-बोध आदि को ही आधुनिक भाव-बोध की प्रमुख विशेषताओं के रूप में प्रचारित किया और इन्हें अपनी कविताओं में उतारा। इन आधुनिकतावादियों में से कुछ अस्तित्ववाद से भी प्रभावित हुए थे। इस दौर में आधुनिकता की जितनी चर्चा हुई, उतनी शायद ही किसी दूसरी समस्या की हुई हो। आधुनिकतावादियों ने आधुनिकता को कविता और कहानी में प्रगतिवाद और यथार्थवाद के विरोधी सिद्धांत के रूप में प्रचारित किया। हिन्दी के यथार्थवाद विरोधी आधुनिकतावादियों ने आधुनिकता के नाम पर उधार के विचारों, कल्पित स्थितियों और संकुचित मनोवृत्तियों की अभिव्यक्ति को ही आधुनिकता मान लिया और अपने समय के समाज और जीवन की व्यापक गतिविधियों से आँख मूँदकर अपनी चेतना के घेरे में चक्कर काटते रहे। मुक्तिबोध ने हिन्दी के आधुनिकतावादियों की समझ की सीमा स्पष्ट करते हुए लिखा है कि "इस आधुनिक भाव-बोध में उन उत्पीड़नकारी शक्तियों का बोध शामिल नहीं है, जिन्हें हम शोषण कहते हैं, पूँजीवाद कहते हैं, साम्राज्यवाद कहते हैं, तथा उन संघर्षकारी शक्तियों का बोध भी शामिल नहीं है, जिन्हें हम जनता कहते हैं, शोषित वर्ग कहते हैं" (*नये साहित्य का सौन्दर्यशास्त्र*, पृ॰ 59)। कहने का तात्पर्य यह है कि यह आधुनिकतावाद समकालीन जीवन और समाज की वास्तविकताओं से पूरी तरह कटा हुआ जन-विरोधी, प्रगति-विरोधी और यथार्थवाद-विरोधी जीवन-दृष्टि और कला-दृष्टि था, जिसका

मुक्तिबोध ने जमकर विरोध किया।

मुक्तिबोध ने नयी कविता के कलावादी, व्यक्तिवादी और प्रगति-विरोधी कला-दर्शन जीवन-दृष्टि और राजनीतिक-दृष्टि के विरुद्ध संघर्ष करते हुए साहित्य की आलोचना को व्यापक विचारधारात्मक संघर्ष में बदलने का प्रयास किया था। मुक्तिबोध ने नयी कविता की जिन प्रवृत्तियों के विरुद्ध संघर्ष चलाया था, वे प्रवृत्तियाँ आज भी हिन्दी साहित्य में कमोबेश मौजूद हैं। ऐसी स्थिति में मुक्तिबोध के आलोचनात्मक संघर्ष को याद करना केवल एक ऐतिहासिक प्रसंग को याद करना नहीं है, बल्कि समकालीन आवश्यकता के लिए इतिहास की पहचान करना है। इन प्रवृत्तियों के विरुद्ध विचारधारात्मक संघर्ष चलाना आज भी उतना ही जरूरी है, जितना वह मुक्तिबोध के समय में था।

3

नयी कविता के व्यक्तिवादियों ने प्रगतिशील साहित्य और विचारधारा का विरोध करते हुए साहित्य, समाज और राजनीति सम्बन्धी पूँजीवादी साम्राज्यवादी विचारों के प्रचार-प्रसार का ही प्रयास नहीं किया, उनके कुछ बौद्धिक नेताओं ने मार्क्सवादी दर्शन, साहित्य-सिद्धांत और समाजवादी समाज-व्यवस्था के खिलाफ भी अभियान चलाया। नयी कविता की प्रगतिवाद विरोधी धारा के एक मुख्य बौद्धिक नेता विजयदेवनारायण साही रहे हैं। उन्होंने अक्टूबर, 1953 की आलोचना में 'मार्क्सवादी समीक्षा और उसकी कम्युनिस्ट परिणति' नामक लेख लिखा था। यह बहुत आश्चर्य की बात है कि इस लेख का प्रतिवादियों की ओर से जैसा विरोध होना चाहिए था, वैसा नहीं हुआ। यह लेख मार्क्सवादी दर्शन, सौन्दर्यशास्त्र सिद्धांत, आलोचना, साहित्य, साहित्यकार, समाजवादी समाज-व्यवस्था और कम्युनिस्ट पार्टी की घोर निन्दा और भौंड़ी आलोचना से भरा हुआ है। इसमें विकृत तर्कों और सन्दर्भरहित उद्धरणों के सहारे एक मार्क्सवादी लेखक के विचारों को दूसरे मार्क्सवादी लेखक के विचारों के विरुद्ध रखकर मार्क्सवादी साहित्य-चिन्तन के इतिहास की गलत तस्वीर पेश की गयी है। इसमें लगे हाथों प्रगतिशील आन्दोलन और उसके समर्थकों की निन्दा का अवसर भी निकाल लिया गया है। ऐसा ही एक दूसरा लेख 1960 की *वसुधा* में छपा था। इस लेख के लेखक थे गोरखनाथ। हाल में छपे प्रमोद वर्मा के 'हलफनामा' से साबित होता है कि प्रमोद वर्मा ही गोरखनाथ थे। इस लेख में सिद्ध करने का प्रयास किया गया था कि मार्क्सवाद प्रायः साहित्य के सौन्दर्य-पक्ष की उपेक्षा करता है। मुक्तिबोध ने गोरखनाथ के मनगढ़ंत आरोपों का मुँहतोड़ उत्तर देते हुए एक लेख लिखकर मार्क्सवादी सौन्दर्यशास्त्र की अनेक समस्याओं से सम्बन्धित चिन्तन के बारे में गोरखनाथ और उनके जैसे दूसरे मार्क्सवाद विरोधियों के भ्रम और अज्ञान को दूर करने का प्रयास किया था। मुक्तिबोध का यह लेख अपने समय के विचारधारात्मक संघर्ष के प्रति उनकी सजगता का प्रमाण है।

जनविरोधी कलावादियों को बराबर ही साहित्य और जनता की निकटता और एकता खतरनाक लगती है। ये कलावादी लोग जनता को विवेकहीन भीड़ मानते हैं, इसलिए

कलाकार की विशिष्टता, अद्वितीयता और मौलिकता तथा कला की श्रेष्ठता के लिए जनता को खतरा समझते हैं। इनके कलावाद को खतरा ऐसे लेखकों से भी होता है जो जनता की कला-चेतना को ध्यान में रखकर, प्रयोजन और प्रभाव की एकता पर बल देते हुए रचना करते हैं। चीन के समाजवादी समाज में पाठकों की वृद्धि और विस्तार के साथ बड़ी संख्या में लेखकों के उदय से गोरखनाथ को 'मौलिक तथा विशिष्ट प्रतिभा तथा कलात्मक सौष्ठव' का अस्तित्व संकटग्रस्त दिखाई देता था। मुक्तिबोध ने साहित्य और जनता के सम्बन्ध तथा साहित्य के निर्माण और विकास में जनता के सक्रिय सहयोग के बारे में गोरखनाथ की गलत धारणाओं का खंडन करते हुए उन सामाजिक, राजनीतिक और सांस्कृतिक स्थितियों का विश्लेषण किया है, जिसके कारण साहित्य और जनता में निकटता आती है और जनता साहित्य के विकास में सहायक होती है। उन्होंने लिखा है कि "साहित्य के क्षेत्र में सामान्य जनता तभी सक्रिय हो उठती है जब उसमें कोई व्यापक सांस्कृतिक आन्दोलन चल रहा हो—ऐसा आन्दोलन जो उसके आत्म-गौरव और आत्म-गरिमा को स्थापित और पुनः स्थापित कर रहा हो" (*नये साहित्य का सौन्दर्यशास्त्र*, पृ॰ 99)। चीन में साहित्य के क्षेत्र में जनता के सक्रिय होने के कारण वहाँ का व्यापक राजनीतिक सांस्कृतिक मुक्ति-आन्दोलन था। ऐसी स्थिति में साहित्य और जनता की निकटता को खतरनाक समझना जन विरोधी प्रवृत्ति है। मुक्तिबोध ने इस प्रवृत्ति को उस व्यक्तिवाद की उपज कहा है जो जनता को मूर्ख समझता है। जहाँ साहित्य-निर्माण का उद्देश्य व्यापक जन समुदाय की सामाजिक सांस्कृतिक आकांक्षा की अभिव्यक्ति और जनता की कला चेतना का उत्थान हो, वहाँ कलात्मक श्रेष्ठता के सामंती और बुर्जुआ प्रतिमान अनावश्यक और निरर्थक होते हैं।

पूँजीवाद समाज-व्यवस्था में श्रम-विभाजन का विकृत रूप विभिन्न प्रकार के मानसिक श्रम करने वालों के बीच अलगाव में भी दिखाई देता है। इससे ही विशिष्टता और अद्वितीयता की भावना का जन्म होता है। जब एक विशेष प्रकार का मानसिक श्रम एक खास समूह या वर्ग का पेशा बन जाता है तो वह समूह वर्ग अपनी विशिष्टता बनाए रखने के लिए दूसरों से अपनी श्रेष्ठता और भिन्नता सिद्ध करने का प्रयत्न करता है। पेशेवर साहित्यकार साहित्य के स्वरूप, उसके विषय और उसकी श्रेष्ठता के प्रतिमानों का एक निश्चित घेरा बनाकर, साहित्य की एक अलग दुनिया मानकर उसमें जीने की कोशिश करते हैं। साहित्य की यह सीमित दुनिया अपने चारों ओर की वास्तविक दुनिया के भीतर ही होती है, इसलिए वह उससे स्वतन्त्र नहीं होती। पूँजीवादी समाज-व्यवस्था में साहित्य की ऐसी सीमित दुनिया पूँजीवादी व्यवस्था के नियमों से पूरी तरह प्रभावित होती है। व्यापक जन-जीवन से कटी हुई इस सीमित दुनिया में अवसरवाद, बेईमानी, चालबाजी और गुटबन्दी का दमघोटू वातावरण बनता है, जिसमें ईमानदार रचनाकार छटपटाने लगता हे, वह इससे बाहर निकलने की कोशिश करता है। सम्भवतः इसी स्थिति के निजी अनुभव के बाद मुक्तिबोध ने कहा था कि "जो व्यक्ति साहित्य की दुनिया से जितना दूर रहेगा, उसमें अच्छा साहित्यिक बनने की सम्भावना उतनी ज्यादा बढ़ जाएगी।" साहित्य की दुनिया के पेशेवर

साहित्यिक काल्पनिक यथार्थ और झूठी अनुभूतियों का साहित्य रचते हैं। उनके साहित्य में "जीवन का वैविध्य प्रकट नहीं हो पाता, जिन्दगी के असली तजुर्बे नहीं आ पाते और वे जीवन-मूल्य स्थापित नहीं हो पाते जिनके लिए साधारण व्यक्ति संघर्ष करता है" (*नये साहित्य का सौन्दर्यशास्त्र*, पृ॰ 100)। ऐसी स्थिति में यह समझना मुश्किल नहीं है कि सच्चे साहित्य के निर्माण के लिए साहित्य की झूठी दुनिया से बाहर निकलना कितना जरूरी है।

समाजवादी समाज में वास्तविक दुनिया और साहित्य की दुनिया के बीच का झूठा विभाजन नहीं होता, इसलिए इसमें सामान्य जनता के बीच से भी रचनाकार पैदा होते हैं। चीन के समाजवादी समाज में अगर आम जनता में से रचनाकार पैदा हो रहे थे तो उस स्थिति को कला की श्रेष्ठता के लिए खतरा वे महसूस कर रहे थे जो सामंती और पूँजीवादी समाज-व्यवस्था के प्रभुत्वशाली वर्गों के हितों और संस्कारों से जुड़े साहित्य की कल्पित दुनिया में रहने के आदी लेखक थे या फिर पूँजीवादी देशों में रहने वाले उनके समानधर्मा साहित्यकार। अपने को मौलिक तथा विशिष्ट प्रतिभा से सम्पन्न और जनता को साहित्य की श्रेष्ठता के लिए खतरनाक समझने वालों के साहित्यिक 'अहंवाद' की मुक्तिबोध ने तीव्र आलोचना की। जनवादी साहित्य जन-विरोधी लोगों को सदा कलाहीन लगता है। ऐसा इसलिए होता है कि उन लोगों को 'उस साहित्य के मूल मानवीय तत्त्वों से कोई सहानुभूति नहीं होती।'

जनवादी साहित्य और जनता के साहित्य को सौन्दर्य और कला की दृष्टि से हीनतर मानने के पीछे जो कलावादी चेतना होती है, वह व्यक्तिवाद की ही उपज है। मुक्तिबोध ने इस सौन्दर्यवाद की आलोचना करते हुए लिखा है कि सौन्दर्यवाद के नाम से प्रचलित व्यक्तिबद्धता की जो प्रवृत्ति है, उसे (हम) उस सौन्दर्यवाद से अलग करके देखते हैं, जिसका सम्बन्ध व्यापक प्रभावोत्पादकता के साहित्यिक गुण से है। अतएव हम उस कलात्मकता के समर्थकों के साथ हैं जो वस्तुतः समर्पित भाव से जनता में से आये हुए लेखकों के कलात्मक स्तर को ऊँचा उठाने की तत्पर बुद्धि रखते हों तथा अपने स्वयं की साहित्य रचना द्वारा वास्तविक कलात्मकता का मार्ग प्रशस्त करते हों, किन्तु हम कलात्मकता के उन समर्थकों के विरुद्ध हैं जो जनता में से आये हुए लेखकों की आपेक्षिक अपरिपक्वता का निदर्शन-प्रदर्शन केवल इसलिए करते हैं कि उनके साहित्यिक शिखरवाद की अर्थात् व्यक्तिवादी सांस्कृतिकता की रक्षा हो सके? (*नये साहित्य का सौन्दर्यशास्त्र*, पृ॰ 102)। जो स्वयं अपने लेखन में सौन्दर्य और कला के नाम पर अबूझ पहेली गढ़ते हैं, वे अगर जनता के साहित्य में सौन्दर्य और कला के अभाव की बात करते हैं तो इसे उनकी कुत्सित व्यक्तिवादी मनोवृत्ति की अभिव्यक्ति ही समझना चाहिए।

मार्क्सवादी और समाजवादी समाज-व्यवस्था की निन्दा करने वालों का एक पुराना और परिचित तर्क यह है कि अगर मार्क्सवाद बेहतर दर्शन है और समाजवादी अर्थव्यवस्था पूँजीवादी व्यवस्था से उच्चतर समाज-व्यवस्था है तो रूस और चीन में क्रांति के बाद का साहित्य क्रांति पहले के साहित्य से श्रेष्ठतर क्यों नहीं है? गोरखनाथ ने अपने लेख में इस

तर्क को रखा था। प्रायः इस तर्क का जाप करने वाले क्रांति के पहले के महान् साहित्य और क्रांति के बाद में सामान्य साहित्य की तुलना करके यह सिद्ध करना चाहते हैं कि रूस और चीन में क्रांति के बाद क्रांति से पहले की तुलना में श्रेष्ठतर साहित्य की रचना नहीं हुई है। इससे वे यह भी सिद्ध करना चाहते हैं कि मार्क्सवाद और समाजवादी समाज, कला और साहित्य के दुश्मन हैं। अगर हम इस विचार और तर्क-शैली की परीक्षा करें तो देखेंगे कि वह मार्क्सवाद और समाजवादी समाज-व्यवस्था को बदनाम करने की बदनीयती से परिचालित है। मुक्तिबोध ने इस तर्क-पद्धति की असलियत को खोलते हुए लिखा है कि क्रांति के पहले और क्रांति के बाद के साहित्य की तुलना करते समय दोनों कालों की या तो सामान्य रचनाओं की तुलना होनी चाहिए या महान् रचनाओं की। एक काल की महान् रचना से दूसरे काल की सामान्य रचना की तुलना करके परवर्ती समाज-व्यवस्था की निन्दा करना बौद्धिक बेईमानी है। दूसरी बात यह है कि समकालीन चीनी या रूसी साहित्य के सम्यक अध्ययन के बिना उसको घटिया बताना अपने अज्ञान को दूसरों पर थोपना है। तीसरी बात यह है कि समाज के विकास के साथ-साथ उसी अनुपात में साहित्य और कला का भी विकास हो—यह जरूरी नहीं। इस बात के प्रमाण समाजवादी देशों में ही नहीं, पूँजीवादी देशों के भी इतिहास में मिल जाएँगे। दुनिया भर के साहित्य के इतिहास को जाने दीजिए, क्या स्वतन्त्रता के बाद के हिन्दी साहित्य में प्रेमचंद से बड़ा कोई उपन्यासकार पैदा हो गया है? अगर दुनिया भर के साहित्य की यही स्थिति है तो इसके लिए केवल समाजवादी देशों को कोसना कहाँ तक उचित है? एक और बात ध्यान देने की है। कई समाजवादी देशों में जो अनेक प्रकार की कमजोरियाँ हैं, उनको मार्क्सवाद की कमजोरियाँ मान लेना उचित नहीं है। अपने को मार्क्सवादी कहने वाले किसी व्यक्ति या समाजवादी कहने वाले देश के दोषों और गलतियों को मार्क्सवाद के दोष और गलतियाँ मान लेना गलत है। पूँजीवादी देशों में रहने वाले और मार्क्सवादी विचारधारा से प्रभावित होकर रचना करने वाले ऐसे अनेक महान साहित्यकार हुए हैं जो किसी भी युग के महान् से महान् साहित्यकारों की बराबरी कर सकते हैं।

अपने लेख में मार्क्सवादी साहित्य चिन्तन, सौन्दर्यशास्त्र और आलोचना के विकास से अपरिचित गोरखनाथ ने यह भी लिखा है कि मार्क्सवादी साहित्य विचारकों ने सौन्दर्यशास्त्रीय प्रश्नों पर या तो विचार नहीं किया है या सतही ढंग से विचार किया है। इससे जुड़ा हुआ उनका दूसरा आरोप यह भी है कि मार्क्सवादी साहित्य में प्रचार अधिक और सौन्दर्य कम होता है, इसलिए मार्क्सवादी सौन्दर्यशास्त्र के प्रश्नों पर विचार नहीं करते। 1960 तक दुनिया भर के मार्क्सवादी आलोचकों और रचनाकारों ने साहित्य और कला के सौन्दर्य सम्बन्धी प्रश्नों पर जितना महत्त्वपूर्ण चिन्तन किया था, और जो कुछ प्रकाश में आया था, उससे अगर गोरखनाथ परिचित होते तो वे ऐसा आरोप नहीं लगाते। गोरखनाथ के दूसरे आरोप के बारे में यही कहा जा सकता है कि अगर सौन्दर्यशास्त्र के प्रश्नों पर बहस करने से ही बहस करने वालों की रचनाओं में सौन्दर्य आ जाता तो नयी कविता के

कलावादियों में सौन्दर्य की बाढ़ आ गयी होती।

मुक्तिबोध ने गोरखनाथ के लेख का उत्तर देते हुए मार्क्सवादी साहित्य, चिन्तन और समाजवादी समाज-व्यवस्था के बारे में फैलाए जा रहे तरह-तरह के भ्रमों का खंडन किया। यह आज भी विचारधारात्मक संघर्ष का एक महत्त्वपूर्ण पक्ष है। ऐसे आरोपों के खंडन को अनावश्यक मानकर छोड़ देना ठीक नहीं है। क्योंकि इससे एक ओर गोरखनाथ जैसे मार्क्सवाद विरोधियों का हौसला बढ़ता है और दूसरी ओर मार्क्सवाद तथा समाजवाद की ओर बढ़ती हुई जनता के मन में अनेक प्रकार के भ्रमों और भटकावों के लिए जगह बनती है।

4

मुक्तिबोध के आलोचनात्मक संघर्ष का चौथा प्रसंग उस समय की प्रगतिशील आलोचना से जुड़ा हुआ है। इस दिशा में संघर्ष की राह कठिनाई और खतरों से भरी हुई थी। यह संघर्ष दुश्मन से नहीं, अपनों से था; इसलिए उससे अधिक सावधानी की जरूरत थी। इस दिशा में मुक्तिबोध का आलोचनात्मक संघर्ष बहुत कुछ आत्मालोचन जैसा था। मार्क्सवादी केवल वर्ग-शत्रुओं से ही संघर्ष नहीं करते, वे अपने व्यावहारिक अनुभवों के आलोक में आत्मालोचन करते हुए अपनी कमजोरियों पर भी अपनी विजय प्राप्त करते हैं। अपने समय की प्रगतिवादी आलोचना और आलोचकों से मुक्तिबोध का यह आलोचनात्मक संघर्ष प्रगतिवादी आलोचकों के आलोचनात्मक व्यवहार की कमजोरियों और असंगतियों से मुक्त होने के लिए ही था और उसको इसी रूप में समझना उचित होगा।

विचारधारात्मक संघर्ष के सन्दर्भ में उस काल की प्रगतिवादी आलोचना के सामने तीन मुख्य उद्देश्य थे। परम्परा का विवेकपूर्ण मूल्यांकन, प्रगति-विरोधी रचना-दृष्टियों से संघर्ष और प्रगतिशील रचनाशीलता के विकास का मार्गदर्शन। किसी भी काल की मार्क्सवादी आलोचना के ये महत्त्वपूर्ण प्रयोजन हैं। इन उद्देश्यों को पूरा करने में उस समय की मार्क्सवादी आलोचना से जहाँ कहीं चूक हुई, उसकी मुक्तिबोध ने आलोचना की। मुक्तिबोध के इस आलोचनात्मक संघर्ष का लक्ष्य हिन्दी की मार्क्सवादी आलोचना को अधिक पूर्ण और बेहतर बनाना था।

हिन्दी की मार्क्सवादी आलोचना ने हिन्दी साहित्य की जनवादी और प्रगतिशील परम्परा की रक्षा और मूल्यांकन का काम किया है। इस दिशा में सर्वाधिक महत्त्वपूर्ण योगदान डॉ॰ रामविलास शर्मा का है। नयी कविता के काल में प्रगतिशील आलोचकों ने परम्परा के मूल्यांकन के प्रसंग में मध्यकाल के सन्त-भक्ति-साहित्य और आधुनिक काल के छायावाद को मुख्य रूप से बहस का विषय बनाया था। छायावाद के मूल्यांकन में दूसरे आलोचकों से मुक्तिबोध के दृष्टिकोण की भिन्नता की चर्चा हो चुकी है, इसलिए हम वहाँ सन्त-भक्ति साहित्य के मूल्यांकन में दूसरे प्रगतिशील आलोचकों से मुक्तिबोध के

दृष्टिकोण के अन्तर की चर्चा करेंगे।

प्राचीन साहित्य का मूल्यांकन मार्क्सवादी आलोचना के सामने एक गम्भीर चुनौती और समस्या है और दुनिया भर के मार्क्सवादी आलोचकों ने इस चुनौती और समस्या का सामना किया है। साहित्य के स्थायी मूल्यों की खोज और अतीत की महान् कलाकृतियों के कलात्मक प्रभाव के स्थायित्व की व्याख्या का प्रश्न भी इस समस्या से जुड़ा हुआ है। प्रगतिवाद के प्रारम्भिक दौर से ही सन्त-भक्ति साहित्य के मूल्यांकन को लेकर बहस और मतभेद की स्थिति बनी हुई थी। नयी कविता के काल में भी यह बहस समाप्त नहीं हुई थी। सन्त-भक्ति साहित्य सम्बन्धी इस बहस में रांगेय राघव, यशपाल, प्रकाशचन्द्र गुप्त, डॉ॰ रामविलास शर्मा और मुक्तिबोध ने मुख्य रूप से हिस्सा लिया था।

डॉ॰ रामविलास शर्मा ने रांगेय राघव, यशपाल और प्रकाशचन्द्र गुप्त आदि की सन्त साहित्य को प्रतिक्रियावादी घोषित करने वाली एकांगी और असन्तुलित आलोचना की आलोचना करते हुए सन्त-भक्ति-साहित्य को मानवतावादी और प्रगतिशील सिद्ध किया। सन्त-भक्ति साहित्य के मूल्यांकन में डॉ॰ रामविलास शर्मा का दृष्टिकोण अपेक्षाकृत सन्तुलित है, इसलिए उनके दृष्टिकोण के साथ मुक्तिबोध के सन्त-भक्ति-साहित्य के मूल्यांकन और दृष्टिकोण को रखकर देखना उचित होगा।

प्राचीन साहित्य के मूल्यांकन के प्रसंग में एक महत्त्वपूर्ण प्रश्न यह कि प्राचीन साहित्य के मूल्यांकन का आधार क्या है? डॉ॰ रामविलास शर्मा ने लिखा है कि "हम उसकी विषय-वस्तु और कलात्मक सौन्दर्य को ऐतिहासिक दृष्टि से देखकर उसका उचित मूल्यांकन कर सकते हैं।" प्राचीन साहित्य के मूल्यांकन का यह दृष्टिकोण अपर्याप्त होते हुए भी सही है। डॉ॰ शर्मा का यह भी कहना है कि कई बार कृति की विचारधारा और विषय-वस्तु में अन्तर्विरोध होता है। इस बात के अनेक उदाहरण दुनिया भर के साहित्य में मिलते हैं। लेकिन कठिनाई यह है कि डॉ॰ शर्मा रचना में यथार्थबोध और विचारधारा के अन्तर्विरोध को आकस्मिक नहीं मानते, वे ललित कलाओं को (जिनमें साहित्य भी शामिल है) विचारधारात्मक रूपों में गिनना ही गलत मानते हैं। इससे ऐसा लगता है कि डॉ॰ शर्मा के अनुसार यथार्थबोध और विचारधारा में शाश्वत अन्तर्विरोध होता है। डॉ॰ शर्मा विचारधारा को विचार का पर्याय मानते हैं, जबकि विचारधारा केवल विचारों की धारा नहीं है, उसमें इन्द्रियबोध, भावना, विश्वास और चेतना का भी समावेश होता है। विचारधारा में रचनाकार के समय, समाज, वर्ग और चेतना की ऐतिहासिक स्थिति प्रकट होती है। यही कारण है कि विचारधारा की उपेक्षा करके केवल विषय-वस्तु और कलात्मक सौन्दर्य का ऐतिहासिक दृष्टि से मूल्यांकन करने वाली मार्क्सवादी आलोचना प्राचीन साहित्य के सम्यक् मूल्यांकन में सफल नहीं हो सकती। प्राचीन साहित्य के मूल्यांकन के लिए ऐतिहासिक दृष्टि से कृति के यथार्थबोध, विचारधारा और कलात्मक सौन्दर्य की समीक्षा करना जरूरी है।

सन्त-भक्ति साहित्य के मूल्यांकन में यशपाल, रांगेय राघव और प्रकाश चन्द्र गुप्त

आदि ने केवल विचारधारा को देखा, यथार्थबोध और कलात्मक सौन्दर्य का ऐतिहासिक दृष्टि से मूल्यांकन नहीं किया, इसलिए वे गलत निष्कर्ष के शिकार हुए। डॉ॰ रामविलास शर्मा ने तुलसीदास की कविता की विषय वस्तु और कलात्मक सौन्दर्य का ऐतिहासिक दृष्टि से मूल्यांकन किया, लेकिन उन्होंने तुलसीदास की उस विचारधारा पर ध्यान नहीं दिया, जिसमें पर्याप्त प्रतिक्रियावादी तत्त्व हैं और अब भी हमारे समाज में उनका प्रभाव है।

मुक्तिबोध का एक निबन्ध है 'मध्ययुगीन भक्ति आन्दोलन का एक पहलू।' इस निबन्ध में मुक्तिबोध ने भक्ति साहित्य के मूल्यांकन सम्बन्धी प्रगतिशील आलोचकों के बीच की बहस का स्पष्ट उल्लेख नहीं किया है, लेकिन निबन्ध में उस बहस की गूँज सुनाई पड़ती है। मुक्तिबोध भक्ति आन्दोलन को सामान्य जनता के व्यापक सामाजिक, सांस्कृतिक आन्दोलन की अभिव्यक्ति मानते हैं। उनके अनुसार भक्ति-आन्दोलन और उसका साहित्य देश के विभिन्न भागों में स्थानीय सामाजिक-ऐतिहासिक स्थितियों के अनुरूप विकसित हुआ। वे मानते हैं कि सन्त-भक्ति साहित्य की मूल चेतना सामंतवाद विरोधी और जनवादी थी, और उसका सन्देश उस समय ऐतिहासिक स्थिति में क्रांतिकारी था। कबीर में मनुष्य-सत्य की घोषणा के क्रांतिकारी अभिप्राय प्रकट हुए। सगुण भक्ति काव्य में पुराण मतवादी सामंती तत्त्व मौजूद थे। मुक्तिबोध मानते हैं कि इन दोनों में आगे चलकर संघर्ष हुआ। उन्होंने लिखा है कि "जो भक्ति आन्दोलन जनसाधारण से शुरू हुआ और जिसमें सामाजिक कट्टरपन के विरुद्ध जनसाधारण की सांस्कृतिक आकांक्षाएँ बोलती थीं, उसका मनुष्यत्व बोलता था, उसी आन्दोलन को उच्चवर्गीयों ने आगे चलकर अपनी तरह बना लिया, और उससे समझौता करके, फिर उस पर अपना प्रभाव कायम करके और अनन्तर जनता के अपने तत्त्वों को उनमें से निकालकर उन्होंने उस पर अपना पूरा प्रभुत्व स्थापित कर लिया" (*नयी कविता का आत्मसंघर्ष*, पृ॰ 91)। मुक्तिबोध सन्त भक्ति साहित्य की यथार्थ चेतना और कलात्मक सौन्दर्य का ऐतिहासिक दृष्टि से मूल्यांकन करते हैं, लेकिन वे उसके विचारधारात्मक रूप, प्रभाव और प्रयोजन की उपेक्षा नहीं करते। यही कारण है कि वे कबीर की सामाजिक चेतना की प्रशंसा करते हैं, लेकिन कबीर के रहस्यवाद की आलोचना भी करते हैं। तुलसी की कला पर मुग्ध, लेकिन उनकी विचारधारा की उपेक्षा करने वाले प्रगतिशील आलोचकों को याद करते हुए मुक्तिबोध ने लिखा है—"आश्चर्य की बात है कि आजकल प्रगतिवादी क्षेत्रों में तुलसीदास के सम्बन्ध में जो कुछ लिखा गया है, उसमें जिस सामाजिक ऐतिहासिक प्रक्रिया के तुलसीदास अंग थे, उसको जान-बूझकर भुलाया गया है" (*नयी कविता का आत्मसंघर्ष*, पृ॰ 93)।

मुक्तिबोध का विचार है कि भक्ति आन्दोलन और उसके साहित्य को या किसी भी प्राचीन साहित्य को "तीन दृष्टियों से देखना चाहिए—एक तो यह कि वह किन सामाजिक, सांस्कृतिक प्रक्रियाओं का अंग है, दूसरे यह कि उसका अन्तःस्वरूप क्या है और तीसरे उसके प्रभाव क्या हैं" (वही॰ पृ॰ 93)। मुक्तिबोध प्राचीन साहित्य का मूल्यांकन करते समय उसकी समकालीन प्रासंगिकता पर विचार करना विशेष रूप से आवश्यक मानते हैं। वे

साहित्य के मूल्यांकन के सन्दर्भ में अतीत के प्रति रक्षात्मक, वर्तमान के प्रति आक्रमक और भविष्य के प्रति सन्देह की भावना से परिचालित आलोचना के विरुद्ध हैं। उनका विचार है कि वही प्राचीन साहित्य हमारे लिए प्रासंगिक होगा, जिसमें व्यक्त जीवन-मूल्य समकालीन समाज और जीवन के विकास में सहायक हों। उनके अनुसार प्राचीन साहित्य का मूल्यांकन करते समय वहाँ अत्यन्त सावधानी की जरूरत होगी, जहाँ रचना में जीवन-मूल्य प्रतिक्रियावादी हों, लेकिन कलात्मक सौन्दर्य अत्यन्त आकर्षक। मुक्तिबोध ने विचारधारा और कलात्मक सौन्दर्य की इस अन्तर्विरोधपूर्ण स्थिति की चर्चा *कामायनी* के सन्दर्भ में की है और *रामचरितमानस* के सन्दर्भ में भी।

नयी कविता और नयी कहानी के काल की प्रगतिशील आलोचना का दूसरा मुख्य उद्देश्य प्रगति विरोधी रचना दृष्टियों से संघर्ष करना था। स्वाधीनता-प्राप्ति के प्रारम्भिक तीन-चार वर्षों के बाद धीरे-धीरे प्रगतिवाद-विरोधी और यथार्थवाद-विरोधी रचना-दृष्टि के रूप में नयी कविता और नयी कहानी का प्रभाव और प्रभुत्व बढ़ने लगा था। हिन्दी के प्रगतिशील आलोचकों ने इस प्रभाव और प्रभुत्व के प्रसार के खिलाफ संघर्ष किया। डॉ॰ रामविलास शर्मा के *आस्था और सौन्दर्य* तथा डॉ॰ नामवर सिंह के *इतिहास और आलोचना* के अधिकांश निबन्ध इस प्रकार के संघर्ष के 'ऐतिहासिक दस्तावेज' हैं। लेकिन डॉ॰ रामविलास शर्मा, डॉ॰ नामवर सिंह, चंद्रबली सिंह और अमृत राय आदि अनेक आलोचकों के होते हुए भी, और अपने ढंग से प्रगति-विरोधी रचना और आलोचना-दृष्टि के खिलाफ उनके संघर्ष करने के बावजूद नयी कविता और नयी कहानी के काल में कलावादी और व्यक्तिवादी लेखन का ही आधिपत्य रहा और प्रगतिशील लेखन का प्रभाव घटा।

प्रश्न यह है कि ऐसी स्थिति क्यों आयी? इसके अनेक कारण थे, जिनमें से कुछ की चर्चा पहले हो चुकी है। यहाँ केवल उन्हीं कारणों की चर्चा उचित है, जिनका सम्बन्ध प्रगतिशील आलोचकों के आलोचनात्मक व्यवहार से है। सबसे पहले हम यह देखें कि क्या इस काल की प्रगतिशील रचनाशीलता कमजोर थी? आलोचना के स्तर का समकालीन और समानधर्मा रचनाशीलता के स्तर से गहरा सम्बन्ध होता है। इस काल में प्रगतिशील आन्दोलन के विघटन और बिखराव के बावजूद कविता, कहानी और उपन्यास के क्षेत्र में एक-से-एक महत्त्वपूर्ण प्रगतिशील रचनाकार अपनी रचनाओं में सार्थक रचनाशीलता के प्रमाण दे रहे थे। कविता के क्षेत्र में नयी कविता के दायरे में मुक्तिबोध और शमशेर तथा नयी कविता के दायरे के बाहर नागार्जुन, केदारनाथ अग्रवाल और त्रिलोचन रचना कर रहे थे। कथा-साहित्य में यशपाल, भैरव प्रसाद गुप्त, अमरकांत और मार्कण्डेय आदि सक्रिय थे। कविता और कथा-साहित्य के इन रचनाकारों को पाकर दुनिया की किसी भी भाषा का साहित्य गौरव अनुभव कर सकता है। कहने का तात्पर्य यह है कि इस दौर की प्रगतिशील रचनाशीलता थकी-हारी न थी, प्रगतिशील आलोचना ही अपना गम्भीर दायित्व ठीक से पूरा न कर सकी। इस काल की प्रगतिशील आलोचना का तीसरा उद्देश्य और गम्भीर दायित्व यह था कि वह उस काल की प्रगतिशील रचनाशीलता का मूल्यांकन करते हुए उसके

विकास में सहायक बने।

इस काल की प्रगतिशील आलोचना के आलोचनात्मक व्यवहार पर अगर हम गौर करें तो यह पाएँगे कि प्रगतिशील आलोचकों ने—विशेषकर डॉ॰ रामविलास शर्मा और डॉ॰ नामवर सिंह ने—प्रगति-विरोधी रचना और आलोचना-दृष्टि के विरुद्ध संघर्ष तो किया, लेकिन प्रगतिशील रचनाशीलता के विश्लेषण और मूल्यांकन की ओर विशेष ध्यान नहीं दिया। इन प्रगतिशील आलोचकों की उपेक्षा के शिकार नयी कविता के दायरे में रहकर रचना करने वाले मुक्तिबोध और शमशेर की नहीं हुए, नयी कविता के बाहर रहकर रचना करने वाले नागार्जुन, केदारनाथ अग्रवाल और त्रिलोचन भी हुए। कुछ प्रगतिशील आलोचकों ने एक-दो कथाकारों पर अपनी कृपादृष्टि डालकर सन्तोष कर लिया। इस दौर की प्रगतिशील आलोचना ने प्रगतिविरोधी रचना और दृष्टि से विवाद तो खूब किया, लेकिन उसका प्रगतिशीलता से संवाद बहुत कम हुआ। इस काल की प्रगतिशील आलोचना केवल विवादी आलोचना बनकर रह गयी। प्रगतिशील आलोचना को उस काल की प्रगतिशील रचनाशीलता से संवाद करने पर जो शक्ति प्राप्त होती, वह उससे भी वंचित रह गयी। उस समय की प्रगतिशील आलोचना ने परम्परा के मूल्यांकन में जिस विवेक और सृजनात्मक दृष्टि का प्रमाण दिया, उस विवेक और सृजनात्मक दृष्टि का उपयोग अगर समकालीन प्रगतिशील रचनाशीलता के विश्लेषण और मूल्यांकन में भी हुआ होता तो स्थिति कुछ और हुई होती। स्वभावतः उस काल के अधिकांश प्रगतिशील रचनाकार प्रगतिशील आलोचना के रूप, व्यवहार और परिणति से क्षुब्ध थे। मुक्तिबोध ने उस समय के प्रगतिशील आलोचकों की जो आलोचना की है, उसमें ऐसा ही क्षोभ प्रकट हुआ है। उनके इस क्षोभ और आक्रोश की अभिव्यक्ति 'समीक्षा की समस्याएँ' नामक लम्बे लेख में सर्वाधिक हुई है।

मुक्तिबोध नयी कविता के आरम्भिक काल से ही यह कहते आ रहे थे कि नयी कविता में दो धाराएँ हैं—एक प्रगतिविरोधी, कलावादी, व्यक्तिवादी धारा और दूसरी प्रगतिशील धारा। उन्होंने बहुत पहले लिखा था कि "नयी कविता में प्रारम्भ काल से आज तक के इस समय-क्रम में अनाशा और वैफल्य की भावना के साथ ही साथ स्वस्थ, मानवीय, उन्मेषशील, मानव-कल्याण-मूलक ताथा कोमल मानवीय भावनापूर्ण और प्रगतिशील तत्त्व रहे हैं" (*नयी कविता का आत्मसंघर्ष*, पृ॰ 123)। नयी कविता के काल में पुराने प्रगतिशील आलोचक इस बात को स्वीकार करने के लिए तैयार न थे। मुक्तिबोध के जीवनकाल में भी वे इस सच्चाई को पहचान न सके। उस समय नयी कविता में वे केवल विकृति और विद्रूपता देखते थे और सम्पूर्ण नयी कविता को कुंठा, घुटन, निराशा, अनास्था और यथार्थ की कविता कहते थे। 1977 में आकर, नयी कविता के अन्त के लगभग सत्तरह वर्ष बाद और मुक्तिबोध की मौत के दस वर्ष बाद, डॉ॰ रामविलास शर्मा ने यह स्वीकार किया कि नयी कविता में अनेक काव्य-प्रवृत्तियाँ थीं, उसमें अस्तित्ववाद की टक्कर मार्क्सवाद से थी और नयी कविता के कवि शमशेर तथा मुक्तिबोध मार्क्सवाद से प्रभावित थे। स्वतन्त्रता के बाद की हिन्दी कविता के इतिहास में दो धाराओं के संघर्ष की सच्चाई को पहचानने

में अगर डॉ॰ रामविलास शर्मा जैसे समर्थ आलोचक को बीस वर्ष लगाने पड़े तो दूसरे प्रगतिशील आलोचकों से क्या उम्मीद की जा सकती है! आखिर ये ऐतिहासिक दुर्घटना क्यों हुई कि नयी कविता के भीतर सक्रिय मुक्तिबोध जैसे रचनाकार की रचनाओं को कलावादी और प्रगतिवाद-विरोधी रचनाकारों से अलग करके उनका उचित विश्लेषण और मूल्यांकन नहीं हुआ। नयी कविता की आलोचना के नाम पर भूसी के साथ चावल को भी फेंक दिया गया;

मुक्तिबोध को कहना है कि इसका एक कारण प्रगतिशील आलोचकों की जड़ीभूत सौन्दर्याभिरुचि में देखा जा सकता है। मुक्तिबोध ने लिखा है कि "जड़ीभूत सौन्दर्याभिरुचि के फलस्वरूप ही कुछ साहित्यिक समाजशास्त्री अपने ढर्रे के बाहर के क्षेत्र में प्रचलित नयी काव्य-समृद्धि में विद्रूपता के अतिरिक्त कुछ नहीं देखते थे।" मुक्तिबोध ने लिखा है कि यह जड़ीभूत सौन्दर्याभिरुचि कविता को एक खास किस्म के ढाँचे में ही बँधी हुई देखना चाहती है। जड़ीभूत सौन्दर्याभिरुचि के शिकार आलोचक छायावादी प्रगतिवादी युग के काव्य-पैटर्न से ही नयी कविता को भी परखते थे। इस जड़ीभूत सौन्दर्याभिरुचि के कारण ही कुछ प्रगतिशील आलोचक नयी कविता की प्रगतिशील धारा के प्रति भी संवेदनशील और सहानुभूतिशील नहीं हो पाते थे। नयी कविता की प्रगतिशील धारा के प्रति संवेदनशीलता और सहानुभूति के अभाव में ऐसे आलोचक कविता को सिद्धांत के उदाहरण के रूप में देखने का प्रयत्न करते थे और निराश होकर निन्दा पर उतर आते थे।

सवाल यह है कि इस जड़ीभूत सौन्दर्याभिरुचि का क्या कारण है? मुक्तिबोध का विचार है कि वास्तविक जीवनानुभव का अभाव और व्यापक सामाजिक जीवन के यथार्थ से आलोचकों की दूरी से ही यह जड़ीभूत सौन्दर्याभिरुचि पैदा हुई थी। रचना में व्यक्त सामाजिक जीवन के यथार्थ और वास्तविक जीवनानुभवों के बोध के अभाव के कारण ही आलोचक नये काव्य को संवेदनशील होकर समझ नहीं पाते थे। मुक्तिबोध ने अपने अनेक लेखों के बार-बार आलोचकों से यह माँग की है कि उन्हें भी समाज की जीवन्त गतिशील वास्तविकता का उतना ही बोध होना चाहिए, जितना रचनाकारों को। वास्तव में रचना जिस जमीन से पैदा हुई है, उसको ठीक-ठीक जाने बिना रचना की जमीन की सही पहचान नहीं हो सकती। जीवन की वास्तविकता ही वह जमीन है जिस पर रचनाकार, पाठक और आलोचक तीनों मिलते हैं। मुक्तिबोध ने लिखा है : "वास्तविक जीवन के संवेदनात्मक धरातल पर लेखक और समीक्षक की होड़ है। लेखक और समीक्षक की यह प्रतियोगिता निस्सन्देह वांछनीय है। जिन्दगी को कौन ज्यादा समझता है? समीक्षक या लेखक? यद्यपि इन दो के कर्तव्य अलग-अलग हैं, फिर भी उनके कर्तव्यों की पूर्ति जीवन के वास्तविक संवेदनात्मक ज्ञान के आधार पर ही होगी। यदि साहित्य जीवन का उद्घाटन है तो समीक्षक को यह जानना ही पड़ेगा कि उद्घाटित जीवन वास्तविक है या नहीं। असल में कसौटी वास्तविक जीवन का संवेदनात्मक ज्ञान ही है, जो न केवल लेखक और समीक्षक में होता है, वरन् पाठक में भी रहता है" (*नयी कविता का आत्मसंघर्ष*, पृ॰ 100)। वास्तविक जीवन

के संवेदनात्मक ज्ञान से ही आलोचक की सौन्दर्याभिरुचि की जड़ता टूटती है और वास्तविक जीवन के संवेदनात्मक ज्ञान के अभाव में सौन्दर्याभिरुचि जड़ीभूत होने लगती है। सौन्दर्याभिरुचि का विकास केवल कलात्मक अनुभव से ही नहीं होता, उसके लिए व्यापक सामाजिक जीवन और यथार्थ का बोध भी जरूरी है। वास्तविक जीवन के यथार्थ के बोध के अभाव में आलोचक केवल अपने पांडित्य और चतुराई के सहारे समीक्षा करता चलता है। अगर नयी कविता के काल की प्रगतिशील आलोचना उस समय की प्रगतिशील रचनाशीलता के साथ न्याय न कर सकी तो इसका अर्थ यही है कि प्रगतिशील आलोचक रचना में व्यक्त यथार्थ और अनुभव को सामाजिक जीवन के यथार्थ और अनुभव की कसौटी पर कसने के बदले नयी रचनाशीलता को पुराने काव्य-पैटर्न और सिद्धांतों की कसौटी पर कसने की कोशिश कर रहे थे।

मार्क्सवादी आलोचकों से मुक्तिबोध का कहना यह था कि मार्क्सवाद एक विज्ञान है, इसलिए मार्क्सवादी आलोचकों को जीवनगत और काव्यगत तथ्यों का अनुशीलन करना चाहिए था और तथ्यानुशीलन के आधार पर ही नयी कविता का मूल्यांकन करना जरूरी था। उनका यह भी कहना था कि ऐसे तथ्यानुशीलन के अभाव में आलोचना आत्मग्रस्त और व्यक्ति-केन्द्रित हो जाती है। मुक्तिबोध की यह माँग थी कि जो यथार्थ की गति को एक विशेष दिशा में मोड़ने की महत्त्वाकांक्षा रखते हैं, उन्हें यथार्थ की गति और कविता में उसकी अभिव्यक्ति को समझने का प्रयत्न करना चाहिए, बेबुनियाद रायजनी को आलोचना मानने को भ्रम नहीं पालना चाहिए।

प्रगतिशील आलोचकों ने नयी कविता की जो आलोचना की, उसके बारे में मुक्तिबोध की राय यह है कि उस आलोचना की प्रवृत्ति ध्वंसात्मक थी, दृष्टि संकीर्णतावादी और तरीका स्थूल। फलतः रचनाकार आलोचकों से दूर होने लगे। ऐसी ही स्थिति में नयी कविता के कलावादी व्यक्तिवादियों द्वारा प्रगतिशील रचनाशीलता पर आक्रमण हुए। मुक्तिबोध उस काल में प्रगतिशील साहित्य के प्रभाव घटने के अनेक कारणों में से एक महत्त्वपूर्ण कारण 'प्रगतिवादियों की समीक्षा की अपूर्णताओं' को भी मानते हैं। मुक्तिबोध को इस बात का गहरा दुःख था कि प्रगतिवादी आलोचना की कमजोरियों के कारण नये लेखक प्रगतिवाद से दूर हटने लगे, पुराने प्रगतिशील लेखक हतोत्साहित होने लगे और कलावादी व्यक्तिवादियों को प्रगतिशील रचनाओं और रचनाकारों पर आक्रमण करने का मौका मिल गया। उस काल की प्रगतिशील रचनाशीलता के प्रभाव को कम करने में प्रगतिशील आलोचकों के समर्पणवादी रवैये का जितना हाथ है, उससे कम विध्वंसवादी रवैये का नहीं।

मुक्तिबोध ने अपने समय की प्रगतिशील आलोचना की आकांक्षा और वास्तविक स्थिति पर विचार करते हुए लिखा है कि प्रगतिशील आलोचना के उद्देश्य महान् थे। आलोचकों का दायित्व गम्भीर था। आलोचकों के मन में नेतृत्व की आकांक्षा थी, लेकिन उनमें नेतृत्व के लिए पर्याप्त आवश्यक गुण नहीं थे। मुक्तिबोध ने लिखा है कि "इस नेतृत्व की कमजोरी ने हिन्दी के वास्तविक प्रगतिशील साहित्य के और आगे विकास में बाधा

उपस्थित की है और उनके व्यक्तिगत दुराग्रहों ने उसका गला घोंटने में कोई कसर नहीं रखी। यही कारण है कि प्रगतिशील कविता अधिक उन्नति न कर सकी और विपक्षियों को यह कहने का मौका मिला कि प्रगतिशील कविता मर गयी है, उसका युग समाप्त हो गया है" (*नये साहित्य का सौन्दर्यशास्त्र*, पृ० 75)। प्रगतिशील आलोचना का मुख्य उद्देश्य था–प्रगतिशील साहित्य के विकास का मार्ग-दर्शन करना और उसका सहायक बनना, लेकिन वह बदले में उसके विकास में बाधक बन गयी। उस काल की प्रगतिशील समीक्षा की यह परिणति अत्यन्त विडम्बनापूर्ण है।

मुक्तिबोध के अधिकांश आलोचनात्मक लेखों को पढ़ने से यह लगता है कि जब वे नयी कविता की प्रगतिशील आलोचकों द्वारा की गयी आलोचना पर विचार करते हैं या प्रगतिवादी आलोचना की शक्ति और कमजोरियों की बात करते हैं तो उनके सामने मुख्यतः आलोचक डॉ० रामविलास शर्मा रहते हैं। ऐसा इसलिए है कि डॉ० रामविलास शर्मा उस समय के सर्वाधिक समर्थ प्रगतिवादी आलोचक थे, (और अब भी हैं) और प्रगतिवादी समीक्षा का नेतृत्व भी उन्हीं के हाथों में था। मुक्तिबोध और डॉ० रामविलास शर्मा के इस बहस के सन्दर्भ में ब्रेश्ट ओर लुकाच के बीच की बहस को याद करना अप्रासंगिक न होगा। निश्चय ही न तो मुक्तिबोध ब्रेश्ट हैं और न डॉ० रामविलास शर्मा लुकाच, लेकिन इन दोनों बहसों के अनेक मुद्दे एक जैसे हैं। लुकाच की तरह डॉ० रामविलास शर्मा समकालीन रचनाशीलता के ऊपर परम्परा को प्रतिष्ठित करते हैं, मुक्तिबोध ब्रेश्ट की तरह समकालीन रचनाशीलता की कमजोरियों की आलोचना करते हुए भी उसकी शक्ति और विकासशीलता में अपनी आस्था व्यक्त करते हैं। लुकाच यूरोप के नये लेखकों को 19वीं शताब्दी के महान् यथार्थवादी लेखकों के मार्ग पर चलने की सलाह देते हैं और डॉ० शर्मा अपने समय की नयी कविता के सामने छायावाद की कविता को आदर्श के रूप में पेश करते हैं। रचनाकार मुक्तिबोध बार-बार ब्रेश्ट की तरह ही नयी विषय-वस्तु की खोज और नये शिल्प के विकास पर जोर देते हैं। मुक्तिबोध ब्रेश्ट की तरह ही नयी रचनाशीलता के लिए परम्परा से अधिक महत्त्वपूर्ण ऐतिहासिक यथार्थ के परिवर्तित रूप की पहचान और उसके अनुरूप अभिव्यक्ति प्रणाली के विकास को मानते हैं। इस प्रसंग में यह भी याद करना गलत नहीं होगा कि लुकाच ने अपने जीवन के अंतिम दिनों में नाटककार और कवि ब्रेश्ट की महानता को स्वीकार किया था और ब्रेश्ट के नये मूल्यांकन का संकल्प भी किया था। इसके ठीक विपरीत डॉ० रामविलास शर्मा ने मुक्तिबोध के मरने के बाद *धर्मयुग* जैसी घनघोर प्रतिक्रियावादी पत्रिका के मंच से मुक्तिबोध पर निर्मम प्रहार किया था। इसके बाद नये प्रगतिशील रचनाकारों के बीच मुक्तिबोध की अपार लोकप्रियता से परेशान होकर *निराला की साहित्य साधना-भाग दो* के अन्त में मुक्तिबोध के अवमूल्यन का प्रयास किया। डॉ० रामविलास शर्मा ने 1977 में *नयी कविता और अस्तित्ववाद* में मुक्तिबोध की कविता का पुनर्मूल्यांकन करते हुए यद्यपि अपनी अनेक पुरानी मान्यताओं को हठपूर्वक दोहराया है और मनोविश्वलेषण के सहारे मुक्तिबोध के रचनाकार व्यक्तित्व की शव-परीक्षा करने का प्रयत्न किया है, लेकिन

अन्त में मुक्तिबोध की कविता के सकारात्मक पक्षों को हिन्दी कविता के नये विकास में सहायक माना है। ये दोनों ही विवाद एक ही विचारधारा से सम्बद्ध आलोचक और रचनाकार के बीच के विवाद हैं। आलोचक परम्परा की रक्षा के लिए प्रयत्नशील दिखाई देता है और रचनाकार समकालीनता में जीता है। रचनाकार परिवर्तन और नवीनता को महत्त्व देता है और आलोचक साहित्य की परम्परा और उसमें विकसित होने वाली व्यवस्था का आग्रही होता है। यह एक सच्चाई है कि यूरोप के प्रगतिशील साहित्य के विकास ने ब्रेश्ट की मान्यताओं को स्वीकार किया है और हिन्दी के नये प्रगतिशील रचनाकारों ने मुक्तिबोध को अपनाया है।

मुक्तिबोध ने प्रगतिशील आलोचकों और आलोचना के साथ जो आलोचनात्मक संघर्ष किया है, वह एक प्रकार से उनके आत्मालोचन का ही प्रयास है, यह हम पहले कह चुके हैं। मुक्तिबोध अपनी कविताओं, कहानियों और डायरियों में आत्मालोचन करते समय अपने प्रति जितना निर्मम दिखाई देते हैं, उतना निर्मम वे अपनी आलोचनाओं में अपनों के प्रति (प्रगतिशील आलोचकों के प्रति) नहीं हैं। मुक्तिबोध के इस आलोचनात्मक संघर्ष का स्वर, अन्दाज और उद्देश्य आत्मालोचन का ही है। कहीं-कहीं अगर उनके स्वर में तीखापन है तो वह अपने समय की प्रगतिशील रचनाशीलता की उपेक्षा और प्रगतिशील आलोचना द्वारा प्रगतिशील आलोचना की कमजोरी के कारण प्रगति-विरोधियों के बढ़ते हुए प्रभाव से उत्पन्न गहरी वेदना और विक्षोभ से पैदा हुआ है। अपनी कमजोरियों के निर्मम आलोचक मुक्तिबोध अपने मित्रों की कमजोरियों के प्रति भी उदारता बरतना ठीक नहीं समझते थे। मुक्तिबोध का अपने समय की प्रगतिशील आलोचना के साथ यह आलोचनात्मक संघर्ष 'एकता और संघर्ष' के दृष्टिकोण से परिचालित है और इसका उद्देश्य भावी प्रगतिशील आलोचना को पहले की कमजोरियों से मुक्त करना है। मुक्तिबोध न तो उस प्रकार की एकता के आदी थी जो केवल जय-जयकार में प्रकट होती है और न उस प्रकार के संघर्ष में विश्वास करते थे जो केवल अपनों के विरुद्ध चला करता है। क्या यह अलग से कहने की जरूरत है कि ये दोनों ही आदतें इस देश की राजनीति और साहित्य में मार्क्सवादी विचारधारा के विकास में बाधक सिद्ध हुई हैं?

(शब्द और कर्म से)

18

अपने समय और समाज से जुड़ी बौद्धिकता

"आज का बुद्धिजीवी देशज-चिन्तन से कटता जा रहा है, साधारणजन से उसकी दूरी बढ़ती जा रही है। वह अधिकांशतः विदेशी भाषा में लिखता और छपवाता है। विदेशों में छपना बड़े सम्मान की बात मानी जाती है, भारतीय भाषाओं में लिखने वाले की या तो अनदेखी की जाती है या उसे दूसरे, तीसरे दर्जे का बुद्धिजीवी मान लिया जाता है। विदेशी ज्ञान और विधियों का सम्मोहन बढ़ता जा रहा है" (*समय और संस्कृति*, पृ॰ 168)।

स्व॰ श्यामाचरण दुबे का यह कथन आज के भारतीय विश्वविद्यालयों में काम करने वाले, खासतौर से समाजविज्ञानों से जुड़े और अंग्रेजी में लिखने वाले बुद्धिजीवियों की वास्तविक स्थिति, उनकी मानसिकता और व्यापक समाज में उनकी क्रमशः घटती प्रासंगिकता की ओर सटीक संकेत करता है। आजकल विश्वविद्यालयों के अधिकतर समाजवैज्ञानिक शास्त्रज्ञ विद्वान अधिक हैं और बुद्धिजीवी बहुत कम। वे अपने शास्त्र की रूढ़ियों से बँधे, पंडिताई के बोझ से दबे, भारतीय समाज की हलचलों से बेखबर और जन-जीवन की वास्तविकताओं से अपरिचित लगते हैं। ये लोग शास्त्रीयता के नये-पुराने जार्गन्स से लदी-फँदी चक्करदार भाषा में ऐसा गूढ़ और रहस्यमय गद्य लिखते हैं जो शायद ही, किसी के काम का हो। उन्हें अपनी प्रगति की चिन्ता होती है, जन-जीवन को बदलने की नहीं।

आश्चर्य की बात तो यह है कि आजकल कुछ समाजशास्त्री अपने शास्त्र की इस दयनीय स्थिति के बारे में चिन्ता करने और उसे बदलने के बदले समाजशास्त्र को लोकजीवन, उसके अनुभव और उसकी आकांक्षाओं से दूर रखने की वकालत कर रहे हैं। वे वैज्ञानिकता और वस्तुनिष्ठता के नाम पर समाजशास्त्र को नैतिक निर्णय, मूल्य-बोध और लोकमत से बचाने की बात कर रहे हैं। यही नहीं, वे भारतीय समाज की समस्याओं और आकांक्षाओं को समझने की कोशिश करने वाले सोच-विचार को देश-भक्ति का उत्साह कहकर खारिज करते हुए देश-काल निरपेक्ष सिद्धांतों की खोज को भारतीय समाजशास्त्र का लक्ष्य घोषित कर रहे हैं।

श्यामाचरण दुबे को भारतीय बुद्धिजीवी समुदाय के ऐसे चिन्तन, लेखन और

विडम्बना का बोध न अचानक हुआ और न अकारण। वे खुद लम्बे समय तक उस समुदाय में सक्रिय रहे हैं। उन्हें अंग्रेजी में लिखने, विदेशों में छपने और सराहना पाने का पर्याप्त अनुभव था। वैसा तो पहले से ही वे आदिवासियों की समस्याओं, ग्रामीण भारत में परिवर्तन, सामुदायिक विकास योजनाओं में आने वाली आर्थिक व राजनीतिक बाधाओं, विषमता भरे हमारे समाज, जैसे विषयों पर काम करते रहे थे, 'समाजशास्त्र किसलिए व किनके लिए' जैसा सवाल भी उठा रहे थे, लेकिन बाद में जब व्यापक भारतीय समाज के लिए समाजशास्त्र में पनप रहे चिन्तन और लेखन की सीमाओं का बोध बढ़ा तो उनके विचार की दिशा बदली और दृष्टि भी। वे देशज चिन्तन के प्रति अधिक सजग हुए और जन-जीवन की समस्याओं के प्रति अधिक संवेदनशील। उसके बाद व्यापक जन-समुदाय से संवाद की आकांक्षा ने उन्हें हिन्दी में लिखने और बोलने के लिए प्रेरित किया। परिणामस्वरूप हिन्दी में होने वाली सामाजिक, सांस्कृतिक और साहित्यिक बहसों में उनकी गहरी दिलचस्पी, जीवन्त उपस्थिति और सार्थक हस्तक्षेपों का एक लम्बा सिलसिला चला, जिसके प्रमाण उनकी पुस्तकों में मौजूद हैं।

लेकिन क्या हिन्दी या किसी अन्य भारतीय भाषा में लिखने से ही कोई व्यक्ति अपने समय और समाज का सच्चा बुद्धिजीवी हो जाता है? जी नहीं। यह सम्भव है और खूब सम्भव है कि कोई व्यक्ति हिन्दी में लिखे, लेकिन वह मुख्यधारा के मिथक का बखान करे और अन्य धाराओं को बदनाम भी करे। यह भी सम्भव है कि वह अपनी परम्परा का मुग्धभाव से गुणगान करे, लेकिन अन्यों की उपेक्षा करे। साथ ही यह भी सम्भव है कि वह अपने समाज के इतिहास की विजय-यात्राओं के गीत गाए, लेकिन उसके काले धब्बों की अनदेखी करे, अपनी संस्कृति की केवल उज्ज्वलता को देखे-दिखाए, लेकिन उसकी बर्बरता को भूल जाय। यह भी सम्भव है कि हिन्दी का बुद्धिजीवी अपने समाज में यथास्थिति का पोषक, पुनरुत्थान का समर्थक और सत्ता के मिथकों का प्रचारक हो। यही नहीं, वह शक्ति तथा सत्ता को मजबूत करने वाली मान्यताओं को दोहराए और जटिल सामाजिक समस्याओं के सरल शासकीय समाधानों का प्रवक्ता बन जाय। श्यामाचरण दुबे हिन्दी के ऐसे बुद्धिजीवी न थे।

दुबे जी के लेखन का दायरा बहुत व्यापक है; समय ही नहीं; विचारों के मुद्दों की विविधता और विस्तार की दृष्टि से भी। उन सबके बारे में कुछ कहने के बदले मैं भारतीय समाज, परम्परा, संस्कृति और साहित्य के बारे में उनकी सोच-विचार की प्रक्रिया में सजग और सक्रिय आलोचनात्मक चेतना की कुछ विशेषताओं की चर्चा करूँगा।

भारतीय समाज के बारे में सोचते हुए श्यामाचरण दुबे हमेशा साधारणजन के जीवन को विचार की कसौटी बनाते हैं और उसी कसौटी पर आजादी, लोकतन्त्र, आधुनिकीकरण और विकास के सच और झूठ की जाँच करते हैं। *भारतीय ग्राम* नाम की अपनी प्रसिद्ध पुस्तक के नये संस्करण के परिशिष्ट में आन्ध्र के एक गाँव शामीरपेठ के प्रसंग में पिछले चार दशकों के विकास का मूल्यांकन करते हुए उन्होंने लिखा है कि "विकास हुआ है, पर उसका लाभ निम्न वर्ग को बहुत कम मिला है। लगभग एक तिहाई जनसंख्या का

जीवन-स्तर सुधरा है और उसमें उपभोक्तावाद की कुछ प्रवृत्तियाँ आयी हैं। सामान्यजन भविष्य की ओर आशा से देख रहे हैं। जो वायदे उनसे किए गये थे, पूरे नहीं हुए—गरीबी का उन्मूलन नहीं हुआ, बेरोजगारी का परिमाण बढ़ा ही है, घटा नहीं और सामाजिक सेवाओं की गुणवत्ता संदिग्ध ही रही है। स्वाभाविक ही है कि जन असन्तोष बढ़ा है, जिस करिश्मे की प्रतीक्षा थी वह साकार होता दिखाई नहीं पड़ता। आकांक्षाओं की क्रांति बलवती नहीं हुई, अधिकांश के लिए वह भ्रांति ही प्रमाणित हुई" (*भारतीय ग्राम*, पृ॰ 235)। यह जितना शामीरपेठ के बारे में सच है, उतना ही भारत के अधिकांश गाँवों के बारे में भी; बल्कि सम्पूर्ण भारतीय समाज का भी यही सच है।

पूँजीवादी विकास के नाटक की विडम्बना और राजनीति में उसके झूठे-सच के विस्तार का अधिक ब्योरेवार और बारीक विश्लेषण *विकास का समाजशास्त्र* में है, लेकिन वहाँ भी कसौटी जनता का जीवन ही है। इसलिए प्रो॰ दुबे ने लिखा है कि "गरीबी और उससे जुड़ी समस्याओं के प्रति अधिक संवेदनशील हुए बिना न जनतन्त्र सम्भव है, न विकास।" जनता के प्रति उनकी संवेदनशीलता केवल भारत तक सीमित नहीं है, उसका विस्तार दुनिया भर की गरीब और शोषित जनता तक है। पूँजीवाद जातिप्रथा की तरह केवल भारतीय व्यवस्था नहीं है। वह विश्व-व्यवस्था है, जिसकी लूट और मार के शिकार सारी दुनिया के साधारणजन हैं, इसलिए जो व्यक्ति भारत की शोषित जनता के प्रति सचमुच संवेदनशील होगा, वह सारी दुनिया की शोषित जनता के दुःख-दर्द को समझेगा।

पिछले एक दशक से भारतीय अर्थ-व्यवस्था को भूमंडलीकरण, उदारीकरण और बाजारीकरण के साँचों में ढालने की जोर-शोर से कोशिश हो रही है। कुछ लोग इस अभियान को भारत के आर्थिक विकास का राम-बाण कह रहे हैं, तो कुछ दूसरे इसी प्रक्रिया से भारत में राम-राज्य लाने की घोषणाएँ कर रहे हैं। उन लोगों के बारे में ईसा मसीह की तरह यह भी नहीं कहा जा सकता वे नहीं जानते हैं कि वे क्या कर रहे हैं। लेकिन व्यापक जनसमुदाय इन नारों से भ्रमित जरूर हुआ है। ऐसी स्थिति में इन मोहक नारों की कलई खोलना और उनमें छिपे खतरों से समाज को सावधान करना सच्चे बुद्धिजीवी का पहला कर्त्तव्य है। दुबे जी ने यह काम किया है। उन्होंने *विकास का समाजशास्त्र* की भूमिका में लिखा है कि "बाजार का तर्क, उदारीकरण और भूमंडलीकरण विकास के नये नारे बन गये और उनमें अन्तर्निहित मन्त्र-शक्ति द्वारा विकासशील देशों के कायाकल्प के कार्यक्रम बनाए जाने लगे। विकास की प्रक्रिया में उनका योगदान सीमित रहा है। अमेरिका में भी गरीबी का उन्मूलन नहीं हुआ है। वहाँ भी आवासहीनता है, सार्वजनिक स्वास्थ्य और शिक्षा की समस्याएँ हैं। इससे गम्भीर हैं पारिवारिक विघटन और सामाजिक सरोकारों के ह्रास की समस्याएँ। समाज में हिंसा बढ़ रही है, नैतिक मान्यताएँ स्खलित हो रही हैं, उपभोक्तावाद पनप रहा है। तेज गति के आर्थिक विकास के पास इनका उत्तर नहीं है।"

पूँजीवाद की विकास या विनाश-लीला का प्रभाव समाज के केवल आर्थिक-राजनीतिक जीवन तक ही सीमित नहीं होता। उसकी चपेट में सामाजिक संस्थाएँ, नैतिक मान्यताएँ और सांस्कृतिक रचनाशीलता भी आती है। यही नहीं, पूँजीवाद प्रकृति और पर्यावरण का

भी दुश्मन है। यह सब अनुमान नहीं, पूँजीवाद के इतिहास की सच्चाइयाँ हैं। प्रो॰ दुबे ने *विकास का समाजशास्त्र* में इन सच्चाइयों की ओर बार-बार संकेत किया है और इनके भावी खतरों से सावधान भी।

आजकल भारतीय समाज जिन वास्तविकताओं और अनुभवों का सामना कर रहा है, उनमें जीते हुए यह समझना बहुत मुश्किल नहीं है कि पूँजीवाद किस तरह धीरे-धीरे समाज को अमानवीय और मनुष्य को असामाजिक बनाता है। ऐसी दशा में कोई भी समाज हमेशा नहीं रह सकता, इसलिए जिन्हें भारतीय समाज के वर्तमान का बोध है, उन्हें इसके भविष्य की चिन्ता भी है। दुबे जी के लेखन में इस चिन्ता के दो रूप हैं। एक तो पूँजीवाद के रास्ते पर दौड़ते हुए इक्कीसवीं सदी में कूद पड़ने की हड़बड़ी के कारण सामने आने वाले भयावह भविष्य की चिन्ता है, जिसके खतरों की चर्चा उन्होंने कई जगह की है। दूसरी ओर, उनके लेखन में भारतीय समाज के ऐसे भविष्य की भी चिन्ता है, जिसमें यांत्रिकता, अमानवीकरण और उपभोक्तावाद की स्थितियाँ न हों। कुछ लोग कह सकते हैं कि यह केवल एक सद्भावना है। लेकिन आज के समय में यह सद्भावना भी मूल्यवान् है, जब कि एक ओर से आवाज आ रही है कि इतिहास का अन्त हो गया है, दूसरी ओर घोषणा हो रही है कि विशद आख्यान का युग समाप्त हो गया है; और बीच में कुछ लोग बुदबुदा रहे हैं कि समाजशास्त्र स्वभावतः यूटोपिया-विरोधी होता है। ऐसी सभी मान्यताएँ उस विचारधारा की अभिव्यक्तियाँ हैं जो आशा के सभी सिद्धांतों में मनुष्य की आस्था का नाश करके बेहतर भविष्य के लिए उसके संघर्ष के संकल्प को तोड़ देना चाहती हैं, ताकि पूँजीवाद ही सम्पूर्ण मानव समाज का शाश्वत वर्तमान बना रहे। श्यामाचरण दुबे की आलोचनात्मक चेतना उस विचारधारा को अस्वीकार करती हुई भारतीय समाज के बेहतर भविष्य की चिन्ता करती है और विकल्पों की ओर संकेत भी।

श्यामाचरण दुबे की आलोचनात्मक चेतना का अत्यन्त तेजस्वी रूप तब सामने आता है, जब वे भारतीय समाज में परम्परा पर बहस में हस्तक्षेप करते हैं। परम्परा के बारे में उनकी चिन्ता शुद्ध समाजशास्त्रीय दिलचस्पी से पैदा नहीं हुई है, उसका व्यापक सामाजिक और राजनीतिक सन्दर्भ है, जिसकी ओर संकेत करते हुए उन्होंने लिखा है, "आज के सन्दर्भ में परम्परा एक मोहक शब्द है, साथ ही यह भ्रामक शब्द भी है, क्योंकि इसे मनचाहे अर्थ देकर इसके गलत-सही कितने ही प्रकार के उपयोग किए जा सकते हैं। आज के अनेक सामाजिक-राजनीतिक प्रश्न और आन्दोलन परम्परा से जुड़े हैं। संस्कृति और जातीय अस्मिता एक तरह से परम्परा के पर्यायवाची बन गये हैं। इनके लिए बड़ी-बड़ी लड़ाइयाँ लड़ी जा रही हैं" (*समय और संस्कृति*, पृ॰ 11)। स्वाधीनता आन्दोलन के दौरान भारतीय समाज की परम्पराओं की खोज, व्याख्या और यहाँ तक कि आविष्कार के जो उद्देश्य थे, वे स्वाधीनता के बाद बदल गये। परम्परा का राजनीतिक अर्थ भी बदल गया। स्वाधीनता के बाद के भारतीय समाज में परम्परा के नये राजनीतिकरण के स्वरूप को स्पष्ट करते हुए प्रो॰ दुबे ने लिखा है, "सत्ता को चरम साध्य मानने वाले समूह में परम्परा के नये आश्रयदाता उभरे हैं। वे मनचाही व्याख्याएँ थोपकर राजनीतिक कौशल से कई छल योजनाओं द्वारा

परम्परा की अभिव्यक्ति में हेर-फेर करते रहते हैं। इस समूह का उदय समसामयिक राजनीति का कड़वा यथार्थ है। ये बहुरूपिए परम्परा के अन्तर्विरोधों को बढ़ाते हैं, समस्याओं के समाधान और परिवेश से अनुकूलन की उनकी क्षमताओं को कुंठित करते हैं। वे परम्पराओं में पारस्परिक विद्वेष, प्रतिस्पर्धा और संघर्ष को प्रश्रय देते हैं" (*समय और संस्कृति*, पृ॰ 16)।

आजादी के बाद और विशेष रूप से पिछले दो दशकों में परम्परा पर विचारों और कुविचारों की बाढ़ आयी हुई है। इतिहास, दर्शन, समाजशास्त्र और साहित्य में परम्परा पर अनन्त बहसें चल रही हैं। इन बहसों में परम्परा के आलोचनात्मक मूल्यांकन के बदले प्रायः परम्परावाद, जातीय अहंकार, संकीर्ण राष्ट्रवाद और आत्ममुग्धता ही अधिक दिखाई देती है। श्यामाचरण दुबे की आलोचनात्मक दृष्टि इन प्रवृत्तियों से टकराती और इनके छल-छद्म को खोलती है। प्रो॰ दुबे परम्परा पर अपनी विचार-प्रक्रिया इन सवालों से शुरू करते हैं : परम्परा के प्रति मोह क्यों बढ़ रहा है? क्या यह मोह किन्हीं व्यावहारिक समस्याओं और कठिनाइयों को जन्म दे रहा है? उन्होंने परम्परा के प्रति बढ़ते मोह के कारणों की भी चर्चा की है। वे कहते हैं कि "एक ओर पूँजीवादी विकास की पश्चिमी पद्धति से परम्पराओं के मिटने का खतरा पैदा होता है, तो दूसरी ओर देश के भीतर की शक्तिशाली सांस्कृतिक धारा वर्चस्ववादी मनोवृत्ति अन्य परम्पराओं के लिए खतरा बन जाती है। ऐसे खतरों के बोध से अपनी परम्परा के ह्रास और नाश का जो भय पैदा होता है, वह परम्परा के प्रति मोह बढ़ता है। लेकिन परम्परा के प्रति बढ़ता मोह जब राजनीतिक रूप ले लेता है, तब वह अधिक खतरनाक बन जाता है।" प्रो॰ दुबे ने ठीक ही लिखा है कि "परम्परा का राजनीतिकरण अनेक समस्याओं को जन्म देता है। यह प्रक्रिया 'हम' और 'वे' की दूरी बढ़ाती है, सहज सह-अस्तित्व में विसंगतियाँ उत्पन्न करती है और अप-संस्कृतियों के उदय का कारण बनती है। कई सौ वर्षों के पड़ोसी कुछ ही वर्षों में बेगाने हो जाते हैं, जो कल तक एक-दूसरे के सुख-दुख में सहभागी थे, वे कुछ ही दिनों में दुश्मन बन जाते हैं। अविवेकी इतिहास दृष्टि, विकृत जातीय भावना और झूठी धर्मान्धता से हजारों वर्ष पुराने सन्तुलन गड़बड़ा जाते हैं" (*समय और संकृति*, पृ॰ 18)।

पिछले दो दशकों से भारत में परम्पराओं के प्रति बढ़ते मोह और उनके राजनीतिक दुरुपयोग की आलोचना के साथ ही प्रो॰ दुबे ने परम्परा पर विचार के लिए ऐसे जरूरी अनेक सूत्र और संकेत दिए हैं, जिनकी मदद से भारतीय समाज की परम्पराओं का आलोचनात्मक समाजशास्त्र विकसित किया जा सकता है।

प्रो॰ दुबे मानते हैं कि समाज के परिवर्तन और प्रगति की प्रक्रिया में परम्पराओं की महत्त्वपूर्ण भूमिका होती है, उस भूमिका का बोध जरूरी है; लेकिन उसके साथ ही यह भी जरूरी है कि हम परम्पराओं के बनने, बिगड़ने और बदलने की प्रक्रिया को ठीक से पहचानें, अन्यथा या तो हम परम्परा की पूजा करेंगे या उसका निषेध, जो समाज के विकास के लिए आत्मघाती होगा। उन्होंने ठीक ही लिखा है कि "परम्परा के सम्बन्ध में सबसे बड़ी भ्रांति उसे जड़ और अपरिवर्तनशील मानना है। परम्पराएँ सामाजिक विकास या ह्रास से असंपृक्त

नहीं होतीं और इन प्रक्रियाओं से उनके रूप में भी परिवर्तन होते हैं। भिन्न परम्पराओं में आदान-प्रदान होता है। नये सन्दर्भ उन्हें नये अर्थ देते हैं। परम्पराएँ स्वयं ही समय-समय पर अपना मूल्यांकन कर अपनी दिशा बदलती हैं। परम्परा की इस आन्तरिक गतिशीलता को स्वीकार किए बिना न हम उसके स्वरूप को समझ सकते हैं, न उसकी भूमिका को" (*समय और संस्कृति*, पृ॰ 23)।

प्रो॰ दुबे के अनुसार भारत में किसी एक परम्परा के वर्चस्व की बात करना दुराग्रह है और परम्पराओं को इतिहास मानना बड़ा भारी भ्रम। परम्परा में इतिहास, मिथक और अनुभव का योग होता है। इसलिए जो लोग परम्परा को अतिमिथकीय और रहस्यमय बनाते हैं, वे उसके बोध को धुँधला करते हैं।

कुछ लोग भारतीय परम्परा की बात करते समय केवल वेद, पुराण और शास्त्रों को याद करते हैं। उनके सामने प्रो॰ दुबे कुछ सवाल रखते हैं। वे पूछते हैं, "क्या वे ग्रन्थ अपने समय का सही चित्रण करते हैं? वे आदर्श समाज को प्रक्षेपित करते हैं या जीवित समाज का वर्णन करते हैं? क्या पूरा भारतीय समाज उनमें सिमट आया है? क्या उनमें चित्रित परम्परा के अतिरिक्त अन्य परम्पराएँ इस देश में नहीं थीं? क्या धर्म और दर्शन से स्वतन्त्र धर्म-निरपेक्ष परम्पराएँ इस देश में विकसित नहीं हुईं? क्या यह परम्परा भारतीय समाज के विकास की ऐतिहासिक प्रक्रिया के साथ न्याय कर पाती है?" दुबे जी के इन सवालों के साथ कुछ और सवाल जोड़े जा सकते हैं—क्या वेद, पुराण और शास्त्रों के बाद लिखे गये साहित्य से परम्परा का निर्माण नहीं हुआ? क्या भक्ति-आन्दोलन और उसके साहित्य से नयी परम्पराएँ विकसित नहीं हुईं? वेदों, पुराणों और शास्त्रों के रचनाकाल के बाद क्या भारतीय समाज में परम्पराओं के विकास की प्रक्रिया बन्द हो गयी? क्या वैदिक और पौराणिक परम्पराएँ ही एकमात्र प्रामाणिक परम्पराएँ हैं? ये सभी सवाल वैदिक-पौराणिक परम्परा को ही एक मात्र भारतीय परम्परा मानने के हठ को दुराग्रह साबित करते हैं और किसी एक परम्परा की केन्द्रीयता का खंडन भी करते हैं।

प्रो॰ दुबे ने परम्पराओं के जीवन को समझने के लिए उससे जुड़ी पाँच प्रवृत्तियों की चर्चा की है। ये प्रवृत्तियाँ हैं—देशजीकरण, जीवनीकरण, पुनर्व्याख्या, जातीय भावना का उदय और जड़ों की ओर वापसी। इन प्रवृत्तियों की क्रियाशीलता की प्रक्रियाओं को पहचानकर भारतीय समाज में परम्पराओं के ह्रास और विकास को समग्रता में समझा जा सकता है, क्योंकि ये प्रवृत्तियाँ आज भी रचना, विचार और व्यवहार के विभिन्न क्षेत्रों में कमोबेश सक्रिय हैं।

परम्परा के मूल्यांकन की चिन्ता के अतिरेक के साथ ही पिछले दो-तीन दशकों में भारतीयता की खोज की प्रवृत्ति प्रबल हुई है। खासतौर से देश में साम्प्रदायिकता के नये उभार के साथ भारतीयता की खोज का नया दौर शुरू हुआ है। इतिहास में आर्यों की खोज हो रही है, आर्य सभ्यता के विस्तार पर पुस्तकें लिखी जा रही हैं और आर्यवाद को भारतीयता का पर्याय साबित किया जा रहा है। इस बीच साहित्य में भी जड़ों की चिन्ता और जड़ों की ओर लौटने की बेचैनी बढ़ रही है। पिछले दो-तीन दशकों से *वेद*, *उपनिषद्*, *रामायण*

और महाभारत की कथाओं पर लगातार उपन्यास लिखे जा रहे हैं। यही नहीं, रचना और विचार की भाषा में संस्कृतिनिष्ठता वापस लौट रही है।

स्वाधीनता आन्दोलन के दौरान भी भारत की खोज हुई थी, लेकिन तब उस खोज का स्वरूप और उसके लक्ष्य आज की भारतीयता की खोज से एकदम अलग थे। तब भारतीयता की खोज में पूरे भारतीय समाज को साथ लेकर भविष्य की ओर चलने की कोशिश थी और उसके लक्ष्य थे–स्वाधीनता, लोकतन्त्र और समाजवाद। अब विशुद्ध भारतीय की खोज हो रही है, जिसमें छँटनी, बहिष्कार और अनन्यता की भावनाएँ अधिक हैं। इसका लक्ष्य है–एक समुदाय की कल्पना की भारतीयता का वर्चस्व स्थापित करना। एक आश्चर्यजनक बात यह है कि जो कभी भारत की पहली खोज से जुड़े थे, उनमें से कुछ अब भारत की दूसरी खोज में लगे हैं। वास्तव में जब किसी समाज की वर्तमान और भविष्य में आस्था टूटती है, तब वह अतीत की शरण में जाता है। कभी-कभी वर्तमान के अपने उद्देश्यों को उचित ठहराने के लिए भी अतीत का उपयोग होता है। भारत की दूसरी खोज में यह प्रवृत्ति हो रही है।

भारत के भविष्य के लिए भारतीयता की तलाश का यह अभियान कैसे और कितना खतरनाक है–यह जानने के लिए श्यामचरण दुबे का अत्यन्त महत्त्वपूर्ण निबन्ध-भारतीयता की तलाश' पढ़ना जरूरी है। वह निबन्ध विचारों की दृष्टि से इतना सघन और उत्तेजक है कि उसे पढ़े बिना उसके अभिप्राय का बोध नहीं हो सकता।

दुबे जी ने लिखा है कि अगर हमें "भारतीयता की तलाश आगे बढ़ने के लिए करनी है, पीछे जाने के लिए नहीं" तो उस विवेक-यात्रा के लिए कुछ सावधानियों को ध्यान में रखना होगा। एक तो यह कि हम इतिहास समग्रता में देखें। दूसरे, इतिहास के असुविधाजनक सत्यों से मुँह न मोड़ें, और तीसरे, यह स्वीकार करें कि जातीय स्मृतियों के साथ कई बार जातीय दुराग्रह भी जुड़ जाते हैं। अगर इन चेतावनियों की चिन्ता न की जाय तो भारतीयता की खोज की कोशिश अविवेकी यात्रा बन जाएगी, जैसा कि आजकल खूब हो रहा है। उस स्थिति में इतिहास विवेक का नहीं, आस्था का विषय बन जाता है और जड़ों की खोज के दौरान उन्माद ही हाथ आता है जो इतिहासदृष्टि का दुश्मन है। दुबे जी के अनुसार इन सावधानियों के साथ-साथ भारतीयता की तलाश के लिए कुछ भ्रमों से भी मुक्त होना जरूरी है। उनमें से पहला भ्रम भारत के जगतगुरु होने का है। दूसरा भ्रम भारतीय समाज-व्यवस्था को आदर्श मानने का है। तीसरा भ्रम यह है कि हमारे पास आदर्शों का विशाल खजाना है, जबकि उन आदर्शों का हमारी जिन्दगी से कोई रिश्ता नहीं रह गया है। ये तीनों भ्रम यूरोप के प्राच्य विद्याविदों और भारतविदों की देन हैं, जिन्हें आज भी कुछ लोग उपहार मानकर गले लगाए हुए हैं। अगर हम इन तीनों सावधानियों को ध्यान में रखें और तीनों भ्रमों से मुक्त होकर भारतीयता की तलाश करने चलें तो गम्भीर आत्मालोचन की गहरी प्रक्रिया से गुजरना होगा, "उस प्रक्रिया में हमें कई मुखौटे उतारने होंगे और जीवन-दृष्टि पर छाए पाखंड की धुन्ध का उन्मूलन करना होगा," जो अत्यन्त त्रासद पर सार्थक और फलदायी होगा। लेकिन आजकल भारतीयता की तलाश की जो वानर-वृत्ति

फैली है, वह उस त्रासद और सार्थक विवेक यात्रा के रास्ते में जगह-जगह काँटे बिछा रही है।

आजकल भारतीयता की तलाश के प्रसंग में एक मुद्दा राष्ट्रीय मुख्यधारा का है। सभी तरह के राष्ट्रवादी मुख्यधारा का मिथक गढ़ने में लगे हैं और उसमें अन्य परम्पराओं, संस्कृतियों तथा अस्मिताओं के विलय का अभियान चला रहे हैं। उस अभियान में आह्वान से लेकर दमन तक सब जायज माना जा रहा है। प्रो॰ दुबे भारत में किसी एक महान् परम्परा को मुख्यधारा मानने और उसके वर्चस्व को सब पर थोपने की बात अस्वीकार करते हैं। वे परम्पराओं की विविधता को भारतीय समाज की वास्तविकता मानते हैं। उनके अनुसार शास्त्रीय परम्परा से अलग हैं—लौकिक परम्पराएँ और लौकिक परम्पराओं के मुख्य रूप हैं—जातीय, स्थानीय और क्षेत्रीय परम्पराएँ। इन परम्पराओं के बीच सम्बन्ध और सह-अस्तित्व लम्बे काल से भारतीय समाज की जानी-पहचानी सच्चाई है, इसलिए जो लोग एक परम्परा की ही प्रधानता की बात करते हैं और उसे राष्ट्रीय मुख्यधारा कहकर उसमें सभी परम्पराओं तथा संस्कृतियों के विलय की बात करते हैं, उनको चेतावनी देते हुए दुबे जी कहते हैं कि "राष्ट्रीय मुख्यधारा में सबके विलय की नीति विघटनकारी सिद्ध होगी।"

प्रो॰ दुबे उन लोगों में से नहीं हैं, जिन्हें भारतीयता की खोज करते समय प्राचीन भारतीय समाज और संस्कृति के इतिहास में सब-कुछ हरा-ही-हरा दिखाई देता है। वे कहते हैं कि भारतीय समाज के इतिहास मे अनेक असंगतियाँ और विरोधाभास भी रहे हैं—"उदाहरण के लिए, कुछ सशक्त आदिवासी समूहों को छोड़कर शेष को वर्ण-व्यवस्था में बहुत नीचा स्थान मिला और जो इस व्यवस्था के अंग नहीं बने उन्हें धीरे-धीरे बीहड़ वनों और एकाकी पर्वतमालाओं की ओर धकेला गया। अस्पृश्यता हमारे समाज का कलंक थी और आज भी है। धर्मग्रन्थों के कुछ श्लोकों में भले ही हमने स्त्री को शीर्ष स्थान दिया हो, किन्तु व्यवहार में वह दूसरे दर्जे की नागरिक ही रही" (*समय और संस्कृति*, पृ॰ 37)। इन असंगतियों और अन्तर्विरोधों की उपेक्षा करके किसी काल्पनिक आदर्श भारत की खोज अन्ततः निरर्थक और खतरनाक होने के लिए अभिशप्त है।

क्या यह आश्चर्य की बात नहीं है कि जो लोग वर्तमान में धार्मिक संघर्ष और हिंसा की राजनीति के सहारे भारत के भविष्य पर कब्जा करना चाहते हैं, वही जब भारत की खोज में निकलते हैं तो अतीत में उन्हें केवल समरसता ही दिखाई देती है। भारतीय समाज के इतिहास में एकता के साथ-साथ संघर्ष की स्थितियाँ भी रही हैं, वे स्थितियाँ विचारों से लेकर व्यवहारों तक व्याप्त रही हैं। दुबे जी ने ठीक ही लिखा है कि "कट्टरतावाद भारत की धार्मिक परम्पराओं का मूल स्वर नहीं रहा, यद्यपि इतिहास में उन मोड़ों के भी हजारों उल्लेख हैं जो हिंसात्मक धर्मान्धता से प्रेरित थे। भारतीय संस्कृति को बचाए रखने में उसके प्रश्न, शंका, असहमति, विरोध, सुधार और विद्रोह की परम्पराओं का बड़ा हाथ रहा है। भारत के अनेक सन्त कवियों ने सामाजिक विक्षोभ की अभिव्यक्ति और अन्याय से लड़ने का नया मुहावरा विकसित किया। परम्परा को प्रकट रूप से अस्वीकार किए बिना उन्होंने पैने प्रश्न पूछे, गम्भीर शंकाएँ व्यक्त कीं, अपनी असहमति को शब्द दिए, विरोध को वाणी दी, सुधार

की योजनाएँ सुझाईं और आवश्यकता पड़ने पर विद्रोह का समर्थन किया" (*समय और संस्कृति*, पृ॰ 39)। क्या यह सब भारतीयता का हिस्सा नहीं है? जो लोग भारतीयता की बात करते हुए प्रश्न, शंका, असहमति, विरोध और विद्रोह की शानदार परम्पराओं की उपेक्षा करते हैं, वे भारत की खोज के नाम पर दूसरों को धोखा देना चाहते हैं।' 'भारतीयता की तलाश' में ही दुबे जी ने बहुत पहले लिखा था कि "संस्कृति आज की दुनिया में एक राजनीतिक अस्त्र के रूप में उभर रही है, जिसका न्यस्त स्वार्थी खुलकर उपयोग अपने स्वार्थों के लिए कर रहे हैं।" उन्होंने जब यह लिखा था, तब अयोध्या में बाबरी मस्जिद का ध्वंस नहीं हुआ था और सांस्कृतिक राष्ट्रवाद का उभार भी नहीं हुआ था। तब अमेरिका से सभ्यताओं के संघर्ष के सिद्धांत की घोषणा भी नहीं हुई थी। लेकिन अपने समय और समाज को पैनी नजर से देखने वाले प्रो॰ दुबे ने संस्कृति की राजनीति के जिस चेहरे की एक झलक देखी थी, उसका भयानक रूप बाद में सामने आया। जब वह सामने आया, तब भी दुबे जी जीवित थे। उन्होंने उसे गौर से देखा और उसके बारे में अपना विक्षोभ खुलकर व्यक्त किया—"छह दिसम्बर को अयोध्या में जो कुछ हुआ, वह हमारे इतिहास के पृष्ठों पर हमेशा एक काला और कुरूप धब्बा रहेगा। अयोध्या में उठी एक चिनगारी ने देशव्यापी आग का रूप ले लिया है, जिसमें हजारों जानें गयी हैं और हजारों के जाने का अंदेशा है" (*समय और संस्कृति*, पृ॰ 158)। लेकिन उस शर्मनाक घटना और उससे उपजी भयानक ट्रेजेडी के बीच भी भारतीय जनता की विवेकशीलता में उनकी आस्था बची रही, इसलिए उन्होंने लिखा : "आशा की बस एक किरण है—अयोध्या के ध्वंस कांड पर जनसाधारण की तीव्र प्रतिक्रिया। जनता का विवेक और न्यायबुद्धि अब भी जीवित है।"

समय और संस्कृति में दुबे जी की एक महत्त्वपूर्ण रचना है 'त्रिशंकु संस्कृति का उत्कर्ष, इसे मैं जानबूझकर रचना कह रहा हूँ, लेख नहीं; क्योंकि इसकी बनावट और उसको रचने वाली चेतना केवल आलोचनात्मक नहीं, सचमुच सर्जनात्मक है। कोई चाहे तो कह सकता है कि यह आलोचनात्मक चेतना की सर्जना है। वास्तव में यह रचना समाजशास्त्रीय कल्पना और साहित्यिक कल्पना के सहयोगी प्रयास की उपज है। इसमें क्रमशः चार चित्र सामने आते हैं—अत्यन्त मनोयोग से चित्रित, सजीव, शोख और अपनी बात बोलते हुए। लेकिन एक-दूसरे से एकदम भिन्न। दो चित्र बारात के हैं, तीसरा रामलीला का और चौथा किसी सम्पन्न आधुनिक बुद्धिजीवी के ड्रॉइंगरूम में बैठे कुछ बुद्धिजीवियों का। ये चारों चित्र जिस तरफ इशारा कर रहे हैं, वह है भारतीय समाज में पनपती और फैलती त्रिशंकु संस्कृति। उसके रूप और प्रभाव के बारे में दुबे जी की राय यह है—"भारतीय समाज इस समय संक्रमण के दौर से गुजर रहा है। इस प्रक्रिया की गति बहुत तेज है और उसके परिणाम बहुत विघटनकारी हैं। एक ही समय में दो विपरीत ध्रुवों के आकर्षण ने उसमें लक्ष्य-सम्भ्रम उत्पन्न कर दिया है और साधनों की नैतिकता को संशय के घेरे में खड़ा कर दिया है। एक ओर पश्चिम की जीवन-शैली का सम्मोहन है, दूसरी ओर अपनी सांस्कृतिक अस्मिता के आग्रह हैं। कभी समाज एक ओर झुकता है, कभी दूसरी ओर। अनिश्चय और अनिर्णय की यह स्थिति समाज (या उसके कुछ भागों) से सुविधाजनक, किन्तु सिद्धांतहीन समझौते

कराती है, जिनसे उभरती है एक त्रिशंकु संस्कृति—अवसरवादी, आधारहीन; कुछ पक्षों में हास्यास्पद और अपने व्यापक प्रभाव में पीड़ादायक" (*समय और संस्कृति*, पृ॰ 136)।

ऐसी रचना वही लिख सकता है जो अपने समाज की जिन्दगी को जानने के लिए अपनी आँखें और कान खुले रखता है, ताकि वह जिन्दगी की सच्चाईयों को देख सके और उसकी धड़कनें सुन सके, वह नहीं जो बौद्धिक तटस्थता के नाम पर समाज की जिन्दगी की हलचलों से बचता है और जीवन के अनुभवों से किताबी ज्ञान को अधिक महत्त्व देता है। यह रचना साबित करती है कि किसी समाज की संस्कृति में घटित होने वाले परिवर्तन की बारीक पर जटिल प्रक्रियाओं को समझने के लिए उस समाज की जिन्दगी की वास्तविकताओं और अनुभवों के प्रति गहरी संवेदनशीलता जरूरी है। इस रचना में मौजूद अन्तर्दृष्टि समाज की जिन्दगी में हिस्सेदारी से मिलती है, केवल वैज्ञानिक प्रविधि के प्रयोगों से नहीं।

श्यामाचरण दुबे ने लेखन की शुरुआत हिन्दी में ही की थी। उन्होंने लिखा है कि "सन् 1940 में, जब मैं केवल अट्ठारह वर्ष का था, अपनी औकात समझे बिना अपने लेख *विशाल भारत* और *हंस* जैसी प्रतिष्ठित पत्रिकाओं में भेजना आरम्भ कर दिया था। आश्चर्य होता है कि ये लेख छपने भी लगे।" नृतत्त्वशास्त्र और समाजशास्त्र की ओर जाने के बावजूद हिन्दी साहित्य में उनकी गहरी दिलचस्पी बराबर बनी रही, विशेष रूप से कथा साहित्य में, जिसके प्रमाण *परम्परा, इतिहास-बोध और संस्कृति* में संकलित साहित्य-सम्बन्धी पाँच निबन्ध हैं। इन निबन्धों से जाहिर है कि उनकी दिलचस्पी गम्भीर साहित्य के साथ-साथ लोकप्रिय साहित्य में भी रही है। वे गम्भीर दो रूपों में पढ़ते रहे हैं—साहित्यिक रचना के रूप में और सामाजिक दस्तावेज के रूप में भी। वे जनरुचि को जानने के लिए लोकप्रिय साहित्य भी पढ़ते रहे हैं।

दुबे जी साहित्य से निरन्तर जुड़े हुए सावधान और संवेदनशील पाठक थे, हिन्दी कथा-साहित्य से उनका अन्तरंग सम्बन्ध था, इसलिए यह उम्मीद थी कि वे हिन्दी में साहित्य के समाजशास्त्र के विकास की राह बनाएँगे। अपने जीवन के आखिरी दिनों में वे इस दिशा में प्रयत्नशील भी थे, पर दुर्भाग्य से उन्हें यह अवसर ही नहीं मिला। हिन्दी में साहित्य के समाजशास्त्र के विकास की विडम्बना यह है कि जो साहित्य के आलोचक हैं, वे समाजशास्त्र से अपरिचित हैं और जो हिन्दी-क्षेत्र के समाजशास्त्री हैं, उनमें से अधिकांश हिन्दी साहित्य से अनजान। ऐसी स्थिति में साहित्य के समाजशास्त्र का विकास कैसे हो? प्रो॰ दुबे साहित्य और समाजशास्त्र, दोनों से समान रूप से जुड़े हुए थे, इसलिए वे साहित्य के समाजशास्त्र के विकास का मार्गदर्शन कर सकते थे, लेकिन वह नहीं हुआ।

अब हमारे सामने उनके साहित्य-सम्बन्धी कुछ लेख हैं। उन लेखों में कुछ ऐसे विचार हैं जिनसे हिन्दी में साहित्य के समाजशास्त्र के विकास में मदद मिल सकती है। उन्होंने लिखा है कि "भारतीय ग्रामीण जीवन को हिन्दी के कुछ उपन्यासकारों ने रचनात्मक दृष्टि से और साहित्यकार की तीसरी आँख से देखा है, और उसके कुछ ऐसे पहलुओं के सूक्ष्म तत्त्वों की मार्मिक विवेचना की है जो हमारी शुष्क वैज्ञानिक दृष्टि और कष्टसाध्य सांख्यिकीय

विश्लेषण की पकड़ में नहीं आते" (*परम्परा, इतिहास-बोध और संस्कृति*, पृ॰ 128, 129)। वे स्वीकार करते हैं कि साहित्य समाज की ठोस जिन्दगी और उसके अनुभवों के बारे में ऐसा साक्ष्य देता है, जिसका कोई विकल्प नहीं। वे यह भी मानते हैं कि "साहित्य का मुहावरा समाजविज्ञान के मुहावरे से भिन्न होता है, पर दोनों एक ही यथार्थ तक पहुँचने की कोशिश करते हैं।"

साहित्य भाषिक कला है, इसलिए उससे कुछ भी पाने की कोशिश में वही सफल होगा जो साहित्य की भाषा के विशिष्ट स्वभाव के प्रति संवेदनशील और सतर्क हो; वह चाहे समाजशास्त्री हो, इतिहासकार हो या साहित्य का आलोचक। प्रायः साहित्य के समाजशास्त्रीय चिन्तन में साहित्य की भाषा के स्वभाव, उसकी संरचना और उसके प्रयोजन की उपेक्षा होती रही है, इसीलिए समाजशास्त्री कविता की दुनिया से खाली हाथ लौटते रहे हैं। प्रो॰ दुबे ने भाषा और शब्द की सामाजिकता पर ध्यान दिया है। उन्होंने शब्द की सामाजिकता की व्याख्या करते हुए लिखा है, "मनुष्य ने जिन अनेक प्रकार के प्रतीकों का निर्माण किया है, उनमें शब्द सम्भवतः सबसे अधिक महत्त्वपूर्ण और सशक्त है। उच्चरित अथवा लिखित रूप में शब्द मानवीय अर्थ-सम्प्रेषण का सबसे अधिक भार वहन करते हैं, जिससे सामाजिक धरातल पर जीवन सम्भव होता है। शब्दों में मानवीय चेतना परिलक्षित होती है, उनके माध्यम से इस चेतना का विस्तार होता है। शब्द मनुष्य के भूत और वर्तमान तथा वर्तमान और भविष्य को जोड़ते हैं। मानव के अनुभव-क्षेत्र और जीवन-स्वरूपों के आयामों के विस्तार में भी शब्दों का योगदान महत्त्वपूर्ण है। लेखक और कवि शब्दों का उपयोग जिस तरह करते हैं, उससे व्यक्ति और समूहों को आत्मचेतना, ऐतिहासिकता और आध्यात्मिकता मिलती है" (*परम्परा, इतिहास-बोध और संस्कृति*, पृ॰ 149-50)। शब्द की व्यापक सामाजिकता की पहचान करने वाली इस दृष्टि से साहित्य के समाजशास्त्रीय चिन्तन को नयी दिशा मिल सकती है बशर्ते कि हम रचनाओं के विश्लेषण में इस दृष्टि का प्रयोग करें।

पश्चिम में भी अभी साहित्य का समाजशास्त्र लिखित साहित्य तक ही सीमित है, मौखिक साहित्य तक उसकी पहुँच नहीं हुई है। जब लेखन की संस्कृति का विकास नहीं हुआ था, तब लम्बे समय तक साहित्य मौखिक ही था और भी अधिकांश लोकसाहित्य मौखिक ही है। उस समय साहित्य मनुष्य को सामाजिक बनाने का एक महत्त्वपूर्ण माध्यम था। प्रो॰ दुबे ने ठीक ही लिखा है कि "अप्रत्यक्ष रूप से साहित्य समाजीकरण और सामाजिक नियन्त्रण की प्रक्रियाओं को बल और गति देने में सहायक होता था।" मौखिक साहित्य की इस सामाजिक भूमिका का समाजशास्त्रीय विश्लेषण साहित्य के समाजशास्त्र के विकास का नया मार्ग बनाएगा।

प्रो॰ दुबे के अनुसार साहित्य के समाजशास्त्र का एक नया पक्ष सामाजिक परम्पराओं से साहित्य के सम्बन्ध का अध्ययन है क्योंकि—"साहित्य में परम्परा की अभिव्यक्ति और व्याख्या होती है और उसके माध्यम से परम्पराओं को स्थायित्व भी मिलता है। साथ ही साहित्य परम्पराओं का मूल्यांकन करता है और उसके सतत नये अर्थ और प्रयोजनों की खोज भी" (*परम्परा, इतिहास-बोध और संस्कृति*, पृ॰ 15)।

प्रो॰ दुबे ने साहित्य के सत्य को जीवन के सत्य से अलग माना है। उनके अनुसार वे दोनों एक नहीं होते, उनके धरातल भिन्न होते हैं और प्रभाव की प्रक्रिया भी। उन्होंने लिखा है कि–"कविता, कहानी, उपन्यास और नाटक, पाठक को अपनी एक अलग दुनिया में ले जाते हैं और वह थोड़े समय के लिए अपने जीवन के यथार्थ को भूलकर इस नये यथार्थ का अंग बन जाता है, पर शीघ्र ही उसे वस्तुजगत् के यथार्थ में लौटना पड़ता है। वह केवल भावनाओं में नहीं जी सकता। यह सच है कि साहित्य का सत्य उसके मानसिक क्षितिजों पर छा जाता है, उसे उद्वेलित कर देता है। यह भी सम्भव है कि वह उसकी तात्कालिक प्रेरणा का कारण बने। पर यह भी उतना ही सच है कि बहुत ही कम तात्कालिक प्रभाव स्थायी बन सकते हैं" (*परम्परा, इतिहास-बोध और संस्कृति*, पृ॰ 164)।

यह बात उन समाजशास्त्रियों को पसन्द नहीं आएगी जो साहित्य को समाज का दर्पण मानते हैं और उसमें जीवन का हू-ब-हू चित्र देखना चाहते हैं। दुबे जी की यह बात उन लोगों के लिए भी खटकने वाली है जो साहित्य की क्रांतिकारी भूमिका पर जोर देते हैं। दुबे जी साहित्य को दर्पण से अधिक दीपक मानते हैं, इसलिए वे कहते हैं कि साहित्य का मुख्य प्रयोजन सामाजिक आलोचना है और उस आलोचना से विकल्प की खोज भी जुड़ी होती है। लेकिन वे साहित्य के क्रांतिकारी और स्थायी प्रभाव के बारे में आश्वस्त नहीं हैं। उनके अनुसार, साहित्य का समाजशास्त्री साहित्य की सामाजिक आलोचना, उससे जुड़ी विकल्पों की खोज और मनुष्य की परिकल्पना का विश्लेषण करते हुए साहित्य की सामाजिकता के नये पक्षों को सामने ला सकता है।

प्रो॰ दुबे ने 'हिन्दी उपन्यास और ग्रामीण परिवेश' तथा 'प्रेमचंद की परम्परा' जैसे निबन्धों में हिन्दी के अनेक महत्त्वपूर्ण उपन्यासकारों की रचनाओं की सामाजिक अर्थवत्ता की खोज की है। उन्होंने श्रीलाल शुक्ल के *राग दरबारी*, राही मासूम राजा के *आधा गाँव* और कृष्णा सोबती के *जिन्दगीनामा* की रचना-दृष्टि, भाषा की भंगिमाओं और यथार्थ-चेतना का विश्लेषण करते हुए इन उपन्यासों को प्रेमचंद की परम्परा का विस्तार माना है। लेकिन उनको सबसे अधिक प्रिय है फणीश्वरनाथ 'रेणु' की रचनाशीलता। उन्होंने लिखा है, "कथानक और शैली, दोनों की दृष्टि से रेणु ने कथा-शिल्प को प्रेमचंद से आगे बढ़ाया है। उनके हर पृष्ठ से यह आभास होता है कि लेखक स्वयं गाँव का है और ग्रामीणों के हृदयों की धड़कन को भली-भाँति समझता है। फिर भी लेखक में एक अजीब तटस्थता भी हमें मिलती है। न तो वह ग्रामीणों की दुर्दशा पर छाती पीटता और आँसू बहाता है और न सच्ची या झूठी क्रांति के नारे ही लगाता है। आक्रोश का दबा स्वर उसकी रचनाओं में अन्तर्निहित है, किन्तु उसकी अभिव्यक्ति के लिए वह प्रत्यक्ष उत्तेजना के मुहावरे का प्रयोग नहीं करता। उसकी रचनाएँ मन पर प्रभाव छोड़ती हैं, किन्तु अप्रत्यक्ष रूप से" (*परम्परा, इतिहास-बोध और संस्कृति* पृ॰ 145-46)। प्रेमचंद की परम्परा से रेणु की रचनाओं के सम्बन्ध के बारे में दुबे जी की यह राय हिन्दी के अनेक आलोचको की राय से अलग है, लेकिन वह व्यापक पाठक समुदाय की भावना के अनुरूप है।

भारतीय समाज, संस्कृति, परम्परा और साहित्य से सम्बन्धित प्रो॰ दुबे के विचारों की

इस चर्चा से यह जाहिर है कि उनके चिन्तन में एक ऐसी आलोचनात्मक चेतना क्रियाशील है जो प्रत्येक विचारणीय प्रसंग में प्रश्न पूछने की प्रेरणा देती है, सच को समझने और उसे खुलकर कहने का साहस पैदा करती है। वह गलत और सही के बीच फर्क करने का विवेक जगाती है और व्यापक रूप से स्वीकृत तथा प्रचारित लेकिन गहरे स्तर पर खतरनाक मान्यताओं से टकराती है। वह आलोचनात्मक चेतना दुबे जी के चिन्तन को एक ओर शास्त्रीयता की रूढ़ियों से बचाती है तो दूसरी ओर अपने समय और समाज की समस्याओं के बारे में उन्हें निरन्तर सतर्क बनाए रखती है।

दुबे जी अपने समय के भारतीय समाज और खासतौर से हिन्दी समाज के ऐसे बुद्धिजीवी के रूप में हमारे सामने आते हैं जो अपने समाज की वास्तविकताओं के प्रति संवेदनशील और सामाजिक समस्याओं से उपजी चुनौतियों का सामना करने के लिए तत्पर हैं। वे देश-काल-निरपेक्ष बुद्धिजीवी नहीं हैं। वैसे बुद्धिजीवी इतिहास के खंडहरों और संस्कृति के अजायबघरों में रहते हैं जो प्रायः स्मृति की खुदाई करने वालों को मिलते हैं।

(सीमांतों के अन्वेषक, सं. लीला दुबे, सुधीश पचौरी, 1997 से)

19

उत्तर-संरचनावाद को क्यों और कैसे पढ़ें?

हेमन्त जोशी और देवेन्द्र चौबे से बातचीत

फ्रांसीसी चिन्तन में जहाँ एक ओर लम्बे अरसे तक अस्तित्ववाद का प्रभाव रहा, वहीं दूसरी ओर संरचनावादी चिन्तन ने भी साहित्यिक आलोचना को नये प्रतिमान गढ़ने पर मजबूर किया। आपकी दृष्टि में ऐसे कौन-से प्रतिमान हैं, जिनका आधार संरचनावाद रहा है और क्या आप मानते हैं कि इन प्रतिमानों से आलोचना को कुछ लाभ हुआ?

फ्रांस में अस्तित्ववाद एक प्रभावशाली विचार और दर्शन के रूप में, मुख्य रूप से, दूसरे महायुद्ध के बाद आया। अस्तित्ववाद का चिन्तन बताता है कि दूसरे महायुद्ध के अनुभवों से उसका गहरा सम्बन्ध रहा है, विशेष रूप से सार्त्र के अस्तित्ववाद का। अस्तित्ववाद के भी कई रूप हैं। उसकी परम्पराएँ भी अनेक हैं। हम लोग विशेष रूप से फ्रांस के चिन्तन की बात कर रहे हैं। इसलिए फ्रांसीसी अस्तित्ववाद और उसमें भी सार्त्र के अस्तित्ववाद की दो बुनियादी मान्यताएँ हैं। एक तो 'मानववाद' और दूसरे 'इतिहासवाद।'

सार्त्र के अस्तित्ववाद की बुनियादी मान्यता 'मानववाद' से जुड़ी हुई है। मनुष्य की स्वतन्त्रता के सामने की कठिनाइयाँ, विकल्पों का सवाल और स्वतन्त्रता के लिए मनुष्य की जिम्मेदारी। इन सवालों पर सार्त्र ने बहुत गहराई से अपने विचारात्मक और रचनात्मक लेखन-दोनों में विचार किया है। उसके साथ ही दूसरे महायुद्ध के अनुभवों का एक प्रभाव यह भी हुआ कि अतीत से एक तरह का अलगाव भी अस्तित्ववाद में दिखलाई पड़ता है। पर सार्त्र के चिन्तन की एक विशेषता यह भी है कि वह धीरे-धीरे अपने अस्तित्ववाद को मार्क्सवाद से जोड़ रहे थे।

इसी दौरान फ्रांस में संरचनावाद का विकास हुआ। इस पर आपकी क्या टिप्पणी है?

हाँ, मैं इसी पर आ रहा था। साठ के दशक में जब संरचनावाद आया तो उसके सामने दो मुख्य विचारधाराएँ थीं। एक तो अस्तित्ववाद पहले से चला आ रहा था और दूसरे उसके साथ-साथ मार्क्सवाद। ऐसा माना जाता है कि संरचनावाद ने मार्क्सवाद और अस्तित्ववाद

का विरोध करते हुए अपना विकास किया। इस विरोध और विकास के सम्बन्ध को थोड़ा विस्तार से समझना जरूरी है। जैसा मैं कह रहा था कि अस्तित्ववाद, विशेषकर सार्त्र के अस्तित्ववाद की दो बुनियादी मान्यताएँ हैं--मानववाद और इतिहासवाद। संरचनावाद ने इन्हीं दोनों का विरोध किया। अगर संरचनावाद की जाँच-परख की जाय तो मालूम होगा कि इसने सबसे अधिक विरोध मानववाद और इतिहासवाद का किया।

संरचनावाद फ्रांस की देन या फ्रांस की उपज नहीं है। संरचनावाद के इतिहास पर विचार करते समय यह ध्यान में रखना होगा कि उसका इतिहास फ्रांसीसी संरचनावाद से पहले का रहा है। उसका इतिहास रूसी रूपवाद तक जाता है, जो इस सदी के दूसरे-तीसरे दशक में रूस में बहुत प्रभावशाली साहित्य-चिन्तन के रूप में फैला हुआ था। उसके बाद रूस से निकलकर संरचनावाद प्राग (चेकोस्लोवाकिया) में आया और प्राग के कुछ विचारकों और रूस के रोमन याकोब्सन ने मिलकर प्राग में संरचनावाद का विकास किया। संयोगवश संरचनावाद के विश्व नागरिक रोमन याकोब्सन हैं। रोमन याकोब्सन रूसी रूपवाद को प्राग के संरचनावाद से और प्राग के संरचनावाद को फ्रांसीसी संरचनावाद से जोड़ते हैं। मैं ऐसा इसलिए कह रहा हूँ कि 1962 के आसपास रोमन याकोब्सन ने लेबीस्त्रोस के साथ मिलकर चार्ल्स बादलेयर की एक कविता का विश्लेषण किया--और ऐसा प्रायः संरचनावाद पर विचार करने वाले लोगों का कहना है कि इसी लेख से फ्रांस में संरचनावाद का विकास होता है। इसीलिए मैं रोमन याकोब्सन को संरचनावाद का विश्व नागरिक कह रहा था। अमेरिका में भी संरचनावाद के विकास में रोमन याकोब्सन का महत्त्वपूर्ण हाथ रहा है।

1966 में एक फ्रांसीसी पत्रिका में एक कार्टून छपा था। उनमें एक नदी के किनारे वीरान मैदान में एक ताड़ के पेड़ के नीचे पाँच लोग बैठे हुए हैं। घास का कपड़ा पहने हुए उन पाँच लोगों का जो चेहरा है, उसे ध्यान से देखने पर पता चलता है कि उनमें से एक लेबीस्त्रोस हैं, दूसरे हैं रोला बार्थ, तीसरे हैं मिशेल फूको, चौथे हैं देरिदा और पाँचवें हैं जॉक लाकाँ। मतलब पाँचों मुख्य संरचनावादी उसमें बैठे हुए हैं और उसका शीर्षक है 'संरचनावादी भोज'। पाँचों के आगे भोजन तो रखा हुआ है, पर कोई भोजन नहीं कर रहा है। अगर आप इसे देखें तो पता चलता है कि यह कार्टून संरचनावाद का मजाक उड़ाने के लिए बनाया गया है। पर ध्यान से देखने पर संरचनावाद से जुड़ी हुई बहुत सारी बातें इस व्यंग्य-चित्र से व्यक्त होती हैं। एक तो फ्रांसीसी संरचनावाद के आचार्य यही पाँचों हैं। दूसरी बात यह है कि संरचनावाद के पक्के प्रतिनिधि हैं लेबीस्त्रोस। क्योंकि बाकी लोगों के विचारों में परिवर्तन हो रहा है और उनमें अधिकांश ने तो आगे जाकर संरचनावाद का विरोध ही किया। इसकी चर्चा मैं बाद में करूँगा। लेकिन संरचनावाद की व्याख्या करने और उसकी आलोचनाओं से रक्षा करने का निरन्तर काम स्त्रोस ने किया है। स्त्रोस का चिन्तन आदिम समाजों से जुड़ा हुआ है। उनकी किताबें भी अधिकांशः आदिम समाज, आदिम समाजों की संस्कृति, विशेष रूप से उसमें मिथक की व्याख्या से जुड़ी हुई हैं। इसलिए संरचनावाद में आदिम समाज, आदिम मनुष्य और आदिम संस्कृति का प्रभाव दिखलाई पड़ता है। शायद इसीलिए

संरचनावाद के महत्त्व को दिखलाने के लिए उसे इस कार्टून में आदिम मनुष्य के आदिम समाज और आदिम संस्कृति की तरह दिखलाया गया है।

स्वयं स्त्रोस के विचारों पर हम लोग थोड़ा ध्यान दें तो मालूम होगा कि जिन दो विशेषताओं की बात मैं आपसे कह रहा था, वे दोनों उनके यहाँ मौजूद हैं। एक तो मानववाद का विरोध और दूसरा इतिहासवाद का विरोध। असल में ये दोनों चीजें अस्तित्ववाद में हैं, पर विरोध को ठीक-ठाक पहचानना हो तो आप कह सकते हैं कि स्त्रोस मानववाद के विरोध के माध्यम से अस्तित्ववाद का विरोध कर रहे थे। अब अगर हम संरचनावाद की विचार-प्रक्रिया की संक्षिप्त चर्चा करें तो कुछ बातें सामने आएँगी। यह चिन्तन का बहुत बड़ा क्षेत्र है। इसमें इतने बड़े विचारक हैं कि उनकी सारी बातों की चर्चा हम नहीं कर सकते। फिर भी उनकी कुछ मुख्य विशेषताओं पर बात तो हो ही सकती है।

एक तो संरचनावाद ने चिन्तन की एक ऐसी पद्धति विकसित करने की कोशिश की जो केवल ज्ञान के किसी एक क्षेत्र तक सीमित न हो। इसीलिए संरचनावाद को एक नाम दिया जाता है–'साइंस ऑफ मैन'। मतलब यह कि संरचनावाद को मनुष्य की सारी गतिविधियों का विज्ञान बनाने का प्रयास किया गया और उसमें उसकी संस्कृति, संस्कृति के विभिन्न रूप, कला, साहित्य और जो सामाजिक गतिविधियाँ हैं, वे भी उसके अन्दर आती हैं।

दूसरी बात यह कि संरचनावाद ने पहले से चली आ रही कुछ धारणाओं का खंडन किया। उनमें से एक धारणा थी जो यूरोप में पुनर्जागरण और ज्ञानोदय काल से ज्ञान के विभिन्न क्षेत्रों में चली आ रही थी। वह धारणा थी, मनुष्य की चेतना को ज्ञान और सारी मानवीय गतिविधियों का मापदंड और केन्द्रबिन्दु समझना। इस धारणा का संरचनावादियों ने खंडन किया।

तीसरी महत्त्वपूर्ण बात यह है कि संरचनावादियों ने भाषा को चिन्तन का केन्द्रबिन्दु बनाया, बल्कि यह कहा जा सकता है कि स्यासूर के संरचनावादी भाषा चिन्ता को ही ज्ञान के सभी क्षेत्रों में लागू करने का काम संरचनावादियों ने किया। इसका परिणाम यह हुआ कि 'भाषा' मनुष्य से अधिक महत्त्वपूर्ण हो गयी। तात्पर्य यह कि भाषा केवल मनुष्य के भावों और विचारों की अभिव्यक्ति का साधन ही नहीं रही, बलिक वह भावों और विचारों के स्वरूप को निर्धारित करने वाली शक्ति बन गयी। इसीलिए संरचनावादियों के बीच मुहावरे की तरह एक कथन चलता है–मनुष्य भाषा नहीं बोलता है, बल्कि भाषा ही मनुष्य को बोलती है। इस प्रसंग में मुझे हमेशा धूमिल की कुछ पंक्तियाँ याद आती हैं कि :

इस वक्त जबकि कान नहीं सुनते हैं कविता
कविता पेट से सुनी जा रही है
आदमी ग़ज़ल नहीं गा रहा है
ग़ज़ल आदमी को गा रही है'

–संसद से सड़क तक, पृ. 66

संरचनावादियों ने भाषा की यही स्थिति बना दी। स्यासूर के संरचनावादी चिन्तन में कुछ ऐसी विशेषताएँ थीं, जिनको फ्रांसीसी संरचनावादियों ने समाज, संस्कृति और इतिहास की व्याख्या पर लागू किया। उनमें से एक विशेषता यह थी कि शब्द का कोई निश्चित अर्थ नहीं होता, बल्कि वह अर्थ प्रक्रिया से पैदा होता है और इस प्रक्रिया की पहचान जरूरी है। इस पद्धति के अनुसार भाषा में नियम शब्द से अधिक महत्त्वपूर्ण होते हैं और शब्दों का अर्थ भी उन नियमों से ही अनुशासित होता है। यही प्रक्रिया ज्ञान-विज्ञान तथा संस्कृति के क्षेत्र में भी लागू होती है। इस तरह ज्ञान-विज्ञान के हर क्षेत्र में वस्तु से अधिक संरचना का और इतिहास से अधिक समकालीन रूपों का महत्त्व संरचनावादियों ने स्थापित किया।

डॉ. साहब, हम लोग आपसे यह भी जानना चाहेंगे कि इसका (संरचनावाद का) साहित्य पर कैसा प्रभाव पड़ा?

हाँ, मैं यही कहने जा रहा था। संरचनावादियों के सम्बन्ध में बात करते समय एक बात और ध्यान में रखने की है। स्वयं संरचनावादियों ने अपने सम्पूर्ण चिन्तन को एक दृष्टिकोण या विचारधारा कहने के बदले 'पद्धति' कहना ज्यादा उचित समझा है।

संरचनावादियों के साहित्य चिन्तन पर विचार करें तो मालूम होगा कि मुख्य रूप से साहित्य पर विचार करने का काम रोलाँ बार्थ ने किया। संरचनावादियों में रोलाँ बार्थ साहित्य के प्रमुख आलोचक हैं, यद्यपि बाकी संरचनावादियों ने भी साहित्य पर विचार किया है। शायद एक बात मैंने पहले कहीं और कही है। संरचनावाद ने एक समग्रतावादी दृष्टिकोण पैदा किया। यही कारण है कि सभी संरचनावादी अपने बुनियादी अनुशासन में काम करते हुए दूसरे अनुशासनों पर भी विचार करते हैं। जैसे रोलाँ बार्थ मुख्यतः साहित्य के आलोचक हैं, लेकिन उन्होंने *मायथोलॉजी* नामक अपनी पुस्तक में आधुनिक समाज में मिथकों के निर्माण की प्रक्रिया पर विस्तारपूर्वक विचार किया है या स्वयं लेवीस्त्रोस का मुख्य क्षेत्र 'एंथ्रोपोलॉजी' है, लेकिन इसके अलावा उन्होंने साहित्य पर भी विचार किया है। देरिदा का मुख्य क्षेत्र दर्शन है, लेकिन उन्होंने साहित्य पर लिखा है। उसी तरह फूको का मुख्य क्षेत्र इतिहास है, लेकिन उन्होंने भी साहित्य की समस्याओं पर विचार किया है। लाकाँ का मुख्य क्षेत्र मनोविज्ञान है, लेकिन उन्होंने साहित्य पर विचार किया है। इसीलिए मैं कह रहा था कि संरचनावादियों में ज्ञान के प्रति एक समग्रतावादी दृष्टिकोण दिखलाई पड़ता है।

संरचनावादियों के साहित्य चिन्तन और उनकी आलोचना-पद्धति पर ध्यान देने पर पता चलता है कि उन्होंने साहित्य की धारणा ही बदल दी। साहित्य की जो पहले से चली आ रही धारणा थी, वह मुख्य रूप से दो चीजों से निर्धारित थी। एक तो रचनाकार से अर्थात् रचना को रचनाकार के व्यक्तित्व की अभिव्यक्ति माना जाता था और दूसरी बात यह कि साहित्यिक कृति को कुछ अत्यन्त, कभी-कभी रहस्यमय गुणों से सम्पन्न 'रचना' कहा जाता था। यहाँ 'रचना' शब्द का प्रयोग मैं जान-बूझकर कर रहा हूँ—सर्जना या 'क्रिएशन' के अर्थ में। जैसे वह कुछ दिव्य गुणों से सम्पन्न रचना है। इसको समझने के लिए अगर हम लोग

यहाँ भारतीय परम्परा पर ध्यान दें तो शायद बातें ज्यादा सहज होंगी। जैसे अपने यहाँ कवि को ईश्वर और ईश्वर को कवि कहा गया है। एक तरह से पश्चिम में भी साहित्यिक कृति को रचना या सर्जना कहने की प्रवृत्ति है, उसमें स्रष्टा का वही भाव है, जो संसार के प्रसंग में ईश्वर के साथ जुड़ता है। भारतीय परम्परा में जब यह कहा जाता है कि कवि अपने संसार का प्रजापति होता है तो एक तरह से उसे लगभग ईश्वर के समकक्ष मान लिया जाता है। कुछ अन्तर के साथ यह धारणा पश्चिम में भी थी। संरचनावादियों ने जो सबसे पहला काम किया, वह यह कि उन्होंने साहित्य की धारणा को 'रहस्य' से मुक्त कर दिया और मुझे यह कहने में संकोच नहीं हो रहा है कि यह उनका एक उपयोगी और महत्त्वपूर्ण कदम था। इस प्रक्रिया को आमतौर पर 'डी-मिस्टीफिकेशन' कहा जाता है। इस तरह साहित्य को रहस्यमयता से मुक्त करने का काम संरचनावादियों ने किया। उन्होंने यह भी कहा कि साहित्य की धारणा भी एक प्रक्रिया में निर्मित होती है। साहित्य की धारणा कोई शाश्वत धारणा नहीं है। वह साहित्य के बदलने के साथ बदलती रहती है। यह कहना भ्रम है कि कालिदास के जमाने में साहित्य का जो मतलब था, वही मतलब आज भी है। इसलिए जिसको 'साहित्यिकता' कहा जाता है, वह भी बदलती है। साहित्य के गुणों को ही साहित्यिकता कहा जाता है और वे गुण भी साहित्य और समाज की विकास-प्रक्रिया के साथ बदलते हैं। इसीलिए साहित्य की धारणा बदलती रहती है।

संरचनावादियों ने दूसरा काम यह किया कि साहित्य को लेखक की आकांक्षा की अभिव्यक्ति मानने से इनकार किया। अगर आप पश्चिम में आलोचना के सारे इतिहास को ध्यान में रखें तो यह कहा जा सकता है कि संरचनावाद ने साहित्य चिन्तन का केन्द्र बदल दिया। उसने लेखक से पाठ या रचना की ओर फिर रचना से पाठक की ओर साहित्य चिन्तन की प्रक्रिया को मोड़ा। आरम्भ में संरचनावादी आलोचना, कृति केन्द्रित आलोचना थी। लेकिन बाद के दिनों में कृति भी उनके लिए महत्त्वपूर्ण नहीं रह गयी, बल्कि पाठक उनके लिए महत्त्वपूर्ण हो गया। इस प्रक्रिया में संरचनावादी आलोचना की जो पद्धति है, उस पर विचार करने पर पता चलता है कि संरचनावादियों ने किसी रचना की ऐतिहासिकता की खोज के बदले, उसकी समकालिक सत्ता को अधिक महत्त्व दिया। फिर रचना के भीतर जो रचना को बनाने वाले विभिन्न 'तत्त्व' होते हैं, उनके बीच जो आपसी रिश्ते होते हैं, उनकी खोज संरचनावादी आलोचना का मुख्य काम हो गया। जैसे अगर कोई संरचनावादी *गोदान* पर विचार करेगा तो उसके लिए यह महत्त्वपूर्ण नहीं है कि *गोदान* का होरी भारतीय किसान का प्रतिनिधि चरित्र है या नहीं। उसके लिए यह महत्त्वपूर्ण होगा कि होरी *गोदान* के एक चरित्र के रूप में *गोदान* की पूरी संरचना के भीतर क्या भूमिका निभाता है या उसमें जो गाँव और शहर की कथा जुड़ी हुई है, वह कथा संरचना के स्तर पर एक-दूसरे से कितनी दूर तक सुसंगत है और कहाँ वह असंगत होती है तथा कहाँ वह उसके अर्थ को बढ़ाती है और कहाँ अर्थ को घटाती है। इस पद्धति का अगला चरण यह भी है कि संरचनावादी केवल सतह की संरचनाओं के विश्लेषण से सन्तुष्ट नहीं है। वे यह भी कहते हैं कि एक रचना की संरचना के दो स्तर होते हैं। एक उसका ऊपरी स्तर है और दूसरा भीतरी स्तर।

रचना का विश्लेषण करते समय उसके भीतरी या आंतरिक स्तर का भी विश्लेषण करना चाहिए, जिसको वे गहन संरचनात्मक विश्लेषण भी कहते हैं।

वस्तुतः विश्लेषण के अर्थ में आलोचना के दो रूप दिखलाई पड़ते हैं। एक तो रचना के अर्थ की खोज और दूसरे रचना की सार्थकता की पहचान। संरचनावादी आलोचना रचना के अर्थ की खोज करने वाली आलोचना है। दरअसल रचना का अर्थ रचना के भीतर निहित होता है और रचना की सार्थकता सामाजिक सन्दर्भ से अर्थ के सम्बन्ध से निर्धारित होती है। संरचनावादी बाहरी जगत से उसके सम्बन्ध की खोज नहीं करते हैं, बल्कि रचना के भीतर जो अर्थ निहित और व्यक्त है, उसकी खोज वे करते दिखलाई पड़ते हैं।

जहाँ तक संरचनावाद के विकास का सवाल है, उसकी दो अवस्थाएँ दिखलाई पड़ती हैं—एक तो साठ के दशक का संरचनावाद है। लेकिन साठ के दशक में ही पाँच संरचनावादियों में से दो ऐसे थे, जिन्होंने अपने को संरचनावादी मानने से इनकार किया। एक तो मिशेल फूको और दूसरे जॉक देरिदा। रोलाँ बार्थ ने भी बाद के दिनों में बहुत कुछ ऐसा लिखा, जो पुराने संरचनावाद के ढाँचे में अटता नहीं है। इसलिए उनको भी पुराने संरचनावाद से थोड़ा अलग माना जाता है। बाद के दिनों में इन तीनों का जो विकास हुआ, उसी को 'पोस्ट-स्ट्रचरलिज्म' या 'उत्तर-संरचनावाद' नाम भी दिया गया।

डॉ॰ साहब, यहाँ मैं एक सवाल जोड़ना चाहता था। जैसा कि आपने कहा कि संरचनावाद मूल रूप में इतिहासवाद और मानववाद के विरोध में खड़ा हुआ। और इन दोनों से विरोध का सीधा अर्थ अस्तित्ववाद और मार्क्सवाद के विरोध में खड़ा होना है। इस बात को काफी हद तक स्वीकार करते हुए मैं यह पूछना चाहता हूँ कि जैसे हमने कहा कि उसने पाठ को स्रष्टा से दूर करने का प्रयास किया तो यह कार्य क्या कुछ उसी तरह का नहीं है जैसा कि मार्क्स की हम उस युक्ति को याद करें, जिसमें वह कहता है, 'मानव की जो जागरूकता है, वह उसकी खुद की नहीं होती है, बल्कि जो समाज में व्याप्त जागरूकता है, वही उसकी जागरूकता है।' क्या यह ठीक पाठ और रचना को लेखक से दूर करने जैसी बात नहीं है?

हाँ, आपका कहना सही है। इस पक्ष पर विचार किया जाना चाहिए। एक बात ध्यान देने की है, संरचनावाद पर आक्रमण दो ओर से हुआ। एक तो पुरानी दृष्टि के जो आलोचक, लेखक को रचना का केन्द्रबिन्दु मानकर साहित्य पर विचार करते थे—उन्होंने संरचनावाद पर आक्रमण किया। ऐसे आलोचक अंग्रेजी के भी थे और फ्रांसीसी के भी। उन लोगों ने बार्थ, फूको और देरिदा पर यह आरोप लगाया कि ये लोग मार्क्सवादी हैं। स्वभावतः जिन पत्रिकाओं से ये लोग जुड़े हुए थे और जिन विषयों पर इन्होंने लिखा है, उससे भी शायद इसका आभास मिलता था। इसके ठीक विपरीत मार्क्सवादियों ने उन पर यह आरोप लगाया कि ये सबके सब 'यथास्थितिवाद' के समर्थक हैं। यह संरचनावादियों की विडम्बनापूर्ण स्थिति है। स्वयं संरचनावादियों में से अनेक ने मार्क्सवाद से अपने आपको जोड़ा है और जिस बात की ओर आप संकेत कर रहे हैं, उसके विषय में संरचनावादियों में से एकाध ने यह कहा था कि सबसे पहले संरचनावादी तो कार्ल मार्क्स थे, जिन्होंने मनुष्य की चेतना

को उतना महत्त्व नहीं दिया, बल्कि चेतना जिन परिस्थितियों में निर्मित होती है, और निर्मित होकर जो उसका स्वरूप बनता है, उसको ज्यादा महत्त्व दिया। इसलिए मार्क्सवाद का संरचनावाद से सम्बन्ध कुछ जटिल है।

एक बात और, स्वयं कुछ मार्क्सवादियों ने भी संरचनावाद की कुछ पद्धतियों का उपयोग किया और इसमें दो लोग बहुत महत्त्वपूर्ण हैं। दर्शन के क्षेत्र में आल्थुसेर और साहित्य के क्षेत्र में गोल्डमान। इन दोनों ने संरचनावादी पद्धति से बहुत कुछ सीखा। स्वयं आल्थुसेर मानववाद का विरोध करते हैं। वे मानववाद को मार्क्सवाद की कमजोरी मानते हैं और जिस वैज्ञानिकता पर संरचनावादियों ने बहुत जोर दिया था, उस वैज्ञानिकता को आल्थुसेर भी बहुत महत्त्व देते हैं। संरचनावादियों से गोल्डमान ने बहुत कुछ सीखा, खासतौर से साहित्य की व्याख्या की उनकी जो दो धारणाएँ हैं– विश्वदृष्टि की धारणा और संरचनाओं की समानधर्मिता की धारणा–ये दोनों धारणाएँ संरचनावाद से ही आयी हैं। वैसे तो संरचनावाद ने मार्क्सवाद की प्रचलित पद्धति का विरोध किया, लेकिन उस चिन्तन में बहुत सारी बातें हैं, जिनका मार्क्सवादियों ने अपने चिन्तन में उपयोग किया है।

यह सही है कि रचना को महत्त्व देना रचनाकार के महत्त्व को कम करना, एक तरह से यह इतिहास-विरोधी लगता है, लेकिन यदि गहराई से विचार करें तो असल में वह रचना को इतिहास में ले जाते हैं या रचना की स्थिति इतिहास में खोजने की कोशिश करते हैं।

लेकिन इसका जो आगे का विकास है, उस पर ध्यान देना जरूरी है। साहित्य की धारणा का और साहित्य की आलोचना का जो विकास बाद के दिनों में संरचनावाद में हुआ, जिसको 'उत्तर संरचनावाद' माना जाता है, उसमें अगर आप देखिए तो दर्शनिक स्तर पर कुछ मान्यताएँ विकसित हुई हैं। देरिदा ने पूरी पश्चिमी चिन्तन पद्धति की आलोचना की और उन्होंने कहा कि पश्चिम की जो चिन्तन-प्रक्रिया है, उसमें एक तरह का ऐसा अध्यात्मवाद है जो उसके सारे चिन्तन के स्वरूप को निर्धारित करता है। वह चिन्तन दरअसल 'द्वैत' पर आधारित है और उस द्वैतवाद की व्याख्या देरिदा ने बहुत विस्तार से की है। अब आप यहाँ देखेंगे कि यही द्वैत का जो विरोध है, वह उत्तर-संरचनावाद को संरचनावाद से अलग करता है। संरचनावादी द्वैत को स्वीकार करते हैं। संरचनावाद में 'बायनेरीं अपोजिशंस' का बहुत महत्त्व रहा है। लेकिन उत्तर-संरचनावादी 'द्वैत' का खंडन करते हैं। इस 'द्वैत' की बात को हम भारतीय सन्दर्भ से जोड़कर अधिक स्पष्ट कर सकते हैं। जैसे मान लीजिए कि पुरुष और स्त्री हैं। ये दो हैं। ये केवल सामाजिक, सांस्कृतिक और ऐतिहासिक वास्तविकताएँ ही नहीं हैं, बल्कि ये दो धारणाएँ भी हैं। स्त्री क्या है? अगर इस पर विचार करें तो सहज भाव से एक उत्तर यही होगा कि पुरुष जो नहीं है, वही स्त्री है। मतलब के जो-जो गुण होंगे, वे स्त्री में नहीं होंगे। या स्त्री के जो-जो गुण होंगे, वे पुरुष में नहीं होंगे। इसी बात को द्वैतवादी ऐसे कहेंगे–दो ऐसी चीजों जो एक-दूसरे के विरोध में खड़ी हों। मानो परस्पर वे एक-दूसरे का स्वरूप निर्धारित करती हों, लेकिन विरोध रूप में ही स्वरूप को निर्धारित करती हों। इसको प्रकारांतर से जॉक देरिदा अस्मिता और अन्तराल (आइडेंटिटी एण्ड डिफरेंस) भी कहते हैं।

इस द्वैत के हजारों रूप हो सकते हैं--दर्शन से लेकर ज्ञान-विज्ञान के क्षेत्र में। मैं पुरुष और स्त्री के द्वैत की चर्चा कर रहा था। भारतीय चिन्तन में पुरुष और स्त्री का जो द्वैत है, वह परमात्मा से लेकर संसार तक की व्याख्या में 'व्याप्त' है। ब्रह्म पुरुष है। स्त्री प्रकृति है या माया है। उसका काम आसक्ति उत्पन्न करना है। मतलब पुरुष को बन्धनों में स्त्री डालती है, इसीलिए भारतीय धर्म, दर्शन और संस्कृति आदि में जीवन के जो लक्ष्य हैं, उनको 'पुरुषार्थ' कहा जाता है। अभी तक लोगों ने इस विषय पर विचार नहीं किया है कि स्त्री के जीवन में जो चरम लक्ष्य हैं क्या उनको भी पुरुषार्थ ही कहा जाय? धर्म, अर्थ, काम, मोक्ष ये चार पुरुषार्थ हैं : ये स्त्री अर्थ क्यों नहीं हैं? यहीं फूको की एक धारणा मुझे याद आ रही है कैसे चिन्तन कई युगों में किसी ऐसी मान्यता से निर्धारित होता है, जिसके विषय में हम सजग नहीं होते हैं। मतलब आप एक विशेषण का उपयोग देखिए। महापुरुष तो अनेक हुए हैं, पर किसी स्त्री को महास्त्री कहकर देखिए तो इसका क्या अर्थ निकलेगा? इसे आप भाषा का भोलापन नहीं कह सकते कि आप 'महा' का उपयोग पुरुष के साथ तो कर सकते हैं, पर स्त्री के साथ नहीं करते। यह सोचने की बात है कि अकेले 'महा' का जो अर्थ पुरुष के साथ होगा, उसके ठीक विपरीत अर्थ स्त्री के साथ होगा। इसलिए उत्तर-संरचनावादी यह कहते हैं कि संरचनावाद में भाषा को तो बहुत महत्त्व दिया गया, पर भाषा इतनी भोली नहीं होती, बल्कि भाषा में अर्थ भी बहुत सारी बातों से निर्धारित होता है। इसलिए उस सारी प्रक्रिया को ध्यान में रखना जरूरी है, जिससे अर्थ निर्धारित होगा, वह भाषा के स्वरूप को प्रभावित करेगा और भाषा का स्वरूप हमारे चिन्तन को प्रभावित करता है। इसलिए संस्कृति पर विचार करते समय उसके पीछे की हजारों बातों पर विचार करना ज्यादा जरूरी होता है।

उत्तर-संरचनावादियों ने एक महत्त्वपूर्ण काम यह किया कि जो स्वतः सिद्ध बातें थीं, मान्यताएँ थीं, उन पर उन सभी ने सवाल खड़े किए और यह जो सवाल खड़े करने की प्रक्रिया है, वह ज्ञान के क्षेत्र में विकास की बहुत महत्त्वपूर्ण प्रक्रिया होती है। इसी का एक दूसरा पक्ष भी है। स्वयं ज्ञान अपने आप में सामाजिक अभिप्रायों और प्रभावों से मुक्त नहीं होता। फूको की एक बहुत प्रसिद्ध मान्यता है कि ज्ञान और सत्ता का बहुत गहरा सम्बन्ध होता है, 'नॉलेज इज पावर'। इस बात को यूरोप में जितना ठीक से समझा जा सकता है, उससे ज्यादा ठीक से हिन्दुस्तान में समझा जा सकता है। यहाँ युगों से जो ब्राह्मण हैं, वे ज्ञान के माध्यम से सत्ता को नियंत्रित करते आये हैं। इसलिए 'ज्ञान' सत्ता का एक बड़ा भारी साधन भी है और केन्द्र भी है। आप पुराने ब्राह्मणों को छोड़ दीजिए, पर जो आधुनिक युग के 'इंटेलेक्चुअल' हैं, बैद्धिक हैं, वे भी आधुनिक युग के ब्राह्मण ही हैं, चाहे वे किसी भी जाति से आते हों। इनका सत्ता से कितना गहरा रिश्ता है, इसे आप देख सकते हैं। उत्तर-संरचनावादी जो सवाल उठाते हैं, वे दूसरे लोगों को बहुत परेशान करने वाले सवाल होते हैं। यही कारण है कि बहुत सारे लागे उन पर खीझते भी हैं।

अब उत्तर-संरचनावादियों की कुछ और मान्यताओं को ही देखिए। पहले फूको ही लीजिए। उनकी मान्यताओं में साहित्य सम्बन्धी एक मान्यता बहुत प्रसिद्ध है। जैसा कि मैंने आपसे पहले भी कहा है कि संरचनावादियों ने रचना से लेखक को अलगाकर अपनी

दृष्टि रचना पर केन्द्रित की, लेकिन उत्तर-संरचनावादियों ने यह कहा कि जो रचना है, वह अपने आप में कोई बहुत सुनिश्चित चीज नहीं है, उसका अर्थ भी सुनिश्चित नहीं है। उसका जो भीतरी रूप है, वह अनेक चीजों से निर्धारित होता है। जुलिया क्रिस्तोवा की इस सम्बन्ध में एक बहुत महत्त्वपूर्ण धारणा है, 'पाठ का अन्तर्वर्ती सम्बन्ध'। उन्होंने कहा कि एक रचना अपने आप में पूर्ण और स्वायत्त रचना नहीं होती है, बल्कि वह रचना परम्पराओं से अनेक रूपों में जुड़ती है। हिन्दी में इसका सबसे महत्त्वपूर्ण उदाहरण है तुलसी का *रामचरितमानस*। उनके मानस में शायद ही कोई दस चौपाई ऐसी खोज निकाले, जिनका संस्कृत साहित्य से गहरा रिश्ता न दिखाई देता हो। कहीं-कहीं कोई सीधे अनुवाद दिखाई देगा, कहीं-कहीं उसकी छाया दिखाई देगी। तुलसीदास सीधे इसकी घोषणा भी करते हैं। कुछ छिपाते नहीं हैं। वे आरम्भ में कही कहते हैं :

नानापुराणनिगमागम् सम्मतं यद्
रामायणे निगदितं क्वचिदन्यं तोऽपि।

अर्थात् इसमें नाना पुराण, निगम आदि-आदि और कुछ और भी उसमें हैं। जब स्वयं पाठ का आन्तरिक स्वरूप एक प्रक्रिया और परम्परा से निर्धारित होता है, तब उसका रूप सुनिश्चित कैसे होगा। इसी को वे पाठ के अन्तर्वर्ती सम्बन्ध से निर्मित पाठ की अनिश्चितता भी कहते हैं। तो फिर सवाल यह है कि पाठ का अर्थ कैसे निकलेगा? उत्तर-संरचनावादी यह कहते हैं कि पाठ और पाठक के सम्बन्ध से रचना का अर्थ निर्मित होता है। इससे आलोचना की प्रक्रिया भी निर्धारित होती है। इन दोनों मान्यताओं को स्वीकार करने के बाद आलोचना पाठ और पाठक के बीच गतिशील होगी, वह उसके पीछे जाने को कोशिश नहीं करेगी। ये इसकी सीमा भी है और यही इसकी शक्ति भी।

दूसरी बात जो इससे जुड़ी हुई है, वह यह कि जब पाठ ही अनिश्चित है तो उसका अर्थ भी अनिश्चित होगा। अर्थात् अर्थ पाठक पर निर्भर करेगा। इसलिए उत्तर-संरचनावादियों की एक महत्त्वपूर्ण स्थापना यह है कि हर पाठक अपने लिए रचना की पुनर्रचना करता है। इसका मतलब है, अपने अनुसार अर्थ की खोज करना। यही उसकी पुनर्रचना है।

इसी से एक और मान्यता भी जुड़ी हुई है। वह है बहुवचनवाद की। इसे जैन दर्शन की शब्दावली में 'अनेकांतवाद' भी कहा जा सकता है। पाठ की अनिश्चितता और पाठक द्वारा पाठ की पुनर्रचना—इसी से 'अनेकांतवाद' की यह अवधारणा जुड़ी हुई है। मतलब यह कि हर पाठक अपने अनुसार पाठ का निर्माण करेगा। इसे बहुत खोजने की जरूरत नहीं है। कालिदास को आज आप उसी अर्थ में नहीं पढ़ते हैं, जिस अर्थ में हजार वर्ष पहले लोग पढ़ते थे। यहाँ तक कि हाल के कवियों के साथ भी यह बात हो सकती है। कभी-कभी तो रचनाएँ स्वयं इतिहास के व्यापक सन्दर्भ में अपने पाठक भी ढूँढ़ लेती हैं। आपको याद होगा कि अपने यहाँ आपातकाल के दौरान ब्रेश्ट की एक कविता बहुत लोकप्रिय हुई थी। कविता का शीर्षक है 'समाधान'। यह कविता तब के पूर्वी जर्मनी में 17 जून, 1953 के एक जन-आन्दोलन के सरकारी दमन के प्रसंग से जुड़ी हुई है। कविता कुछ इस तरह है :

'17 जून के विद्रोह के बाद
लेखक संघ के मन्त्री ने एक पर्चा बँटवाया—
जिसमें कहा गया है कि
जनता ने सरकार का विश्वास खो दिया है
अब उसे वह कठिन परिश्रम से ही पा सकती है
क्या यह सरकार के लिए सरल नहीं होगा कि
वह जनता को भंग कर दे
और दूसरी जनता का चुनाव कर ले...'

यह जर्मनी की कविता, आपातकाल में हिन्दुस्तान में अपना पाठक ढूँढ़ लेती है। उत्तर-संरचनावादी इस प्रक्रिया पर उतना ध्यान नहीं देते। लेकिन यह मैं कह सकता हूँ कि इस प्रक्रिया की ओर हमारा ध्यान तभी गया, जब संरचनावादियों ने यह कहा कि पाठक अपने अनुरूप रचनाएँ या पाठ की खोज करते हैं और अर्थ उसमें से वे विकसित कर लेते हैं।

मैं आपसे कह रहा था कि उत्तर-संरचनावादियों ने पाठ और पाठक के सम्बन्ध पर नये ढंग से विचार किया। उससे आलोचना की जो प्रक्रिया विकसित हुई, उससे साहित्य को बहुत फायदा हुआ। इस दौरान उनकी एक और मान्यता सामने आयी। रोलाँ बार्थ का एक लेख है, 'द डेथ ऑफ द ऑथर' अर्थात् लेखक की मृत्यु। इसमें रोलाँ बार्थ ने यह स्थापित किया कि लेखक की मृत्यु के बाद ही पाठक का जन्म होगा। असल में ऊपरी तौर पर यह बात चौंकाने वाली लगती है। यह चौंकाने वाला तत्त्व संरचनावादियों की शैली में है। खैर, मैं आपसे कह रहा था कि यह जो वाक्य है, उसका अभिप्राय यही है कि जब तक हम आलोचना में लेखक को और उसके अभिप्रायों को महत्त्व देते रहेंगे तब तक हम पाठक को ठीक-ठीक महत्त्व नहीं दे पाएँगे। मैं आपसे अभी कह रहा था कि कैसे उत्तर-संरचनावादियों में से दो लोगों—फूको और जॉक देरिदा—ने जो चिन्तन की पद्धति और दृष्टि विकसित की उसका व्यापक रूप से प्रभाव पड़ा। फूको के ज्ञान और सत्ता सम्बन्धी धारणा की चर्चा मैं कर चुका हूँ। दूसरी धारणा रचना की व्याख्या से ही निकलती है। जब रचना में लेखक के अभिप्राय का कोई अर्थ नहीं होगा अथवा रचना का आन्तरिक स्वरूप निश्चित नहीं होगा तो इसका मतलब यह कि उसका कोई केन्द्र भी नहीं होगा। इससे एक महत्त्वपूर्ण धारणा निकलती है—विकेन्द्रीकरण की धारणा। यह जॉक देरिदा के यहाँ बड़ी प्रसिद्ध धारणा है—'डि-सेन्टरिंग' की। यह ध्यान देने की बात है कि विकेन्द्रीकरण केवल रचना तक सीमित धारणा नहीं है। व्यापक रूप से यह समाज और संस्कृति के क्षेत्र में भी फैली हुई धारणा हैं, क्योंकि देरिदा के लिए पाठ केवल साहित्य तक सीमित नहीं है। वे समाज, संस्कृति और इतिहास की घटनाओं को भी पाठ ही मानते हैं। जॉक देरिदा कहते हैं कि अगर आप रचना के केन्द्र की खोज कीजिए और उसके हाशिए पर जो कुछ है, उसको भूल जाइए तो आप रचना को ठीक से नहीं समझ पाएँगे, क्योंकि कई बार हाशिए पर कुछ ऐसी चीजें होती हैं, जो केन्द्र से अधिक महत्त्वपूर्ण बन जाती हैं, पर जब आप रचना से बाहर

निकलकर केन्द्र और हाशिए के सम्बन्ध को देखेंगे तो पाएँगे कि यह पूरी परम्परा की व्याख्या का भी एक दृष्टिकोण होगा। यह मैं इसलिए भी कह रहा हूँ कि साहित्य के प्रसंग में परम्पराओं की बात हिन्दी में बहुत हुई है। पहली परम्परा, दूसरी परम्परा—क्या कोई एक ऐसी परम्परा है, जिसको 'केन्द्रीय परम्परा' कहा जाएगा? और क्या बाकी परम्पराएँ हाशिए की परम्पराएँ होंगी? जॉक देरिदा के चिन्तन का संकेत इसी ओर है कि समाज में जो शासक समुदाय है और उसके जो बुद्धिजीवी हैं, वे संस्कृति, साहित्य और कला के क्षेत्र में एक 'केन्द्रीय परम्परा' बनाए रखना चाहते हैं और दूसरी परम्पराओं को वे हमेशा हाशिए पर रखने की कोशिश करते हैं। अब अगर आप विकेन्द्रीकरण की प्रक्रिया को लागू करें जो उनके प्रसिद्ध सिद्धांत की एक विशेषता भी है, प्रसिद्ध सिद्धांत से मेरा मतलब 'डि-कंस्ट्रक्शन' से है, तो मालूम होगा कि परम्परा भी कोई स्वयंभू स्वायत्त चीज नहीं है, बल्कि वह भी निर्मित होती है। और अगर वह निर्मित होती है तो उसकी आन्तरिक असंगतियों की, उसके आन्तरिक अन्तर्विरोधों की खोज करना ही उसका 'डि-कंट्रक्शन' है। इसीलिए आप देखेंगे कि परम्पराओं की असंगतियों को संगत बनाने की कोशिश परम्परा के सेवक बुद्धिजीवी करते हैं। यहाँ परम्परा से मेरा अर्थ केन्द्रीय परम्परा से है, जो समाज की भी है, साहित्य की भी है और संस्कृति की भी है। एक पुराने सन्दर्भ से आप इस बात को समझ सकते हैं। आप *रामायण* और *महाभारत* को ही ले लीजिए। आप देखेंगे कि *रामायण* की तुलना में *महाभारत* 'डि-कंस्ट्रक्शन' के अधिक अनुकूल टेक्स्ट है। इसका (महाभारत का डि-कंस्ट्रक्शन) विश्लेषण बहुत ही अच्छा किया जा सकता है उसमें बहुत सारे चरित्र ऐसे हैं जिनकी आप संगति बैठा नहीं सकते। अब जैसे कुरुक्षेत्र का युद्ध 'धर्मयुद्ध' कैसे है, यह बतलाना मुश्किल काम है। धर्मवीर भारती के *अन्धायुग* में भी इस बात की ओर संकेत है कि उसमें से आप किस पक्ष को धर्म की ओर और किस पक्ष को अधर्म की ओर कहेंगे?

यहाँ जॉक देरिदा इसी बात पर जोर देंगे कि यह असंगति है और इसी को खोज निकालना आवश्यक है। यही आलोचना का एक कर्त्तव्य है। इसे आप और व्यापक पैमाने पर लें। आप लगातार पिछले वर्षों से यह सुनते आ रहे हैं कि देश के किसी भी हिस्से में अगर कोई जनसमूह कहीं विरोध का स्वर उठाता है, तो उसके लिए यह निरन्तर माँग की जाती है कि उन्हें मुख्य धारा में शामिल किया जाय। यह मुख्य धारा ही केन्द्रीय धारा है। यही मुख्य धारा संस्कृति के प्रसंग में परम्परा है। अर्थात् चाहे बात राजनीति के क्षेत्र में मुख्य धारा की हो या संस्कृति के क्षेत्र में परम्परा की हो या साहित्य के क्षेत्र में कुछ चुनी हुई रचनाओं की हो—ये सब एक खास विचारधारात्मक प्रक्रिया की देन हैं, और डि-कंस्ट्रक्शन या जॉक देरिदा के चिन्तन की एक बड़ी विशेषता यह है कि इनकी असंगतियों और अन्तर्विरोधों को उजागर करते हुए, वे आलोचनात्मक चेतना जगाने का काम करते हैं।

एक बात और, द्वैत की जो मान्यताएँ हैं, उन मान्यताओं को केवल परस्पर विरोधी समझने के बदले, उत्तर-संरचनावादियों ने यह किया कि उनके आपसी रिश्तों को देखने की कोशिश की। उसके लिए दो धारणाएँ उनकी बहुत महत्त्वपूर्ण हैं। एक तो आइडेंटिटी एंड डिफरेंस (अस्मिता और अन्तराल) और दूसरे आत्म और अन्य (सेल्फ एंड अदर्स)। अगर

आप इन दोनों को देखें तो साहित्य, संस्कृति, समाज और राजनीति—इन चारों क्षेत्रों के बहुत सारे सम्बन्धों और बहुत सारी समस्याओं की व्याख्या इनके माध्यम से हो सकती है। यह ध्यान देने की बात है कि सारी प्रक्रियाओं की शुरुआत रचना के भीतर की व्याख्या से हुई है। ये सारी धारणाएँ रचना और पाठक के सम्बन्ध की व्याख्या से आयी हुई हैं। आप अस्मिता और अन्तराल के सम्बन्ध को देखिए। यह केवल एक रचना की अपनी पहचान और पाठकों से उसके सम्बन्ध तक सीमित नहीं है। व्यापक रूप से यह धारणा समाज में एक समूह की अपनी अस्मिता और दूसरे समूहों से उसके सम्बन्ध की भी व्याख्या में सहायक होती है। अब आत्म और अन्य को लीजिए। इसका सम्बन्ध राष्ट्रीय से लेकर अंतर्राष्ट्रीय सन्दर्भ तक है। यह रेनेसाँ की विचार-प्रक्रिया की देन है, अपने यहाँ भी आत्म को अधिक महत्त्व देने की बात सर्वविदित है। 'आत्म' और 'पर' के सम्बन्ध पर भारतीय दर्शन में भी बहुत विचार हुआ है। सवाल यह है कि 'आत्म' का स्वरूप कैसे निर्धारित होगा। 'पर' के सम्बन्ध से ही निर्धारित होगा और 'पर' का स्वरूप आत्म के साथ उसके सम्बन्ध से। लेकिन सम्बन्ध केवल एकता के ही अर्थ में नहीं होता है। अन्तर के अर्थ में भी सम्बन्ध को देखते हैं। यूरोप वालों ने सारे गुलाम देशों को 'अन्य' के रूप में देखने की कोशिश की। इसलिए आत्म और अन्य के बीच सम्बन्ध की धारणा उपनिवेशवाद की व्याख्या में भी काम आ सकती है। हिन्दुस्तान में आप इसे सामाजिक, सांस्कृतिक और राजनीतिक स्तर पर देखें तो जो केन्द्रीय सत्ता है वह अपने को इस समाज की 'आत्मा' समझती है और बाकी जो हाशिए पर हैं, उन सबको अन्य समझती है। इसलिए उत्तर-संरचनावादियों की इस मान्यता का उपयोग केवल साहित्य तक ही नहीं हुआ, बल्कि साहित्य के बाहर संस्कृति, राजनीति और समाज के क्षेत्र में भी उसका उपयोग दिखाई देता है।

इधर हिन्दी में उत्तर-संरचनावाद की लगातार चर्चा हो रही है। अभी आपने भी इस पर कई तरह से विचार किया तथा बतलाया कि किस प्रकार उत्तर-संरचनावादियों ने फ्रांस में साहित्य, समाज और संस्कृति की सोच की दिशा बदल दी। हिन्दी में इस पर जो चर्चा हो रही है, उसकी सार्थकता को लेकर आप क्या सोचते हैं?

वैसे हिन्दी और हिन्दुस्तान में अभी उत्तर-संरचनावाद की कोई विशेष चर्चा नहीं हुई है। हाल के कुछ दिनों में अखबारों में जहाँ-तहाँ कुछ चर्चा होने लगी है, और उस चर्चा का एक विशेष कारण है। कारण यह है कि कुछ दिन पहले ऑक्सफोर्ड विश्वविद्यालय ने जॉक देरिदा को मानद उपाधि देने की बात की थी, उसके कारण यहाँ थोड़ी चर्चा हुई है। लेकिन हमारे लिए विचार की बात यह है कि क्या कहीं भारतीय सन्दर्भ में इन विचारों का उपयोग हो सकता है या कहीं इनकी सार्थकता है क्या?

क्या खयाल है कि इसको जानने के पहले ये भी थोड़ा-सा देख लेना जरूरी है कि ये जो उत्तर-संरचनावादी हैं, मुख्य रूप से तीन—रोलाँ बार्थ, फूको और जॉक देरिदा—इनका पूरब के चिन्तन से कोई सम्बन्ध बनता है या नहीं बनता है? ध्यान दीजिए तो मालूम होगा

कि इन तीनों का पूरब के चिन्तन से गहरा सम्बन्ध दिखाई देता है। रोलाँ बार्थ ने *इम्पायर ऑफ साइन* नामक पुस्तक में जापान की संस्कृति और जीवन के विभिन्न रूपों की संरचनावादी व्याख्या की है और जापानी संस्कृति के विभिन्न रूप जैसे पोशाक से लेकर भोजन और हाइकू कविता तक, यहाँ तक कि उसमें रोलाँ बार्थ ने जापानी चेहरे की विशेषता का वर्णन किया है कि पश्चिमी चेहरे से जापानी चेहरे की विशेषता क्या है? इसके पहले भी रोलाँ बार्थ ने *मायथोलॉजी* में जिस प्रकार चिन्तन किया है, उसे देखकर स्पष्ट लगता है कि उनके इस प्रकार के विचार और चिन्तन की वास्तविक और सार्थक जमीन जापान में दिखलाई पड़ती है।

दूसरी ओर फूको का कुछ चीनी विचारकों के 'चिन्तन' से गहरा सम्बन्ध रहा है। इस पर अंग्रेजी में पर्याप्त लिखा गया है। अपने यहाँ के लोगों ने उस पर ध्यान नहीं दिया है। यहाँ तक कि स्वयं चीन के कुछ विचारकों ने भी इस पर लिखा है। एक तो फूको ने अर्जेंटीना के प्रसिद्ध कवि बोर्खेज का एक उद्धरण लिया है। बोर्खेज ने इस उद्धरण में एक 'चीनी विश्वकोश' की चर्चा की और उसमें जानवरों का जो वर्गीकरण है, उसका उपयोग उन्होंने अपनी कुछ बातों को सामने रखने के लिए किया है। बोर्खेज के उस उद्धरण का उपयोग फूको ने किया है और इस प्रक्रिया में चीनी भाषा और चीनी लिपि की कुछ विशेषताओं की व्याख्या करते हुए अपने चिन्तन को विकसित किया है।

लेकिन हमारे लिए जो बात विशेष ध्यान आकर्षित करने वाली है, वह यह कि देरिदा का भाषा-चिन्तन न केवल बौद्धों के भाषा सम्बन्धी चिन्तन से बहुत मिलता-जुलता है, बल्कि स्वयं देरिदा ने नागार्जुन के भाषा सम्बन्धी चिन्तन पर ध्यान दिया है और उसका उपयोग किया है। इसलिए आप देखेंगे कि देरिदा जिस तरह शब्द से अर्थ के निर्माण की प्रक्रिया और बाहरी परिवेश से उसके सम्बन्ध की बात करते हैं, वह महत्त्वपूर्ण है। वे शब्द-प्रमाण का भी खंडन करते हैं, यह प्रकारांतर से शब्द-केन्द्रित चिन्तन का विरोध है। ऐसा विरोध बौद्ध-दर्शन और नागार्जुन के भाषा चिन्तन में भी दिखलाई पड़ता है, जिसका उपयोग जॉक देरिदा ने किया है। इधर कुछ हिन्दुस्तान के दार्शनिकों ने जॉक देरिदा के विचारों से नागार्जुन और भर्तृहरि के भाषा चिन्तन की तुलना भी की है। इसलिए अपने यहाँ के लोगों को, खास तौर से जिनकी दिलचस्पी जॉक देरिदा या भाषा चिन्तन में है—उनको इस सम्बन्धों पर ध्यान देना चाहिए। उससे नये ढंग से सोचने की प्रेरणा मिलेगी। जैसे एक उदाहरण मैं आपको देना चाहूँगा। पुराने साहित्यशास्त्र में ध्वनि को बहुत महत्त्व दिया गया है। ध्वनि की पूरी प्रक्रिया है और आनन्दवर्द्धन तथा अभिनव गुप्त द्वारा उसकी व्याख्या का जॉक देरिदा के भाषाचिन्तन से बहुत दूर तक मेल दिखाई देता है। इसकी खोज की जानी चाहिए। इससे एक बात और होगी। वह यह कि जॉक देरिदा की मदद से हम ध्वनि सिद्धांत की कुछ सीमाओं से भी मुक्त होंगे। ध्वनि सिद्धांत के अनुसार व्यंजना ही काव्य है। लेकिन व्यंजना पर अधिक निर्भर होने के कुछ खतरे भी हैं। वह यह कि व्यंजना का कभी-कभी दुरुपयोग भी होता है। वह पाखंडियों के लिए उपयोगी चीज बन जाती है। जब कविता में व्यंजना का प्रसार होता है, तब आप देखेंगे कि कई बार उसमें

जीवन में पाखंड के प्रसार का प्रतिबिम्बन भी होता है। अर्थात् आप ऐसी कविता लिखें, जिसका अर्थ प्रेमिका से भी जोड़कर लगाया जा सके और क्रांति से भी। यह केवल व्यंजना में ही सम्भव है। अभिधा इसकी छूट नहीं देती।

वस्तुतः मेरा कहना यही है कि भारतीय काव्य-चिन्तन के विकास में जॉक देरिदा के चिन्तन से भी मदद ली जा सकती है। तब तो और भी, जब जॉक देरिदा भारतीय चिन्तन में से बौद्ध भाषा चिन्तन को महत्त्वपूर्ण मानते हैं और उसे स्वीकार करते हैं।

एक और बात की ओर मैं आपका ध्यान आकर्षित करना चाहूँगा। भारतीय चिन्तन में जो द्वैतवादी पद्धति है, उसके अनुसार दो पक्षों में से कोई एक ही सही होगा। तात्पर्य यह है कि जो पहला पक्ष है, वही सही है और जो दूसरा पक्ष है वह गलत होगा, तभी पहला सही होगा। इस पद्धति को अगर मानकर चलें तो व्यंजना काव्य है, लेकिन अभिधा काव्य नहीं है। उधर जॉक देरिदा जिस तरह से भाषा के सम्बन्धों को देखते हैं, उसमें ऐसा नहीं है कि व्यंजना तो काव्य है, अभिधा काव्य नहीं है। यहाँ हम आचार्य रामचंद्र शुक्ल को ले सकते हैं, जिनका चिन्तन कई बार अद्यतन चिन्तन के समानांतर खड़ा दिखलाई पड़ता है। वे पहले भारतीय आलोचक हैं, जिन्होंने जोर देकर अभिधा के महत्त्व की स्थापना की है। अगर आप ध्वनि-सिद्धांत के अनुसार कविता के रूप पर विचार कीजिए तो पता चलता है कि जिस कविता में व्यंजना का विकास हो, वह तो महत्त्वपूर्ण काव्य है ही, लेकिन जो कविता सीधे जीवन की सच्चाई का बयान करे, वह कविता महत्त्वपूर्ण नहीं है। तात्पर्य यह है कि कविता बयान नहीं होती। लेकिन धूमिल तो कहते हैं कि कविता 'बयान' है। अब अगर आप केवल ध्वनि को ही महत्त्व देते रहिए तो 'बयान' काव्य नहीं होगा। इसके परिणामस्वरूप बहुत-सी महत्त्वपूर्ण समकालीन कविताएँ कविता की दुनिया से बाहर हो जाएँगी। यही नहीं, कविता में सीधे सहज ढंग से जीवन की सच्चाई आने की सम्भावना कम होगी और काव्यसत्य से जीवनसत्य की दूरी कविता की अनिवार्य विशेषता मान ली जाएगी।

(पल-प्रतिपल, 1992)

20

केवल राख ही जानती है जलने का अनुभव

अनूप शुक्ल से बातचीत

भारतीय समाज को समझने का मूलाधार क्या हो सकता है—जाति या वर्ग? आपके विचार से दलित जाति है या दलित वर्ग है?

भारतीय समाज को समझने के लिए वर्ण और वर्ग को साथ-साथ ध्यान में रखना जरूरी है। हमारे यहाँ जो लोग केवल वर्ग की धारणा के आधार पर भारतीय समाज की संरचना को समझने की कोशिश करते हैं, वे वर्ण और जाति की वास्तविकता की उपेक्षा करते हैं और इस प्रक्रिया में भारतीय समाज की अधूरी समझ सामने लाते हैं। लेकिन दूसरी ओर वे लोग हैं, जो केवल वर्ण के आधार पर भारतीय समाज की संरचना की व्याख्या करते हैं। इस व्याख्या में भी भारतीय समाज की अनेक जटिलताएँ छूट जाती हैं। वास्तव में वर्ग एक धारणा है और वर्ण या जाति एक वास्तविकता है। कहीं-कहीं ये दोनों एक साथ मिलते हैं और कई जगह एक-दूसरे को काटते हैं। यह अधिक सम्भव है कि भारतीय समाज की वर्णवादी संरचना में जो दलित हैं, वे वर्ग की धारणा के अनुसार सर्वहारा भी हों और अधिकांश ऐसा है भी। लेकिन सामाजिक विकास की प्रक्रिया में दलित समुदाय का व्यक्ति आर्थिक दृष्टि से उच्च वर्ग में शामिल हो सकता है। यह ध्यान में रखने की बात है कि वर्ग की धारणा का आधार आर्थिक होता है, जबकि वर्ण या जाति का सम्बन्ध आर्थिक के साथ-साथ सामाजिक स्थिति से भी होता है। इसलिए जब कुछ लोग मार्क्सवाद के नाम पर भारतीय समाज की वर्णवादी संरचना की उपेक्षा करते हुए किसानों और मजदूरों की एकता की बात करते हैं, तब वे यह भूल जाते हैं कि एक सवर्ण किसान से दलित किसान की या एक सवर्ण मजदूर से दलित मजदूर की सामाजिक-सांस्कृतिक स्थिति भिन्न होती है। यह सच्चाई है कि गाँवों में अधिकांश खेतिहर मजदूर दलित समुदाय के ही होते हैं। आप इस वास्तविकता को समझने के लिए एक दूसरा उदाहरण देख सकते हैं। शहरों में काम करने वाले मजदूर लगभग एक तरह का जीवन जीते हैं और एक साथ रहते भी हैं। लेकिन जब वे गाँव लौटते हैं तो उनकी सामाजिक स्थिति उनकी जाति के अनुसार बन

जाती है। यही नहीं, शहर में भी एक जैसी नौकरी करने वाले दो लोग, जिनमें एक ब्राह्मण हो और एक दलित, दोनों किराए का मकान खोजने निकलें तो दोनों के साथ समाज एक जैसा व्यवहार नहीं करता। इससे जाहिर है कि भारतीय समाज में अनेक स्तरों पर वर्ण या जाति की भूमिका वर्ग से अधिक प्रभावशाली है। इसलिए मैं समझता हूँ कि भारतीय समाज को ठीक ढंग से समझने के लिए वर्ण और वर्ग दोनों की समझ जरूरी है।

दलित समुदाय में आप किसे शामिल करना चाहेंगे? समस्त शोषित-उत्पीड़ित वर्ग को, जिसमें नारी से लेकर आदिवासी तक सब शामिल हैं या जाति व्यवस्था की बर्बरता के शिकार उस वर्ग को, जिसे गाँधी जी की भाषा में हरिजन कहा जाता है?

इस प्रसंग में दलित का अर्थ स्पष्ट करना भी जरूरी है। अगर दलित का अर्थ पराधीन स्थिति में रहने वाले लोगों से है तो उसके भीतर गाँधी के हरिजन, इस देश के आदिवासी और स्त्रियाँ सब शामिल हैं। लेकिन मैं जब 'दलित' शब्द का प्रयोग कर रहा हूँ तो मेरे ध्यान में वे हैं, जिन्हें भारतीय वर्ण व्यवस्था में शूद्र कहा जाता है या जिन्हें समाज में अछूत माना जाता है। औरतों की पराधीनता का सवाल वर्ग ही नहीं, वर्ण की सीमा को भी पार करता है क्योंकि केवल उच्च वर्ग और उच्च वर्ण की स्त्रियाँ ही पराधीन नहीं होतीं, दलितों की स्त्रियाँ भी पराधीनता और गुलामी की यातनाएँ सहती हैं। यह अकारण नहीं है कि दलित समुदाय की जिन लेखिकाओं ने अपने समुदाय की आर्थिक-सामाजिक पराधीनता के बारे में लिखा है, उन्होंने अपने समुदाय के भीतर स्त्रियों की पराधीनता और यातना पर भी ध्यान दिया है। इसके बावजूद, मैं यहाँ स्त्रियों को दलितों में शामिल नहीं कर रहा हूँ। भारतीय समाज में स्त्रियों की पराधीनता और उनके लेखन के महत्त्व पर अलग से विचार करना जरूरी है। लेकिन यहाँ मैं केवल उन्हें दलित मान रहा हूँ जो जाति से दलित हैं।

दलित और नारी की एक जैसी शोषणमूलक स्थितियों को ध्यान में रखते हुए, दलित चेतना और नारी चेतना के बीच सम्बन्ध को आप किस रूप में देखते हैं? या इन दोनों के बीच कोई सम्बन्ध नहीं है?

यह सही है कि एक स्तर पर दलित और नारी की स्थिति एक जैसी है, क्योंकि दोनों पराधीनता के शिकार हैं। यह अकारण नहीं है कि भारत की वैदिक-पौराणिक परम्परा के रक्षक शास्त्रकारों और कवियों तक ने शूद्र और नारी को एक साथ रखा है। इसलिए जब व्यापक रूप में भारतीय समाज की संरचना में दमन और उत्पीड़न के शिकार जनसमुदाय की बात की जाती है तो दलितों और स्त्रियों को एक साथ रखा जाता है। लेकिन हाल के वर्षों में नारी-मुक्ति का जो आन्दोलन चला है, उससे नारी चेतना का जो रूप विकसित हुआ है, वह स्त्रियों के साथ दलितों को रखने या नारी चेतना और दलित चेतना को एक मानने का विरोध करता है। इस विरोध का एक कारण यह भी है कि दलित समाज की स्त्री भी स्त्री होने के कारण पराधीनता की यातना सहती है, इसलिए वह दूसरे समुदायों की स्त्रियों की मुक्ति की चेतना के साथ अपनी एकता पर जोर देती है।

सच बात तो यह है कि भारतीय समाज में गुलामी की एक सर्वग्रासी व्यापक प्रक्रिया है, जिसके शिकार दलित और स्त्री दोनों हैं। लेकिन इस प्रक्रिया के भीतर भी अनेक चक्र हैं और उन चक्रों की अपनी विशिष्टताएँ हैं। इसलिए जैसे दलितों पर विचार करते समय वर्ग और वर्ण को एक मान लेने से कई तरह की वैचारिक उलझनें पैदा होती हैं, उसी तरह दलितों और स्त्रियों को गुलामी के एक ही चक्र के भीतर रखकर समझने से भी अनेक प्रकार की उलझनें सामने आती हैं।

दलित साहित्य की अवधारणा क्या है? क्या केवल दलितों के द्वारा लिया गया साहित्य दलित साहित्य है या दलितों के बारे में लिखा गया वह साहित्य भी दलित साहित्य है, जिसे गैर-दलितों ने लिखा है, जैसे प्रेमचंद?

दलित साहित्य की धारणा के, जैसा आपने कहा, दो पक्ष हैं। एक तो यह कि दलितों के बारे में लिखा गया साहित्य दलित साहित्य है, उसके लेखक चाहे दलित हों या गैर-दलित। दूसरा पक्ष यह है कि दलितों का अपने बारे में लिखा साहित्य ही दलित साहित्य है।

भारतीय समाज, संस्कृति, साहित्य और इतिहास जिस रूप में चलता रहा है, उसमें जब दलितों को पढ़ने-लिखने की ही सुविधा नहीं थी, तो वे अपने बारे में साहित्य कहाँ से लिखते? इसलिए दलित साहित्य के रूप में अधिकांशतः वही साहित्य मिलता है जो दलितों के बारे में गैर-दलितों ने लिखा है। इस साहित्य में बहुत कुछ ऐसा भी है जो काफी दूर तक दलित जीवन की वास्तविकताओं और अनुभवों को गहरी सहानुभूति के साथ व्यक्त करता है। उदाहरण के लिए प्रेमचंद और निराला की दलित जीवन से जुड़ी रचनाओं को देखा जा सकता है। लेकिन सारी सहानुभूति, करुणा, सहृदयता और परकाय प्रवेश की कला के बावजूद गैर-दलितों द्वारा दलितों के बारे में लिखे गये साहित्य में कला चाहे जितनी हो, परन्तु अनुभव की वह प्रामाणिकता नहीं होती जो किसी दलित द्वारा अपने समुदाय के बारे में स्वानुभूति की पुनर्रचना से उपजे साहित्य में होती है।

मुझे लगता है कि जब तक अपने बारे में लिखे हुए दलितों के साहित्य का पर्याप्त विकास नहीं होता, तब तक गैर-दलितों द्वारा दलितों के बारे में लिखे गये साहित्य को भले ही दलित साहित्य कहा जाय, लेकिन सच्चा दलित साहित्य वही होगा जो दलितों के बारे में स्वयं दलित लिखेंगे। जब अपने समुदाय के जीवन के यथार्थ और अनुभवों के बारे में कोई दलित लिखता है, तब उसकी दृष्टि में जो आग, चित्रों में जो आभा और भाषा में जो ऊर्जा होती है, वह गैर-दलितों द्वारा दलितों के बारे में लिखे गये साहित्य में नहीं होती। दलित जीवन के अनुभव के कुछ ऐसे पक्ष होते हैं, जो जाति सापेक्ष होते हैं और केवल उन्हीं के द्वारा अनुभूत किए जा सकते हैं। ऐसे अनुभवों का प्रामाणिक चित्रण कोई गैर-दलित लेखक वैसे ही नहीं कर सकता, जैसे स्त्री जीवन के अनेक स्त्रियोचित अनुभवों की अभिव्यक्ति कोई पुरुष लेखक नहीं कर सकता। दलितों के जीवनानुभव और उसकी अभिव्यक्ति के प्रसंग में ज्योतिबा फुले का यह कथन अत्यन्त महत्त्वपूर्ण है कि गुलामी की

यातना को 'जो सहता है वही जानता है' और जो जानता है, वही पूरा सच कह सकता है। सचमुच राख ही जानती है जलने का अनुभव, कोई और नहीं।

क्या प्रामाणिक दलित चेतना की अभिव्यक्ति केवल दलित ही कर सकते हैं? यदि यह मान लिया जाय कि साहित्य के जनतन्त्र में दलितों का प्रतिनिधित्व केवल दलित कर सकते हैं, तो क्या यह एक गलत परम्परा का विकास नहीं होगा?

कुछ लोगों का कहना है कि जैसे लोकतन्त्र में प्रतिनिधित्व की प्रक्रिया चलती है, वैसे ही साहित्य में भी वह लागू होती है। तात्पर्य यह कि अगर संसदीय लोकतन्त्र में एक व्यक्ति अनेक वर्गों और अनेक जातियों की जनता का प्रतिनिधि हो सकता है तो साहित्य में दलितों का प्रतिनिधित्व कोई गैर-दलित क्यों नहीं कर सकता? इस तर्क पद्धति से दलित साहित्य वही नहीं है जो दलितों के द्वारा लिखा गया हो, बल्कि वह भी है, जो दलितों के बारे में गैर-दलित रचनाकार लिखते हैं। ऊपर से यह बात सही लगती है, लेकिन अगर संसदीय लोकतन्त्र में प्रतिनिधि होने और बनने की प्रचलित पद्धति को ध्यान में रखें तो इस तर्क में निहित चालाकी भी सामने आ जाती है। आजकल संसदीय लोकतन्त्र में जैसे जनता के झूठे प्रतिनिधि होते हैं, वैसे ही साहित्य में दलितों के प्रतिनिधि बनने के झूठे दावेदार हो सकते हैं। वास्तव में कौन-सा साहित्य दलित साहित्य है और कौन-सा नहीं, यह तय करने का अधिकार दलित पाठकों का है। उच्च वर्ग और उच्च वर्ण के लोग हजारों वर्षों की साहित्यशास्त्रीय या सौन्दर्यशास्त्रीय परम्परा के आधार पर यह भले ही तय करते रहें कि कौन-सा साहित्य साहित्य है और कौन-सा नहीं? लेकिन कौन-सा साहित्य दलित साहित्य है, यह साहित्यशास्त्र या काव्यशास्त्र के पुराने प्रतिमानों के आधार पर निश्चित नहीं हो सकता। साहित्य सम्बन्धी निर्णय और पसन्द के पीछे भी पाठक की अपनी वर्ग और वर्ण से जुड़ी विचारधारा काम करती है। ऐसी स्थिति में दलित साहित्य के स्वरूप की चिन्ता को विचारधारा और राजनीति से स्वतन्त्र नहीं माना जा सकता।

भारतीय भाषाओं में दलित चेतना की अभिव्यक्ति सबसे पहले किस भाषा के साहित्य में हुई? उसके क्या कारण थे?

सबसे पहले तो दलित साहित्य और दलित चेतना में अन्तर करने की जरूरत है। यह जरूरी नहीं कि दलित जीवन से जुड़ी हर रचना में दलित चेतना की अभिव्यक्ति भी हो। तात्पर्य यह कि एक ऐसा साहित्य हो सकता है, जिसमें दलित जीवन का चित्रण-वर्णन तो हो, लेकिन दलित चेतना की अभिव्यक्ति न हो। जिस साहित्य में दलितों की सामाजिक, राजनीतिक और सांस्कृतिक आकांक्षा के अनुरूप समाज के परिवर्तन की माँग और जरूरत की अभिव्यक्ति होगी, उसी को दलित चेतना का साहित्य कहेंगे। जैसे प्रत्येक मजदूर जन्मजात वर्ग चेतन नहीं होता, वैसे ही प्रत्येक दलित जन्मजात दलित चेतना से सम्पन्न नहीं होता। उसके जीवन में दलित चेतना के विकास की स्थितियाँ रहती हैं, लेकिन उस चेतना के विकास के लिए, उसके मन में अपने समुदाय की सामाजिक, राजनीतिक और

सांस्कृतिक आकांक्षाओं तथा विचारधारा का विकास, दलित आन्दोलन से जुड़कर होता है।

आन्दोलन से पैदा होने वाली ऐसी चेतना दलित समाज में सबसे पहले महाराष्ट्र में जागी। वहाँ 19वीं सदी में ज्योतिबा फुले ने शूद्रों, अतिशूद्रों तथा स्त्रियों की गुलामी के विरुद्ध जीवनभर वैचारिक और व्यावहारिक संघर्ष चलाया। उन्होंने 1873 ई० में *गुलामगीरी* नामक पुस्तक निकाली थी, जिसे दलित आन्दोलन का घोषणा-पत्र और बुनियादी दस्तावेज कहा जा सकता है। महात्मा फुले के वैचारिक अभियान की एक विशेषता यह भी है कि उन्होंने भारतीय समाज और संस्कृति के इतिहास की दलितों की दृष्टि से व्याख्या की और हिन्दू समाज की संरचना में दलितों की पराधीन स्थिति का विस्तृत विश्लेषण करते हुए दलित समुदाय में जागरण और विद्रोह की चेतना पैदा की। उन्होंने दलितों और स्त्रियों की शिक्षा के लिए स्कूल खोला, जिसमें उसकी पत्नी सावित्री बाई अध्यापिका बनीं। यह एक तरह से युगों से शिक्षा और ज्ञान से वंचित दलितों तथा स्त्रियों को शिक्षित करते हुए, उन्हें मानसिक गुलामी से मुक्ति की प्रेरणा देने का काम था। महात्मा फुले ने 1848 ई० में पुणे के आसपास कई स्कूल खोले। सन् 1851 ई० में उन्होंने दलित कन्याओं के लिए एक स्कूल खोला, जिसमें ज्योतिबा और उनकी पत्नी सावित्री बाई फुले दोनों पढ़ाते थे।

ज्योतिबा फुले ने 1851 ई० में दलित कन्याओं के लिए जो स्कूल खोला था, उसी में पढ़ी हुई मुक्ता बाई ने 1855 ई० में 'महारों और मातंगों का दुःख' नामक एक लेख लिखा था, जो *ज्ञानोदय* नाम की पत्रिका में छपा था। उस लेख में महाराष्ट्र के दलित समुदाय की गरीबी, बेबसी और यातना की दर्दनाक स्थितियों की मार्मिक अभिव्यक्ति है। वह लेख ब्राह्मण समुदाय के प्रति गुस्सा और नफरत से उबलती हुई एक दलित युवती की चीत्कार की तरह है। इस लेख को मराठी में दलित चेतना की अभिव्यक्त की पहली रचना कहा जा सकता है।

बीसवीं सदी में महाराष्ट्र में फुले के क्रांतिकारी विचारों और कामों को एक व्यापक सामाजिक और राजनीतिक आन्दोलन के रूप में भीमराव अम्बेडकर ने आगे बढ़ाया। अम्बेडकर के सामाजिक और राजनीतिक आन्दोलन से ही मराठी में दलित साहित्य के निर्माण और दलित चेतना के विकास का आन्दोलन सबसे पहले पैदा हुआ। मराठी में दलित साहित्य का आन्दोलन केवल साहित्यिक आन्दोलन नहीं रहा है, वह व्यापक सांस्कृतिक आन्दोलन था। साहित्य के अलावा उसमें दलित रंगमंच का भी विकास हुआ है। वह दलित समुदाय की अस्मिता की पहचान, उसकी सामाजिक और राजनीतिक आकांक्षाओं की अभिव्यक्ति का अभियान और इन सबकी साहित्य में अभिव्यक्ति का आन्दोलन भी है। मराठी के दलित आन्दोलन के दौरान साहित्य के विभिन्न रूपों में दलित चेतना की केवल अभिव्यक्ति ही नहीं हुई है, बल्कि मराठी में प्रचलित पुराने काव्यशास्त्र, साहित्यशास्त्र और सौन्दर्यशास्त्र के समानांतर एक नये सौन्दर्यशास्त्र के विकास का प्रयास भी हुआ है, जिसे प्रतिरोध का सौन्दर्यशास्त्र कहा जा सकता है।

मराठी के बाद गुजराती में दलित चेतना की अभिव्यक्ति का साहित्य विकसित हुआ है। इसके अलावा, कन्नड़, तेलुगु, मलयालम और तमिल में भी दलित आन्दोलन के साथ-साथ

दलित साहित्य का प्रसार हुआ है। मराठी के दलित साहित्य के आन्दोलन से पूर्व भारतीय भाषाओं के आधुनिक साहित्य में दलित चेतना की क्या स्थिति थी?

मराठी में दलित साहित्य के आन्दोलन के पहले दलित चेतना की अभिव्यक्ति का साहित्य बहुत अधिक नहीं मिलता। अनेक भारतीय भाषाओं और मराठी में 19वीं सदी के उत्तरार्द्ध और बीसवीं सदी के आरम्भिक दो-तीन दशकों में छुटपुट रूप से दलित जीवन से जुड़ा हुआ साहित्य मिल सकता है। हिन्दी की पत्रिका *सरस्वती* में दलितों की गरीबी और यातना के प्रति करुणा और सहानुभूति के भाव से लिखी अनेक रचनाएँ छपी हैं। लेकिन अगर दलित चेतना की रचना की बात करनी हो तो मेरी जानकारी में सबसे पुरानी रचना हीरा डोम की है जो सितम्बर, 1914 की *सरस्वती* में छपी थी। यह कविता हिन्दी में नहीं, भोजपुरी में है। हीरा डोम की कविता में विद्रोह का भाव तो नहीं है, लेकिन वर्ण व्यवस्था के भीतर दलितों के शोषण, दमन और उत्पीड़न की चेतना जरूर है। दलित आन्दोलन के पहले भारत की अन्य भाषाओं में भी दलित जीवन की दुर्दशा की अभिव्यक्ति करने वाली रचनाएँ मिलती हैं। इस प्रसंग में उड़िया के कथाकार फकीर मोहन सेनापति को याद किया जा सकता है, जो 19वीं सदी के अन्त और बीसवीं सदी के आरम्भिक दो दशकों के लेखक हैं। दलित जीवन से जुड़ी हुई कुछ रचनाएँ रवीन्द्र और शरत के साहित्य में भी मौजूद हैं।

कुछ समय पूर्व आपने हंस में प्रकाशित अपने लेख 'क्या आपने वज्र-सूची का नाम सुना है' के जरिये अश्वघोष की कृति वज्र-सूची से हिन्दी जगत को परिचित कराया जो उग्र जातिवाद विरोध की पुस्तक है। सवाल यह है कि संस्कृत साहित्य—और आगे चलकर भारतीय साहित्य—में वज्र-सूची की परम्परा लुप्त क्यों हो गयी?

वाल्मीकी को आदिकवि कहा जाता है और यह भी कहा जाता है कि वाल्मीकि दलित जाति के थे। इससे यह लगता है कि संस्कृत में काव्य रचना की शुरुआत एक दलित कवि ने की। लेकिन *वाल्मीकि रामायण* में दलितों के प्रति कोई सहानुभूति नहीं मिलती। इसके ठीक विपरीत उसमें भारतीय समाज की जाति व्यवस्था का विरोध करने वाले गौतम बुद्ध की निन्दा है और शंबूक नामक शूद्र तपस्वी की हत्या का प्रसंग भी है। मुझे तो कभी-कभी सन्देह होता है कि क्या वाल्मीकि सचमुच दलित समुदाय के थे? यह भी सम्भव है कि पंडित समुदाय ने क्षेपक की कला का उपयोग करते हुए 'वाल्मीकि रामायण' को वर्ण व्यवस्था के अनुकूल बना लिया हो। जो भी हो, वाल्मीकि रामायण का जो रूप अब मिलता है, उसमें दलित समुदाय के पक्ष की कोई बात नहीं है। भारतीय साहित्य के दूसरे गौरव ग्रन्थ *महाभारत* में कई जगह जाति व्यवस्था की आलोचना है, जिसमें से कुछ का उल्लेख *वज्र-सूची* में भी है। बाद के संस्कृत साहित्य की वैदिक-पौराणिक परम्परा में वर्ण व्यवस्था के विरोध का कोई स्वर नहीं सुनाई देता।

संस्कृत साहित्य की उस परम्परा में जाति प्रथा की जगह-जगह आलोचना जरूर मिलती है, जिसकी शुरुआत अश्वघोष की *वज्र-सूची* से होती है। बौद्ध धर्म-दर्शन वर्ण व्यवस्था का विरोधी रहा है, इसलिए उससे जुड़े हुए कवियों और लेखकों की रचनाओं में

जाति व्यवस्था का विरोध है और दलितों की दर्दनाक सामाजिक दशा का चित्रण भी। ऐसे कवियों में धर्मकीर्त्ति का नाम विशेष रूप से उल्लेखनीय है। लेकिन इस परम्परा की अधिकांश रचनाएँ इस देश से गायब हो गयी हैं या कर दी गयी हैं, इसलिए दलितों के जीवन से जुड़ा साहित्य संस्कृत में उपलब्ध नहीं होता।

संस्कृत में दलित जीवन से जुड़े साहित्य के न होने का महत्त्वपूर्ण कारण यह भी है कि शूद्रों को जब देववाणी संस्कृत पढ़ने की ही छूट नहीं थी, तब वे उसमें अपने जीवन के बारे में साहित्य कैसे रच सकते थे? इस बन्धन को तोड़कर अगर किसी शूद्र ने देववाणी सीखने और उसमें काव्य रचने की कोशिश भी की होगी, तो उसकी रचना की वही गति हुई है, जो मातंग की कविता की हुई। कल्हण ने *राजतरंगिणी* में मातंग नाम के एक शूद्र कवि की चर्चा की है और यह भी लिखा है कि हर्ष की सभा में बाणभट्ट और मयूरभट्ट की तरह के स्थान का अधिकारी था। कल्हण कहते हैं :

अहं प्रभावो वाग्देवा यं मातंग दिवाकर :
शूद्रोऽपि बाण मयूर सम हर्षस्य सभा मध्ये शोभते।

जो मातंग बाणभट्ट और मयूरभट्ट के समान महत्त्वपूर्ण कवि था, उसकी कोई भी रचना अब प्राप्त नहीं होती। कल्हण के कथन में 'शूद्रोऽपि' ध्यान देने लायक है। जाहिर है कि मातंग नामक शूद्र कवि की कविता संस्कृत साहित्य के इतिहास से अपने आप गायब नहीं हुई होगी।

देववाणी संस्कृत केवल एक भाषा नहीं रही है। वह एक विशेष प्रकार की संस्कृति, विचारधारा और ज्ञान की सत्ता की प्रतिनिधि रही है। इसीलिए भारतीय समाज के दलित और पराधीन जन को संस्कृत के दायें से बाहर रखा गया। केवल शूद्र ही नहीं, स्त्रियाँ भी संस्कृत की इस शुद्धता और वर्जना की प्रवृत्ति की शिकार रही हैं। इसका एक प्रमाण यह है कि संस्कृत नाटकों में शूद्रों और स्त्रियों को संस्कृत में संवाद बोलने की स्वतन्त्रता नहीं थी। नाटक जीवन के साथ और समानांतर चलने वाला साहित्य रूप है। लोकतांत्रिकता उसकी संरचना में मौजूद रहती है। भरतमुनि ने ज्ञान के क्षेत्र में लोकतंत्र लाने के उद्देश्य से ही नाट्य विधा की रचना की थी। लेकिन बाद के दिनों में संस्कृत की शुद्धता और वर्जना की प्रवृत्ति ने नाटक में भाषा के स्तर पर शूद्रों और स्त्रियों को हीन स्थिति में रख दिया। नाटक में शूद्रों और स्त्रियों की यह भाषिक स्थिति उनकी सामाजिक स्थिति का प्रतिबम्ब ही है।

मध्यकालीन भक्ति आन्दोलन मूलतः दलित जातियों के सन्तों-कवियों द्वारा चलाया गया था और जातिवाद विरोध उसका मुख्य स्वर था—मुक्तिबोध की इस स्थापना के आधार पर क्या मध्यकालीन भक्ति साहित्य में दलित चेतना के तत्त्व ढूँढ़े जा सकते हैं?

मुक्तिबोध की यह मान्यता सही है कि भक्ति आन्दोलन का मूल स्वर जातिवाद विरोधी है और उस आन्दोलन के आरम्भ का श्रेय निम्न जातियों से आये सन्तों और भक्तों को है। हिन्दी-क्षेत्र में जातिवाद के विरोध का स्वर भक्ति आन्दोलन से भी कुछ पीछे से

मिलता है। बौद्ध परम्परा ने सिद्धों के ब्राह्मणवाद, धार्मिक पाखंड, जातिप्रथा आदि के विरोध का स्वर बुलन्द किया, जिसकी प्रतिध्वनि नाथ सम्प्रदाय के कवियों की रचनाओं में भी मिलती है। सिद्ध कवि सरहपा की रचनाओं से कबीर की कविता की तुलना कीजिए तो कबीर सरहपा के सच्चे उत्तराधिकारी साबित होंगे।

भक्ति आन्दोलन में पहली बार भारतीय समाज के उत्पीड़न और पराधीन जनसमुदाय को आत्माभिव्यक्ति का अवसर मिला। इस आन्दोलन के दौरान, एक ओर बड़ी संख्या में छोटी जातियों में पैदा हुए कवि सामने आये तो दूसरी ओर स्त्रियों ने अनेक तरह की रूढ़ियों और वर्जनाओं को तोड़ कर आत्माभिव्यक्ति की प्रभावशाली कोशिश की। भक्ति आन्दोलन में रविदास, चोखामेला, तुकाराम जैसे कवियों ने अपनी रचनाओं में दलित समुदाय की आकांक्षा को वाणी दी। इसलिए उनकी कविता में मुक्ति की चिन्ता का जितना सम्बन्ध अध्यात्म से है, उतना ही समाज से भी है। दलित समुदाय से आये इन कवियों की रचनाओं में यद्यपि प्रार्थना का स्वर प्रधान है, लेकिन उसके साथ ही जाति व्यवस्था को तोड़ने का अनुरोध और आग्रह भी है। इसलिए यह मानना गलत नहीं है कि भक्ति आन्दोलन के इन कवियों ने आधुनिक अर्थ में दलित चेतना की अभिव्यक्ति भले न की हो, लेकिन उन्होंने भारतीय समाज और संस्कृति में पहले से बेजुबान दलित जनसमुदाय की आवाज के लिए जगह बनाई और बाद के दिनों में दलित चेतना की अभिव्यक्ति के लिए जरूरी परम्परा और राह का निर्माण किया। यही कारण है कि आज मराठी के अनेक महत्त्वपूर्ण कवि तुकाराम की रचनाशीलता में अपनी रचनाशीलता के सूत्र और स्रोत खोजते हैं।

हिन्दी नवजागरण में दलित चेतना की क्या स्थिति थी? नवजागरण से जुड़े किन लोगों ने इस पर ज्यादा ध्यान दिया?

दलितों के सवाल को ध्यान में रखकर हिन्दी नवजागरण पर विचार कीजिए, तो हिन्दी नवजागरण की सीमाएँ सामने आती हैं। हिन्दी नवजागरण के मुख्य व्याख्याकार डॉ॰ रामविलास शर्मा ने उसे साहित्य का नवजागरण बना दिया है, जबकि नवजागरण एक व्यापक राजनीतिक, सामाजिक और सांस्कृतिक प्रक्रिया है। भारत के दूसरे क्षेत्रों के नवजागरण के अग्रदूत वे हैं, जो सामाजिक सांस्कृतिक सुधार तथा परिवर्तन के अभियान के नेता हैं। वे चाहे बंगाल के राजा राममोहन राय, ईश्वरचंद्र विद्यासागर जैसे लोग हों या महाराष्ट्र के महात्मा फुले, महादेव गोविन्द रानाडे, पंडिता रमाबाई और अम्बेडकर जैसे व्यक्ति हों। लेकिन हिन्दी में नवजागरण के नायक कवि और लेखक हैं, जैसे कि भारतेन्दु हरिश्चंद्र, महावीरप्रसाद द्विवेदी, रामचंद्र शुक्ल और निराला आदि।

हिन्दी-क्षेत्र के नवजागरण में एक-दो अपवादों को छोड़कर न दलितों की दुर्दशा की विशेष चिन्ता है और न जाति प्रथा के विरुद्ध वैचारिक संघर्ष का कोई प्रयास। इस क्षेत्र में दलितों के उत्थान और जाति-प्रथा को तोड़ने के लिए समाज-सुधार का कोई बड़ा आन्दोलन भी नहीं चला। दयानंद सरस्वती और उनके आर्य समाज ने यद्यपि जातिभेद का विरोध किया, लेकिन वर्ण व्यवस्था को वैदिक परम्परा की देन मानकर उसे बनाए रखने की

कोशिश की। हिन्दी नवजागरण का तथाकथित बुद्धिवाद जातिप्रथा जैसी खूँखार, शोषक और दमनकारी सामाजिक व्यवस्था का सामना करने से बचता रहा है। यही नहीं, हिन्दी नवजागरण की प्रगतिशीलता जातिप्रथा के सामने कुंठित नजर आती है। सच बात तो यह है कि हिन्दी नवजागरण के अनेक अग्रदूत घुमा-फिराकर जाति व्यवस्था का समर्थन ही करते हैं। यह अकारण नहीं है कि हिन्दी नवजागरण के काल में अधिकांश सवर्ण जातियों के नाम से पत्रिकाएँ निकलती रहीं।

हिन्दी नवजागरण के निर्माताओं में प्रेमचंद, निराला और राहुल सांकृत्यायन ही ऐसे व्यक्ति हैं, जिन्होंने अपने लेखन और चिन्तन में हिन्दी-क्षेत्र की दलित समस्या से टकराने की कोशिश की है। हिन्दी नवजागरण का सबसे महत्त्वपूर्ण पक्ष स्वाधीनता की चेतना है। उस स्वाधीनता की चेतना से जहाँ दलितों का सवाल जुड़ा है, वहीं हिन्दी नवजागरण की प्रगतिशीलता सचमुच सक्रिय दिखाई देती है क्योंकि वहाँ साम्राज्यवाद विरोध से सामंतवाद विरोध जुड़ा हुआ है। यह बात प्रेमचंद के लेखन में मिलती है। उनकी रचनाओं में भी और वैचारिक लेखन में भी। प्रेमचंद ने एक जगह लिखा है कि हमारा स्वराज केवल विदेशी जुए से अपने को मुक्त करने मात्र से नहीं, बल्कि सामाजिक जुए—पाखंडी जुए से भी, जो विदेशी शासन से अधिक घातक है, मुक्त होने पर ही सम्भव होगा। प्रेमचंद वर्ण-व्यवस्था और जाति-प्रथा के अन्त को भारतीय राष्ट्रीयता की पहली शर्त मानते थे। उन्होंने लिखा भी है कि राष्ट्रीयता की पहली शर्त वर्ण व्यवस्था, ऊँच-नीच के भेद और धार्मिक पाखंड की जड़ खोदना है। राष्ट्रीयता की ऐसी चेतना और धारणा उस समय के किसी अन्य हिन्दी लेखक में शायद ही मिले। प्रेमचंद की यह राजनीति और सामाजिक चेतना उनकी कहानियों और उपन्यासों में अत्यन्त प्रभावशाली रूप में व्यक्त हुई है। 'ठाकुर का कुआँ', 'सद्‌गति', 'दूध का दाम' और 'मन्त्र' जैसी कहानियों में हिन्दू समाज व्यवस्था के भीतर दलितों की दयनीय और दर्दनाक दशा का चित्रण है, तो *गोदान* जैसे उपन्यास में अपने अधिकार और सम्मान के लिए दलितों के साहसपूर्ण संघर्ष का वर्णन है। चेखव की प्रसिद्ध कहानी 'वार्ड नं॰ 6' को पढ़कर लेनिन ने कहा था कि उस समय का सारा रूसी समाज वार्ड नं॰ 6 लगता है। प्रेमचंद की कहानी 'ठाकुर का कुआँ' को सावधानी से पढ़ने वाला प्रत्येक पाठक यह अनुभव करता है कि पूरा सवर्ण हिन्दू समाज ही ठाकुर का कुआँ है, जिसके पास दलितों को जाने तक की स्वतन्त्रता नहीं है। यही कारण है कि मराठी के दलित लेखक प्रेमचंद का बहुत सम्मान करते हैं। निराला की 'चतुरी चमार' जैसी रचना में भी दलित समुदाय की स्थिति और उसकी उसकी यातना की गहरी सहानुभूति के साथ अभिव्यक्ति हुई है।

प्रेमचंद के बाद हिन्दी के लेखकों में दलितों के सवाल को गम्भीरता से समझने की कोशिश राहुल सांकृत्यायन ने की है। उन्होंने *भागो नहीं, दुनिया को बदलो* और *तुम्हारी क्षय* आदि रचनाओं में जाति-व्यवस्था को भारतीय समाज की जड़ता और हिन्दू समाज की अमानवीयता का प्रमाण मानते हुए उसकी निन्दा की है और उसके अन्त को भारतीय समाज के विकास की पहली शर्त माना है। राहुल के चिन्तन और लेखन में जाति-व्यवस्था के उग्र विरोध की चेतना बौद्ध परम्परा से आयी है। उन्होंने *बोल्गा से गंगा* की प्रसिद्ध कहानी 'प्रभा'

में अश्वघोष के माध्यम से जातिप्रथा की दमनकारी रूढ़ियों की विस्तृत आलोचना की है। राहुल जी हिन्दी नवजागरण के केवल विचारक ही नहीं थे, उसके सक्रिय आन्दोलनकारी कार्यकर्ता भी थे। उन्होंने जाति-प्रथा के विरुद्ध लिखा ही नहीं, आन्दोलन भी चलाया था। उनकी जाति प्रथा के विरोध में लिखी अनेक पुस्तकें उसी आन्दोलन की देन हैं।

दलित चेतना ने स्वतन्त्रता के बाद के हिन्दी साहित्य को कहाँ तक प्रभावित किया है? हिन्दी में दलित चेतना की विभिन्न रूपों में जो अभिव्यक्ति हुई है, चाहे वह दलितों ने की हो या गैर-दलितों ने, क्या उसके आधार पर हिन्दी साहित्य की एक धारा को दलित साहित्य के रूप में परिभाषित किया जा सकता है?

देखिए, स्वाधीनता के पहले और बाद में भी हिन्दी-क्षेत्र में राजनीतिक, सामाजिक या सांस्कृतिक स्तर पर कोई दलित आन्दोलन नहीं चला, इसलिए दलित चेतना का व्यवस्थित विकास भी नहीं हुआ है। ऐसी स्थिति में स्वाधीनता-बाद के हिन्दी साहित्य में दलित चेतना के प्रभाव की खोज करना मुझे सही नहीं लगता। यह कहा जा सकता है कि स्वाधीनता-बाद के हिन्दी साहित्य को दलित समस्या ने जरूर प्रभावित किया है। मैं जानबूझकर दलित चेतना और दलित समस्या में अंतर कर रहा हूँ क्योंकि जहाँ दलित चेतना का आन्दोलन के माध्यम से विकास नहीं हुआ है, वहाँ भी समाज के एक बहुत बड़े हिस्से के रूप में दलितों की उपस्थिति और उनके जीवन की स्थितियाँ अपने समय और समाज की समस्याओं के बारे में सजग तथा संवेदनशील रचनकारों को प्रभावित करती ही हैं। हिन्दी में स्वाधीनता के बाद जिन लेखकों ने दलित जीवन की समस्याओं के बारे में लिखा है, उन्होंने अपने समाज की एक ज्वलंत समस्या के बारे में अपनी सजगता का प्रमाण दिया है, लेकिन उन्होंने किसी दलित आन्दोलन और चेतना से प्रभावित होकर लिखा हो, ऐसा मुझे नहीं लगता। स्वाधीनता के बाद दलित जीवन पर लिखने वाले लोगों में अमृतलाल नागर (*नाच्यौ बहुत गोपाल*), शैलेश मटियानी (*गोपुली नफूरन व नागवल्लरी*), जगदीश चन्द्र (*धरती धन न अपना*) और गोपाल उपाध्याय (*एक टुकड़ा इतिहास*) आदि मुख्य हैं। इनके साथ दलित समस्या पर लिखने वाले कुछ ऐसे लेखक भी हैं, जो अपने समय की हवा में तैरती हुई हर समस्या पर कुछ-न-कुछ लिखना जरूरी समझते हैं।

हिन्दी-क्षेत्र में दलितों की सामूहिक हत्या और उनको जिन्दा जलाने की घटनाएँ बार-बार होती हैं। ऐसी ही एक घटना बिहार के बेलछी नामक गाँव में घटी थी, जिससे दलित जीवन से जुड़ी हुई दो रचनाएँ सामने आयीं। उनमें एक है—मन्नू भंडारी का उपन्यास *महाभोज* और दूसरी नागार्जुन की कविता 'हरिजन गाथा'। *महाभोज* में हरिजनों के जीवन और मृत्यु के राजनीतिक दुरुपयोग की चिन्ता मुख्य है। नागार्जुन की कविता 'हरिजन गाथा' अनेक कारणों से हिन्दी में स्वाधीनता के बाद दलित जीवन पर लिखे साहित्य में सर्वाधिक महत्त्वपूर्ण है। उसमें सवर्ण समुदाय की दरिन्दगी, दलितों की लाचारी और भारतीय राजसत्ता की मक्कारी की अभिव्यक्ति है और साथ ही दलितों के सामाजिक विद्रोह की सम्भावना के संकेत भी। इसलिए यह कविता दलित चेतना के विकास की झलक देती है।

हिन्दी में दलितों के जीवन पर उपन्यास और कविता लिखने वाले ये सभी गैर-दलित हैं। उन्होंने अपने वर्ग और वर्ण के संस्कारों से मुक्त होकर ही दलित जीवन पर लिखा है। फिर भी उनके लेखन में अनजाने ही सही, सवर्ण संस्कार की छाया आ गयी हो तो इसमें आश्चर्य की बात नहीं है, क्योंकि जिस परम्परा और प्रक्रिया में उनकी चेतना का विकास हुआ है, उसके प्रभाव से मुक्त होना सरल कार्य नहीं है। नागर जी के उपन्यास में सवर्ण संस्कार हनुमान जी की मूर्ति के सामने प्रकट होते हैं। इस संस्कार की छाया कहीं-कहीं गोपाल उपाध्याय के उपन्यास *एक टुकड़ा इतिहास* में भी है। अगर हम किसी हरिजन पाठक को ही प्रमाण मानें तो नागार्जुन की कविता 'हरिजन गाथा' में वहाँ सवर्ण संस्कार की छाया आती है, जहाँ वे जिन्दा जलाए गये हरिजनों को मनुपुत्र कहते हैं और उनको जिन्दा जलाने वाले सवर्णों को भी। इस कविता के दलित पाठक अपने को मनु का पुत्र कहना अपना अपमान समझते हैं।

हमने अभी जिन लेखक की चर्चा की है, उनके लेखन के आधार पर हिन्दी में दलित साहित्य की धारा की बात करना मुझे ठीक नहीं लगता। इनमें से कोई भी लेखक केवल दलित जीवन का लेखक नहीं है। इनमें से हरेक ने दलित जीवन पर केवल एक या दो रचनाएँ लिखी हैं और वह भी व्यापक मानवीय सहानुभूति के तहत, न कि दलितों की दृष्टि से समाज को बदलने के लिए। दूसरी बात यह है कि स्वाधीनता के बाद के हिन्दी साहित्य की व्यापकता को देखते हुए इन तीन-चार रचनाओं के आधार पर दलित साहित्य की एक धारा की बात करना ठीक नहीं है।

समूचे हिन्दी साहित्य में किसी दलित लेखक को कोई महत्त्वपूर्ण स्थान प्राप्त नहीं है। क्या इसके मूल में सवर्णवाद का हिन्दी साहित्य पर हावी होना है?

आपका सवाल ही हिन्दी-क्षेत्र की सांस्कृतिक दुनिया में दलितों की स्थिति पर सबसे बड़ी टिप्पणी है। हिन्दी साहित्य में एक भी दलित लेखक की महत्त्वपूर्ण उपस्थिति का अभाव यह साबित करता है कि हिन्दी-क्षेत्र की सांस्कृतिक दुनिया पर सवर्णवाद का वर्चस्व कितना प्रबल है। वैसे थोड़ी देर के लिए हम साहित्य की बात छोड़कर संस्कृति के दूसरे रूपों या अन्य कलाओं की दुनिया में दलितों की स्थिति पर ध्यान दें तो सवर्णवाद के वर्चस्व की व्यापकता का पता लगेगा। आप संगीत, नृत्य, चित्र आदि कलाओं को देखिए या नाटक और रंगमंच पर ध्यान दीजिए तो आपको मालूम होगा कि इन सभी कलाओं में और ऐसी अन्य कलाओं में कहीं किसी दलित की महत्त्वपूर्ण उपस्थिति नहीं है। हर जगह सवर्ण ही छाए हुए हैं। क्या यह हिन्दी-क्षेत्र की संस्कृति के एकांगी विकास और उस पर सवर्णवाद के हावी होने का प्रमाण नहीं है? अगर संस्कृति के अन्य क्षेत्रों में कहीं कोई दलित अपने लिए महत्त्वपूर्ण स्थान नहीं बना पाया है तो साहित्य में ही किसी दलित के लिए कैसे जगह निकल पाएगी? असल में संस्कृति के दूसरे रूपों और साहित्य में भी कलाकार और रचनाकार के रूप में दलितों की अनुपस्थिति का एक कारण यह है कि जहाँ दलितों को जीने के लिए जानलेवा परिश्रम करना पड़ता है, वहाँ उन्हें कला और साहित्य को रचने और

उनका आस्वादन करने की सुविधा और स्वतन्त्रता कैसे होगी? संस्कृति के विभिन्न क्षेत्रों में दलितों की अनुपस्थिति के दूसरे कारण की खोज के लिए इतिहास की ओर देखना होगा। इस बातचीत के दौरान हम देख चुके हैं कि कई हजार वर्षों के संस्कृत साहित्य के इतिहास में कहीं कोई दलित रचनाकार नहीं है और अगर कभी रहा है, तो उसकी कोई रचना न जीवित रूप में अस्तित्व में है, न इतिहास में दर्ज। इससे जाहिर है कि भारतीय समाज और संस्कृति के कई हजार वर्षों के इतिहास में उच्च वर्ग और उच्च वर्ण के लोगों ने दलितों को संस्कृति की दुनिया से हमेशा जानबूझकर और जबर्दस्ती अलग रखा है। इसलिए अगर आज कला, साहित्य और संस्कृति के क्षेत्र में दलित अनुपस्थित हैं तो इसका गहरा सम्बन्ध भारतीय समाज के इतिहास की प्रक्रिया से है।

पहले की तरह आज भी संस्कृति और साहित्य के क्षेत्र में दलितों की वही स्थिति है,जो समाज की संरचना और भौतिक परिवेश में है। इन सभी क्षेत्रों में वे हाशिए पर रहने के लिए मजबूर हैं। आज भी अधिकांश दलित समुदाय गाँवों में और शहरों में भी सुविधा-सम्पन्न उच्च वर्ग और उच्च वर्ण की बस्तियों तथा घरों से पहले की तरह ही अलग और दूर रहते हैं। प्रमाण के लिए कोई चाहे तो शहरों की झोपड़-पट्टियों और गाँवों की हरिजन बस्तियों को देख सकता है। हाशिए पर रहने की ही स्थिति संस्कृति और साहित्य के क्षेत्र में भी दिखाई देती है। इसलिए अगर हिन्दी साहित्य में किसी दलित लेखक को कोई महत्त्वपूर्ण स्थान प्राप्त नहीं है तो यह दुखद भले हो, आश्चर्यजनक एकदम नहीं है। संस्कृति के क्षेत्र में सवर्णों के वर्चस्व और दलितों के हाशिए पर होने से यही साबित होता है कि सत्ता से संस्कृति का गहरा रिश्ता है। इसलिए जो सत्ता से वंचित है, वह संस्कृति से सम्पन्न कैसे हो सकता है? यहाँ सत्ता का मतलब केवल राजसत्ता नहीं है। ज्ञान की सत्ता राज्य की सत्ता से कम महत्त्वपूर्ण नहीं होती। हिन्दी-क्षेत्र के दलित युगों से ज्ञान की सत्ता से वंचित रहे हैं, इसलिए वे संस्कृति के भी सर्वहारा बने रहे।

मार्क्सवाद और दलित चेतना का आपस में क्या सम्बन्ध है? दलित चेतना को मार्क्सवादी चिन्तनधारा अपना अंग क्यों नहीं बना पायी?

मूलतः मार्क्सवाद समाज के शोषित-उत्पीड़ित और पराधीन जनसमुदाय की मुक्ति का दर्शन है, इसलिए दलित चेतना से उसकी सहज और स्वाभाविक एकता होनी चाहिए। लेकिन हिन्दुस्तान में और खासतौर से हिन्दी-क्षेत्र में ऐसी एकता नहीं दिखाई देती। जहाँ समाज, साहित्य और संस्कृति में दलित चेतना का विकास हुआ है, वहाँ भी मार्क्सवाद और दलित चेतना के बीच एकता के बदले संघर्ष की ही प्रवृत्ति अधिक दिखाई देती है। महाराष्ट्र में यही स्थिति है। वहाँ के दलित चेतना वाले लेखकों तथा विचारों का मार्क्सवादियों से लगातार विवाद चलता रहा है। अम्बेडकरवादी या तो मार्क्सवादी की सर्वोच्चता स्वीकार नहीं करते या फिर समाज के परिवर्तन की प्रक्रिया के लिए मार्क्सवाद के साथ अम्बेडकर के विचारों को मिलाकर चलने की अनिवार्यता पर जोर देते हैं। मार्क्सवादी वर्ग-दृष्टि के भीतर सम्पूर्ण इतिहास-प्रक्रिया के अतीत, वर्तमान और भविष्य को समेट लेने की बात करते हैं,

लेकिन अम्बेडकरवादी कहते हैं कि वर्ण और जाति की वास्तविकता को अस्वीकार करके न तो भारतीय समाज के अतीत और वर्तमान को समझा जा सकता है और न समाज के भावी विकास की प्रक्रिया को तेज किया जा सकता है। वे यह भी कहते हैं कि हजारों वर्षों के भारतीय समाज के इतिहास में दलितों की अत्यन्त पराधीन स्थिति को वर्ण और जाति की उपेक्षा करके समझना सम्भव नहीं है।

मार्क्सवाद जिस ऐतिहासिक और सामाजिक प्रक्रिया की उपज है, उसमें जाति व्यवस्था जैसी कोई बात नहीं थी। इसीलिए मार्क्स के सामाजिक विश्लेषण में वर्ण और जाति की वास्तविकता अनुपस्थित है। हिन्दी और हिन्दुस्तान के मार्क्सवादी अपने देश और समाज की वास्तविकता के अनुकूल मार्क्सवाद को विकसित करने के बदले उसकी काल्पनिक शुद्धता पर जोर देते हैं और वर्ग-चेतना के साथ वर्ण-चेतना के वास्तविक तथा सम्भावित सम्बन्धों की उपेक्षा करते हैं।

हिन्दी और हिन्दुस्तान में जो मार्क्सवाद प्रचलित है, दलित चेतना से उसके विडम्बनापूर्ण सम्बन्ध के अनेक कारण और परिणाम दिखाई देते हैं। हम अगर पार्टियों से स्वतन्त्र मार्क्सवादियों को छोड़कर केवल मार्क्सवाद से जुड़ी पार्टियों की संरचना और विचारधारा को देखें तो स्पष्ट होगा कि उनमें दलितों और दलित चेतना के लिए कितनी कम जगह है? क्या यह कम्युनिस्ट पार्टियों के विशिष्टतावादी रवैये का प्रमाण नहीं है? इधर हाल के कुछ वर्षों से हिन्दी-क्षेत्र में और अन्यत्र भी दलित आन्दोलन और दलित चेतना के विकास का दबाव कम्युनिस्ट पार्टियों पर भी पड़ रहा है और उसके भीतर दलितों के सवाल पर सोच-विचार की प्रक्रिया तेज हुई है।

असल में हिन्दुस्तान में दलित चेतना से मार्क्सवाद के विडम्बनापूर्ण सम्बन्ध की पहचान के लिए यहाँ के मार्क्सवादियों की मानसिक बनावट को समझना जरूरी है। जाति-व्यवस्था केवल एक सामाजिक व्यवस्था नहीं है, वह लम्बे काल से चली आती हुई परम्परा भी है, जो भारतीय मनुष्य की चेतना, उसके संस्कार, उसके बोध और उसकी पूरी मानसिक बनावट को प्रभावित करती है। इसलिए उसके प्रभाव से मुक्त होना सहज और सरल नहीं है। कई बार जो लोग जातिवाद को व्यवहार में अस्वीकार करते हैं, वे अपने विचार और संस्कार से उसे निकाल नहीं पाते। वह उनके चिन्तन और लेखन में जाने-अनजाने गुप्त या प्रकट रूप में मौजूद रहता है। जातिवाद भारतीय मनुष्य की सम्पूर्ण संवेदनशीलता को प्रभावित करता है, क्योंकि भारतीय मनुष्य जन्म से लेकर मृत्यु तक जाति सम्बन्धी प्रभावों से घिरा रहता है। इसलिए जातिवाद के प्रभाव से मुक्त होने के लिए कठिन आत्मसंघर्ष और व्यापक सामाजिक संघर्ष की जरूरत होती है। लेकिन मार्क्सवाद एक विचार या विचारधारा है, जिसको अपनाना जितना कठिन है, छोड़ना उतना कठिन नहीं है। यही कारण है कि अनेक मार्क्सवादी मार्क्सवाद को छोड़ने के बाद यह जान पाते हैं कि जब वे खुद को मार्क्सवादी कहते थे, तब भी मार्क्सवादी नहीं थे। हिन्दी में ऐसे मार्क्सवादी हैं, जो मानते हैं कि आज भले ही वर्ण-व्यवस्था प्रतिक्रियावादी हो, लेकिन पहले वह प्रतिक्रियावादी नहीं थी। वे कहते हैं भारतवर्ष में वर्ण-व्यवस्था थी, इसलिए भारतीय समाज प्रतिक्रियावादी

धीरे-धीरे अपने लिए जगह बनाती है और विस्तार करती है, उसी तरह साहित्य में भी नयी रचनात्मक प्रवृत्तियों का विकास और विस्तार होता है।

आपके विचार से, दलित साहित्य के मूल्यांकन का परिप्रेक्ष्य क्या होना चाहिए ? साहित्य के सामान्य प्रतिमानों से दलित साहित्य के मूल्यांकन में क्या समस्याएँ हो सकती हैं?

मुझे लगता है कि जिस दृष्टि से ललित साहित्य का मूल्यांकन होता है, उसी दृष्टि से दलित साहित्य का मूल्यांकन नहीं हो सकता। कहने का तात्पर्य यह है कि जिस दृष्टि का लक्ष्य साहित्य में लौकिक या अलौकिक आनन्द की खोज है, उस दृष्टि से दलित साहित्य का मूल्यांकन करने पर उसके साथ ज्यादती होगी, क्योंकि दलित साहित्य का लक्ष्य ललित साहित्य की तरह प्रिय सत्य कहना नहीं है, बल्कि कड़वा सच कहना है और कड़वा सच कहने वाला साहित्य आनन्द देने के बदले बेचैनी पैदा करता है। फिर अगर कड़वा सच कहने के बावजूद कबीर की कविता मूल्यवान है तो उसी तरह का सच कहने वाला दलित साहित्य मूल्यवान क्यों नहीं होगा?

हिन्दी साहित्य में आलोचना की जो दृष्टियाँ प्रचलित हैं, उनमें से प्राचीन काव्यशास्त्रीय दृष्टि दलित साहित्य के साथ न्याय नहीं कर सकती, क्योंकि उस दृष्टि से दलित साहित्य की रचना-दृष्टि का स्थायी विरोध है। आधुनिक दृष्टियों में आलोचना की अभिजनवादी पद्धति दलित रचनाशीलता की व्याख्या और मूल्यांकन के प्रसंग में निरर्थक है, क्योंकि वह कला में जटिलता और जटिलता में कला खोजने की आग्रही है। मार्क्सवादी आलोचना की दृष्टि और पद्धति दलित साहित्य की व्याख्या के लिए उपयुक्त है, लेकिन तभी, जब वह अपनी विचार-प्रक्रिया में वर्ण और जाति की वास्तविकता के लिए जगह बनाए। जो मार्क्सवादी आलोचक दलित साहित्य में वर्ण और जाति की आलोचना देखकर ही भड़क उठते हैं, वे हिन्दी साहित्य के उद्देश्य के साथ अपनी आलोचना-दृष्टि की संगति कैसे बैठा पाएँगे?

हिन्दी में परम्परावाद का आग्रह बहुत प्रबल है, बल्कि वह आग्रह परम्परा की पूजा की भावना तक जाता है। हिन्दी साहित्य इस परम्परावाद के प्रभावों से अनेक स्तरों पर लड़ने की कोशिश कर रहा है। ऐसी स्थिति में दलित साहित्य के मूल्यांकन के सामने अनेक समस्याएँ हैं। हिन्दी में परम्परावाद के आग्रह का ही एक रूप है कि कुछ आलोचक आसानी से कबीर और रैदास की क्रांतिकारिता की पूजा करने के लिए तैयार हो जाते हैं, लेकिन वे आज के किसी कबीर या रैदास की सम्भावना को भी बर्दाश्त नहीं कर पाते।

हिन्दी आलोचना में साहित्य के मूल्यांकन की एक दृष्टि वह भी है, जो प्रत्येक रचना में जातीय चेतना की खोज और पहचान पर जोर देती है। लेकिन दलित साहित्य के प्रसंग में इस दृष्टि की सीमा यह है कि उसकी जाति की धारणा के अन्तर्गत दलितों की विशेष स्थिति की कोई पहचान नहीं है। यही नहीं, जातीय स्मृति में दलितों के शोषण, दमन और यातना की स्मृति के लिए कोई जगह नहीं है। वह दृष्टि यह देखने का प्रयास नहीं करती कि हिन्दी जाति के भीतर रहने वाले दलितों की सामूहिक हत्या होती रही है, उनको जिन्दा

जलाया जाता रहा है और उनकी स्त्रियों के साथ खुलेआम बलात्कार की घटनाएँ घटती रही हैं। इसलिए जब तक हिन्दी जाति की संस्कृति के इतिहास से जुड़ी इस बर्बरता के इतिहास को भी ध्यान में नहीं रखा जाएगा, तब तक जातीय चेतना के प्रतिमान से दलित साहित्य का मूल्यांकन नहीं हो पाएगा, क्योंकि आज के दलित लेखन में उस बर्बरता की स्मृति जगह-जगह व्यक्त हो रही है। सच तो यह है कि हिन्दी के दलित लेखन के विकास के साथ, उसके स्वरूप और उद्देश्य के अनुरूप, आलोचना की दृष्टि का विकास होगा, जैसा कि मराठी के दलित लेखन में हुआ है। हिन्दी के दलित लेखन के मूल्यांकन के लिए प्रतिरोध के सौन्दर्यशास्त्र का विकास जरूरी है, जो प्रतिरोध की भावना और उसकी अभिव्यक्ति के मूल्य तथा महत्त्व की पहचान कराने में समक्ष हो।

भारतीय समाज की वैदिक-पौराणिक परम्परा अपना वर्चस्व बनाए रखने के लिए विरोधी विचारों के साथ एक सुनियोजित पद्धति का प्रयोग करती है। उस पद्धति में पहले विरोधी विचार की उपेक्षा की जाती है। अगर उस उपेक्षा से विरोधी विचार समाप्त नहीं होता तो फिर उसका विरोध किया जाता है। अगर विरोध से भी विरोधी विचार नहीं मरता, तो उसको विकृत करने की कोशिश होती है। अगर कोई विरोधी विचार इतना शक्तिशाली हुआ कि वह उपेक्षा, विरोध और विकृति का सामना करता हुआ जीवित रहता है, तो फिर वैदिक-पौराणिक परम्परा उस विचार की क्रांतिकारी धार को कुन्द करके उसे अपने भीतर समेट लेती है। हिन्दी में वैदिक-पौराणिक परम्परा की यह वर्चस्ववादी पद्धति मौजूद है और सक्रिय भी। हिन्दी के दलित लेखन को इसी से सावधान रहने की सबसे अधिक जरूरत है।

हिन्दी के दलित लेखन को आगे बढ़ाने के लिए कौन से प्रयास हो रहे हैं? क्या इन प्रयासों को सुगठित और व्यवस्थिति दलित आन्दोलन की पूर्वपीठिका कहा जा सकता है?

जब से हिन्दी-क्षेत्र की राजनीति में दलित समुदाय अपनी स्वतन्त्र पहचान बनाने और विकसित करने के लिए सक्रिय हुआ है, तब से यहाँ के साहित्य और संस्कृति की दुनिया में दलितों की स्थिति की चिन्ता बढ़ी है। सामाजिक न्याय के आन्दोलन ने भी इस चिन्ता को ठोस रूप देने में मदद की है। इस प्रक्रिया में एक ओर दलित रचनाकार सामने आये हैं तो दूसरी ओर रचनाशीलता की समस्याओं पर विभिन्न पत्रिकाओं में बहस चलने लगी है। इसी क्रम में हिन्दी साहित्य के इतिहास में दलित रचनाशीलता की उपस्थिति-अनुपस्थिति की खोज शुरू हुई है और दलित साहित्य के विकास के सन्दर्भ में प्रेमचंद की उन रचनाओं के पुनर्मूल्यांकन के प्रयास भी हुए हैं, जो दलित जीवन से जुड़ी हुई हैं।

वैसे तो दलित लेखन की समस्याओं पर छुटपुट विचार की कोशिश हिन्दी की पत्रिकाओं में बहुत दिनों से चल रही है। बहुत पहले *सारिका* ने दलित लेखन पर विशेषांक निकाला था और *संचेतना* ने भी। लेकिन पिछले चार-पाँच वर्षों में दलित लेखन और उस पर बहस को आगे बढ़ाने में *हंस* ने महत्त्वपूर्ण भूमिका निभाई। कुछ पहले *समकालीन सृजन*

ने भी जातिवाद और रंगभेद पर एक अंक प्रकाशित किया था। आजकल दलित रचना और विचार की अभिव्यक्ति करने वाली अनेक पत्रिकाएँ निकल रही हैं, उनमें *निर्णायक भीम, हम दलित, दलित प्रक्रिया, अंगुत्तर* आदि हैं। यद्यपि इन पत्रिकाओं का हिन्दी के पाठक समुदाय पर बहुत अधिक प्रभाव नहीं है, फिर भी दलित चेतना के निर्माण और विकास के लिए इनका प्रयास सार्थक है। *युद्धरत आम आदमी* नाम की पत्रिका ने बड़े पैमाने पर दलित लेखन को संयोजित और प्रकाशित करने की जो कोशिश की है, उससे हिन्दी साहित्य में दलित चेतना की प्रगति में मदद मिलेगी। इधर कुछ वर्षों से मराठी के दलित लेखकों की रचनाओं के अनुवाद हिन्दी में आ रहे हैं, उनसे भी हिन्दी के दलित लेखन को विकास की नयी प्रेरणा मिल रही है। इन सभी प्रयासों को देखते हुए ऐसा लगता है कि हिन्दी साहित्य में दलित आन्दोलन के विकास की पृष्ठभूमि तैयार हो रही है। सम्भव है, भविष्य में यह आन्दोलन अधिक शक्तिशाली बनकर उभरे।

मुझे लगता है कि हिन्दी साहित्य में दलित चेतना के विकास के लिए दलित साहित्य के आन्दोलन का विकास जरूरी है। विचार का विकास केवल ज्ञान की एकांत साधना से नहीं होता और अगर होता भी है वह विद्वानों के लिए चाहे जितना महत्त्वपूर्ण हो, जनजीवन के लिए प्रायः दुर्लभ बना रहता है। जन-आन्दोलनों के माध्यम से जो विचार विकसित होते हैं, वे जन-आन्दोलन की प्रक्रिया में ही अपनी सार्थकता पाते हैं। जब हिन्दी-क्षेत्र और हिन्दी साहित्य में दलित आन्दोलन विकसित होगा, तभी दलित रचनाशीलता के विकास के रास्ते बनेंगे और उससे हिन्दी साहित्य की सम्पूर्ण धारा भी प्रभावित होगी।

(युद्धरत आम आदमी, 1995)

□□□